한국어-아제르바이잔어 사전

KOREYACA - AZƏRBAYCANCA

LÜĞƏT

머 리 말

이 사전은 아제르바이잔어를 모국어로 하고 한국어를 외국어로 배우는 학습자들과 한국어를 모국어로 하고 아제르바이잔어를 배우는 학습자들을 위해 만들었습니다.

아제르바이잔에서의 한국어교육은 올해로 20년이 되었지만 국어사전은 수요의 부족에 밀려 출판의 기회가 없었습니다. 이 책이 한국어-아제르바이잔 사전으로는 첫 번째 시도입니다.

모든 저술이 그러하겠지만 사전편찬이란 상당한 시간과 노력이 드는 일로 보완해야 할 부분이 많을 것으로 예상되나 이와 관련한 후학들의 연구 진행에 도움이 되고자 저희 한국어 연구소 일원들이 용기를 내었습니다.

본 사전은 한국어를 배울 때 필요한 기초어휘를 중심으로 한국어 의사 소통을 위해서 적절한 용례와 용법을 보이려고 노력했습니다. 그러므로 한국어를 배우려는 학습자 및 아제르바이잔어를 배우는 학습자 모두 활용할 수 있을 것입니다.

본 사전을 편찬하기 위해 기초적인 연구와 개발이 수년간 걸쳐 지속 될 수 있도록 힘써 주신 주홍종 선생님께 깊은 감사를 표합니다. 끝으로 이 사전을 출판하도록 해주신 도서출판 문예림의 서덕일 대표님께 감사의 말씀을 드립니다.

부디 이 사전이 한국어-아제르바이잔어를 배우는 분들에게 쓸모 있고 진정 도움이 되는 책이 될 수 있기를 간절히 기원합니다.

지은이 일동.

일러두기

<QISALTMALAR(약어)>

alm.	almanca(독일어)
bağ.	bağlayıcı(접속사)
əd.	ədat(후치사)
əv.	əvəzlik(대명사)
f.	fel(동사)
hal.şək.	hal şəkilçisi(격어미)
hərb.ter	hərbi termin(군사용어)
i.	isim(명사)
ing.	ingiliscə(영어)
qarş.	qarşılaşdırma(참고)
qoş.	qoşma(후치사)
qram.	qrammatika termini(문법용어)
qram.şək.	qrammatik şəkilçi(조사 또는 격어미)
lek.şək.	leksik şəkilçi(접사)
müq.	müqayisə(비교)
nid.	nida(감탄사)
ön.şək.	ön şəkilçi(전치사)
s.	sifət(형용사)
say.	say(수사)
təy.söz.	təyinedici söz(관형사)
və s.	və sairə(등)
z.	zərf(부사)

<İŞARƏLƏR(기호)>

- = sinonim (동의어)
- ≒ sinonim (유의어)
- ↔ antonim (반대말)
- / dil fərqləndirmə işarəsi (언어구분)
- -- təkrar yaxud qısaltma (반복 혹은 생략)

ㄱ k, q

가 i. kənar; yan / the edge; side [=주변] 바닷가 dəniz kənarı
-가 adlıq hal şəkilçisi

> **'N 이/가'** və **'N 은/는'**-nın fərqi
> 1. Söhbətin əvvəlində 'N **이/가**' dan istifadə olunur. Deyilən şey haqqında yenidən bəhs edildikdə 'N **은/는**' dan istifadə edilir.
> 2. '**누구** (Kimdir)' deyə sual verdikdə cavabında 'N **이/가**'dan istifadə olunur.
> 3. Əşyanın necəliyini bildirdikdə 'N **이/가**'dan istifadə olunur.
> 4. Hər hansı bir şeyi təqdim edərkən qeyd-şərtsiz 'N **은/는**' dan istifadə olunur.
> 5. "Kimsə nəyisə xoşlayır və ya xoşlamır" kimi insan psixologiyasının ortaya qoyulduğu hallarda, adətən, birinci mübtədaya 'N **은/는**', ikinci mübtədaya isə 'N **이/가**' əlavə edilir.

가(歌) i. mahnı, nəğmə, şərqi / song [=노래] 애국가 dövlət himni
-가(家) i. ailə, -gil; məşğul olan, -çı, -çi, -çu, -çü / family; specialist, person noted for 록펠러가 Rokfeller ailəsi 음악가 musiqiçi 문학가 ədəbiyyatçı
가(街) i. küçə, prospekt / street 종로 2 가 Conq Ronun ikinci küçəsi
가(價) i. qiymət; dəyər / price 물가 malların qiyməti
가감(加減) i. əlavə və çıxarma (hesabdan silmə) / addition and subtraction 가감하다 f. əlavə etmək və çıxarmaq
가건물(假建物) i. müvəqqəti bina / temporary building
가게 i. dükan, mağaza / shop 채소가게 baqqal dükanı, meyvə-tərəvəz dükanı
가격(價格) i. qiymət / price
가격표(價格票) i. qiymət kağızı / price list
가결(可決) i. təqdir etmə, bəyənmə / approval 가결하다 f. təqdir etmək, bəyənmək
가계(家計) i. ailə büdcəsi, ailənin dolanması üçün vəsait / household economy, family budget 가계를 유지해 나가다 dolanışıq qazanmaq
가계부(家計簿) i. ailə məsrəfləri dəftəri / a housekeeping book
가계약(假契約) i. müvəqqəti kontrakt (saziş), müvəqqəti müqavilə / a provisional contract

ㄱ

가곡(歌曲) i. klassik üslubda yazılmış mahnı / a song in the classical style
가공(加工) i. emal / industrial processes; manufacturing 가공하다 f. emal etmək 가공 식품 emal edilmiş ərzaq
가공(可恐) i. qorxu / fear, terror 가공할~ qorxulu
가구(家具) i. mebel / furniture
가구(家口) i. ailə; ev / a household; a family; a house 일곱가구가 사는 동네 yeddi ailədən ibarət olan kənd
가꾸다 f. yetişdirmək (ağac, bitki, gül, göyərti) / cultivate
가극(歌劇) i. opera / opera [=오페라]
가급적(可及的) z. mümkün qədər / as far as possible; as ... as possible 가급적이면~ mümkünsə
가까스로 z. çətinliklə, güclə, zorla / barely, with difficulty
가까워지다 f. yaxınlaşmaq; dostlaşmaq / approach, draw near; make friends with, draw close to~ 우리 사이는 더욱 가까워졌다. Bizim münasibətlərimiz çox yaxınlaşıb.
가까이 z. yaxında, yanında, həndəvərində, ətrafında; təxminən; yaxın zamanda, bu ərəfədə / near by, close at hand; nearly, roughly; shortly 우리집 가까이 학교가 있다. Evimizin yanında məktəb var. 거의 천명 가까이~ təxminən min nəfər ~
가까이하다 f. (bir kəslə və ya bir şeylə) yaxından tanış olmaq, əlaqə yaratmaq; dostlaşmaq / make one's acquaintance, have relations with, be interested in; make friends with 그 사람과 가까이하지 마세요. O adama yaxın durmayın.
가깝다 s. yaxın / be near
가끔 z. arabir, hərdənbir, bəzən / sometimes
가난 i. yoxsulluq, kasıblıq / poverty 가난하다 s. yoxsul, kasıb
가냘프다 s. zəif və arıq, zəif və incə / slim and feeble, faint, week-looking
가누다 f. özünü saxlamaq / keep under control; keep steady 정신을 가누다 özünü ələ almaq 그는 몹시 취해서 몸을 가누지 못한다. O, o qədər içib ki, ayaq üstə dura bilmir, özünün müvazinətini saxlaya bilmir.
가느다랗다 f. çox zərif, çox nazik / be very thin, be very slim 가느다란 목 zərif boyun 가느다란 실 nazik sap
가늘다 s. nazik / thin 바늘이 매우 가늘다. İynə çox nazikdir.
가늠하다 f. nişan almaq; ehtimal etmək, güman etmək, təxmin etmək / aim, take aim with; quess, presume, weigh
가능성(可能性) i. mümkünlük; imkan, ehtimal / ossibility; chance, probability 가능한 s. mümkün olan

가능하다 f. mümkün olmaq / be possible
가다 f. getmək; ölmək; yox olmaq / go; die; vanish, disappear 그는 가고 없다. O, artıq yoxdur. 맥주 맛이 갔다. Pivə xarab olub.
가다듬다 f. özünü ələ almaq, özünü tox tutmaq; səliqəyə salmaq, qaydaya salmaq / pull oneself together, brace oneself; arrange, tidy up, put in good order 마음을 가다듬다 paltarları səliqəyə salmaq
가닥 i. iplik / piece (of a cord, thread, rope) 세 가닥으로 만든 실 üç iplikdən düzəldilmiş sap
가담하다(加擔--) f. qoşulmaq, iştirak etmək; tərəfini saxlamaq / take part in; take sides with; assist 그는 이 음모에 가담했다. O, bu sui-qəsddə iştirak edib.
가동(可動) i. işləmə; işlətmə, işə salma (fabrik, dəzgah və s.) / operation, work 가동하다 f. işləmək 가동시키다 f. işə salmaq, işlətmək 엔진을 가동시키다 mühərriki işə salmaq
가두다 f. damlamaq; həbs etmək, dustaq etmək, azadlıqdan məhrum etmək / shut in, lock in; throw into prison 새를 새장에 가두다 quşu qəfəsə salmaq 범죄자를 가두다 cinayətkarı damlamaq
가득하다 f. doldurulmaq; dolu olmaq / be filled; be full
가득히 z. dolu / full
가뜬하다 s., f. kefikök, yüngül, yaxşı; yüngül hiss etmək, yaxşı hiss etmək / be light and cheerful, feel light, feel good 가뜬히 z. yüngül 몸이 가뜬하다. Özümü yüngül hiss edirəm.
가라사대 f. deyir ki, deyilir ki; demişdir ki / say, as says; said 신약성경에 가라사대 İncildə deyilir ki-
가라앉다 f. batmaq, qərq olmaq; sakitləşmək, sabitləşmək (vəziyyət) / sink, go down; calm down 배가 가라앉았다. Gəmi suya batdı. 바람이 가라앉았다. Külək sakitləşib. 상황이 가라앉았다. Vəziyyət sabitləşib.
가라앉히다 f. batırmaq, qərq etmək; sakitləşdirmək, sabitləşdirmək / sink, put under water; calm; put down, suppress
가락 i. ahəng; akkord; not; melodiya / a tune; a note 높은 가락으로 노래하다 yüksək notda oxumaq 노래 가락 mahnı melodiyası
가락국수 i. əriştə supu, xəmiraşı / noodles
가락지 i. üzük / ring [=반지]
가랑비 i. çiskin, narın yağış / a drizzle, a drizzling rain 가랑비가 내린다. Çiskinləyir., Narın yağış yağır.
가랑잎 i. qurumuş yarpaq, xəzəl / fallen (dead) leaves [=낙엽(落葉)]
가래 i. bəlğəm / phlegm; sputum
가래침 i. tüpürcək / spit 가래침을 뱉다 f. tüpürmək

가량(假量) i. təxminən, təqribən / about, almost, something like 천 마나트 가량 təxminən min manat

가려내다 f. bir-bir seçmək; çeşidləmək, seçmək / sort out; pick out, assort 좋은 것에서 나쁜 것을 가려내다 pisi yaxşıdan seçib ayırmaq

가련하다(可憐--) f. yazıq, miskin, zavallı / poor; pitiful; miserable [=불쌍하다] 그는 가련한 아이예요. O, yazıq uşaqdır.

가렵다 s. qaşınmaq / feel itchy 가려움 i. qaşıntı

가령(假令) z. nümunə üçün, məsələn, misal üçün, tutaq ki; əgər / for example; let us say; if, suppose

가로 i. üfüqi, soldan-sağa / width, crosswise ↔ 세로 şaquli, yuxarıdan-aşağı

가로(街路) i. küçə, yol; prospekt / street, road; avenue

가로등(街路燈) i. küçə lampası / street lamp

가로막다 f. kəsmək (yolu, çayın qabağını, sözü); mane olmaq, əngəl olmaq / block the way; interrupt; cut in; hinder 사람을 가로막다 bir kəsin yolunu kəsmək

가로수(街路樹) i. yol kənarındakı ağaclar / street tree

가로지르다 f. keçmək; kəsə yolla getmək / cross, go across; take a short cut across

가로채다 f. qapmaq, əlindən almaq / snatch from, strip a person of a thing

가루 i. toz, narın toz / powder, dust 밀가루 un 분유 quru süd

가르다 f. bölmək, ayırmaq / divide, part, split, cut in ~ 다섯 부분으로 가르다 beş yerə bölmək 머리를 가운데로 가르다 saçı ortadan ayırmaq

가르치다 f. öyrətmək / teach ↔ 배우다

> '가르치다' və '가리키다'-nın fərqi
> '가르치다' insanı hər hansı bir şeydən agah etdikdə və ya öyrətdikdə, '가리키다' isə istiqaməti göstərdikdə istifadə edilir.
>
> 한국어를 가르친다. - Koreya dilini öyrədirəm. (O)
> 손으로 그 친구를 가리켰다.- Əli ilə onu göstərdi. (O)
> 전화번호를 좀 가리켜줘. - Telefon nömrəni göstər. (X)

가르침 i. təlim, dərs / teaching, a lesson, an instruction [=교훈]

가리다 f. örtmək; gizlətmək / cover, screen, hide 손으로 얼굴을 가리다 əlləri ilə üzünü örtmək 약점을 가리다 zəif cəhətini gizlətmək

가리다 f. seçmək, ayırmaq, ayırd etmək; saf-çürük etmək / choose, select; discern, distinguish 수단을 가리지 않고~ heç bir üsula fikir vermədən 시비를 가리다 düzü yalandan ayırmaq

가리키다 f. əl ilə göstərmək; göstərmək / point at, point with one's finger, indicate

가만 z. olduğu kimi, sakit tərzdə / just as it is, quietly 가만 가만[=가만히] yavaşca, yavaş-yavaş 가만! Bir dəqiqə!, Sus!

가만두다 f. mane olmamaq, qarışmamaq; toxunmamaq / do not disturb; let a thing alone; stand 아이를 가만히 두세요! Uşağı sakit buraxın, Uşağa dəyməyin! 그것을 가만히 두세요! O, qoyun qalsın!, Ona dəyməyin!

가만있다 f. sakit durmaq, dinc dayanmaq / remain quiet, sit still

가망(可望) i. ümid; ehtimal / hope, prospect; probability

가맹(加盟) i. qoşulma, üzv olma / joining, participation, affilaition 가맹하다 f. qoşulmaq, iştirak etmək, üzv olmaq 아제르바이잔은 1992 년 유엔(UN)에 가맹되었다. Azərbaycan 1992-ci ildə Birləşmiş Millətlər Təşkilatına üzv qəbul olundu.

가면(假面) i. maska / mask 가면을 쓰다 f. maska taxmaq; maskalanmaq / wear a mask, be masked; disuise oneself

가명(假名) i. saxta ad / a fictitious name, an assumed name 가명을 쓰다 saxta addan istifadə etmək

가문(家門) i. sülalə, ailə, nəsil / one's family, line

가물거리다 f. sayrışmaq, titrək alovla yanmaq / flicker, blink 불빛이 가물거리다 f. sayrışmaq 기억이 가물거리다 tutqun təsəvvür etmək

가물다 f. quraqlıq keçmək / be droughty

가뭄 i. quraqlıq / a drought, a dry spell

가방 i. çanta / bag

가볍다 s. yüngül; xəfif / be light 가벼이, 가볍게 z. yüngül; xəfifcə ↔ 무겁다

가벼워지다 f. yüngülləşmək / be lighter; be less serious

가봉하다(假縫--) f. geyib baxmaq, ölçmək, əyninə ölçmək / fit, basting

가부(可否) i. hə yox, təsdiq və inkar, bəli və xeyir; düz və ya səhv / yes and no, right or wrong

가불(假拂) i. avans / an advance, payment in advance 가불하다 f. avans almaq 가불해 주다 f. avans vermək

가사(家事) i. ev işləri / house affairs, housework, housekeeping

가사(歌詞) i. (musiqi) söz / words

가산(茄算) i. əlavə etmə / addition 가산하다 f. əlavə etmək

가산(家産) i. ailə mülkiyyəti / family property

가상(假想) i. xəyal, təsəvvür, təxəyyül / imagination 가상하다 f. xəyala gətirmək, təsəvvür etmək [=상상하다]

가석방(假釋放) i. şərti olaraq azad etmə / release on parole, conditional release 가석방하다 f. şərti olaraq azad etmək

가설(假說) i. fərziyyə, versiya / a hypothes, supposition

ㄱ

가소롭다 s. rişxənd, gülünc / laughable, ridiculous 가소롭게 보다 f. rişxəndlə baxmaq

가속(加速) i. sürətləndirmə, sürətin artması / acceleration 가속하다 f. sürətləndirmək 가속되다 f. sürətlənmək

가수(歌手) i. müğənni, xanəndə / a singer

가스 i. qaz / gas 독가스 zəhərli qaz 천연 가스 təbii qaz

가슴 i. köks; sinə, qucaq; qəlb; ürək / breast; chest, bosom; heart [=마음] 내 가슴(마음)이 아프다. Qəlbim ağrıyır, qəlbim məni incidir. 심장이 아프다. Ürəyim ağrıyır.

가시 i. tikan / thorn

가시다 f. (ağrı, üzüntü və s.) yox olmaq, keçmək; çəkilmək; yumaq / disappear, fade away; wash 고통이 가시다 ağrı keçir 접시들을 씻은 후 물로 가시다 boşqabları yuyandan sonra su ilə yaxalamaq 약으로 가시다 dərmanla qarqara etmək

가식하다(假飾--) f. ikiüzlülük etmək, riyakarlıq etmək / play the hypocrite, pretend [=외식하다] 가식(외식)하는 사람 ikiüzlü

가없다 s. ucsuz-bucaqsız, sərhədsiz, sonsuz, nəhayətsiz / boundless, endless 가없는 바다 ucsuz-bucaqsız dəniz

가엾다 s. yazıq, acınacaqlı, miskin, zavallı / pitiful

가열(加熱) i. isitmə, qızdırma / heating 가열하다 f. isitmək, qızdırmaq

가옥(家屋) i. ev, bina / a house, a building

가외(加外) i., s. ekstra, əlavə; izafi / an extra; additional 가외의 비용 əlavə pul

가요(歌謠) i. mahnı, nəğmə; xalq musiqisi / a song, folksong

가운데 i. orta, daxili, içi / middle, midst, the inside

가위 i. qayçı / scissors

가을 i. payız / fall, autumn

가입(加入) i. qoşulma / joining 가입하다 f. qoşulmaq; üzv olmaq 가입자 üzv

가장 ed. ən, lap / most 가장 좋은 ən yaxşı

가장(家長) i. ailə başçısı / the head of a family

가장(假裝) i. hiyləgərlik etmə, maskalanma, başqa görkəm alma / disguise, pretence 가장하다 f. maskalanmaq, hiyləgərlik etmək, başqa görkəm almaq

가전제품(家電製品) i. məişət avadanlığı / home appliances

가정(家庭) i. ailə / home, famliy

가정(假定) i. versiya, ehtimal, fərziyyə, güman / supposition; assumption 가정하다 f. fərz etmək, ehtimal etmək, güman etmək

가정교사(家庭教師) i. şəxsi müəllim / a private teacher [=개인교사]
가정주부(家庭主婦) i. evdar qadın / house wife
가져가다 f. götürmək, götürüb aparmaq / take, take a thing along (with one)
가져오다 f. gətirmək / bring
가족(家族) i. ailə, ailə üzvləri / family
가족계획(家族計劃) i. doğuma nəzarət, ailə planlama / familyplanning
가죽 i. dəri (heyvan) / leather (animal), skin 가죽코트 dəri palto
가중한(加重-) s. ağır, sərt; həddən artıq / heavy; severe, strict; excessive 가중한 세금 ağır vergi
가증한(可憎-) s. iyrənc, nifrətedici, zəhlətökən / detestable, abominable, disqusting, hateful
가지 i. budaq / twig, branch
가지 i. çeşid, cür, növ / kind, sort 여러가지 cürbəcür, müxtəlif cür, müxtəlif çeşidli
가지 i. badımcan / eggplant
가지다 f. malik olmaq; əldə tutmaq; əldə etmək / have, possess; hold, carry; get 그는 차를 가지고 있다. Onun maşını var. 주방장은 손에 칼을 가지고 있다. Aşpazın əlində bıçaq var. 아이를 가지다 hamilə olmaq
가지런하다 s. düz, hamar, səliqəli / evenly, in order 가지런하게 하다 f. səliqəyə salmaq, düzəltmək / arrange 넥타이를 가지런하게 하다 qalstuqu düzəltmək
가짜 i. saxta; oxşatma, təqlid, yamsılama / false article; resemblance; imitation 가짜 보석 saxta qaş
가차없다(假借--) s. amansız, qəddar, insafsız, mərhəmətsiz / merciless, relentless 그를 가차없이 처벌하라! Onu möhkəm cəzalandır!, Onunla amansız rəftar et!
가책하다(呵責--) f. danlamaq, qınamaq, günahkar hesab etmək / scold; blame 자신을 가책하다 özünü qınamaq 양심의 가책을 받다 vicdan əzabı çəkmək
가축(家畜) i. ev heyvanı / domestic animal
가출(家出) i. evi tərk etmə, evdən çıxıb getmə / abscondence, leaving home 가출하다 f. evdən çıxıb getmək 그는 가족을 버리고, 가출하였다. Ailəni atıb çıxıb getdi.
가치(價値) s. dəyər, qiymət / value, worth, merit 가치가 있다 dəyərli olmaq, qiymətli olmaq
가택(家宅) i. ev / a residence, a house

ㄱ

가파르다 s. dik, sıldırım, sərt / steep 가파른 오르막길 sərt yoxuş 가파른 계단 sərt pilləkən

가하다(加--) f. əlavə etmək / add [=더하다]

가해(加害) i. inciklik, təhqir / doing harm, injury, an offense 가해하다 f. təhqir etmək, incitmək

가혹(苛酷) i. sərtlik, qəddarlıq / severity 가혹한 대우 sərt rəftar

가히(可-) z. yaxşı ola bilər ki / may well

각(各) i. hər, hər biri / each

각(角) i. bucaq / an angle

각각 z. hər kəs, hər biri / each one

각광(脚光) i. səhnə işığı / footlights

각광을 받다 f. diqqət mərkəzində olmaq / be in the limelight, be spotlighted (highlighted)

각국(各國) i. hər ölkə, hər dövlət; hər millət / every country; every nation

각기(各其) z. hər kəs; ayrı / each one; respectively [=각자(各自), 각각]

각도(角度) i. bucaq; bucaq ölçüsü / an angle; angular measure

각료(閣僚) i. Nazirlər Kabinetinin üzvü; nazir / a Cabinet member[=장관]

각박하다(刻薄--) s. insafsız, ürəksiz, rəhmsiz, daş qəlbli / heartless, cruel, merciless

각별하다(各別--) s. xüsusi, qeyri adi / particular, special, unusual [=특별하다] 각별히 z. xüsusi olaraq, xüsusən [=특별히]

각본(脚本) i. ssenari; dram / a scenario; a drama

각서(覺書) i. qəbz; protokol; memorandum / a note; a protocol; memorandum

각성하다(覺醒--) f. (cahillikdən, qəflət yuxusundan) oyanmaq; (pis vərdişdən, pis hərəkətdən, pis adətdən) özünə gəlmək / awake from, wake up; come to one's senses

각시 i. gəlin / a bride [=새색시] 각시인형 gəlincik

각양(各樣) i. müxtəlif növ, hər cür, müxtəlif formada / every manner, various ways 각양각색의 물건 hər cür şey

각오(覺悟) i. qəti qərar; qəti hazırlıq / resolution, determination, decision; readiness, preparedness 각오하다 f. qəti qərara gəlmək

각자(各自) i., z. hər kəs / each one

각종(各種) i. hər cür, hər növ, bütün çeşiddən / each kind, allsorts

각지(各地) i. hər yer, bütün yerlərdə / every place, all places [=각처]

각층(各層) i. hər təbəqə, hər zümrə; hər sinif; hər mərtəbə / each stratum; each class; each floor

각하(閣下) i. cənab əlahəzrətləri, əlahəzrət, Zati aliləri / Your Excellency, Your Lordship, His Excellency

간(肝) i. qaraciyər / liver

간 i. dad; duzluluq, duzlama / saltiness, salty taste, seasonin, with salt 간을 맞추다 yaxşı duzlamaq

간간이 z. ara-sıra, bəzən / at long intervals, once in a while [=이따금, 때때로]

간격(間隔) i. ara, boşluq / an interval; a space 간격을 두다 f. ara vermək

간결하다(簡潔--) i. qısa, qısa və dəqiq / brief, concise

간계(奸計) i. hiylə, kələk / a trick 간계를 부리다 f. hiylə işlətmək, kələk gəlmək

간곡하다(懇曲--) s. səmimi / sincere 간곡한 인사 səmimi salam

간과하다(看過--) f. gözdən qaçırmaq; göz yummaq / fail tonotice, overlook; look over, pass over 그는 매우 피곤해서 이것을 간과했다. O, çox yorulduğuna görə bunu gözdən qaçırdı. 그는 이것을 알면서도 간과했다. O, bunu bilsə də, göz yumdu.

간교하다(奸巧--) s. kələkbaz, bic, hiyləgər / willy, tricky 그는 여우처럼 간교하다. O, tülkü kimi bicdir.

간구하다(懇求--) f. yalvarmaq, ciddi və səmimi dilək diləmək / desire earnestly

간단(間單) i. asanlıq, sadəlik, bəsitlik / simplicity 간단한 s. asan, sadə 간단히 z. asanlıqla 간단하다. Asandır. ↔ **복잡**(複雜)

간담회(懇談會) i. toplantı, yığıncaq / a gathering for familiar talk

간막이(間--) i. arakəsmə, bölmə, divar / a partition 간막이하다 f. arakəsmə düzəltmək

간밤 i. keçən gecə, ötən gecə / last night

간부(幹部) i. rəhbər işçilər; rəhbər heyət / the leading members, the staff

간사(幹事) i. məsul katib / an executive secretary

간사하다(奸詐--) [=간교하다(奸巧--)]

간섭하다(干涉--) f. müdaxilə etmək, araya girmək, qarışmaq / interfere, meddle, intervene

간소하다(簡素--) s. sadə, bəsit / simple

간수(看守) i. həbsxana mühafizəçisi / a prison guard

간수하다 f. (malları, yeməyi və s. ehtiyat üçün) saxlamaq, qorumaq / take care of, put aside for future use, protect

간식(間食) i. yüngül yemək, qəlyanaltı / between-meals refreshments, a snack 간식을 듭시다! Qəlyanaltı edək!

간신히(艱辛-) z. çətinliklə, zorla, güclə / barely, hardly, with difficulty

간염(肝炎) i. qaraciyər iltihabı / hepatitis, inflammation of liver
간음(姦淫) i. zina, zinakarlıq / adultery 간음하다 f. zina etmək
간이(簡易) i., s. bəsit, sadə; kiçik; asan; ötəri, keçici / simple, handy; plain; small; quick; ease
간이식당(簡易食堂) i. qəlyanaltı / a snack house, a chophouse
간이재판소(簡易裁判所) i. inzibati məhkəmə / summary court
간장(-醬) i. soya sousu / soy sauce
간장(肝腸) i. qaraciyər və bağırsaq / liver and intestine
간절하다(懇切--) s. çox istəkli, arzu olunan / eager, fervent 그는 대학에 가고 싶은 마음이 간절하다. O, instituta daxil olmaq arzusu ilə yaşayır (həsrətindədir). 그는 대학에 가기를 간절히 바란다. O, çox arzu edir ki, universitet girsin.
간접(間接) i. dolayı / indirectness 간접적 s. dolayı ↔ 직접 düz, müstəqim, birbaşa 그는 나에게 이 문제를 간접적으로 말했다. O, mənə bu məsələni dolayı yolla dedi.
간주하다(看做--) f. olaraq saymaq, hesab etmək; nəzərə almaq / regard as; consider 불참자는 불합격으로 간주된다. İştirak etməyənlər imtahandan kəsilmiş kimi hesab olunacaqlar.
간지럽다 s. qıdıqlanmaq / feel ticklish
간직하다 f. saxlamaq / store away, put aside, lay up 마음에 간직하다 məsələni ürəyində (beynində) saxlamaq 이것을 미래를 위해 간직해라. Bunu gələcək üçün saxlayın.
간질이다 f. qıdıqlamaq / tickle [=간지럽히다]
간첩(間諜) i. casus, xəfiyyə / a spy, an agent
간청하다(懇請--) f. yalvarıb yaxarmaq, rica etmək, yalvarmaq / entreat, request
간추리다 f. yekunlaşdırmaq, yekun vurmaq; cəmləşdirmək / summarize; sum up [=요약하다] 그는 결과를 간추려서 말했다. O, nəticəyə yekun vurub dedi.
간통(姦通) i. zina, zinakarlıq (evli ilə subay, evli ilə evli arasında) / adultery, illicit intercourse 간통하다 f. zina etmək
간파하다(看破--) f. fikri oxumaq / see through
간편하다(簡便--) s. sadə, bəsit, əlverişli, asan / simple, convenient, easy
간하다(諫--) f. öyüd-nəsihət vermək, düz yola çağırmaq, məsləhət görmək (böyüklərə); xəbərdarlıq etmək / advise; remonstrate, admonish
간행(刊行) i. çap, nəşr / publication, printin 간행하다 f. çap etmək, nəşr etmək

간호(看護) i. xəstəyə qulluq etmə / nursing 간호하다 f. xəstəyə qulluq etmək
간호원(看護員) i. tibb bacısı, şəfqət bacısı / nurse
간혹(間或) i. ara-sıra, hərdənbir, vaxtaşırı / occasionally, at times
갇히다 f. dustaq olmaq (məcazi); bağlanıb qalmaq, həbs olmaq / be locked, be shut up
갈겨쓰다 f. tələsik və səliqəsiz yazmaq, cızmaqara etmək / write hastily, scribble
갈기갈기 z. parça-parça, xıncım-xıncım, tikə-tikə / to pieces, into shreds
갈기다 f. vurmaq, döymək / beat, strike, thrash [=때리다] 따귀를 갈기다 sillə vurmaq
갈다 f. dəyişdirmək; təzələmək / change, replace; renew 이름을 갈다 adı dəyişdirmək 가구를 갈다 mebeli təzələmək
갈다 f. (bıçağı) itiləmək; (diş) qıcırdatmaq / whet, sharpen, grind; grit, grind, gnash 도끼를 갈다 baltanı itiləmək 이를 갈다 dişlərini qıcırdatmaq
갈대 i. qamış / a reed
갈등(葛藤) i. ixtilaf, narazıçılıq; daxili iztirab, gərginlik / trouble, discord, difficulties 한일 양국의 갈등이 아직도 풀리지 않고 있다. Koreya ilə Yaponiya arasında hələ də ixtilaf davam edir.
갈라놓다 f. bölüb qoymaq, bölmək, ayırmaq; (münasibəti) yadlaşdırmaq; pisləşdirmək / divide, separate; estrange 그는 빵을 갈라놓았다. O, çörəyi yarı böldü. 그는 우리 사이를 갈라놓았다 O, bizim münasibətimizi pisləşdirdi, O bizi bir-birimizə yad elədi.
갈라서다 f. (münasibəti) pozmaq, ayrılmaq; boşanmaq [=이혼하다]
 / break off relations; divorce oneself from ~
갈라지다 f. yarılmaq, parçalanmaq; çat vermək; ayrılmaq / split, cleave; branch off, be divided 갈라져서 살다 ayrı yaşamaq 틈이 갈라지다 çat vermək 홀연히 하늘이 갈라지고 소리가 들렸다. Qəflətən göy yarıldı və bir səs gəldi.
갈래 i. hissə, bölmə, sahə / branch, division 앞에 여러 갈래 길이 나타났다. Qabağıma müxtəlif yollar çıxdı.
갈리다 f. bölünmək, ayrılmaq / be divided, be parted
갈리다 f. dəyişdirilmək, əvəz olunmaq / be changed, be replaced
갈망(渴望) i. arzu, istək, can atma / a longing for, an eager desire, yearning
갈망하다 f. can atmaq, arzu etmək
갈매기 i. qağayı / a gull
갈비 i. qabırğa, qabırğa sümüyü / the ribs [=갈비뼈]
갈색 i. qəhvəyi / brown [=고동색]

ㄱ

갈수록 z. getdikcə, get-gedə, vaxt keçdikcə / as time goes on, as one goes on
갈아입다 f. paltarını dəyişmək, başqa paltarı geyinmək / change one's clothes
갈아타다 f. (maşını, qatarı və. s) marşrutu dəyişmək / change (car, train)
갈증(渴症) i. susuzluq / thirst 갈증을 느끼다 f. susuzluq hiss etmək, susamaq
갈취하다(喝取--) f. (pul, var-dövlət) zorla əldən almaq, zorla qopartmaq, qəsb etmək; qarət etmək, soymaq / extort (money from a person), invade
갈퀴 i. dırmıq, şana / a rake
갈팡질팡하다 f. qətiyyətsizlik göstərmək, tərəddüd etmək / loiter, be flurried; waver, hesitate
갉아먹다 f. gəmirmək / gnaw
감 i. xurma / persimmon
감 i. material; namizəd / material, stuff; candidate 옷감 paltar materialı (parça) 사윗감 kürəkənliyə namizəd 땔감 yandırmaq üçün material
감(感) i. hiss, duyğu / feeling, sense, sensation [=감각(感覺)]
감각적(感覺的) s. həssas / sensual, sensitive
감감하다 s. xəbərsiz / far off, hear nothing from, ignorant 떠난 후 소식이 감감하다. Gedəndən bəri ondan xəbər yoxdur. 나는 이 일에 대해 감감하다. Mən bu məsələdən heç nə anlamıram.
감격하다(感激--) f. riqqətə gəlmək, mütəəssir olmaq, həyəcanlanmaq / be deeply moved, be deeply impressed 그는 감격의 눈물을 흘렸다. O, riqqətindən ağladı.
감금하다(監禁--) f. həbs etmək, dustaq etmək / confine, imprison
감기 i. soyuqdəymə; tumov, qrip / cold 감기걸리다 f. soyuq dəymək, soyuqlamaq, qrip olmaq
감기다 f. sarılmaq; (göz) qapanmaq; (bir kimsənin saçını) yumaq / be rolled up; be shut; wash one's hair 실이 실패에 감기다 sap katoşkaya sarılıb 졸려서 눈이 감기다 yuxudan gözləri qapanmaq 엄마가 딸의 머리를 감기고 있다. Anası qızının saçını yuyur.
감다 f. sarımaq; (gözünü) yummaq, bağlamaq; (saç) yumaq / tie round, coil; (eye) close; bathe, (hair) wash
감독(監督) i. müfəttiş, inspektor, yepiskop; rejissor / director, inspector; bishop
감동하다(感動--) f. riqqətə gəlmək, mütəəssir olmaq, həyəcanlanmaq; yaxşı təsir bağışlamaq / be moved, be impressed 감동적 s. təsirli

감명(感銘) i. xoş təəssürat, xoş təsir, nüfuz / impression 감명을 주다 f. mütəəssir etmək, xoş təsir bağışlamaq 감명을 받다 f. mütəəssir olmaq, riqqətlənmək

감별(鑑別) i. fərqləndirmə, seçmə / discrimination 감별하다 f. fərqləndirmək, ayırd etmək, seçmək 병아리의 암수를 감별하다 cücələri beçə və fərə olaraq seçə bilmək

감사(感謝) i. təşəkkür, minnətdarlıq / thank 감사하다 f. təşəkkür etmək 감사합니다. Təşəkkür edirəm, sağ olun, minnətdaram.

> **'감사하다' və '고맙다'-nın fərqi**
> '감사하다' əsasən rəsmi hallarda, '고맙다' isə gündəlik həyat və ya rəsmi halların hər ikisində istifadə olunur. Belə ki, yaxın birinə və ya özündən aşağı vəzifə tutan şəxsə '감사해' demək düzgün deyil.

감사(監査) i. təftiş, yoxlama / inspection 감사하다 f. təftiş etmək, yoxlamaq
감사(監事) i. müfəttiş / inspector
감상(感想) i. təəssürat; fikir, düşüncə / one's impression; one's thoughts
감상(感傷) i. həssaslıq, incəqəlblilik / sentiment 감상적 s. həssas, incəqəlbli
감상하다(感賞--) f. qiymət vermək; (musiqi) duymaq, dinləmək, əylənmək; (rəsmi) dərindən duymaq / appreciate; (music, picture) enjoy
감소(減少) i. azalma / decrease 감소하다 f. azalmaq ↔ 증가(增加) artım
감수하다(甘受--) f. dözmək, səbr etmək, barışmaq / put up with, tolerate 모욕을 감수하다 təhqirə dözmək
감수하다(減收--) f. azalmaq (gəlir, məhsul) / (income, crop) decrease
감수하다(監修--) f. nəzarət etmək (kitab çapında) / supervise the compilation
감수성(感受性) i. həssaslıq / sensibility, susceptibility, receptivity 감수성이 예민한 아이 həssas uşaq
감시(監視) i. nəzarət (cinayətkara, düşmənə) / surveillance 감시하다 f. (cinayətkarı və. s) nəzarət altında saxlamaq, gizləmək
감싸다 f. bürümək, örtmək (qorxu, sakitlik); qorumaq, tərəfini saxlamaq / wrap; protect, cover 침묵이 사방을 감싸고 있다. Hər tərəfi sakitlik bürüdü, hər yerdə sakitlik hökm sürür. 주 선생님은 항상 그를 감싸주고 있다. O həmişə Cu müəllimin himayəsi altındadır, Cu müəllim həmişə onu qoruyur.
감염(感染) i. yoluxma, infeksiya / infection 감염시키다 f. yoluxdurmaq 감염되다 f. yoluxmaq [=전염(傳染)] 전염병 yoluxucu xəstəlik
감옥(監獄) i. həbsxana, dustaqxana / jail [=교도소(矯道所)]
감자 i. kartof / potato

감점(減點) i. xal itirmə; bal itirmə / a demerit mark 감점되다 f. xal itirmək; bal itirmək

감정(感情) i. emosiya, həyacan, hiss / emotion, feeling 감정적 s. sentimental, həyəcanlı

감쪽같다 s. mükəmməl, tam oxşar, tam şəkildə, heyrətamiz şəkildə eyni / complete, perfect, be just as it was 감쪽같이 속이다 tamamilə aldatmaq

감찰하다(監察--) f. yoxlamaq, nəzarət etmək / inspect

감촉(感觸) i. toxunma hissi / the sense of touch, feeling

감추다 f. gizləmək; gizlətmək / hide, conceal

감축(減縮) i. azalma / reduction 감축하다 f. azaltmaq

감탄(感歎) i. nida, heyrət / exclamation 감탄하다 f. heyrət etmək, təsirlənmək, ah çəkmək

감하다(減--) f. hesabdan çıxartmaq, hesabdan silmək; azaltmaq / subtract, deduct; reduce; decrease 현금이면 약간 감해 드립니다. Biz nağd pulla olsa qiyməti azaldarıq.

감행하다(敢行--) f. qəti hərəkət etmək, hərəkətə başlamaq / take decisive action

감화하다(感化--) f. bir kəsi düz yola gətirmək; təsir etmək, ilham vermək, ruhlandırmaq, şövqə gətirmək / reform, correct, influence, inspire 감화를 받다 f. ilhamlandırılmaq, ruhlandırılmaq, şövqə gətirilmək, ürəkləndirilmək

감히(敢-) z. cəsarətlə / daringly, boldly

갑(匣) i. qutu, qab / a case, a box

갑갑하다 f. ürəyi sıxılmaq, sıxıntı keçirmək; darıxmaq / be stifling 갑갑한 s. cansıxıcı, darıxdırıcı, sıxıntılı 마음이 답답하다. Ürəyim sıxılır., Darıxıram. 갑갑한 마음 narahat ürək

갑부(甲富) i. varlı adam, zəngin şəxs / the rich person

갑옷(甲-) i. zirehli geyim / armor

갑자기 z. birdən, qəflətən / suddenly

갑작스럽다 s. gözlənilməyən / unexpected, be sudden 갑작스러운 변화 gözlənilməyən dəyişiklik 갑작스럽게 z. birdən-birə, gözlənilmədən

갑절 i. iki qat, iki dəfə / double, twice, two times

갑판(甲板) i. göyərtə / a deck

값 i. qiymət / price

값나가다 f. baha olmaq, dəyərli olmaq, qiymətli olmaq / be expensive; be valuable, costly [≒비싸다]

값싸다 f. ucuz / cheap, low priced
값어치 i. dəyər, qiymət / value, worth, merit
값지다 [=값나가다]
갓 i. *qat*(ənənəvi Koreya papağı) / a *kat*, a traditional Korean top hat
갓난아이 i. yeni doğulmuş, çağa, körpə / a newborn baby
강(江) i. çay / river
강간(强姦) i. zorlama / rape, violation 강간하다 f. (qadını) zorlamaq 강간을
 당하다 f. zorlanmaq, isməti korlanmaq, ismətinə təcavüz olunmaq
강건하다(强健--) s. sağlam, güclü, qüvvətli / robust, healthy
강경하다(强硬--) s. sərt, qəti / strong, firm 그의 입장은 강경하다. Onun
 mövqeyi qətidir.
강국(强國) i. güclü ölkə, böyük dövlət / a leading country, a great power
 [=강대국]
강단(講壇) i. kürsü / a rostrum, a lecture platform
강당(講堂) i. mühazirə otağı, mühazirə zalı / a lecture hall
강대국(强大國) [=강국(强國)]
강도(强盜) i. quldur, bandit / a burglar
강독(講讀) i. oxu, qiraət / reading
강력하다(强力--) s. çox qüvvətli, çox güclü / strong, powerful, mighty
강렬하다(强烈--) s. çox möhkəm, çox güclü; şiddətli / intense; strong
강령(綱領) i. əsas prinsiplər / main (general) principles
강변(江邊) i. çay kənarı, çayın sahili / a riverside, riverbank
강사(講師) i. mühazirəçi, leksiya oxuyan; asistent / a lecturer; assistant
강사(講士) i. natiq, çıxış edən / speaker
강산(江山) i. çay və dağ, təbiət / country, land
강세(强勢) i. qüvvət; vurğu, aksent / great force; emphasis; a stress, an accent
 강세를 주다 f. vurğulamaq
강습(講習) i. qısa müddətli məşq kursları / a short training course
강아지 i. küçük / puppy, little dog
강압(强壓) i. zülm, təzyiq / repression, pressure, oppression 강압수단 cəza
 tədbirləri
강연(講演) i. dərs, mühazirə / a lecture, an address 강연하다 f. xüsusi mövzu
 üzrə mühazirə oxumaq
강요하다(强要--) f. məcbur etmək, vadar etmək / compel
강우(降雨) i. yağıntı, yağmur / a rainfall 강우량(降雨量) yağıntı miqdarı

강의(講義) i. dərs, mühazirə / lecture, lesson 강의하다 f. dərs vermək, mühazirə oxumaq 강의를 받다 f. dərs almaq

강인하다(强靭--) s. möhkəm, güclü, qüvvətli / strong 강인한 의지 möhkəm iradə

강제(强制) i. məcburiyyət / compulsion

강조하다(强調--) f. xüsusi qeyd etmək, xüsusi vurğu ilə tələffüz etmək, vurğulamaq / emphasize, stress

강좌(講座) i. dərs, mühazirə / a course of a lectures

강직하다(强直--) s. doğru; dürüst; vicdanlı / upright; rigid; honest

강철(鋼鐵) i. polad / steel   müq. 철(쇠) dəmir / iron

강타하다(强打--) f. zərbə vurmaq, zərbə endirmək, bərk vurmaq / deal a person a heavy blow, strike hard

강탈하다(强奪--) f. talan etmək, qəsb etmək, soymaq, qarət etmək / seize, extort, rob

강하(降下) i. eniş / descent 강하하다[=하강하다] f. enmək, düşmək (hava) / dropping, falling, descend

강하다(强--) s. güclü, qüvvətli, möhkəm / strong

강화(講和) i. sülh, barışıq / peace 강화조약 sülh müqaviləsi 적들은 마침내 강화를 제의해 왔다. Nəhayət düşmən sülh təklif etdi.

강화하다(講和--) f. barışmaq, sülh yaratmaq / make peace

강화하다(强化--) f. qüvvətləndirmək, gücləndirmək, möhkəmləndirmək / strengthen, solidify, reinforce

갖다 [=가지다]

갖은 z. müxtəlif, cürbəcür, rəngbərəng / all kinds of, various [=다양한, 여러]

갖추다 f. təchiz olunmaq, hazırlanmaq / be equipped with 방은 여러 가구로 갖추어졌다. Otaq müxtəlif mebellərlə təchiz olunub.

같다 s. eyni / same ↔ 다르다

같이 qoş. birlikdə, bərabər; kimi / together; like 그와 같이[=함께] 가다 onunla birlikdə getmək 그 같이[=처럼] 되기를 원하다 onun kimi olmaq istəmək

같이하다 f. bərabər iş görmək / do something together; live with 식사를 같이하다 bir yerdə yemək 일을 같이하다 bir yerdə işləmək

갚다 f. geri qaytarmaq, borcunu qaytarmaq, ödəmək / pay back, repay

개 i. it, köpək / dog

개(個) i. dənə, ədəd, parça, tikə / piece

개각(改閣) i. Kabineti yenidən təşkil etmə / reshuffle of the Cabinet

개간(開墾) i. torpağı becərmə, kultivasiya / land reclamation, cultivation 개간하다 f. torpağı becərmək, kultivasiya etmək
개구리 i. qurbağa / frog
개구장이 i. dəcəl uşaq, nadinc uşaq, şuluq uşaq / a naughty boy
개굴개굴 z. qurbağa qurultusu / croaking
개념(概念) i. anlayış, məfhum, fikir / conception, concept, notion
개다 f. (hava) açılmaq, (yağış) kəsmək / clear up, hold up, fine
개략(概略) i. xülasə; ana xətt / a summary; an outline
개량(改良) i. təkmilləşdirmə / improvement 개량하다 f. təkmilləşdirmək, yaxşılaşdırmaq
개론(槪論) i. giriş; ümumi məlumat / an introduction; a survey
개막식(開幕式) i. açılış mərasimi / the opening ceremony 개막하다 f. açılışını etmək 어제 서울에서 올림픽 개막식이 있었다. Dünən Seulda Olimpiadanın açılış mərasimi oldu.
개미 i. qarışqa / anant
개발(開發) i. inkişaf / development 개발하다 f. inkişaf etmək
개방(開放) i. açma, açılma / opening 개방하다 f. qapını xaricilərin üzünə açmaq, xaricə çıxmaq
개방경제(開放經濟) i. sərbəst iqtisadiyyat / open economy
개방정책(開放政策) i. açıq qapı siyasəti / open door policy
개별적(個別的) s. fərdi; ayrı, separat / individual; separate
개봉(開封) i. (məktub) açma, (kino) açılış / opening a letter 개봉하다 f. (məktub) açmaq, (kino) ilk dəfə göstərmək
개선(改善) i. təkmilləşdirmə, yeniləşdirmə, yaxşılaşdırma / improvement, betterment 개선하다 f. təkmilləşdirmək, yeniləşdirmək
개시(開始) i. başlanğıc, başlama / beginning, commencement 개시하다 f. başlamaq 교섭을 개시하다 danışıqlara başlamaq 활동을 개시하다 fəaliyyətə başlamaq
개업(開業) i. işə başlama / the opening of a business 개업하다 f. işə başlamaq, yeni iş yeri yaratmaq
개운하다 f. gümrahlaşmaq, özünü gümrah hiss etmək; yaxşı hiss etmək, özünü rahat hiss etmək, özünü yüngül hiss etmək / feel refresh
개울 i. kiçik çay, arx, çay / a brook
개월(個月) i. ay / month [=달] 이개월 iki ay
개의(介意) > 개의치 않다 f. fərqinə varmamaq, əhəmiyyət verməmək; laqeyd olmaq, fikir verməmək / do not mind; not to care; be

indifferent to ~ 사람들이 뭐라하든 개의치 않는다. Adamların nə demәsinin mәnim üçün әhәmiyyәti yoxdur.

개인(個人) i. şəxs, fərd / an individual 개인적 s. şəxsi, fərdi

개인주의(個人主義) i. xüsusiyyətçilik, fərdiçilik / individualism

개입하다(介入)- f. müdaxilә etmәk, qarışmaq / intervene in, meddle in

개정(改正) i. düzәltmә, tәshih etmә / revision, amendment; a change 개정하다 f. tәshih etmәk, düzәltmәk

개종(改宗) i. dini dәyişmә, başqa dini qәbul etmә / conversion 개종하다 f. dini dәyişdirmәk

개척(開拓) i. yeni bir sahә açma; becәrmә / bringing under cultivation, opening up 개척하다 f. yeni bir sahә açmaq; becәrmәk 시장을 개척하다 yeni bazar açmaq 미개척지 becәrilmәmiş torpaq

개척자(開拓者) i. yeni sahәyә başlayan şәxs, pioner, kәşf edәn / a pioneer, a frontiersman

개최(開催) i. (iclas) keçirmә, açma / open, hold (meeting) 개최하다 f. (iclas) keçirmәk, açmaq

개칭하다(改稱--) f. adını dәyişdirmәk, yeni ad vermәk / rename, change the name

개탄하다(慨嘆--) f. (halına) yanmaq, acımaq; peşiman olmaq, tәәssüf etmәk; üzülmәk / deplore, lament; regret; grieve

개헌(改憲) i. konstitusiyada dәyişiklik aparma / a constitutional amendment 개헌하다 f. konstitusiyada dәyişiklik aparmaq

개혁(改革) i. islahat / reform, reformation 개혁하다 f. islahat aparmaq

개화(開化) i. maariflәnmә, maarifçilik, mәdәniyyәt / enlightment, civilization 개화하다, 개화되다 f. maariflәnmәk 개화시키다 f. maariflәndirmәk

개화(開花) i. çiçәk açma, çiçәklәnmә / blooming, bursting into bloom

개회(開會) i. iclasın açılması / opening a meeting, session 개회하다 f. iclas açmaq 개회식 açılış mәrasimi

객관(客觀) i. obyektivlik / objectivity, the object 객관적 obyektiv ↔ 주관적 subyektivlik

객지(客地) i. qürbәt, yad yer; yad ölkә / a strange land; a foreign country

갱생(更生) i. düz yola qaytarma, hәyata qaytarma / rebirth, revival; rehabilitation 갱생하다 f. düz yola qaytarmaq, hәyata qaytarmaq, yeni hәyat vermәk

갱신(更新) i. tәzәlәmә, yenilәşdirmә / renewel 갱신하다 f. (rekordu) tәzәlәmәk

갯수(個數) i. say, nömrә, әdәd / the number of articles

갸륵하다 s. tərifəlayiq, diqqətəlayiq, nəzəri cəlb edən / admirable, praiseworthy 갸륵한 행실 tərifəlayiq hərəkət

갸름하다 s. uzunsov / somewhat long; elongate 갸름한 얼굴 uzunsov sifət

거꾸러뜨리다 f. yerə atmaq, yerə vurmaq, yerə yıxmaq; məğlub etmək / make fall flat, make fall head first; throw down; beat, defeat

거꾸러지다 f. yerə yıxılmaq, yerə düşmək; ölmək, qurban getmək / fall down, fall head first; die, fall a victim

거꾸로 z. (corab) tərs; (stol) altüst; əks / the wrong way; bottom up, upside down; inside out; on the contrary

거기 z. ora, orada / there

거닐다 f. gəzişmək, dolaşmaq / stroll about

거느리다 f. başçılıq etmək, rəhbərlik etmək / lead, head, command (a party, a family, an army) 그는 큰 가족을 거느리고 있다. O, böyük ailəyə başçılıq edir.

거대하다(巨大--) s. böyük, iri, nəhəng / huge, gigantic

거동(擧動) i. hərəkət, davranış; manera / behavior, conduct; manner 거동하다 f. davranmaq, hərəkət etmək

거두다 f. toplamaq; biçmək; əldə etmək; son qoymaq / gather in; harvest, reap; gain 곡식을 거두다 məhsulu yığmaq 훌륭한 성과를 거두다 yaxşı nəticə əldə etmək 숨을 거두다 canını tapşırmaq 눈물을 거두세요. Ağlamağa son qoyun.

거뜬하다 s. yüngül (hiss); kefikök / light

거들다 f. yardım etmək, kömək göstərmək; müdafiə etmək; tərəfini saxlamaq / help, aid; assist; side with

거듭 z., i. yenidən, bir də, təkrar; təkrarlama / again, repeatedly [=다시, 또, 또 다시] 거듭하다 f. təkrarlamaq, təkrar etmək, yenidən etmək

거듭나다 f. yenidən doğulmaq / be born again / repeat, do again

거래(去來) i. əməkdaşlıq; ticarət əlaqələri yaratma / dealings; business, trade 거래하다 f. ticarət əlaqələri yaratmaq, ticarət etmək

거르다 f. süzgəcdən keçirmək, süzmək / filter, strain

거르다 f. üstündən keçmək, buraxmaq, ötürmək / skip, omit 점심을 거르다 nahar etməmək

거름 i. peyin, gübrə [=비료] / manure; fertilizer 거름주다, 거름하다 f. peyin vermək; gübrələmək, gübrə vermək

거리 i. yol; prospekt, küçə / a road; a street

거리 i. məsafə / distance 거리가 멀다. Məsafə uzaqdır.

거리낌없이 z. çəkinmədən, tərəddüd etmədən, qətiyyətlə / without reserve or hesitation

거만(倨慢) i. lovğalıq, təkəbbürlülük / haughtiness, arrogance 거만하다 s. təkəbbürlü, lovğa 거만한 사람 təkəbbürlü adam, lovğa adam, özündən razı adam

거무죽죽하다 s. qaratəhər; qaramtıl / blackish

거물 i. böyük adam, şəxsiyyət / a great man

거미 i. hörümçək / spider

거부(拒否) i. rədd, rədd cavabı / refusal, rejection 거부하다 f. rədd etmək

거부(巨富) i. çox varlı adam, milyoner / a very wealthy person, millionaire

거북 i. tısbağa / tortoise [=거북이]

거북하다 f. narahatçılıq hiss etmək, narahat olmaq, rahat olmamaq / feel awkward, unwell[=거북스럽다] 그들 사이가 거북하다. Onlar yaxşı yola getmir (dolanmır). 거북한 표현 yerinə düşməyən ifadə

거세다 s. şiddətli, qüvvətli; sərt, kobud, vəhşi / violent, strong; tough, coarse, wild 거센 소리 fışıltılı səslər 거센 파도 şiddətli dalğalar

거스르다 f. müxalif olmaq, əks olmaq; xırdalamaq / act contrary to oppose; change 돈을 거슬러 주다 pulun qalanını vermək 부모의 말을 거스르다 valideynlərin sözünə baxmamaq, əksinə getmək

거스름돈 i. pulun artığı, pulun qalanı; xırda pul [=잔돈] / change 거슬러 올라가다 f. axına qarşı getmək, əks istiqamətə getmək / go up against stream, go back to ~

거액(巨額) i. (pul) böyük məbləğ / a large sum of (money)

거역하다(拒逆--) f. (bir şeyə) qarşı durmaq, çıxmaq, (qanuna, əmrə) əməl etməmək, məhəl qoymamaq / be disobedient to ~

거울 i. güzgü / mirror

거인(巨人) i. nəhəng adam, yekəpər / a gigant (of a man), giant

거의 z. təqribən; təxminən / nearly, almost

거저 z. pulsuz, havayı / free, free of charge

거절하다(拒絶--) f. inkar etmək, rədd etmək / refuse, reject, decline

거주하다(居住--) f. yaşamaq, yerləşmək / live in 거주지역 yaşayış yeri

거죽 i. üz, səth; kənar, qıraq / the surface; the face; the outside

거지 i. dilənçi / beggar

거짓 i. yalan, yalançılıq; saxtakarlıq / a lie, untruth, falsehood 거짓말 yalan söz ↔ 참 gerçək, həqiqət

거창하다(巨創--) s. nəhəng, böyük, əzəmətli / enomous, huge, 거창한 계획 nəhəng plan

거처(居處) i. yaşayış yeri / residence
거처하다(居處--) f. yaşamaq, qalmaq / dwell in, live in
거치다 f. ötüb keçmək; (yol üstü) baş çəkmək / pass by, drop in on one's way 기차는 바쿠를 거쳐서 갔다. Qatar Bakıdan keçib getdi. 그는 내 집을 거쳐서 갔다. O, yol üstü mənə baş çəkdi.
거칠다 s. qaba, kobud, ədəbsiz; vəhşi / rough, rude, harsh; wild 거친 사내 vəhşi oğlan 거친 목소리 kobud səs, qaba səs 거친 천 kobud parça
거침없다 s. maneəsiz / unhindered 거침없이 z. maneəsiz olaraq, tərəddüd etmədən, çəkinmədən
거품 i. köpük; qabarcıq / foam; a bubble
거행하다(擧行--) f. mərasim təşkil etmək; əmri icra etmək / perform (a ceremony); act according to orders
걱정 i. üzüntü, qayğı, narahatçılıq / care, anxiety 걱정하다 f. narahatçılıq keçirmək, üzülmək
건강(健康) i. sağlamlıq / health 건강하다 s. sağlam
건너 i., z. qarşı, tərəf / across, opposite side 강 건너편 çayın o biri (qarşı) tərəfi 건넛마을 qarşı tərəfdəki məhəllə
건너가다 f. keçib getmək / go across \ **건너오다** f. keçib gəlmək
건너다 f. keçmək (çay, küçə) / go across
건널목 i. keçid, keçid yolu / a crossing
건드리다 f. toxunmaq; hirsləndirmək / touch; irritate 그를 건드리지 마세요! Ona toxunmayın, onu hirsləndirməyin!
건립(建立) i. qurma, tikmə; yaratma / erecting, building, establish 건립하다 f. tikmək, qurmaq; yaratmaq [=세우다]
건물(建物) i. bina; tikinti / building
건방지다 f. nəzakətsiz, mədəniyyətsiz / saucy
건배하다(乾杯--) f. sağlığına içmək, tost demək; badə, qədəh qaldırmaq / drink the toast of ~
건설(建設) i. inşaat, tikinti / construction, building, establishment 건설하다 f. inşa etmək, tikmək
건의하다(建議--) f. təklif etmək / propose, suggest
건전하다(健全--) s. sağlam / healthy, sound 건전한 사상 sağlam düşüncə 건전한 정신 sağlam düşüncəli beyin
건전지(乾電池) i. batareya / a dry battery, a dry cell
건조하다(乾燥--) f. qurumaq; quru olmaq / dry, become dry 건조시키다 f. qurutmaq
건조하다(建造--) f. qurmaq, tikmək / construct 건조되다 f. qurulmaq,

tikilmək
건지다 f. (sudan) çıxarmaq; (həyatını) xilas etmək, qurtarmaq / pick up, take out of water; save, deliver
건축(建築) i. inşaat / building 건축하다 f. tikmək, inşa etmək
건축가(建築家) i. memar / architect
걷다 f. yerimək; piyada getmək / walk, wake away 공원을 걷다 parkda gəzmək
걷다 f. götürmək, təmizləmək; çıxarmaq; qatlamaq / clear off, take away, roll up 줄에서 빨래를 걷다 ipdən paltarları çıxarmaq 자리를 걷다 yeri yığışdırmaq 소매를 걷다 qolunu qatlamaq (paltar)
걷어치우다 f. yığıb aparmaq, təmizləmək; dayandırmaq (iş və. s) / take away, clear away; leave off, stop 가게를 걷어치우다 dükanı bağlamaq (işlətməmək)
걸다 s. zəngin, varlı, müxtəlif cür (xörəklər) / (food) rich 입이 건 사람 hərzə danışan, hədyan danışan, ağzıpərtöv 잔치가 걸다. Çox zəngin mərəkədir (məclisdir).
걸다 f. (dəstəyi, paltarı) asmaq / hang up 그는 옷을 걸었다. O, paltarı asdı. 사소한 일에 목숨을 걸지마! Xırda bir şeyə görə həyatını riskə getmə!
걸다 f. zəng eləmək, telefon etmək / call (telephone) 그는 나에게 전화를 걸었다. O, mənə zəng etdi.
걸다 f. müraciət etmək / address, speak to ~ 그는 나에게 말을 걸었다. O, mənə müraciət etdi.
걸다 f. dava axtarmaq / pick (seek) (a quarrel) with (a person) 아무에게나 시비를 걸다 bir kəslə dava axtarmaq
걸다 f. (ayağı) dolaşmaq / trip over
걸레 i. əski / dust cloth
걸리다 f. (paltarı) asılmaq; asılqana keçirilmək / be hung, be hooked
걸리다 f. (xəstəliyə) tutulmaq, xəstələnmək / (desease) be attacked 감기에 걸렸다. Mənə soyuq dəyib. 그가 중병에 걸렸다. O, ağır xəstəliyə tutulub.
걸리다 f. vaxtı getmək, vaxt sərf etmək / take time 학교까지 십분이 걸린다. Məktəbə getmək üçün mənim on dəqiqə vaxtım gedir.
걸리다 f. (telefon) cavab vermək, calaşmaq / (telephone) be connected 전화가 안 걸렸어요. Mən düşə bilmədim (telefonda).
걸리다 f. əli olmaq / be involved in ~ 장관은 이 부정사건에 걸려있다. Nazirin bu pis hadisədə (qalmaqalda) əli var.
걸상(-床) i. stul / a chair, a stool [=의자]
걸어가다 f. piyada getmək / go on foot

걸어오다 f. piyada gəlmək / come on foot
걸음 i. yeriş; addım / walking; step
걸음걸이 i. yeriş tərzi / gait
걸음마하다 f. (körpə) yeriməyi öyrənmək / toddle
걸작(傑作) i. şah əsər / a masterpiece
걸치다 f. (paltar) üstünə atmaq, (paltar) çiyninə salmaq; əhatə etmək, genişləndirmək / throw on, slip on; extend over 이 문제는 여러 분야에 걸쳐있다. Bu məsələ bir neçə sahəni əhatə edir.
검(劍) i. qılınc / a sword
검다 s. qara (rəng) / black
검사(檢事) i. prokuror / public prosecuter
검사(檢查) i. yoxlama, təftiş; (tibb) müayinə / inspection, examination 검사하다 f. yoxlamaq
검사관 i. müfəttiş, yoxlayıcı / an inspector, an examiner
검소하다(儉素--) s. qənaətcil, tutumlu; sadə / frugal; simple 그는 부자임에도 불구하고 옷차림이 검소하다. O, varlı olduğuna baxmayaraq sadə geyinir.
검역(檢疫) i. karantin / quarantine 검역하다 f. karantin qoymaq, karantinə götürmək
검열(檢閱) i. senzura / inspection, examination, censorship 검열하다 f. senzuradan keçirmək 검열제도 senzura sistemi
검정 i. qara rəng / black
검진(檢診) i. tibbi müayinə / a medical examination 검진하다 f. müayinə etmək [=진찰하다]
검찰(檢察) i. prokurorluq orqanları / the prosecutory authorities 검찰청 prokurorluq idarəsi 검찰관 prokuror
검토하다(檢討) f. tədqiq etmək, araşdırmaq, öyrənmək, dəqiqləşdirmək / investigate, examine, scrutinize, study
겁 i. qorxu / fear 겁나다 f. qorxmaq
겁장이 i. qorxaq / a coward
겁탈하다(劫奪--) f. zorlamaq, zor işlətmək; təcavüz etmək / violate, rape
것 i. şey, əşya; mövcud olan / thing, the one (fact)
겉 i. bayır tərəf; xarici görünüş, üz; səth / the surface 가방 겉이 검다. Çantanın bayır tərəfi (üzü) qaradır. 겉만 보고 판단하지마! Xarici görünüşünə görə qiymət vermə!
겉보기 i. görünüş / appearance
겉치장(-治裝) i. bəzənmə / dressing up 겉치장하다 f. bəzənmək

게 i. krab, yengəc / a crab
게다가 z. bununla bərabər, bununla birlikdə, bununla yanaşı, əlavə olaraq / in addition to~
게시하다(揭示--) f. elan asmaq / post a notice, put up a notice
게으르다 s. tənbəl / lazy
게으름 i. tənbəllik / laziness
겨냥 i. nişan alma / aim, aiming [=조준] 겨냥하다 f. nişan almaq
겨누다 f. tuşlamaq, nişan almaq / aim at, point
겨레 i. soydaşlar; qardaşlar; vətəndaşlar; xalq, irq / brethern; race 한 겨레 eyni xalq (millət)
겨루다 f. rəqabət aparmaq, yarışmaq / pit, compete, strug le with, match 두 사람이 서로 힘을 겨룬다. İki adam bir-biri ilə rəqabət aparır.
겨우 z. yalnız, yenicə; zorla, çətinliklə / only, barely, just 겨우 살아가다 zorla yaşamaq (çox az pul qazanmaq) 겨우 스무살이 된 여자 yenicə iyirmi yaşa qədəm qoymuş qız
겨울 i. qış / winter ↔ 여름 yay
격(格) i. (Qram.) durum, hal; dərəcə / grammatical case; standing, rank, grade
격려하다(激勵--) f.ürəkləndirmək, ruhlandırmaq, cəsarətləndirmək / encourage
격렬(激烈) i. sərtlik, kəskinlik / violence; severity 격렬하다 s. şiddətli, kəskin, sərt, bərk 논쟁이 격렬해졌다. Mübahisə çox kəskin vəziyyət aldı.
격리(隔離) i. ayırma, təcrid etmə / isolation 격리하다 f. birini başqalarından ayırmaq, təcrid etmək
격변하다(激變--) f. qəflətən dəyişikliyə uğramaq / undergo a sudden change
격분하다(擊奮--) f. hirslənmək, qəzəblənmək / resent
격언(格言) i. atalar sözü; zərb məsəl / proverb, a maxim; a saying
격일(隔日) i. günaşırı, bir gündən bir / a day,s interval
격차(格差) i. fərq (keyfiyyətdə) / difference (in quality) 격차를 두다 f. fərq qoymaq 격차가 있다 f. fərqi olmaq
격퇴하다(擊退--) f. dəf etmək, geri oturtmaq / repulse, repel
격투하다(激鬪--) f. əlbəyaxa olmaq, savaşmaq / grapple, fight with
겪다 f. məruz qalmaq; qatlanmaq; təcrübədən keçirmək, çəkmək / undergo; suffer; experience 갖은 고초를 겪다 Müxtəlif çətinliklərə məruz qalmaq
견고(堅固) i. möhkəm olma, tərpənməmə; sabit olma; qüvvətli olma / being firm, solid; strong 견고하다 s. möhkəm 견고해져라! Möhkəm dayan!

견디다 f. tab gətirmək, dözmək, sinə gərmək; qatlaşmaq, dayanmaq / bear, subsist, endure, put up with; stand

견본(見本) i. nümunə, model / sample, specimen, pattern

견주다 f. müqayisə etmək, bir-birinə qarşı qoymaq; bir kəslə gücünü sınamaq / compare one thing with another; compete with, rival

견책하다(譴責--) f. məzəmmət etmək, danlamaq / rebuke, reprimand 견책을 받다 f. məzəmmət olunmaq

견학하다(見學--) f. təcrübə keçmək / learn by observation, observe 방송국에 견학가다 radio stansiyasına təcrübəyə getmək

견해(見解) i. rəy, baxış; düşüncə / view; opinion [=의견(意見)]

결과(結果) i. nəticə, yekun, son / result, outcome, effect

결국(結局) i., z. son; nəhayət, sonunda, axırda / end, conclusion; after all, finally

결근(缺勤) i. işə getməmə / absence from office 결근하다 f. işə getməmək 무단 결근하다 üzürsüz səbəbə görə (xəbər vermədən) işə getməmək

결단(決斷) i. qəti qərara gəlmə / resolution, determination, decision 결단하다 f. qəti qərara gəlmək, qət etmək

결론(結論) i. nəticə / a conclusion 결론에 도달하다(결론을 내리다) f. nəticəyə gəlmək; yekunlaşdırmaq

결말(結末) i. son; nəticə / an end; a result

결박하다(結縛--) f. bağlamaq / bind, tie up

결백하다(潔白--) s. məsum, günahsız; təmiz / innocent, guiltless; pure

결산하다(決算--) f. yekun vurmaq / settle an account

결석하다(缺席--) f. (məktəbə, instituta, məhkəməyə) getməmək, iştirak etməmək / be absent

결승(決勝) i. final, final görüşü, həlledici görüş / final game [=결승전]

결심(決心) i. (özlüyündə) qərara gəlmə / determination, resolution 결심하다 f. qərara gəlmək

결의(決議) i. (iclas, konfransda) qərar / decision 결의하다 f. qərar almaq, qərara gəlmək

결점(缺點) i. qüsur, nöqsan, əksiklik, qəbahət, zəif cəhət, çatışmayan cəhət / fault, defect, weak point

결정(決定) i. qərar / decision 결정하다 f. qərar vermək

결코(決-) z. əsla, heç zaman; heç vaxt / never, by no means, not at all

결투하다(決鬪--) f. duelə çıxmaq / duel

결핍(缺乏) i. çatışmazlıq / deficiency, lack, shortage 결핍하다 f. çatışmamaq 식량의 결핍 ərzaq çatışmazlığı

결함(缺陷) i. qüsur, nöqsan; çatışmazlıq / a defect; a fault
결합하다(結合--) f. birləşmək / unite with
결핵(結核) i. vərəm, ciyər xəstəliyi / tuberculosis [=폐병]
결혼(結婚) i. nigah, ailə qurma / marriage 결혼하다 f. ailə qurmaq; toyu olmaq müq 장가가다 f. evlənmək 시집가다 f. ərə getmək
결혼식(結婚式) i. toy mərasimi / a wedding ceremony
겸손(謙遜) i. təvazökarlıq / humility, modesty 겸손하다 s. təvazökar
겸연쩍다(慊然--) s. utancaq / embarrassed, shy, timid
겹치다 f. üst-üstə qoymaq; üst-üstə yığmaq / collide with; be piled up, put one upon another 책들이 겹쳐 놓여 있다. Kitablar üst-üstə yığılıb.
-경(-頃) i. radə / (time) about 세시 경에 saat üç radələrində
경건하다(敬虔--) f. mömin, dindar / pious, godly
경계(警戒) i. ehtiyat, xəbərdarlıq; qoruma / caution, warnin; guard, watch 경계하다 f. diqqətli olmaq, ehtiyatlı olmaq, ayıq olmaq; qorumaq 경계공보 hava hücumundan xəbərdarlıq siqnalı
경계(境界) i. sərhəd / boundary, a border
경고(警告) i. xəbərdarlıq / warning, a caution 경고하다 f. xəbərdarlıq etmək, qabaqcadan bildirmək
경과(經過) i. proses, inkişaf prosesi / progress, process, development 사건의 경과 hadisələrin inkişaf prosesi 시간이 경과함에 따라 vaxt keçdikcə- - 경과하다 f. vaxt keçmək; vaxtı qurtarmaq / pass; expire 유효기간이 경과하다 müəyyən bir şeyin vaxtı qurtarmaq
경기(景氣) i. (həyat, iqtisadi) vəziyyət, şərait, hal; dövran / things, the times; business 시장의 경기 bazarın vəziyyəti 국내 경기는 명백한 회복의 조짐을 보이고 있다. Daxili ticarətdə açıq-aydın dirçəliş hiss olunur.
경기(競技) i. yarış / competition 경기하다 f. yarışmaq
경기장(競技場) i. stadion / a stadium, a sports ground
경력(經歷) i. tərcüməyi-hal, karyera / career, life history, personal experience
경례(敬禮) i. (əsgər) salamlaşma, təzim etmə; baş əymə / salutation; bow 경례하다 f. salamlaşmaq, salam vermək, təzim etmək; baş əymək
경로(經路) i. marşrut / course, route
경로(敬老) i. qocalara hörmət / respect for the old
경마(競馬) i. cıdır yarışı / horse racing
경매(競賣) i. açıq satış; auksion / an auction sale 경매하다 f. hərraca qoyaraq satmaq
경멸(輕蔑) i. zəhləsi getmə / contempt, scorn 경멸하다 f. zəhləsi getmək

경보(警報) i. həyəcan / an alarm 공습경보 havadan təhlükəsizlik həyəcan siqnalı
경비(經費) i. xərc, məsrəf / expense, cost
경비(警備) i. müdafiə; qoruma / defense; guarding 경비하다 f. müdafiə etmək; qorumaq 경비대 qarnizon
경사(傾斜) i. maillik / inclination, slope 경사지다 f. mailli olmaq, yatıqlığı olmaq 15 도 경사 on beş dərəcəli bucaq altında maillilik
경솔하다(輕率--) s. tələm-tələsik, tez və diqqətsiz; düşünmədən, düşüncəsiz / frivolity; hasty; light-headed 경솔하게 행동하다 yüngül hərəkət etmək 경솔한 사람 yüngül, düşüncəsiz adam
경시하다(輕視--) f. yüngül münasibət bəsləmək; məhəl qoymamaq, əhəmiyyət verməmək / despise, treat lightly; neglect
경어(敬語) i. ehtiram və sayğı ifadəsi / honorific expressions
경영(經營) i. idarə etmə / management, administration 경영하다 f. idarə etmək
경우(境遇) i. durum, hal / case 이런 경우에 belə halda
경유(輕油) i. benzin / gasoline
경유하다(經由--) f. keçib getmək, keçmək / go by way of, pass through
경의(敬意) i. ehtiram, hörmət, sayğı / respect; regard 경의를 표하다 f. ehtiram göstərmək, möhkəm ehtiram bəsləmək, sayğı göstərmək, hörmət etmək
경작(耕作) i. becərmə / cultivation, farming 경작하다 f. becərmək, yetişdirmək
경쟁(競爭) i. rəqabət, yarış / competition, contest, rivalry 경쟁하다 f. rəqabət aparmaq, yarışmaq
경쟁자 i. rəqib / rival
경전(經典) i. dini kitab; müqəddəs kitab / scriptures, sacred books
경제(經濟) i. iqtisadiyyat / economy 경제적 s. iqtisadi; tutumlu, ekonomik
경제학(經濟學) i. iqtisadiyyat elmi / economics
경주(競走) i. yarış / race 경주하다 f. yarışmaq
경질하다(更迭--) f. vəzifədən azad etmək, yerinə başqa adamı təyin etmək / chane (the members), switch
경찰(警察) i. polis / police
경찰서(警察署) i. polis idarəsi / police station müq. 파출소 polis məntəqəsi
경치(景致) i. mənzərə, peyzaj / scenery
경쾌하다(輕快--) s. xəfif və xoş; yüngül / light, airy; cheerful 경쾌한 복장 yüngül geyim 경쾌한 행동 cəld, yüngül hərəkət

경탄하다(驚歎--) f. heyran olmaq; təqdir etmək / admire, wonder at
경하다(輕--) i. xəfif, yüngül / light
경향(傾向) i. meyl, təmayül, axın / tendency
경험(經驗) i. təcrübə / experience 경험하다 f. təcrübədən keçirmək 경험가 təcrübəçi
경호하다(警護--) f. mühafizə etmək, qorumaq / guard
경호원(警護員) i. mühafizəçi / guard
곁 i. yan; yaxın; tərəf / a side; vicinity 곁에 앉다 yanında oturmaq
계곡(溪谷) i. dərə, vadi / a valley
계급(階級) i. rütbə; sinif, təbəqə / degree, rank; class
계단(階段) i. pillə; mərhələ / stairs, steps, stage [=층계]
계명(戒命) i. dini ehkamlar, əmr / a commandment
계모(繼母) i. ögey ana, analıq / a stepmother
계몽하다(啓蒙--) f. maarifləndirmək, işıqlandırmaq / enlighten, illuminate
계산(計算) i. hesablama; hesab / calculation, reckoning 계산하다 f. hesablamaq
계산기(計算機) i. kalkulyator / calculator
계속(繼續) i. davam / continuation 계속하다 f. davam etmək
계시(啓示) i. vəhy / revelation 계시하다 f. ilahi vəhy ilə əvvəlcədən nəyi isə bilmək
계시다 f. olmaq (hörmətli) / to be [=있다] 여기 계십시오! Burada olun (durun, dayanın)!
계약(契約) i. kontrakt, müqavilə, saziş / contract, agreement 계약하다 f. müqavilə imzalamaq, müqavilə bağlamaq
계약서(契約書) i. yazılı müqavilə, müqavilə sənədi / a contract, an agreement
계엄(戒嚴) i. fövqəladə vəziyyət, hərbi vəziyyət / guarding against the threat of danger, exercising vigilance 비상계엄 fövqəladə rejim
계엄령(戒嚴令) i. hərbi vəziyyət barədə fərman / martial law
계절(季節) i. fəsil, mövsüm / season 사계절 dörd fəsil
계집 i. qız, qızcığaz (kobud mənada) / a female 계집아이 kiçik qız
계통(系統) i. mənşə; sistem / a family line; a system
계획(計劃) i. plan; proyekt; tərtib etmə / plan; project 계획하다 f. planlaşdırmaq
고(高) i., s. yüksəklik; yüksək / height; high ↔ 저(低)
고(故) i. mərhum / the late
고(古) i. qədim, köhnə / ancient, old [=옛]
고가(高價) i. yüksək qiymət / a high price ↔ 저가(低價)

고개 i. alçaq sıra dağlar, təpəlik / ridge, hill
고개 i. boyunun ardı, ənsə / the back of neck, nape
고객(顧客) i. müştəri, alıcı / customer, buyer
고갯길 i. dağ yolu, yoxuş / an uphill pass
고갯마루 i. təpə, təpənin başı / the top of a hill; ridge
고고학(考古學) i. arxeologiya / archeology 고고학적 s. arxeoloji
고국(故國) i. ana vətən, yurd, məmləkət / one's homeland
고궁(古宮) i. qədim saray / old palace
고귀하다(高貴--) s. nəcib; alicənab / noble; high-exalted
고급(高級) i. əla növ; yüksək keyfiyyətli / high class 고급 시계 yüksək keyfiyyətli saat 고급 인력 yüksək səviyyəli kadrlar
고기 i. ət; balıq [=물고기] / meat; fish
고기잡이 i. balıqçı; balıq ovlama, balıq tutma / fisher [=어부]; fishing 고기잡이하다 f. balıq tutmaq, balıq ovlamaq
고난(苦難) i. əzab, əziyyət, sıxıntı; çətinlik / trouble, distress; affliction
고뇌(苦惱) i. sıxıntı, əzab-əziyyət; ağrı, işgəncə / distress; agony; suffering 고뇌의 생활 əzablı həyat
고단하다 s. yorğun, əldən düşmüş, taqətdən düşmüş / tired, fatigued [=피곤하다]
고달프다 s. üzülmüş, əldən düşmüş, taqətdən düşmüş / tired out
고대(古代) i. qədim dövr / ancient times
고대하다(苦待--) f. səbirsizliklə gözləmək, ümid eləmək, ümid bəsləmək / long for, look forward to~
고도(高度) i. yüksəklik / altitude
고독(孤獨) i. yalqızlıq, təklik, tənhalıq / solitude, loneliness 고독하다 s. tənhalıq hiss etmək, yalqızlıq hiss etmək
고되다 s. ağır, çətin / hard, tough 일이 고되다. İş ağırdır.
고래 i. balina / awhale
고려(考慮) i. nəzərə alma, götür-qoy etmə / consideration, deliberation, careful thought 고려하다 f. nəzərdə tutmaq, nəzərə almaq
고려(高麗) i. *Qoro*(Qədim Koreya dövləti / an ancient Korean State (918-1372)
고르다 f. seçmək; (torpağı) hamarlamaq / choose, select; make even 쌀을 고르다 düyünü təmizləmək 땅을 고르다 torpağı hamarlamaq
고름 i. irin / pus
고리 i. həlqə, halqa / a ring
고립(孤立) i. təcrid olunma / isolation 고립되다 f. təcrid olunmaq 고립하다 f. təcrid etmək

고마워하다 f. minnətdar olmaq / be thankful for
고맙다 s. minnətdar / grateful
고모 i. bibi / father's sister
고무신 i. qaloş, rezin ayaqqabı / rubber shoes
고문(拷問) i. işgəncə / torture 고문하다 i. işgəncə vermək 고문받다 f. işgəncəyə məruz qalmaq
고물(古物) i. antikvar; qədim əşya / an antique; used things
고민(苦悶) i. mənəvi əzab çəkmə, kədər; sıxıntı / worry; agony; anguish 고민하다 f. mənəvi əzab çəkmək, (pis vəziyyətdən çıxmaq üçün) baş sındırmaq
고발(告發) i. məlumat; şikayət, ittiham etmə (inzibati orqanlarda) / report; complaint; prosecution, charge 고발하다 f. şikayət etmək; cinayət işi açmaq, ittiham etmək
고백(告白) i. etiraf / confession 고백하다 f. etiraf etmək
고별(告別) i. vida / a farewell 고별하다 f. vidalaşmaq 고별사 vida (son) çıxışı 고별회(고별 파티) vida gecəsi, vida mərasimi (qonaqlığı)
고부라지다 f. əyilmək (ağac, bel) / bend
고부장하다 s. əyri / somewhat bent
고비 i. son nöqtə, kuliminasiya nöqtəsi (çətinlik, böhran və s. haqqında) / the climax; the peak; the crisis; the worst
고삐 i. yüyən, cilov / a bridle, reins 고삐를 당기다 f. cilovu dartmaq 고삐를 늦추다 f. cilovu buraxmaq
고상하다(高尙--) s. nəcib, alicənab / high, lofty, noble
고생(苦生) i. çətinlik, ağır həyat, əziyyət / hardships; hard life
고소(告訴) i. şikayət (məhkəməyə) / complaint, suit 고소하다 f. şikayət etmək
고소하다(苦笑--) f. ləzzət almaq, sevinmək (xoşuna gəlməyən adamın səhvindən) / be pleased to somebody
고소하다 s. iyli, ətirli / taste (smell) like sesame
고속(高速) i. yüksək sürət / high speed
고속도로 i. avtostrada, sürət yolu / highway
고속버스 i. ekspres avtobus / a highway bus
고스란히 z. olduğu kimi, necə idisə elə!; tamamilə / just as it was; completely 돈이 고스란히 남았다. Mənim pulum olduğu kimi qalıb.
고시(考試) i. dövlət imtahanı / an examination, the civil service examination [=국가고시]
고시(告示) i. xəbər; rəsmi xəbər; elan; məlumat / a notice 고시하다 f. bildirmək, rəsmi xəbər vermək

고시가격(告示價格) i. rəsmi qiymət / pegged price, fixed price
고아(孤兒) i. yetim, kimsəsiz uşaq / an orphan
고아원(孤兒阮) i. uşaq evi / an orphanage
고안하다(考案--) f. layihələşdirmək, planlaşdırmaq / devise, design, plan
고압(高壓) i. yüksək təzyiq / high tension; high voltage
고압전류(高壓電流) i. yüksək təzyiqli cərəyan / a high voltage current, a high tension current
고약하다 s. məkrli, pis; pis iyli / wicked, crooked; nasty
고양이 i. pişik / cat
고요하다 s. sakit, səssiz-səmirsiz / calm, quiet, silent, still
고용인(雇傭人) i. qulluqçu, idarə işçisi / employee
고용주(雇用主) i. icarədar, icarəyə götürən / employer
고용하다(雇用--) f. işə götürmək / employ
고유(固有) i., s. xas, aid; özünəməxsusluq / inherent, be particular to, idiosyncrasy, being characteristic 고유명사 xüsusi adlar
고을 i. məhəllə / district of province, country
고의로(故意-) z. qəsdən, bilərəkdən / intentionally, on purpose
고인(故人) i. mərhum / the deceased, the departed
고자 i. xacə, xədim / a man with underdeveloped genital organs
고자질 i. çuğulluq, xəbərçilik / talebearing, squeling 고자질하다 f. çuğulluq etmək, xəbərçilik etmək
고작 z. olsa olsa, ən çoxu / at most [=기껏해야, 겨우]
고장 i. yer; rayon; bölgə, məskən, diyar / locality, native place; district, home [=지방; 고향] 구바는 사과의 고장이다. Quba almanın vətənidir.
고장(故障) i. xarab olma, sıradan çıxma, sınma / out of order, breakdown, obstruction 고장나다 f. xarab olmaq, sıradan çıxmaq, sınmaq
고적(古蹟) i. tarixi abidələr, yerlər / a historic spot, a place of historical interest 명승고적 tarixi yerlər, diqqətəlayiq yer
고적대(鼓笛隊) i. musiqiçilər dəstəsinin marşı / a drum and fife band
고전(苦戰) i. çətin döyüş, şiddətli yarış / hard fight 고전하다 f. çətinliyə sinə gərmək
고전(古典) i. klassik əsərlər / classics
고전문학(古典文學) i. klassik ədəbiyyat / classical literature
고전미(古典美) i. klassik gözəllik / classical beauty
고전음악(古典音樂) i. klassik musiqi / classical music
고정하다(固定--) f. quraşdırmaq / fix 고정 가격 sabit qiymət 고정관념 dəyişməz ideya

고집(固執) i. inadcıl / obstinate; insistence 고집부리다 f. inad etmək, israr etmək 고집쟁이 inadcıl, inadkar
고참(古參) i. rütbəcə böyük / a senior
고추 i. bibər / pepper
고치다 f. (ayaqqabı) təmir etmək / repair
고치다 f. sağaltmaq, müalicə etmək / cure
고치다 f. (səhvi) düzəltmək / correct
고치다 f. (cədvəli) dəyişdirmək / fix
고치다 f. tərcümə etmək / translate [=번역하다] 아제르바이잔어를 한국어로 고치십시오.. Azərbaycan dilindən Koreya dilinə tərcümə edin.
고치다 f. (paltar) qaydaya salmaq / set right, adjust
고통(苦痛) i. ağrı; əzab, əziyyət / pain; agony 고통을 받다 f. əzab çəkmək, ağrı çəkmək 고통을 주다 f. əzab vermək, ağrı vermək
고프다 s. ac / hungry 배가 고프다 f. acmaq, ac olmaq
고하다(告--) f. məlumat vermək; bildirmək; xəbər vermək / inform; announce [=알리다, 통지하다]
고향(故鄕) i. doğma yer, yurd / a birthplace, a hometown
고환 i. xaya / testicles
곡(曲) i. musiqi; melodiya; təranə / music; a melody
곡물(穀物) i. dənli bitkilər / cereals, wheat, corn
곡선(曲線) i. əyri xətt / curve
곡식 i. dənli bitkilər, taxıl / cereals [=곡물]
곡절(曲折) i. səbəb / reason
곡조(曲調) i. melodiya / a melody
곤경(困境) i. çətin vəziyyət, şərait / distressed circumstances 곤경에 빠지다 çətin vəziyyətə düşmək
곤란(困難) i. çətinlik / difficulty, trouble 곤란하다 s. çətin, müşkül
곤지 i. gəlinin alnına qoyulmuş qırmızı xal / red spot (on bride's brow)
곤충(昆蟲) i. böcək / bug
곧 z. əlüstü, dərhal, o an / at once [=곧 바로]
곧다 s. düz, dürüst; vicdanlı / straight; honest [=바르다]
곧장 z. birbaşa, düz / straightly, directly
골 i. beyin; ilik / brain; marrow [=골수]
골 i. hirs, qəzəb / anger, temper 골이 나서 hirslə, acıqla
골동품(骨董品) i. əntiq əşyalar, antika əşyaları / curio, an antique
골라내다 f. seçmək, seçib götürmək / select

골라잡다 f. seçmək, seçib tutmaq / take one's choice
골목 i. dalan, döngə / a bystreet, alley, lane
골반(骨盤) i. çanaq (anatomiya) / pelvis
골방 i. böyük otağın arxasındakı balaca otaq / a small room attached to the main room
골짜기 i. vadi, dərə / a valley
골치 i. beyin / the brain 골치**(를)** 앓다 f. başı ağrımaq (məcazi mənada), əzab çəkmək / have a headache 골치 아픈 문제 əzablı məsələ
곪다 f. irinləmək, irin bağlamaq / form pus
곰 i. ayı / bear
곰팡이 i. kif / mold, mould 곰팡이가 슬다 f. kiflənmək, kif atmaq
곱 i. iki qat, iki misli / double; two times 두곱 iki qat 세곱 üç qat [=배]
곱다 s. gözəl, qəşəng / beautiful
곱셈 i. vurma (riyazi) / multiplication 곱셈하다, 곱하다 f. vurmaq
곳 i. yer / place
곳곳 z. hər yerdə / place after place, here and there, everywhere
공 i. top / ball
공(功) i. xidmət; layiqli xidmət; mükafat / merit [=공적(功績)] 공을 닦다 f. can atmaq, çalışmaq, cəhd etmək 공을 세우다 f. yüksək xidmət göstərmək
공(公) i. ictimai məsələlər / public matters 공과 사를 구별하다 ictimai və şəxsi məsələləri ayırd etmək
공간(空間) i. kosmos, fəza; yer; ara, boşluq / space
공갈치다(恐喝--) f. hədə-qorxu gəlmək, söz ilə hədələmək / threat; blackmail [=공갈하다]
공감하다(共感--) f. rəğbət bəsləmək, (dərdinə) şərik olmaq / sympathize with
공개(公開) i. ictimaiyyətə bildirmə / opening to the public 공개하다 f. ictimaiyyətə bildirmək
공개강좌(公開講座) i. açıq mühazirə / an extension lecture
공개방송(公開放送) i. canlı yayım / open broadcasting
공격(攻擊) i. hücum / an attack on 공격하다 f. hücum etmək
공경하다(恭敬--) f. hörmət etmək, ehtiram bəsləmək / respect
공고(公告) i. açıq (rəsmi) elan; rəsmi xəbər / a public (an official) notice 공고하다 f. rəsmi elan etmək, bildirmək
공공(公共) i., s. ictimai, ümumi / public 공공요금 ümumi qiymət 공공장소 ictimai yer 공공재산 ictimai mülkiyyət

ㄱ

공공연하다(公公然--) s. açıq / open, public 공공연한 비밀 açılmış sirr
공구(工具) i. alət / tool
공군(空軍) i. hərbi hava qüvvələri / an air force
공급하다(供給--) f. təchiz etmək, təmin etmək / supply
공기(空氣) i. hava / air
공동(共同) i., s. ümumi; ortaq, müştərək; ittifaq, birgə, kollektiv / cooperative; public, union
공동묘지(共同墓地) i. qəbirstanlıq / a public cemetery
공동성명(共同聲明) i. birgə bəyanat / joint statement
공동생활(共同生活) i. birgə yaşayış / common life
공동재산(共同財産) i. müştərək əmlak / joint proprerty, common property
공들다(功--) f. çoxlu əmək sərf etmək, çox zəhmət çəkmək / take much labor [=공들이다]
공략(攻略) [=공격(攻擊)]
공로(功勞) i. layiqli, ləyaqətli xidmət / meritorious services, merits
공모하다(公募--) f. açıq elan etmək / offer for public subscription
공모하다(共謀--) f. (cinayətdə) əli olmaq / plot together, conspire
공무(公務) i. rəsmi xidmət, ictimai xidmət / state service, public service
공무원(公務員) i. dövlət məmuru / public service personnel, a government official
공백(空白) i. boşluq, boş yer / a blank
공범(共犯) i. cinayət ortağı; (cinayətdə) əli olan, əlbir olan / an accomplice 공범자
공부하다(工夫--) f. (dərs) oxumaq / study
공사(工事) i. inşaat işi / construction work 공사하다 f. inşa etmək, tikmək, qurmaq
공사(公使) i. diplomatik nümayəndə; elçi / a diplomatic minister
공사(公事) i. dövlət şirkəti, ictimai xidmət şirkəti / a public corporation
공산당(共産黨) i. Kommunist partiyası / the Communist party
공손하다(恭遜--) s. nəzakətli / poilte
공습(空襲) i. hava hücumu, hava basqını / an air raid 공습하다 f. havadan hücum etmək
공식(公式) i. rəsmiyyət; formula / formality; formula
공식적 s. rəsmi / official
공업(工業) i. sənaye, manifaktura / industry, the manufacturing industry 공업화하다 f. sənayeləşdirmək

공연(公演) i. kütləvi tamaşa / public performance 공연하다 f. tamaşa vermək, tamaşa göstərmək

공용(共用) i. ümumi istifadə etmə / common use, public

공원(公園) i. park / park

공익(公益) i. ümumi fayda, ümumi xeyir / publicgood

공일(空日) i. istirahət günü; bazar günü / holiday; Sunday [=공휴일]

공자(孔子) i. Konfutsi (qədim Çin filosofu) / Confucius (552-479 B.C)

공장(工場) i. fabrik, zabod / factory

공적(公的) s. rəsmi; ümumxalq / official; public

공적(功績) i. ictimai xidmətləri; ləyaqətli xidmət / meritorius deed, services; merit

공정(公正) i. ədalət / equity, justice; fairness 공정하다 s.adil, ədalətli

공중전화 i. taksafon (küçədə) / public telephone

공증(公證) i. notariusda təsdiq etmə / noterial act, official endorsement 공증하다 f. notariusda təsdiq etmək

공짜 i. havayı / free of charge

공책 i. dəftər / notebook

공통(共通) s.müştərək, ortaq; ümumi / common

공평(公平) i. ədalət / equity, fairness 공평하다 s. ədalətli, adil 공평한 대우 eyni rəftar etmə

공포(恐怖) i. qorxu; dəhşət / fear; terror

공포(公布) i. rəsmi bildiriş; rəsmi bəyanat / official announcement 공포하다(公布--) f. bəyan etmək, elan etmək / proclaim

공학(工學) i. texnologiya, texnika / engineering

공항(空港) i. hava limanı / airport

공화국(共和國) i. respublika, cümhuriyyət / a republic

공휴일(公休日) i. rəsmi istirahət günü; rəsmi bayram / day off, holiday

곶감 i. xurma qurusu / dried persimmon

-과/와 bağ. və; birlikdə, ilə / and; with 사과와 배 alma və armud 그 사람과 나는 함께 갔다. Mən onunla birlikdə getdim.

과(科) i. bölmə, şöbə, kafedra / adepartment [=학과(學科)] 한국어학과 Koreya dili kafedrası 인사과 kadrlar şöbəsi

과(課) i. dərs; seksiya / lesson; a section 제 1 과 birinci bölmə

과감하다(果敢--) s. cəsur, cəsarətli, qoçaq, qətiyyətli / bold, determined

과거(過去) i. keçmiş zaman; keçmiş / the past

과격(過激) i. radikal, ekstremizm / beingradical, extremeness 과격분자 ekstremist

과격파(過激派) i. radikal qrup / radical, roup
과로(過勞) i. həddən ziyadə işləmə, özünü əldən salma / overwork 과로하다 f. özünü əldən salmaq, çox işləməkdən yorulmaq
과목(科目) i. dərsin mövzüsü, fənn; dərs / a subject; a course of study
과민하다(過敏--) s. son dərəcə həssas, çox həssas / over sensitive
과반수(過半數) i. əksəriyyət; çoxluq / the majority
과부(寡婦) i. dul qadın / a widow
과세(課稅) i. vergi qoyma; vergi / taxation, tax 과세하다 f. vergi qoymaq
과식하다(過食--) f. həddən artıq yemək / eat too much
과실(過失) i. səhv; təqsir, günah / a fault
과실(果實) i. meyvə / fruit
과연(果然) z. gözlənildiyi kimi / as expected
과음하다(過飮--) f. çox içki içmək, həddən artıq çox içmək / overdrink
과일 i. meyvə / fruit [=과실]
과잉(過剩) i. həddən ziyadəlik / an excess
과자(菓子) i. şirniyyat / confectionery, pastry
과장(課長) i. bölmə müdiri, şef (firmada) / the head of a section
과장(科長) i. şöbə müdiri, kafedra müdiri / the head of a department
과장하다(誇張--) f. şişirtmək, mübaliğə etmək / exaggerate
과정(課程) i. kurs, proqram, tədris proqramı / course, curriculum
과제(課題) i. mövzu; ev tapşırığı / a subject; homework [=숙제]
과중하다(過重--) s. həddən artıq ağır / too heavy
과학(科學) i. elm / science 과학적 s. elmi
관(冠) i. tac / crown
관(棺) i. tabut / coffin
관객(觀客) i. tamaşaçı / audience, spectators
관계(關係) i. əlaqə, münasibət / relation, connection 관계하다, 관계를 갖다 f. əlaqə saxlamaq
관광(觀光) i. turizm; səyahət / tour, seesighting 관광객 turist 관광시설 turizm şəraiti 관광철 turizm mövsümü 관광회사 turizm şirkəti
관념(觀念)i. fikir, ideya; anlayış, konsepsiya / concept; idea; thought müq. 개념(概念) ideya [≒생각] fikir, düşüncə
관대하다(寬大--) s. səxavətli, əliaçıq / generous
관람하다(觀覽) f. tamaşa etmək, baxmaq / see, view 박람회를 관람하다 sərgiyə baxmaq 영화를 관람하다 kinoya tamaşa etmək

관련(關聯) i. münasibət, əlaqə, ünsiyyət / connection; relation 관련하다, 관련되다 f. əlaqədar olmaq, bağlı olmaq, ünsiyyətdə olmaq, münasibəti olmaq

관례(慣例) i. adət-ənənə / custom

관료(官僚) i. süründürməçilik, rəsmiyyətçilik / a bureaucracy, officialdom 관료적인 s. bürokratik

관료주의(官僚主義) i. bürokratizm / bureaucratism, officialism, bureaucracy 관료주의자 bürokrat

관리(官吏) i. dövlət məmuru / government official

관리(管理) i. idarə etmə, nəzarət etmə, kontrol / management; administration; charge 관리하다 f. idarə etmək

관사(官舍) i. iqamətgah, rezidensiya / an official residence

관세(關稅) i. gömrük / customs 관세청 Baş Gömrük İdarəsi

관습(慣習) [=습관(習慣)]

관심(關心) i. maraq; qayğı / concern; interest 관심을 갖다 f. maraqlanmaq; qayğı göstərmək

관여하다(關與--) f. (bir işdə) iştirak etmək, payı olmaq / participate, have a share 경영에 관여하다 idarəetmədə iştirak etmək 네가 관여할 문제가 아니야. Bu, sənin işin deyil.

관절(關節) i. oynaq / a joint

관점(觀点) i. nöqteyi-nəzər / a point of view 정치적 관점에서 siyasi nöqteyi-nəzərdən 내 관점에서 mənim nöqteyi-nəzərimdən, məncə

관중(觀衆) i. tamaşaçılar / spectators

관찰하다(觀察--) f. müşahidə etmək, izləmək / observe

관청(官廳) i. dövlət idarəsi / a government office

관하여(關--) qoş. haqqında, barədə / about; regarding. ~에 관하여 [=~에 대하여]

괄시하다(恝視--) f. xor baxmaq, pis rəftar etmək, yuxarıdan aşağı baxmaq / despise, neglect, treat badly

괄호(括弧) i. mötərizə / parenthesis

광 i. anbar / a store-room, a barn

광(光) i. işıq / light [=빛]

광경(光景) i. səhnə (hadisə yeri) / a spectacle

광고(廣告) i. reklam; elan / advertisement; notice 광고하다 f. reklam etmək; elan etmək

광명 (光明) i. işıq; ümid / light; hope

ㄱ

광물(鑛物) i. minerallar / the minerals 풍부한 광물자원 zəngin mineral ehtiyatları

광범위하다(廣範圍--) s. geniş; geniş əhatəli / extensive, wide

광산(鑛山) i. mədən / a mine

광선(光線) i. işıq, şüa / light; ray of light [=빛]

광업(鑛業) i. mədən sənayesi; filizçilik / the mining industry, mining

광장(廣場) i. meydan / an open space, a public square

광적(狂的) s. fanatik; mövhumatçı / lunatic, fanatic; mad 광적인 신앙 mövhumata inam

괜찮다 s. kifayət; oldu; yaxşı, olduqca yaxşı / all right; don't mind; quite good

괜히 z. əbəs yerə, boş yerə, havayı / in vain

괴다 f. bir yerə yığılmaq (su) / (liquid) stagnate, collect, gather 빗물이 웅덩이에 괴어 있다. Yağış suyu çalaya yığılıb.

괴다 f. qoymaq (dayaq və s.) / support 손으로 턱을 괴다 çənəsini əlləri arasına almaq

괴롭다 s. ağrılı, üzücü, kədərli / painful, troublesome 괴로움 i. ağrı, üzüntü, sıxıntı, kədər

괴롭히다 f. sataşmaq, incitmək, narahat etmək / bother, annoy, upset

괴물 i. əjdaha / monster

괴팍하다 s. vasvası, qəribə, əsəbi / fussy, fastidious

굉장하다(宏壯--) s. görkəmli, möhtəşəm / magnificent, wonderful

교과서(敎科書) i. dərslik / textbook

교단(敎壇) i. kürsü / the platform

교대하다(交代--) f. növbəni dəyişmək / alternate; take one's turn, change 교대로 작업하다 növbə ilə işləmək

교도소(矯道所) i. həbsxana, dustaqxana / prison, jail [=감옥(監獄)]

교만하다(驕慢--) s. təkəbbürlü, lovğa, özündən razı / proud, arrogant

교묘(巧妙) i. məharət, bacarıq, ustalıq / skill, dexterity 교묘하다 s. bacarıqlı, mahir 교묘한 대답 mahir cavab

교사(敎師) i. müəllim / a teacher

교섭하다(交涉--) f. danışıqlar aparmaq, müzakirə etmək / negotiate with, communicate with 교섭 단계에 있다 danışıqlar ərəfəsində olmaq

교수(敎授) i. professor / professor

교실(敎室) i. sinif, dərs otağı / classroom, a lecture room

교양(敎養) i. mədəni olma; savadlı olma / culture; refinement 교양있는 s. mədəni, savadlı

교외(郊外) i. şəhərkənarı; mikrorayon / suburbs

교육(敎育) i. təhsil, təlim / education
교장(校長) i. məktəb direktoru / a principal; a director
교정하다(校正--) f. təshih etmək, düzəltmək / correct
교제(交際) i. münasibət, ünsiyyət / social intercourse
교차하다(交叉--) f. qarşı qarşıya gəlmək, keçib getmək / cross (each other)
교체하다(交替--) f. dəyişmək (oyunçunu, vəzifəni), əvəz etmək / replace 교체시키다 f. vəzifə dəyişdirmək 교체선수 ehtiyat oyunçu
교탁(敎卓) i. müəllimin stolu / teacher's desk
교통(交通) i. nəqliyyat, yol hərəkəti; ünsiyyət / traffic; communication
교통법규(交通法規) i. yol hərəkət qaydaları / traffic regulations [=교통규칙]
교환하다(交換--) f. mübadilə etmək; dəyişdirmək; xırdalamaq / exchange, make an exchange 교환교수 제도 professorların mübadilə üsulu
교환하다(交驩--) f. bir-birini salamlamaq / exchange courtesies 교환경기 bir-birinə cavab yarışı
교활하다(狡猾--) s. bic, hiyləgər / cunning
교황(敎皇) i. Katolik Papa / the Pope
교회(敎會) i. kilsə / church
교훈(敎訓) i. təlim, öyüd / teachings, a precept
구(區) i. *qu*(Koreyada rayon) / a district 종로구 Conqno qu
구-(舊-) i. keçmiş, köhnə, əvvəlki / ex-, former 구세대 köhnə nəsil
구(口) i. açıq yer (pəncərə, qapı və s.) / an opening, gate, window 접수구 qəbul pəncərəsi
구경거리 i. maraqlı mənzərə, cəlbedici səhnə, hadisə / an object of interest, a sight, a spectacle
구경하다 f. baxmaq, seyr etmək / see, watch; see the sight
구급(救扱) i., s. ilk yardım, təcili yardım / first aid, emergency
구기다 f. əzmək, qırışdırmaq (kağız, paltar) / wrinkle, crumple
구내(構內) i. binanın içindəkilər / compound, premises 구내서점 kitab kiosku 구내식당 yeməkxana (müəssisə, şirkət, idarə)
구더기 i. qurd / a worm, a maggot
구덩이 i. çala / hole in the ground
구두 i. ayaqqabı; botinka / boots and shoes
구두(口頭) i., s. şifahi / verbal, oral 구두시험 şifahi imtahan
구두쇠 i. xəsis, acgöz / a miser
구르다 f. yuvarlanmaq (top); yerə döymək (ayaqlarını) / roll; recoil; (foot) shake 발을 구르며 울다 ayaqlarını yerə döyərək ağlamaq
구름 i. bulud / cloud

구매하다(購買--) f. satın almaq / purchase

구멍 i. dəlik, deşik / hole

구별(區別) i. fərqləndirmə / distinction 구별하다 f. fərq qoymaq, fərqləndirmək / distinguish, classify

> '**구분**' və '**구별**'-un fərqi
>
> '**구분**'dan ümumilikdə hər hansı bir standarta əsasən ayırarkən ortaq cəhətlərə əsaslananada, '**구별**'dan isə əksinə fərqli cəhətlərə əsaslanarkən istifadə edilir.
>
> **누가 엄마고 누가 딸인지 구분이 안 간다.**
> - Kim anadır, kim qızdır ayırd etmək olmur. (O)
>
> **업무와 사적인 일은 분명히 구별해라.**
> - İş ilə şəxsi həyatı bir-birinə qarışdırma. (O)

구불구불 z. dolambac / winding, twisting

구상(構想) i. fikir, layihə, plan / idea, plan, conception, plot 구상하다 f. fikirləşmək, planlaşdırmaq, layihələşdirmək

구석 i. künc / corner

구성(構成) i. tərkib, quruluş / composition, or anization, constitution 구성하다 f. ibarət olmaq, təşkil etmək

구속(拘束) i. həbs / binding, restraint, confinement 구속하다 f. həbs etmək 구속 영장 həbs barədə qərar (əmr)

구슬 i. muncuq; süni mirvari / beads

구식(舊式) i. köhnə moda, köhnə dəb; qədim üslub / old style; old fashion ↔ 신식(新式) 구식결혼 köhnə dəbdəbədə keçirilən toy 구식옷 köhnə dəbdə tikilmiş paltar

구실 i. vəzifə, borc; bəhanə / one's duty, role; excuse, pretext 구실을 다하다 f. vəzifəsini tam icra etmək 구실을 만들다 f. bəhanə gətirmək

구역(區域) i. zona, bölgə; məntəqə / a zone, a area; a district

구원(救援) i. xilas etmə, qurtuluş / salvation 구원하다 f. xilas etmək, qurtarmaq

구입하다(購入--) f. satın almaq / purchase

구제(救濟) i. yardım, kömək / relief, help, aid 구제하다 f. (maddi cəhətdən) yardım etmək

구조(救助) i. köməyinə çatma, imdadına çatma, qurtarma; xilas etmə / rescue, deliverance 구조하다 f. (vəziyyətdən) xilas etmək, imdadına çatmaq, köməyinə çatmaq

구조(構造) i. struktur, quruluş / structure

구주(歐洲) i. Avropa / Europe [=유럽]
구주(救主) i. Rəbb; xilaskar / the Savior, the Redeemer, the Messih [=구세주(救世主)]
구질구질하다 s. çirkli / dirty
구청(區廳) i. rayon icra hakimiyyəti / a ward (district) office
구체적 s. konkret / concrete
구체화하다(具體化--) f. formalaşdırmaq, dəqiq formaya salmaq, qaydaya salmaq; həyata keçirmək, maddiləşdirmək / embody; give shape; materialize
구충제(驅蟲劑) i. (insan bədənində) qurd dərmanı / insecticide
구타하다(毆打--) f. döymək, vurmaq / beat, strike
구하다(求--) i. (iş) axtarmaq / look for
구하다(求--) i. almaq, əldə etmək / buy, obtain 서울에서 구한 물건 Seuldan alınmış əşya
구하다(求--) f. xilas etmək / save
구하다(求--) f. tələb etmək, istəmək / want 점원을 구하다 işçi tələb olunmaq
구토하다(嘔吐--) f. qusmaq / vomit
구호(口號) i. şüar / a slogan
구호(救護) i. yardım, kömək / relief 구호물자 yardım üçün verilmiş mallar
구혼(求婚) i. evlənmək təklifi / a proposal of marriage 구혼하다 f. evlənmək təklif etmək
국 i. şorba / soup
국(局) i. departament / department
국가(國家) i. dövlət / state
국경(國境) i. sərhəd; hüdud / frontier 사랑에는 국경이 없습니다. Sevgidə sərhəd yoxdur.
국경일(國慶日) i. milli bayram / a national holiday
국교(國交) i. diplomatik əlaqə / diplomatic relations 국교를 수립하다 f. diplomatik əlaqə yaratmaq
국군(國軍) i. milli ordu / the national army
국기(國旗) i. milli bayraq / the national flag
국내(國內) i., s. iç / the interior ↔ 국외(國外) xaric, 국내선 daxili uçuş xətləri 국내문제 daxili problemlər
국립(國立) s,. i. milli; dövlət / national 바쿠국립대학 Bakı Dövlət Universiteti
국력(國力) i. dövlətin gücü / national strength
국문학(國文學) i. Koreya ədəbiyyatı / Korean literature

국민(國民) i. millət, xalq / nation 국민교육 milli təhsil
국민투표(國民投票) i. referendum / a referendum
국방(國防) i. milli müdafiə / national defense 국방부 Müdafiə Nazirliyi
국사(國史) i. dövlət tarixi / a national history
국산(國産) i. yerli istehsal / home production 국산품 yerli məhsul
국세(國稅) i. dövlət vergisi / national tax
국세청(國稅廳) i. Dövlət Vergi Müfəttişliyi / the Office of National Tax Administration
국수 i. makaron; makaron şorbası / makaroni; noodle soup
국어(國語) i. dövlət dili, rəsmi dil / a national language
국어학(國語學) i. milli dil üzrə elm / science of the national language
국외(國外) i. xaric / abroad [=해외]
국유(國有) i. dövlət mülkiyyəti / state ownership
국장(局長) i. departament başçısı / the director of a bureau (department)
국적(國籍) i. vətəndaşlıq; milliyyət [=민족] / citizenship; nationality 국적이 어디입니까? Haranın vətəndaşısınız? 이중국적 ikili vətəndaşlıq
국제(國際) i., s. beynəlxalq / international (relations) 국제공항 beynəlxalq hava limanı 국제무역 beynəlxalq ticarət
국제연합 i. Birləşmiş Millətlər Təşkilatı (BMT) / United Nation
국회(國會) i. Məclis, Parlament / the National Assembly
국회의원(國會議員) i. millət vəkili, deputat / a member of National Assembly
군대(軍隊) i. qoşun, ordu / army, troops
군데 i. yer / place, spot 여러 군데 bir neçə yer
군민(郡民) i. kənd adamları, əyalət adamları / country people
군복(軍服) i. əsgəri geyim / a military uniform
군부(軍部) i. ordu rəhbərliyi / military authorities
군사(軍士) i. əsgərlər, hərbçilər / soldiers [=군인]
군인(軍人) i. hərbçi; əsgər / military person; soldier
군정(軍政) i. hərbi rəhbərlik, komandanlıq / military administration
군주(君主) i. monarx, hökmdar / a monarch, a sovereign
군중(群衆) i. böyük izdiham / crowd; masses [=무리]
군중대회(群衆大會) i. açıq iclas, mitinq / open meeting
굳다 s. möhkəm, bərk, sərt; qatı / secured, firm; solid 굳은 땅 bərk torpaq 굳은 결심 sərt qərar 굳은 피 qatı qan
굳다 f. sərtləşmək / harden, become solid

굳세다 s. möhkəm, güclü, cəsur, qüvvətli / firm, strong 굳센 신념 möhkəm inam 굳센 의지 möhkəm iradə

굳어지다 f. möhkəmləşmək, bərkimək (sement, süd), qatılaşmaq / become hard

굴 i. mağara, oyuq; tunel / cave [=동굴]; tunnel [=터널] 토끼가 굴을 팠다. Dovşan özünə oyuq qazdı. 굴에 사는 사람 mağarada yaşayan adam

굴뚝 i. baca / chimney

굴복하다(屈服--) f. təslim olmaq, boyun əymək / submit to, surrender to~

굴리다 f. diyirləmək (top və s.); (kitabı) atmaq, tullamaq / roll 책을 함부로 굴리다 kitabı səliqəsiz bir yerə atmaq

굴욕(屈辱) i. biabırçılıq, rüsvayçılıq, alçalma / disgrace, humiliation

굵다 s. qalın (qələm, səs), yoğun (boyun, barmaq) / thick

굶다 f. ac qalmaq / go without food

굽다 s. əyri / curved

굽다 f. əyilmək (bel) / bent, be stooped

굽다 f. qızartmaq / roast

굽이 굽이 z. dolambaclı, ziqzaq / in zigzag, at every bend

굽히다 f. əymək (belini, ağacın budağını) / bend

굿 i. şər qüvvələrin qovulma mərasimi (şamanlıqda) / exorcism, shaman ritual

굿하다 f. şamanlıqda şər qüvvələrin qovulması mərasimini keçirmək

궁궐(宮闕) i. şah sarayı / the royal palace [=궁(宮)]

궁금하다 f. darıxmaq, həyacan keçirmək, dərdini çəkmək, narahat olmaq / concerned, be anxious about ~ 우리는 시험결과가 매우 궁금해요. Biz imtahanın nəticəsindən çox narahatıq.

궁녀(宮女) i. saray xidmətçisi (qadın) / court maid

궁둥이 i. yan, bud / hip [=엉덩이]

궁지(窮地) i. dilemma; çıxılmaz vəziyyət, çətin vəziyyət / a dilemma; a difficult situation

궁핍(窮乏) i. kasıblıq; ehtiyac / poverty; want, needy 궁핍한 생활 kasıb həyat

-권(卷) i. cild; tiraj / a volume; a copy 이 책은 열 권으로 구성되어 있다. Bu kitab on cilddən ibarətdir. 이 사전은 천 권이 출판되었다. Bu lüğət min tirajla çap olunub.

권능(權能) i. güc, qüdrət; səlahiyyət / power; authority

권력(權力) i. siyasi güc; səlahiyyət / power; authority [=권세(權勢)]

권리(權利) i. ixtiyar, hüquq, haqq / right, claim

권위(權威) i. nüfuz, səlahiyyət; prestij; şərəf, ləyaqət / authority; prestige; dignity 권위있는 소식통 nüfuzlu mənbə

ㄱ

권유하다(勸諭--) f. öyüd vermək, məsləhət vermək, tövsiyyə etmək, inandırmaq / advise, induce, admonish [=권고하다]

권장(勸獎) i. tövsiyyə, təşviq etmə / urging, encouragement, promotion 권장하다 f. tövsiyyə etmək, təşviq etmək

권총(拳銃) i. tapança / a pistol

권투(拳鬪) i. boks / boxing 권투선수 boksçu

권하다 f. tövsiyyə etmək, məsləhət görmək / recommend

권한(權限) i. səlahiyyət, hüququ olma, kompetensiya / authority; power; competence -을 할 권한이 있다 f. səlahiyyəti olmaq, hüququ olmaq, ixtiyarı olmaq

궤도(軌道) i. orbit / an orbit, a track

귀 i. qulaq / ear

귀가(歸家) i. evə qayıtma, evə dönmə / returning home 귀가하다 f. evə dönmək, evə qayıtmaq

귀고리 i. sırğa / earring

귀국(歸國) i. ölkəyə qayıtma / returning home 귀국하다 f. ölkəyə qayıtmaq

귀먹다 f. kar olmaq / become deaf

귀빈(貴賓) i. hörmətli qonaq / an honored guest, VIP

귀성객(歸省客) i. doğma yerlərə qayıdanlar / homegoing people

귀순(歸順) i. özünü təslim etmə / submission, return to allegiance 귀순하다 f. özünü təslim etmək

귀신(鬼神) i. cin; şər ruh / a ghost, spirit of dead, evil spirit

귀양 i. sürgün / banishment, exile 귀양보내다 f. sürgün etmək, sürgünə göndərmək

귀여워하다 f. oxşamaq, əzizləmək (böyüklər balacalari); sevmək / love; pet

귀엽다 i. sevimli, gözəl, qəşəng, cazibədar / lovable, pretty, charming, attractive

귀족(貴族) i. kübar, aristokrat / nobles, the aristocracy

귀중하다(貴重--) s. əhəmiyyətli, qiymətli / precious, valuable

귀중품(貴重品) i. qiymətli əşya / an article of value

귀찮다 s. zəhlə tökən, baş ağrıdan, əzablı, əziyyətli / troublesome, annoying 귀찮은 일 zəhlə tökən iş 그는 항상 사람들을 귀찮게 한다. O, həmişə adamların zəhləsini tökür.

귀하다(貴--) s. qiymətli; nadir / precious; noble; rare

귀화(歸化) i. vətəndaşlığı qəbul etmə / naturalization 귀화하다 f. vətəndaşlığı qəbul etmək

규격(規格) i. standart; norma / a standard; a norm

규명하다(糾明--) f. həqiqəti araşdırmaq, yaxından yoxlamaq, yaxından araşdırmaq; üzə çıxarmaq / inquire into, examine closely; disclose
규모(規模) i. miqyas, miqdar / scale 대규모로 geniş miqyasda
규모있다 s. səmərəli / effective 규모있게 돈을 쓰다 puldan səmərəli istifadə etmək
규율(規律) i. nizam-intizam; qayda / discipline; order, regulations
규정(規定) i. qaydalar, qayda-qanun / rules, regulations 규정하다 f. şərt qoymaq
규제하다(規制--) f. məhdudlaşdırmaq; qaydaya salmaq, nizama salmaq / restrict; reulate 교통을 규제하다 küçə hərəkət qaydalarını nizama salmaq 소비성 품목의 수입을 규제하다 tələbat mallarının ölkəyə daxil olmasını məhdudlaşdırmaq
규칙(規則) i. qayda / rule
규칙적 s. müntəzəm / regular, orderly 규칙적으로 z. müntəzəm olaraq, bir qayda olaraq
균등하다(均等--) s. bərabər, taraz / equal 균등하게 z. bərabər şəkildə, bərabər halda, eyni tərzdə
균열(龜裂) i. çat / crack 균열하다 f. çatlamaq
균형(均衡) i. müvazinət; eynilik, tarazlıq / balance; equilibrium
귤 i. naringi, mandarin / tangerine, mandarin orange
그 əv., s. o / it, he, she
그것 əv. o şey / it
그까짓 z. elə şey / that kind of, such a thing
그냥 z. elə, olduğu kimi, əvvəlki kimi / in the same way as before, as it is
그네 i. yelləncək / swing
그네들 əv. onlar / they
그녀(-女) əv. o (qadın) / she
그늘 i. kölgə / shade
그대 əv. sən; siz / you [=당신]
그대로 z. olduğu kimi; eynilə / as it is
그동안 z. o müddətdə / that while
그들 əv. onlar / they
그때 z. o zaman / that time
그래 nid. yaxşı; bəli; oldu / well
그래서 z. ona görə də, o səbəbdən / for that reason, therefore
그러나 bağ. amma, lakin, ancaq / but, however
그러니까 bağ. beləliklə, buna görə / therefore

ㄱ

그러면 bağ. onda, o zaman / then, if so [=그럼]
그러므로 bağ. beləliklə, buna görə / therefore
그런 z. elə, onun kimi / that sort of
그런데 bağ. amma, ancaq, lakin / but
그러한 z. belə, elə / such 세상이란 그러한 것이다. Dünya belə bir yerdir. 그러한 사람 elə bir adam
그렇다 s. elədir, düzdür, doğrudur; təbii ki! / so; yes
-그루 i. dənə (ağaca aid) / number (a plant, a tree) 열 그루의 나무 on dənə ağac
그리다 f. darıxmaq, həsrət çəkmək, can atmaq / yearn for [=동경하다]
그리다 f. şəkil çəkmək / draw, picture
그리하여 bağ. beləcə, beləliklə; belə ki / thus
그리스도 i. Məsih / Christ, Jesus
그리움 i. həsrət çəkmə / yearning, longing
그리워하다 f. həsrət çəkmək; həsrətində olmaq, darıxmaq / long for 행복했던 옛날을 그리워하다 keçmiş xoşbəxt günlərin həsrətində olmaq
그리스 i. Yunanıstan / Greece
그림 i. rəsm, şəkil; cizgi / picture
그림자 i. kölgə / shadow
그립다 s. sevimli, əziz / missing, dear 그리운 사람 əziz olan adam, sevimli adam
그만 z. bundan artıq yox, daha; o qədər / no more than that 그만 울어라! Bəsdir, daha ağlama! 그만 먹어라! Daha yemə!, Yeməyi dayandır!
그만두게 하다 f. dayandırmaq / make stop
그만두다 f. dayandırmaq, əl çəkmək, buraxmaq (oxumaqdan); tərk etmək / stop; quit; leave as it is 공부를 그만두다 oxumaqdan əl çəkmək 일을 그만두다 işi atmaq
그물 i. tor / net
그믐 i. ayın son günü / last day of the month [=그믐날]
그이 əv. o (kişi) / he
그을다 f. qaralmaq (hisdən); yanmaq (gündən) / get covered with soot; be burned
그제 i. sırağa gün / day before yesterday [=그저께]
그지없다 s. sonsuz, ucsuz-bucaqsız, nəhayətsiz; anlaşılmaz, izahı olmayan / endless; beyond expression
그치다 f. dayanmaq, durmaq / stop 울음을 그치다 ağlamağı dayandırmaq 비가 그쳤다. Yağış dayandı.

극동(極東) i. Uzaq Şərq / the Far East
극락(極樂) i. Cənnət (Buddizm) / paradise
극복하다(克服--) f. aradan qaldırmaq, öhdəsindən gəlmək, üstün gəlmək (çətinliyə) / overcome, conquer
극성스럽다(極盛--) s. həddən artıq həvəs göstərən / overeager, impatient
극장(劇場) i. teatr / a theater
극히(極-) z. olduqca, həddən artıq, çox / extremely, very
근거(根據) i. əsas, bazis, zəmin / a basis, a ground 근거가 없는 s. əsassız 이 소문은 확실한 근거가 없다. Bu şayiə tamamilə əsassızdır.
근교(近郊) i. şəhər kənarı / suburbs
근대(近代) i. yaxın dövr / recent age 고대(古代) qədim dövr 중세(中世) orta dövr 현대(現代) müasir dövr
근래에(近來-) z. son günlərdə, bu günlərdə / these days, recent times
근로(勤勞) i. əmək, iş / labor, work, service 근로자 fəhlə, işçi
근면(勤勉) i. çalışqanlıq / diligence 근면하다 s. çalışqan [=부지런하다]
근무(勤務) i. iş, çalışma, növbətçi olma, işləmə / work, duty, service 근무하다 f. işləmək; çalışmaq 근무 중이다 növbətçi olmaq 근무를 쉬다 işdən qalmaq 나는 통역으로 근무한다. Mən tərcüməçi işləyirəm.
근본(根本) i. mənbə, mənşə, təməl, əsas / the source, root, foundation 근본적으로 mənşə etibarı ilə 근본적인 문제 fundamental məsələ, əsas məsələ, başlıca məsələ
근세(近世) i. yaxın dövr / recent times [=근대(近代)]
근심하다 f. narahat olmaq; kədərlənmək / worry; be anxious about
근원(根源) i. kök, mənşə, qaynaq / the origin, the source, the root
근육(筋肉) i. əzələ / a muscle
근절하다(根絶--) f. kökünü kəsmək, kökündən yox etmək / eradicate, uproot 사회악을 근절하다 sosial ədalətsizliyi kökündən yox etmək
근질근질하다 f. qaşınmaq / itch
근처(近處) i. yaxınlıq, qonşuluq, ətraf / vicinity [=근방]
글 i. yazı / writing 글쓰다 f. yazı yazmaq
글씨 i. əlyazması / handwriting
글자 i. hərf; əlifba / a letter; alphabet [=문자; 알파벳]
긁다 f. qaşımaq; dırmıqlamaq; qıcıqlandırmaq / scratch; rake up; irritate 돈을 긁어 모으다 pul yığmaq 나뭇잎을 긁어 모으다 yarpaqları dırmıqla yığmaq
금(今) i. indiki, bu (vaxt, il və s.) / the present (time); this (year)

금(金) i. qızıl / gold

금 i. çat, yarıq; qat; xətt / a crack; crease; line

금가다 f. çatlamaq, çat vermək; soyuqluq yaranmaq (münasibətdə) / crack; cause a crack in (friendship)

금고(金庫) i. kassa (kiçik pul qutusu) / a cashbox

금관(金冠) i. qızıl tac / a gold crown

금긋다 f. xətt çəkmək / draw a line; limit

금기(禁忌) i. tabu / taboo 금기하다 f. yasaq etmək

금년(今年) i. bu il, cari il / this year [=올해]

금리(金利) i. kurs, faiz / interest, money rate 은행금리 bank kursu

금메달(金--) i. qızıl medal / a gold medal

금물 i. qadağan, tabu / a prohibited thing, a taboo

금방(今方) z. indi, indicə, bayaq / just now

금빛(金-) i. qızılı rəng / golden color

금성(金星) i. Zöhrə ulduzu, Venera / the planet Venus

금속(金屬) i. metal, filiz / metal

금식(禁食) i. orucluq / fasting 금식하다 f. oruc tutmaq

금액(金額) i. pulun məbləği, pulun miqdarı / an amount of money, a sum of money

금언(金言) i. hikmətli söz, aforizm / a golden saying, a maxim, an aphorism [=격언]

금욕하다(禁慾--) f. nəfsini saxlamaq, özünü saxlamaq (seksdən, içkidən) / repress the passion, restrain the passion

금융(金融) i. maliyyə; pul tədavülü / finance; circulation of the money 금융기관 maliyyə agentliyi 금융시장 pul bazarı

금일(今日) i. bu gün / today; this day

금전(金錢) i. pul / money, cash 금전 출납계 xəzinədar, kassir 금전상의 문제 pul məsələsi müq. 동전(銅錢) dəmir pul, sikkə 현금(現金) nağd pul

금주(今週) i. bu həftə / this week müq. 내주 (來週) gələn həftə

금주(禁酒) i. içkini atma, içki yasağı / abstinence from drink, giving up drinking

금지(禁止) i. qadağa / prohibition 금지하다 f. qadağan etmək 금지되다 f. qadağan olunmaq

금하다(禁--) f. qadağan etmək / prohibit

-급(-給) i. sinif; dərəcə; səviyyə / a class; a grade, level 학급 sinif 대사급 회담 səfirlik səviyyəsində keçirilən konfrans 오천 톤급의 배 5 min tonluq gəmi

급(急) s., i. kəskin; təcili / urgent, pressing, admitting of no delay 초미의 급 kəskin ehtiyac

급격하다(急激--) s. ani, birdən / sudden, abrupt, radical, 급격히 z. gözlənilmədən, dərhal 급격한 변화 təcili dəyişiklik

급료(給料) i. əmək haqqı, maaş, məvacib / pay, wages, a salary

급박하다(扱迫--) s. təxirəsalınmaz, təcili / urgent, imminent, pressing 아시아의 급박한 정세 Asiyada kəskin vəziyyət

급변하다(扱變--) f. sürətlə dəyişmək, qəfildən dəyişmək / change suddenly

급선무(急先務) i. təcili iş, zəruri iş / the most urgent or important business

급성(急性) s. kəskin / acute 급성 맹장염 kəskin formada apendisit \ 만성 xronik

급성장(急成長) i. sürətli inkişaf / rapid growth

급속도(扱速度) i. yüksək sürət / rapid speed

급수하다(給水--) f. su ilə təchiz etmək, su vermək / supply (a building) with water 급수 su təchizatı

급증하다(急增--) f. sürətlə çoxalmaq; sürətlə artmaq / increase rapidly

급하다(急--) s. sürətli, təcili / urgent, rapid 급히 z. təcili

급행(急行) i. s. ekspres / express 급행열차 ekspres qatar, sürət qatarı

긋다 f. xətt çəkmək / draw

긍정적(肯定的) s. təsdiq, müsbət / affirmative, positive ↔ **부정적**(否定的) mənfi, inkar 긍정도 부정도 하지 않다 Nə inkar edir, nə təsdiq edir.

긍지(矜持) i. fəxr, qürur; iftixar / pride 긍지를 느끼다 f. fəxr etmək, iftixar etmək 나는 학생들에게 긍지를 느낀다. Mən tələbələrimlə fəxr edirəm.

긍휼(矜恤) i. mərhəmət / pity, sympathy 긍휼히 여기다 f. mərhəmət göstərmək, rəhm göstərmək

기(氣) i. enerji, qüvvə, güc, enerji gücü / vigor, energy, strength, spirits

기(期) i. zaman, dövr, vaxt; mərhələ / an age; time; stage [=시기]

기간(期間) i. vaxt, dövr / period, term 성탄절과 설날 사이에는 일주일 간의 기간이 있다. Milad bayramı ilə yeni il arasında bir həftə vaxt var.

기꺼이 z. məmnuniyyətlə / with pleasure, willingly

기계(機械) i. maşın, mexanizm / machine

기관(器官) i. əza, bədən üzvləri / an organ 감각기관 duyğu üzvləri 소화기관 həzm orqanları (üzvləri)

기관(機關) i. rəsmi orqan, təşkilat, quruluş / an organ, system, an institution

기구(機構) i. təşkilat, quruluş, mexanizm, sistem / organization, a mechanism, a system

기구(器具) i. alət / a utensil, an implement, a tool 의료기구 tibb alətləri

기권하다(棄權--) f. bitərəf olmaq / renunciate one's right
기근(饑饉) i. qıtlıq, aclıq / a famine
기금(基金) i. fond / a fund
기껏해야 z. olsa olsa, ən çoxu, ən yaxşısı, ən yaxşı halda da / at most, at best
기념(紀念) i. xatirə, yad etmə / a commemoration 기념일 ildönümü 기념행사 xatirə mərasimi
기념품(紀念品) i. xatirə, yadigar / a souvenir, a remembrance
기능(機能) i. funksiya / a function
기능(技能) i. bacarıq, ustalıq, qabiliyyət / a skill
기다 f. sürünmək, (uşaq) imakləmək / crawl
기다리다 f. gözləmək / wait
기대(期待) i. ümid / anticipation; hope 기대하다 f. ümidlə gözləmək, ümid bəsləmək
기대다 f. söykənmək / lean against
기도(祈禱) i. dua / a prayer 기도하다 f. dua etmək
기도(企圖) i. təşəbbüs, cəhd / an undertaking, try, an attempt, plot, 기도하다 f. təşəbbüs etmək, plan qurmaq, çalışmaq
기독교(基督教) i. xristianlıq / christianity
기동(起動) i. hərəkət, tərpənmə / movinq, stirring 기동하다 f. hərəkət etmək, tərpənmək
기동(機動) i. manevr, hərəkət / maneuvering, mobile, movement 기동하다 f. manevr etmək, hərəkət etmək
기둥 i. dirək / a pillar
기력 i. güc, enerji / vigor, energy, vitality
기록(記錄) i. sənəd; yazı; rekord / document; recording; record 기록영화 sənədli film 기록을 수립하다 f. rekord vurmaq 기록을 깨뜨리다 f. rekordu təzələmək
기록하다 f. qeyd etmək, yazmaq / record, register
기류(氣流) i. hava axını, cərəyan / an air current, an air stream
기르다 f. böyütmək (uşaq); bəsləmək (heyvan); yetişdirmək (tərəvəz) / bring up, raise, grow
기름 i. yağ (bitki, heyvan, maşın); benzin; nöyüt; yanacaq; piy (insan, heyvan) / oil; petrol [=가솔린]; petroleum [=석유]; fuel [=연료]; fat [=지방]
기름지다 s. münbit, bərəkətli (torpaq); yağlı / fertile; rich; fat 기름진 음식 yağlı xörək 기름진 땅 münbit torpaq
기리다 f. həddən artıq tərifləmək, tərifini göylərə qaldırmaq / give high praise to, extol, prise

기린(麒麟) i. zürafə / giraffe
기마(騎馬) i. at minmə / riding horses 기마민족 at mədəniyyətinə sahib olan xalq
기만(欺瞞) i. aldatma, yalan, fırıldaq / deception, deceit, cheating 기만하다 f. aldatmaq, fırıldaq gəlmək
기묘하다(奇妙--) s. qeyri-adi, qəribə, anlaşılmaz / queer, strange, curious
기밀(機密) i. gizli məlumat, sirr / secrecy, secret information, a secret 기밀을 누설하다 f. sirri büruzə vermək
기반(基盤) i. təməl, zəmin / a base, a basis, a foundation
기본(基本) i. əsas, təməl / a foundation, a base [=근본, 기초]
기부하다(寄附--) f. bəxşiş etmək, bağışlamaq; donorluq etmək / contribute; donate 기부금 bağış edilən pul 우리는 고아원에 TV 한 대를 기부했다. Biz uşaq evinə bir televizor bağışladıq.
기분(氣分) i. hal, kef, əhval-ruhiyyə / feeling, mood
기쁘다 s. məmnun, şad, xoş / glad, happy, pleased, 기뻐하다 f. sevinmək, məmnun olmaq / be pleased, be glad

> **'기쁘다' və '즐겁다'-nın fərqi**
> '기쁘다'dan arzuladığımız bir şey həyata keçib yaxşı hisslər oyandırdıqda isifadə olunur, '즐겁다' isə hərəkət etdikdə və ya fəaliyyət göstərərkən yaranan maraq hissini əks etdirir.
>
> **이번 시험에서 1 등을 해서 기쁘다.**
> - Bu dəfəki imtahanda 1-ci olduğum üçün sevinirəm. (O)
> **즐거운 시간을 보내세요.**
> - Xoş vaxt keçirin. (O)

기쁨 i. sevinc / joy; pleasure
기사(記事) i. xəbər, xəbərlər, məqalə (qəzetdə); yazılı məlumat / news, news item, a article, a report; a story 신문기사 qəzet xəbərləri 특종기사 yalnız bir qəzetdə çap olunmuş sensasiya doğuran xəbər
기사(騎士) i. cəngavər / knight 기사도 cəngavərlik
기사(技士) i. mühəndis, texnik / engineer, technician
기상(氣象) i. hava şəraiti / weather conditions, atmospheric phenomena
기상하다(起床--) f. yataqdan qalxmaq, yerindən qalxmaq / get up, rise from one's bed
기성복(旣成服) i. hazır paltar, hazır geyim / ready-made clothes
기성세대(旣成世代) i. yaşlı nəsil / the older generation ↔ 신세대 yeni nəsil

기색(氣色) i. görkəm, görünüş; əhval-ruhiyyə / looks, appearance; mood 조금도 두려워하는 기색이 없이 azacıq da olsa qorxmadan

기생(妓生) i. a *gisenq*(kafelərdə bayağı mahnı oxuyan müğənni), şansonetka / a professional entertainer

기생충(寄生蟲) i. parazit, bağırsaq qurdu / a parasite, parasitic insect

기소(起訴) i. məhkəmə işi qaldırma, cinayət işi qaldırma / a prosecution 기소하다 f. cinayət işi açmaq, cinayət işi qaldırmaq

기숙사(寄宿舍) i. yataqxana / a dormitory

기술(技術) i. bacarıq, ustalıq / a technique, a skill

기습(奇襲) i. qəfil hücum / a sudden attack 기습하다 f. qəfildən hücum etmək

기슭 i. dağ ətəyi; kənar / a foot; an edge

기아(飢餓) i. aclıq, qıtlıq / a famine, a hunger

기압(氣壓) i. hava təzyiqi / atmosphere pressure

기어이 i. nəhayət; hökmən, mütləq / at last; without fail

기억(記憶) i. xatirə / a memory 기억하다 f. yadda saxlamaq 기억해내다(=생각해 내다) f. xatırlamaq 기억나게 하다 f. xatırlatmaq, yadına salmaq

기업(企業) i. şirkət, firma / an enterpriser 기업가 şirkət sahibi; iş adamı

기온(氣溫) i. hərarət, temperatur / a temperature [=온도]

기와 i. kirəmit / a tile [=기왓장]

기운 i. qüvvət, canlılıq, güc mənbəyi / strength, vitality, universal spirit

기우뚱 기우뚱 z. yırğalana-yırğalana / rocking from side to side, again and again moving slantwise

기우뚱하다 f. yırğalanmaq / move slantwise again and again, sway from side to side

기울다 s. əyri; meylli / be inclining, be declining 기운 책상 əyri stol 기울어가는 운명 bəxti qara gəlmiş tale

기울어지다 f. əyilmək; tənəzzül etmək; batmaq (günəş) / tilt, slant, lean; wane; slant, sink 왼쪽으로 기울어지다 sola tərəf əyilmək 가산이 기울어지다 bir ailənin var dövləti batır 마음이 기울어지다 meylli olmaq 해가 기울어지다 gün batır

기원(起源) i. başlangıc, mənbə, qaynaq, mənşə / an origin

기일(期日) i. təyin olunmuş gün, vaxt / a fixed date

기입하다(記入--) f. doldurmaq (sənəd, blank, forma), yazmaq, qeyd etmək / write down, fill in

기자(記者) i. qəzetçi, jurnalist / a journalist [=신문기자]

기저귀 i. bələk / a diaper
기적(奇蹟) i. möcüzə / a miracle [≒이적(異蹟)]
기절(氣絶) i. bayılma, özündən getmə, huşunu itirmə / fainting 기절하다 f. bayılmaq, huşunu itirmək, özündən getmək
기증하다 f. bağışlamaq, bəxşiş etmək; donorluq etmək / contribute; donate
기지(基地) i. baza / a base 군사기지 hərbi baza
기질(氣質) i. təbiət, xarakter, xasiyyət / a nature, a character, a temperament 그는 어떠한 기질을 가지고 있나요? O, necə təbiətli adamdır?
기차(汽車) i. qatar / a train 기찻길 dəmir yolu 기차역 dəmiryol vağzalı
기침 i. öskürək / a cough 기침하다 f. öskürmək
기호(記號) i. işarə / a sign
기회(機會) i. fürsət, şans, imkan, əlverişli vəziyyət / an opportunity, a chance, favorable condition 기회를 잡다 f. imkan əldə etmək 기회를 잃다 f. imkanı əldən vermək, fürsəti boşa vermək, fürsəti itirmək
기후(氣候) i. iqlim; hava şəraiti / a climate; a weather [=날씨, 기상(氣象)]
긴요하다(緊要--) s. çox vacib, çox əhəmiyyətli / very important
긴장하다(緊張--) s. gərgin / tense, strained
긴축하다(緊縮--) f. daraltmaq, büdcəni azaltmaq; qənaət etmək / retrench, shrink; constrict; economize 긴축재정 azaldılmış büdcə 긴축 생활을 하다 qənaətcil həyat keçirmək
길 i. yol, məsafə; gediş, yolüstü (işin, hərəkətin) / a road; a distance; course, while on the way 학교에 가는 길에 məktəbə gedərkən (yolüstü) 길이 멀다. Yol uzaqdır.
길거리 i. küçə, yol / a street, a road
길다 s. uzun / long
길들이다 f. əhilləşdirmək (heyvan və s.) / tame, train 개를 길들이다 iti əhilləşdirmək
길목 i. küçənin tini, döngə / a street corner, turning
길이 i. uzunluq / a length
길이 z. əbədi olaraq, uzun müddət / eternally, forever, long for long time
길잡이 i. yol göstərici işarələr; bələdçi / a guidepost; a guide
김 i. buğ; buxar / a vapour; steam 콧김 burundan çıxan buğ
김 i. yeyilən dəniz yosunu / green seaweed
-김 şək. –dan, -dən; -da, -də; -arkən, -ərkən / impetus, while, when 술김에 içkinin təsirindən 홧김에 hirsindən 편지 부치는 김에 내 편지도 좀 부쳐주세요. Öz məktubunuzu göndərmişkən mənim məktubumu da göndərin.

ㄱ

김매기 i. alaq etmə / weeding
김매다 f. alaq etmək / weed, pick weeds out of ~
김이 새다 f. marağını itirmək / lose interest, one's enthusiasm dies down
김치 i. *kimçi*(spesifik Koreya turşusu) / Korean pickled vegetables
깁다 f. yamamaq; tikmək / patch up; sew [=꿰매다]
깃 i. quş lələyi / feather, a plume
깃들다 f. yuva qurmaq, yuva tikmək / build a nest
깃발 i. bayraq / a flag [=기(旗)]
깊다 s. dərin; çox yaxın / deep, profound; intimate 둘 사이가 깊다 iki şəxs arasında yaxın münasibət var ↔ 얕다
깊숙하다 s. dərin; təcrid olunmuş / deep; secluded 깊숙한 계곡 dərin vadi 깊숙한 시골 təcrid olunmuş məhəllə
깊이 i. dərinlik / a depth
까다 f. qabığını soymaq / peel, shell, hatch
까다롭다 s. çətin, həlli çətin olan / fastidious, difficult to handle, critical
까닭 i. səbəb / reason 까닭없이 z. səbəb olmadan 까닭없다 s. səbəbsiz
까마귀 i. qarğa / a crow
까먹다 f. israf etmək (pul), boş yerə xərcləmək; unutmaq / waste one's money; forget 약속을 까먹다 f. vədini unutmaq
까불다 f. yüngül davranmaq; dəcəllik etmək / act trivorously
-까지 qoş. qədər, -dak, -dək / to, till
깍듯하다 s. nəzakətli / polite 인사가 깍듯한 사람 nəzakətli adam
깎다 f. aşağı salmaq (qiyməti); biçmək (ot); kəsmək (ağac, saç), qırxmaq (yun); qabığı soymaq / bargain down; cut; shave; peel
깎이다 f. kəsilmək / be cut
깜깜하다 s. qaranlıq, tutqun / dark
깜박거리다 f. sayrışmaq (ulduz); sayrımaq (göz); bərq vurmaq (işıq) / twinkle; flicker
깜짝 z. anidən, birdən, qəflətən
깜짝 놀라게 하다 f. diksindirmək, qorxutmaq, qəflətən təəccübləndirmək / startle
깜짝 놀라다 f. diksinmək, dik atılmaq, qəflətən təəccüblənmək / be startled, be surprised
깍쟁이 i. xəsis / a stingy
깔끔하다 s. təmiz, səliqəli / clean, neat
깔다 f. sərmək / spread, lay
깡충깡충 f. hoppana-hoppana qaçmaq (dovşan) / walk with hopping steps

깡패(-牌) i. xuliqan, bandit / a hoodlum, gangster
깨끗하다 s. təmiz / clean 깨끗이 z. təmiz
깨다 f. oyanmaq / wake up
깨다 f. sındırmaq, qırmaq / break, crush
깨닫다 f. dərk etmək, qavramaq, anlamaq / perceive, know, realize
깨뜨리다 f. qırmaq, sındırmaq / break, smash
깨물다 f. dişləmək / bite
깨우다 f. oyatmaq / awake
깨우치다 f. oyatmaq, anlatmaq, öyrətmək / awake, bring to his sense
꺼내다 f. çıxartmaq / pull out
꺼리다 f. çəkinmək, xoşlamamaq; tərəddüd etmək / shy off; dislike; hesitate
꺼지다 f. sönmək (işıq, atəş) / go out, be extinct
꺼지다 f. çökmək, batmaq (torpaq) / sink, fall
꺾다 f. dərmək (çiçək, gül), sındırmaq, qırmaq (budağı); əymək / break off, pluck; bend 기를 꺾다 (bir kəsin) kefini pozmaq
꺾어지다 f. dərilmək, qırılmaq / be broken
꺾이다 f. dərilmək, qırılmaq; əyilmək / be broken; bend
껍질 i. qabıq / a peel, a bark, a rind
-께 qram.şək. –a, -ə, -ya, -yə (yönlük hal şəkilçisi) / to ~ [= -에게]
껴안다 i. qucaqlamaq, qucağına almaq / hold in one's arms, embrace
껴입다 f. üstündən geyinmək / put more clothes on top of what one is wearing
꼬다 f. burmaq / twist 다리를 꼬다 f. ayağı ayağın üstünə aşırmaq
꼬리 i. quyruq / a tail
꼬마 i. çəlimsiz uşaq, çəlimsiz adam / a tiny person
꼬부라지다 f. əyilmək, əyri olmaq; bükülmək / bend, be bent; be crooked
꼬집다 f. çimdikləmək / pinch
꼭 z. mütləq, nə olursa olsun / tightly; without fail, by all means [=반드시]
꼭대기 i. zirvə / a top, a head, a beginning 산꼭대기 dağın zirvəsi
꼭두각시 i. oyuncaq (məzaci mənada) / a puppet 꼭두각시 정부 oyuncaq hökumət
꼭지 i. sap, dəstək; əmzik / a handle, a stalk; a nipple 젖꼭지 məmə, döş giləsi; əmcək (heyvanlarda)
꼴 i. biçim, forma, şəkil; surət / a shape, a form; a countenance
꼼짝못하다 f. hərəkət edə bilməmək, tərpənə bilməmək; çarəsiz qalmaq / cannot move, cannot budge; be helpless

ㄱ

꼼짝없이 z. çarəsizliklə / helplessly
꼽다 f. barmaq ilə saymaq / count on one's fingers
꼿꼿하다 s. dik, düz, dümdüz / be straight, upright 꼿꼿하게 앉다 dik oturmaq, dümdüz oturmaq
꽁하다 s. özünə qapanan, yalnız özünə fikir verən, ünsiyyət yarada bilməyən / reserved and unsociable, reticent and unadaptable, introvert
꽂다 f. içinə qoymaq / put in
꽃 i. çiçək, gül / a flower
꽃꽂이 i. çiçək düzümü / flower arrangement 꽃꽂이하다 f. çiçək düzmək
꽃다발 i. buket, çiçək dəstəsi, gül dəstəsi / a bouquet
꽉 z. möhkəm, bərk / tight 꽉 쥐다 bərk sıxmaq
꽤 i. kifayət qədər; həddən ziyadə / quite, fairly 꽤 비싸다 kifayət qədər baha olmaq
꽹과리 i. Qvenqari(Koreya musiqi aləti) / gong
꾀 i. məharət, bacarıq (pis mənada) / a trick, a skill [=재주]
꾀다 f. yoldan çıxarmaq, şirnikdirmək / tempt
꾸다 f. borc almaq / borrow
꾸다 f. yuxu görmək / dream [=꿈꾸다]
꾸러미 i. boxça, paket, bağlama, qab / a packet
꾸리다 f. qablaşdırmaq, yığışdırmaq / pack
꾸미다 f. bəzəmək / decorate
꾸어주다 f. borc vermək / lend, loan [=빌려주다]
꾸지람 i. danlama, tənbeh etmə / a scolding 꾸지람하다 f. danlamaq, tənbeh etmək
꾸짖다 f. məzəmmət etmək, danlamaq / scold
꿀 i. bal / honey
꿈 i. yuxu, röya; ümid, arzu / a dream; a vision 내겐 하나의 꿈이 있다. Mənim bir ümidim var.
꿈꾸다 f. yuxu görmək / dream
꿰매다 f. tikmək, yamamaq / sew, patch up [=깁다]
끄다 f. söndürmək / extinguish
끄덕이다 f. başı ilə təsdiq etmək / nod
끄집어내다 f. çəkib çıxartmaq / take out
끈 i. ip / a string
끈기 i. dözüm, səbir / a tenacity, a stickness
끈질기다 s. dözümlü; israrlı / persistent; strong and sticky

끌다 f. çəkmək, sürümək, dartmaq; uzatmaq / draw; prolong 책상을 끌다 f. masanı dartmaq 수레를 끌다 f. arabanı çəkmək 시간을 끌다 f. vaxtı uzatmaq

끝 i. son / end 끝나다 f. bitmək, sona çatmaq 끝내다 f. bitirmək, sona çatdırmaq

끝끝내 z. sona qədər, axıradək, nəhayət / to the last, at last

끝장 i. son / an end

끊다 f. kəsmək; əlini çəkmək; almaq (bilet) / cut off, (ticket) buy 관계를 끊다 f. əlaqəni kəsmək 표를 끊다 f. bilet almaq

끊어지다 f. kəsilmək / be cut off, be broken

끊임없다 s. aramsız, davamlı, sürəkli, fasiləsiz / continual

끓다 f. qaynamaq / boil, bubble up

끓이다 f. qaynatmaq / boil, heat

끼다 f. arasında qalmaq; arasına qoymaq; yığılmaq; taxmaq / be caught, jam, insert; put between; gather, collect; put on 문틈에 손이 꼈다. Barmağım qapının arasında qaldı. 먼지가 끼다 toz basmaq 반지를 끼다 üzük taxmaq

끼리끼리 z. dəstə-dəstə, qrup-qrup, qrup şəkilində / separate group of

끼얹다 f. üstünə su tökmək / dash water on a person, pour on

끼치다 f. təsir etmək, təsir göstərmək; zəhmət vermək / influence; trouble 영향을 끼치다 f. təsir göstərmək 은혜를 끼치다 f. lütf göstərmək 폐를 끼치다 f. zəhmət vermək

낌새 i. duyğu, niyyət, hiss / a sense, a secret [=눈치, 기미]

낌새를 채다 f. fikrini duymaq, niyyətini duymaq / sense the secrets of (an affair, a plan, etc)

ㄴ n

나 əv. mən; öz / I; me; oneself 나의 mənim, 나에게 mənə, 나를 məni, 나의 것 mənimki, 나 자신 mən özüm

나가다 f. bayıra çıxmaq; sönmək (işıq); qoşulmaq (siyasətə); iştirak etmək (iclasda, yarışda) / go out; go out one's mind; be out; enter upon (a political career); attend 불이 나가다 işıq sönmək 시합에 나가다 yarışda iştirak etmək 정계에 나가다 siyasətə qoşulmaq 정신이 나가다 ağlı başından çıxmaq

나가떨어지다 f. vurulub yerə yıxılmaq / be thrown down, be knocked down

나그네 i. yolçu, səyyah / way farer, a person away from home

나누다 f. bölmək, bölüşdürmək / divide 서로 나누다 bölüşmək; bölüşdürmək

나뉘다 f. bölünmək / get divided

나다 f. doğulmaq; tumurcuqlamaq; baş vermək; məşhurlaşmaq; istehsal olunmaq, çıxarılmaq; nəticələnmək / be born; sprout, bud; take place, occur; come to fame; be produced, be found; come out as a result 땅에 풀이 나다 torpaqdan ot cücərir 홍수가 나다 daşqın baş verir 문 두드리는 소리가 나다 qapı döyülür 결말이 나다 nəticəyə gəlmək

나돌다 f. boş-boşuna gəzmək, veyillənmək, avaralanmaq / wander about

나들다 f. girib çıxmaq / come in and go out [=드나들다]

나들이 i. qısa gəzinti / trip, outing

나라 i. dövlət, ölkə / country, state [=국가]

나란히 z. yan-yana, yanbayan / side by side

나룻배 i. taxta qayıq, bərə / ferryboat

나르다 f. daşımaq / carry

나머지 i. qalıq, yerdə qalan / the remnant, the remaining

나무 i. ağac, taxta / tree, wood

나무라다 f. danlamaq, məzəmmət etmək / scold

나뭇가지 i. budaq / branches (of a tree)

나무꾼 i. odunçu, odun qıran / wood cutter, woodman

나뭇잎 i. ağac yarpağı / tree leaf
나빠지다 f. pisləşmək / get worse, go bad
나방 i. pərvanə / moth
나병(癩病) i. cüzam / leprosy 나병환자 i. cüzamlı [=문둥병]
나부끼다 f. dalğalanmaq, əsmək (bayraq) / flap
나쁘다 s. pis / bad ↔ 좋다
나비 i. kəpənək / butterfly
-나 보다 s. görünür; məncə / it seems, I guess 비가 오려나 보다. Görünür, yağış yağacaq. 그가 벌써 도착했나 보다. Məncə, o artıq gəlib çatıb.
나사 i. şurup / screw < 나사못
나아가다 f. irəliləmək / advance
나아지다 f. yaxşılaşmaq / improve, get better
나오다 f. çıxmaq, üzə çıxmaq, peyda olmaq; qonaq etmək; çap olunmaq / come out of; emerge, appear; be served; be published 달이 나오다 ay çıxır 모임 후 다과가 나왔다. İclasdan sonra süfrəyə meyvə və tort gəldi. 이 책이 갓 나왔다. Bu kitab təzəcə çap olunub.
나위 i. zəruri, lüzumlu, lazımlı, gərəkli / necessary 말할 나위가 없다. Lüzumsuz sözdür, deməyə ehtiyac yoxdur.
나이 i. yaş / age
나절 i. gündüz, günün işıqlı dövrü / the period of about half the daylight hours 아침나절 səhər radələri 반나절 gündüzün yarısı 한나절 işıqlı olan vaxt
나중 i. z. bir az sonra, sonra / later
나체(裸體) i. lüt, çılpaq / a naked body
나침반(羅針盤) i. kompas / compass
나타나다 f. meydana çıxmaq, meydana gəlmək; görünmək / come out
나타내다 f. göstərmək, nümayiş etdirmək / show, express, display 무지를 나타내다 savadsızlığını göstərmək 얼굴을 나타내다 bir kəsə özünü göstərmək
나팔(喇叭) i. şeypur / bugle, trumple
낙(樂) i. xoşbəxtlik; şadlıq, sevinc, ləzzət / happiness; pleasure
낙관(樂觀) i. nikbinlik, optimizm / optimism 낙관하다 f. nikbin olmaq 낙관주의자 optimist ↔ 비관(悲觀) bədbinlik, pessimizm
낙농(酪農) i. südçülük (ferması) / dairy 낙농업 südçülük təsərrüfatı
낙담하다(落膽--) [=낙심하다(落心--)]
낙망하다(落望--) [=낙심하다(落心--)]

낙심(落心) i. ruhdan düşmə, qüssələnmə / discouragement 낙심하다 f. ruhdan düşmək, qüssələnmək 낙심시키다 f. ruhdan salmaq
낙엽(落葉) i. xəzəl, quru ağac yarpaqları / fallen leaves
낙인(烙印) i. damğa / stigma, brand 낙인찍다 f. damğalamaq, damğa vurmaq 그에게 배반자라는 낙인이 찍혔다. Ona xain kimi damğa vuruldu.
낙원(樂園) i. cənnət / paradise
낙제(落第) i. sinifdə qalma / failure 낙제하다 f. sinifdə qalmaq 낙제생 sinifdə qalan şagird
낙지 i. səkkizayaq (dəniz heyvanı) / small octopus
낙태(落胎) i. uşaq salma, abort / abortion 낙태하다 f. uşaq salmaq 낙태시키다 f. abort etdirmək
낙하산(落下傘) i. paraşüt / parachute
낙하하다(落下--) f. atılmaq (təyyarədən), yerə tullanmaq, enmək, düşmək / falling
낚다 f. tilovla balıq tutmaq / fish, angle for, catch
낚시 i. tilov / a fish hook, fishing rod
낚싯배 i. balıqçı qayığı / fisherman's boat
낚아채다 f. qapmaq, dartıb almaq / snatch
난관(難關) i. çıxılmaz vəziyyət / deadlock
난국(難局) i. böhran / crisis
난로(煖爐) i. peç, soba / stove
난리(亂離) i. müharibə; xaos, qarışıqlıq / war; chaos 난리가 나다 f. müharibə baş vermək; qarmaqarışıqlıq baş vermək
난민(難民) i. qaçqın / refugee
난민촌(難民村) i. qaçqınlar düşərgəsi, qaçqınların çadır şəhərciyi / a refugee camp
난방(煖房) i. istilik, qızdırma / heating 난방장치, 난방시설 istilik şəbəkəsi
난시(亂視) i. astiqmatizm / astigmatism
난장이 i. cırtdan, karlik, liliput / dwarf
난처하다(難處--) f. çətin bir vəziyyətdə qalmaq, çıxılmaz vəziyyətdə qalmaq / be embarrassing, be awkward, be in a fix dilemma, be hard to deal with ~ 난처한 입장 çıxılmaz vəziyyət
낟알 i. dən / grain
날 i. gün; hava şəraiti / day; date; weather [=일(日), 날짜; 날씨] 어느 날 bir gün 궂은 날 pis tutqun hava 날을 정하다 gün təyin etmək
날개 i. qanad / wing

날것 i. bişməmiş, çiy / uncooked thing, raw stuff 날것으로 먹다 çiy yemək

날다 f. uçmaq / fly

날리다 f. uçurtmaq (çərpələng və s.); itirmək (vaxt, pul); keçirmək (boş yerə vaxt); ad qazanmaq; yellənmək, dalğalanmaq / let fly, release; waste; make one's name; wave, flutter 깃발이 바람에 날리고 있다. Bayraq küləkdən dalğalanır. 시간을 날리다 boş yerə vaxt sərf etmək 종이비행기를 날리다 kağız təyyarəni uçurtmaq 이름을 날리다 ad qazanmaq, məşhurlaşmaq

날마다 z. hər gün, gündəlik / every day, daily

날아가다 f. uçub getmək / fly away

날쌔다 s. çox cəld, çox sürətli / quite quick

날씨 i. hava / weather

날씬하다 s. incə, zərif / slim

날인(捺印) i. möhürləmə / stamping a seal 날인하다 f. möhürləmək, möhür vurmaq

날짜 i. tarix; gün / a date; dating; the fixed date

날조하다(捏造--) f. uydurmaq, quraşdırmaq / fabricate, forge, invent

날카롭다 s. kəskin, iti / sharp 날카로운 비판 kəskin tənqid 날카로운 칼 iti bıçaq

낡다 s. köhnə, dəbdən düşmüş / become old, be out of fashion

남 i. başqa, başqalar, yad; qohum olmayan / another (person), other (people); unrelated person 남의 일 같지 않다 Öz işim kimi fikirləşirəm.

남(南) i. cənub, güney / south ↔ 북(北) şimal, quzey 남한 Cənubi Koreya

남(男)- i. kişi / male; man [=남자(男子)] 남동생 kiçik qardaş 여동생 kiçik bacı ↔ 여(女) qadın

남극(南極) i. Cənub qütbü / the South Pole ↔ 북극(北極) Şimal qütbü

남기다 f. qoymaq; qazanmaq / leave behind; gain 이름을 후세에 남기다 özündən sonra ad qoymaq 이익을 남기다 qazanc əldə etmək, qazanmaq 미련을 남기다 əl çəkə bilməmək, arzusu ürəyində qalmaq 나만 남기고 모두 놀러갔다. Məni tək-tənha qoyub hamısı oynamağa getdi.

남김없이 z. hamısı, bütövlüklə; müstəsnasız / all, wholly, entirely; without exception 남김없이 먹다 hamısını yemək

남녀(男女) i. kişi və qadın / man and woman

남다 f. qalmaq / remain, be left 마음에 남다 fikrində qalmaq 남은 일 qalan iş 남는 장사 gəlirli iş 늦게까지 회사에 남았다. Gecəyə qədər işdə qaldım.

남부(南部) i. cənub; cənub hissə, güney hissə / southern part ↔ 북부(北部) şimal

남서(南西) i. cənub-qərb / south-west

남성(男性) i. kişi cinsi / male sex ↔ 여성(女性) qadın cinsi

남용하다(濫用--) f. sui-istifadə etmək / abuse, misuse

남자(男子) i. kişi / a man

남쪽 i. cənub, cənub tərəf / the south 남쪽의 s. cənubi

남편(男便) i. ər / husband

남하(南下) i. cənub istiqamətində hərəkət / advancing south 남하하다 f. cənuba tərəf getmək 남하정책 cənuba nüfuz siyasəti

납 i. qurğuşun / lead

납득하다(納得--) f. dərk etmək, başa düşmək, anlamaq; razı olmaq / understand, comprehend; assent, contend

납세(納稅) i. vergi vermə / paymant of taxes 납세하다 f. vergi ödəmək 납세의무 vergi məsuliyyəti

납작하다 s. yastı / flat 납작한 코 yastı burun 납작한 접시 dayaz boşqab

납작해지다 f. yastılaşmaq, əzilmək / become flat, be flattened 코가 납작해지다 burnu əzilmək; başı daşa dəymək, hörmətini itirmək

납치(拉致) i. adam oğurlama, qaçırtma / kidnappin; seizure by force, hijacking 납치하다 f. adam oğurlamaq, qaçırtmaq 납치범 adam oğurlayan; terrorist 비행기를 납치하다 f. təyyarəni qaçırtmaq

낫 i. oraq / sickle

낫다 s. yaxşı / better

낫다 f. sağalmaq, yaxşılaşmaq / recover

낭군(郎君) i. ərim / my husband

낭떠러지 i. uçurum / cliff

낭독(朗讀) i. deklamasiya, əzbərdən söyləmə / recitation 낭독하다 f. əzbərdən söyləmək; yüksək səslə oxumaq

낭만(浪漫) i. romantiklik / (being) romantic 낭만적 s. romantik

낮 i. gündüz / daytime

낮다 s. alçaq, aşağı / low ↔ 높다

낮아지다 f. alçalmaq, aşağı düşmək / become low

낮잠 i. günorta yuxusu, gündüz yatma / nap, siesta 낮잠(을) 자다 f. gündüz yatmaq, gündüz istirahət etmək
낮추다 f. alçaltmaq, aşağı salmaq / lower
낯 i. üz, sifət, çöhrə / face
낯가리다 f. yadlardan çəkinmək, utanmaq (uşaqlar) / (a baby) show its preferences, shy of strangers
낯설다 s. qərib, yad / strange, unfamiliar 낯선 사람 yad adam
낯익다 s. tanış olan, tanış (yer, adam və s.) / familiar, well known to~
낱개 i. bir dənə, bir ədəd, pərakəndə / a piece, each piece 비누를 낱개로 팔다 sabunu dənə-dənə satmaq
낱말 i. söz, kəlmə / word; vocabulary [=단어(單語)]
낳다 f. doğmaq / give birth to ~
내 i. qoxu, iy / smell [=냄새] 무엇이 타는 내가 난다. Nəsə yanıq iyi gəlir.
내(內) i. iç / in [=안, 속] < 내부 內部
내(來-) s. qarşıdan gələn / forthcoming 내년(來年) gələn il, 내주(=다음 주) gələn həftə
내 əv. mən; mənim / I; my 내 책 mənim kitabım 내 것 (나의 것) mənimki 내가 갈게. Mən gedəcəm.
내각(內閣) i. Kabinet, Nazirlər Kabineti / cabinet, the Council of ministers
내걸다 f. yuxarıdan asmaq, nümayiş etdirmək; riskə getmək (həyatını) / hang a thing up, display; risk one's life 간판을 내걸다 lövhə asmaq 목숨을 내걸다 həyatını riskə getmək
내과(內科) i. daxili xəstəliklər şöbəsi / internal medicine 내과병원 daxili xəstəliklər xəstəxanası
내기 i. mərcə girmə, mərc gəlmə / a bet, a wager 내기하다 f. mərc gəlmək, mərcə girmək, mərcləşmək
내내 z. həmişə, axıra qədər, hər zaman, ərzində; davamlı / all the way, always, throughout [=늘, 항상]
내년(來年) i. gələn il / next year
내놓다 f. çıxartmaq, bayıra qoymaq; nümayiş etdirmək; qulluq etmək / put out; exhibit; expose; present, serve 책상을 밖에 내놓다 stulu bayıra qoymaq 물건을 쇼윈도에 내놓다 əşyaları vitrində nümayiş etdirmək 지위를 내놓다 vəzifədən getmək
내다 f. ödəmək; vermək; düzəltmək; açmaq (yol); nəşr etmək / pay; present, give; open (way); publish 돈을 내다 pul vermək 사표를 내다 istefa vermək 길을 내다 yol açmaq 가게를 내다 mağaza açmaq 책을

내다 kitab nəşr etmək 온 힘을 내다 var-gücünü sərf etmək 비용을 각자 내다 hərə öz pulunu ödəmək

내다보다 f. bayıra baxmaq; uzağı görmək, əvvəlcədən xəbər vermək / look; foresee, anticipate 앞일을 내다보지 못하다 uzağı görməmək

내던지다 f. kənara atmaq / throw away

내란(內亂) i. vətəndaş müharibəsi / a civil war

내려가다 f. aşağı düşmək, enib getmək, enmək / go down, get down

내려놓다 f. aşağıya qoymaq; endirmək, düşürmək / put down, bring down

내려다보다 f. yuxarıdan aşağıya baxmaq; xor baxmaq, kəm baxmaq / look down, despise

내려오다 f. aşağı düşmək, enib gəlmək, enmək / come down

내려치다 f. yuxarıdan vurmaq, yuxarıdan güclü zərbə endirmək / strike from above

내력(來歷) i. həyat, tarix, mənşə / (personal) history, origin

내륙(內陸) i. ölkənin daxili hissəsi (dənizdən uzaq), ərazi / inland 내륙지방 daxili ərazi

내리다 f. yerə düşmək, enmək, aşağı düşmək (təyyarə, avtobusdan və s.); qərar vermək / land, get off; come down, drop, fall; decide 가격을 내리다 qiymət düşmək 결정을 내리다 qərara gəlmək

내리막 i. eniş / slope ↔ 오르막 yoxuş

내막(內幕) i. gizli faktlar / the inside facts, the inside story

내면(內面) i. iç üzü / the inside, the interior, inner 내면적 s. iç ↔ 외면(外面) bayır üzü

내무부(內務部) i. Daxili İşlər Nazirliyi / Ministry of Home Affairs müq. 외무부(外務部) Xarici İşlər Nazirliyi

내몰다 f. çıxarmaq, qovmaq / drive out, turn out

내밀다 f. irəli uzatmaq / stretch out

내버려두다 f. olduğu kimi saxlamaq; tək buraxmaq / leave as it is; let alone

내버리다 f. bayıra atmaq, kənara atmaq / throw away, abandon

내복(內服) i. qışda altdan geyilən paltar; alt paltarı / underwear

내부(內部) i. iç, iç tərəfi, daxil / the inside [=속, 안] ↔ 외부(外部) çöl tərəfi, xaric

내분(內紛) i. daxili çəkişmə, daxili narazılıq / internal trouble

내세(來世) i. axirət, axirət dünyası / the future life, the life to come

내세우다 f. asmaq; irəli sürmək; tərəfdar çıxmaq / put up; make a person stand for, stand by one's opinion 간판을 내세우다 lövhə asmaq

선거에 후보자로 내세우다 seçkidə namizədliyi irəli sürmək 그의 주장을 내세우다 onun sözünü irəli sürmək
내시(內侍) i. xədim / eunuch
내외(內外) i. daxili və xarici, içi və üzü; ər-arvad / inside and outside, interior and exterior; husband and wife 국내외에서~ ölkənin daxilində və xaricində
내용(內容) i. məzmun / contents, matter
내일(來日) i. sabah / tomorrow
내적(內的) s. daxili / internal
내전(內戰) i. vətəndaş müharibəsi / an internal civil war
내젓다 f. yelləmək (qolunu); çəkmək (avar) / wag; row out 팔을 내젓다 qolunu yelləmək
내정(內政) i. bir ölkənin daxili siyasəti / domestic administration, state affairs
내정간섭(內政干涉) i. bir ölkənin daxili siyasətinə müdaxilə etmə, qarışma / interference in internal affairs 내정간섭**(을) 하다** f. bir ölkənin daxili siyasətinə müdaxilə etmək, qarışmaq
내조(內助) i. ərinə kömək etmə; ərinə dayaq olma / one's wife's help 내조하다 f. ərinə kömək etmək, dayaq olmaq 그의 성공은 부인의 내조에 힘입은 바 크다. Onun müvəffəqiyyətində yoldaşının köməkliyi böyükdür.
내쫓다 f. qovmaq, bayıra atmaq / drive out, kick out, expel [=추방하다]
내주다 f. vermək; əldən vermək (hüququnu) / give, give out; yield 왕위를 내주다 taxt-tacı əldən vermək
내치다 f. tullamaq / throw away, cast away
내키다 f. fikrində olmaq, arzusunda olmaq, meyl göstərmək / have a mind, feel like, incline, feel inclined 마음이 내키는대로~ ürəyin istəyi ilə, arzusu ilə
내통(內通) i. gizli münasibət, gizli əlaqə / secret communication, collusion, illicit intercourse 내통하다 f. gizli əlaqədə olmaq
냄비 i. qazan / saucepan
냄새 i. iy, qoxu / smell, odour
냇가 i. çay kənarı / riverside [=시냇가]
냇물 i. çay suyu / (water of) a stream [=시냇물]
냉(冷-) i. soyuq; buzlu / cold; iced 냉커피 buzlu qəhvə
냉각(冷却) i. soyutma / refrigeration, cooling 냉각시키다 f. soyutmaq 냉각장치 soyutma sistemi, soyuducu qurğu

냉담(冷淡) i. soyuqluq; soyuq qəlb; laqeydlik / coldness, cold-heartedness; indifference 냉담하다 s. soyuq; soyuq qəlbli; laqeyd

냉동(冷凍) i. dondurma; donma / freezing 냉동시키다 f. dondurmaq 냉동고 buzxana 냉동식품 dondurulmuş ərzaq

냉방(冷房) i. soyuq otaq; havanın soyudulması / cold-room; air-conditioning, air-cooling 냉방장치 hava soyutma sistemi, kondisioner

냉면(冷麵)i. *nenqmyon* (xüsusi makarondan hazırlanmış soyuq Koreya xörəyi) / cold buckwheat noodles.

냉수(冷水) i. soyuq su / cold water [=찬물] ↔ 온수(溫水)

냉장(冷臟) i. soyuq yerdə saxlama / cold storage, refrigeration

냉장고(冷臟庫) i. soyuducu / refrigerator

냉정(冷靜) i. soyuqqanlılıq / calmness; coolness; presence of mind 냉정하다 s. soyuqqanlı 냉정한 사람 soyuqqanlı adam 그는 끝까지 냉정함을 잃지 않았다. O, axıra qədər soyuqqanlılığını itirmədi.

냉차(冷茶) i. buzlu çay / ice tea

냉큼 z. dərhal, o dəqiqə / at once, right away, quickly

냉혈(冷血) i. soyuqqanlı / cold-bloodedness 냉혈동물 soyuqqanlı heyvanlar

냉혈한(冷血漢) i. soyuq, ürəksiz adam / a cold-hearted fellow

냉혹하다(冷酷--) s. insafsız, mərhəmətsiz / cruel

냥(兩) i. *nyanq* (qədim Koreya pul vahidi) / an old Korean dime

너 əv. sən / you

너그럽다 s. əliaçıq, səxavətli, mərhəmətli, şəfqətli / generous, lenient, broad-minded 너그러이 z. səxavətlə, əliaçıqlıqla, şəfqətlə 너그러운 사람 səxavətli adam

너르다 s. geniş / wide [=넓다]

너머 z. qarşı tərəf, arxasında / beyond, across, over, the other side 재 넘어 마을 təpənin arxasındakı kənd 강 너머에 çayin o tərəfində 창 너머로 pəncərədən 안경 너머로 보다 eynəyin arxasından baxmaq

너무 z. həddən artıq çox, olduqca çox / too much, so much

너비 i. genişlik, en / width, breadth

너희(들) əv. siz (cəm forması) / you

넉 i. say. dörd / four 넉 장 dörd səhifə

넉넉하다 s. kifayət qədər, lazımi qədər / enough 넉넉히 z. kifayət dərəcədə, lazımi dərəcədə 넉넉한 보급 kifayət qədər təchizat

넋 i. ruh, can / spirit, soul [=영혼(靈魂)] 넋을 잃다 f. ağlını itirmək
넌지시 z. gizli, dolayı yolla, işarə vuraraq / secretly, indirectly, implicitly 넌지시 말하다 f. işarə vurmaq
널 i. taxta; tabut / plank, seesaw board; coffin [=널빤지; 관(棺)]
널다 f. sərmək, asmaq (paltar və s.) / spread out; hang out to dry or air 빨랫줄에 옷을 말리려고 널다 qurutmaq üçün kəndirdən paltar asmaq
널뛰다 f. taxta yelləncəkdə oynamaq (iki nəfərin qalxıb düşməsi üçün) / teeter- totter, play seesaw
널리 z. geniş şəkildə, hər yerdə; ümumiyyətlə / widely, broadly, everywhere; universally, generally 널리 알려지다 hər yerdə tanınmaq
널빤지 i. taxta / board, plank
넓다 s. geniş, enli / wide, broad
넓어지다 f. genişlənmək / become wider
넓이 i. genişlik, en / width, breadth

> **'넓이'** və **'너비'**-nin fərqi
> **'넓이'** en və uzunluq arasındakı sahəni, **'너비'** isə hər hansı bir şeyin en uzunluğunu bildirir.
>
> 주방의 넓이는 16km² 이다 - Mətbəxin sahəsi 16km²-dir.
> 이 도로의 너비는 20km² 이다 - Bu yolun eni 20km²-dir.

넓적다리 i. bud / thigh
넓히다 f. genişləndirmək / widen, broaden
넘겨다보다 f. gözü olmaq, həris olmaq, qibtə etmək / coveet 남의 재산을 넘겨다보다 bir kəsin malında gözü olmaq
넘기다 f. keçirmək, vermək; ötürmək (vaxtı); artıq olmaq; üstündən asmaq / transfer, turn over; pass; exceed; pass over 권리를 남에게 넘기다 öz hüquqlarını başqasına həvalə etmək 빚 갚을 기한을 넘기다 borcu vaxtında verə bilməmək 지원자가 천 명을 넘기다 ərizəçilərin sayı mindən artıqdır 분수에 넘치게 살다 imkanından artıq yaşamaq, ayağını yorğanına görə uzatmamaq
넘다 f. keçmək, artıq olmaq; aşmaq / exeed, pass, be over, overflow [=초과하다] 담을 넘다 divarın üstündən aşmaq
넘어가다 f. yıxılmaq; müflisləşmək; qurtarmaq (müddət); batmaq (günəş); əlinə keçmək (başqasının); aldanmaq; keçib getmək / fall, tumble down; collapse, go broke; overdue, pass; sink; be transferred, pass into other's hands; be cheated; cross, go over 뒤로 넘어가다 arxası

üstə yıxılmaq 회사가 넘어가다 şirkət müflisləşir 계약 날짜가 넘어갔다. Sazişin müddəti qurtarıb. 해가 넘어간다. Günəş batır. 서류가 다른 사람에게 넘어갔다. Sənəd başqalarının əlinə keçdi. 꾀에 넘어가다 tələyə düşmək 경계선을 넘어가다 sərhəd xəttini keçmək

넘어뜨리다 f. yıxmaq / throw down, fell

넘어오다 f. keçib gəlmək; əlinə keçmək / transfer, be passed on; be transferred

넘어지다 f. yıxılmaq / fall

넘치다 f. daşmaq; həddini aşmaq / overflow; exceed 강이 넘쳤다. Çay daşdı. 힘에 넘치는 일 gücü xaricində olan iş

넣다 f. qoymaq, yerləşdirmək, vurmaq (hava); tökmək; əldə etmək; daxil olmaq / put in, insert; pour in; obtain; include 공에 바람을 넣다 topa hava vurmaq 눈에 안약을 넣다 gözə dərman tökmək

네- əv. sənin / your [=너의] 네 장갑 sənin əlcəyin

네 say. dörd / four 네 개 dörd dənə

네 nid. Bəli, Hə; buradayam (cənab!) / yes; Here (sir!)

-네 i. ailə; hamı; - gil / family 철수네 Çolsunun ailəsi (Çolsugilin ailəsi) 당신네 sizin hamınız

네거리 i. dörd yolayırıcı / crossroad

네다섯 say. dörd və ya beş / four or five

네모 i. dördbucaq / square müq. / 세모 üçbucaq

넷 say. dörd / four

넷째 say. dördüncü / the fourth

녀석 i. oğlan / guy

년(年) i. il / year [=해]

녘 i. tərəf (istiqamət), doğru; təxminən (zaman) / toward; around, about 북녘 şimala doğru 새벽녘 dan yeri qızaranda, sökülində 해질녘 günəş qürub edəndə, günəş batanda

노(櫓) i. avar / oar; paddle 노를 젓다 f. avar çəkmək

노고(勞苦) i. əmək, zəhmət / labor, toil, pains 노고를 아끼지 않다 f. zəhmətdən çəkinməmək

노닐다 f. gəzinmək, dolaşmaq, gəzib dolanmaq / stroll

노동(勞動) i. əmək, zəhmət, iş / labor, work, toil 노동하다 f. zəhmət çəkmək, işləmək 노동력 işçi qüvvəsi 노동운동 əmək hərəkatı

노동자(勞動者) i. fəhlə, işçi / laborer, workman, worker

노동조합(勞動組合) i. həmkarlar ittifaqı / a labor union, trade union
노랑 i. sarı / yellow
노랗다 s. tam sarı, sarı / be quite yellow, be golden yellow 그의 얼굴이 노랗다. Onun rəngi sarıdır. 그의 싹수가 노랗다. Onun heç imkanı olmayacaq.
노래 i. mahnı, nəğmə, şərqi / song 노래하다 f. mahnı oxumaq
노랫가락 i. melodiya, təranə / melody
노략질(擄掠) i. talan etmə, soyma / plunder 노략질하다 f. talan etmək, soymaq
노려보다 f. acıqla baxmaq, hirslə baxmaq / glare at, scowl at
노력(努力) i. cəhd, səy; əmək / endeavor, effort, labor 노력하다 f. cəhd göstərmək, səy göstərmək
노루 i. ceyran, cüyür / a roe deer / müq. (≒사슴 maral)
노름 i. qumar / gambling 노름하다 f. qumar oynamaq
노릇 i. vəzifə, funksiya, rol (kobud mənada) / job, duty, role 선생 노릇하기 힘들다. Müəllimlik etmək çətindir.
노리다 f. nişan almaq; fürsət axtarmaq / aim at; watch for a chance
노부모(老父母) i. yaşlı valideyn / aged parents
노사(勞使) i. əmək və kapital / labor and management
노사분규(勞使紛糾) i. tətil (əmək və kapital arasında mübahisəli məsələ) / a conflict between labor and capital
노아 i. Nuh (peyğəmbər) / Noah 노아의 방주 Nuhun gəmisi
노여움 i. qəzəb, hirs / anger, rage
노여워하다 f. hirslənmək, qəzəblənmək, özündən çıxmaq / be offended at, feel hurt at [≒화내다]
노예(奴隷) i. kölə, qul / slave
노인(老人) i. qoca, yaşlı / an old person, elder, the aged
노임(勞賃) i. məvacib, maaş, əməkhaqqı / wages
노점(露店) i. xırda dükan (küçədə) / a street stall 노점상 xırda alverçilər, xırda dükan sahibi
노조(勞組) i. həmkarlar ittifaqı / a labor union [=노동조합]
노처녀(老處女) i. qarımış qız, ərə getməmiş yaşlı qız / an old maid, an old spinster
노총각(老總角) i. evlənməmiş yaşlı kişi, subay kişi / an old bachelor
노출(露出) i. açıqlama, ayırd etmə, açma, biruzə vermə; düçar olma (təhlükə) / exposure, disclosure 노출되다 f. düçar olmaq; açıqlanmaq

노출시키다 f. düçar etmək; açıqlamaq 위험에 몸을 노출시키다 özünü təhlükəyə salmaq, düçar etmək 필름을 빛에 노출시키다 film-plyonkanı işığa vermək 문제를 노출시키다 məsələni ayırd etmək, açıqlamaq
노트 i. dəftər / note, notebook < İng.
노파(老婆) i. qoca qadın / old woman, old hat, beddəmə
노하다(怒--) f. hirslənmək, qəzəblənmək / be angry [=화내다]
녹(綠)i. pas / rust, tarnish 녹이 슬다 f. paslanmaq
녹다 f. ərimək / melt, thaw
녹말(綠末) i. nişasta, kraxmal / starch, dextrin
녹색(綠色) i. yaşıl rəng, yaşıl / green color, green
녹슬다 f. paslanmaq / rust, get rusty [≒녹나다]
녹음(錄音) i. lentə yazma, lentə köçürmə; lent yazısı / recording 녹음하다 f. lentə yazmaq, lentə köçürmək
녹음(綠陰) i. yaşıllıq, ağaclıq / green shade of trees
녹이다 f. əritmək / melt
논 i. çəltik sahəsi, çəltik plantasiyası / rice paddy field
논리(論理) i. məntiq / logic 논리적 s. məntiqi 논리적으로 z. məntiqi olaraq, məntiqi mənada
논문(論文) i. məqalə; tezis; dissertasiya / article, treatise; thesis; dissertation
논설(論說) i. baş məqalə / a editorial, a discourse
논의(論議) i. müzakirə / discussion 논의하다 f. müzakirə etmək [=토론]
논쟁(論爭) i. mübahisə, disput / debate, argue, controversy 논쟁하다 f. mübahisə etmək 논쟁거리 mübahisəli məsələ
논평(論評) i. şərh, tənqid, analiz / criticism, comment 논평하다 f. şərh etmək, tənqid etmək
논하다(論--) f. müzakirə etmək, şərh etmək / discuss, argue
놀다 f. oynamaq; şənlənmək, əylənmək / play; make merry
놀라다 f. təəcüblənmək; diksinmək / be surprised; be startled
놀랍다 s. heyrətamiz, ecazkar / amazing, wonderful
놀리다 f. oynatmaq; lağa qoymaq, ələ salmaq / let play; make fun of, tease
놀이 i. oyun / play, game 놀이하다 f. oynamaq
놈 i. oğlan / guy, fellow
놋 i. bürünc / brass [=놋쇠]
농가(農家) i. fermer təsərrüfatı; fermer ailəsi / farmhouse, farm household
농과대학(農科大學) i. Kənd Təsərrüfatı İnstitutu / college of agriculture

농구(籠球) i. basketbol / basketball
농담(弄談) i. zarafat, lətifə / joke; jest 농담하다 f. zarafat etmək
농림(農林) i. kənd və meşə təsərrüfatı / a riculture and forestry 농림부 Kənd və Meşə Təsərrüfatı Nazirliyi
농민(農民) i. fermer, kəndli / farmer, peasant
농부(農夫) i. fermer / farmer
농사(農事) i. fermerçilik / farming
농업(農業) i. kənd təsərrüfatı / agriculture, a agricultural industry
농장(農場) i. ferma / farm
농촌(農村) i. kənd, kənd yeri / farm village, rural community
농축산(農蓄産) i. kənd təsərrüfatı və heyvandarlıq / agriculture and stockbreeding, agro-livestock
농토(農土) i. kənd təsərrüfatı sahələri / farmland
높다 s. hündür, uca, yüksək / tall, high
높아지다 f. yüksəlmək (vəzifə); qalxmaq (istilik, qiymət); hündürləşmək / rise, be raised, be elevated; become higher
높이 i. hündürlük (dağ); yüksəklik (səs) / height; pitch ↔ 깊이 dərinlik
높이다 f. qaldırmaq, ucaltmaq, yüksəltmək / make high, raise
놓다 f. qoymaq (əyşaları), buraxmaq (əlini) / put, place, lay; let go, release 손을 놓다 əlini buraxmaq
놓이다 f. qoyulmaq / be put
놓치다 f. salmaq, buraxmaq, tuta bilməmək; itirmək / let go, fail to catch; miss, lose 공을 놓치다 topu tuta bilməmək 접시를 놓치다 boşqabı əlinindən salmaq 기회를 놓치다 imkanı itirmək (əldən vermək)
뇌(腦) i. beyin / brain; cerebrum
뇌물(賂物) i. rüşvət / bribe 뇌물을 주다 f. rüşvət vermək
누(累) i. zəhmət, narahatçılıq / trouble, implication 누를 끼치다 f. narahat etmək, əziyyət vermək
누구 əv. kim; kim isə, kimsə / who; somebody
누그러지다 f. yumşalmaq (hava, adam, maddə) / get milder, soften, become soft 추위가 누그러지다 havanın soyuqluğu azalır
누다 f. bayıra çıxmaq, işəmək / deficate, urinate 똥을 누다 f. böyük bayıra çıxmaq 오줌을 누다 f. işəmək, bayıra çıxmaq
누룩 i. maya / yeast
누르다 f. basmaq, sıxmaq / press, press down

누리다 f. zövq almaq / enjoy, be blessed with 행복을 누리다 xoşbəxtlikdən sevinmək, xoşbəxt olmaq
누비다 f. sırımaq (yorğan) / quilt
누설(漏泄) i. açılma, farş olma; açıb söyləmə, xəbərçilik etmə (məlumat, informasiya), açma (sirri) / leakage 누설되다 f. farş olmaq, açılmaq 누설하다 f. açıb söyləmək, xəbərçilik etmək 비밀을 누설하다 sirri açmaq 정보가 누설됐다. Məlumat farş olunub.
누에 i. barama qurdu, ipək qurdu / silkworm
눈 i. göz / eye
눈 i. qar / snow
눈 i. tumurcuq / bud
눈감다 f. gözlərini yummaq; ölmək; özünü görməməzliyə vurmaq / shut one's eyes; die, look the other way
눈동자(-瞳子) i. göz bəbəyi / pupil of eye
눈물 i. göz yaşı / tear
눈보라 i. qar boranı / snowstorm
눈부시다 s. parlaq; gözqamaşdırıcı / brilliant; glaring, dazzling 눈부신 업적 parlaq nailiyyət
눈빛 i. gözün rəngi; göz işığı / eye color; expression in one's eyes
눈썹 i. qaş / eyebrows
눈알 i. göz alması / an eyeball
눈짓 i. göz vurma; göz qırpma / a wink; winking 눈짓하다 f. göz vurmaq
눈치 i. duyum; niyyət / tact, sense; intention 눈치가 없다 yerini bilməmək
눌리다 f. sıxılmaq, basılmaq / be pressed down
눕다 f. uzanmaq / lie down, stretch oneself
눕히다 f. uzandırmaq, yatırmaq / lay down, make a person lie down
뉘우치다 f. peşiman olmaq, tövbə etmək / repent, regret, be sorry
느끼다 f. hiss etmək, duymaq / feel, be sensible
느낌 i. hiss, duyğu; təəssürat / feeling; impression 좋은 느낌을 주다 yaxşı təəssürat yaratmaq
느닷없이 z. xəbərsiz, birdən-birə, gözlənilmədən / abruptly, suddenly
느리다 s. yavaş / slow
느슨해지다 f. boşalmaq / become free, become empty, relax; slacken 느슨한 마음 boşalmış ürək 느슨한 매듭 boşaldılmış düyün
늘 z. həmişə, durmadan, hər vaxt, daim / always, all the time

늘다 f. artmaq, çoxalmaq; irəliləyiş etmək, inkişaf etmək / increase; improve 그의 한국어 실력이 늘었다. Onun Koreya dili bacarığı inkişaf edib.

늘리다 f. böyütmək, uzatmaq, genişləndirmək; artırmaq, çoxaltmaq / enlarge; increase, multiply

> '늘리다' və '늘이다' -nın fərqi
> '늘리다'-dan həcm, say və ya ölçünü böyütdükdə, '늘이다'-dan isə uzunluğu daha da uzatdıqda istifadə olunur.
>
> **살이 쪄서 바지의 허리를 좀 늘렸어요.**
> - Kökəldiyimə görə şalvarımın belini bir az genəltdim.
> **치마가 짧아져서 길이를 좀 늘였어요.**
> - Ətək qısaldığına görə uzunluğunu bir az uzatdım.

늘씬하다 s. zərif, qəddi-qamətli / tall, slender, slim

늘어나다 f. uzatmaq, uzanmaq; genişləndirmək / lengthen, grow longer; extend, expand 열을 가하면 대개의 금속은 늘어난다. İstilik əksər metalı genişləndirir.

늘어지다 f. uzanmaq; sallanmaq / extend; hang down, dangle

늘이다 f. uzatmaq / lengthen, make longer

늙다 f. qocalmaq, qoca / grow old, age

늙은이 i. qoca, yaşlı, ixtiyar / an old person, the old, the aged [=노인]

늠름하다 s. əsl kişi kimi / dashing, high spirited, manly 늠름한데가 있다. Əsl kişi kimidir.

능가하다(凌駕--) f. keçmək, üstün olmaq, ötmək / surpass, exceed

능동적(能動的) s. aktiv, fəal; könüllü / active; voluntary ↔ 수동적 passiv, fəaliyyətsiz

능력(能力) i. qabiliyyət, bacarıq / ability, capability, competency

능률(能率) i. səmərəlilik, təsir, təsirlilik, effektivlik, məhsuldarlıq / efficiency 능률적 s. təsirli, səmərəli

능숙하다(能熟) s. bacarıqlı, qabiliyyətli, səriştəli / skillful, expert

능청스럽다 s. bic, aldadıcı, hiyləgər / sly, wily, deceitful

능통(能通) i. hər sahəni yaxşı bilmə / a full knowledge, mastery, proficiency 능통하다 f. hər şeyi yaxşı bilmək

능하다(能--) s. bacarıqlı, qabiliyyətli, səriştəli / able, capable, proficient

능히 z. asanlıqla, yüngülcə, asan / easily, without difficulty, freely

늦겨울 i. qışın sonu / late winter, the latter part of winter

늦다 s. gec; gecikmiş / late
늦다 f. gecikmək / get late
늦더위 i. yayın son istiliyi / late summer heat, the lingering summer heat
늦어지다 f. gecikmək, ləngimək, vaxtdan geri qalmaq / delayed, be behind time
늦잠 i. gec oyanma / sleeping late in the morning 늦잠자다 f. gec oyanmaq
늦추다 f. azaltmaq (sürət); boşaltmaq (kəmər və s.); yavaşıtmaq (addım); təxirə salmaq (vaxt), ləngitmək / loosen, slacken; slow down; extend, put off, delay 걸음을 늦추다 addımlarını yavaşıtmaq 속도를 늦추다 sürəti azaltmaq 약속 날짜를 이틀 늦추다 görüşü iki günlüyə təxirə salmaq 허리띠를 늦추다 kəməri boşaltmaq
늪 i. bataqlıq / a swamp, a marsh
-님 i. *nim*(böyüklərin qarşısında hörmət əlaməti olaraq işlədilən söz- cənab, xanım; hörmətli, əlahəzrət və s.) / Mr.; Esquire; esteemed, respected, honorable 선생님 müəllim 어머님 anam 임금님 möhtərəm padşahım

ㄷ d, t

다 z. bütün, hamısı; hər şey; təxminən, təqribən / all; everything; almost, nearly 둘 다 hər ikisi 다 죽어가다 təxminən (demək olar ki) ölüm vəziyyətində olmaq

다가서다 f. yaxınlaşmaq, yaxına gəlmək / come up to, approach closer

다가앉다 f. yaxın oturmaq / sit closer, take one's seat closer

다가오다 f. yaxınlaşmaq / approach, come nearer

다각적(多角的) s. hərtərəfli, çoxtərəfli / many-sided, multilateral, diversified 다각적인 투자 çoxsahəli investisiya

다과(茶菓) i. çay və şirniyyat / tea and cookies, refreshments

다급하다 s. təcili / extremely, urgent 다급한 문제 çox vacib məsələ 시간이 다급하다. Vaxt çatmır.

다녀오다 f. baş çəkib qayıtmaq / drop in and then come back, get back from (visiting)

다니다 f. gəzmək, dolaşmaq, gedib gəlmək; işləmək / come and go, go about, walk about; work, attend 대학에 다니다 institutda oxumaq 병원에 다니다 xəstəxanada işləmək

다다르다 f. gəlib çatmaq / arrive at, get to [=이르다]

다달이 z. hər ay, hər ayda / every month, monthly

다되다 f. qurtarmaq (vaxtı, müddəti), tükənmək, tamamlanmaq / be exhausted, run out, be out, expire 전지가 다됐다. Batareya qurtarmaq üzrədir.

다듬다 f. düzəltmək, səliqəyə salmaq / embellish, trim up, finish up 잘 다듬은 머리 yaxşı düzəldilmiş saç 얼굴을 다듬다 üzünü yaxşı təraş etmək

다량(多量) i. çox, xeyli / a great deal

다루다 f. idarə etmək, həll etmək; bəhs etmək / handle, manage; deal with, treat of [=취급하다] 다루기 어려운 문제 həlli asan olmayan məsələ, incə məsələ 다루기 힘든 사람 çətin yola gedilən adam 문제를 다루다 məsələni yoluna qoymaq, həll etmək 사회문제를 다룬 책

ictimai məsələlərdən bəhs edən kitab 이 기계를 다룰 줄 아십니까? Bu maşını idarə etməyi bacarırsınızmı?

다르다 s. fərqli / different, unlike ↔ 같다

> **'다르다'** və **'틀리다'**-nın fərqi
> **'다르다'** müqayisə olunan iki obyekt eyni olmadığı zaman, **'틀리다'** isə həqiqət və ya haqq-hesab doğru olmadıqda istifadə olunur.
>
> **아제르바이잔 문화와 한국 문화는 다르다.**
> - Azərbaycan mədəniyyəti ilə Koreya mədəniyyəti fərqlidir. (O)
>
> **이번 문제는 네가 틀렸다.**
> - Bu dəfəki məsələdə mən yanılmışam. (O)

다름없다 s. fərqi olmamaq, eyni olmaq / be the same, be no difference 다름없이 z. fərqsiz, eyni ilə
다리 i. qıç / a leg, a (walking) limb
다리 i. körpü / bridge
다리다 f. ütüləmək / iron (out)
다리미 i. ütü / iron, flatiron
다만 z. yalnız, sadəcə, ancaq və ancaq / only, just [=단지]
다목적(多目的) s. çoxməqsədli / multipurpose 다목적 댐 çoxməqsədli bənd
다물다 f. ağzını yummaq; susmaq, cavab verməmək / shut up, close
다발 i. bağlama (sənəd, kitab, dəftər, kağız); dəstə (gül) / bundle; bunch 꽃다발 gül dəstəsi
다방(茶房) i. çayxana, qəhvəxana / coffee (tea) house, coffee shop, tea room
다방면(多方面) i. çoxistiqamətli / many quarters, many directions 다방면으로 bir çox sahələrdə 그는 다방면에 취미를 가졌다. Onun marağı çoxsahəlidir.
다분히(多分-) z. daha çox, əksərən / mostly 그는 시인의 소질이 다분히 있다. Onda şairlik istedadı daha çoxdur.
다섯 say. beş / five
다섯째 say. beşinci / fifth
다소(多少) i. z. biraz, bir qədər / many and (or) few, some
다수(多數) i. böyük say / large number
다수결(多數決) i. səs çoxluğu / decision by majority 다수결로 정하다 səs çoxluğu ilə qərara almaq

다스리다 f. hökmranlıq etmək; idarə etmək (dövlət işi, ev) / reign over, rule over, govern; manage, order

다시 z. təkrarən, yenə, yenidən, bir də / again, over again, once more

다양(多樣**)** i. müxtəliflik / variety 다양하다 s. müxtəlif

다음 i. o biri, gələn / next, the second, the next 다음날 ertəsi gün 다음 달 gələn ay 다음 방 o biri otaq 다음 번 gələn dəfə 다음 사람 o biri adam 다음부터는~ daha bundan sonra 다음과 같다. Aşağıdakı kimidir.

다정하다(多情--**)** s. mehriban, xeyirxah, istiqanlı, insani / kind, warmhearted, humane 다정한 사람 istiqanlı adam

다지다 f. qatılaşdırmaq (sementi, palçığı); tələb etmək, sıxışdırmaq; (məsələni) qətiləşdirmək; doğramaq (ət) / harden (by pounding); emphasize, make sure; mince, chop up

다짐 i. söz vermə, and içmə; qərara gəlmə / a pledge, an assurance

다짐하다 f. söz vermək, and içmək; öz-özünə söz vermək / pledge, vow; pledge oneself

다짐받다 f. təminat almaq, boynuna qoymaq, and içdirmək / put (a person) on his oath, make a person pledge

다치다 f. yaralanmaq, əzilmək / get hurt [=부상**(을)** 입다]

다투다 f. çəkişmək, savaşmaq, mübahisə etmək / quarrel, dispute, argue

> '**다투다**' və '**싸우다**'-nın fərqi
>
> '**다투다**'-dan əsasən insanlar söz savaşı etdikdə istifadə olunur.
> '**싸우다**'-dan isə əsasən güc tətbiq etdikdə, silahdan istifadə edib mübarizə apardıqda istifadə olunur.
>
> **은영과 미선은 다투었다.** - İnYon və Mison mübahisə etdi. (O)
> / **싸웠다.** - dalaşdı. (O)
> **고양이들이 서로 다툰다.** - Pişiklər söz savaşı etdi. (X)
> / **싸운다.** - dalaşdı. (O)

다툼 i. çəkişmə, savaşma, kəskin mübahisə etmə / a qurrel, a dispute

다하다 f. bitmək, qurtarmaq, sona çatmaq, tükənmək (ərzaq, vaxt) / run out, come to an end, be used up

다하다 f. bitirmək, qurtarmaq (iş); yerinə yetirmək (vəzifə) / finish, go through, use up 일을 다하다 işi qurtarmaq 책임을 다하다 vəzifəsini yerinə yetirmək

다행(多幸**)** i. xoşbəxtlik / good luck, good fortune 다행히 z. xoşbəxtlikdən

닥치다 f. qarşı-qarşıya gəlmək, yaxınlaşmaq / draw near, approach 위험이 닥치다 təhlükə yaınlaşır 약속 날짜가 닥치다 təyin olunmuş gün lap yaxınlaşır

닦다 f. silmək (tər, göz yaşı, güzgü və s.); təmizləmək (otaq, diş və s.) / clean, brush, polish

단 i. boxça, bağlama, dəstə / bundle 파 한 단 bir dəstə göy soğan [=묶음, 다발]

단결(團結) i. birlik, həmrəylik / unity, union, solidarity 단결하다 f. birləşmək 단결심 birlik hissi

단계(段階) i. mərhələ, faza / step, stage, phase

단골 i. daimi müştəri / a regular customer [=단골손님] 단골집 adətən gedilən yer

단과대학(單科大學) i. kollec, institut / college müq 종합대학(綜合大學) bir neçə fakültədən ibarət institut

단기(短期) i. qısa müddət, qısa vaxt / short term ↔ 장기(長期)

단념(斷念) i. əlçəkmə, tərgitmə, buraxma; tərk etmə / abandonment, giving up 단념하다 f. vaz keçmək, əl çəkmək, tərgitmək [=포기하다]

단단하다 s. möhkəm, sərt, güclü / hard, solid 단단한 결심 qəti qərar 단단한 기초 möhkəm özül

단독(單獨) i. təklik, yalnızlıq, yalqızlıq / singleness, independence 단독으로 z. təkbaşına, müstəqil olaraq, yalqız

단련(鍛鍊) i. məşq etmə, öyrəşmə; möhkəmlətmə, bərkitmə / training, discpline; tempering 단련하다 f. məşq etmək, öyrəşmək; möhkəmlətmək, bərkitmək

단맛 i. şirin dad / sweet taste

단모음(單母音) i. tək sait / single vowel

단번에(單番-) z. bir dəfəyə, ilk cəhddə / at a stroke, at one try.

단속(團束) i. göz yetirmə, nəzarət, yoxlama, kontrol / control, regulation 단속하다 f. göz yetirmək, yoxlamaq, nəzarət etmək 불법 행위를 단속하다 qanunların pozulmasına nəzarət etmək

단수(單數) i. tək / singular number, singular ↔ 복수(複數) cəm

단순(單純) i. sadəlik, bəsitlik / simplicity 단순하다 s. sadə, bəsit 단순히 z. sadəcə olaraq 단순한 생활 adi həyat, sadə həyat

단식(斷食) i. aclıq elan etmə / fast, fasting müq. 금식(禁食) oruc tutma

단어(單語) i. söz / word, vocabulary

단연코 z. qəti / resolutely, firmly 단연코 배격하다 qəti inkar etmək

단원(單元) i. bölmə / unit
단위(單位) i. vahid / unit 화폐 단위 pul vahidi
단일(單一) i. birgə, tək / single, unity 남북한 단일팀 Cənubi və Şimali Koreyanın birgə komandası
단잠 i. şirin yuxu / sweet sleep 단잠 자다 f. şirin-şirin yatmaq
단장(丹粧) i. bəzənmə, bəzəmə / toilet, make up, decoration 단장하다 f. bəzənmək, bəzəmək
단장(團長) i. qrup başçısı / head of a group
단절(斷折) i. kəsmə / cutting 단절하다 f. kəsmək, dayandırmaq [=절단(切斷)] 국교 단절 diplomatik əlaqələri kəsmə
단점(短點) i. mənfi cəhət, qüsur, çatışmayan cəhət / shortcoming, defect 장단점 müsbət və mənfi cəhət
단정(端正) i. səliqəlilik, təmizlik / decency, neatness 단정하다 s. səliqəli, təmiz
단지 i. qab, kuzə, küpə / jar, pot [=항아리] 꿀단지 bal küpəsi
단지(但只) z. təkcə, eləcə / only, merely [=다만] 단지 이름뿐인 təkcə adı olan, eləcə adı olan
단지(團地) i. şəhərcik, kompleks / housing development, housing complex 공업단지 sənaye kompleksi
단체(團體) i. qrup; təşkilat, cəmiyyət / group; organization
단추 i. düymə / button
단축(短縮) i. qısaltma, azaltma / shortening, reduction, curtailment 단축하다 f. qısaltmaq, azaltmaq 노동 시간의 단축을 요구하다 iş saatının azaldılmasını tələb etmək
단파(短波) i. qısa dalğa / short wave
단편(短篇) i. kiçik parça / short piece
단편소설(短篇小說) i. povest / a short novel ↔ 장편소설 roman
단풍(丹楓) i. ağcaqayın; xəzan yarpaqları / maple; red leaves, autumn tints
닫다 f. bağlamaq / shut, close, shut up
달 i. ay / the moon; month
달갑다 s. xoşa gələn, arzu olunan / satisfactory, desirable 달갑지않은 손님 xoşa gəlməyən qonaq
달걀 i. yumurta / egg
달구다 f. qızdırmaq, isitmək / make hot, heat
달다 s. şirin / sweet
달다 f. asmaq, yapışdırmaq; taxmaq / suspend; attach, affix

달라다 f. istəmək, xahiş etmək / ask for, beg, request [=요구하다]
달라붙다 f. yapışmaq / stick
달라지다 f. dəyişmək, dəyişikliyə məruz qalmaq / become different, change, undergo a change
달래다 f. sakitləşdirmək, təsəlli vermək / soothe, appease, fondle, coax
달러 i. dollar / dollar < İng.
달려가다 f. qaçaraq getmək, qaçmaq / run, rush
달려오다 f. qaçaraq gəlmək / run here
달력(-曆) i. təqvim / calendar
달리 z. fərqli olaraq / differently, variously
달리다 f. qaçmaq / run
달리다 f. asılmaq, yapışdırılmaq; taxılmaq / hang, suspend; be attached
달빛 i. ay ışığı / moonlight
달성(達成) i. nailiyyət / achievement, accomplishment **달성하다** f. nailiyyət qazanmaq, nail olmaq, əldə etmək
달아나다 f. qaçıb getmək / run away, speed
달콤하다 s. dadlı, şirin / sweetish, nicely sweet
달하다(達--) f. çatmaq (məqsəd, mənzilbaşı və s.); əldə etmək / reach; gain, attain
닭 i. ev quşları; toyuq, xoruz / domestic fowls; heng cock 닭고기 toyuq əti 암탉 toyuq 수탉 xoruz
닮다 f. oxşamaq, bənzəmək / be like, resemble, take after, be similar to
닳다 f. köhnəlmək, nimdaş olmaq (paltar) / wear away
담 i. hasar; divar / fence; wall
담(膽) i. öd / gall bladder
담그다 f. suya qoymaq, islatmaq / dip, soak
담다 f. içinə qoymaq; doldurmaq / fill, put in; put into, include
담당(擔當) i. məsuliyyəti üzərinə götürmə, cavabdehlik / charge, taking charge of **담당하다** f. cavabdeh olmaq, məsuliyyəti boynuna götürmək, məsuliyyəti üzərinə götürmək 담당구역 cavabdeh ərazi
담당자(擔當者) i. məsul şəxs / a person in charge
담력(膽力) i. cəsarət, cəsurluq / courage
담배 i. tütün; papiros / tobacco; cigarette
담보(擔保) i. girov (əmlak) / mortgage
담요 i. yorğan / blanket, quilt
담임(擔任) i. cavabdeh, məsul şəxs; sinif rəhbəri / charge; teacher in charge
답(答) i. cavab; həll / answer; solution

답답하다(沓沓--) s. sıxıntılı, darxdırıcı / feel heavy depressing 아유! 답답해. Çox sıxılıram.
답변(答辯) i. cavab / answer, reply 답변하다 f. cavab vermək
닷 - say. beş / five
닷새 i. beş gün / five days
당(黨) i. partiya (siyasi); fraksiya / party; faction
당구(撞球) i. bilyard / billiards
당국(當局) i. əlaqədar hakimiyyət orqanları / the authorities concerned
당기다 f. dartmaq / pull, draw 입맛이 당기다 iştahı gəlmək
당나귀 i. uzunqulaq, eşşək, ulaq / ass [=나귀]
당부(當付) i. rica, xahiş / request 당부하다 f. rica etmək, xahiş etmək
당분간(當分間) i. müəyyən vaxt, hələlik / for the time being
당선(當選) i. seçkidə qalib gəlmə, seçilmə / getting elected, winning an election 당선되다 f. seçilmək
당시(當時) i. o zaman / at that time 당시에 z. o zaman
당연하다(當然--) s. təbii / fair, natural, reasonable 당연히 z. təbii olaraq
당장(當場) i. dərhal, həmin dəqiqə / immediately [=즉시(卽時)]
당파(黨派) i. siyasi qrup, partiya / clique, party
당하다(當--) f. uğramaq, məruz qalmaq, qarşısına çıxmaq, üzləşmək; tayı-bərabəri olmaq, rəqibi olmaq; aldanmaq / suffer, undergo, face, encounter, experience; match, cope with; be cheated 재난을 당하다 fəlakətlə üzləşmək 그를 당할 수 없다. Ona qalib gələ bilmirəm. 속임을 당하다 aldanmaq

---
'**당하다**' və '**입다**'-nın fərqi
'**당하다**' yalnız pis və ya bədbəxt hadisə baş verdikdə, '**입다**' isə həm pis, həm də yaxşı hadisə baş verdikdə istifadə edilir.

태풍 피해를 입다 - Qasırğadan zərər çəkmək (O)
/ **당하다** - məruz qalmaq (O)

왕의 은혜를 입다 - Kralın lütfündən yararlanmaq (O)
/ **당하다** - məruz qalmaq (X)

당황하다(唐慌--) f. özünü itirmək, çaş-baş qalmaq, çaşmaq / be confused, be perplexed
닻 i. lövbər / anchor 닻을 내리다 f. lövbər salmaq

닿다 f. toxunmaq; çatdırmaq (əllərini), uzatmaq; gəlib çatmaq / touch, be in contact with; reach; arrive 손이 천장에 닿다 əlini tavana çatdırmaq 기차가 정거장에 닿았다. Qatar vağzala çatdı.

대 i. bambuk / bamboo [=대나무]

대 i. bir şəxsin öz fikri, iradəsi; dənə (siqaret, maşın), dəfə (vuruş, zərbə) / a definite opinion of one's own; a cigaret; blow, stroke 대가 센 사람 möhkəm iradəli adam 담배 한대 bir siqaret 차 한대 bir ədəd maşın 한 대를 먹이다 bir zərbə vurmaq

대(大) i. t. böyüklük, böyük / greatness, great, big, large

대(對) i. cüt; qarşı, əksinə / pair; versus, against 1 대 2 birə qarşı iki

대(代) i. dövr; nəsil / a time, a period; a generation 그는 30 대이다. O, otuz yaşlarındadır.

대(臺) i. dayaq, lövhə / a stand, a support 악보대 püpitr (not üçün lövhə)

대가(大家) i. ustad / a great master; a great scholar

대가(對價) i. qiymət, dəyər / price, cost, charge 대가를 치르다 f. dəyəri ödəmək

대개(大概) i. ana xətt, yekun; ümumi olaraq / outline, summary; generally

대결(對決) i. qarşıdurma, üz-üzə gəlmə / confrontation, face-to-face controversy 대결하다 f. qarşı-qarşıya gəlmək

대궐(大闕) i. padşah sarayı / royal palace [=궁전(宮殿)]

대규모(大規模) i. böyük miqyasda, geniş miqyasda / large scale

대금(代金) i. xərc, qiymət, pul / price, cost, charge, the money

대금(貸金) i. borc vermə / money lending, a loan

대기(待機) i. gözləmə (hazır vəziyyətdə) / standing by; watching and waiting for a chance 대기하다 f. gözləmək

대기(大氣) i. hava, atmosfer / the air, the atmosphere

대기권(大氣圈) i. atmosfer / atmosphere

대기업(大企業) i. böyük firma, nəhəng şirkət / large enterprise, conglomerate

대기오염(大氣汚染) i. havanın çirklənməsi / air pollution

대낮 i. günorta, gündüz / the middle of the day, broad daylight

대내(對內) i. iç tərəf, daxili hissə / domestic, home, interior 대내문제 daxili məsələ ↔ 대외(對外)

대다 f. toxunmaq; əlaqələndirmək; yapışdırmaq / touch, hold, lay; connect, link; attach 이마에 손을 대다 əlini alnına qoymaq 음식에 손을 대지 않다 yeməyə toxunmamaq 살 사람과 팔 사람을 대다 satıcı və alıcı arasında əlaqə yaratmaq 수화기를 귀에 대다 telefon dəstəyini qulağına tutmaq 벽에 판자를 대다 divara lövhə vurmaq

대다 f. çəkmək (su); təchiz etmək / draw (water) to; supply, provide 논에 물을 대다 çəltik sahəsinə su çəkmək 공장에 자재를 대다 zavodu material ilə təchiz etmək

대다 f. demək, söyləmək; məlumat vermək / tell, indicate; inform of 바른대로 대라! Mənə düzünü de, mənimlə səmimi ol!

대다 f. yaxınlaşdırmaq; saxlamaq / (car, ship etc.) pull up, draw up; stop 자동차를 현관 앞에 대다 maşını vestibülə yaxın qoymaq

대다수(大多數) i. böyük əksəriyyət / a great majority, a great number

대단찮다 < 대단하지 않다

대단하다 s. çox əhəmiyyətli, çox ciddi; böyük / many, big, great, serious, severe 대단히 z. çox 대단한 학자 böyük alim 대단한 문제 ciddi problem

대담(對談) i. söhbət, dialoq / a talk, a conversation, a dialogue 대담하다 f. dialoq aparmaq, söhbət aparmaq

대답(對答) i. cavab / an answer, a reply 대답하다 f. cavab vermək

대들다 f. qarşı çıxmaq (sahibkara, böyüyə və s.), əksinə çıxmaq, əksinə durmaq / defy, stand against

대등(對等) i. bərabərlik, tay, eynilik / equality, equal 대등하다 s. eyni, bərabər

대략(大略) i., z. ana xətt, əsas məsələ; xülasə; təxminən / a gist; an outline, a summary; approximately 대략을 말하다 f. yekun vurmaq; xülasə vermək

대량(大量) i. böyük miqdar / large quantity 대량으로 böyük miqdarda

대령(大領) i. polkovnik / colonel, captain

대로(大路) i. prospekt, geniş yol / a broad way, a main road

대로 i., bağ. kimi, eynən; əsasən / as, like, just as, in accordance; according to 규칙대로 qaydaya əsasən 약속대로 vədə görə 모든 일이 계획대로 진행되었다. Hər şey əvvəldən planlaşdırdığım kimi getdi.

대륙(大陸) i. qitə / continent

대리(代理) i. əvəz etmə; səlahiyyət, vəkalət / acting (as substitution) for; a representation, agency; proxy

대리석(大理石) i. mərmər / marble

대립(對立) i. qarşı durma; zidd gəlmə (fikir, mövqe və s.); antaqonizm / confrontation, opposition; antagonism 대립하다 f. bir-birinə qarşı durmaq, çıxmaq

대만(臺灣) i. Tayvan / Taiwan
대만원(大滿員) i., s. dolu, basabas / full up 극장이 대만원이다. Kinoteatr ağzına qədər doludur.
대머리 i. keçəl, daz / a baldhead
대면(對面) i. üz-üzə / face to face 대면하다 f. üz-üzə oturmaq
대명사(代名詞) i. (Qram.) şəxs əvəzliyi / pronoun
대문자(大文字) i. böyük hərf / capital letter
대법원(大法阮) i. Ali Məhkəmə / the Supreme Court
대변(代辯) i. müvəkkil etmə, əvəzinə danışma / speaking by proxy 대변하다 f. müvəkkil etmək, vəkil etmək, kimsə adından danışmaq, əvəzinə danışmaq
대변인 i. müvəkkil, nümayəndə / a spokesman
대보다 f. tutuşdurmaq, müqayisə etmək / measure, compare with [=비교하다]
대부(貸付) i. kredit vermə, borc vermə / loaning 대부하다 f. kredit vermək
대부분(大部分) i. böyük əksəriyyət, əksər hissə / most of, the great part of
대비하다(對備--) f. hazırlamaq, hazır olmaq; hazırlaşmaq / prepare for
대사(大使) i. səfir, elçi / ambassador
대사관(大使館) i. səfirlik / embassy
대상(對象) i. obyekt, hədəf / object, target, subject 비평의 대상 tənqid hədəfi
대서양(大西洋) i. Atlantik okean / Atlantic Ocean
대속(代贖) i. günahı öz üzərinə götürmə / redemption 대속하다 f. başqasının günahını öz üzərinə götürmək
대수롭다 s. əhəmiyyətli, dəyərli, qiymətli / important, valuable 대수롭지 않다 az əhəmiyyət kəsb etmək 대수롭지 않은 일 əhəmiyyətsiz məsələ
대신(代身) i. əvəz etmə; əvəz / substitute, substitution 대신하다 f. əvəz etmək 내 대신에 mənim əvəzimə, yerimə 대신할 일 əvəzedici iş
대안(代案) i. alternativ plan / alternative plan(idea, proposal)
대양(大洋) i. okean / ocean
대외(對外) i., s. xaric, xarici, okeanın o tayı / outside, foreign, overseas 대외 관계 xarici əlaqələr 대외 원조 xarici kömək 대외 무역 xarici ticarət

대응(對應) i. müqavimət, əks-tədbir; qarşı-qarşıya durma, müxalif qarşıdurma / opposition, confrontation, correspondence 대응하다 f. müqavimət göstərmək, əks-tədbir görmək; qarşı-qarşıya durmaq

대작(大作) i. şah əsər / masterpiece

대장(大將) i. general, admiral; rəhbər / a general, a admiral; a chief

대장(隊長) i. komandan / an commander

대장(大腸) i. yoğun bağırsaq / a large intestine

대장부(大丈夫) i. kişi adam, igid / manly man, heroic man

대전(大戰) i. böyük müharibə / a great war 세계대전 dünya müharibəsi

대접 i. şorba qabı; qəbul, rəftar / soup bowl; treatment, a reception 대접하다(待接--) f. qəbul etmək, qonaq etmək, hörmət etmək / entertain, treat with marks of respect

대조하다 f. qarşılaşdırmaq, kontrast yaratmaq; müqayisə etmək / make contrast; compare

대주다 f. vermək; təmin etmək, təchiz etmək / give; supply, provide

대중(大衆) i. kütlə, xalq kütlələri / the masses, the mass of people, the general public, the multitude 대중운동 kütləvi hərəkat

대지(大地) i. yer, ərazi; torpaq / earth; ground

대책(對策) i. əks-tədbir; çıxış yolu, əlac, çarə / countermeasure 대책을 마련하다 f. əks-tədbir görmək 비상 대책 fövqəladə, təcili tədbir

대처하다(對處--) f. əks-tədbir görmək, çarə tapmaq, əlac qılmaq, öhdəsindən gəlmək / cope with, handle, manage 식량 사정에 대처하다 ərzaq məsələsinin öhdəsindən gəlmək

대추 i. innab. / jujube

대출(貸出) i. borc vermə (bank) / loaning 대출하다 f. borc vermək

대충 z. təqribi, təxmini, qeyri dəqiq / roughly, grossly [=대강(大綱)] 대충 말하면~ Təxmini desək

대치(代置) i. əvəzinə qoyma / replacement 대치하다 f. əvəzinə qoymaq, dəyişdirmək

대칭(對稱) i. simmetriya / symmetry

대통령(大統領) i. prezident, dövlət başçısı / the President

대패 i. rəndə / plane

대패(大敗) i. iflasa uğrama / crushing defeat 대패하다 f. iflasa uğramaq, pis uduzmaq, tam məğlub olmaq

대포(大砲) i. top (hərbi) / cannon

대표(代表) i. nümayəndəlik; nümayəndə / representation; representative 대표적 s. tipik 대표하다 f. təmsil etmək 대표단 nümayəndə heyəti 대표이사 baş direktor

대피(待避) i. sığınma / taking shelter 대피하다 f. sığınmaq; sığınacağa girmək, sığınacaqda gizlənmək

대피소 i. sığınacaq / a shelter

대하다(對--) f., s. üz-üzə oturmaq, qarşı-qarşıya oturmaq; rəftar etmək, münasibət göstərmək; qarşı, tərəf / face, confront; see, receive; toward to, against 그는 우리를 친형제처럼 대했다. O, bizimlə öz qardaşları kimi rəftar etdi. 결정에 대한 항의 qərara qarşı şikayət, etiraz 질문에 대한 대답 suala cavab

대학(大學) i. institut, kollec; universitet / college; university

대학교(大學敎) i. universitet / university

대한(大韓) i. Koreya / Korea [=한국]

대한민국(大韓民國) i. Koreya Respublikası (Cənubi Koreya) / Republic of Korea

대항(對抗) i. müqavimət / confront, resist, opposite 대항하다 f. müqavimət göstərmək

대화(對話) i. danışıq, söhbət, mükalimə; dialoq / conversation; dialogue 대화하다 f. danışmaq, söhbət etmək, mükalimə etmək, dialoqa girmək, dialoq aparmaq

대회(大會) i. mitinq, konfrans, iclas / meeting, conference, general meeting

댁(宅) i. ev; -gil; siz / residence, home; you 댁이 어디신가요? Sizin eviniz haradadır? 댁의 존함이 어떻게 되십니까? Sizin adınız nədir? 나는 가잔팔 선생님 댁에 갑니다. Mən Qəzənfər müəllimgilə gedirəm.

댐 i. bənd / dam

더 z. daha, bir az da / more, some more

더구나 z. üstəlik, bundan başqa, bundan savayı, əlavə olaraq, həm də, həmçinin / besides, moreover, further

더군다나 [=더구나]

더듬거리다 f. kəkələmək; əlləri ilə axtarmaq (qaranlıqda, qapalı yerdə), əl toxundurmaq, əllə yoxlamaq, əl sürtmək / stammer; be groping for, fumble for

더듬다 f. kəkələmək; əlləri ilə axtarmaq, əl toxundurmaq, əllə yoxlamaq, əl sürtmək / stammer, stutter; grope for, fumble 말을 더듬다 f. kəkələmək

더듬이 i. pəltək / stammerer

더디다 s. yavaş; gec / slow; late 봄이 더디다. Yaz gecikir.

더러 z. bir neçə / some, somewhat 세상에는 그런 사람이 더러 있다. Dünyada bir neçə belə adam var.
-더러 şək. a, ə, ya, yə / to, toward 나더러 mənə 너더러 sənə [=에게]
더러워지다 f. çirklənmək, çirk olmaq / become dirty
더럽다 s. çirkli, kirli; pis, rəzil, alçaq / dirty, filthy, foul 더러운 옷 çirkli paltar 더러운 생각 pis fikir, alçaq fikir
더럽히다 f. çirkləndirmək / soil, stain, blemish, make dirty
더미 i. yığın / heap, pile 쓰레기 더미 zibil yığını 산더미처럼 쌓다 təpə kimi üst-üstə yığmaq
더불어 z. birlikdə, bərabər, yan-yana / together, with, side by side [=같이, 함께]
더욱 z. daha çox, daha / more, more and more, all the more [=더욱이]
더위 i. havanın istiliyi, isti hava, bürkü / heat, hot weather 찌는 듯한 더위 bürkülü hava ↔ 추위 soyuq
더하다 f. əlavə etmək, daxil etmək; pisləşmək, ciddiləşmək / add, sum up; become worse, get serious 병이 더하다 f. ağırlaşmaq (xəstəlik) 두통이 더하다 Baş ağrısı güclənir. 속력을 더하다 sürətlənmək
더없다 s. mükəmməl, qüsursuz, tam, hərtərəfli / perfect, best, finest 더할 나위 없이 사랑스러운 qüsursuz gözəl 하이킹에 더할 나위 없는 날씨였다. Gəzinti üçün olduqca gözəl gün idi.
덕(德) i. ismət, ləyaqət, dəyanət / virtue, goodness, merit 덕 있는 사람 ismətli adam
덕분(德分) [=덕택(德澤)]
덕택(德澤) i. yaxşılıq, kömək; himayə, havadarlıq, qayğı / favor, help [=덕분(德分)] 덕택에 himayəsi sayəsində
덕행(德行) i. yaxşılıq, səmimi davranış / virtuous conduct, virtue, well-doing, goodness
던지다 f. atmaq, tullamaq / throw, cast
덜 z. nisbətən az, daha az / less
덜다 f. çıxartmaq; azaltmaq; yüngülləşdirmək (ağrı) / subtract, take away; lessen, lighten 너무 많으니 좀 덜어라! Olduqca çoxdur, bəzilərini çıxart! 고통을 덜다 ağrını yüngülləşdirmək
덜어내다 f. çıxartmaq / take out of
덤비다 f. hücum etmək, vurmaq; tələsmək / go at, attack; hurry 너무 덤비다가 실수할라. Əgər çox tələssən səhv edə bilərsən. 덤비려면 덤벼! Gəl üstümə, gəl!, Bacarırsansa, vur!
덥다 s. isti / hot, warm

덧나다 f. irinləmək / supprate, form pus
덧붙이다 f. əlavə etmək; yapışdırmaq / add, append; attach, stick
덧없다 s. fani, keçici (həyat) / transitory, shortlived 덧없는 세월 hədər gedən vaxt 덧없는 인생 fani həyat, gəldi-gedər həyat
덩어리 i. parça, tikə / a lump, a mass 고깃덩어리 ət tikəsi 얼음덩어리 bir tikə buz
덫 i. tələ; hiylə, kələk / trap [=함정(陷穽)]
덮개 i. örtük / bedding, quilt, coverlet
덮다 f. örtmək; gizləmək / cover; conceal
덮이다 f. örtülmək / be put on, be covered with
덮치다 f. üstündən basmaq, üstünə atmaq; ardıcıl baş vermək (hadisə) / throw over, force down; several things happen all at the same time 여러 일이 덮쳤다. Eyni zamanda bir çox hadisə baş verib.
-데 i. yer, nöqtə / place, point, spot [=곳] 가는 데 getdiyi yer 위험한 데 təhlükəli yer 표 파는 데 bilet satılan yer
데다 f. yanmaq / get burnt, have a burn
데려가다 f. yanında aparmaq, özü ilə aparmaq / take a person along
데려오다 f. yanında gətirmək / bring a person along
데리다 f. aparmaq / get accompanied by 아이를 데리고 있는 부인 uşaqlı qadın
데모 i. nümayiş / demonstration, rally 데모하다 f. nümayiş etmək [=시위하다]
데우다 f. isitmək / make warm, warm up, heat
도(度) i. dərəcə / a degree
도(道) i. əyalət; əxlaq, mənəviyyat / a province, a district; the way, morality 경기도 Gyonq Gi əyaləti 도지사 əyalət qubernatoru 도를 닦다 əxlaqi keyfiyyətləri yetişdirmək
도 i. həm, həm də, həmçinin / so, also, too; as well as 나도 mən də 그도 그것을 원한다. O da onu istəyir.
도구(道具) i. alət; vasitə / tool, utensil, implement; a means
도금(鍍金) i. qızılı, qızıl suyuna salınmış, qızılı örtük / gilt, gilding, coating
도기(陶器) i. gil qab / pottery, earthenware
도끼 i. balta / ax
도난(盜難) i. qarət olunma, soyğunçuluq / robbery 도난(을) 당하다 f. qarət olunmaq, soyulmaq
도달하다(到達--) f. gəlib çatmaq; çatmaq / arrive; reach

도대체(都大體) i. görəsən / in the world, on earth, the hell, at all 도대체 너는 누구냐? Görəsən, sən kimsən? / Sən kimsən ki, belə?

도덕(道德) i. mənəviyyat, əxlaq / morality, morals 도덕적 수준 əxlaqi keyfiyyətlər

도도하다 s. təkəbbürlü, özündənrazı / haughty, proud, stuck-up, uppish. 도도한 태도 lovğa münasibət

도둑 i. oğru / thief, robber [=도둑놈]

도둑질 i. oğurluq / theft, stealing 도둑질하다 f. oğurlamaq

도랑 i. arx, xəndək / ditch, dike, gutter

도려내다 f. kəsib atmaq / scrape out, cut off 사과의 썩은 곳을 도려냈다. O, almanın xarab olmuş hissəsini kəsib atdı.

도련님 i. gənc ağa / young gentleman, unmarried boy; Master

도로(道路) i. yol, küçə / road, way, street

도로 z. yenidən; geri / again; back 잃었던 돈을 도로 찾았다. İtmiş pulu yenidən tapdım. 도로 주다 f. geri qaytarmaq / give (a thing) back

도리어 z. əksinə / on the contrary, instead 약을 먹었지만 도리어 더 나빠졌다. Dərman içəndən sonra, əksinə daha da pisləşdim.

도마 i. mətbəx taxtası / chopping board

도망(逃亡) i. qaçma, canını xilas etmə / running away, fleeing, escape 도망하다, 도망치다 f. qaçmaq müq. 달리기 qaçış

도맡다 f. bütün işləri öz üzərinə götürmək / take all upon oneself, shoulder alone

도매(都賣) i. topdan satış / selling wholesale 도매하다 f. topdan satmaq müq. 소매 pərakəndə satış

도무지 z. tamamilə, əsla, heç / (not) at all, (not) whatever, utterly 나는 이것을 도무지 모르겠다. Mən bunu heç başa düşmürəm.

도박(賭博) i. qumar, qumar oynama / gambling, gaming 도박하다 f. qumar oynamaq

도보(徒步) i. piyada getmə / walking, going on foot 도보로 가다 f. piyada getmək

도보자(徒步者) i. piyada / a pedestrian

도살(屠殺) i. heyvan kəsmə / slaughter 도살하다 f. heyvan kəsmək

도상(途上) i. yolda, yol üstündə, yol üstü / midway, on the road, on the way, on one's way [=도중(途中)]

도서(圖書) i. kitablar / books

도서관(圖書館) i. kitabxana / library (building)

도수(度數) i. dioptr / (glasses) diopter
도시(都市) i. şəhər / city
도시락 i. hazır yemək paketi / lunch box, lunch basket
도식(圖式) i. diaqram / diagram
도안(圖案) i. plan, dizayn, sxem / design, sketch, plan 도안하다 f. plan çəkmək, sxem çəkmək
도와주다 f. köməklik göstərmək, kömək etmək, yardım etmək / help with, give aid
도외시하다 f. əhəmiyyət verməmək, etinasızlıq etmək / disregard, ignore, overlook
도움 i. kömək, yardım / help
도의(道義) i. mənəviyyat, əxlaq; tərbiyə / morality, moral justice 도의적 s. mənəvi, əxlaqi 도의적으로 mənəvi cəhətdən
도입(導入) i. gətirmə (xarici kapital); qəbul etmə (quruluş, texniki yenilik və s.) / introduction, induction, import 도입하다 f. gətirmək; qəbul etmək
도자기(陶磁器) i. saxsı qablar, keramika / ceramic ware
도장(圖章) i. möhür / seal, stamp
도저히 z. qəti olaraq, necə olursa olsun, mütləq / (not) at all, by no means, utterly
도적(盜賊) oğru / thief, robber [=도둑]
도전(挑戰) i. meydan oxuma / challenge 도전하다 f. meydan oxumaq
도전자(挑戰者) i. iddiaçı, iddia edən, tələbkar; meydan oxuyan / challenger
도중(途中) i. yolda, yol üstü, yolda ikən / on the way, midway, on one's way
도지다 f. yenidən baş vermək (xəstəlik); yenidən pisləşmək / a relapse occurs; get worse, become serious again
도착(到着) i. gəlib çatma / arrival, reaching 도착하다 f. gəlib çatmaq
도처(에)(到處-) z. hər yerdə, hər tərəfdə / everywhere, in every place, throughout
도청(道廳) i. rayon icra hakimiyyətinin binası / provincial office
도취(陶醉) i. ovsunlanma, bihuş olma, məst olma / intoxication; fascination 도취하다, 도취되다 f. ovsunlanmaq, məst olmaq, heyran olmaq 성공에 도취하다 müvəffəqiyyətdən məst olmaq 자연의 아름damı에 도취되다 təbiətin gözəlliyindən ovsunlanmaq 자아도취자 öz-özünə vurulan adam
도표(圖表) i. qrafik, sxem, plan / chart

도피(逃避) i. qaçıb aradan çıxma / escape, flight 도피하다 f. qaçıb aradan çıxmaq, qaçıb canını qurtarmaq

도피처(逃避處) i. sığınacaq / a place of refuge

도형(圖形) i. diaqram / a figure, a diagram

독 i. kuzə, bardaq / an earthernware pot, jar, jug

독(毒) i. zəhər / poison 중독되다 f. zəhərlənmək

독감(毒感) i. qrip / influenza 독감에 걸리다 f. qripə tutulmaq, qripə yoluxmaq

독립(獨立) i. müstəqillik / independence, self reliance 독립하다 f. müstəqil olmaq

독립국가연합(獨立國家聯合體) i. Müstəqil Dövlətlər Birliyi(MDB) / Commom wealth of Independent States(CIS)

독립기념일(獨立記念日) i. İstiqlaliyyət Günü / the İndependence Day

독방(獨房) i. biradamlıq otaq; biradamlıq kamera / a single room; a solitary cell

독본(讀本) i. oxu kitabı / reading book, reader

독사(毒蛇) i. gürzə, zəhərli ilan / venomous snake

독서(讀書) i. oxuma, mütaliə / reading 독서하다 f. oxumaq, mütaliə etmək

독수리 i. qartal / eagle

독신(獨身) i. subaylıq; subay / celibacy, single life

독어(獨語) i. Almanca, Alman dili / German, the German l anguage [=독일어(獨逸語)]

독일(獨逸) i. Almaniya / Germany

독자(獨子) i. tək oğul / the only son

독자적(獨自的) s. fərdi, şəxsi, müstəqil / individual, personal, independent 독자적인 행동을 취하다 öz yolu ilə getmək, öz bildiyi kimi etmək

독자(讀者) i. oxucu / reader

독재(獨裁) i. diktatorluq / dictatorship 독재하다 f. diktatorluq etmək

독점(獨占) i. inhisar, monopoliya / monopoly, exclusive possession 독점하다 f. monopoliya etmək, inhisara almaq

독점판매 獨占販賣 i. potentlə satış / an exclusive sale 독점판매권 yeganə satış hüququ

독창(獨唱) i. solo / solo

독창적(獨創的) s. orijinal, yaradıcı / unique, original, creative

독촉(督促) i. tələsdirmə, sıxışdırma / urge, demand, pressure 독촉하다 f. tələsdirmək, sıxışdırmaq

독특하다(獨特--) s. qeyri adi, təkrarsız, yeganə, orijinal, xüsusi / unique, original, special, peculiar to

독하다(毒--) s. zəhərli, zərərli, kəskin, qəddar / poisonous, harmful; strong, severe, bitter

독학(獨學) i. öz-özünə öyrənmə / self-study, selfeducation 독학하다 f. öz-özünə öyrənmək

돈 i. pul; nağd pul / money; cash

돈벌이 i. pul qazanma / moneymaking, earning money 돈벌이를 하다 f. pul qazanmaq

돋다 f. doğmaq (günəş); çıxmaq (tumurcuq, qanad, sızanaq və s.) / come up, rise; sprout, bud; come out, erupt

돋우다 f. yuxarı qaldırmaq (səviyyə) / raise, make higher, lift; encourage 땅을 돋우다 torpağı qaldırmaq 목청을 돋우다 səsini qaldırmaq 용기를 돋우다 ruhlandırmaq

돌 i. ildönümü, 1 yaş / dol, an first birthday, anniversary

돌 i. daş, qaya / stone, rock

돌격(突擊) i. hücum / charge, rush, dash 돌격하다 f. hücum etmək

돌다 f. dönmək; dövr etmək; fırlanmaq (baş) / turn round; circulate; be giddy

돌다 f. yayılmaq (xəstəlik, dedi-qodu və s.) / be prevalent

돌다 f. ağlı başından çıxmaq, dəli olmaq / go off one's head

돌려보내다 f. geri göndərmək, geri qaytarmaq / send back, give back, return

돌려주다 f. geri vermək, geri qaytarmaq / return, give back

돌리다 f. döndərmək; fırlatmaq, dəyişmək / shift; turn, spin 화제를 돌리다 mövzunu başqa səmtə döndərmək, mövzunu dəyişmək 생각을 돌리다 fikrini dəyişmək

돌발(突發) i. birdən baş vermə / a sudden outbreak, burst 돌발하다 f. birdən baş vermək 돌발적으로 z. gözlənilmədən

돌변하다(突變--) f. qəflətən dəyişmək / change suddenly

돌보다 f. qayğısına qalmaq, baxmaq / take care of, care for, look after

돌아가다 f. dönüb getmək, geri dönmək / return, go back

돌아다니다 f. dolaşmaq, boş-boş gəzmək / go about, wander

돌아(다)보다 f. geriyə baxmaq; xatırlamaq / look back; reflect, recall

돌아서다 f. geri dönmək, geri çevrilmək / turn around, turn against

돌아오다 f. qayıdıb gəlmək; özünə gəlmək / return, come back; come to oneself

돌이키다 f. geriyə nəzər salmaq, keçmişə nəzər salmaq; fikrini dəyişmək; geri qayıtmaq / look back upon, retrospect; change (one's mind); get back 어제는 돌이킬 수 없다. Keçən keçdi, geri qayıtmaz.

돌진(突進) i. cumma, çox cəld qaçma / a rush, a dash 돌진하다 f. cummaq, çox cəld qaçmaq

돌파(突破) i. yarıb keçmə, qırıb keçmə / breaking through, passing, exceed 돌파하다 f. yarıb keçmək, qırıb keçmək

돌풍(突風) i. qasırğa / strong wind, a gust of wind

돕다 f. kömək etmək, yardım etmək / help, aid, assist, contribute

동(東) i. şərq / east

동(洞) i. *Tonq* (bölgə idarə sistemi) / a block, a village

동(銅) i. mis / copper

동(同) ön.şək. eyni, bənzər, oxşar / the same, equal, similar

동감(同感) i. şərik olma, bölüşmə (sevinc, kədər, fikir və s.) / the same sentiment, sempathy, the same feeling; agreement 동감하다 f. bölüşmək, şərik olmaq

동갑(同甲) i. həmyaşıd, eyni yaşlı / the same age, a person (persons) of same age

동거(同居) i. bir yerdə yaşamaq / living together, living in the same house

동결(凍結) i. dondurma; olduğu kimi qalma, dəyişilməz qalma / freezing, freeze of (on) 동결하다 f. dondurmaq; dəyişilməz qalmaq, olduğu kimi qalmaq

동경(憧憬) f. canatma, həsəd aparma / yearning, longing, thrist; adoration 동경하다 f. həsəd aparmaq, can atmaq

동계(冬季) i. qış mövsümü / winter season (term) [=겨울철, 겨울]

동구(東歐) i. Şərqi Avropa / Eastern Europe < 동유라파

동굴(洞窟) i. mağara / cave, cavern, den

동그라미 i. dairə, çevrə / circle, ring [=원(圓)]

동그랗다 s. dairəvi, yuvarlaq / (be) round, circular

동기(同期) i. eyni vaxt (təhsil, əskərlik və s.) / the same period, thesame term

동기(動機) i. motiv, səbəb, stimul, əsas; bəhanə / motive, motivation 전쟁의 동기 müharibə üçün bəhanə

동나다 f. xərcləyib qurtarmaq, bitmək, tükənmək / run out, run short of, be exhausted

동남(東南) i. cənub-şərq / south-east

동냥 i. dilənçilik / begging 동냥하다 f. dilənçilik etmək, dilənmək

동네(洞-) i. məhəllə / (one's) village

동녘(東-) i. şərq, şərq tərəf / the east

동등(同等) i. bərabərlik, eynilik / equality, the same rank 동등하다 s. bərabər, eyni

동력(動力) i. hərəkətverici qüvvə, itələyici qüvvə; elektrik enerjisi, elektrik gücü / (motive) power; dynamic

동류(同類) i. eyni cür, eyni çeşid, eyni növ / the same kind

동맥(動脈) i. arteriya / artery

동맹(同盟) i. ittifaq, birlik / alliance, league, union 동맹을 맺다 f. ittifaq yaratmaq 동맹파업(同盟罷業) birlikdə aksiya keçirmək (şirkət, firma işçiləri)

동무 i. dost, yoldaş / friend, mate, comrade

동문(同門) i. məktəb yoldaşı, tələbə yoldaşı; məzun / fellow student, classmate, alumnus [=동창(同窓), 동기(同期)]

동의(同意) i. eyni fikir; razılıq, yekdillik / the same opinion; consent, agreement 동의하다 f. eyni fikirdə olmaq; razılıq vermək, yekdil olmaq

동의(同義) i. eyni məna / the same meaning

동일시하다(同一視--) f. fərq qoymamaq, eyni gözlə baxmaq / identify

동작(動作) i. hərəkət, davranış / action, movement, behavior [=움직임]

동전(銅錢) i. qəpik; mis pul, metal pul / coin; copper coin

동점(同點) i. eyni hesab, bərabər bal / the same score, the same mark

동정(同情) i. halına yanma, qeydinə qalma, acıma, yazığı gəlmə / sympathy, compassion, pity 동정하다 f. halına yanmaq, qeydinə qalmaq, acımaq

동조(同調) i. qoşulma, qol qoyma / alignment 동조하다 f. qoşulmaq, qol qoymaq, tərəfini saxlamaq

동족(同族) i. soydaş, vətəndaş / the same race (tribe), brethren, fellow countryman

동지(冬至) i. ən qısa gün (dekabrın 22-si) / winter solstice

동지(同志) i. yoldaş, məslәkdaş, həmfikir / the same mind, congenial spirit

동질(同質) i. həmxasiyyət, eyni xarakter; eyni keyfiyyət / homogeneity; the same quality

동쪽(東-) i. şərq, şərq tərəf / the eastern side, east

동창(同窓) məktəb yoldaşı, tələbə yoldaşı; məzun / fellow student, classmate, alumnus [=동문(同門)]

동트기 i. səhərin açılması, dan yerinin sökülməsi, günün doğması / daybreak, dawn 동이 텄다. Gün doğdu, səhər açıldı, dan yeri söküldü.

동포(同胞) i. həmvətənlər, soydaşlar / brethern, fellow countrymen, compariots 동포애 həmvətənlərə məhəbbət
동행(同行) i. birlikdə getmə / going together, traveling together 동행하다 f. birlikdə getmək, bərabər getmək
동화(同化) i. assimilyasiya, qaynayıb qarışma; uyğunlaşma / assimilation 동화하다 f. qaynayıb qarışmaq; uyğunlaşmaq
동화(童話) i. uşaq hekayəsi / fairy tale
돛 i. yelkən / sail
돛단배 i. yelkənli gəmi / sailer, sailing boat (vessel)
돼지 i. donuz / pig [=돈(豚)]
되 i. *döə* - Koreya ölçü (həcm) vahidi / doe, Korean unit of measure
되- ön.şək. geri; təkrar / back; again
되게 z. həddindən artıq, ifrat dərəcədə / very, exceedingly 되게 아프다 bərk ağrımaq
되는대로 z. necə alınarsa / at random, at haphazard
되다 f. olmaq / become
되다 s. bərk, çox; çətin, ağır / severe, intense, hard, tough, bitter 되도록 z. mümkünsə, mümkün olduğu qədər, imkan daxilində / as … as possible, as… as you can; so as to, so that it may 될 수 있는 대로 z. mümkünsə, mümkün olduğu qədər, imkan daxilində / if possible, as~ as possible, as ~ as one can
되돌아가다 f. dönüb getmək, qayıdıb getmək / go back to, return
되돌아보다 f. geriyə baxmaq, arxaya baxmaq; xatırlamaq, yada salmaq / turn one's head, look back; think back to the past
되돌아오다 f. qayıdıb gəlmək, dönüb gəlmək / get back to
되묻다 i. təkrar soruşmaq / ask again
되어가다 f. getmək, irəliləmək (iş barədə) / go on, progress, advance, be getting
되찾다 f. geri almaq, qaytarmaq / take back, regain
되풀이 i. təkrarlama, təkrar / repeat, repetition 되풀이하다 f. təkrar etmək, təkrarlamaq
두 say. iki / two
두고 보다 f. niyyətlə gözləmək / watch intently, keep over 두고 봅시다! Yaşayarıq, görərik!
두근거리다 f. tez-tez döyünmək, vurmaq (ürək) / palpitate
두꺼비 i. quru qurbağası / toad

두껍다 s. qalın / thick, bulky
두께 i. qalınlıq / thickness
두뇌(頭腦) i. beyin / brains
두다 f. qoymaq; saxlamaq / place, put, lay; keep, store, leave
두둑하다 s. çox qalın / somewhat thick, heavy
두드러기 i. örə xəstəliyi (səpki) / urticaria, hives, nettle rash
두드러지다 s. gözəçarpan, diqqətəlayiq, seçilən, fərqlənən / notable, marked, striking
두드리다 f. taqqıldatmaq, döymək, vurmaq / strike, beat, hit, knock
두려움 i. qorxu; narahatçılıq / fear, dread; anxiety
두려워하다 f. qorxmaq / fear, be afraid of
두렵다 s. qorxunc, dəhşətli / fearful, horrible, being afraid of
두루 z. hərtərəfli, bütünlüklə, geniş ölçüdə / all over, all around, widely
두르다 f. sarımaq, dolamaq / enclose, surround
두말없이 z. etiraz etmədən, dinməzcə, sakitcə, heç nə demədən / without saying anything further, without any complaint; immediately
두목(頭目) i. quldurbaşı / ringleader, boss
두어 say. bir-iki / about two, a couple of
두절(杜絶) i. kəsilmə (əlaqə, rabitə və s.) / cessation, stoppage, suspension
　　두절되다 f. kəsilmək
두텁다 s. möhkəm, sıx, səmimi, yaxın / warm, cordial, affectionate, hearty
　　두터운 우애 möhkəm dostluq
두통(頭痛) i. baş ağrısı / headache
두툼하다 s. olduqca qalın / rather (somewhat) thick
둑 i. bənd, torpaq sədd / a bank, embankment, ridge a levee
둔감하다(鈍感--) s. arif olmayan, həssas olmayan, küt, qanmaz / dull, thick-headed
둔하다(鈍--) s. küt, qanmaz, arif olmayan; ləng, çevik olmayan, cəld olmayan, kahal / dull; slow
둘 say. iki / two [=이(貳)]
둘러보다 f. ətrafına baxmaq / look around, glance around
둘러싸다 f. ətrafını bürümək, əhatə etmək / enclose, surround, besiege
둘러싸이다 f. əhatə olunmaq / be surrounded, be besieged
둘러앉다 f. dairəvi oturmaq / sit around; sit in a ring; gather around in a circle 책상 주위에 둘러앉다 dəyirmi stol arxasında oturmaq
둘레 i. çevrə / girth, circumference

둘리다 f. sarılmaq; əhatə olunmaq, dövrəyə alınmaq / be wrapped up; be surrounded, encloesd

둘째 say. ikinci / the second

둥글다 s. yuvarlaq / round

둥지 i. yuva / nest

뒤 i. arxa; sonra / back, behind; later

뒤늦다 f. gecikmək, gec olmaq / be way late, be too late

뒤덮다 f. örtmək, qapamaq / cover with, overspread

뒤따르다 f. ardınca getmək, arxasınca getmək / follow up, go after

뒤떨어지다 f. geridə qalmaq; geri qalmaq (dəstə, yoldaş və s.) / fall behind, be behind; drop out, fall out

뒤바꾸다 f. dəyişik salmaq, səhv qoymaq, səhv götürmək, tərsinə etmək (iş) / take (put) the wrong one, reverse

뒤바뀌다 f. dəyişik salınmaq, səhv salınmaq, qarışdırılmaq / be taken in the wrong way, be reversed, be mixed up

뒤섞다 f. qarışdırmaq / mix up, make a mess, mingle together

뒤섞이다 f. bir-birinə qarışmaq / be mixed up, be mingled together

뒤숭숭하다 s. qarışıq, narahat / confused, turbulent 뒤숭숭한 느낌 narahatlıq hissi 뒤숭숭한 세상 qarışıq dünya

뒤엎다 f. çevirmək, devirmək, alt-üst etmək / upset, overturn

뒤잇다 f. arxasınca getmək, yolunu davam etdirmək, ardınca getmək / follow, succeed one another, come one after another

뒤지다 f. geri qalmaq, dala qalmaq / fall behind, be behind (others), drop out, fall out [=뒤떨어지다]

뒤지다 f. axtarmaq, töküb axtarmaq (cib, şkaf və s.) / search, rummage, fumble

뒤집다 f. tərsinə çevirmək, altını üstünə çevirmək; alt-üst etmək; dəyişmək (plan) / turn the other way; turn out over, turn outside in; change one's plan

뒤집어쓰다 f. örtmək, başına çəkmək; üstünə tökülmək (su, zibil və s.) / cover with, put on; pour (water, litter) oneself 온몸에 흙탕물을 뒤집어쓰다 üstünə çirkli su tökülmək

뒤집히다 f. altı üstünə çevrilmək / be turned inside out, be overturned over, be upset

뒤쫓다 f. təqib etmək, izləmək / follow up, pursue, run after

처리하다 f. səliqəyə salmaq, sahmana salmaq, yoluna qoymaq (iş, məsələ və s.) / put (things) in order, wind up an affair

뒤틀다 f. burmaq, burub sıxmaq / twist, distort, wring
뒤흔들다 f. möhkəm silkələmək; qarışdırmaq, narahatçılıq törətmək / shake hard; disturb, stir, agitate
뒷날 i. gələcək, sonralar / the future, a later day, later [=후일(後日)]
뒷덜미 i. peysər, ənsə, boyunun ardı / the nape, the scruff, the back of the neck 뒷덜미를 잡다 f. peysərindən yapışmaq
뒷맛 i. ağızda qalan ləzzət / an aftertaste
뒷면(-面) i. arxa tərəf / the back side, the reverse
뒷바라지 i. arxa durma, dayaq olma / helping a person from behind by providing him with something 뒷바라지하다 f. arxa durmaq, dayaq olmaq
뒷받침 i. dəstəkləmə, arxa durma / backing, back up, support 뒷받침하다 f. arxa durmaq, dəstəkləmək [=후원하다]
뒷발 i. dal ayaqlar, arxa ayaq / a hind foot, heels ↔ 앞발
뒷발질하다 f. dal ayaqla vurmaq / kick with one's heel
뒹굴다 f. yerə sərilmək / roll over, lie down, throw oneself down
드나들다 f. tez-tez girib çıxmaq / come in and go out frequently
드넓다 s. geniş, açıq, gen-bol / spacious, wide, vast
드높다 s. uca, yüksək, hündür / high, lofty, tall

'**드디어**' və '**마침내**'-nin fərqi

'**드디어**' gözlənilən və ya ümid edilən bir şey baş verdikdə istifadə olunur. (Ümid edilməyən və ya gözlənilməyən bir şey baş verdikdə istifadə olunmur) '**마침내**' isə gözlənildiyi kimi hər hansı bir iş bitdikdə və ya baş verdikdə istifadə olunur.

드디어 방학이 시작되었다. - Axır ki, tətil başladı. (O)
마침내 번역 작업이 끝났다. - Nəhayət ki, tərcümə işi qurtardı. (O)

마침내 내 몸이 아프기 시작했다. (O)
- Gözlənildiyi kimi mənim bədənim ağrımağa başladı.
드디어 내 몸이 아프기 시작했다. (X)
- Axır ki, mənim bədənim ağrımağa başladı.

드디어 z. nəhayət, sonda, axırda / at last, in the end, finally
드러나다 f. aşkar olmaq, üzə çıxmaq, bəlli olmaq, bilinmək / come out, appear, become known
드러내다 f. nümayiş etdirmək, göstərmək; aşkara çıxarmaq / show, manifest, display; expose

드러눕다 f. yerə uzanmaq, yerdə yatmaq / lay oneself down, lie down, stretch oneself

드리다 f. bağışlamaq, vermək (böyüklərə) / present, give, offer müq. 주다 vermək

드물다 s. nadir, qeyri adi / rare, uncommon

드세다 s. çox güclü, şiddətli / very strong, violent

득(得) i. fayda, qazanc, gəlir, mənfəət / profit, gain, benefit

득점(得点) i. xal, bal, hesab / the point made, score 득점하다 f. xal qazanmaq (yarışda)

든든하다 s. möhkəm, güclü; etibarlı, təhlükəsiz / sound, strong; safe, reliable 든든히 z. möhkəm, güclü

듣다 f. eşitmək, dinləmək; itaət etmək, sözünə baxmaq; təsiri olmaq / hear, listen to; obey; take effect 부모님의 말을 듣다 valideynlərin sözünə baxmaq 약이 듣지 않다 dərmanın təsiri olmamaq

들 i. tarla, ova, düzənlik, sahə / field, uncultivated field, plain [=벌판, 들판]

-들 şək. -lar, -lər (cəm şəkilçisi) / plurality suffix 사람들 adamlar

들것 i. xərək / stretcher

들끓다 f. ağzına qədər dolu olmaq (yer barədə); hay-küy qaldırmaq / crowd; be in an uproar, seethe over 그 문제로 온 나라 안이 들끓었다. Bütün ölkə bu məsələ barədə hay-küy qaldırdı.

들다 f. daxil olmaq / enter, come (go) into 사정거리 안에 들다 zərbə (atəş) dairəsinə daxil olmaq

들다 f. qoşulmaq, üzv olmaq / join, associate oneself with 클럽에 들다 kluba üzv olmaq

들다 f. girmək (yataq, yer, yorğan-döşək və s.) / go to bed 잠자리에 들다 f. yatmaq, yatağa gimək

들다 f. xərcləmək, sərf etmək / take time(money) 차에 천 불이 들었다. Mən maşına min dollar xərclədim.

들다 f. əldə tutmaq; qaldırmaq; demək, söyləmək (misal, səbəb və s.); yemək, içmək / have in one's hand, hold, take; raise, lift; cite, mention; eat, drink 손에 책을 들다 əlində kitab tutmaq 돌을 들다 daş qaldırmaq 예를 들다 misal çəkmək 차를 들다 çay içmək

들다 f. yaxşı kəsmək (bıçaq) / cut well 칼이 잘 들다 bıçaq yaxşı kəsir

들다 f. yaşa dolmaq, qocalmaq / grow older [=나이가 들다]

들뜨다 f. həyəcanlanmaq, darıxmaq; qopmaq / grow restless, be unsteady; come undone (off), get loose

들러붙다 f. yapışmaq; qır-saqqız olub yapışmaq / stick to, cling to; hang about a person

들려주다 f. danışmaq; oxumaq; eşitdirmək, başa salmaq / tell; read; let a person hear

들르다 f. baş çəkmək, yoluxmaq / drop in at a person's house, visit, stop in

들리다 f. eşidilmək, qulağına çatmaq / (can) hear, be heard; be said, be rumoured, come to one's ear

들볶다 f. zəhləsini tökmək, çox narahat etmək / annoy, harass 며느리를 들볶아 내쫓다 gəlinin canını boğazına yığıb evdən qovmaq

들어가다 f. girmək, daxil olmaq / enter, go into

들어맞다 f. tam uyğun gəlmək, əla yaraşmaq / fit in perfectly 당신의 말이 사실과 들어맞지 않는다. Sizin sözünüz faktlarla tam uyğun gəlmir.

들어붓다 f. qaldırıb tökmək / pour down, fall heavily

들어서다 f. içəri girmək / step in, enter

들어앉다 f. içəri girib oturmaq; ağalıq etmək, keçib başda oturmaq / sit inside closer, go in and sit 본가로 들어앉다 evə girib xanımlıq etmək

들어오다 f. içəri gəlmək, içəri girmək, daxil olmaq / come into, enter, get in

들여놓다 f. içəri daşıyıb yığmaq; içəri aparmaq; alıb gətirmək / carry in and put down, bring in; purchase 식량을 들여놓다 ərzaq alıb gətirmək

들여다보다 f. içəri baxmaq (qapı, pəncərə və s.), oğrun-oğrun baxmaq; diqqətlə baxmaq, diqqətlə nəzərdən keçirmək / look into, peep through; examine carefully

들여보내다 f. içəri göndərmək, girməyə icazə vermək / send in, let in, admit

들여오다 f. içəri gətirmək, içəri daşımaq / bring in, carry in, take in

들이다 f. qəbul etmək, içəri dəvət etmək; meyl etmək, aludə olmaq / let in, allow in, admit; get a taste for; tame 손님을 집에 들이다 qonağı evdə qəbul etmək 도박에 맛을 들이다 qumara aludə olmaq

들이대다 f. tuşlamaq, gözünə soxmaq; göstərmək, irəli sürmək (sübut, dəlil və s.) / point (a gun) at (a person), thrust (a thing) before (a person); bring forward (evidence) 증거를 들이대다 dəlil, sübut gətirmək

들이마시다 f. bir nəfəsə içmək; udmaq (hava) / drink in, gulp down; breathe in

들이밀다 f. soxmaq, zorla itələmək / thrust, push in, force in, push hard

들이받다 f. vurmaq; kəllə-kəlləyə gəlmək; buynuzlamaq / hit against; run against; butt 머리를 벽에 들이받다 başı divara vurmaq

들추다 f. açmaq (məsələ, sirr və s.), ifşa etmək, açıb tökmək / disclose, reveal, expose

들추어내다 f. ifşa etmək, açıb tökmək / disclose, reveal, uncover

들키다 f. ifşa olunmaq, tutulmaq (oğurluq, cinayət və s.) / be founded out, be discovered 우산을 훔치려다 들켰다. Çətir oğurlayarkən hadisə yerində tutuldu.

듬뿍 z. kifayət qədər, bol, çox, çoxlu / much, plenty, lots

-듯싶다 f. görünmək, oxşamaq / look like, seem as if, feel like~ [=듯하다] 그는 학생인 듯싶다. Görünür, o, tələbədir.

-듯이 z. elə bil; kimi / seeming, as if 그는 죽은 듯이 가만히 있었다. O, hərəkətsiz qalmışdı, elə bil ölmüşdü. 그는 자기 아들을 사랑하듯이 그 아이를 사랑했다. O, uşağı öz oğlu kimi sevirdi.

-듯하다 [늦-것 같다] 그는 피곤한 듯하다. O, yorulana oxşayır.

등 i. bel, arxa, kürək / the back

등(等) i. və sairə / and so on

등(燈) i. lampa, çıraq; fənər / lamp; lantern

등교하다(登校--) f. məktəbə getmək / attend school

등급(等級) i. dərəcə / grade, rank

등기(登記) i. qeydiyyat / registration 등기하다 f. qeydiyyatdan keçmək 등기우편 sifarişli məktub

등대(燈臺) i. mayak / lighthouse, beacon

등등(等等) i. və sairə və ilaxır / et cetra, and so on

등록(登錄) i. qeydiyyat / enrollment, registering 등록하다 f. qeydiyyatdan keçmək

등반(登攀) i. alpinizm, dağa çıxma / climbing 등반하다 f. dağa çıxmaq, dırmaşmaq [늑등산(登山)]

등분(等分) i. bölgü; təsnif etmə / division into equal parts; classification 등분하다 f. bərabər bölmək; təsnif etmək

등뼈 i. onurğa sümüyü / backbone, spine

등산(登山) i. dağa çıxma / mountain climbing 등산하다 f. dağa çıxmaq, dırmaşmaq

등장(登場) i. səhnəyə çıxma; meydana gəlmə / entrance on the stage, entry; advent, appearance 등장하다 f. səhnəyə çıxmaq; meydana gəlmək, yaranmaq

등지다 f. yadlaşmaq, uzaqlaşmaq; xəyanət etmək / be estranged from; betray

등치다 f. fırıldaqçılıq etmək, pul qopartmaq / blackmail of

디디다 f. ayaq basmaq / step on, tread

디딤돌 i. daş pillə / stepstone
따갑다 s. yandıran, sancan (günəş, iynə, arı və s.) / (sun)very hot, stinging
따끔하다 s. göynədən, sancan (iynə kimi); kəskin / be piercingly painful, stinging; severe 따끔한 맛을 보여주다 bir kəsə dərs vermək, sancmaq
따다 f. qoparmaq, dərmək; almaq, qazanmaq / pluck, pick; gain, get 면허를 따다 vəsiqə almaq 노름에서 돈을 따다 qumarda udmaq, pul qazanmaq
따돌리다 f. kənarlaşdırmaq, təcrid etmək, çıxartmaq / leave a person out, ostracize, exclude 동네에서 따돌림을 받다 Kənd birliyindən təcrid olunmaq, məhəllədən təcrid olunmaq
따뜻하다 s. isti, ılıq / warm 따뜻이 z. ılıq, isti
따라가다 f. ardınca getmək, izləmək; bərabər getmək, ayaqlaşmaq / follow; go along with, keep up with
따라다니다 f. daban-dabana getmək, izləmək / follow, dangle after (about)
따라서 z. ona görə, ona əsasən, uyğun olaraq, müvafiq olaraq / accordingly, consequently, therefore, according to~
따라오다 f. ardınca gəlmək; bir yerdə gəlmək / come with, follow; accompany
따로 z. ayrı, ayrıca; əlavə olaraq; xüsusi ilə / apart, separately; extre, in addition; specially
따로따로 z. ayrı-ayrı / separately, apart
따르다 f. tökmək (çay, su və s.); ardınca getmək, izləmək; itaət etmək, əməl etmək; yaraşmaq, tay olmaq / pour; follow, go after, model oneself; obey; compete with, be a match for 내 뒤를 따르라! Arxamca gəl! 지시에 따르다 göstərişə əməl etmək 그를 따를 자가 없다. Onun tayı bərabəri yoxdur.
따름 i. sadəcə olaraq, təkcə, yalnız / just, only 그는 담배만 피울 따름이었다. O, sadəcə olaraq siqaret çəkirdi.
따분하다 s. darıxdırıcı, cansıxıcı, zəhlətökən / feel languid, listless, dull, boring, tiresome
따스하다 s. isti, ılıq, mülayim / warm, mild
따위 i. və sairə; bunun kimilər / and so on, et cetera; such like, of the sort
따지다 f. ayırd etmək, sorğu-sual etmək / examine, distin uish, question
딱 z. tamamilə, tam, düz; qəti / perfectly, exactly; firmly, decisively 딱 맞다. Tamamilə düzdür. 딱 거절하다 qəti imtina etmək
딱딱하다 s. bərk, möhkəm; sərt, kəskin, ağır / hard, solid; tough, stiff 딱딱한 분위기 kəskin atmosfer

딱지 i. qaysaq; etiket / scab; stamp, tag 교통경찰이 운전사에게 딱지를 뗐다. Polis sürücüyə cərimə kağızını təqdim etdi.
딱지놓다 f. rədd etmək / reject, refuse
딱하다 s. zavallı, yazıq / pitiful
딴 s. başqa, fərqli / another, different 딴 것 başqa şey 딴 (다른) 사람 başqa adam
딴판 i. tam başqa vəziyyət / a completely different state of affairs
딸 i. qız, qız övladı / daughter
딸기 i. çiyələk / strawberries
딸리다 f. məxsus olmaq, aid olmaq; asılı olmaq / belong to; be dependent on, be attached to~ 형한테 딸려 산다. Qardaşından asılı yaşayır.
땀 i. tər / sweat 땀을 흘리다 f. təri axıtmaq, tər basmaq, tərləmək
땀나다 f. tərləmək; tər tökmək, zəhmət çəkmək / sweat; take pains
땀내 i. tər iyi / a smell of sweat 땀내(가) 나다 f. tər iyi vermək, tər iyi gəlmək
땀내다 f. tərlətmək (öz-özünü) / work up a sweat
땀빼다 f. tər tökmək (ağır işdən); kəskin əzab çəkmək / sweat with heavy work; suffer severely
땅 i. yer; torpaq / the earth; ground, land
땅땅거리다 f. yekə-yekə danışmaq; dəbdəbəli yaşamaq / talk big; live in grand style
땋다 f. hörmək (saç, ip və s.) / braid (one's hair)
때 i. zaman, durum, vaxt; vəziyyət; dövr / time, an hour; a case, occasion; a reign
때 i. çirk, kir / dirt, filth
때다 f. yandırmaq (odun, kömür), ocaq qalamaq / burn (coal, wood), make a fire
때때로 z. bəzən, hərdənbir, ara-sıra / sometimes, from time to time, occasionally
때로(는) z. bəzən, ara-sıra / sometimes, once in a while
때리다 f. döymək, vurmaq / strike, hit, beat
때마침 z. düz vaxtında / at the right moment, in good time
때문(에) i. görə, ötrü, sayəsində; naminə; nəticəsində / because of, owing to; for, for the sake of; in order to; as a result of; due to
때묻다 f. çirklənmək, kirlənmək / become dirty (filthy)
때아니다 z. namünasib vaxtda, vaxtında olmayan / untimely, inopportune 때 아닌 꽃이 피다 çiçəyin öz dövründə deyil, başqa dövrdə açması

때없이 z. hər zaman, həmişə, istənilən vaxtda, vaxtdan asılı olmayaraq / at any time, regardless of the time, at irregular intervals

때우다 f. lehimləmək; yamamaq; əvəz etmək, dəyişdirmək / solder, tinker, braze; patch; make shift with, substitute, manage with 케이크로 점심을 때우다 tortla günorta yeməyini əvəz etmək

땜질 i. lehimləmə; yamama / soldering, tinkering; patching 땜질하다 f. lehimləmək; yamamaq

떠나다 f. yola düşmək, çıxıb getmək; unutmaq, yadından çıxmaq / depart, start, leave; be stranged from, be out of one's head

떠내다 f. götürmək (çalovla) / scoop out

떠내려가다 f. yuyulub aparılmaq (sel) / be swept away, drift away

떠다니다 f. üzmək (havada və ya suda) / float about, fly about 하늘에 구름이 떠다닌다. Buludlar səmada üzür.

떠돌다 f. veyllənmək, avara gəzmək, dolaşmaq, sərgərdan gəzmək / wander, roam

떠돌이 i. avara, sərgərdan / wanderer

떠들다 f. səs salmaq / make a noise

떠들썩하다 s. səs-küylü, hay-küylü, gurultulu / noisy, uproarious, unquiet

떠맡기다 f. məsuliyyəti başqasının boynuna qoymaq, məsuliyyəti başqasına həvalə etmək / leave (a matter) to another, impose

떠맡다 f. məsuliyyəti boynuna götürmək / undertake, assume, take over

떠받들다 f. yuxarı qaldırmaq; qulluğunda durmaq (valideynlər); yuxarı başa çıxarmaq, yuxarı başda tutmaq / lift up, raise up; serve dutifully, have a great regard for; set up, put (a person) on pedestal

떠보다 f. müəyyən etmək (ölçünü, çəkini); aydınlaşdırmaq, yoxlamaq, qiymətləndirmək (adam) / check the weight; size up (a person), fathom

떠오르다 f. çıxmaq, üzə çıxmaq (günəş, ay, sudan); ağlına gəlmək / rise, rise to the surface; occur to 좋은 생각이 떠올랐다. Gözəl bir fikir ağlıma gəldi.

떡 i. düyü çörəyi, düyü tortu / rice cake

떨다 f. titrəmək, əsmək / tremble, quiver

떨다 f. çırpmaq (paltar, xalça və s.) / shake off, remove, take away [=털다]

떨리다 f. tir-tir titrəmək, əsmək / tremble, quiver, shake

떨어내다 f. çırpmaq / shake off

떨어뜨리다 f. yerə salmaq, yerə atmaq; tuta bilməmək, boşa çıxmaq; itirmək (şöhrət, rütbə), aşağı salmaq (qiymət, sürət) / drop; throw down;

miss one's hold; dabase, abase, reduce, lower (price, value, credit); lessen, decrese (speed)

떨어지다 f. düşmək; yıxılmaq / fall; drop 열쇠가 땅에 떨어졌다. Açar yerə düşdü. 말에서 떨어지다 atdan yıxılmaq

떳떳하다 s. alnıaçıq, vicdanı təmiz, vicdanlı, qəlbi təmiz, ədalətli / honorable, just, fair, rightful 떳떳이 z. alnıaçıq

떼 i. sürü; qrup, dəstə / a herd, a flock, a group, a throng; multitude 양떼 qoyun sürüsü 떼를 짓다 f. dəstə yaratmaq, qrup yaratmaq

떼 i. yersiz tələb / unreasonable demand; insistent demand 떼를 쓰다 f. yersiz tələb etmək, məntiqsiz sürətdə tələb etmək

떼다 f. qoparmaq, çıxarmaq; yer qoymaq, ara vermək / take off, remove, detach; leave a space 두 줄씩 떼다(떼어놓다) iki sətirdən bir yer qoymaq

떼먹다 f. borcunu ödəməmək; pulu mənimsəmək / bilk one's debt; embezzle

떼밀다 f. möhkəm itələmək / push, shove

떼어놓다 f. ayırmaq, ayırıb qoymaq; təcrid etmək / pull apart; isolate

떼짓다 f. qruplaşdırmaq, qrup yaratmaq / make up a group

뗏목 i. sal / raft

또 z. təkrar, yenə; və / again, also; and

또는 z. və ya, və yaxud / or, (either).. or

또다시 z. yenə, təkrar / again, also, too, once more

또래 i. həmyaşıd, eyni yaşlı / of the same age

또박또박 z. təmiz şəkildə, açıq-aydın şəkildə, dəqiq / neatly, exactly, correctly 글씨를 또박또박 쓰다 səliqəli və aydın yazmaq

또한 z. bununla bərabər, bununla yanaşı, bundan başqa, həm də / besides, moreover, as well

똑 z. düz; tamamilə / just, exactly; completely 돈이 똑 떨어지다 pulu tamamilə qurtarmaq

똑같다 s. tamamilə eyni, düz özü, tam oxşar / exactly alike, exactly the same 네 생각이 내 생각과 똑같다. Sənin fikrin mənim fikrimlə tamamilə eynidir.

똑같이 z. bərabər, eynən; düz / alike, in the same way, equally; evenly 돈을 똑같이 나눠 주세요. Zəhmət olmasa, pulu bərabər bölün.

똑똑하다 s. ağıllı; aydın, açıq / distinct; clever, bright; clear 똑똑한 아이 ağıllı uşaq 똑똑한 발음 açıq-aydın tələffüz 똑똑히 z. aydın, açıq

똑바로 z. düz, düppədüz; birbaşa; tamamilə doğru; vicdanla / straight, upright; honestly 똑바로 가다 düz getmək 똑바로 집에 가다 birbaşa evə getmək 똑바로 살다 vicadanla yaşamaq

똑바르다 s. düz, səmimi, vicdanlı / (be) straight, upright, honest

똥 i. nəcis; (heyvan) peyin / excrements, feces, dun [=변(便)] [똥(을) 누다(=싸다)] f. bayıra çıxmaq, özünü boşaltmaq / have a bowel movement, relieve oneself

똥구멍 i. anus / the anus; the rectum [=항문]

뙤약볕 i. qızmar günəş şüası / scorching sunshine

뚜껑 i. qapaq, örtük / lid, cap, cover

뚜렷하다 s. açıq, aydın / (be) clear, vivid

뚝심 i. böyük fiziki güc; dözüm, tab gətirmə gücü / great physical strength; staying power, endurance

뚫다 f. deşmək, deşik açmaq; dəlmək / bore, drill, make a hole

뚫리다 f. deşik açılmaq, deşilmək / be bored, be pierced, be drilled

뚫어내다 f. dəlib çıxartmaq, deşib çıxartmaq / pierce out, bore out

뚫어지다 f. deşik açılmaq, deşilmək / be bored, be drilled, be pierced

뚱뚱하다 s. kök, gombul / fat, stout, plump

뛰놀다 f. atılıb düşmək, oynamaq / romp, jump about, bounce about

뛰다 f. qaçmaq; tullanmaq; kəskin artmaq (qiymət) / run, rush; jump, spring; rise; skip over 담에서 뛰다 hasardan tullanmaq

뛰다 f. döyünmək / beat, pulsate, palpitate 나의 이름을 부르자 가슴이 뛰었다. Adım çəkiləndə ürəyim bərk döyündü.

뛰어가다 f. qaçıb getmək / run forward, rush out

뛰어나다 f. üstün olmaq, fərqli olmaq, yaxşı olmaq / be superior to, be better than

뛰어내리다 f. aşağı atılmaq, tullanmaq / jump down

뛰어넘다 f. hoppanıb keçmək, üstündən adlamaq, üstündən aşıb keçmək / jump over

뛰어오다 f. qaçaraq gəlmək / come running

뛰어오르다 f. tullanıb qalxmaq, qalxmaq; birdən artmaq (qiymət) / jump up; rise suddenly

뜀뛰기 i. tullanma / jumping

뜨개질 i. toxuma, tikmə / knitting 뜨개질(을) 하다 f. toxumaq, tikmək

뜨거워지다 f. istilənmək, isinmək; isti olmaq; qaynar olmaq / become hot, grow warm

뜨거워하다 f. istilik hiss etmək / feel hot
뜨겁다 s. isti, qaynar / hot
뜨끈뜨끈 z. çox isti, yandırıcı, qaynar / piping (burning) hot 뜨끈뜨끈하다 s. isti; qaynar
뜨다 f. üzmək (suyun üstündə), süzmək (havada); qalxmaq, çıxmaq (günəş, ay) / float on the water, float in the air; rise, come up
뜨다 f. tərk etmək (yeri, dünyanı) / leave (a place), depart (this life) 세상을 뜨다 f. dünyasını dəyişmək
뜨다 f. açmaq (gözünü) / open (one's eyes)
뜨다 f. toxumaq, tikmək / knit, make a net, sew
뜨다 f. üzünü çıxarmaq, köçürmək / copy, copy out, imitate
뜨이다 f. oyanmaq; dərk etmək; gözə çarpmaq, gözə sataşmaq, gözə dəymək / awake; come to one's senses; (eyes) be opened, be seen, strike the eye of 현실에 눈이 뜨이다 həyat həqiqətlərini dərk etmək
뜬소문 i. boş şayiə, dedi-qodu / groundless rumor
뜯기다 f. dişlənib qoparılmaq; əlindən zorla alınmaq / be bitten, have bitten of; be plucked of
뜯다 f. qoparmaq; yolmaq (saç) / tear out; pluck, pull out
뜯어내다 f. qoparmaq, yırtmaq; əlindən zorla qoparmaq / take off, tear off; break up; pluck
뜻 i. məna; niyyət, düşüncə, məqsəd / meaning; intention, will, idea, thought, aim
뜻밖 i. sürpriz, gözlənilməz / being contrary to one's expectation; surprise 그의 방문은 전혀 뜻밖이었다. Onun gəlişi gözlənilməz oldu. 뜻밖의 손님 çağırılmamış qonaq 뜻밖의 사건 gözlənilməz hadisə **뜻밖에** z. gözlənilmədən, təsadüfən, birdən
뜻하다 f. məna kəsb etmək; niyyətində olmaq / mean, imply; have in mind, purpose 이것은 무엇을 뜻합니까? Bu nə deməkdir? 침묵은 동의를 뜻한다. Susmaq razılıq əlamətidir.
띄엄띄엄 z. ara verə-verə, fasilələrlə, seyrək / sparsely, at intervals 띄엄띄엄 읽다 ara verə-verə oxumaq 나무를 띄엄띄엄 심다 ağacları seyrək şəkildə əkmək
띄우다 f. uçurtmaq; üzdürmək; biruzə vermək / fly, float; sail; express 얼굴에 근심의 빛을 띄우고 kədərli-qayğılı baxışla 그는 마음속의 슬픔을 얼굴에 띄웠다. O, qəlbindəki kədəri üzündə biruzə verdi.
띄우다 f. ara vermək, yer qoymaq / space, leave space
띠 i. kəmər, qurşaq / belt

띠다 f. bağlamaq (kəmər); iş tapşırılmaq, iş həvalə olunmaq; görünmək, biruzə vermək / wear (a belt); be entrusted with duty; have, wear, assume, show 중대한 용무를 띠다 vacib bir işə həvalə olunmaq 걱정하는 빛을 띠다 narahat görünmək, qayğılı görünmək

띵하다 f. küt ağrısı olmaq / have a deep seated (dull) pain 머리가 띵하다. Başımda küt ağrı var.

ㄹ r,l

-라고 qoş. deyə, deyərək; adlı / (saying) that it is 그 당시 한국을 "고려"라고 불렀다. O zamanlar Koreyanı" Qoryo" deyə çağırırdılar.
-(이)라는 f.s. adlı / called, named
-라도 ə. olsa da, baxmayaraq ki; heç olmasa; hətta / even, though, even if; any 비가 오더라도 Hətta yağış yağsa da
라디오 i. radio / radio   < İng.
라면 i. *Ramyon*, (hazır makaron şorbası) / instant noodle
-라면[=라고 하면] qram. (felin şərt şəkli) əgər olsaydı / if it be; in case 내가 새라면, 네 곁에 날아 갔을텐데. Quş olsaydım, uçub yanına gələrdim.
랑데부 i. görüş / randezvous   < Fr.
런던 i. London / London
레몬 i. limon / lemon   < İng.
레바논 i. Livan / Lebanon
레이저 i. lazer / laser 레이저 광선 lazer şüası 레이저 프린터 lazer printeri
레일 i. dəmiryol xətti / rail, railway line   < İng.
레슬링 i. güləş / wresting   < İng. 레슬링하다 f. güləşmək
레저 i. asudə vaxt, istirahət vaxtı, boş vaxt / leisure   < İng. 레저 시설 istirahət üçün şərait
레크리에이션 i. əyləncə (oyun) / a recreation   < İng.
렌즈 i. linza / lens   < İng.
-로 qoş., bağ. Tərəf, doğru; ilə, vasitəsilə; görə, sayəsində / toward; by means of; because of; with, as 잉크로 쓰다 mürəkkəb ilə yazmaq 부주의로 diqqətsizlik sayəsində (ucbatından) 학교로 가다 məktəbə getmək (istiqamət olaraq)
-로도 [=으로도]
로마 i. Roma / Rome
로맨틱 s. romantik / romantic   < İng. 로맨틱하다 s. romantik olmaq
로보트 i. robot / a robot   < İng.

로비 i. lobbi / a lobby   < İng. 로비활동 lobbi fəaliyyəti
-로서 qoş. kimi / as, for; in view of 의사로서 충고합니다. Bir həkim kimi məsləhət görürəm.
-로써 bağ. ilə, vasitəsi ilə; -dan,-dən / by means of; (made) out of
로켓 i. raket / rocket   < İng.
-론(論) i. nəzəriyyə / theory 진화론 təxəyyül nəzəriyyəsi 창조론 yaradıcı nəzəriyyə [=이론]
-롭다 olmaq / be, be characterized by 새롭다 təzə olmaq 향기롭다 gözəl ətirli olmaq 해롭다 zərərli olmaq 호화롭다 artıq dərəcədə gözəl olmaq
루마니아 i. Rumıniya / Rumania
-를(을) şək. (təsirlik hal) -ı -i, -u, -ü / Accusative suffix 나는 당신을 사랑합니다. Mən səni sevirəm.
-리 i. səbəb / reason 못 올 리가 없다. Onun gələ bilməməsi üçün heç bir səbəb yoxdur. 이게 사실일 리가 없다. Bu, düz ola bilməz.
리그 i. liqa / a league   < İng. 메이저 리그 yüksək liqa
리더 i. rəhbər, başçı / leader   < İng.
리더십 i. rəhbərlik, başçılıq / leadership   < İng.
리드하다 f. rəhbərlik etmək, başçılıq etmək; qabaqda getmək, qabağa çıxmaq (yarışda) / lead; take the lead 5:0 으로 리드하다 5:0 hesabı ilə qabaqda olmaq
리듬 i. ahəng, ritm / rythm   < İng.
리본 i. lent / ribbon   < İng. 리본을 달다 f. lent vurmaq
리비아 i. Liviya / Libya
리사이틀 i. ifa etmə / a recital   < İng. [=발표회, 연주회]
리셉션 i. böyük qonaqlıq, məclis; qəbul şöbəsi / a reception   < İng. 리셉션을 열다 f. böyük qonaqlıq vermək
리스트 i. siyahı / a list   < İng.
리어카 i. əl arabası / a bicycle-car, handcart   < İng. [=손수레]
린치 i. divan tutma, daşqalaq etmə / a lynching, lynch   < İng. 린치를 가하다 f. divan tutmaq, daşqalaq etmək
릴레이 i. estafeta yarışı / a relay (race)   < İng. [=릴레이 경주]
립스틱 i. dodaq boyası / a lipstick   < İng.
링 i. rinq (boks meydançası) / the ring (boxing), flying ring
링거 i. sistem (tibbi) / Ringer's solution 링거 주사(를) 맞다 sistem qoşmaq, sistem iynəsi vurmaq

ㅁ m

마감 i. son, axır, qurtaracaq; müddəti qurtarma; qəbul etməmə / finish; conclusion; closing 마감하다 f. vaxtı bitmək; qəbul etməmək 마감 후 도착한 원고 son qəbul müddəti qurtardıqdan sonra təqdim olunan əlyazmalar 일을 마감하다 işi bitirmək, qurtarmaq 원고를 마감하다 əlyazmaları qəbul etməmək

마개 i. tıxac, qapaq / stopper, cork, plug

마구(馬具) i. yəhər-yüyən, at əsləhəsi / horse equipment

마구 z. qatmaqarışıq, ayırd etmədən, necə gəldi, ağına-bozuna baxmadan; bərk, möhkəm, sərt; kobud; çox / carelessly, at random; hard; much 돈을 마구 쓰다 pulu necə gəldi xərcləmək 사람을 마구 때리다 adamı bərk (vəhşicəsinə) vurmaq 말을 마구하다 kobud danışmaq

마귀(魔鬼) i. iblis, şeytan; cin; şər qüvvə / the Devil, Satan, demon; evil spirit

마귀할멈 i. ifritə, cadugər qarı, küpəgirən qarı / witch, hag

마냥 z. doyunca, ürəyi istədiyi qədər, ağzına qədər, bolluca; yalnız / till full; solely, only; endless 마냥 놀다 ürəyi istədiyi qədər əylənmək 마냥 돈 벌 궁리만 하다 fikrini yalnız pul qazanmağa yönəltmək

마녀(魔女) i. cadugər qadın, ifritə / witch; shedevil

마누라 i. arvad (kobud mənada həyat yoldaşına müraciət) / one's wife [=아내]

마늘 i. sarımsaq / garlic

-마다 t. hər bir, hər; bütün, hamısı / each, every; all 날마다 hər gün 집집마다 bütün ev, hər ev 버스는 5 분마다 떠납니다. Avtobuslar hər 5 dəqiqədən bir yola düşür.

마담 i. xanım / madam <Fr.

마당 i. həyət / yard, court

마디 i. buğum, büküm, bükənək; düyün; söz, mahnı / joint; node; knob; a word, a song 손가락마디 barmaq buğumu 마디 없는 나무 düyünsüz ağac 말 한마디 bir söz

마땅하다 s. uyğun, yarayan, münasib; təbii / appropriate, right, becoming, suitable; satisfactory 마땅히 z. təbii ki, təbii olaraq 마땅한 값에 사다

münasib gələn qiymətə almaq 그의 죄는 죽어 마땅하다. O, cinayətinə görə ölümə layiqdir.

마련(磨鍊) i., s. hazırlıq; zəruri, labüd / preparation, arrangement; be certain 마련하다 f. hazırlamaq 마련이다 zəruridir, labüddür 사람은 한 번은 죽게(=기) 마련이다. Insan ölümə məhkumdur, gec-tez ölməlidir, ölüm haqqdır.

마렵다 f. ayaqyoluna getməyə ehtiyac hiss etmək / feel an urge to urinate (defecate)

마루 i. taxta döşəmə / wooden floor

마르다 f. qurumaq / dry up, get dry

마리 i. dənə (heyvanların sayı-baş) / the number of animals 개 한마리 bir dənə it

마무리 i. tamamlama, başa çatdırma, bitirmə (işi) / finishing touches, completion 마무리하다 f. işi tamamlamaq, sona çatdırmaq

마비(痲痺) i. iflic / paralysis, palsy 마비되다 f. iflic olmaq

마술(魔術) i. sehrbazlıq / magic, sorcery 마술(을) 부리다 f. sehrbazlıq etmək

마스크 i. maska, niqab, örtük / mask < İng.

마시다 f. içmək; udmaq (hava) / drink; breathe in

마약(痲藥) i. narkotik maddə / narcotic, drug

마을 i. kənd, oba, məhəllə / village, rural community

마음 i. qəlb, ürək; iradə; ağıl, fikir, düşüncə / mind, spirit, idea; will; thought 마음이 변하다 fikrini dəyişmək 마음의 평화 qəlbin sakitliyi 내 마음이 아프다. Qəlbim ağrıyır.

마음(이) 내키다 f. meyl göstərmək, istəmək, həvəs göstərmək / feel inclined, be willing to 내 마음이 내키지 않습니다. Meylim çəkmir.

마음(을) 놓다 f. arxayınlaşmaq, arxayın olmaq, rahat olmaq, sakitləşmək / set one's heart (mind), relax, take it easy

마음(을) 쓰다 f. qayğısına qalmaq, narahat olmaq / use one's mind, be thoughtful of, pay attention to 환자로 하여금 병에 마음을 쓰지않게 하다 xəstənin fikrini xəstəlikdən yayındırmaq

마음(을) 졸이다 f. təşviş keçirmək, tələş keçirmək; narahat olmaq, çox həyəcan keçirmək / trouble oneself, worry oneself about; be nervous about

마음가짐 i. özünü hazırlama (iş üçün və s.) / one's mental attitude, one's state of mind

마음껏 z. ürəyi istədiyi qədər, istədiyi kimi, doyunca / one's heart's content, as much as one likes

마음대로 z. ürəyi istədiyi kimi, ürəyincə; özünə görə / as one's wishes, of one's own accord, freely
마음먹다 f. niyyətində olmaq; qərara gəlmək / intend to, have a mind to; make up one's mind
마일 i. mil / mile (1.6km)   < İng.
마주 z. üz-üzə, qarşı-qarşıya / face to face, directly opposite, just across 마주 바라보다 bir-birinin üzünə baxmaq
마주보다 f. göz-gözə baxmaq; qarşısında durmaq / face each other; be opposite to
마주치다 f. qarşılaşmaq, rastlaşmaq, qarşısına çıxmaq / collide with, crash together, meet with
마중 i. qarşılama, qabağına çıxma / going out to meet a person 마중하다 f. qarşılamaq, qabağına çıxmaq 마중나가다 f. qarşılamağa getmək
마지막 i. son, axır / the end, the last
마지 못하다 f. məcbur olmaq; bacarmamaq, özünü saxlaya bilməmək / be forced, can not help 마지못하여 ehtiyac ucbatından, məcbur olaraq 마지못해 승락하다 könülsüz razılıq vermək
마지않다 f. kifayət qədər olmamaq (təşəkkür) / can never enough 감사해 마지않다 təşəkkürü bildirmək, minnətdarlığı bildirmək [=마지아니하다]
마차(馬車) i. araba, at arabası, qoşqu / carriage, coach, cart
마찬가지 i. oxşar, bənzər, eyni / the very same, one and the same
마찰(摩擦) i. sürtünmə / rubbing, chafing, friction, discord, trouble 마찰하다 f. sürtünmək
마추다 f. sifariş vermək / order, give an order 구두를 마추다 ayaqqabı sifariş vermək
마취(麻醉) i. keyləşdirmə / aneasthesia; narcotism 마취하다 f. keyləşdirmək, narkoz vermək 마취과 의사 anestezioloq 마취제 keyidici dərman
마치 z. elə bil / as if 마치 죽은 것 같다. Elə görünür ki, elə bil ölüb.
마치다 f. qurtarmaq, başa çatdırmaq, sona çatdırmaq / end, finish; complete; make an end of 양로원에서 생애를 마치다 ömrünü qocalar evində başa vurmaq
마침 z. düz vaxtında, elə həmin anda / just in time, at the right moment, just
마침내 z. nəhayət, axırda / at last, at length, finally, in the end, after all
마침표 i. nöqtə / period
마크 i. marka; işarə / mark; trademark

마파람 i. cənub küləyi / the south wind
마피아 i. mafiya / the Mafia
마호메트 i. Məhəmməd Peyğəmbər / Mohammed
마흔 say. qırx / forty [=사십(四十)]
막(幕) i. teatrda pərdə; pərdə; çadır / an act; hanging screen; tent; booth 3막 6장의 연극 3 pərdə və 6 şəkildən ibarət tamaşa (pyes) 막을 열다 (tamaşada) pərdəni açmaq 막을 짓다 çadır qurmaq
막 z. indi, bu dəqiqə; möhkəm / just, just at the moment; blindly 막 도착했다. İndi çatdıq. 막 때리다 möhkəm vurmaq
막간(幕間) i. ara, fasilə / interval, interval between acts or scenes, intermission
막걸리 i. düyü şərabı / rice wine
막내 i. sonbeşik / the lastborn, the youngest child
막노동(勞動) [=막일] fəhlə işi
막다 f. qadağan etmək, qarşısını almaq, dayandırmaq; tıxamaq, bağlamaq; qorumaq / stop up; fill up; keep away, prevent; screen off, parttion; enclose 발언을 막다 danışmağı qadağan etmək 병마개로 막다 şüşəni tıxac ilə tıxamaq 전염병을 막다 yoluxucu xəstəliyin qarşısını almaq
막다르다 s. qabağı bağlı olan; çıxılmaz, dalan / closed at one end; blind 막다른 골목 dalan 막다른 상황 çıxılmaz vəziyyət
막대기 i. çubuq, çomaq / a piece of wood, stick
막대하다(莫大--) s. çox böyük, iri, nəhəng / huge, enormous
막동이 i. sonbeşik oğlan, kiçik oğlan / the last (youngest) son
막론하다(莫論--) f. fərq qoymamaq / go without question 지위를 막론하고 rütbəsindən asılı olmayaraq
막막하다(寞寞--) s. çarəsiz, əlacsız / desolate, deserted; helpless 어찌해야 좋을지 막막하다 nə edəcəyini bilməmək (başını itirmək)
막막하다(漠漠--) s. sonsuz, ucsuz-bucaqsız / vast, boundless 막막한 사막 ucsuz-bucaqsız səhra
막바지 i. son anda, axır məqamda / the very end; the last moment
막상막하(幕上幕下) i. tayı, oxşar, bənzər, ona bərabər / nothing better and nothing worse, the same
막아내다 f. qorumaq, sovuşdurmaq / keep away, ward off, defend oneself against, protect from
막연하다(漠然--) s. qeyri müəyyən, qaranlıq, dumanlı / vague, obscure, ambiguous 막연한 말을 하다 ümumi sözlərlə danışmaq

막일 i. fiziki iş, ağır iş / physical labor, rough work
막중하다(莫重--) s. çox əhəmiyyətli / grave; very important 막중한 사명을 띠다 çox vacib işi yerinə yetirmək
막판 i. son; son fürsət, son şans; son an / the last round, the final scene; last-ditch; the last moment
막후(幕後) i. pərdə arxası, gizli / behind the curtain 막후에서 조종하다 pərdə arxası manevr etmək (məcazi mənada)
막히다 f. tutulmaq, dolmaq, tıxanmaq, qapanmaq, bağlanmaq / be clogged, be filled up, be blocked, be partitioned 굴뚝이 막히다 baca tutulub 수도꼭지가 막히다 krantın ağzı tıxanır
만 (萬) say. on min / ten thousand
만(滿) təy.söz. tam, bütöv, düz / just, full 만 19 세 tam on doqquz yaşlı 만 2 년 düz iki il
만(灣) i. körfəz; buxta / gulf; bay
만 i. müəyyən bir müddətdən sonra / after the lapse of 5 년 만에 beş ildən sonra 닷새만에 목욕하다 5 gündən bir çimmək
-만 əd. ancaq və ancaq, yalnız, təkcə / just, only 빵만 먹다 yalnız çörək yemək
만(卍) i. Buddist emblemi / Budhist emblem
만고(萬古) i. ulu keçmiş / antiquity, eternity 만고에 빛나다 əsrlərlə parlamaq
만국(萬國) i. dünya dövlətləri / all nations, world nations
만국기 i. dünya dövlətlərinin bayraqları / the flags of all nations
만기(滿期) i. vaxtın qurtarması, bitməsi / expiration of term, maturity of bill
만끽하다(滿喫--) f. tam ləzzət almaq / enjoy fully
만나다 f. görüşmək, rastlaşmaq / meet, meet with, encounter, see, Interview
만년(晩年) i. həyatın son illəri, ömrün son illəri / one's later years
만년필(萬年筆) i. diyircəkli qələm / fountain pen
만능(萬能) i. hər şeyi bacaran / omnipotence 그는 만능이다. Onun əlindən hər iş gəlir.
만담(漫談) i. xoş zarafat, komik dialoq / comic chat (dialogue)
만두(饅頭) i. *mandu*(düşbərəyə bənzər Koreya milli xəmir xörəyi) / a bun stuffed with seasoned meat and veetable, dumpling
만들다 f. düzəltmək, qayırmaq, yaratmaq, emal etmək; bişirmək / make, manufacture, make out, organize; cook

만류하다(挽留--) f. çəkindirmək, qoymamaq, saxlamaq / hold back, detain 싸움을 만류하다 davadan çəkindirmək 소매를 잡고 만류하다 bir kəsin qolundan tutub saxlamaq
만물(萬物) i. bütün canlılar; bütün şeylər / all creation; all things
만민(萬民) i. bütün insanlar / all the people, the whole nation
만사(萬事) i. hər şey, bütün işlər / everything, all thing, all affairs, all
만성(慢性) i. xroniki / chronicity, being chronic 만성병 xroniki xəstəlik
만세(萬歲) i. ura!; yaşa! yaşasın! / hurrah, cheers; ten thousand years, a long time, long live
만수(萬壽) i. uzun ömürlülük / longevity 만수무강을 축원합니다. Sizə sağlam və uzun ömür arzulayıram.
만연(漫延) i. yayılma, diffuziya / spread, diffusion 만연하다 f. yayılmaq
만원(滿員) i. boş yer olmama / no vacancy, full up 버스마다 만원이었다. Bütün avtobuslar ağzına qədər dolu idi.
만일(萬一) z. on mində bir; əgər / ten thousand to one; if [=만약(萬若)]
만장일치(滿場一致) i. yekdillik / unanimity (of the whole assembly)
만점(滿點) i. maksimum bal / full marks, perfect score
만져보다 f. toxunub baxmaq, əl vurmaq, dəymək / finger, try touching, test with one's hand
만족(滿足) i. razılıq, məmnunluq / satisfaction, contentment 만족하다 f. razı qalmaq, qane olmaq, məmnun qalmaq
만주(滿洲) i. Mancuriya / Manchuria
만지다 f. əl vurmaq, toxunmaq / touch, finger, handle
만찬(晚餐) i. şam yeməyi / dinner, supper
만천하(滿天下) i. bütün dünya / the whole world [=온 천하]
만큼 z. qədər; kimi; dərəcədə / as … as; equal to; degree 너도 그 사람만큼 할 수 있다. Sən də onun kimi edə bilərsən. 쇠만큼 유용한 금속은 없다. Heç bir metal dəmir qədər əhəmiyyətli deyil.
만평(漫評) a. sistemsiz tənqid / desultory criticism; gossip 만평하다 f. sistemsiz tənqid etmək
-만하다 təy.söz. …qədər; layiqli, dəyər / be to the extent of be as bi (little) as 먹을 만하다 yeməlidir (yeməyə dəyər) 그는 아들을 대학에 보낼만한 돈이 있다. Onun oğlunu institutda oxudacaq qədər pulu var.
만행(蠻行) i. vəhşilik, qəddarlıq / barbarity, savagery, brutality
만화(漫畵) i. karikatura; şarj / caricature, cartoon. 만화영화 cizgi filmi

만회하다(挽回--) i. özünü ələ almaq; bərpa etmək; geri qaytarmaq; təkrar ələ keçirmək / recover, retrieve, restore 이 형세를 만회할 수 없다. Olanı geri qaytarmaq mümkün deyil.

많다 s. çox; çoxlu / many, much

많이 z. çox; xeyli / much, lots, plenty

맏 i. ilk övlad; böyük övlad / firstborn, eldest, first 맏아들 böyük oğul

말 i. mal (18 litrlik ölçü vahidi) / measure (18 liters)

말 i. at / horse

말 i. dil; söz; nitq / language; speech; talk

-말(末) təy.söz. son / the end 4월 말 Aprelin sonu 세기말 əsrin sonunda

말갛다 s. təmiz / clear, clean, nice

말개지다 f. təmiz olmaq, durulmaq / become clear, clear up

말고 qoş. bundan başqa; yerinə / not ⋯ but, instead of, except

-말고 təy.söz. əlbəttə; təbii; sözsüz ki / yes, of course, certainly 그렇고말고! Şübhəsiz!, Əlbəttə!

말고삐 i. yüyən; cilov / reins, bridle

말괄량이 i. səfil qız; nadinc qız / hoyden, romping girl

말굽 i. at dırnağı / horse's hoof

말귀 i. sözün dəyəri; anlayış / the important of the word; understanding. 말귀가 밝다 iti eşitmək 말귀가 빠르다 tez başa düşmək, tez tutmaq, tez çatmaq

말기(末期) i. son dövr, son / the end; the last period

말끔하다 s. təmiz; səliqəli / clear, neat; goodlooking 말끔히 z. təmiz, səliqəli

말년(末年) i. ömrün son illəri; həyatın son dövrləri / the last phrase of one's life; the last few years

말다 f. bükmək (xalça və s.), yumaqlamaq, sarımaq / roll up, roll

> **'말다'** və **'감다'**-nın fərqi
>
> **'말다'** sahəsi olan nazik obyekti silindrik şəkildə üst-üstə qoyub bükdükdə, **'감다'** isə nazik və uzun bir əşyaya nəyisə bükdükdə və ya sarıdıqda istifadə olunur.
>
> **스카프를 목에 감다** – Şərfi boğaza dolamaq
> **김밥을 말다** – Kimbabı bükmək

말다 f. dayanmaq, dayandırmaq; yarımçıq saxlamaq, kənara qoymaq, əl çəkmək / stop, cease; leave off, give up 비가 오다가 말다 yağış yağdı və kəsdi 일을 하다가 말다 işi kənara qoymaq

말다툼 i. söz mübahisəsi / dispute, argument 말다툼하다 f. qızğın söz mübahisəsi etmək

말대꾸하다 f. cavabını vermək, cavabını qaytarmaq / answer back, talk back

말대답(-對答) i. cavab; cavabını qaytarma / back talk, answer, retort 말대답하다 f. cavabını vermək, cavabını qaytarmaq [=말대꾸하다]

말더듬이 i. pəltək / stammerer 말을 더듬다 f. pəltək olmaq, kəkələmək / stammer, stutter, mumble

말뚝 i. paya / stake, post, picket

말라리아 i. malyariya / malaria   < İng.

말라빠지다 f. çox arıqlamaq; çəkisini itirmək; qurumaq / become thin (emaciated), dry up; lose weight

말라죽다 f. solmaq, qurumaq (ağac, ot) / wither, dry up

말려들다 f. qoşulmağa məcbur olmaq; ilişmək / be dragged, get involved, be entangled 기계에 말려들다 maşına ilişmək 싸움에 말려들다 mübahisəyə qoşulmağa məcbur olmaq

말리다 f. dayandırmaq, çəkindirmək, qarşısını almaq; qadağan etmək / stop, dissuade, prevent; prohibit 사표내는 것을 말리다 istefa verməkdən çəkindirmək 싸움을 말리다 mübahisəni dayandırmaq

말리다 f. qurutmaq / make dry, dry, weather

말미암다 f. səbəb olmaq (sayəsində, görə) / come from, arise from; owe to

말버릇 i. danışıq tərzi / one's manner of speaking, a way of saying

말살(抹殺) i. yox etmə, məhv etmə, yer üzündən silmə / obliteration; erasure 말살하다 f. məhv etmək, yox etmək 명부에서 이름을 말살하다 bir adamın adını siyahıdan çıxarmaq

말세(末世) i. dünyanın sonu, axirət günü, axır zaman / the end of world

말소리 i. danışıq səsi / voice

말썽 i. nadinclik, dələduzluq; mürəkkəblik, çətinlik / trouble; difficulties 말썽(을) 부리다 f. nadinclik etmək, dələduzluq etmək; çətinlik törətmək, problem yaratmaq 말썽꾼 nadinc, dələduz

말씀 i. kəlam; söz; nitq / word; speech; talk 말씀하다 f. danışmaq

말없이 z. dinməzcə, sakitcə; etiraz etmədən / without saying anything, in silence; without any complaint

말엽(末葉) i. sonunda, axırında / the close of age, the end 19 세기 말엽에 19-cu əsrin sonunda

말투(-套) i. danışıq tərzi, danışıq manerası / one's way of talking
말하다 f. demək, söyləmək, söhbət etmək, danışmaq / talk, speak, converse
말하자면 z. deməli, məsələn, başqa sözlə desək / so to speak, for example
맑다 s. şəffaf, təmiz, açıq (su, hava, ürək və s.) / clear, clean; fine, fair
맛 i. dad, tam / taste
맛들다 f. dadlı olmaq / become tasty
맛보다 f. dadına baxmaq / taste
맛없다 s. dadsız / untasty
맛있다 s. dadlı / be tasty, delicious
망(望) i. müşahidə / watch, lookout; guard, vigilance 망을 보다 f. müşahidə etmək, nəzarət etmək (gözətçi məntəqəsində və s)
망(網) i. tor; şəbəkə / net; network 통신망 rabitə şəbəkəsi
망가지다 f. əzilmək, sınmaq; xarab olmaq / be broken, be put out of shape
망각(妄却) i. yaddaşsızlıq / lapse of memory; forgetfullness; oblivion 망각하다 f. unutmaq, yaddan çıxmaq
망나니 i. xuliqan, yaramaz adam, ədəbsiz adam / hooligan, wretch, rogue
망대(望臺) i. müşahidə məntəqəsi / observation post
망령(妄靈) i. xəfifləmə, uşaqlaşma / dotage, one's second childhood 망령들다 f. xəfifləmək, uşaqlaşmaq, qocalıqdan ağlı azmaq
망명(亡命) i. siyasi mühacirlik / flight from one's own country for political reasons, exile 망명하다 f. siyasi mühacir olmaq 망명을 요청하다 siyasi sığınacaq istəmək 망명자 i. siyasi mühacir 망명정부 mühacir hökumət
망설이다 f. tərəddüd etmək / hesitate, waver
망신(亡身) i. biabırçılıq, rüsvayçılıq; nüfuzunu itirmə / loss of reputation; disgrace; humiliation 망신(을) 당하다 f. biabır olmaq, nüfuzunu itirmək 망신시키다 f. biabır etmək, alçaltmaq
망원경(望遠鏡) i. teleskop / telescope
망치 i. çəkic / hammer
망치다 f. xarab etmək, korlamaq, pozmaq / mar, ruin, destroy
망하다(亡--) f. məhv olmaq, yox olmaq / perish, cease to exist, die out 회사가 망하다 şirkət müflisləşib
맞- ön.şək. qarşı; doğru / facing, directly opposite; straight 맞바람 qarşıdan əsən külək

맞다 s. düz, doğru; uyğun, müvafiq; yaraşmaq / be right, correct; agree with, accord with; fit, suit, match with 꿈이 (들어) 맞다 yuxusu çin olmaq 규격에 맞다 standarta uyğun gəlmək 이 옷이 네게 잘 맞는다. Bu paltar sənə yaraşır. (남녀 간에) 눈이 맞다 bir-birinə vurulmaq

맞다 f. qarşılamaq, qəbul etmək / meet, go to meet, receive, greet, be made to suffer, encounter 손님을 맞다 qonağı qəbul etmək

맞다 f. zərbə almaq, döyülmək / be hit by, be struck

맞대다 f. qarşı-qarşıya oturmaq / bring to contact with each other 무릎을 맞대다 diz-dizə oturmaq 얼굴을 맞대다 üz-üzə oturmaq

맞서다 f. qarşı-qarşıya durmaq (qarşıdurma), bir-birinə qarşı çıxmaq / stand face to face with

맞선 i. evlənmək üçün oğlan və qız arasında tanışlıq görüşü / a meeting with a view to marriage 맞선보다 f. görüşmək (evlənmək məqsədilə)

맞은편(--便) i. qarşı tərəf, o biri tərəf, əks tərəf / the opposite (other) side

맞추다 f. yığmaq, oturtmaq, birləşdirmək, düzəltmək, uyğunlaşdırmaq / fix into, put together, assemble; set it right 라디오 셋트를 맞추다 radio yığmaq 라디오의 다이얼을 맞추다 radio dalğasını tutmaq 원본과 맞추다 orijinal ilə tutuşdurmaq

맞춤법(--法) i. orfoqrafiya qaydaları / the rules of spelling

맞히다 f. düz yerinə düşmək, hədəfə düşmək (ov, cavab və s.) / guess right, hit, hit the mark

맡기다 f. əmanət vermək, qoymaq; etibar etmək / giving a thing into a person's keeping; entrust a matter to a person

맡다 f. əmanət götürmək; məsuliyyəti boynuna götürmək; almaq, götürmək (icazə və s.) / receive a thing in trust; keep; take charge of a thing; undertake; get (permission) 허락을 맡다 icazə almaq

맡다 f. > 냄새**(를)** 맡다 f. iy hiss etmək; iyləmək, qoxulamaq / smell

매 i. dəyənək; qamçı / rod; whip

매 i. şahin, laçın, tərlan / hawk

매(每) – təy.söz. hər / every, each

- 매 lek.şək. forma, biçim, şəkil / shape, cast 몸매 bədənin forması 눈매 gözün forması

매개(媒介) i. vasitə, vasitəçilik / intermediation; agency 매개하다 f. vasitə olmaq, vasitəçilik etmək

매국노(賣國奴) i. vətən xaini / traitor

매기다 f. nömrələmək; dərəcələmək; qiymətləndirmək / number; grade, rate 값을 매기다 qiymət qoymaq

매끄럽다 s. hamar, düz / smooth; sleek   müq. 미끄럽다 sürüşkən

매너 i. tərz, manera, davranış / manners   < İng.

매년(每年) i. hər il; ildə / every year; each year

매다 f. bərkitmək, bağlamaq / tie up, bind, fasten

매달(每-) i. hər ay, ayda / every (each) month

매달다 f. asmaq / hang up, suspend

매달리다 f. asılmaq / hang down, be suspended from, cling to

매독(梅毒) i. sifilis / syphilis

매듭 i. düyün; düyünləmə / knot; knotwork

매듭짓다 f. düyünləmək; son qoymaq, yekun vurmaq / knot, make a knot; conclude

매력(魅力) i. cazibə / charm; attractiveness; appeal 매력이 있다 cazibədar olmaq

매매(賣買) i. alış-satış, alış-veriş, alver, ticarət / buying and sale, dealing, trade 매매하다 f. alış-veriş etmək; ticarətlə məşğul olmaq

매미 i. mayböcəyi / cicada

매번(每番) i. hər dəfə; həmişə / every (each) time; always

매사(每事) i. hər iş, hər şey / every (each) business, every matter

매상(買上) i. alış / purchase 매상하다 f. satın almaq (əşya)

매상(賣上) i. satış / sales 매상하다 f. satmaq 매상고[=판매액] satış qiyməti

매섭다 s. sərt, kəskin, şiddətli / severe, strict, fierce 매서운 공격 kəskin hücum

매수(買受) i. satın alma / purchase, buying up 매수하다 f. satın almaq (rüşvətlə; əşya və s)

매수(買收) i. pul gücünə işlətmə / buying over, corruption 매수하다 f. pul gücünə işlətmək

매스컴 i. kütləvi informasiya vasitələri (KİV) / mass communications   < İng.

매연(煤煙) i. tüstü, his / sooty smoke, smoke

매우 z. çox; olduqca, həddən artıq / very, so, much

매운탕(--湯) i. *meuntanq* (acıbibər və tərəvəzdən hazırlanmış Koreya şorbası) / a pepperpot soup

매월(每月) i. hər ay / every (each) month [=매달]

매이다 f. bağlı qalmaq, bağlanmaq / be tied, be fastened, be bound to 일에 매이다 işə möhkəm bağlanmaq

매일(每日) i. hər gün / every (each) day
매입(買入) i. alış / purchase, buying 매입하다 f. satın almaq [=사다] (əşya və s.)
매장(埋葬) i. dəfn / burial, interment 매장하다 f. dəfn etmək
매장(埋藏) i. torpağa basdırma / burying underround
매장(賣場) i. mağaza sərgisi, ticarət yeri / a counter, a saleroom
매점(賣店) i. köşk, balaca dükan / stand, booth, store
매주(每週) i. hər həftə / every (each) week 매주 토요일 hər şənbə
매진(賣盡) i. satıb qurtarma / selling out 모든 좌석이 매진됐다. Bütün biletlər satılıb.
매체(媒體) i. vasitə / medium
매춘(賣春) i. fahişəlik / prostitution
매출(賣出) i. satış, satma / sale, selling 매출하다 f. mal satmaq
매표(賣票) i. bilet satışı / selling of tickets 매표소 kassa 매표시간 bilet satışı vaxtı
매한가지 i. eynilik, oxşarlıq / sameness
매형(妹兄) i. böyük bacının əri; yeznə / one's elder sister's husband; one's brother in law [=자형(姉兄)] müq. 매제(妹弟) kiçik bacının əri; kiçik yeznə
매혹(魅惑) i. heyran olma, valeh olma, cazibədarlıq / fascination, captivation, alluring, charm 매혹하다 f. heyran etmək, valeh etmək, ofsunlamaq, sehrləmək
매회(每回) i. hər dəfə; hər səfər / every (each) time, very (each) round
맥(脈) i. nəbz; damar (yataq, mədən mənasında) / pulse, pulsation; (mineral) vein [=맥박(脈搏)]
맥박(脈搏) i. nəbzi vurması / pulsation 맥박(이) 뛰다 f. nəbzi vurmaq
맥빠지다(脈---) f. əldən düşmək, yorulmaq, taqətdən düşmək / feel weak, be exhausted
맥없다(脈--) s. süst olmaq, gücsüz olmaq, özünü zəif hiss etmək / spiritless, weak, feeble, feel exhausted 맥없이 z. gücsüz halda
맥주(麥酒) i. pivə / beer
맥풀리다 [=맥빠지다]
맨 təy.söz. yalnız, təkcə, ancaq / just, nothing but
맨 əd. ən, lap / most, the very [=제일(第一)] 맨 처음 hər şeydən əvvəl 맨끝 ən axır
맨 – ön.şək. yalın / bare, naked 맨손 əliyalın 맨손으로 yalın əl ilə
맨머리 i. daz baş, keçəl; başı açıq / a bare head; bare headed

맨먼저 z. hər şeydən əvvəl, hamıdan öncə / at the very first, first of all [=맨처음]

맨몸 i. çılpaq bədən, lüt bədən / naked body

맨발 i. ayaqyalın / bare feet

맨주먹으로 z. əliyalın; boş əl ilə, sıfırdan / naked fist; with empty hands 맨주먹으로 시작하다 sıfırdan başlamaq

맵다 s. yandırıcı, acı (yeməkdə) / hot, pungent

맵시 i. şuxluq, gözəl görünüş / handsomeness, smartness, appearance 맵시가 있다 gözəl görünmək, şux görünmək

맷돌 i. əl dəyirmanı, kirkirə / millstone

맹공격(猛攻擊) i. şiddətli hücum / violent (heavy) attack 맹공격하다 f. şiddətli hücum etmək

맹렬하다(猛烈--) s. şiddətli, sərt / violent

맹목적(盲目的) s. kor-koranə, məqsədsiz / blindly, recklessly 맹목적으로 z. kor-koranə, məqsəd qoymadan

맹세 i. and / oath 맹세하다 f. and içmək

맹수(猛獸) i. yırtıcı heyvan / beast of prey

맹인(盲人) i. kor / blind person

맹장(盲腸) i. kor bağırsaq / vermiform appendix

맹훈련(猛訓練) i. ciddi məşq / intensive (hard) training

맺다 f. düyünləmək; vermək (bar, məhsul); əlaqə yaratmaq; bağlamaq (müqavilə) / tie up, knot; produce; make (a contract) 열매를 맺다 bar vermək 관계를 맺다 əlaqə yaratmaq

맺음말 i. yekun söz, son söz; nəticə / concluding remarks; conclusion

맺히다 f. düyünlənmək; bağlanmaq / be tied, be knotted; come into bearing 눈물이 맺히다 gözləri yaşarmaq 이슬이 맺히다 şehlənmək

머금다 f. ağzında saxlamaq, özündə saxlamaq / keep (hold) in one's mouth; harbor, have 원한을 머금다 kin bəsləmək 입에 물을 머금다 suyu ağzında saxlamaq

머나멀다 s. çox uzaq / very far, distant

머리 i. baş; saç / head; the hair 머리를 감다 f. saçını yumaq / wash one's hair

머리말 i. ön söz / foreword, preface

머리카락 i. saç, tel / a hair of one's hair

머무르다 f. qalmaq; yerindən tərpənməmək, yerində durmaq / stay; stop

머뭇거리다 f. tərəddüd etmək, qətiyyətsizlik göstərmək / hesitate

먹 i. Çin mürəkkəbi, mürəkkəb / Chinese ink
먹구름 i. qara bulud / black cloud
먹다 f. yemək / eat, take, have
먹다 f. 귀(가) 먹다 f. kar olmaq / lose the hearing; become deaf 나이(를) 먹다 f. yaşa dolmaq, qocalmaq / grow older
먹음직스럽다 s. ləziz, dadlı, iştah açan, ləzzətli / delicious looking
먹음직하다 [=먹음직스럽다]
먹이 i. yem; ov / feed; prey
먹이다 f. yedizdirmək; yemləmək / let someone eat (drink)
먹히다 f. yem olmaq, qurban olmaq, yeyilmək / get eaten, be eaten up
먼저 i. əvvəlcə, öncə, hər şeydən əvvəl / first, ahead
먼지 i. toz / dust; mote
멀다 s. uzaq / far, distant
멀다 f. > 눈(이) 멀다 kor olmaq / become blind
멀리 z. uzaq, uzaqda / far, far off, in the distance
멀리하다 f. uzaq olmaq, uzaqlaşmaq / keep away from, keep a person at a distance
멀미 i. ürəyi bulanma / (motion) sickness, nausea 멀미하다, 멀미나다 f. ürəyi bulanmaq (maşın, gəmidə və s.)
멀어지다 f. uzaqlaşmaq / become more distant
멀찍이 z. kifayət qədər uzaqda / pretty far
멈추다 f. durmaq, dayanmaq / stop, cease
멋 i. zövq, şux, şıq / taste, flavor, smart, dandyism
멋내다 f. dəb ilə geyinmək, şux geyinmək, şıq geyinmək, bəzənmək / spruce up, smarten up
멋대로 z. ürəyi istəyən kimi, sərbəst / as one likes, at pleasure, waywardly
멋부리다 [=멋내다]
멋쟁이 i. modabaz, dəb sevən, şux geyinən adam, yaraşıqlı geyinən adam / dandy, fop
멋지다 s. yaraşıqlı, çox gözəl / be fairly good, be very smart, splendid, dandyish
멍 i. göyərmiş yer, əzik yer (bədəndə) / bruise, contusion
멍들다 f. bədəni göyərmək / have a bruise
멍에 i. boyunduruq, əsarət, zülm (məcazi mənada) / yoke
멍청이 i. axmaq adam, ağılsız / stupid person
멍청하다 s. axmaq, ağılsız / stupid, dull

멍하다 s. fikri dağınıq, hərdəmxəyal / vacant, absent- minded 멍한 얼굴로 쳐다보다 fikri dağınıq halda baxmaq
메뉴 i. menyu / menu < İng.
메다 f. tıxanmaq (boğazı), boğulmaq / be choked (stopped) up
메다 f. çiyində aparmaq, belinə almaq, dalına almaq, dalında daşımaq / shoulder; carry on one's shoulder
메달 i. medal / medal < İng.
메마르다 s. qupquru, çox quru / very dry, arid
메모 i. xatirə yazma, memuar, qeyd / memo < İng. 메모하다 f. xatirə yazmaq (qısa forma), memuar yazmaq, qeyd götürmək
메아리 i. əks-səda / echo 메아리치다 f. əks-səda vermək
메우다 f. doldurmaq, tıxamaq; əvəzini vermək / fill up, plug up; supply, make up for
메이커 i. istehsalçı / maker, manufactureer [=제작자, 제조업체] < İng.
멕시코 i. Meksika / Mexico
멜빵 i. çiyin kəməri / rope for carrying something, shoulder strap
멤버 i. üzv / member < İng.
며느리 i. gəlin / daughter-in-law
며칠날 i. hansı gün / what day (of the month); the date
며칠 i. neçə gün / haw many days, how long, what day
멱살을 잡다 f. yaxalamaq, yaxasından tutmaq, boğazından yapışmaq / grasp by the throat
면(面) i. səth, üz / surface
면(面) i. *Myon*(Koreyada idarə bölməsi) / as a subdivision of a *gun*
면(綿) i. pambıq / cotton [=무명]
-(으)면 bağ. əgər / if
면담(面談) i. müsahibə, intervyü, görüş / interview 면담하다 f. müsahibə aparmaq, görüşmək
면도(面刀) i. üz qırxma / shaving 면도하다 f. üz qırxmaq
면도칼 i. ülgüc / a razor
면목(面目) i. üz; sima, ləyaqət, şərəf / face; honor 면목(이) 없다 s. utanmaq, üzü olmamaq (üzr istəyəndə) 정말 면목 없습니다. Mən çox utanıram. 면목을 세우다 f. simasını saxlamaq 면목을 잃다 f. simasını itirmək, ləyaqətini itirmək
면밀하다(綿密--) s. diqqətli, incə, dəqiq / minute, detailed, careful

면박(面駁) i. üzünə söymə, açıq rədd etmə / refutation to one's face 면박하다 f. üzünə söymək, açıq rədd etmək
면사포 i. üz duvağı, duvaq / bridal (wedding) veil
면세(免稅) i. gömrük vergisindən azad olma / exemption from taxation 면세를 해주다 f. gömrük vergisindən azad etmək
면역(免疫) i. immunitet (tibbdə) / immunity
면적(面積) i. ərazi, sahə / area, size of land
면전(面前) i. önündə, qarşısında (kimsə) / in the presence of a person
면접(面接) i. intervyü, müsahibə / interview 면접하다 f. intervyü almaq, müsahibə aparmaq
면접시험(面接試驗) i. şifahi imtahan / oral test, an interview 면접시험을 보다 f. şifahi imtahana girmək
면제(免除) i. azad olma (vergi, hərbi, borcdan və s.) / exemption 면제하다 f. azad etmək 면제되다 f. azad olmaq
면죄(免罪) i. əfv etmə, bağışlama / acquittal, pardon 면죄하다 f. əfv etmək, bağışlamaq
면직(免職) i. vəzifədən azad etmə / dismissal from office, discharge 면직되다 f. vəzifədən çıxarılmaq 면직시키다 f. vəzifədən azad etmək [=해고(解雇)]
면책(免責) i. məsuliyyətdən azad etmə / exemption from responsibility
면책(面責) i. xəbərdarlıq / personal reproof 면책하다 f. xəbərdarlıq etmək
면하다(免--) f. azad olmaq / be exempted, be saved from (danger etc.)
면학(勉學) i. oxuma / study, pursuit of knowledge 면학 분위기 oxumaq üçün əlverişli şərait
면허(免許) i. lisenziya; icazə / license; permission
면허증(免許證) i. vəsiqə, diplom, lisenziya / license; certificate müq. 자동차 운전면허증 sürücülük vəsiqəsi 의사 면허증 həkim diplomu
면회(面會) i. görüş (xəstəxanada, hərbi xidmətdə, həbsxanada və s.) / interview, visit 면회하다 f. icazə alıb görüşmək
멸망(滅亡) i. məhv olma, yıxılma, yox olma, süqut etmə / downfall, fall, collapse, destruction 멸망하다 f. yox olmaq, yıxılmaq, süqut etmək
멸시(蔑視) i. etinasızlıq, saymazlıq, xor baxma / contempt, disregard 멸시하다 f. xor baxmaq, etinasızlıq etmək
멸종(滅種) i. kökü kəsilmə, tükənmə, məhv olma / extermination 멸종하다 f. kökü kəsilmək, nəsli kəsilmək
멸하다(滅--) f. yox etmək, məhv etmək / destroy, ruin, perish

명(命) i. ömür, həyat / life
명곡(名曲) i. klassik musiqi / famous work of (classical) music
명단(名單) i. siyahı / list (register) of names
명랑하다(明朗--) s. şən, şad / cheerful, fine
명령(命令) i. əmr, göstəriş, buyruq / order, command; directive
명맥(命脈) i. nəslin davamı; ömür, həyat / thread of life, life
명명(命名) i. adlandırma, ad vermə / naming 명명하다 f. adlandırmaq, ad vermək
명문(名門) i. məşhur nəsil, əsl-nəcabətli ailə, əsilzadə ailə / distinguished family 명문 대학 məşhur məktəb
명문화(明文化) i. şərtləşmə, razılaşma (yazılı şəkildə) / stipulation
명물(名物) i. geniş yayılmış məhsul / noted product, special product
명백하다(明白--) s. aydın / obvious, clear, distinct
명복(冥福) i. rəhmət / happiness in the other world 명복을 빌다 f. rəhmət söyləmək
명부(名簿) i. siyahı / register of name, nominal list
명분(名分) i. haqq qazandırma, mənəvi haqqı olma / one's moral obligation, justification 이 일을 할 만한 명분이 없다. Bu işi görməyə mənəvi haqqı yoxdur.
명사(名士) i. məşhur adam / distinguished person
명사(名詞) i. isim (Qram.) / noun
명상(瞑想) i. düşüncəyə dalma / meditation 명상하다 f. düşüncəyə dalmaq, xəyala dalmaq
명성(名聲) i. şan-şöhrət / fame, reputation
명수(名手) i. usta / masterhand
명승지(名勝地) i. məşhur yer, tarixi yer / famous site, place of interest
명시하다(明示--) f. açıq göstərmək, aydın təsvir etmək / discribe clearly, indicate
명심하다(銘心--) f. ürəyində saxlamaq / keep in mind
명암(明暗) i. işıq və zülmət; kontrast / light and darkness
명언(名言) i. məşhur söz, zərb-məsəl / golden saying
명예(名譽) i. şərəf / honor
명예훼손(名譽毀損) i. şərəfini itirmə, şöhrətini itirmə / defamation of character 명예훼손하다 f. şöhrətini itirmək
명인(名人) i. usta / master, master hand
명작(名作) i. şah əsər / masterpiece

명저(名著) i. məşhur kitab / famous book
명절(名節) i. bayram, festival / festive day
명제(命題) i. mövzu / proposition
명주(明紬) i. ipək / silk [=명주실]
명중하다(命中--) f. hədəfə dəymək / hit the target
명찰(名札) i. ad göstəricisi, bəc / name plate
명칭(名稱) i. titul, ad / title
명쾌하다(明快--) s. açıq, aydın, aşkar / clear, explicit
명패(名牌) i. ad göstəricisi lövhəsi / name plate, door plate
명하다(命--) f. əmr vermək; təyin etmək / order, command; appoint, nominate
명함(名啣) i. vizit kartı / visiting card
명화(名畵) i. məşhur rəsm; məşhur film / famous picture; noted film
명확하다(明確--) s. açıq, aydın, dəqiq / clear, distinct, precise
몇 təy.söz. nə qədər, bir neçə / how many; some, several

> **'몇'** və **'얼마'**-nın fərqi
> '몇'dan o qədər də çox olmayan miqdarı mücərrəd şəkildə əks etdirdikdə və ya hər hansı bir şeyin sayını soruşduqda istifadə edilir. Adamların sayı, yaş, nömrəni və s. soruşduqda da istifadə olunur. '얼마'dan miqdarı və ya qədəri, qiyməti və s. soruşduqda istifadə olunur. Qiymət / Vaxt / Yol / Miqdar / Qədər və s.sözlərlə birlikdə istifadə olunur.
>
> **올해 나이가 몇인가?** - Neçə yaşın var?
> **이건 얼마예요?** - Bu neçəyədir?

몇 가지 i. bir neçə növ / several kinds; how many kinds
몇 개(- 個) i. bir neçə dənə; nə qədər? / some, several; how many?
모 i. bucaq / angle, edge 세모 üçbucaq
모(母) i. ana / mother 모친 ana
모(某) i. kimsə, birisi, filankəs / a certain person 김 모씨 Kim soyadlı bir nəfər
모가지 i. boyun; boğaz / neck [=목]
모계(母系) i. ana tərəfi / maternal line ↔ 부계
모계사회(母系社會) i. matriarxat, ana nəsli / matriarchy, matrilineal society ↔ 부계 사회 patriarxat, ata nəsli
모교(母校) i. doğma məktəb / one's old school
모국(母國) i. ana vətən, ana torpaq, ata yurd / motherland, homeland

모국어(母國語) i. ana dili / native language
모금(募金) i. pul toplama / fund-raising, collection of subscription
　　모금하다 f. pul toplamaq
모기 i. ağcaqanad / mosquito
모기장 i. miçətkən / mosquito net
모나다 s. sivri, sərt, iti / angle, be angular, be sharp 모난 얼굴 sivri sifət 모난 성격 sərt xarakter
모녀(母女) i. ana və qız / mother and daughter
모다 [=모으다]
모닥불 i. tonqal / a fire in the open air, bonfire
모델 i. model, örnək, nümunə / model　　< İng.
모독(冒瀆) i. alçaltma, təhqir / blasphemy; defilement, debasement
　　모독하다 f. alçaltmaq, təhqir etmək
모두 i. hamı, bütün; hər şey / all, everything, everybody
모든 təy.söz. bütün; hər / all, every, each
모래 i. qum / sand
모략(謀略) i. hiylə, kələk, fırıldaq / trick, artifice, scheme, stratagem
　　모략하다 f. hiylə işlətmək, kələk gəlmək
모레 i. biri gün, ertəsi gün / the day after tomorrow 내일이 아니고 모레 sabah yox, o birisi gün
모르다 f. bilməmək, xəbəri olmamaq; başa düşməmək / do not know, be ignorant of; do not understand 모른 체하다 f. özünü bilməməzliyə vurmaq, göz yummaq / pretend not to recognize, look on something with indifference
모름지기 z. nə olursa olsun, mütləq, hökmən / it is proper that one should (do), ought to
모면하다(謀免--) f. qurtulmaq, xilas olmaq (təhlükədən və s.) / escape (danger etc.), avoid (accident), be rescued from
모반(謀叛) i. üsyan, qiyam / rebellion, revolt 모반하다 f. üsyan etmək, qiyam qaldırmaq [=반란(反亂)]
모발(毛髮) i. saç / hair　　müq. 머리털 saç 털 tük
모방(模倣) i. təqlid, yamsılama / imitation 모방하다 f. təqlid etmək, yamsılamaq
모범(模範) i. nümunə, örnək, model / examplar, model, example
모범생 i. nümunəvi tələbə 그의 용감한 행동은 타의 모범이 되었다. Onun cəsurluğu başqalarına bir nümunə oldu.

모색하다(摸索--) f. arayıb-axtarmaq, tapmağa cəhd göstərmək / grope for, try to find
모서리 i. künc, tin / corner, angle, edge
모성(母性) i. analıq hissi / motherhood, maternity 모성애 ana məhəbbəti müq. 부성애(父性愛) ata sevgisi
모순(矛盾) i. ziddiyyət, təzad / contradiction
모스크 i. məscid / mosque < İng. [=사원]
모스크바 i. Moskva / Moscow
모습(貌襲) i. görünüş, forma, bədən forması, xarici görünüş / figure, features, outward looks, shape, appearence
모시다 f. qayğısına qalmaq, xidmət etmək, baxmaq (böyüklərin); pərəstiş etmək, itaət etmək; müşayiət etmək / minister to (a person), serve; deify; show a person in; accompany, attend upon; 부모님을 모시고 가다 valideynlərini müşayiət etmək 부모님을 모시다 valideynlərinə baxmaq 조상을 모시다 ulu babalarına pərəstiş etmək
모양(模樣) i. forma, biçim, görünüş / shape, form, appearence
모어(母語) [=모국어(母國語)]
모여들다 f. toplaşmaq, bir yerə yığışmaq / gather together, flock, assemble
모욕(侮辱) i. təhqir, həqarət / insult, contampt 모욕하다 f. təhqir etmək
모유(母乳) i. ana südü / mother's milk
모으다 f. toplamaq, bir yerə yığmaq / gather, get together, assemble, collect
모음(母音) i. sait / vowel
모이 i. yem, dən / feed 닭모이 toyuq dəni
모이다 f. toplanmaq, bir yerə yığılmaq / gather, flock, come together
모임 i. toplanış, yığıncaq, mitinq / meeting, social gathering, assembly
모자(帽子) i. papaq / headgear, hat, cap
모자라다 f. çatışmamaq, kifayət etməmək, yetərincə olmamaq / be not enough, be lacking
모조품(模造品) i. əldəqayırma, saxta, saxta yolla düzəldilmiş əşya / imitation
모조리 z. hamısı, bütün / all, without exception, to the last, wholly
모지다 s. öcəşkən, deyingən, cəncəl; itibucaqlı (forma) / angular
모직(毛織) i. yun parça / woolen fabric
모질다 s. insafsız, sərt, qəddar, amansız; dözümlü / ruthless, cruel, harsh, hard; tolerant
모집(募集) i. çağırış (hərbi, tələbə); dəvət / levy, recruitment; invitation 모집하다 f. çağırmaq

모처럼 z. uzun müddətdən sonra; çətinliklə; xüsusi ilə / after a long time, for the first in (ten years); with trouble; with special kindness
모체(母體) i. ana bədəni; mənşə, əsas, mənbə, kök / the mother's body
모태(母胎) i. ana bətni / the mother's womb
모퉁이 i. künc, tin / corner
모피(毛皮) i. xəz / fur
모함(謀陷) i. böhtan atma, şər atma / plot to do the injury; slander **모함하다** f. böhtan atmaq, şər atmaq
모험(冒險) i. macəra, sərgüzəşt; risk / adventure, venture; risk **모험하다** f. macəra axtarmaq
모형(模型) i. model, nümunə, etalon / model, pattern
모호하다(模糊--) s. qeyri-müəyyən, aydın olmayan, tutqun, dumanlı / dim, vague, obscure
모회사(母會社) i. əsas şirkət, ana şirkət / parent company
목 i. boyun / neck, 목(이) 쉬다 f. səsi batmaq, səsi kallaşmaq / become hoarse (husky, harsh), 목을 조르다 f. boğmaq, boğazlamaq / get a stranglehold on~
목걸이 i. boyunbağı / necklace
목격(目擊) i. şahid olma / sighting, witnessing 목격자 şahid **목격하다** f. şahid olmaq
목공(木工) i. dülgərlik, xarratlıq / carpentry   müq. 목수(木手) dülgər, xarrat
목구멍 i. boğaz / throat
목덜미 i. peysər, ənsə / nape
목도리 i. şərf / muffler; scarf
목동(牧童) i. çoban / herdboy, shepherd boy   müq. 목자(牧者) çoban
목록(目錄) i. kataloq, siyahı / catalogue, catalog   < İng.
목마르다 s. susamış, susuz, boğazı qurumuş / feel thirsty
목매달다 f. boğazdan asmaq; özünü asmaq / hang a person; hang oneself, [=목매다]
목사(牧師) i. pastor (protestant) / pastor, minister (of the Gospel)   müq. 신부(神父) (Katolik) keşiş   müq. 이슬람 종교 지도자 molla, axund
목성(木星) i. Yupiter / Jupiter
목소리 i. səs (insan) / voice, tone (of a voice)
목수(木手) i. dülgər, xarrat / carpenter
목숨 i. həyat, ömür / life [=생명(生命)]
목요일(木曜日) i. dördüncü gün, cümə axşamı / Thursday

목욕(沐浴) i. çimmə / bath **목욕(을) 하다** f. çimmək
목욕탕(沐浴湯) i. hamam / bath, bathroom, bathhouse
목자(牧者) i. çoban / shepherd, cowherd
목자르다 f. boğazını üzmək, boğazını kəsmək; işdən qovmaq, işdən kənar etmək, işdən çıxartmaq / cut off one's head, behead; dismiss, fire
목장(牧場) i. ferma, saray / stock farm, pasture, meadow
목재(木材) i. taxta / wood, timber
목재소(木材所) i. taxta-şalban zavodu, taxta sexi / a sawmill, a timber mill
목적(目的) i. məqsəd, amal / aim, purpose, object
목적지(目的地) i. mənzil (məqsəddə tutulan yer) / one's destination
목전(目前) i. gözünün qabağında, qarşısında, önündə / in (the) face of; in the presence of
목제품(木製品) i. ağacdan düzəldilmiş əşya / wooden ware, wood products
목차(目次) i. mündəricat / contents, a table of contents
목청 i. səs telləri; səs / vocal cords; one's voice
목축(牧畜) i. maldarlıq, heyvandarlıq / livestock farming; cattleraising [=목축업]
목표(目標) i. məqsəd, amal; hədəf, nişan / goal; mark, target

> **'목적'** və **'목표'**-nun fərqi
> **'목적'** hərəkət və ya ideal kimi mücərrəd olduğuna görə əsasən gözlə görünə bilinməyən, **'목표'** isə konkret olduğuna görə gözlə görülməsi mümkün olan şeylərlə istifadə olunur.
>
> **이 평가의 목적은 학생들의 실력을 확인하기 위해서다.**
> - Bu qiymətləndirmənin məqsədi tələbələrin bacarığını yoxlamaqdır.
>
> **이번 시합에서 금메달을 목표로 열심히 준비했다.**
> - Bu dəfəki yarışda qızıl medal qazanmaq hədəfi ilə səylə çalışdım.

목화(木花) i. pambıq / cotton (plant)
목회(牧會) i. pastorluq / pastoral duties **목회하다** f. pastorluq etmək
몫 i. pay, qismət, hissə / share; portion
몰다 f. sürmək; qovmaq; sıxmaq; boynuna qoymaq / drive; chase after; corner; charge a person with a crime 마차를 몰다 araba sürmək 토끼를 몰다 dovşanı qovmaq 궁지에 몰다 küncə sıxmaq 살인죄로 몰다 qətldə günahlandırmaq

몰두하다(沒頭--) f. aludə olmaq, heyran olmaq / be immersed in, be absorsed in

몰라보다 f. tanımamaq, tanıya bilməmək / do not recognize, forget, fail to recognize 몰라 뵈어 죄송합니다. Bağışlayın, mən sizi əvvəlcə tanıya bilmədim.

몰락(沒落) i. süquta uğrama, iflasa uğrama, müflisləşmə / ruin, fall, collapse
   몰락하다 f. süquta uğramaq, ifrasa uğramaq, müflisləşmək

몰래 z. gizlicə, gizlin-gizlin, oğrun-oğrun / stealthily, secretly

몰려가다 f. dəstə ilə getmək / go in flocks, go in groups

몰려나(오)다 f. dəstə ilə çıxmaq; qovulmaq / go out in, roups; be expelled out

몰려다니다 f. dolaşmaq (qrup halında) / go about in crowds; be driven round about

몰려오다 f. dəstə ilə gəlmək / come in crowds; come drived (back)

몰리다 f. küncə sıxılmaq, məruz qalmaq; izlənmək; günahlandırılmaq / be driven to a corner; be pursued; be accused of~

몰상식 i. qeyri sağlam düşüncə, səylik, axmaqlıq / lack of common sense

몰수(沒收) i. müsadirə / confiscation 몰수하다 f. müsadirə etmək, zorla almaq

몰아내다 f. qovmaq / expel, kick out

몰아넣다 f. küncə sıxışdırmaq; içəri salmaq / corner a person; drive in

몰염치(沒廉恥) i. utanmazlıq, abırsızlıq / sahmelessness, infamy 몰염치하다 s. utanmaz, abırsız

몰인정(沒人情) i. insafsızlıq, mərhəmətsizlik / inhumanity, want of sympathy 몰인정하다 f. insafsız olmaq, mərhəmətsiz olmaq

몰입하다(沒入--) [=몰두(沒頭)하다]

몸 i. bədən, vücud / body

몸가짐 i. davranış, hərəkət; manera / conduct, behavior, doings; manner

몸값 i. can haqqı; fahişə üçün verilən pul / ransom; money paid for prostitution

몸매 i. bədən forması, fiqura, əndam / one's figure, one's shape, one's form

몸부림치다 f. çırpınmaq, qıvrılmaq; çox səy göstərmək / struggle; writhe [=몸부림하다]

몸살 i. əzginlik (yorğunluq, ağır işdən sonra) / illness from fatigue 몸살(이) 나다 f. əzgin olmaq, yüngül xəstələnmək

몸서리 i. lərzəyə gəlmə / shivering, trembling 몸서리나다(치다) f. lərzəyə gəlmək, titrəmək 소리만 들어도 몸서리치다 səsini belə eşitdikdə lərzəyə gəlmək (titrəmək)

몸소 z. şəxsən, özü / personally, in person, by oneself

몸조리 i. səhhətinin qayğısına qalma, sağlamlığı qoruma / care of health, preservation of one's health 몸조리하다 f. səhhətini qorumaq, sağlamlığını qorumaq

몸조심 i. özünə yaxşı baxma / care of one's health; caution, discretion

몸조심하다 f. özünə diqqət vermək, sağlamlığını qorumaq 몸 조심해! Özünə fikir ver! Özünü qoru!

몸집 i. bədən quruluşu / the size of body, stature

몸짓 i. jest, hərəkət / gesture 몸짓하다 f. jest eləmək, hərəkət eləmək

몸치장(-治粧) i. bəzənmə / adornment of one's person; dressing oneself 몸치장하다 f. bəzənmək [=몸단장]

몸통 i. gövdə / trunk of the body

몸풀다 f. yorğunluğu çıxarmaq, yüngülləşmək, dincəlmək; doğmaq / relieve one's fatigue; give birth a baby

몹쓸 təy.söz. pis, bərbad, fəna / bad, evil

몹시 z. çox, son dərəcə, həddindən artıq / very much, exceedingly, remarkably

> **'몹시'** və **'아주'**-nun fərqi
>
> **'몹시'** və **'아주'**'dan dərəcə, qədərin artıq olduğunu ifadə edərkən istifadə edilir, lakin **'몹시'**'dən əsasən mənfi ifadələrdə istifadə olunur.
>
> ### 김치는 아주(O) / 몹시(O) 매웠다.
> Kimçi çox(O) / həddindən artıq(O) acı idi.
>
> ### 그 친구는 아주(O)/ 몹시(X) 친절한 사람이다.
> O, dostum çox(O) / həddindən artıq (X) mehriban adamdır.

못 i. mıx, mismar / nail

못 i. hovuz / pond, pool

못- z. deyil, heç zaman, əsla (inkarlıq) / cannot (do), unable, incapable (of doing), not, won't 못 가겠다. Gedə bilmərəm.

못나다 s. çirkin; axmaq / plain, ugly; foolish

못난이 i. çirkin; axmaq, dəli, səfeh adam / a simpleteon; a fool, silly

못되다 s. olmamış, bitməmiş; pis / less than, not more than; bad, evil 60 세가 못되어 죽다 60 yaşı tamam olmamış ölmək
못마땅하다 f. narazı olmaq, narazı qalmaq, xoşuna gəlməmək / unsatisfactory, disagreeable
못 본 체하다 f. görməməzliyə vurmaq, göz yummaq / pretend not to see, overlook
못 살게 굴다 f. incitmək, sataşmaq, cırnatmaq, ilişmək / persecute, oppress, abuse
못생기다 [=못나다]
못쓰다 s. faydasız, xeyirsiz; yaramaz / useless, worthless; bad 사람이 못쓰게 되다 adamın vəziyyəti pisləşib
못지않다 s. kimi, eynən, oxşar / just as good as, equal 그는 나에 못지않게 힘이 세다. O da mənim kimi güclüdür.
못질하다 f. mıx vurmaq, mıxlamaq / nail
못하다 f. bacarmamaq, edə bilməmək, iqtidarında olmamaq / cannot (do), be unable to (do), be uncapable of (doing)
못하다 s. nisbətən pis, onun kimi yox / inferior to, worse than; not as good as 이 꽃은 저 꽃보다 못하다. Bu gül o gül kimi qəşəng deyil.
-못하다 s. deyil / not 물이 맑지 못하다. Su şəffaf deyil.
몽고(蒙古) i. Monqolustan / Mongolia [=몽골]
몽고어(蒙古語) i. Monqol dili / Mongolian language [=몽골어]
몽땅 z. hamısı, hər şey, bütün, büsbütün; tamamilə / all, everything; entirely, completely
몽둥이 i. dəyənək, paya, çomaq / stick
뭉치 i. dəyənək, çomaq / cudgel, club
뫼 i. məzar, qəbir; dağ, təpə / grave, tomb; mountain, hill
묘(墓) i. məzar, qəbir / grave, tomb [=무덤]
묘기(妙技) i. əla oyun, əla nömrə / exquisite talent, wonderful performance
묘비(墓碑) i. məzar daşı, qəbir daşı, sinə daşı / tombstone
묘사(描寫) i. təsvir / description, delineation 묘사하다 f. təsvir etmək
묘지(墓地) i. məzar, qəbir; qəbirstanlıq / graveyard; burial ground
묘하다(妙--) s. qəribə, qeyri adi / strange, odd, curious, marvel
무(無) i. yox, sıfır, heç nə / nothing, naught, nil; none, no
무감각(無感覺) i. qeyri həssaslıq, reaksiyasız, hissiz, duyğusuz / insensibility 무감각하다 s. qeyri həssas, həssas olmayan, duyğusuz, hiss etməyən
무겁다 s. ağır / heavy ↔ 가볍다

무게 i. çəki, ağırlıq / weight
무고하다(無故--) s. sağ və salamat / safe and sound
무공(武功) i. əsgəri şücaət, əsgəri igidlik / military exploits (merits), distinguished military services
무공훈장(無功勳章) i. əsgəri igidliyə görə medal / the Order of Military Merit
무관(武官) i. hərbi attaşe; zabit / military attaché; military officer
무관심(無關心) i. etinasızlıq, laqeydlik / indifference 무관심하다 s. etinasız, laqeyd
무궁하다(無窮--) i. sonsuz, əbədi, ölməz / eternal, immoral
무근하다(無根--) i. əsassız, əsası olmayan, sübutsuz, dəlilsiz, səbəbsiz / groundless, baseless
무기(武器) i. silah / arms, weapon
무기(無期) i. müddətsizlik, qeyri məhdudluq, hədsizlik, həmişəlik / no time limit
무기력(無氣力) i. zəiflik, gücsüzlük / enervation 무기력하다 s. gücsüz, zəif, taqətsiz
무기징역(無期懲役) i. ömürlük həbs cəzası / a life imprisonment, a life sentence
무기한(無期限) [=무기(無期)]
무난하다(無難--) s. nisbətən asan, yüngül; olduqca yaxşı; təhlükəsiz, qorxusuz / easy; fairly good; safe 무난히 z. təhlükəsiz; asan
무너뜨리다 f. yıxmaq, çökmək, dağıtmaq / break down, destroy
무너지다 f. uçub-dağılmaq, çökmək / collapse, crumble, come down, be destoryed
무능(無能) i. bacarıqsızlıq, qabiliyyətsizlik / incompetency, lack of ability 무능하다 s. qabiliyyətsiz, bacarıqsız
무늬 i. naxış, bəzək / design, figure, pattern
무당(巫堂) i. şaman / shaman, exorcist
무대(舞臺) i. səhnə / stage
무더기 i. yığın, qalaq / pile, heap
무더위 i. bürkü, boğanaq / hot and humid weather
무던히 z. olduqca / pretty, fairly
무덤 i. məzar, qəbir / grave [=묘(墓)]
무덥다 s. bürkülü, boğanaqlı / sultry, sweltering
무도(舞蹈) i. rəqs / dancing 무도회 rəqs zalı

무디다 s. küt, kəskin olmayan / blunt, dull 무딘 칼 küt bıçaq
무뚝뚝하다 s. qaraqabaq, qaşqabaqlı, qaba, kobud / blunt, curt 무뚝뚝한 대답 kobud cavab 무뚝뚝한 사람 qaraqabaq adam
무럭무럭 z. sürətlə (böyümə) / rapidly, well 무럭무럭 자라다 sürətlə boy atmaq
무력(武力) i. hərbi qüvvə; qılınc gücü / military force (power); the sword
무력하다(無力--) s. gücsüz, qüvvətsiz, zəif / powerless, helpless, weak
무렵 i. zaman, vaxt, radə / time, about, around 무렵에 z. zaman, radələrində 해질 무렵에 axşam radələrində
무례하다(無禮--) s. nəzakətsiz, mərifətsiz, qanacaqsız, tərbiyəsiz, qaba, kobud / impolite, unmannerly, rude
무료(無料) i. müftə, pulsuz, havayı / no charge, free of charge
무르다 s. yumşaq, çox yetişmiş, dəymiş, lalıqlamış / soft, tender 무른 감 yumşaq xurma
무르다 f. yumşalmaq / soften, become tender
무르다 f. geri qaytarmaq (satın alınmış şeyi) / cancel a purchase and receive a refund
무르익다 f. yetişmək / ripen
무릅쓰다 f. risk etmək, riskə getmək / risk, run a risk, venture, dare
무릇 z. ümumiyyətlə, bütövlükdə / generally speaking
무릎 i. diz / knee
무리 i. izdiham, qələbəlik; sürü, ilxı, dəstə; qrup / coward; flock; group
무마하다(撫摩--) f. ört-basdır etmək, malalamaq, yatırtmaq, sakitləşdirmək / appease, soothe, coax, pacify
무면허(無免許) i. diplomu olmama, sənədi olmama, vəsiqəsi olmama / unlicensed
무명(無名) i. adsız, imzasız, naməlum, anonim / nameless ; anonymous; unknown 무명씨 anonim şəxs 무명용사 naməlum əsgər
무명 i. pambıq parça / cotten cloth (fabric)
무모하다(無謀--) s. ölçülüb-biçilməyən, götür-qoy edilməyən, düşünülməmiş; tələm-tələsik / thoughtless, imprudent, rash 무모하게도 düşünmədən, götür-qoy etmədən, tələm-tələsik halda 무모한 짓을 하다 tələm-tələsik iş görmək
무분별하다(無分別--) s. ağılsız, düşüncəsiz / indiscreet, imprudent
무사(武士) i. döyüşçü, əsgər (qədim dövrdə) / warrior

무사하다(無事--) s. salamat, təhlükəsiz, sakit / safe, secure 무사히 z. salamatçılıqla, təhlükəsiz (heç bir hadisə baş vermədən)

무산되다 f. baş tutmamaq, boşa çıxmaq (plan, mitinq və s.) / dissipate, be dispelled

무서움 i. qorxu / fear, fearfulness

무섭다 s. qorxulu, qorxunc, dəhşətli, şiddətli / fearful, terrible, awful 비가 무섭게 내리다 dəhşətli yağış yağır 무서워하다 f. qorxmaq / fear, be afraid of~

무성음(無聲音) i. (Qram.) kar samit / voiceless sound ↔ 유성음(有聲音) cingiltili samit

무소속(無所屬) i. müstəqil, heç bir qrupa daxil olmayan / independent 무소속 국회의원(國會議員) müstəqil millət vəkili

무쇠 i. dəmir / cast iron, iron

무슨 təy.söz. nə; necə; hər hansı / what, what kind of, some kind of

무승부(無勝負) i. heç-heçə / draw (in a game)

무시하다(無視--) f. etinasızlıq göstərmək, saymamaq / disregard, ignore, neglect

무시무시하다 s. dəhşətli, qorxulu / ghastly, fearsome, terrible

무시험(無試驗) i. imtahan verməmə / without examination

무식(無識) i. cahillik, savadsızlıq, nadanlıq / ignorance, illiteracy 무식하다 s. cahil, savadsız, nadan

무심하다(無心--) s. laqeyd / indifferent (to), inattentive 무심히 z. laqeydcəsinə, maraqlanmadan

무심코 z. düşünmədən / unintentionally

무엇 i. nə / what; which; whatever [뭐=무엇], [뭘=무엇을]

무엇보다 z. ən çox; hər şeydən qabaq / of all things; above all, first of all

무엇이든 z. nə olursa olsun / whatever, any, anything

무엇인가 z. nə isə / some, any, something, anything

무엇하다 s. uyğun gəlməyən, yerinə düşməyən / improper, unbecoming 이렇게 말하기는 무엇하지만 yersiz danışdığıma görə üzr istəyirəm--

무역(貿易) i. xarici ticarət / trade 무역하다 f. xarici ticarət etmək

무연(無煙) s. tüstüsüz / smokeless

무연탄(無煙炭) i. daş kömür / stone (smokeless) coal

무용(舞踊) i. rəqs / dancing 무용하다 f. rəqs etmək 무용가 rəqqas(ə)

무 i. turp / radish

무의미하다(無意味--) s. mənasız, boş / meaningless, nonsensical

무의식(無意識) i. huşunu itirmə, özündən getmə / unconsciousness
무의식적으로(無意識的--) z. qeyri iradi, instinkt olaraq, özü bilmədən, mexaniki olaraq; huşsuz olaraq / unconsciously, automatically 무의식적 s. qeyri iradi; huşsuz
무익하다(無益--) s. yararsız, faydasız / useless
무인(武人) i. döyüşcü, hərbçi (qədim dövrdə) / military man
무임(無賃) i. pulsuz, havayı / charge-free
무임승차하다(無賃乘車--) f. müftə getmək, havayı getmək (nəqliyyatda) / ride free of charge
무자격(無資格) s., i. diplomsuz, sənədsiz; səlahiyyətsiz / unlicensed; disqualification 무자격자 səlahiyyətsiz adam
무자비하다 [=무정하다]
무작정(無酌定) i. plansızlıq, tələsiklik / lack of any definite plan
무장(武裝) i. silahlandırma / armament, equipment 무장하다 f. silahlanmaq 무장시키다 f. silahlandırmaq
무저항(無抵抗) i. müqavimətsizlik, müqavimət göstərməmə / nonresistance; passive obedience 무저항주의 müqavimətsizlik prinsipi
무전(無電) i. radioqəbuledici / wireless, radio 무전을 치다 radioqram göndərmək
무정하다(無情--) s. mərhəmətsiz, insafsız / heartless, pitiless, coldhearted
무정부(無政府) i. anarxiya / anarchy 무정부 상태 qarışıqlıq, anarxiya
무제한(無制限) i. hədsizlik, hüdudsuzluq, sonsuzluq / unlimitedness
무조건(無條件) s. qeyd-şərtsiz / unconditioned 무조건 항복 qeyd-şərtsiz təslim
무좀 i. göbələk xəstəliyi / athlete's foot; dermatophytosis
무종교(無宗敎) i. ateizm, Allahsızlıq, dinsizlik / atheism; lack of religion
무죄(無罪) i. günahsız / being no guilty, innocence
무지(無知) i. cahillik, nadanlıq; axmaqlıq / ignorance; stupidity 무지하다 s. cahil, nadan
무지개 i. göyqurşağı / rainbow
무진장하다(無盡藏--) s. tükənməz, zəngin / inexhausitible, infinite 아제르바이잔에는 무진장한 천연자원이 있다. Azərbaycanın tükənməz təbii sərvətləri var.
무질서(無秩序) i. qarışıqlıq, xaos / absence of order, disorder; chaos 무질서하다 f. qarışıqlıq yaranmaq, xaos yaranmaq
무찌르다 f. məğlub etmək / kill off, defeat, crash

무차별(無差別) i. fərq qoymama, eynilik, bərabərlik / indiscrimination
무책임 i. məsuliyyətsizlik / irresponsibility
무척 z. olduqca çox, lap çox / very, very much
무표정(無表情) i. ifadəsizlik / absence of expression 무표정하다 s. ifadəsiz
무한(無限) [=무제한(無制限)]
무한정(無限定) i. sonsuzluq, hədsizlik / infinity 무한정하다 s. sonsuz
무해(無害) i. zərərsizlik / harmlessness
무허가(無許可) i. icazəsi olmama / no permit 무허가 건물 qeyri-qanuni (icazəsiz) tikilmiş bina
무화과(無花果) i. əncir, əncir ağacı / fig
무효(無效) i. təsirsizlik, effektsizlik / invalidity, ineffectiveness
묵과하다(默過--) f. üstündən keçmək, fikir verməmək / overlook, pass over
묵념(默念) i. sükutla yad etmə / silent tribute 묵념하다 f. sükutla yad etmək
묵다 f. köhnəlmək / become old 묵은 관습 köhnəlmiş adət 묵은 빵 boyat çörək
묵다 f. qalmaq, gecələmək (evdə, meşədə, mehmanxanada) / lodge in, stay at
묵도(默禱) i. səssiz dua, ürəyində dua etmə / silent prayer 묵도하다 f. səssizcə Tanrıya dua etmək
묵례(默禮) [=묵념(默念)]
묵묵하다(默默--) s. səssiz, sakit / silent, mute 묵묵히 sakit, səssiz
묵살하다(默殺--) f. qulaq ardına vurmaq, fikir verməmək / take no notice of, ignore
묵상(默想) i. dərin düşüncə / meditation 묵상하다 f. dərindən düşünmək
묵인하다(默認--) f. qeyri qanuni icazə vermək, göz yummaq / permit tacitly; tolerate
묵직하다 s. ağırtəhər / rather heavy
묶다 f. bağlamaq, düyünləmək / bind, tie
묶음 i. düyüncə, bağlama, paket, boxça / bundle
묶이다 f. bağlanmaq / be bound, be tied up
문(門) i. qapı, darvaza; giriş / door, gateway
문교부(文敎部) i. Təhsil Nazirliyi / the Ministry of Education [=교육부]
문단(文段) i. paraqraf / paragraph
문답(問答) i. sual-cavab, sorğu-sual / questions and answers 문답하다 f. soruşub cavab almaq, sorğu-sual etmək

문둥병 i. cüzam / leprosy
문둥이 i. cüzam xəstəliyinə tutulmuş adam, cüzamlı / leper
문뜩 z. birdən-birə, birdən, ani olaraq, gözlənilmədən, qəflətən / suddenly
문란(紊亂) i. pozğunluq / corruption, disorder 문란하다 f. pozğunlaşmaq
문리과대학(文理科大學) i. Humanitar elmlər fakültəsi   müq. 법과대학 Hüquq fakültəsi 이과대학 Texniki fakültə 의과대학 Tibb fakültəsi 농과대학 Kənd təsərrüfatı fakültəsi
문맥(文脈) i. məzmun / context
문맹률(文盲率) i. savadsızlıq faizi / the illiteracy rate
문명(文明) i. sivilizasiya; mədəniyyət / civilization 문명의 이기 müasir şərait 물질문명 maddi mədəniyyət
문법(文法) i. qrammatika / grammar
문서(文書) i. sənəd / document, letters, notes
문신(文身) i. tatuirovka, döymə şəkil / tattoo 문신하다, 문신새기다 f. bədənə döymə şəkil çəkmək; bədəni tuşla yazmaq
문안(問安) i. hal-əhval tutma / asking after one's health; paying one's respects 문안하다 f. hal-əhval tutmaq; kefini xəbər almaq
문어(文語) i. yazılı dil, ədəbi dil / written language   müq. 구어(口語) şifahi dil, danışıq dili
문예(文藝) i. incəsənət və ədəbiyyat / art and literature; literature
문의(問議) i. sorğu / inquiry, request of information 문의하다 f. məlumat öyrənmək, soruşmaq
문인(文人) i. ədəbiyyatşünas / literary man; civilian ↔ 무인(武人) i. döyüşçü
문자(文字) i. hərf; əlifba / letter, character
문짝(門-) i. qapı / door
문장(文章) i. cümlə; yazı / sentence; writing, composition
문제(問題) i. məsələ, problem, sual / question; problem
문지기(門--) i. qapıçı / gatekeeper; doorkeeper; gateman, doorman
문지르다 f. sürtmək, ovmaq / rub
문지방(門地枋) i. astana, eşik / threshold
문책하다(問責--) f. qınamaq, məzəmmət etmək / censure, reprimand, rebuke
문체(文體) i. ədəbi üslub, stil / (literary) style
문턱(門-) [=문지방(門地枋)]
문패(門牌) i. qapıdakı ad göstəricisi / doorplate

문학(文學) i. ədəbiyyat / literature
문학자(文學者) i. ədəbiyyatçı, ədəbiyyatşünas / literary man
문헌(文獻) i. ədəbiyyat; məxəz, mənbə / literature; documentary records
문화(文化) i. mədəniyyət / culture
문화사(文化史) i. mədəniyyət tarixi / cultural history
문화수준(文化水準) i. mədəni səviyyə / cultural level
문화인(文化人) i. mədəni adam / a man of culture
묻다 f. dəfn etmək, basdırmaq / bury
묻다 f. bulaşmaq / stick to, adhere to; be smeared with
묻히다 f. dəfn olunmaq, basdırılmaq; örtülmək / be buried; be covered
묻히다 f. ləkə salmaq, ləkələmək / smear, stain
물 i. su / water
물(物) i. şey, əşya / thing, object
물가 i. suyun qırağı, kənarı / the edge of the water
물가(物價) i. malların qiyməti / prices of commodities
물감 i. boya; sulu boya; yağlı boya / colors; water color; oil color [=그림물감]
물거품 i. suyun köpüyü, qabarcıq / foam, bubble 물거품이 되다 f. köpüklənmək; boşa çıxmaq, puç olmaq
물건(物件) i. əşya, mal / thing; goods, article
물결 i. ləpə, dalğa / wave
물결치다 f. ləpələnmək, dalğalanmaq / wave; move in waves
물고기 i. balıq / fish [≒생선(生鮮)]

> '**물고기**' və '**생선**'-un fərqi
> '**물고기**' və '**생선**' suda yaşayan heyvanı bildirən sözdür.
> '**물고기**' diri balığa, '**생선**' isə yemək hazırlamaq üçün nəzərdə tutulan ölü balığa deyilir və '**물고기**'dən fərqləndirilir.
>
> 저는 물고기를 키우고 있어요. – Mən balıq saxlayıram.
> 오늘 저녁은 생선을 먹었어요. – Bu gün şam yeməyinə balıq yedim.

물기(-氣) i. nəm, rütubət / moisture, wetness
물길 i. su yolu / water way
물다 f. dişləmək / bite
물다 f. ödəmək / pay back 벌금을 물다 f. cərimə vermək
물들다 f. boyanmaq, rənglənmək / be dyed, take color

물들이다 f. boyamaq, rəngləmək / dye
물량(物量) i. malların sayı, malların miqdarı / amount of materials
물러가다 f. çəkilib getmək / retreat, recede; draw back
물러나다 f. geri çəkilmək / retreat, recede, draw back
물러서다 f. geri çəkilib durmaq, kənara çəkilmək / step back; step aside
물렁하다 s. yumşaq / soft, tender
물려받다 f. miras almaq / inherit, take over
물려주다 f. miras qoymaq, miras vermək / turn over, transfer
물론(勿論) z. əlbəttə, təbii, təbii ki, şübhəsiz / of course, to be sure, naturally, without doubt
물리(物理) i. fizika / physics, physical laws
물리적 s. fiziki
물리다 f. dişlənilmək / be bitten
물리다 f. ödətmək (əvəzini, zərəri) / make a person compensate, make a person pay for [=배상시키다]
물리다 f. təxirə salmaq / postpone, put off [=연기하다]
물리다 f. yığışdırmaq, səliqəyə salmaq / put away (the tea, things), clear away [=치우다]
물리다 f. boğaza yığmaq, bezdirmək, təngə gətirmək / have had enough, be tired, lose interest
물리치다 f. qovmaq (düşmənləri); rədd etmək / drive away; refuse
물리학(物理學) i. fizika / physics; physical sicence
물물교환(物物交換) i. barter, mübadilə üsulu ilə alış-veriş, barter mübadiləsi / barter, dicker 물물교환 하다 f. barter yolu ilə mübadilə etmək
물약(-藥) i. sirop, maye halında dərman / liquid medicine
물어뜯다 f. dişləyib qoparmaq / bite off
물어보다 f. soruşmaq / ask, inquire
물어주다 f. ödəmək (zərəri) / compensate, pay for
물자(物資) i. mal, materiallar / goods, (raw) materials, resources 물자를 공급받다 mal (təchizat) almaq
물주(物主) i. maliyyəçi / financier
물질(物質) i. maddə / matter, substance, material 물질적 s. maddi 물질적인 원조 maddi yardım 물질적인 생각 materializm nöqteyi-nəzəri
물질주의(物質主義) i. materializm / materializm
물집 i. suluq, qabar / blister

물체(物體) i. maddə; obyekt / body, physical solid; object
물표(物票) i. çek; etiket / check, tally
물품(物品) i. mal, əşya, şey / goods, article, thing
묽다 s. sulu; açıq / watery 묽은 커피 açıq qəhvə 묽은 죽 sulu şorba
뭇 i. dəstə / bundle
뭇 i. çoxlu, çeşidli; bütün / many; various; all, every [=여러]
뭇사람 i. bütün adamlar, hamı, müxtəlif tipli adamlar / people of all sorts and conditions, the society, the world
뭉개다 f. əzmək; avaralanmaq, tənbəllik etmək / crush, smash; linger, idle about
뭉그러뜨리다 f. əzmək (meyvə); sökmək (divar) / demolish, pull down, destroy
뭉그러지다 f. əzilmək (meyvə), sökülüb dağılmaq / crumble, fall to pieces, be destroyed
뭉뚝하다 s. qısa və qalın; yoğun, gödək; küt / blunt, stumpy, stubby 뭉뚝한 연필 yoğun qələm
뭉치 i. dəstə / lump; bundle 편지 뭉치 bir bağlama (dəstə) məktub
뭉클하다 s. kövrəlmək, vəcdə gəlmək, riqqətə gəlmək, riqqətlənmək / be filled with emotion; feel heavy, be choked
뭉텅이 [=뭉치]
뭍 i. quru; sahil / land; the shore 뭍에 오르다 sahilə çıxmaq, quruya çıxmaq
뭐 i. bir şey; nə?; nədən; nə dedin!, nə! / anything, something; what [=무엇]
뭐니뭐니해도 z. hər şeyi nəzərə alsaq da; nə deyir desin; nə olur olsun / when all is said and done; after all
뭐라고 z. nə? / what?
미(美) i. gözəllik / beauty
미-(未-) ön.şək. hələ (inkar cümlələrdə); -sız / not yet; un-, in- 미완성 hələ tamamlanmamış, qurtarmamış
미개(未開) i. sivilizasiyaya çatmamış, inkişaf etməmiş / uncivilized, primitive 미개사회 inkişaf etməmiş cəmiyyət 미개하다 f. sivilizasiyaya çatmamaq 미개인 vəhşi adam
미개발(未開發) i. inkişaf etməmiş, təkmilləşməmiş / undeveloped, underdeveloped 미개발국가[=저개발국, 후진국] geridə qalmış ölkə

미개척(未開拓) i. tədqiq olunmamış, öyrənilməmiş / unexplored 미개척 분야 öyrənilməmiş sahə 미개척 시장 yeni bazar
미결(未決) i. həll olunmayan, qərara alınmayan, əsaslandırılmayan / pendency
미결정(未決定) [=미결(未決)]
미국(美國) i. Amerika Birləşmiş Ştatları, ABŞ / the United States of America, USA 미국인 amerikalı, amerikan
미군(美軍) i. Amerika hərbi qüvvələri; Amerika əsgəri / the U.S. armed forces, the U.S. Army; American soldier
미궁(迷宮) i. dolambac, labirint; çıxılmaz vəziyyət / labyrinth
미끄러지다 f. sürüşmək / slide, glide, skate
미끄럽다 s. sürüşkən / slippery
미끼 i. aldadıcı yem, yem (qarmaq üçün) / a bait, a lure
미남(美男) i. boy-buxunlu, qamətli, yaraşıqlı kişi / handsome man
미납(未納) i. hələ ödənilməmiş / default in payment, nonpayment
미녀(美女) i. gözəl qadın / beautiful woman, goodlooking girl
미달(未達) i. çatışmazlıq / shortage, lack
미덥다 s. etibarlı, mötəbər, inanılmış / reliable, trustworthy
미래(未來) i. gələcək / future
미래시제(未來時制) i. (Qram.) gələcək zaman / the future tense
미량(微量) i. cüzi, çox az (miqdar) / very small amount
미련(未練) i. ümidini üzməmə; peşimanlıq, heyfslənmə / lingering attachment (affection), being unable to give up; regret 미련없이 z. heyfslənmədən 아직 미련이 있다 hələ də ümidini üzməmək
미련하다 s. axmaq, ağılsız / stupid, dull, thickheaded
미로(迷路) i. yolları qarışıq olan, dolambac; labirint / maze, labyrinth
미루다 f. təxirə salmaq; boynundan atmaq; boynuna qoymaq; nəticə çıxarmaq, mühakimə yürütmək, hesab etmək / put off, postpone; lay; shift; infer, deduce 결정을 미루다 qərarı təxirə salmaq 책임을 다른 사람에게 미루다 məsuliyyəti boynuna qoymaq 나머지는 미루어 알겠다. Buna əsasən yerdə qalanlar barədə mühakimə yürütmək olar.
미리 z. əvvəlcədən, qabaqcadan, öncədən, öncə / beforehand, in advance, previously
미만(未滿) i. aşağı; az, kiçik / under; less than 12 세 미만의 어린이 12 yaşdan kiçik uşaqlar

미망인(未亡人) i. dul qadın / dowager, widow [=과부(寡婦)]
미명(未明) i. şəfəq, dan yeri / early dawn 미명에 dan yeri sökülməmişdən qabaq
미모(美貌) i. gözəl sifət / good looks, attractive looks, beautiful face
미묘(微妙) i. incəlik / delicacy 미묘하다 s. incə 미묘한 문제 incə məsələ
미미하다(微微--) s. cüzi, çox az, çox kiçik; əhəmiyyətsiz / small, slight; trifling
미비하다(未備--) s. natamam; hazır olmayan, qaydasında olmayan / incomplete; unpreparedness; deficient 서류가 미비하다. Sənəd qaydasında deyil.
미사일 i. raket, mərmi / missile   < İng.
미상(未詳) i. naməlum, məchul / unidentified, unknown 작자미상의 소설 imzasız roman
미생물(微生物) i. mikroorqanizm / microbe, microorganism
미성년자(未成年者) i. həddi buluğa çatmayan uşaq, yetkinlik dövrünə çatmamış uşaq / minor, person under age, juvenile, infant
미성숙(未成熟) i. yetişməmə / immaturity
미세하다(微細--) s. azacıq; incəliyi ilə, təfsilatı ilə / minute; fine, detailed 미세하게 z. təfsilatı ilə
미소(微笑) f. təbəssüm, gülümsəmə / smile
미소짓다 f. gülümsəmək / smile
미술(美術) i. rəsm, rəsm sənəti / art, the fine arts
미술품(美術品) i. rəsm əsərləri, tablolar / works of art
미스 i. xanım qız (titul), miss / Miss; unmarried woman   < İng. 미스 쿄눌 Könül xanım
미스터 i. cənab / Mr.   < İng.
미신(迷信) i. mövhumat / superstition 미신을 타파하다 mövhumatı alt-üst etmək
미심쩍다 s. şübhəli / doubtful
미아(迷兒) i. itmiş uşaq; baxımsız, səfil uşaq / missing child; stray child
미안하다(未安--) s. üzr istəmək; təəssüf etmək / be sorry; regret 미안합니다!, 죄송합니다! Üzr istəyirəm!, Bağışlayın!
미역 i. yosun, dəniz yosunu / brown seaweed
미역국 i. yosun şorbası / brown-seaweed soup
미완성(未完成) i. tamamlanmama, yarımçıqlıq / incompletion 미완성교향곡 tamamlanmamış simfoniya

미움 i. nifrət, kin / hatred
미워하다 f. nifrət etmək / hate, detest
미인(美人) i. gözəl, gözəl qadın / beauty, beautiful woman
미장원(美粧院) i. gözəllik salonu, qadın bərbərxanası / beauty salon   müq. 이발소(理髮所) kişi bərbərxanası
미장이 i. suvaqçı / plasterer
미적(美的) s. estetik / esthetical, esthetic 미적 감각 estetik duyum, zövq
미정(未定) i., s. həll olunmayan, aydın olmayan, qərara alınmayan / suspense, pendency 미정이다. Hələ həll olunmayıb, bəlli deyil.
미제품(美製品) i. Amerika malı / American-made goods
미주(美洲) i. Amerika ştatları / the Americas   müq. 구주(歐洲) Avropa
미지(未知) i. naməlum, yad / unknown; strange 미지의 세계 naməlum yer
미지근하다 s. ılıq, miyanə; biganə, laqeyd / tepid, lukewarm 미지근한 물 ılıq su 미지근한 태도를 취하다 laqeyd münasibət bəsləmək
미처 z. hələ / yet, as yet; up to now; so far
미치광이 i. dəli / madman, insane person
미치다 i. dəli olmaq / go mad; become crazy
미터 i. metr / meter   < İng.
미풍양속 i. milli mədəniyyət; adət-ənənə / mores; established social morals and customs
미해결(未解決) i. həll olunmamış problem / unsolved (problem)
미행하다(尾行--) f. gizli təqib etmək, izləmək / follow up, shadow; tail a person after
미혹(迷惑) i. özünü itirmə, çaşbaş salma / confusion, bewilderment; delusion 미혹하다 f. çaşbaş salmaq
미혼(未婚) i. subay / unmarried ↔ 기혼(既婚) i. evli
미화(美貨) i. Amerika pulu, Amerika dolları / American currency, the U.S. dollar
미흡하다(未洽--) s. kifayət qədər olmayan / unsatisfied with; insufficient 미흡한 감이 들다. Nə isə çatışmır.
믹서 i. mikser / mixer   < İng.
민(民) i. xalq, camaat, adamlar / the people
민간(民間) s., i. xüsusi, şəxsi; mülki / non- government; civilian 민간단체 mülki təşkilat
민감(敏感) i. həssaslıq / sensitiveness
민감하다 s. həssas / sensitive

민망하다 f. pərt olmaq, kefsiz olmaq, dilxor olmaq / be embarrassed, sorry
민박(民泊) i. xüsusi (şəxsi) evlərdə qalma / lodging at a private residence, home-stay 민박하다 f. xüsusi, şəxsi evlərdə qalmaq
민방위(民防衛) i. hava hücumundan müdafiə / civil defence 민방위훈련 hava hücumundan müdafiə məşqləri
민법(民法) i. şəxsiyyət hüququ / civil law
민속(民俗) i. xalq adət-ənənələri; folklor / folk customs
민속학(民俗學) i. folklor / folklore
민영(民營) i. xüsusi idarəetmə / private management 민영사업 mülki işlər
민요(民謠) i. xalq mahnısı / folk song
민족(民族) i. irq; millət / race; nation
민족주의(民族主義) i. millətçilik / nationalism
민족학(民族學) i. etnologiya / ethnology
민주(民主) i. demokratiya / democracy 민주 공화국 demokratik respublika
민주당(民主黨) i. Demokrat Partiyası / Democracy Party
민주적(民主的) s. demokratik / democratic
민주주의(民主主義) i. demokratiya / democracy, democratism
민주화 i. demokratikləşmə / democratization 민주화하다 f. demokratikləşmək
민중(民衆) i. xalq; camaat, insan kütləsi / the people; the mass of people
민첩하다(敏捷--) s. cəld, çevik, zirək / quick, prompt
믿다 f. inanmaq / believe, give credit to 믿을 수 없는 사건 inanılmaz hadisə 믿을 만한 사람 etibarlı adam 믿는 사람 imanlı, inanan
믿음 i. inam; iman / belief, confidence, a trust; faith
믿음직하다 s. etibarlı, mötəbər, inanılmış / reliable, trustworthy
밀 i. buğda / wheat
밀가루 i. buğda unu / wheat flour
밀고(密告) i. gizli məlumat, məxfi məlumat, xəbərçilik / secret information against 밀고하다 f. gizli məlumat vermək, çuğulluq etmək, xəbərçilik etmək
밀다 f. itələmək / push, thrust
밀도(密度) i. sıxlıq / density 인구밀도 əhalinin sıxlığı
밀려나다 f. itələnmək; çıxarılmaq / be pushed; be ousted, expelled

밀려들다 f. üstünə cummaq / advance on, surge upon [=밀려오다] 밀려드는 파도 üstünə gələn dalğalar 주문이 밀려들다 sifarişlərin içində itib-batmaq 조수가 밀려들다 dəniz qabarır
밀리다 f. itələnmək / be pushed
밀림(密林) i. cəngəllik, qalın meşə / jungle; thick forest
밀사(密使) i. gizli nümayəndə / secret envoy
밀서(密書) i. gizli məktub / secret letter
밀수(密遂) i. qaçaqçılıq, qaçaqmalçılıq / smuggling
밀수입 i. qaçaqmal gətirmə / smuggling in
밀수품 i. qaçaqmal, kontrabanda / contraband
밀수출(密遂出) i. gizli yolla mal vermə / smuggling out
밀어내다 f. itələyib çölə çıxartmaq / push out
밀어넣다 f. içəri qoymaq / push in
밀입국하다(密入國--) i. ölkəyə qeyri qanuni gəlmək / smuggle oneself into a country
밀접하다(密接--) s. yaxın; səmimi / close; intimate 밀접한 관계 yaxın münasibət
밀집하다(密集--) f. tünlük olmaq, dolu olmaq, sıx olmaq, bitişik olmaq / crowd; close up together 인가들이 밀집되어 있다. Evlər bir-birinə çox bitişikdir.
밀짚 i. saman / wheat straw 밀짚 모자 həsir papaq
밀착(密着) i. yapışma; yaxınlaşma / close adhesion 밀착하다, 밀착되다 f. yapışmaq 밀착시키다 f. yapışdırmaq 장농을 벽에 더 밀착시키다 paltar şkafını divara daha da yaxınlaşdırmaq
밀치다 i. qəflətən itələmək / thrust, push
밀크 i. süd / milk < İng. [=우유(牛乳)]
밀폐하다(密閉--) f. möhkəm bağlamaq / shuttightly, cover up tight
밀항(密航) i. gizli keçid (gəmi ilə) / a secret passage, smuggling oneself 밀항선 qeyri-qanuni yolla başqa əraziyə girən gəmi
밀회(密會) i. gizli görüş / secret meeting, clandestine meeting 밀회하다 f. gizli görüşmək
밉다 s. çirkin, kifir, eybəcər; iyrənc / not beautiful; hateful, disgusting 미운 얼굴 çirkin sifət 미운 사람 zəhlə tökən adam, nifrət olunan adam 이 애는 지금이 한창 미울 때다. Onun dəcəllik dövrüdür.
밉살스럽다 [=밉다]

밋밋하다 s. uzun və nazik; düz və hamar / long and slender; straight and smooth
밍크 i. qunduz / mink < İng. 밍크 코트 qunduz dərisindən palto
및 qoş. və; bundan başqa / and (also), both.. and; as well as, besides
밑 i. aşağı; alt, alt tərəf; dib / the lower part; under
밑바닥 i. dib, alt / the bottom
밑바탕 i. təməl, əsas, özül / the foundation
밑받침 i. altlıq / an underlay
밑줄 i. alt xətt, aşağı xətt / underline
밑지다 f. zərərə düşmək, ziyana düşmək / lose on the cost price, do not cover the first cost 밑지는 장사 xeyirsiz ticarət
밑천 i. maya, sərmayə, kapital / capital, fund; principal 장사 밑천을 대다 sərmayə ilə təmin etmək

ㅂ b, p

바 i. kəndir, buraz / rope 바를 치다 f. kəndir çəkmək
바 i. şey, iş; çıxış yolu, çarə, əlac / a thing, what; means, way 무엇을 할 바를 모른다 Çıxış yolu görmürəm, bilmirəm nə edim 네 알 바가 아니다. Sizin işiniz deyil.
바 i. bar / a bar, a barroom
바가지 i. su qabı (balqabaqdan düzəldilmiş), parç, dolça; cırnatma (ər-arvad arasında) / gourd, dipper; nag
바가지긁다 f. deyinmək (ər-arvad arasında), kimsəyə ilişmək, bəhanə tapmaq / nag one's husband
바가지쓰다 f. baha almaq, qiymətindən çox pul vermək / be overcharged
바가지를 씌우다 f. qiymətindən çox pul almaq, baha satmaq, qiymətdə aldatmaq, əyri yolla pul qazanmaq / overcharge, make undue profits
바깥 i. bayır, çöl / the outdoors, the outside
바구니 i. səbət / basket.
바꾸다 f. dəyişmək; xırdalamaq / change; exchange [=교환하다]
바꿔놓다 f. yerini dəyişmək / replace
바뀌다 f. dəyişdirilmək; yeniləşmək / be changed; be renewed
바느질 i. tikiş / sewing, needlework
바늘 i. iynə, mil / needle
바다 i. dəniz / the sea
바닥 i. döşəmə; dib / floor, base; bottom
바닥나다 f. tükənmək, tamam qurtarmaq; xərclənmək / be exhausted, be used up; be consumed
바닷가 i. dəniz sahili / seashore, beach, shore
바닷물 i. dəniz suyu / seawater
바라다 f. ummaq, arzu etmək, ümid etmək, gözləmək / desire, wish; yearn for, expect, hope; request, beg
바라보다 f. seyr etmək, baxmaq, müşahidə etmək; ümid etmək, gözləmək / look at, watch, see; look on; expect

바라지 i. qayğı, diqqət; maddi və mənəvi yardım etmə, kömək etmə / care, looking after 뒷바라지하다 f. maddi və mənəvi yardım etmək, qayğısına qalmaq

바람 i. külək, yel; rüzgar, hava / wind; air 바람이 빠진 타이어 boşalmış təkər 바퀴에 바람을 넣다 təkərə hava vurmaq, təkəri doldurmaq

바람나다 f. ailəsinə xəyanət etmək; eyş-işrət düşkünü olmaq / take to fast living; have a secret love affair

바람맞다 f. boş yerə gözləmək; rədd cavabı almaq / be fooled, be rejected; wait for a person in vain

바람직하다 s. arzu olunan, məsləhət görülən, tövsiyyə edilən, xoş, gözəl / desirable; advisable; welcome

바래다 f. solmaq (rəng), rəngi qaçmaq, ağarmaq / fade away, bleach

바래다주다 f. ötürmək, yola salmaq / see off

바로 z. doğru, düzgün, dürüst; dərhal; elə bil, sanki; düz / justly, rightly; at once; just as; straight 바로 갔다. Dərhal getdi.

바로 təy.söz. tam eyni; tam oxşar / the very, just the same

바로잡다 f. düzəltmək / straighten, make right (straight)

바르다 s. doğru, dürüst, düzgün / right; honest; upright; straight, erect

바르다 f. üstünə yapışdırmaq; sürtmək, yaxmaq, suvamaq / stick, paste, apply; perfume

바른말 i. doğru söz, haqqlı söz / right word; truth 바른말하다 f. düz danışmaq, doğrusunu söyləmək

바보 i. ağılsız, axmaq, dəli, gic / fool, stupid fellow

바쁘다 i. məşğul; tələsik / busy; hurry

바삐 z. təcili; sürətlə / in a hurry; busily

바싹 z. lap yaxın, yan-yana; quru; möhkəm / closely, side by side; dried up, parched; short, close; firmly, tightly 바싹 탄 입술 çox qurumuş dodaqlar 바싹 땅에 엎드리다 yerə yapışmaq 바싹 껴안다 möhkəm bağrına basmaq 바싹 우기다 təkidlə inadkarlıq etmək

바야흐로 i. artıq, doğrudan, həqiqətən / just, really; at the height of

~바와 같이 z. kimi; eynən; eyni şəkildə / as, like 아시는 바와 같이 bildiyiniz kimi 생각한 바와 같이 fikirləşdiyi kimi

바위 i. qaya / rock

바이블 i. Bibliya / Bible

바이올린 i. skripka / violin

바지 i. şalvar / trousers, pants

바지런하다 [=부지런하다]

바치다 f. bağışlamaq, bəxş etmək, vermək, təqdim etmək; həsr etmək / give, present; dedicate

바퀴 i. təkər / wheel

바탕 i. xarakter, təbiət; özül, fon; əsas, təməl, zəmin / nature, character; ground; foundation, field 바탕이 좋은 사람 xoş təbiətli adam 노랑 바탕에 푸른 무늬 sarı fonda göy naxış 바탕을 두다 əsaslanmaq

바탕 > 한바탕 i. bir müddət, bir az / for a while, for a spell of action 한바탕 비가 왔다. Bir müddət leysan yağışı yağdı.

-박(泊) lek.şək. gecələmə, qalma / stay 2박 3일 여행 iki gecə üç günlük səyahət

박다 f. mıxlamaq, vurmaq, çüyləmək, dürtmək / drive in, knock in; ram down, wedge in

박람회(博覽會) i. sərgi / fair, exposition, exhibition

박력(迫力) i. güc, qüvvə / power, force

박멸하다(撲滅--) f. kökündən məhv etmək; yox etmək / eradicate, exterminate; destory

박물관(博物館) i. muzey / museum

박사(博士) i. doktor; ekspert, mütəxəssis; oxumuş adam / doctor; expert, learned man 공학박사(工學--) mühəndislik sahəsində doktor, 문학박사(文學--) sosial elmlər və ədəbiyyat sahəsində doktor, 의학박사(醫學--) tibb elmi üzrə doktor

박살(撲殺) i. ölüncə döymə, ölümcül vəziyyətə salma / clubbing, striking 박살나다 f. ölüncə döyülmək; məhv olmaq, qırılmaq 박살내다, 박살하다 f. möhkəm döymək; məhv etmək, qırmaq

박수(拍手) i. alqış; əl çalma / hand clapping 박수갈채 alqışlar 박수치다, 박수하다 f. alqışlamaq

박애(博愛) i. xeyriyyə; filantropiya, bəşəriyyət / charity; philantrophy, humanity 박애사업 xeyriyyəçilik

박약하다(薄藥--) s. zəif; çatışmayan / weak, feeble; insufficient 정신박약아 [=지적장애아] ruhi xəstə olan körpə uşaq

박이다 f. batmaq (tikan), ilişib qalmaq / remain stuck

박자(拍子) i. ritm, təranə / rhythm, timing

박쥐 i. yarasa / bat, flittermouse

박차다 f. təpikləmək; (taleyinə) təpik atmaq, rədd etmək / kick away; reject

박치기 i. kəllə atma; buynuz vurma / butting 박치기하다 f. kəllə vurmaq, buynuzlamaq

박탈(剝奪) i. məhrum etmə / deprivation; divestiture **박탈하다** f. hüquq və vəzifədən məhrum etmək **박탈당하다** f. hüquq və vəzifədən məhrum olmaq
박해(迫害) i. zülm, təqib / persecution, oppression, torment **박해하다** f. zülm etmək, təqib etmək
박히다 f. batmaq / be stuck 가시가 손에 박히다 ələ tikan batmaq
밖 i. çöl, bayır, eşik / outside, exterior
반-(反) ön.şək. əleyhinə; ziddinə; anti, qarşı / anti- 반제국주의 anti-imperializm
반(反) i. antitezis / antithesis
반-(半) təy.söz. yarı, yarım / half, semi- 반 컵 yarım fincan 반 농담으로 yarı zarafatla
반(半) i. yarım, yarı / half 한시간 반 bir saat yarım
반(班) i. sinif; qrup / class; group
반가워하다 f. şad olmaq, məmnun olmaq, sevinmək / be glad about (meeting), be pleased with, rejoice
반가움 i. məmnunluq, sevinc / gladness, joy
반가이 z. məmnuniyyətlə, həvəslə, sevinclə / gladly, with pleasure
반감(反感) i. nifrət, antipatiya / antipathy, ill feeling, antagonistic feeling
반갑다 s. məmnun, şad / glad, pleasant, joyful 매우 반갑습니다. Çox məmnun oldum.
반격(反擊) i. əks-hücum / counterattack **반격하다** f. əks-hücuma keçmək
반공(反共) i. anti-kommunizm / Anti-communism
반기다 f. səmimi qarşılamaq / greet, welcome; receive a person warmly
반나절(半--) i. günün yarısı / quarter of a day
반년(半年) i. yarım il / half a year
반달(半-) i. yarım ay / half moon; half month
반대(反對) i. əleyhinə çıxma, zidd olma, qarşı çıxma; əleyhinə səs vermə / opposition **반대하다** f. qarşı olmaq; zidd çıxmaq; əleyhinə səs vermək
반대말(反對-) i. antonim / antonym
반도(半島) i. yarımada / peninsula
반도체(半導體) i. yarımkeçirici / semconductor
반동(反動) i. reaksiya; əks-təsir / reaction; counteraction
반드럽다 s. düz, hamar / smooth and shiny
반드시 z. mütləq, şübhəsiz; əlbəttə / certainly, surely; without fail
반듯반듯하다 s. düzgün, dürüst, doğru / all square and level, all straight

반듯이 z. doğru, düz; dik / straight, upright 반듯이 앉다 dik oturmaq
반듯하다 s. düz, doğru; dik / straight, upright, eret, even
반란(叛亂) i. qiyam, üsyan / rebellion, revolt
반란군(叛亂軍) i. qiyamçı əsgərlər / rebel army 반란하다 f. qiyam qaldırmaq, üsyan etmək
반론(反論) i. təkzib etmə / counterargument 반론하다 f. təkzib etmək [=반박하다]
반말(半-) i. kobud danışıq / crude language, a neutral style of speech 반말하다 f. kobud danışmaq
반면(反面) i. digər tərəfdən, başqa tərəfdən, həm də o biri tərəfdən, əksinə / the other side; the reverse 질이 좋은 반면 매우 비싸다. Bu keyfiyyətlidir, ancaq çox bahadır.
반목(反目) i. düşmənçilik, antaqonism, qarşıdurma / antagonism 반목하다 f. düşmənçilik etmək, bir-birinə qarşı çıxmaq
반미(反美) i. anti-Amerika, Amerika əleyhinə / anti America
반민주주의적(反民主主義的) s. anti-demokratik / antidemocratic
반박(反駁) i. etiraz, danma, inkar etmə; təkzib etmə / refutation; contradiction 반박하다 f. etiraz etmək, danmaq, inkar etmək; təkzib etmək
반반(半半) i. yarı-yarı, yarıbayarı, bərabər, tən / half-and-half; fifty-fifty 반반으로 하자. Gəlin yarı (yarı-yarı) böləkǃ 승산은 반반이다. İmkanlar yarıbayarıdır.
반발(反撥) i. əks çıxma, müqavimət göstərmə / rebounding, repulsion 반발하다 f. əks çıxmaq, müqavimət göstərmək, üzünə qayıtmaq
반복(反復) i. təkrarlama, təkrar / repetition, repeat 반복하다 f. təkrarlamaq, təkrar etmək
반사(反射) i. əks, inikas; refleksiya / reflection; reflexion 반사하다 f. əks etmək, inikas etmək 반사 작용 refleks 조건 반사 şərti refleks
반석(磐石) i. möhkəm qaya, sərt qaya, qaya; möhkəmlik / huge rock; firmness
반성(反省) i. öz işini analiz etmə, özünü tənqid; peşimançılıq / self-examination, reflection 반성하다 f. öz işini analiz etmək; peşiman olmaq
반소(反蘇) i. anti-sovet, Sovetlər əleyhinə / Anti-Soviet
반송(返送) i. geri göndərmə / sending back 반송하다 f. geri göndərmək, geri qaytarmaq
반시간(反時間) i. yarım saat / half an hour

반역(叛逆, 反逆) i. xainlik, dövlətə xəyanət, satqınlıq / treason 반역하다 f. xainlik etmək, xəyanət etmək, satqınlıq etmək

반영(反映) i. nəzərə alma, əks etdirmə; bəhs etmə / reflection 반영하다 f. nəzərə almaq, əks etdirmək 국민의 여론은 국회에 반영된다. xalqın rəyi Milli Məclisdə nəzərə alınır.

반응(反應) i. cavab, reaksiya; təsir, effekt / response, reaction; effect 반응하다 f. reaksiya vermək, cavab vermək; təsiri olmaq 주사를 놓았지만 환자는 아무런 반응이 없었다. İynə vuruldu, amma xəstə heç bir reaksiya vermədi.

반의어(反意語) [=반대말] ↔ 동의어(同義語) sinonim / synonym

반짝거리다 [=반짝이다]

반작용(反作用) i. əks-təsir, əks-reaksiya / reaction, counteraction

반짝이다 f. parlamaq (günəş), parıldamaq (metal) / glitter, sparkle, gleam, shine

반장(班長) i. sinif nümayəndəsi, qrup rəhbəri / squad (section, group) leader

반전(反戰) i. müharibə əleyhinə / anti-war, opposition to war 반전운동 müharibə əleyhinə kompaniya

반절(半切) i. bir şeyin yarısı, yarı / half size, folding in the middle

반점(斑點) i. xal; nöqtə; ləkə / spot; speck; dot

반제국주의(反帝國主義) i. anti-imperializm / antiimperialism [=반제(反帝)]

반쪽(半-) i. yarım, bir şeyin yarısı / half

반죽 i. xəmir / dough

반지(斑指) i. üzük / finger ring

반지름(半--) i. radius / radius

반질거리다 s. parlaq / lubricous, slippery

반찬(飯饌) i. (düyü yeməyinə əlavə olan) xuruş, məzə, çərəz / subsidiary articles of diet

반칙(反則) i. qaydanı pozma / foul 반칙하다 f. qaydanı pozmaq

반하다 f. vurulmaq, aşiq olmaq / fall in love with

반항(反抗) i. müqavimət / resistance 반항하다 f. müqavimət göstərmək

받다 f. almaq, götürmək / take, get

받다 f. vurmaq (başla, buynuzla), başı dəymək / butt; gore

받들다 f. qaldırmaq, yuxarıda tutmaq; tərəfini saxlamaq; hörmət etmək / lift up, hold up, raise; support, hold up; respect

받아들이다 f. qəbul etmək / accept

받아쓰기 i. imla / dictation; writing a dictation 받아쓰기(를) 하다 f. imla yazmaq

받아쓰다 f. imla yazmaq / write down at a dictation 받아쓰게 하다 f. imla yazdırmaq
받치다 f. qoymaq (dayaq); tutmaq (çətir) / prop, bolster; hold up (an umbrella)
받침 i. dayaq, ayaq / prop; leg [=받침대]
발 i. ayaq / foot
발가락 i. ayaq barmağı / toe
발가벗기다 f. soyundurmaq, çılpaqlandırmaq, lütləndirmək / strip a person of all clothes
발가벗다 f. soyunmaq, çılpaqlanmaq, lütlənmək / strip oneself
발각(發覺) i. aşkar etmə, aşkara çıxarma, üzə çıxarma / detection, reveaIation 발각되다 f. aşkar olmaq, üzə çıxmaq
발간하다(發刊--) f. nəşr etmək, çap etmək / publish; issue
발걸음 i. addım / step, pace
발견(發見) i. kəşf, aşkara çıxarma / discovery 발견하다 f. kəşf etmək, aşkara çıxarmaq
발굴(發掘) i. qazıntı, qazma / excavation 발굴하다 f. qazıntı işi aparmaq
발꿈치 i. daban / heel
발단(發端) i. başlanğıc; mənşə, mənbə / the beginning; the origin, the start
발달(發達) i. inkişaf, tərəqqi / development 발달하다 f. inkişaf etmək, tərəqqi etmək, irəliləmək
발동기(發動機) i. mühərrik, motor / motor, engine [=엔진]
발랄하다(潑剌--) s. xoşa gələn, diribaş, zirək / lively, vivid
발령(發令) i. təyinat / announcement of appointment; giving an official order 발령나다 f. təyin olunmaq 발령하다 f. təyin etmək
발매(發賣) i. bilet satışı / sale
발명(發明) i. ixtira / invention 발명하다 f. ixtira etmək
발목 i. topuq / ankle
발바닥 i. ayağın altı / the sole of a foot
발발(勃發) i. baş vermə, törənmə / outbreak, outbrust 발발하다 f. baş vermək, törənmək
발빼다 f. geri çəkilmək, əl çəkmək, əlaqəni kəsmək / wash one's hands of
발뺌 i. bəhanə; inkar / excuse, pretext, pretence, alibi 발뺌하다 f. danmaq, boynuna almamaq, bəhanə etmək
발버둥치다 f. dəridən-qabıqdan çıxmaq, əlləşmək, çabalamaq / flutter one's feet, kick and struggle, squirm

발본(拔本) f. kökünü kəsmə, məhv etmə / eradication, rooting up 발본하다 f. kökünü kəsmək, məhv etmək
발사(發射) i. atəş açma / discharge, firing; shooting 발사하다 f. atəş açmaq
발상지(發祥地) i. doğma yurd (xalqın, tayfanın, sülalənin və s.); sivilizasiyanın beşiyi / the native place of a dynasty; the cradle of civilization
발생(發生) i. kök, mənşə, mənbə / occurrence, origination, appearance 발생하다 f. meydana gəlmək, peyda olmaq; baş vermək
발송(發送) i. göndərmə (məktub, teleqram və s.) / sending, dispatch; shipping 발송하다 f. göndərmək
발신(發信) i. teleqram vurma / dispatch of a message, sending a telegram 발신하다 f. teleqram vurmaq
발언(發言) i. çıxış, nitq, məruzə / utterance; speaking; speech; proposal 발언하다 f. danışmaq, çıxış etmək, nitq söyləmək, məruzə etmək
발언권(發言權) i. danışıq hüququ / the right to speak
발원(發源) i. mənbə, kök, doğuluş, başlanğıc; qaynaq / origin, source 발원하다 f. mənbəyini götürmək, başlamaq
발육(發育) i. böyümə, inkişaf etmə, tərəqqi etmə / growth, development progress 발육하다 f. böyümək, inkişaf etmək, tərəqqi etmək
발음(發音) i. tələffüz / pronouncement 발음하다 f. tələffüz etmək
발의(發議) i. təklif (iclasda və s.) / proposal, suggestion 발의하다 f. təklif etmək
발자국 i. ayaq izi, ləpir / footprint, footmark
발자취 i. iz, ayaq izi, ləpir (adətən məcazi mənada işlənir) / footprint, track, race
발작(發作) i. spazma, tutulma, qıc olma / spasm, paroxysm 발작하다 f. spazması tutmaq, qıc olmaq
-발짝 i. addım / step 한 발짝, 두 발짝
발전(發展) i. irəliləyiş, inkişaf, tərəqqi / development, enlargement, growth 발전하다 f. inkişaf etmək, irəliləmək
발전(發電) i. cərəyan yaradan, generator / generation of electricity
발전소(發電所) i. elektrik stansiyası / power plant (station)
발차(發車) i. yola düşmə (qatar, avtobus və s.) / the starting (of a train, bus vb.); departure 발차하다 f. yola düşmək
발췌(拔萃) i. tezis / extraction, abstract 발췌하다 f. tezis yazmaq
발톱 i. ayaq dırnağı / toenail

발판(-板) i. tikinti üçün ayaq altına qoyulan xüsusi ləvazimat; nərdivan, özül, təməl / scaffolding; foothold
발포(發砲) i. atəş açma / firing, discharge of a gun 발포하다 f. atəş açmaq
발표(發表) i. bildiriş, elan, nəşr etmə, çıxış / announcement; publication
발표하다 f. bildirmək, elan etmək, nəşr etmək 연구를 발표하다 tədqiqat işləri barədə çıxış etmək, tədqiqat işini çap etdirmək
발행(發行) i. nəşr etmə / publication, issue 발행하다 f. nəşr etmək, çap etmək
발행부수(發行部數) i. tiraj / circulation (of a newapaper, magazine vb.)
발효(發效) i. qüvvəyə minmə / coming into effect 발효하다 f. qüvvəyə minmək
발효(醱酵) i. acıtma, qıcqırtma; mayalanma, fermantasiya / fermentation 발효하다 f. acımaq, qıcqırmaq, mayalanmaq
발휘하다(發揮) f. nümayiş etdirmək, göstərmək / manifestate, display, show 실력을 충분히 발휘하다 öz bacarığını yetərincə nümayiş etdirmək
밝다 s. işıqlı, parlaq / light, bright 달 밝은 밤 aylı gecə
밝다 s. iti, ayıq, həssas; aydın / sharp, keen; bright 그는 귀가 밝다. Onun qulağı çox yaxşı eşidir. / Onun qulaqları itidir. 그는 눈이 밝다. O, çox yaxşı görür. 앞날이 밝다 parlaq gələcəyi olmaq
밝다 f. işıqlaşmaq, gün doğmaq; yaxşı tanış olmaq, bilmək / dawn, (day) break, be familiar, be well acquainted 날이 밝아 온다. Səhər açılır. 세상물정에 밝다 dünyadan yaxşı baş çıxarmaq
밝히다 f. işıqlandırmaq; aşkara çıxarmaq, aydınlaşdırmaq / brighten, lighten; make clear
밟다 f. tapdalamaq, ayaqlamaq, basmaq; izinə düşmək, izləmək; mərhələni keçmək / step on, tread on; tramp; follow; go through
밤 i. gecə / night
밤 i. şabalıd / chestnut
밤길 i. gecə gəzintisi / a walk at night
밤낮 i. gecə-gündüz / night and day
밤늦다 s. gecədən keçmiş / late at night
밤새도록 z. bütün gecəni yatmadan / all night (long), (through) the whole night
밤새우다 f. gecəni yatmamaq / pass a night without sleep
밤색 i. şabalıdı rəng / chestnut color
밤손님 i. oğru, "gecə qonağı" / night prowler, thief
밤일 i. gecə növbəsi, gecə işi / night work, night shift 밤일하다 f. gecə işləmək
밤중(-中) i. gecəyarısı / midnight
밥 i. bişmiş düyü; yemək / boiled rice; meal, food

밥맛 i. iştaha / appetite
밥벌이 i. çörək pulu qazanma, iş / bread winning, a means of living **밥벌이하다** f. çörək pulu qazanmaq
밥상(-床) i. yemək masası; süfrə / a small dining table [=식탁(食卓)] 밥상을 차리다 süfrə açmaq
밥솥 i. düyü qazanı, aş qazanı / rice cooker
밧줄 i. kəndir / rope, line
방(房) i. otaq / room
방공(防空) i. hava hücumundan müdafiə / air defense
방관(傍觀) i. laqeyd baxma, müşahidə etmə, qarışmama / onlooking
방관하다 f. laqeyd qalmaq, müşahidə etmək, qarışmamaq
방귀 i. yel, qaz, bağırsaq qazı / fart 방귀를 뀌다 f. hava buraxmaq, yel buraxmaq, qaz buraxmaq, osurmaq
방금 [=지금]

> **'방금'** və **'금방'**-ın fərqi
>
> **'방금'** və **'금방'** hər ikisi də o qədər də uzaq olmayan bir vaxtı bildirir, **'방금'** söhbət edildiyi vaxtdan bir az daha əvvəlki vaxtı bildirir və əsasən keçmiş zamanda olan fellə işlənir. **'금방'** isə əksinə söhbət edildiyi vaxtdan həm bir az əvvəli və həm də bir az sonranı bildirdiyinə görə keçmiş və gələcək zamanda olan fellərin hər ikisi ilə işlənir.
>
> **방금 갔어요.** Elə indicə getdi. (O) / **금방 갔어요.** Elə indicə getdi. (O)
>
> **방금 갈게요.** Elə bir az bundan əvvəl gedəcəm. (X)
> **금방 갈게요.** Elə indicə gedəcəm. (O)

방대하다(厖大--) s. nəhəng, böyük / huge, massive
방랑(放浪) i. avaralanma / wandering 방랑자 avara 방랑하다 f. avaralanmaq, veyillənmək
방망이 i. dəyənək, zopa / club, mallet
방면(方面) i. istiqamət / direction [=방향]
방문(訪問) i. baş çəkmə, yoluxma, qonaq getmə / visit, call 방문하다 f. baş çəkmək, yoluxmaq, qonaq getmək
방방곡곡(坊坊曲曲) i. bütün ölkədə; hər yerdə / all over the country; everywhere
방범(防犯) i. cinayətin qarşısını alma tədbirləri / prevention of crimes
방법(方法) i. üsul, metod, yol; çarə, tədbir / method; way

방비(防備) i. müdafiə, qoruma, mühafizə / defense 방비하다 f. qorumaq, müdafiə etmək, mühafizə etmək [=지키다]
방사능(放射能) i. radioaktiv / radioactivity
방사선(放射線) i. radiasiya, şüalanma / radiation
방세(房貰) i. otaq kirayəsi / room rent
방송(放送) i. veriliş / broadcasting 방송하다 f. veriliş vermək; transliyasiya etmək
방송국(放送局) i. teleradio stansiyası / broadcasting station
방식(方式) i. forma; tərz; üsul, metod / formula; mode; method
방심(放心) i. diqqətsizlik / absence of mind 방심하다 f. diqqətsizlik etmək
방아 i. dəyirman / (grinding) mill 방아(를) 찧다 f. dəyirmanda üyütmək
방어(防禦) i. qoruma, müdafiə, mühafizə / defense, safeguard; protection 방어하다 f. qorumaq, müdafiə etmək, mühafizə etmək
방언(方言) i. ləhcə, dialekt; şivə / dialect; local dialect
방역(防疫) i. epidemiyaya qarşı peyvənd / prevention of epidemics
방울 i. zınqırov, şaq-şaq; damcı / small bell; drop
방위(防衛) i. müdafiə / defense 방위하다 f. qorumaq, müdadfiə etmək
방적(紡績) i. ip əyirmə / spinning
방지(防止) i. qabaqlama, qarşısını alma / prevention, check 방지하다 f. qabaqlamaq, qarşısını almaq
방책(方策) i. tədbir, plan / plan, scheme, policy
방치(放置) i. tək qoyma, yalqız qoyma, tənha qoyma / leaving (ahing) alone 방치하다 f. tək qoymaq, yalqız buraxmaq
방침(方針) i. prinsip; məqsəd; plan / principle, a line of policy; purpose; plan
방탕(放蕩) i. əyyaşlıq / dissipation, profligacy, loose habits 방탕하다 s. əyyaşlıq etmək
방패(防牌) i. qalxan / shield
방학(放學) i. tətil (məktəb tətili) / school vacation
방해(妨害) i. mane olma / disturbance, block 방해하다 f. mane olmaq, maneçilik etmək
방향(方向) i. yön, istiqamət, səmt, tərəf / direction [=방면(方面)]
방화(放火) i. qəsdən yandırma / incendiarism 방화하다 f. qəsdən yandırmaq
밭 i. dəmyə, dəmyə əkini, dəmyə torpağı / a upland field müq. 논 i. çəltik sahəsi, çəltiklik
배 i. qarın / abdomen, belly
배 i. gəmi; qayıq / ship, vessel; boat

배 i. armud / pear
배(倍) i. dəfə; iki dəfə, iki qat / times; two times, twice
배겨내다 f. dözmək, səbr etmək, tab gətirmək / endure, bear up
배격(排擊) i. rədd etmə / rejection 배격하다 f. rədd etmək
배경(背景) i. fon; şərait / background 산을 배경으로 찍은 사진 dağın fonunda çəkilmiş şəkil
배고프다 s. ac / hungry 배고파 죽겠다. Acından ölürəm.
배꼽 i. göbək / the navel
배교(背敎) i. dinindən dönmə / renegation, apostasy 배교하다 f. dinindən dönmək
배구(排球) i. voleybol / volleyball
배급(配給) i. paylama, bölüşdürmə / distribution, supply 배급하다 f. paylamaq, bölüşdürmək
배낭(背囊) i. çanta, torba / knapsack, rucksack; packsack
배다 f. keçirmək (su və s.); vərdiş etmək, alışmaq, öyrəşmək / soak, permeate; get used 땀이 셔츠에 배다 Tərdən köynək islanıb. 나쁜 버릇이 몸에 배다 pis vərdiş götürmək
배다 f. hamilə olmaq, uşağa qalmaq, boylu olmaq / conceive, become pregnant 애를 배다 uşağa hamilə olmaq

'배다' və '임신하다'-nın fərqi
'배다' həm insan, həm də heyvana aid edildiyi halda '임신하다' yalnız insanlara aid edilir.

여자가 임신했다. Qadın uşağa qalıb. (O)
여자가 아이를 뱄다. Qadın hamilədir. (O)

고양이가 임신했다. Pişik uşağa qalıb. (X)
고양기가 새끼를 뱄다. Pişik hamilədir. (O)

배달(配達) i. çatdırma / delivery 배달하다 f. çatdırmaq 그 편지는 잘못 배달되었다. Məktub doğru ünvana çatdırılmadı.
배당(配當) i. pay / allotment, apportionment 배당하다 f. payı bölüşdürmək
배란(排卵) i. yumurtlama, yumurta qoyma / ovulation
배려(配慮) i. nəzərə alma, nəzərdə tutma / consideration 배려하다 f. nəzərə almaq, nəzərdə tutmaq
배반(背反) i. xəyanət / betrayal 배반하다 f. xəyanət etmək 배반자 xain
배부르다 s. tox / full with food 배불리 z. tox
배분(配分) i. paylaşdırma, bölüşdürmə / distribution; allotment, apportionment 배분하다 f. paylaşdırmaq, bölüşdürmək

배상(賠償) i. kompensasiya, əvəzini ödəmə / compensation, indemnity
배상하다 f. əvəzini ödəmək, kompensasiya etmək
배상금(賠償金) i. pul kompensasiyası, pulla əvəz ödəmə, əvəzinə verilən pul / compensation, indemnities
배설(排泄) i. çölə çıxma, bayıra çıxma, ifraz etmə / excretion, evacuation
배설하다 f. çölə çıxmaq, bayıra çıxmaq, ifraz etmək
배역(配役) i. rol / cast (of a play)
배우(俳優) i. aktyor, artist / player; actor 여배우 aktrisa
배우다 f. öyrənmək, oxumaq / learn
배우자(配偶者) i. həyat yoldaşı / spouse, life partner
배웅 i. yola salma, ötürmə / see a person off 배웅하다 f. yola salmaq, ötürmək
배제(排除) i. çıxarma, çıxartma / exclusion, removal 배제하다 f. çıxartmaq
배척(排斥) i. rədd etmə / rejection; exclusion 배척하다 f. rədd etmək
배추 i. Çin kələmi / Chinese cabbage
배탈 i. mədə pozulması, ishal / stomach disorder 배탈나다 f. mədəsi pozulmaq, ishal olmaq
배포(配布) i. paylama, bölüşdürmə / wide distribution 배포하다 f. paylamaq, bölüşdürmək
배필(配匹) [=배우자]
배회(徘徊) i. avaralanma, veyillənmə, sülənmə, boş-boşuna var-gəl etmə / loiter, wander about 배회하다 f. avaralanmaq, sülənmək, veyillənmək, boş-boşuna var-gəl etmək
배후(背後) i. arxa, dal / back, rear 배후인물 arxasında duran, dalında duran
백(白) i. ağ, bəyaz / white [=백색]
백(百) say. yüz / hundred
백과사전(百科辭典) i. ensiklopediya / encyclopaedia
백년(百年) i. yüz il / a hundred years
백만(百萬) say. bir milyon / one million
백색(白色) i. ağ rəng, bəyaz rəng / white color
백성(百姓) i. sadə xalq, millət / the common people, the nation, the public
백인(白人) i. ağ adam / white man ↔ 흑인(黑人) i. zənci; afrikalı
백점(百點) i. yüz xal; əla qiymət, tam göstərici / one hundred points, full mark
백조(白鳥) i. qu quşu, sona / swan 백조의 호수 Sonalar gölü
백지(白紙) i. ağ kağız, təmiz kağız / white paper, blank sheet of paper
백치(白痴) i. axmaq; axmaqlıq / an idiot; idocy
백합(百合) i. zanbaq / lily

백화점(百貨店) i. univermaq / department store
뱀 i. ilan / snake, serpent
뱉다 f. tüpürmək / spit, expectorate
버금 i. ikinci, sonrakı, növbəti / the second, the next
버둥거리다 i. çabalamaq, əlləşmək, çalışmaq / paw the ground (the air)
버드나무 i. söyüd / willow
버럭 z. qəflətən, birdən, gözlənilmədən / suddenly
버릇 i. vərdiş; adət, davranış / habit; manner
버릇없다 s. tərbiyəsiz, yaramaz / ill-bred 버릇없는 아이 tərbiyəsiz uşaq
버리다 i. atmaq, tullamaq; korlamaq; ləkə salmaq / throw away, abandon; spoil; soil 아이를 버리다(망치다) uşağı korlamaq
버리다 f. sona çatdırmaq, bitirmək, qurtarmaq / finish, put an end to 돈을 다 써버리다 pulu xərcləyib qurtarmaq 다 먹어 버리다 yeyib qurtarmaq
버선 i. *Boson* (Koreya corabı) / *beoseon*, (traditional) Korean socks
버섯 i. göbələk / mushroom
버스 i. avtobus / bus   < İng.
버찌 i. gilas / cherry
버터 i. yağ / butter   < İng.
버티다 f. tab gətirmək, dözmək, özünü saxlamaq; müqavimət göstərmək / endure, stand up, bear up; resist, oppose
벅차다 s. gücü çatmamaq / be beyond one's power, be above one's ability.
-번(番) i. dəfə; növbə, sıra, cərgə; nömrə / time; duty 두 번 iki dəfə, iki kərə 첫번째 birinci 내가 당번이다. Növbə mənimdir.
번갈아 z. növbə ilə, sıra ilə, cərgə ilə / alternately, by turns, in turn
번개 i. şimşək / (a flash of) lightning 번개가 치다 f. şimşək çaxmaq
번거롭다 s. qarışıq, mürəkkəb, dolaşıq, çətin / complicated, troublesome, annoying
번뇌(煩惱) i. iztirab çəkmə, üzüntü, mənəvi əzab / troubles, anxiety, pains 번뇌하다 f. iztirab çəkmək
번득이다 f. işıq saçmaq, şimşək kimi parıldamaq / flash 재치가 번득이다 dərrakəli, hər hansı bir məsələyə (problemə) tez reaksiya vermək
번민하다(煩悶--) f. iztirab keçirmək, üzülmək, mənən əzab çəkmək / agonize, worry [=번뇌]
번성(蕃盛) i. çiçəklənmə, tərəqqi etmə / flourishing 번성하다 f. çiçəklənmək, tərəqqi etmək

번식(繁殖) i. artma, çoxalma, artıb-törəmə; (mal-qara) yetişdirmə / breeding; reproduction, multiplication 번식하다 f. artmaq, çoxalmaq, artıb-törəmək 번식시키다 f. artırıb-törətmək, artırmaq, çoxaltmaq

번역(飜譯) i. tərcümə (yazılı) / translation 번역하다 f. tərcümə etmək müq. 통역 şifahi tərcümə

번영(繁榮) i. çiçəklənmə, tərəqqi etmə / prosperity 번영하다 f. çiçəklənmək, tərəqqi etmək, irəliləmək, inkişaf etmək

번지(番地) i. ünvan, evin nömrəsi / a house number, the number of address

번지다 f. yayılmaq / spread

번창(繁昌) [=번영(繁榮)]

번호(番號) i. nömrə, say / number

벌 i. arı / bee

벌 i. dəst / a suit (of a clothes), a set (of dishes) 옷 한벌 bir dəst paltar

벌(罰) i. cəza / punishment, penalty

벌거벗다 [=발가벗다]

벌거숭이 i. çılpaq adam, lüt adam / a naked body

벌금(罰金) i. cərimə, pul cəriməsi / fine, monetary penalty 벌금을 물다 f. cərimə vermək

벌다 f. qazanmaq (pul) / make money

벌레 i. həşərat / insect

벌리다 f. açmaq; genişləndirmək / open; leave space, widen

z. çoxdan, xeyli əvvəl; artıq / long ago; already

f. açılmaq, genişlənmək; çatlamaq, aralanmaq; baş vermək, yaranmaq / be open, widen; crack; happen

i. qazanc, gəlir, xeyir, mənfəət / earning, making a living

f. açmaq, başlamaq; etmək, etdirmək / open, begin, start; hold 사업을 벌이다 işə başlamaq 시위를 벌이다 nümayiş keçirmək, mitinq etmək

벌하다(罰--) f. cəzalandırmaq, cəza vermək / punish, penalize [=벌주다]

범 i. pələng / tiger

범-(汎) ön.şək. Pan- / Pan- 범슬라브 Pan-Slavizm

범벅하다 f. qarışdırmaq / mix

범법(犯法) i. qanunun pozulması / breaking the law, violation of the law

범사(凡事) i. ümumi işlər, bütün işlər, adi iş / all matters, everything, ordinary matter

범위(範圍) i. əhatə dairəsi; məsafə; limit / extent; scope; limits

범인(犯人) i. cani / criminal
범죄(犯罪) i. cinayət, təqsir; günah / crime, offense; guilt 범죄를 저지르다 f. cinayət törətmək, təqsirkar olmaq; günah işləmək
범하다(犯--) f. pozmaq (qanunu) / commit, sin against
범행(犯行) i. cinayət etmə / crime, offense 범행하다 f. cinayət etmək
법(法) i. qanun; qayda / law; act, rule
법과(法科) i. hüquq şöbəsi / the law department 법과대학 hüquq fakültəsi
법관(法官) i. hakim / judge, judicial office [=판사]　müq. 변호사(辯護士) vəkil 검사(檢事) prokuror
법규(法規) i. qanun-qayda / laws and regulations
법령(法令) i. fərman, qanun, təlimat / ordinance, law
법률(法律) i. qanun; qanunvericilik / law; legislation 법률가 hüquqşünas
법무관(法務官) i. hərbi prokuror / a law officer
법무부(法務部) i. Ədliyyə Nazirliyi / the Ministry of Justice
법석 i. səs-küy / noise; uproar
법안(法案) i. qanun layihəsi / bill
법원(法阮) i. məhkəmə / a court of justice
법적(法的) s. qanuni / legal, legalistic
법정(法廷) i. məhkəmə salonu / a court room
법학(法學) i. hüquq / law
벗 i. dost, tanış / friend, comrade
벗기다 f. soyundurmaq; soymaq, var-yoxunu əlindən almaq / unclothe, take off (a person's clothes); chip off, peel
벗다 f. soyunmaq / strip oneself of
벗다 f. üstündən götürmək; aradan qaldırmaq, aradan götürmək; (vəziyyətdən) çıxmaq / get out of, be relieved of 누명을 벗다 pis adı üstündən götürmək 혐의를 벗다 canını şübhədən qurtarmaq
벙글거리다 f. gülümsəmək, təbəssüm göstərmək, sevinmək / smile, beam
벙어리 i. lal / dumb person, mute
베개 i. yastıq / pillow, headrest
베끼다 f. köçürmək / take a copy
베다 f. kəsmək / cut, chop [=자르다]
베일 i. örtük, rübənd / veil　< İng.
베풀다 f. xeyriyyə işləri görmək, xeyriyyəçilik etmək; qonaqlıq vermək / give (money, things) in charity; give (a party)
벨 i. zəng / bell　< İng.

벨기에 i. Belçika / Belgium
벨트 i. kəmər; qurşaq / belt   < İng.
벼 i. çəltik / rice plant
벼락 i. ildırım, ildırım vurma / thunderbolt 벼락치다 f. ildırım vurmaq 벼락치기하다 az vaxtda etmək, oxumaq (imtahandan bir gün əvvəl)
벼랑 i. uçurum / cliff, precipice
벼룩 i. birə / flea
벽 i. divar / wall
벽돌 i. kərpic / brick
벽화(壁畵) i. freska / wall painting, fresco
변경(變更) i. dəyişdirmə, düzəliş / alteration, change, amendment 변경하다 f. dəyişdirmək, düzəliş vermək
변동(變動) i. dəyişmə / change, alternation 변동하다 f. dəyişmək
변두리(邊--) i. ətraf, şəhər kənarı / suburbs, outskirts
변명(辨明) i. bəhanə / pretext, defense 변명하다 f. bəhanə etmək, bəhanə gətirmək
변변치않다 s. gözə gəlimsiz; xırda, cüzi / not good-looking; trifling 변변치않은 선물 kiçik hədiyyə
변소(便所) i. tualet, ayaq yolu / lavatory; water closet [=화장실]
변신(變身) i. mövqeyini dəyişdirmə / disguise; transformation 변신하다 f. mövqeyini dəyişdirmək
변장(變裝) i. maskalanma, görkəmini dəyişmə / disguise 변장하다 f. maskalanmaq, görkəmini dəyişmək
변질(變質) i. keyfiyyətini dəyişmə; xarab olma, keyfiyyətini itirmə / change in quality; degeneration; deterioration 변질되다 f. keyfiyyəti dəyişilmək 변질하다 f. keyfiyyətini dəyişmək; xarab olmaq, keyfiyyətini itirmək
변천(變遷) i. keçid; dəyişiklik / changes; transition 변천하다 f. dəyişikliyə uğramaq
변하다(變--) f. dəyişmək / change, undergo a change
변함(變-) i. dəyişiklik / a change
변혁(變革) i. islahat, reforma / change, reform
변형(變形) i. çevirmə, dəyişmə / transformation 변형되다, 변형하다 f. çevirmək, dəyişmək
변호(辯護) i. müdafiə, bəraət qazandırma / defense, vindication; justification 변호하다 f. müdafiə etmək, bəraət qazandırmaq
변호사(辯護士) i. vəkil / lawyer; attorney

변화(變化) i. dəyişmə / change, variation; transition 변화하다 f. dəyişmək 변화시키다 f. dəyişdirmək
별 i. ulduz / star
별(別) – təy.söz. başqa, ayrı, digər / different, another
별개(別個) i. başqa şey / a different thing
별거(別居) i. ayrı yaşama (ər-arvad) / separation; litimed divorce 별거하다 f. ayrı yaşamaq
별것 i. nadirlik, qeyri adilik / a rare article
별나다(別--) s. qəribə, qeyri adi / eccentric, wacky
별다르다(別---) s. başqa, digər, qeyri adi; məxsus, müstəsna / be of a particuliar kind; special, extraordinary
별로(別-) z. xüsusilə; o qədər də yox, müəyyən qədər, bir qədər / particularly, specially; not very, not much 별로 위험하진 않다. O qədər də qorxulu deyil.
별명(別名) i. ləqəb, qoşma ad; təxəllüs / nickname; another name, byname
별안간(瞥眼間) z. birdən, birdən-birə, qəflətən, ani olaraq, bir göz qırpımında / suddenly, in the blink of an eye, in a flash
별일(別-) i. xüsusi bir şey, qeyri adi hadisə, qəribə şey / a particular thing, an unusual event, an odd thing
별장(別莊) i. villa; bağ evi / villa; country cottage
별책(別冊) i. kitaba əlavə, əlavə olaraq verilən kitab / a separate volume or book
볏 i. pipik / cockscomb, comb, crest
병(病) i. xəstəlik, naxoşluq / sickness, illness 병나다 f. xəstələnmək, naxoşlamaq, kefsizləmək
병(瓶) i. şüşə qab / bottle
병기(兵器) i. silah, cürbəcür silahlar / arms, weapon
병들다(病--) f. xəstələnmək, naxoşlamaq / fall ill, get ill [=병나다]
병력(兵力) i. hərbi qüvvə / military force
병명(病名) i. xəstəliyin adı / the name of disease
병법(兵法) i. taktika / tactics [=전술(戰術)] müq. 전략(戰略) i. strategiya
병사(兵士) i. əsgər / soldier, private
병상(病床) i. yatağa düşmə / sickbed 병상의 처녀 yatağa düşmüş qız
병석(病席) [=병상(病床)]
병세(病勢) i. xəstənin vəziyyəti (halı) / the condition of a disease (patient)
병신(病身) i. şikəst adam / deformity, deformed person
병실(病室) i. palata / sickroom

병역(兵役) i. hərbi xidmət / military service
병원(病阮) i. xəstəxana, poliklinika / hospital
병자(病者) i. xəstə / patient [=환자(患者)]
병참(兵站) i. təchizat (hərbdə), intendant xidməti / impedimenta
병풍(屏風) i. salon pərdəsi / a folding screen
병행하다(並行--) f. müxtəlif işləri eyni vaxtda görmək / carry out at the same time, go side by side (with), run parallel with
볕 i. günəş şüası, günəş işığı / sunshine, sunlight [=햇볕]
볕들다 f. şüa saçmaq, işıq saçmaq / (the sun) shine in
보(步) i. addım / step
보(褓) [=보자기]
보건(保健) i. sağlamlığı qoruma, səhhəti qoruma / (preservation of) health.
보고(報告) i. məruzə, məlumat / report 보고하다 f. məruzə etmək, məlumat vermək
보고서(報告書) i. yazılı məlumat; raport / a written report
보관(保管) i. saxlama, mühafizə etmə / keeping; custody 보관하다 f. mühafizə etmək, saxlamaq
보금자리 i. yurd, yuva / nest, roost 이 집은 우리 사랑의 보금자리다. Bu ev bizim məhəbbət yuvamızdır.
보급 i. yayma, təbliğ etmə; təmin etmə, təchiz etmə / diffusion 보급하다 f. yaymaq, təbliğ etmək; təchiz etmək
보내다 f. göndərmək, yollamaq / send, dispatch
보다 f. baxmaq; görmək / look; see
-보다 f. yoxlamaq, baxmaq (geyinib) / try, test 먹어 보다 yeyib baxmaq 구두를 신어 봐. Ayaqqabını geyinib yoxla! 써 봅시다. Yaz, görək!
-보다 bağ. -dan /-dən, nisbətən / than 이 기차가 저 기차보다 더 빠르다. Bu qatar o qatardan daha sürətlidir.
보따리(褓--) i. bağlama, boxça, düyüncə / bundle, pack, package, packet 보따리 장수 xırdavatçı
보답(報答) i. cavab, müqabil (cavabında, müqabilində) / recompense; reward 보답하다 f. müqabilində cavab vermək, əvəzini çıxmaq (müsbət mənada), borclu qalmamaq, xəcalətli qalmamaq
보도(報道) i. xəbərlər, məlumat, yeniliklər / news; information; report 보도하다 f. veriliş vermək, xəbərləri vermək (radio, televiziyada)
보람 i. bəhrə, səmərə, nəticə / worth; effect; fruit 일한 보람을 느끼다 əməyin bəhrəsini görmək

보류하다(保留--) f. müvəqqəti olaraq təxirə salmaq, ehtiyatda saxlamaq / reserve, suspend
보름 i. ayın on beşi; yarımay, on beş gün / fifteen days, a half month
보름달 i. tam ay, bədrlənmiş ay / a full moon
보리 i. arpa / barley
보물(寶物) i. xəzinə, sərvət / treasure
보배 i. sərvət, xəzinə, dəfinə, qiymətli şeylər / treasure, precious thing
보병(步兵) i. piyada qoşunlar / infantry, infantryman
보복(報復) i. qisas, intiqam, əvəz çıxma / retaliation 보복하다 f. qisas almaq, intiqam almaq, əvəzini çıxmaq [=복수(復讐)]
보살(菩薩) i. Buddaçı rahibə / a Buddhist saint, Buddhist priest
보살피다 i. qayğısına qalmaq, baxmaq, qulluq etmək, göz-qulaq olmaq / take care of, care for
보상(補償) i. əvəzini ödəmə, təzminat, kompensasiya / compensation 보상하다 f. əvəzini ödəmək, təzminat vermək
보상금(補償金) i. pul mükafatı / indemnity
보석(寶石) i. daş-qaş, cəvahirat / jewel, precious stone
보수(保守) i. mühafizəkarlıq / conservatism 보수파 mühafizəkar
보수주의(保守主義) mühafizəkarlıq, konservatizm
보수당(保守黨) i. mühafizəkar partiya / the conservative party [=보수정당(保守政黨)]
보아 z. ... naminə, xatirinə; ... üçün / out of consideration for; for one's sake 나를 보아서라도 그를 용서해 주세요. Mənim xatirimə onu bağışlayın.
보안(保安) i. təhlükəsizlik / security, preservation of public peace
보안대(保安隊) i. hərbi təhlükəsizlik komitəsi / the military (national) security force
-보았자 əd. hətta, buna baxmayaraq, ...etsə də / even if, even though. [=-봤자] 좋다고 해보았자 -- ən yaxşı halda da -- 불평해 보았자 소용 없다. Şikayət etsən də, xeyri yoxdur.
보얗다 s. ağ; təmiz; dumanlı / milky white; hazy; misty
보어(補語) i. (Qram.) tamamlıq / complement
보여주다 f. göstərmək, nümayiş etdirmək / show, let a person see
보온(保溫) i. istiliyi saxlama / keeping warm 보온하다 f. istiliyi saxlamaq
보온병(保溫瓶) i. termos / a thermos (bottle, flask)
보완하다(補完--) f. tamamlamaq, təkmilləşdirmək, çatışmazlığı aradan qaldırmaq / make up for, supply a want, make good

보유(保有) i. sahib olma, yiyələnmə, malik olma / possession 보유하다 f. sahib olmaq, malik olmaq, yiyələnmək
보이다 f. gözə görünmək; görə bilmək / be seen; be able to see
보이다 f. göstərmək, nümayiş etdirmək / show, disclose, display
보일러 i. qızdırıcı qazan / boiler < İng.
보자기 i. boxça yaylığı / a wrapping cloth
보잘것없다 s. əhəmiyyətsiz, dəyərsiz, cüzi / beneath notice, worthless, insignificant, trifling
보장(保障) i. təminat / guarantee 보장하다 f. təminat vermək müq. 보증(保證) zəmanət
보전(保全) i. mühafizə etmə, qoruyub saxlama (adət-ənənə və s.) / preservation 보전하다 f. mühafizə etmək, qoruyub saxlamaq
보조(補助) i. kömək, yardım / assistance; help 보조하다 f. kömək etmək
보조금(補助金) i. maddi yardım / subsidy
보존(保存) i. mühafizə, qoruma (abidələri və s.) / preservation 보존하다 f. mühafizə etmək, qoruyub saxlamaq [=보전(保全)]
보좌(補佐) i. kömək, yardım (vəzifəli adama) / aid, assistance 보좌하다 f. kömək etmək
보좌관(輔佐官) i. köməkçi, katib / an aide 대통령 보좌관 prezidentin köməkçisi
보증(保證) i. zəmanət, təminat; sponsorluq / guarantee, guaranty, warranty; sponsion 보증하다 f. zəmanət vermək, təminat vermək
보증서(保證書) təminat kağızı
보증금(保證金) i. depozit / guaranty (deposit) money, security money
보증인(保證人) i. təminatçı, təminat verən / guarantor, guaranty
보지 i. qadın cinsi orqanı / the vulva
보직(補職) i. vəzifə / assignment to a position
보초(步哨) i. keşikçilik, gözətçilik / sentry 보초병 keşikçi, gözətçi 보초서다 f. keşikçilik etmək, gözətçilik etmək
보충(補充) i. əlavə etmə, tamamlama / supplementation 보충하다 f. əlavə etmək, tamamlamaq
보태다 f. əlavə etmək, tamamlamaq / add, supply
보통(普通) i. adi, normal, ümumi / ordinary, common, normal
보편(普編) i. ümumilik / universality 보편적 진리 hamıya məlum olan həqiqət
보행(步行) i. piyada getmə / walking
보행기(步行器) i. uşaq arabası / baby worker
보행로(步行路) i. səki / a footpath, a pedestrian passage

보험(保險) i. sığorta / insurance
보호(保護) i. qoruma, müdafiə; himayəçilik / protection; safeguard
　　보호하다 f. qorumaq; himayə etmək
복(福) i. bəxtiyarlıq, xoşbəxtlik, səadət / good fortune, good luck, blessing
복구(復舊) i. yenidən tikmə, yenidən qurma, inşa etmə, bərpa etmə / rehabilitation, recovery 복구하다 f. yenidən inşa etmək, yenidən tikmək, bərpa etmək
복권(福券) i. lotereya / a lottery ticket
복도(複道) i. dəhliz, koridor / corridor
복덕방(福德房) i. vasitəçilik firması, agentlik (mülkün alınıb-satılması üçün) / a real estate agent, a realtor, a house-finding agency　müq. 중개업자 dəllal, vasitəçi, broker
복면(覆面) i. maska, niqab / mask　복면강도 maska taxmış quldur
복병(伏兵) i. pusqu; pusquda duran əskərlər / ambush; troop in ambush
복사(複寫) i. surət çıxarma, kserokopiya, üzünü çıxarma; dublikat / reprintin; reproduction, duplication 복사하다 f. surət çıxarmaq 복사기 surət çıxaran maşın
복수(復讐) i. intiqam, qisas / revenge 복수하다 f. intiqam almaq, qisas almaq
복수(複數) i. cəm / plural
복숭아 i. şaftalı / peach
복습(復習) i. təkrarlama, yenidən nəzərdən keçirmə / review (of studies)
　↔ 예습(豫習) dərsə hazırlıq
복용(服用) i. dərman qəbul etmə / taking medicine 복용하다 f. dərman qəbul etmək
복음(福音) i. xoş xəbər, muştuluq, müjdə / the Gospel
복음서(福音書) i. İncil / the Gospels
복잡하다(複雜--) s. mürəkkəb, dolaşıq, qarışıq, çətin / complicated, complex 복잡한 문제 mürəkkəb məsələ, çətin məsələ 복잡한 거리 izdihamlı küçə
복장(服裝) i. geyim, qiyafə / the style of dress, costume
복종(服從) f. tabe olma, itaətkarlıq / obdience 복종하다 f. tabe olmaq, itaət etmək
복지(福祉) i. rifah / public welfare 복지사회 xalqın rifahı yüksək olan cəmiyyət 복지 시설 xalqın güzəranı üçün lazım olan vasitələr 사회복지 sosial rifah
복통(腹痛) i. mədə ağrısı / stomachache

복판 i. mərkəz, orta / middle, center 한복판 lap ortası
복합(複合) i. qarışıq, mürəkkəb / composition; complex 복합하다 f. qarışdırmaq 복합 개념 dolaşıq ideya, mürəkkəb anlayış
볶다 f. qızartmaq, qovurmaq / parch, roast
본(本) i. nümunə, örnək, misal, model / model, pattern, example
본(本) – ön.şək. bu; əsas; mənim özümünkü; hazırkı, cari; əsl, real / this; this original, main, chief; my own; the present; real 본명 əsl adı 본문 əsas mətn 본인 mən özüm 본협약 hazırkı saziş
본격적(本格的) s. tam, lazımi dərəcədə, ciddi; həqiqi, real, gerçək / full-scale, genuine, real 본격적으로 z. həqiqi surətdə, həqiqi mənada 한국어를 본격적으로 배울 작정이다. Mən Koreya dilini həqiqi mənada öyrənmək niyyətindəyəm.
본국(本國) i. doğma yer, yurd, vətən / one's one country, one's home country
본능(本能) i. instinkt, anadangəlmə hiss / instinct
본뜻(本-) i. əsl məna, əsl istək / original meaning, the true meaning
본디(本-) z. mənşəcə, mənşə etibarı ilə / originally, at first, from the first
본래(本來) z. mənşəcə, mənşə etibarı ilə; təbii olaraq / originally; naturally
본론(本論) i. əsas məzmun, əsas hissə / the main subject   müq. 서론(序論) giriş 결론(結論) nəticə
본명(本名) i. həqiqi adı, əsl adı / one's real name
본바탕(本--) i. mahiyyət, məğz / essence
본받다(本--) f. nümunə götürmək / imitate, follow the example
본보기(本--) i. örnək, nümunə, misal, model / example, model, pattern
본부(本部) i. əsas idarə, baş idarə, baş qərargah, baza / the head office, the headquarter, the administrative building
본분(本分) i. borc, vəzifə / one's duty
본사(本社) i. ana şirkət, baş idarə / the head office, main office
본성(本性) i. əsl xarakter, əsl təbiət / one's true character, one'e real nature
본인(本人) i. şəxsin özü / the person himself, the said person
본적(本籍) i. doğulduğu yer, anadan olduğu yer / one's legal residence
본전(本錢) i. maya / principal (sum) 본전도 못건지다 mayanı itirmək
본질(本質) i. mahiyyət, məğz / essence, substance 본질적으로 z. mahiyyətcə
본토(本土) i. ana torpaq / one's homeland, mainland
본토박이 i. yerli əhali / natives, aborigines
볼 i. yanaq / cheek

볼륨 i. səsin səviyyəsi, səs / volume < İng. 라디오 볼륨을 높이다 radionun səsini artırmaq
볼만하다 s. görməyə dəyər / worthy of seeing, worth seeing
볼일 i. görüləcək iş, görüləsi iş / business, affairs
볼트 i. bolt / bolt, screw bolt < İng.
볼트 i. volt / volt, voltage < İng.
봄 i. bahar, yaz / spring
봉건(封建) i. feodalizm / feudalism
봉급(俸給) i. əməkhaqqı, aylıq, maaş, məvacib, donluq / salary, pay müq. 월급 aylıq, maaş
봉기(蜂起) i. üsyan, qiyam / revolt, uprising 봉기하다 f. üsyan qaldırmaq, üsyan etmək, qiyam qaldırmaq
봉변(逢變) i. təhqir olunma / insult, mishap 봉변(을) 당하다 təhqir olunmaq [=창피(를) 당하다]
봉사(奉仕) i. ictimai borc, ictimai xidmət / public duty, public service 봉사하다 f. xidmət etmək
봉쇄(封鎖) i. blokada, mühasirə / blockade 봉쇄하다 f. blokadaya almaq 봉쇄당하다 f. blokadaya alınmaq, mühasirəyə alınmaq
봉오리 i. tumurcuq, fidan / bud
봉우리 i. zirvə, pik / peak, the summit, the top
봉인(封印) i. möhür / sealing 봉인하다 f. möhürləmək, möhür vurmaq
봉지(封紙) i. kağız torba / a paper bag
봉직하다(奉職--) i. xidmət etmək, işləmək, qulluqçuluq etmək (rəsmi idarələrdə) / serve, hold an office
봉착하다(逢着--) f. qarşılaşmaq, üz-üzə gəlmək, üzləşmək / encounter, face, confront with 난관에 봉착하다 çətinliklə qarşılaşmaq
봉투(封套) i. zərf / envelope 편지 봉투 zərf, məktub üçün zərf
봉하다(封--) f. bağlamaq (zərfi); möhürləmək (zərfi) / enclose; seal (a letter)
뵙다 f. görmək, görüşmək (böyüklərlə) / see, meet müq. 만나다 f. görüşmək
부(父) i. ata / father ↔ 모(母) ana müq. 부모(父母) valideynlər
부(否) i. inkarlıq, xeyr, yox / no, nay, negation
부- (不-) ön.şək. -sız, -siz, -suz, -süz (inkarlıq bildirən şəkilçi) / un-, in- 부적절한 uyğunsuz
부(部) i. şöbə, bölmə / department, division 경리부 mühasibat şöbəsi 국방부 Müdafiə Nazirliyi
부(富) i. var-dövlət / riches, wealth

부(副) t. müavin, kömakçi / assistant, sub-, under-, deputy, accessary 부시장 bələdiyə rəisinin müavini 부의장 sədr müavini
부가(附加) i. əlavə etmə, artırma / addition; supplement 부가하다 f. əlavə etmək 부가가치 əlavə dəyər
부가가치세(附加價値稅) i. əlavə dəyər vergisi / a tax on value added
부결(否決) i. təklifin qəbul olunmaması, rədd edilməsi (iclasda və s.) / rejection; negation, voting down 부결하다 f. təklifi qəbul etməmək, rədd etmək
부과하다(賦課--) f. üzərinə qoymaq, əlavə tapşırmaq / lay (a tax) glevy on, impose on 세금을 부과하다 üzərinə vergi qoymaq
부관(副官) i. yavər, adyutant / an adjutant
부귀(富貴) i. var-dövlət / riches and honors, wealth and rank 부귀영화를 누리다 varlı həyat keçirmək, ziynət içində yaşamaq
부끄러워하다 f. utanmaq, çəkinmək / feel shame at
부끄럼 i. utancaqlıq, həyalılıq / shame, (feeling of) shyness 부끄럼을 타다 utanmaq, sıxılmaq
부끄럽다 s. utancaq, həyalı, abırlı / shy; be shameful 부끄러움을 모르는 utanmaz, həyasız, abırsız
부근(附近) i. ətraf, yaxınlıq / the neighborhood, the vincinity, environs
부글거리다 f. pık-pık qaynamaq / boil over
부녀자(婦女子) i. qadınlar / woman; womenfolks
부닥치다 f. toqquşmaq, bir-birinə dəymək; üz-üzə gəlmək, qabaq-qabağa gəlmək / collide, run against; encounter, face
부담(負擔) i. yük, məsuliyyət, borc / burden, load, charge 부담시키다 f. məsuliyyəti başqalarının üzərinə qoymaq 부담하다 f. öz üzərinə götürmək 비용을 자신이 부담하다 xərci öz üzərinə (öhdəsinə) götürmək
부당하다(不當--) s. ədalətsiz; səbəbsiz, yersiz / unjust; unfair
부대(部隊) i. hərbi bölmə, hərbi dəstə / a military unit, corps, squad
부대끼다 f. incidilmək, narahat olunmaq, sıxıntı içində olmaq / be harassed by, be annoyed, be pestered by 세파에 부대끼다 həyatın çətinliyindən sıxıntı çəkmək
부도덕하다(不道德--) s. əxlaqsız / immoral, vicious
부동액(不凍液) i. antifriz / an antifreeze
부동산(不動産) i. daşınmaz əmlak / real property
부두(埠頭) i. körpü (gəmi üçün) / wharf, quay

부둥키다 f. qucaqlamaq / hold a person in one's arm [=부둥켜안다]
부드럽다 s. yumşaq / soft
부득불(不得不) z. zəruri, lazımlı; məcburi, çarəsiz / inevitably; unavoidably [=부득이(不得已)]
부득불하다(不得不--) f. məcbur olmaq, çarəsiz qalmaq / be compelled to, be forced to 부득불 그렇게 하지 않으면 안 되었다. Ehtiyac onu belə bir işə məcbur etdi.
부디 z. nə olursa olsun, heç nəyə baxmayaraq, mütləq / by all means, by hook; without fail 부디 몸조심 하십시오. Yalvarıram, özünüzə yaxşı qulluq edin.
부딪치다 f. toxunmaq, dəymək, toqquşmaq; üz-üzə gəlmək / bump, dash; knock, strike; face, be confronted to
부딪히다 f. toxunmaq, toqquşmaq, dəymək / be bumped against 배가 바위에 부딪혔다 Gəmi qayaya dəydi.
부랴부랴 z. tələsik, təcili / hurriedly
부러뜨리다 f. sındırmaq, qırmaq / break(off)
부러워하다 f. həsəd aparmaq, qibtə etmək / envy, be envious of
부러지다 f. sınmaq, qırılmaq / be broken, break
부럽다 f. həsəd aparmaq / be enviable
부레 i. hava balonu / an air bladder
부려먹다 f. istismar etmək, çox işlətmək (eşşək kimi) / sweat (one's employees), work a person hard (like a horse), exploit
부록(附錄) i. əlavə (kitab) / supplement 부록을 달다 f. əlavələr vermək
부류(部類) i. növ, kateqoriya / kind, category
부르다 f. çağırmaq, səsləmək, haraylamaq; dəvət etmək; oxumaq (mahnı) / call (out); call a person to one; sing
부르다 s. tox / full < 배가 부르다
부르짖다 f. bağırmaq, qışqırmaq, çığırmaq / shout, cry, scream
부릅뜨다 f. göz bərəltmək / open with a fierce, lare 그는 눈을 부릅뜨고 나를 바라보았다. O, hirsli baxışlarla gözünü mənə bərəltdi.
부리 i. dimdik / bill, beak
부리다 f. işləməyə vadar etmək / employ, manage, tame
부모(父母) i. valideyn / parents
부부(夫婦) i. ər-arvad / husband and wife, married couple, a pair 부부생활(夫婦生活) i. ailə həyatı / married life 부부싸움 ailə mübahisəsi

부분(部分) i. hissə, bölüm, parça / section, part
부사(副詞) i. (Qram.) zərf / adverb
부상(負傷) i. yaralanma, zədələnmə / injury, wound 부상자 i. yaralı, zədəli 부상을 입다, 부상당하다 f. yaralanmaq, zədələnmək
부서(部署) i. şöbə, bölmə; məntəqə / one's place of post
부서뜨리다 [=부서트리다]
부서지다 f. sınmaq, dağılmaq, parçalanmaq / be broken, be smashed, be destroyed
부속품(附屬品) i. hissə (maşın və s.) / fittings, accessory 자동차 부속품 maşın hissələri
부수(部數) i. tiraj / the number of copies
부수다 f. sındırmaq, qırmaq, parçalamaq / break, tear up, destroy
부수입(副收入) i. əlavə gəlir, əlavə mənfəət / additional income (gain)
부스러기 i. qırıntı / broken pieces 빵 부스러기 çörəyin qırıntısı
부스러뜨리다 f. çilik-çilik etmək, sındırmaq / break into pieces, crush
    [=바스러뜨리다]
부스럼 i. irinli yara, çirkli yara; çiban, irin / a boil
부슬비 i. narın yağış, çillə yağışı, çiskin yağış / a light rain
부시다 s. göz qamaşdırıcı, parlaq / dazzling 빛이 내 눈을 부시게했다. İşıq gözümü qamaşdırdı.
부양하다(扶養--) f. saxlamaq, dolandırmaq (ailə) / support, keep up, provide for
부엌 i. mətbəx / kitchen
부유(富裕) i. zənginlik / wealth, richness
부인(夫人) i. həyat yoldaşı (arvad) / wife
부인(婦人) i. xanım / married woman, lady
부인(否認) i. inkar, etiraz, imtina, rədd / denial, negation 부인하다 f. inkar etmək, etiraz etmək
부자(父子) i. ata-oğul / father and son
부자(富者) i. varlı adam, zəngin adam / rich person
부자연하다(不自然--) s. qeyri təbii, süni / unnatural; artificial
    [=부자연스럽다]
부작용(副作用) i. mənfi təsir, pis təsir / a side effect
부장(部長) i. şöbə müdiri, bölmə rəisi / the head (chief) of a department (section)
부재(不在) i. yoxluq / absence
부적당하다(不適當--) s. uyğun olmayan, yaramayan, müvafiq olmayan / unsuitable, unfit for

부정(不正) i. korrupsiya / corruption, illegality 부정하다 f. korrupsiya ilə məşğul olmaq
부정(否定) i. inkar / denial; negation 부정하다 f. inkar etmək
부정직 i. vicdansızlıq, nadürüstlük, əclaflıq, alçaqlıq / dishonesty
부정확하다(不正確--) s. düz olmayan, dəqiq olmayan, yanlış / inaccurate, incorrect
부정당(不正當) i. ədalətsizlik, haqsızlıq / unrighteousness, unlawfulness
부조화(不調和) i. uyğunsuzluq, qeyri uyğunluq / inharmoniousness
부족(不足) i. çatışmazlıq, əksiklik; qüsur / insufficiency, shortage, deficiency 부족하다 s. çatışmayan, kifayət qədər olmayan, əksik
부족(部族) i. tayfa, qəbilə, nəsil / tribe
부주의(不注意) i. diqqətsizlik, ehtiyatsızlıq / carelessness 부주의하다 f. diqqətsiz olmaq, diqqətsizlik etmək
부지(敷地) i. inşaat meydançası, tikinti meydançası / a building site, ground
부지런하다 s. çalışqan, zəhmətkeş, əməksevər / diligent, industrious
부진하다(不振--) s. durğun, hərəkətsiz / dull, stagnant, be slump; inactive 장사가 부진하다. Ticarət durğun vəziyyətdədir. 부진에서 헤어나다 durğunluqdan çıxmaq
부질없다 s. boş, mənasız, fani / idle, vain; useless 부질없이 z. boş yerə, mənasız yerə 부질없는 짓을 하다 boş, mənasız iş görmək 부질없는 걱정을 하다 boş yerə narahat olmaq
부착(附着) i. yapışdırma, qoşma; taxma / sticking; adhesion 부착하다 f. yapışdırmaq; taxmaq
부채 i. yelpik / a fan
부채(負債) i. borc / debt [=빚]
부채질하다 f. yelpikləmək / fan
부처 i. Budda, Sokamoni / Buddha, Gautama Buddha
부추기다 f. qızışdırmaq, ara qatmaq, ara qarışdırmaq / stir up, instigate, incitə.
부축하다 f. qoluna girmək, kömək etmək (xəstələrə, qocalara) / help a person by holding his arms, help
부치다 f. yelpikləmək / fan > 부채를 부치다
부치다 f. göndərmək, yollamaq / send, transmit, dispatch 편지를 부치다 məktub göndərmək
부치다 f. qızartmaq (yağda və s.) / fry, griddle 계란을 부치다 qayğanaq bişirmək
부탁(付託) i. xahiş, rica / request; favor 부탁하다 f. xahiş etmək, rica etmək
부터 qoş. bəri, etibarən; başlayaraq / from, of 어제부터 dünəndən bəri

부패(腐敗) i. xarab olma, çürümə, zay olma; pozğunluq / decomposition; rottenness; decay 부패하다 f. çürümək, xarab olmaq; pozulmaq 부패한 s. çürük. 관리의 부패 dövlət adamlarının pozğunluğu 부패하기 쉬운 음식 tez xarab ola bilən yeməklər
부풀다 f. şişmək, köpmək, köpüklənmək, qabarmaq / swell
부풀리다 f. şişirtmək; mübaliğə etmək / swell out
부품(部品) i. hissə (maşın) / (machine) parts
부피 i. həcm; böyüklük / bulk; size
부호(符號) i. işarə, simvol, nişan / mark, symbol, sign
부활(復活) i. dirilmə, yenidən dirilmə, xortdama / resurrection; revival 부활하다 f. dirilmək, yenidən dirilmək
부활절(復活節) i. Pasxa bayramı / Easter
부흥(復興) i. dirçəliş, canlanma / revival 부흥하다 f. dirçəlmək, yenidən canlanmaq
북(北) i. şimal / north
북경(北京) i. Pekin / Peking; Beijing [=베이징]
북극(北極) i. Şimal qütbü / the North Pole
북극성(北極星) i. qütb ulduzu / the polar star
북대서양(北大西洋) i. Şimali Atlantik Okeanı / the North Atlantic Ocean
북대서양조약기구 i. NATO (Şimali Atlantika Bloku) / the NATO
북동(北東) i. şimal-şərq / northeast
북미(北美) i. Şimali Amerika / North America
북방(北方) i. şimal; şimala tərəf / the northward 북방정책 şimal ölkələri ilə əlaqə yaratmaq siyasəti
북부(北部) i. şimal hissəsi, şimal tərəfi / the north, the northern part
북새통 i. çaxnaşma, qarışıqlıq; çaşqınlıq / disorder; confusion
북서(北西) i. şimal-qərb / northwest.
북적거리다 f. basabas salmaq, basırıq olmaq, izdihamlı olmaq / crowd, bustle
북쪽(北-) i. şimal tərəf / the north (ward)
북풍(北風) i. şimal küləyi / a north wind
-분 i. cənab, adam, şəxsiyyət / personage 한 분 bir cənab müq. 한 명 (名) bir nəfər 한 사람 bir adam
-분(分) i. bölmə, kəsr / division 10 분의 1 onda bir
-분(分) i. dəqiqə / minute 1 시 5 분 saat birə beş dəqiqə işləyib 1 시간 5 분 bir saat beş dəqiqə
분간하다(分揀--) f. ayırd etmək, fərqləndirmək / distinguish, discriminate 선악을 분간하지 못하다 pisliklə yaxşılığı ayırd edə bilməmək

분개하다(憤慨--) f. bərk qəzəblənmək, qeyzlənmək, hirslənmək / resent, take offence on
분계선(分界線) i. demarkasiya xətti, sərhəd / boundary, a line of demarcation
분과(分科) i. bölmə; şöbə; hissə; sahə / subdivision; department; section; branch
분규(紛糾) i. qarışıqlıq, dərin ixtilaf; dava-dalaş / trouble, entanglement 노사 분규 sahibkarla fəhlələr arasında yaranmış dərin ixtilaf
분노(忿怒, 憤怒) i. qəzəb, hirs / anger, rage, wrath
분단(分斷) i. parçalanma, bölünmə (ölkə, torpaq) / dividing into sections. 한국과 아제르바이잔은 분단국가이다. Koreya və Azərbaycan iki yerə bölünmüş ölkələrdir.
분담하다(分擔--) f. pay bölüşdürmək; öz üzərinə götürmək (payın bir hissəsini) / take one's share of 일을 분담해서 하다 işi bölüşüb görmək
분대(分隊) i. hərbi bölmə / squad, division
분량(分量) i. miqdar, məbləğ / quantity, amount
분류(分類) i. təsnifat / classification 분류하다 f. təsnif etmək
분리(分離) i. ayırma, ayrılma; bölmə / separation; division 분리되다 f. ayrılmaq 분리하다 f. ayırmaq 분리할 수 없는 ayrılmaz, bölünməz
분만(分娩) i. doğuş / childbirth 분만하다 f. uşaq doğmaq
분말(粉末) i. toz (halında) / powder
분명하다(分明--) i. aydın, aşkar; təmiz; sadə; canlı / clear; obvious; evident; plain; vivid 분명히 z. açıqca, aydın şəkildə 분명한 기억 canlı təsəvvür 분명한 사실 açıq-aşkar fakt, qızıl kimi həqiqət 분명하지 않다 aydın olmamaq
분배(分配) i. bölüşdürmə, paylaşdırma, ayırma (pul, vaxt) / distribution, division, sharing, allotment 분배하다 f. ayırmaq, bölüşdürmək, paylaşdırmaq
분별하다(分別--) f. seçmək, ayırd etmək, fərqləndirmək / distinguish; discriminate
분부(分付) i. buyuruq, tapşırıq, göstəriş, əmr / order; command 분부하다 f. buyurmaq, buyuruq vermək, əmr etmək
분산(分散) i. dağıtma, səpələnmə, səpilmə, ayrılma, parçalanma, pərən-pərən salma / dispersion 분산하다 f. dağıtmaq, qovmaq, səpələnmək, səpilmək, ayrılmaq, parçalanmaq, pərən-pərən salmaq
분석(分析) i. təhlil, analiz / analysis 분석하다 f. analiz etmək, təhlil etmək
분쇄(粉碎, 分碎) i. ovma, xırdalama, əzmə, toz halına salma; məhv etmə / pulverization 분쇄하다 f. ovmaq, xırdalamaq, əzmək, toz halına salmaq; məhv etmək, düşməninin külünü göyə sovurmaq

분수(噴水) i. fəvvarə / fountain
분실(紛失) i. itki / loss 분실하다 f. itirmək
분야(分野) i. sahə / field
분열(分裂) i. parçalanma / segmentation; dissolution; break up 분열하다 f. parçalanmaq 분열시키다 f. parçalamaq
분위기 i. şərait, mühit, vəziyyət, durum / atmosphere, air
분쟁(紛爭) i. münaqişə, mübahisə, ixtilaf / tangle, dispute 분쟁하다 f. münaqişə aparmaq
분주하다(奔走--) s. çox məşğul olmaq / being very busy [=바쁘다]
분전(奮戰) i. kəskin mübarizə, şiddətli mübarizə / hard fighting
분통(憤痛) i. hirs, qəzəb / resentment 분통해 하다 f. hirsini boğmaq; hirslənmək, cinlənmək, qəzəblənmək
분투(奮鬪) i. kəskin müqavimət, kəskin mübarizə / hard struggle, hard fighting 분투하다 f. kəskin müqavimət göstərmək, şiddətli mübarizə aparmaq
분파(分派) i. cinah, qol, dəstə, qrup / faction, fraction, branch
분포(分布) i. yerləşdirmə / distribution 동식물의 분포 bitki və heyvanların coğrafi ərazi cəhətdən yerləşdirilməsi
분풀이(憤--) i. hirsini tökmə, heyfini alma / giving vent to one's indignation, revenge
분풀이하다 f. hirsini tökmək, heyfini çıxmaq, əvəzini çıxmaq
분필(粉筆) i. təbaşir / chalk
분하다(憤--) s. hirsli, qəzəbli / vaxtious, vexing
분할(分割) i. bölmə, bölünmə / division; partition 분할하다 f. bölmək, bölünmək 토지의 분할 torpağın bölünməsi
분해(分解) i. sökmə; ayırma / disjointing; dismantling; partition 분해하다 f. sökmək; ayırmaq 기계를 분해하다 maşını sökmək 화합물을 원소로 분해하다 kimyəvi tərkibi elementlərə ayırmaq
불 i. yanğın; atəş, od, alov / fire; flame
불(弗) i. dollar / a dollar
불(不) ön.şək. qeyri (inkar önlüyü) / un-, in-, ir-, non-; not
불가(不可) i. icazəsi olmama; düzgün olmama; yanlış olma; uyğunsuzluq / being not right; being of bad quality 불가하다 s. icazəsi olmayan; düzgün olmayan; yanlış 연소자 입장 불가 kiçik yaşlı uşaqlar üçün giriş qadağandır

불가능(不可能) i. qeyri mümkünlük, mümkünsüzlük / impossibility 불가능하다 s. qeyri mümkün ↔ 가능(可能) i.
불가사의(不可思議) i. sirr; möcüzə, xariqə / mystery; miracle
불가피하다(不可避--) s. labüd, qaçılmaz, zəruri / inevitable 한국이 통일되는 것은 불가피한 일이다. Koreyanın birləşməsi labüddür.
불결하다(不潔--) s. çirkli, kirli, natəmiz / impure, dirty, unclean [=더럽다] ↔ 깨끗하다
불경기(不景氣) i. iqtisadi durğunluq / economic depression ↔ 호경기 iqtisadi dirçəliş
불공평(不公平) i. ədalətsizlik, haqsızlıq / unfairness; injustice 불공평하다 s. ədalətsiz ↔ 공평(公平) i.
불꽃 i. alov / flame, blaze
불과(不過) z. yalnız, sadəcə / only, merely, no more than
불구(不具) i. şikəstlik, əlillik, çatışmazlıq / deformity
불구하다(不拘--) z. baxmayaraq / though, in spite of
불규칙(不規則) i. müntəzəm olmayan / irregularity 불규칙하다 s. qeyri müntəzəm 불규칙적으로 z. qeyri müntəzəm olaraq ↔ 규칙(規則) i.
불균형(不均衡) i. müvazinətsizlik, qeyri tarazlıq / imbalance 불균형하다 s. müvazinətsiz, qeyri bərabər, qeyri taraz ↔ 균형(均衡) müvazinət, balans
불길 i. alov, atəş / flame, fire
불길(不吉) i. bədbəxtlik, uğursuzluq / an ill omen 불길한 예감 pis əlamət
불나다 f. yanmaq / break out a fire 불났다. Yanğın baş verib.
불능(不能) i. bacarıqsızlıq; mümkünsüzlük / incapability; impossiblility
불다 f. əsmək, vıyıldamaq / blow
불다 f. üfürmək; çalmaq (nəfəsli musiqi alətində); sirrin üstünü açmaq / blow up; play (on flute); confess
불때다 f. tonqal qalamaq, ocaq qalamaq, yandırmaq / make (light) a fire
불량하다(不良--) s. pis keyfiyyətli, qüsurlu, defektli, keyfiyyətsiz / bad; faulty 불량상품 pis keyfiyyətli mallar, defektli mal
불량배(不良輩) i. xuliqan, dələduz / a knave, a hoodlum, a hooligan
불러내다 f. bayıra çağırmaq, çölə çağırmaq / call a person out
불러오다 f. çağırıb gətirmək / call a person to one 선생님이 학생을 불러왔다. Müəllim şagirdi yanına çağırdı.
불러일으키다 f. ruhlandırmaq, oyatmaq, yaratmaq, qaldırmaq; yadına salmaq / arouse; recall 여론을 불러 일으키다 ictimai rəy yaratmaq

불륜(不倫) i. əxlaqsızlıq, pozğunluq / immorality

불리하다(不利--) s. əlverişsiz, namünasib / unfavorable, disadvantageous 불리한 처지에 있다 əlverişsiz vəziyyətə düşmək

불리다 f. şişirtmək (qarnını) / fill 그는 백성의 물자로 배를 불렸다. Xalq malını o qədər məninsəyib ki, qarnı piy bağlayıb.

불리다 f. adlandırılmaq, ad ilə çağırılmaq; çağırılmaq, dəvət olunmaq / be called, be named; be summoned, be invited

불리다 f. islağa qoymaq, islatmaq; artırmaq; şişirtmək / steep; increase; exaggerate 쌀을 물에 불리다 düyünü islağa qoymaq

불만(不滿) i. narazıçılıq, etiraz / dissatisfaction; discontent 불만스럽다 s. narazı [=불만족(不滿足)] ↔ 만족(滿足)

불면증(不眠症) i. yuxusuzluq / insomnia

불멸(不滅) i. ölməzlik, əbədilik / immortality 불멸의 s. ölməz

불모지(不毛地) i. qeyri münbit torpaq / barren area

불법(不法) i. qeyri qanunilik / illegality 불법의, 불법적인 s. qeyri qanuni, qanunsuz, qanundan kənar

불법행위(不法行爲) i. qeyri qanuni hərəkət / unlawful act, illegal act

불변하다(不變--) f. dəyişməmək / do not change 불변의 s. dəyişilməz, sabit, dəyişilməyən, daimi 불변의 법칙 dəyişləməz qanun

불복종(不服從) i. itaətsizlik / disobedience 불복종하다 f. itaətsizlik etmək ↔ 복종

불복하다(不服--) f. itaət etməmək, riayət etməmək / disobey < 불복종하다

불분명(不分明) i. qeyri müəyyən, qaranlıq / obscurity ↔ 분명(分明)

불분명하다(不分明--) s. qeyri müəyyən, qaranlıq / obscure; dim 불분명한 태도 qeyri müəyyən mövqe, münasibət

불빛 i. işıq; işığın rəngi, lampanın rəngi / light, firelight; the color of flame

불사르다 f. yandırmaq / set a thing on fire, burn a thing

불쌍하다 s. yazıq, zavallı / pitiable, pitiful

불성실하다(不誠實--) s. qeyri səmimi / insincere ↔ 성실하다

불쑥 z. birdən, qəflətən / suddenly

불순종(不順從) [=불복종(不服從)]

불순하다(不純--) s. saf olmayan, təmiz olmayan, şübhəli / impure 불순한 사람 şübhəli adam ↔ 순결하다 saf

불순하다(不順--) s. sabit olmayan, qeyri sabit, dəyişkən / changeable, unfavorable 일기가 불순하다. Hava dəyişkəndir.

불시에(不時-) z. gözlənilmədən, vaxtsız, xəbərsiz, birdən / untimely, unexpected

불신(不信) i. inamsızlıq / mistrust, distrust 불신하다 f. inanmamaq, güvənməmək, arxayın olmamaq [=의심하다(疑心--)]
불신감(不信感) i. inamsızlıq hissi, şübhə / distrust, suspicion
불신임(不信任) i. etibarsızlıq, inamsızlıq, etimadsızlıq / lack of confidence 불신임투표 etimadsızlıq rəyi
불안(不安) i. narahatlıq, qayğılı olma / uneasiness; anxiety 불안하다 s. narahat
불안정하다(不安定--) s. qeyri sabit, sabit olmayan / unstable
불알 i. xaya, daşşaq / testicles [=고환]
불어나다 f. çoxalmaq, artmaq / increase in number
불완전(不完全) i. tam olmayan, yarımçıq; qüsur, nöqsan / imperfection; incompleteness 불완전하다 s. qüsurlu ↔ 완전(完全)
불운(不運) i. talesizlik, bəxtsizlik / misfortune
불의(不義) i. ədalətsizlik, haqsızlıq; əxlaqsızlıq / injustice; immorality ↔ 정의(正義) ədalət, doğruluq
불조심(-操心) i. yanğından mühafizə, yanğına qarşı təhlükəsizlik tədbirləri / precautions against fire 불조심하다 f. yanğından mühafizə etmək, yanğından qorumaq
불참하다(不參--) f. iştirak etməmək / be absent from ↔ 참석하다(參席--)
불충분하다(不充分--) s. kifayət qədər olmayan, kafi olmayan, əksik / insufficient ↔ 충분하다(充分--)
불충실하다(不忠實--) s. qeyri səmimi, sədaqətsiz / disloyal, faithless ↔ 충실하다(充實--)
불친절하다(不親切--) s. qeyri mehriban, qeyri səmimi, kobud, qaba / unkind, unfriendly
불침번(不寢番) i. gecə gözətçisi / night watch
불켜다 f. işıq yandırmaq / light up; turn on
불쾌하다(不快--) s. xoşa gəlməyən, narazı / unpleasant
불투명하다(不透明--) s. qeyri şəffaf, bulanıq, tutqun / opaque ↔투명하다(透明--) şəffaf
불편하다(不便--) s. narahat olmaq; ağrımaq / be uncomfortable; be not well.
불평(不平) i. şikayət, narazıçılıq / discontent 불평하다 f. şikayət etmək, narazıçılıq etmək
불평등하다(不平等--) s. qeyri mütənasib, bərabər olmayan, qeyri taraz / unequal, discriminatory
불필요하다(不必要--) s. gərəksiz, lüzumsuz, lazımsız / unnecessary
불합격하다(不合格--) f. qəbul imtahanından kəsilmək / fail to pass

불합리하다(不合理--) s. məntiqsiz / irrational, illogical
불행(不幸) i. bədbəxtlik / unhappiness 불행하다 s. bədbəxt
불화(不和) i. ahəngsizlik, ixtilaf; uyğunsuzluq / discord 가정불화 ailədə narazılıq, ixtilaf
불확실하다(不確實--) s. qeyri müəyyən / uncertain ↔ 확실하다
불황(不況) i. iqtisadi durğunluq / depression, slumpy
불후(不朽) [=불멸(不滅)]
붉다 s. qırmızı / red
붉히다 f. qızarmaq / blush; color up
붐비다 s. basabas, basırıq, dolu, izdihamlı / crowded, packed
붓 i. fırça (rəng, yazı) / writing brush
붓다 f. tökmək, su doldurmaq / pour, fill
붓다 f. şişmək / swell up
붕대(繃帶) i. sarğı / bandage
붙다 f. yapışmaq / stick to; keep close to
붙어다니다 f. birgə getmək, qoşa getmək / tag along, follow about
붙이다 f. yapışdırmaq; əlavə etmək / attach, stick; add
붙잡다 f. ələ keçirmək, tutmaq, yaxalamaq / catch, seize, arrest
붙잡히다 f. tutulmaq, yaxalanmaq / be caught, be grasped, be arrested
브레이크 i. əylənc, tormoz / brake   < İng.
브로커 i. broker, dəllal / broker   < İng.
블랙리스트 i. qara siyahı / black list   < İng.
비 i. yağış / rain 비내리다, 비오다 f. yağış yağmaq
비 i. süpürgə / broom [=빗자루]
비-(非)- ön.şək. sız, siz, suz, süz; anti-; qeyri; əlehinə / non-; un-; anti-. 비과학적 elmə yad 비논리적 məntiqsiz 비애국적 qeyri-vətənpərvər
비(妃) i. kraliça, xatun, mələkə / queen
비(碑) i. məzar daşı, qəbir daşı, baş daşı; abidə / tombstone, gravestone; monument
-비(-費) i. xərc / expenses 건축비 tikinti xərci
비겁하다(卑怯--) s. qorxaq; alçaq, rəzil, nakişi, namərd / cowardly; unmanly, mean, unfair
비결(祕訣) i. sirr; açar / secret; key 성공의 비결 müvəffəqiyyətin açarı
비공개(非公開) i. qapalı, örtülü (iclas) / closed (meeting) 비공개적 s. qapalı
비공식(非公式) i. qeyri rəsmiyyətçilik / informality 비공식적 s. qeyri rəsmi
비관하다(悲觀--) f. bədbinliyə qapılmaq, bədbin olmaq / be pessimistic

비교(比較) i. müqayisə, qarşılaşdırma, kontrast / comparison, contrast 비교(의) s. müqayisəli 비교하다 f. müqayisə etmək, qarşılaşdırmaq
비교적(比較的) z. nisbətən / relatively 비교적으로 müqayisəli şəkildə desək
비굴(卑屈) [≒비겁(卑怯)]
비극(悲劇) i. faciə, tragediya / tragedy
비기다 f. heç-heçə qurtarmaq / tie with, end in a tie, come out even
비기다 f. oxşatmaq, bənzətmək; müqayisə etmək / liken to; compare to 인생을 흔히 항해에 비긴다. İnsan həyatını tez-tez dəniz səyahətinə bənzədirlər.
비꼬다 f. burmaq; istehza etmək / twist; make sarcastic (cynical) remarks on 비꼬아 말하다 istehzalı tənə vurmaq
비난(非難) i. pisləmə, töhmətləndirmə, tənqid, günahlandırma / criticism, blame 비난하다 f. pisləmək, töhmətləndirmək, tənqid etmək, günahlandırmaq
비누 i. sabun / soap
비누칠하다 f. sabunlamaq / soap [=비누질하다]
비늘 i. balıq pulcuğu / scale
비닐 i. sellofan / vinyl < İng.
비다 s. boş / empty, vacant, hollow
비단(非但) z. yalnız, sadəcə, ancaq / merely, only, simply
비단(緋緞) i. ipək parça / silk fabrics
비대하다(肥大--) s. kök, şişman, gombul / fat, enlarged
비둘기 i. göyərçin / dove; pieon
비뚤어지다 s. əyilmək, əyri olmaq / get crooked
비듬 i. baş kəpəyi / dandruff, scruf
비등(沸騰) i. paqqıldama, bərk qaynama / boiling; seething 비등하다 f. paqqıldamaq, bərk qaynamaq 비등점 qaynama nöqtəsi, həddi
비등하다(比等--) s. təxminən eyni, təxminən bərabər / about equal
비례(比例) i. mütənasib, uyğun, müvafiq / comparison; proportion 비례하다 f. mütənasib olmaq, uyğun olmaq, müvafiq olmaq 경력에 비례해서 월급을 받다 tutduğu vəzifəyə müvafiq olaraq maaş almaq
비로소 z. ilk dəfə olaraq, ancaq o zaman / not ... until; for the first time 그 말을 듣고서야 비로소 나는 깨달았다. Mən bunu ancaq o sözü eşidəndə başa düşdüm.

비록 z. ... olsa da; ...olduğu halda / if, even if, even though, although 비록 그의 나이가 어려도~ O cavan olsa da

비롯하다 f. -dan başlanmaq; daxil etməklə / originate, begin, start; - including 이 풍습은 고구려 시대에 비롯되었다고 한다. Deyilənlərə görə bu adət hələ Qoquryo dövründən mövcuddur. 시장을 비롯하여 20 명이 참석했다. Bələdiyyə rəisi də daxil olmaqla 20 nəfər iştirak edirdi.

비료(肥料) i. süni gübrə / manure, fertilizer

비리다 s. balıq qoxulu, balıq iyli / fishy; smelling of fish

비린내나다 f. balıq qoxumaq, balıq iyi gəlmək / smell fishy

비만(肥滿) i. köklük / fatness

비망록(備忘錄) i. xatirə dəftəri / memorandum

비명(悲鳴) i. fəryad, şivən, haray / a cry of distress 비명을 지르다 f. şivən qoparmaq

비밀(秘密) i. sirr, məxfilik / secrecy 비밀히 z. gizlicə

비밀회의(秘密會議) i. gizli toplantı, gizli iclas / a secret (closed) meeting

비법(秘法) i. sirr / a secret method, mystery

비비다 f. sürtmək, ovuşdurmaq / rub

비싸다 s. baha, bahalı / expensive

비상(非常) i. həyəcan; təhlükə; fövqəladə, müstəsna, qeyri adi / alarm; emergency; unusualness 비상경보 həyəcan siqnalı 비상구 ehtiyat çıxış 비상한 솜씨 qeyri adi bacarıq, müstəsna qabiliyyət 비상용 gözlənilməz hadisə üçün

비상사태(非常事態) i. fövqəladə vəziyyət / a state of emergency

비서(秘書) i. katib / secretary

비수(匕首) i. iti xəncər / dagger

비스듬하다 s. əyilmiş; meyilli / slant 비스듬히 z. əyilmiş vəziyyətdə, maili vəziyyətdə 탑이 한쪽으로 비스듬히 기울어 있다. Qüllə bir tərəfə əyilmiş vəziyyətdədir.

비슷비슷하다 s. bir-birinə bənzər, oxşar; eyni / much the same; of the same, of a sort

비슷하다 s. oxşar, bənzər, bir-birinə yaxın / similar, like

비약하다(飛躍--) f. sürətlə tərəqqi etmək, sıçrayış etmək / progress rapidly

비열하다(卑劣--) [=비겁하다(卑怯--)]

비영리(非營利) i. təmənnasız / nonprofit 비영리 단체 təmənnasız təşkilat

비옥하다(肥沃--) s. münbit, bərəkətli / fertile, rich

비용(費用) i. xərc, məsrəf / expense, cost

비우다 f. boşaltmaq / empty, make empty

비웃다 f. istehza etmək, ələ salmaq / laugh mockingly, mock
비웃음 i. istehza / mocking laughter
비유(比喩) i. bənzətmə, təşbeh / a figure of speech; metaphor; parable 비유하다 f. bənzətmək 비유로 말하면 Misal çəksəm
비율(比率) i. nisbət; faiz / ratio; percentage 남녀의 비율 kişilərin qadınlara nisbəti
비자 i. viza / visa   < İng.
비전 i. qabağı görmə, uzaqgörən / vision, foresight 비전이 있는 사람 uzaqgörən adam
비좁다 s. dar / narrow
비중(比重) i. xüsusi çəki; əhəmiyyət / specific, ravity; relative importance
비참하다(悲慘--) s. yazıq, dərdli, biçarə, binəsib, faciəli / miserable 비참하기 짝이 없다 dərd əlindən beli bükülmək
비추다 f. işıqlandırmaq, işıq saçmaq; əks olunmaq; bərq vurmaq / shine on, shed light on; image, reflect, mirror
비치다 f. parıldamaq, işıq saçmaq / shine into, strike on
비키다 f. yana çəkilmək, kənara çəkilmək, qırağa durmaq / get out of the way, step aside
비타민 i. vitamin / vitamine   < İng.
비탈 i. eniş-yoxuş / slope, incline 가파른 오르막 비탈 sərt yoxuş 내리막 비탈 eniş
비탈지다 s. enişli-yoxuşlu olmaq / slope
비틀거리다 f. səndələmək, büdrəmək / stagger, totter
비틀다 f. burmaq / twist, wrench
비틀비틀하다 [=비틀거리다]
비판(批判) i. tənqid / criticism 비판하다 f. tənqid etmək 비판적 s. tənqidi 비판적 태도 tənqidi münasibət
비평(批評) i. şərh, tənqid, təfsir / comment; criticism 비평하다 f. şərh etmək, tənqid etmək
비품(備品) i. ləvazimat, avadanlıq, əşya / fixtures
비행(飛行) i. uçuş / flight
비행기(飛行機) i. təyyarə / airplane [=항공기(航空機)]
비행사(飛行士) i. təyyarəçi, pilot / pilot
비행장(飛行場) i. təyyarə meydanı, hava limanı, aeroport / airport
비행하다 f. uçmaq / fly
비현실적(非現實的) s. qeyri real / not real, unreal

빈곤(貧困) i. yoxsulluq, kasıblıq / poverty 빈곤하다 s. kasıb
빈둥거리다 f. avaralanmaq, veyillənmək / loaf, idle
빈말 i. boş söz / empty words; idle talk 빈말하다 f. boş söz söyləmək, mənasız danışmaq, boş-boşuna danışmaq; boş vəd vermək / talk idly; make idle promise
빈민(貧民) i. kasıblar, yoxsullar / the poor, poor men
빈민굴(貧民窟) i. yoxsullar məhəlləsi, kasıblar məhəlləsi; xarabalıq / a slum; the slums.
빈번하다(頻繁--) s. tez-tez, aramsız, ara vermədən / frequent 빈번히 일어난 일 tez-tez baş verən hadisə
빈부(貧富) i. kasıblıq və zənginlik, yoxsullar və varlılar / wealth and poverty, the rich and the poor
빈약하다(貧弱--) s. zəif, gücsüz / poor, scanty
빈자리 i. boş yer, vakansiya / vacancy, a vacant seat
빈틈 i. boşluq, boş yer, çat, yarıq, deşik, dəlik / gap, a opening 빈틈없이 z. nöqsansız surətdə, ideal şəkildə, tamamilə 사람들이 극장을 빈틈없이 메웠다. Kinoteatrda yerlərin hamısı tutulmuşdu, salon tam dolu idi. 이 일을 빈틈없이 하세요. Bu işi elə gör ki, heç bir qüsuru olmasın.
빈혈(증) i. qan azlığı, anemiya / poverty of blood; anaemia
빌다 f. yalvar-yaxar etmək, ayağına yıxılmaq, dizinə düşmək, boğaz çəkmək, yalvarmaq; diləmək, dua etmək / beg, wish; pray
빌다 f. borc almaq / borrow [=차용하다]
빌려주다 f. borc vermək / lend [=대여하다]
빌리다 f. borc almaq / borrow [=빌다]
빗 i. daraq / comb
빗나가다 f. düz dəyməmək, kənara düşmək, hədəfə dəyməmək, yan keçmək / turn aside; miss the target 예상이 빗나가다 təxmini boşa çıxmaq
빗다 f. daramaq / comb
빗물 i. yağış suyu / rainwater
빗질하다 [=빗다]
빙글빙글 z. dövrə vura-vura, fırlana-fırlana; gülümsəyərək / (skating, gliding) around and around smoothly; smilingly
빙산(氷山) i. aysberq, buz dağı / iceberg
빙수(氷水) i. buzlu su / iced water

빙자하다(憑藉--) f. bicliyə vurmaq, hiylə işlətmək; bəhanə etmək / make a pretext of, make an excuse of; under cover of 돈벌이를 빙자하여 사기치다 pul qazanmağı bəhanə edərək saxtakarlıq etmək
빙하(氷河) i. buzlaq / glacier
빚 i. borc / debt, loan, borrowings
빚내다 f. pul borc almaq / borrow money from, get a loan of money
빚다 f. kündələmək; qıcqırtmaq; səbəb olmaq, yaratmaq, yaranmaq / shape dough for (bun), roll into balls; brew(rice wine), ferment; bring about, cause 물의를 빚다 münaqişə yaratmaq
빚장이 i. sələmçi, borc verən, kreditor / creditor, (bill) collector, a dun, a usurer
빚주다 f. borc vermək / lend money, make a loan
빚지다 f. borca düşmək / fall into debt, owe
빛 i. işıq, nur / light
빛깔 i. rəng; rəng çaları / color; hue; tinge
빛나다 f. parlamaq, işıq saçmaq / shine, beam; be glorious 얼굴이 빛나다 Sifətindən nur tökülmək
빛내다 f. parlatmaq, parıldatmaq / light up, make a thing shine; polish
빠개다 f. yarmaq, parçalamaq, çartlatmaq / split, cleave
빠듯이 z. güclə, zorla, çətinliklə / barely
빠듯하다 s. dar; güclə çatmaq / tight; barely enough 빠듯한 구두 dar ayaqqabı 표 사기에 돈이 빠듯했다. Bilet almağa pulum güclə çatdı, olan qalanımı verdim.
빠뜨리다 f. aşağı düşmək; unutmaq; itirmək; buraxmaq / let a person (a thing) fall into; entrap; omit, miss out; lose
빠르다 s. sürətli, tez / fast, quick
빠지다 f. düşmək (çalaya, suya, çətin vəziyyətə); çox aludə olmaq; buraxmaq / fall into; slip out, get moved; indulge; leak out 명부에 그의 이름이 빠져있다. Siyahıda onun adı buraxılıb.
빠지다 f. arıqlamaq; iştirak etməmək / get lean, become thin; be absent
빠짐없이 z. bütöv, tam, büsbütün / without omission, wholly one and all
빡빡하다 s. sıx, kompakt / compact, tight
빤빤하다 s. utanmaz, həyasız, abırsız / shameless; impudent [= 뻔뻔하다]
빤하다 s. açıq-aydın, məlum, bəlli / plain, obvious 빤히 z. açıq bir şəkildə, açıqca
빨강 i. qırmızı, qırmızı rəng / red color
빨갛다 s. qırmızı / deep red, crimson
빨개지다 f. qızarmaq / turn red

빨리 z. cəld, tez / quickly, fast
빨다 f. əmmək, sormaq / suck, suck up
빨다 f. yumaq / wash
빨대 i. çubuq (şirə içmək üçün) / straw, sipper
빨리 s. tez, cəld

'빨리' və '일찍'-in fərqi
'빨리'-dən hər hansı bir işi etmək üçün sərf edilən vaxt qısa olduqda, '일찍'-dən isə iş təxmin edilən vaxtdan daha əvvəl baş verdikdə istifadə edilir.

약속 시간보다 일찍(O) 왔다. – Vəd edilmiş vaxtdan tez gəldim.
어디야? 빨리(O) 좀 와. – Hardasan? Tez gəl.
오늘 일을 빨리 마쳐서 집에 일찍 왔다.
Bu gün işimi tez qurtarıb evə tez gəldim.

빨래 i. çirkli paltar, kirli paltar / laundry, washing
빨래하다 f. paltar yumaq / wash
빳빳하다 s. möhkəm, bərk (material) / rigid, stiff, wiry 빳빳한 종이 bərk kağız
빻다 f. əzmək, döymək / pound up, grind down
빵 i. çörək / bread
빼내다 f. çıxartmaq, çəkmək / pull out, root up; extract 상처에서 총알을 빼내다 yaradan gülləni çıxartmaq 이를 빼내다 diş çəkmək
빼돌리다 f. gizli yolla çıxarmaq, oğurlamaq / hoard secretly, conceal
빼먹다 f. unutmaq, yaddan çıxarmaq; qaçmaq (dərsdən); oğurlamaq / omit, leave out, miss out; pilfer, steal 말을 빼먹다 deyiləsi sözü unutmaq 수업을 빼먹다 dərsdən qaçmaq
빼앗기다 f. zorla alınmaq, soyulmaq / be deprived of, have something stolen
빼앗다 f. zorla almaq, soymaq / take a thing by force, snatch
빽 i. hami, dayı, arxa, dayaq / backer, protector, supporter < İng.
빽빽이 z. sıx / closely, tightly, thickly
빽빽하다 s. sıx / dense, thick
뺨 i. yanaq / cheek [=볼]
뻐그러지다 i. çatlamaq, yarılmaq / split, cleave
뻐근하다 s. əzgin; yorğun / be sore all over (from overwork); tiring
뻐기다 f. lovğalanmaq, təkəbbürlü olmaq, özündən razı olmaq, öyünmək / be proud, be haughty
뻐꾸기 i. ququ quşu / cuckoo

뻐치다 f. uzanmaq (məsafəni əhatə etmək); yayılmaq / range; extend, stretch; lie in a row

뻣뻣하다 f. bərk, tarım / hard, stiff, rigid 목이 뻣뻣하다 Boynu qurumaq (xəstələndiyi üçün)

뻗치다 f. çatmaq (səlahiyyət); uzanmaq / open out; spread 민주주의 세력이 전동양에 뻗쳤다. Demokratiyanın təsiri bütün şərq ölkələrinə çatıb (yayılıb).

뼈 i. sümük / bone

뼈대 i. çərçivə; skelet / frame; skeleton

뼘 i. qarış / span

뽐내다 f. öyünmək, lovğalanmaq, təkəbbürlü olmaq / be proud, be haughty

뽑다 f. seçmək; çəkmək, çıxarmaq / select, choose; draw out, extract; root up 이를 뽑다 diş çəkmək

뽑히다 f. çıxarılmaq; seçilmək / be taken out, be pulled out; be singled out, be chosen

뽕나무 i. tut ağacı / mulberry tree

뾰쪽하다 s. sivri, ucu nazik, şiş / pointed, sharp 뾰쪽한 펜 sivri qələm

뿌리 i. kök (ağac) / root

뿌리다 f. səpmək (su və s.), çiləmək; səpələmək; israf etmək / sprinkle; rain in sprinkles; scatter; spend wastefully 돈을 뿌리다 pulu sağa-sola səpələmək

뿌리박다 f. kök salmaq, kök atmaq / take firm hold, take root

뿌리뽑다 f. kökündən çıxarmaq / take out root

뿌리치다 f. əlindən çıxmaq, dartınıb çıxmaq; rədd etmək / shake oneself free from; thrust away, reject 유혹을 뿌리치다 şirniklənmək, özünü saxlamaq, tamahını saxlamaq

-뿐 i. yalnız, təkcə, ancaq / only, just, nothing but 그것뿐인가? Ancaq odur?

뿔 i. buynuz / horn

뿜다 f. fışqırmaq (qan, su), püskürmək (vulkan, fəvvarə), üfürmək, piləmək (tüstü); püskürtmək; çızqırtmaq (su, sidik) / spout out; spurt 피를 뿜다 qan fışqırmaq 연기를 뿜다 tüstü üfürmək

삐다 f. burxulmaq, sərpmək; yerindən çıxmaq / sprain; dislocate

ㅅ S

사(四) i. dörd / four
사(死) i. ölüm / death 생과 사 həyat və ölüm 자연사 təbii ölüm, öz əcəli ilə ölüm
사(私) i. şəxsi; xüsusi / privateness; privacy; self 사적(私的)인 일 şəxsi iş
-사(-士) i. cənab; xadim, şəxsiyyət / a gentleman; a figure 신사(紳士) cənab 인사(人士) xadim
사(師) i. müəllim / a teacher 교사(敎師) müəllim 의사(醫師) həkim
사(社) i. firma, şirkət / company 출판사(出版社) nəşriyyat
-사(史) i. tarix / history 현대사(現代史) müasir tarix 한국문학사 Koreya ədəbiyyatı tarixi
-사(寺) i. məbəd (Buddist) / temple 불국사(佛國寺) Bulquq məbədi
-사가(史家) i. tarixçi / historian < 역사가(歷史家)
사각(四角) i. dörd bucaq; dörd künc / a rectangular, a square; four corners 정사각형 kvadrat
사각거리다 f. xırçıldamaq / crunch; crisp 사과가 사각거리다 almadan xırç-xırç səs gəlmək
사각형(四角形) i. dördbucaq / quadrilateral; quadrangle [=직사각형]
사감(舍監) i. tələbə yataqxanasının komendantı / supervisor of domitory
사건(事件) i. hadisə / event
사격(射擊) i. atəş, güllə atma / firing; shooting 사격하다 f. atəş açmaq, güllə atmaq 사격! Atəş!
사계절(四季節) i. dörd fəsil, dörd mövsüm / four seasons
사고(事故) i. qəza, bədbəxt hadisə / accident 사고(가) 나다 f. qəza baş vermək 사고(를) 내다 f. qəza törətmək
사고(思考) i. düşünmə; düşüncə / thinking; thought 사고하다 f. düşünmək
사고방식(思考方式) i. düşüncə tərzi / one's way of thinking
사공(沙工) i. qayıqçı / a boatman
사과(沙果) i. alma / apple
사과(謝過) i. üzrxahlıq etmə, üzr istəmə / apology 사과하다 f. üzr istəmək
사관(士官) i. zabit / a military officer [=장교(將校)]

사관(史觀) [=역사관(歷史觀)]
사관학교(士官學校) i. hərbi məktəb; Hərbi Akademiya / a military academy 육군사관학교 Piyada qoşunları məktəbi 해군사관학교 Hərbi dənizçilik məktəbi 공군사관학교 Hərbi təyyarəçilik məktəbi
사교(社交) i. sosial münasibət / social intercourse 사교성이 있는 ünsiyyətcil
사귀다 f. tanış olmaq; dost olmaq, dostlaşmaq / become acquainted with; make friends with
사그라지다 f. azalmaq; yaxşılaşmaq; yox olmaq / go down; subside; recede 종기가 사그라지다 çiban çəkilib (yox olub, qurtarıb)
사극(史劇) i. tarixi dram əsəri / a historical drama (play)
사글세 i. aylıq kirayə haqqı / monthly rent (rental)
사기(士氣) i. döyüş əhval-ruhiyyəsi, döyüş ruhu / morale, fighting spirit 사기가 떨어지다 döyüş əhval-ruhiyyəsindən düşmək
사기(沙器) i. farfor; çini qablar / porcelain; chinaware
사기(詐欺) i. saxtakarlıq, hiylə, fırıldaq / fraud, swindle, confidence game, con, scam 사기(를) 치다 f. saxtakarlıq etmək, hiylə işlətmək, aldatmaq
사기꾼 i. saxtakar; fırıldaqçı; hiyləgər; yalançı / swindler, imposter
사나이 i. kişi; kişilik / male, man; manhood
사납다 s. quduz, vəhşi; kobud / fierce; wild 사나운 개 quduz it 사나운 사람 kobud adam
사내 i. oğul; oğlan / son; boy
사내아이 [=사내]
사냥 i. ovçuluq / hunting
사냥하다 f. ovlamaq, ovçuluq etmək / hunt; shoot
사냥개 i. ov iti / hound, hunting dog
사다 f. almaq; satın almaq / buy; purchase
사다리 i. nərdivan / ladder
사닥다리 [=사다리]
사단(師團) i. diviziya, ordu hissəsi / a army division
사단장(師團長) i. diviziya komandiri / a divisional commander
사담(私談) i. gizli danışıq, ikilikdə danışıq / private conversation 사담하다 f. gizli danışıq aparmaq, ikilikdə danışıq aparmaq
사대주의(事大主義) i. toadizm (kiçik dövlətin böyük dövlət qarşısında yaltaqlığı) / a trimming policy, toadyism

사도(師道) i. müəllimlik vəzifəsi / the duty of a teacher
사도(使徒) i. həvari, mürid, carçı, əshabə / apostle 평화의 사도 sülh carçısı
사들이다 f. satın alıb gətirmək / purchase; buy in
사라지다 f. yox olmaq, qeyb olmaq, yoxa çıxmaq, gözdən itmək / vanish, disappear
사람 i. adam, insan / mankind, man
사람답다 s. insani, insanlığa layiq, humanist / be worty of the name of man
사랑 i. məhəbbət, sevgi, eşq / love; affection
사랑하다 f. sevmək / love
사령관(司令官) i. ordu komandiri / commamder
사례(謝禮) i. minnətdarlıq, təşəkkür / thanks, gratitude 사례하다 f. yaxşılığın əvəzini çıxmaq, minnətdarlıq etmək 사례금 pul mükafatı
사로잡다 f. yaxalamaq, tutmaq / catch, capture
사로잡히다 f. yaxalanmaq, tutulmaq / be caught, be captured
사뢰다 f. demək (böyüklərə), söyləmək; bildirmək / tell, relate; inform 그 사건을 임금에게 사뢰었다. O, hadisəni padşaha söylədi.
사르다 f. yandırmaq, odlamaq, od vurmaq / burn up
사리(事理) i. fakt, əsas; məntiq / reason, facts 사리에 맞지 않는 소리를 하다 məntiqsiz danışmaq
사리다 f. özünü işə salmamaq, özünü qorumaq / spare oneself 몸을 사리다 özünü işə salmamaq, riskə getməmək
사립(私立) i. xüsusi, şəxsi / private müq. 공립 ictimai dövlət quruluşu ↔ 국립 rəsmi, dövlətə aid 사립대학 özəl universitet
사마귀 i. ziyil / a wart
사막(沙漠) i. səhra / desert
사망(死亡) i. ölüm / death 사망하다 f. ölmək, vəfat etmək [=죽다]
사망자(死亡者) i. ölülər, rəhmətə gedənlər / the dead, the deceased
사면(赦免) i. əfv; amnistiya / pardon; amnesty 사면하다 f. əfv etmək
사멸하다(死滅--) f. qırılmaq, məhv olmaq / die out, perish
사명(使命) i. tapşırıq, missiya / mission
사모하다(思慕--) f. can atmaq, arzu etmək; eşqdən alışıb yanmaq / long for; burn with love
사모(師母) i. xanım (yüksək rütbəli şəxsin həyat yoldaşına hörmət mənasında) / one's teacher's wife; Madam, ma'am 사모님
사무(事務) i. iş; ofis işi, idarə işi / affairs; office work 사무를 보다 f. ofis işi görmək

사무국(事務局) i. icra orqanı; katiblik / an excutive office; secretariat
사무소(事務所) i. idarə, ofis / office
사무실(事務室) i. idarə (iş yeri), ofis / office room
사무원(事務員) i. işçi, qulluqçu / clerk
사무총장(事務總長) i. baş katib / the secretary general
사무치다 f. ürəyinə dəymək, xətrinə dəymək / touch the heart, pierce 원한에 사무치다 bir kəsə kin bəsləmək
사물(事物) i. əşya / things.
사뭇 z. tamamilə, bütövlüklə / all through; wholly, entirely 사뭇 다르다 tamamilə başqa
사발(沙鉢) i. qab (su, düyü, şorba üçün) / bowl 밥 사발 düyü qabı
사방(四方) i. dörd tərəf; hər tərəf / four sides; all directions
사범(師範) i. müəllim; ustad; məşqçi / teacher; master; a coach 태권도 사범 taekvondo üzrə məşqçi
사범학교(師範學校) i. pedaqoji institut / a teacher's college
사법(司法) i. ədliyyə sahəsi / administration of justice
사법권(司法權) i. hüquqi səlahiyyət / powers of jurisdiction; judicial power
사법기관 i. hakimlər kollegiyası / the machinery of law
사변(事變) i. hadisə / incident
사병(士兵) i. əsgər / private soldier
사복(私服) i. mülki geyim / civilian clothes
사복경찰(私服警察) i. məxfi polis / plain clothes policeman
사본(寫本) i. surət; əlyazma / copy; manuscript
사살(射殺) i. güllələmə / kill by shooting 사살하다 f. güllələmək
사상(史上) [=역사상(歷史上)]
사상(思想) i. ideologiya; ideya; düşüncə / ideology; thought, idea 마르크스사상 Marksizm ideologiyası
사상가(思想家) i. mütəfəkkir, düha / thinker, a man of thought
사색(思索) i. dərin düşüncə, götür-qoy etmə / speculation; thinking 사색하다 f. dərindən düşünmək
사생(死生) i. həyat və ölüm / life and death
사생결단하다(死生決斷--) f. həyatını riskə getmək, ölümü gözə almaq / risk one's life; be desperate do something at the risk of one's life
사생아(私生兒) i. bic, qeyri qanuni uşaq / an illegitimate child; an natural child, love child
사생활(私生活) i. şəxsi həyat / one's private life

사설(社說) i. baş məqalə / editorial(article)
사소(些少) i. xırda, əhəmiyyətsiz / a trifle; a bit 사소한 일 xırda şey
사수하다(死守--) f. son nəfəsədək qorumaq, son damla qanınadək qorumaq / defend to the last (to the death)
사수(射手) i. güllə atan; nişançı / marksman; shooter; gunner
사슬 i. zəncir / chain
사슴 i. maral / deer
사시(斜視) i. çəpgöz / squint [=사팔뜨기]
사실(事實) i. fakt; həqiqət, gerçəklik / fact; actual act
사실상(事實上) z., i. əslində, həqiqətən, doğrudan / actually, in fact
사심(私心) i. xudbinlik; eqoizm / selfishness; self-interest 사심을 품다 xudbinlikdən irəli gəlmək
사십(四十) say. qırx / forty [=마흔]
사양하다(辭讓--) f. öz haqqından imtina etmək, güzəştə getmək; yerini vermək, başqası üçün öz haqqından keçmək / decline in favor of another; give way to another, concede 제의를 사양하다 təklifdən imtina etmək
사업(事業) i. işgüzar, ticarət, biznes, iş / an undertaking; work; activity 사업하다 f. ticarətlə məşğul olmaq
사업가(事業家) i. iş adamı, biznesmen / a enterprising man, a man of enterprise
사업계(事業界) i. iş dünyası, biznes dünyası, işgüzar dairələr / the enterprising world, business circles
사연(事緣) i. işin gedişi, vəziyyəti / reasons, the state of things (affairs); the story
사오(四五) say. dörd və ya beş / four and five; several
사욕(私慾) i. xudbinlik / selfish desire; self-interest
사용(使用) i. istifadə etmə; işlətmə / use; employment 사용하다 f. istifadə etmək
사용법(使用法) i. istifadə etmə qaydası / how to use
사원(寺院) i. məbəd / temple 불교사원 Buddist məbədi 이슬람사원 məscid
사원(社員) i. işçi / an employee of a company; clerk
사위 i. kürəkən / son-in-law
사유(私有) i. şəxsi, özəl / private ownership müq. 공유(公有) ictimai 국유(國有) dövlətə aid 사유재산 şəxsi mülkiyyət
사유(事由) i. səbəb, əsas / a reason; a cause 다음 사유에 의하여 aşağıdakı səbəblərə görə

사육(飼育) i. yetişdirmə (mal-qara) / breeding (raising) of cattle 사육하다 f. mal-qara saxlamaq

사의(謝意) i. minnətdarlıq; üzrxahlıq / gratitude, thanks; apology 사의를 표하다 minnətdarlıq etmək, təşəkkür etmək; üzrxahlıq etmək

사이 i. ara, aralıq; münasibət, ünsiyyət, əlaqə / interval; space, gap; relationship 우리 사이에 bizim aramızda 정다운 사이 mehriban münasibət 사이좋게 z. yaxşı münasibətdə / on good (friendly) terms with

사이렌 i. sirena / siren   < İng.

사이비(似而非) i. saxta; saxtakar / false, quasi; pretended 사이비 기자 saxtakar jurnalist

사이즈 i. ölçü / size   < İng.

사인 i. imza / signature; sign 사인하다 f. imzalamaq, imza atmaq

사임(辭任) i. istefa / resignation 사임하다 f. istefa vermək, istefaya çıxmaq 사임시키다 f. istefaya çıxartmaq

사자(使者) i. qasid; elçi / messenger; envoy, emissary

사자(獅子) i. şir, aslan / a lion

사장(社長) i. şirkətin başçısı, müdir / the head of a firm

사적(史蹟) i. tarixi yer, tarixi izlər / historic spot, historic relics

사적(史的) s. tarixi / historical, historic [=역사적]

사전(事前) i. qabaq, ön / pre- 사전계획 ön plan ↔ 사후(事後)

사전(辭典) i. lüğət / dictionary

사절(使節) i. elçi, nümayəndə; nümayəndə heyəti / envoy, delegate; delegation 사절단 nümayəndə heyəti

사절(謝絶) i. etiraz etmə, qadağan etmə / declination, refusal, denial 사절하다 f. etiraz etmək, qadağan etmək 입장 사절 giriş qadağandır

사정(射程) i. təsir dairəsi (güllə) / a shooting range

사정(事情) i. vəziyyət, şərait; rica, yalvarış / circumstances, the state of matters; supplication, entreaty, begging 사정하다 f. yalvarmaq, rica etmək 사정이 딱하다. Vəziyyət olduqca pisdir.

사정없다 s. mərhəmətsiz, insafsız, ürəksiz / merciless, heartless

사정하다(射精--) f. toxum atmaq, mayalandırmaq / ejaculate, discharge semen

사제(師弟) i. müəllim və şagird; ustad və şagird / teacher and pupil; master and disciple 사제지간 müəllim və şagird münasibəti

사제(司祭) i. keşiş / priest

사죄(赦罪) i. əfv etmə, bağışlama / pardon, remission; absolution 사죄하다 f. əfv etmək, bağışlamaq, günahdan keçmək
사지(四肢) i. qollar və ayaqlar / the limbs; the legs and arms
사직(辭職) i. istefa / resignation; stepping out 사직하다 f. istefa vermək
사진(寫眞) i. şəkil, foto / photograph 사진(을) 찍다 f. şəkil çəkmək
사진관(寫眞館) i. fotostudiya, fotoatelye / photo studio
사진기(寫眞機) i. fotoaparat / camera
사철(四-) i. dörd fəsil, dörd mövsüm / four seasons
사촌(四寸) i. əmioğlu, bibioğlu; xalaoğlu; dayıoğlu / cousin
사춘기(思春期) i. yetkinlik dövrü, ərgənlik çağı / the age of puberty, adolescence, puberty
사취(詐取) i. fırıldaq, fırıldaqçılıq, kələk, kələkbazlıq / fraud 사취하다 f. kələk gəlmək, aldatmaq
사치(奢侈) i. dəbdəbə, zənginlik / luxury, extravagance 사치하다 f. dəbdəbəli həyat keçirmək
사치스럽다(奢侈---) s. dəbdəbəli, zəngin / luxurious; extravagant
사타구니 i. qasıq / the groin
사탕(砂糖) i. şirni, konfet / candy
사태(事態) i. vəziyyət / the situation
사퇴(辭退) i. istefa / resignation 사퇴하다 f. istefa vermək
사투리 i. ləhcə; şivə, dialekt / a provincial accent; a dialect
사팔뜨기 [=사시(斜視)]
사표(辭表) i. istefa ərizəsi / a written resignation; a letter of resignation 사표내다 istefa üçün ərizə vermək
사하다(赦--) f. əfv etmək, bağışlamaq / forgive, pardon
사학(史學) [=역사학(歷史學)]
사항(事項) i. iş; maddə; mövzu / matter; articles, items
사형(死刑) i. ölüm cəzası / capital punishment, death penalty 사형선고(를) 하다 f. ölüm cəzası vermək, ölüm hökmü kəsmək 사형하다 f. edam etmək
사회(司會) i. tamadalıq etmə; sədrlik etmə, aparıcılıq etmə / directing ceremony; chairmanship 사회보다, 사회하다 f. tamadalıq etmək; sədrlik etmək, aparıcılıq etmək
사회(社會) i. cəmiyyət / society; community; the public; the world 사회(의) s. sosial
사회당(社會黨) i. Sosialist Partiyası / the Socialist Party
사회민주주의(社會民主主義) i. sosial demokrat / social democracy

사회보장(社會保障) i. sosial təminat / social security 사회보장제도 sosial təminat sistemi
사회복지(社會福祉) i. sosial rifah / social welfare
사회봉사(社會奉仕) i. sosial xidmət / social service
사회사업(社會事業) i. sosial xidmətlər / social work (service); public welfare service
사회생활(社會生活) i. sosial həyat, ictimai həyat / social life; life in society
사회자(司會者) i. tamada, aparıcı / master of meeting, toastmaster
사회적(社會的) s. sosial / social
사회주의(社會主義) i. sosializm / socialism
사회학(社會學) i. sosiologiya / sociology
사후(死後) i. ölümdən sonra / after one's death
사후(事後) i. sonrakı / after the fact 사후 대책 sonrakı tədbirlər
사흘 i. üç gün / three days
삭감(削減) i. azaltma / reduction; curtailment 삭감하다 f. azaltmaq 예산을 삭감하다 büdcəni azaltmaq
삭다 f. çürümək; həzm olunmaq; sorulmaq, çəkilmək / decay; get rotten; digest; resolve 위에서 음식이 삭다 mədədə yemək həzm olunur 종기가 삭다 çiban soruldu, çəkildi
삭막하다(索漠--) s. quru, çöl-biyaban / desolate
삭발하다(削髮--) f. başını dibdən qırxdırmaq / shave the head, tonsure
삭이다 f. həzm etmək / digest, mitigate
삭제(削除) i. silmə, çıxarma / elimination 삭제하다 f. silmək, çıxarmaq
삯 i. zəhmət haqqı, məvacib / wages, pay; hire
산(山) i. dağ / mountain
산(酸) i. turşu (kimyəvi) / acid
-산(-産) i. məhsul / product
산꼭대기(山---) i. dağın zirvəsi / the summit of a mountain
산골(山-) i. dağlıq hissə, yer / mountainous district
산기슭(山--) i. dağın ətəyi / the skirts of a mountain
산너머(山--) i. dağın arxası, dağın o biri tərəfi / across (beyond) the mountain
산더미(山--) i. yığın, qalaq / heap, a great mass
산들거리다 f. xəfif əsmək / breeze, blow gently
산들바람 i. xəfif külək / gentle breeze
산뜻하다 s. təmiz və səliqəli / neat and tidy, clean
산등성이 i. dağın beli / the ridge of a mountain

산림(山林) i. meşə, meşəlik / forest, woodland
산마루 [=산등성이]
산만하다(散漫--) s. dağınıq, qarışıq / vague, loose 정신이 산만한 사람 fikri dağınıq olan adam 정신이 산만하다 diqqəti yayınmaq, diqqəti cəmləşdirə bilməmək
산맥(山脈) i. dağ silsiləsi, sıra dağlar / a mountain range
산문(散文) i. nəsr / prose
산물(産物) i. məhsul / product; production
산보(散步) [=산책(散策)]
산봉우리(山---) i. dağın zirvəsi (təpəsi) / a mountain peak, the top of mountain [=산꼭대기]
산부인과(産婦人科) i. mamalıq və ginekologiya / obsterics and gynecology
산불(山-) i. meşə yanğını (dağda) / a forest fire
산사태(山沙汰) i. dağ sürüşməsi / a landslide, landslip
산산조각(散散--) i. parça-parça; sınmış kiçik parçalar / bits and pieces; broken small pieces, fragments
산삼(山參) i. dağ jenşeni / mountain ginseng
산성(山城) i. dağın başında tikilən qala / a castle on the hill, a hill-fort
산소(酸素) i. oksigen / oxygen
산수(算數) i. hesab, riyaziyyat / arithmetic; calculation müq. 수학(數學) riyaziyyat
산신(山神) i. dağ ruhu, dağda yaşayan tanrı / the god of a mountain, a mountain god
산아제한(産兒制限) i. demoqrafik (doğum) nəzarət / birth control
산악(山岳, 山嶽) i. dağlar / mountains
산야(山野) i. dağlar və çöllər / fields and mountains
산양(山羊) i. antilop / an antelope
산업(産業) i. təsərrüfat, sənaye / industry 산업혁명 sənayədə inqilab 산업화하다 f. sənayeləşdirmək
산울림(山--) [=메아리]
산적(山賊) i. qaçaq quldur / a bandit living in a mountain and forest
산지(産地) i. istehsal yeri / a place of production
산책(散策) i. gəzinti / a walk; stroll 산책하다 f. gəzintiyə çıxmaq, gəzmək
산천(山川) i. dağlar və irmaqlar; təbiət / mountains and streams; nature
산촌(山村) i. dağ kəndi / a mountain village

산출(算出) i. hesablama / calculation, computation 산출하다 f. hesablamaq

살 i. ət; dəri / flesh; the skin

살 i. yaş / age, years 두 살 iki yaş

살갗 i. dərinin səthi / the skin (surface)

살결 i. dəri / (skin) texture; complexion

살구 i. ərik, qaysı / apricot

살균(殺菌) i. sterilizasiya / sterilization 살균하다 f. sterilizə etmək

살그머니 z. gizlicə, sakitcə / stealthily, in quiet

살금살금 z. oğrun-oğrun / stealthily, furtively

살기(殺氣) i. qanahəris, qaniçən / violent temper, bloodthirstiness 살기등등하다 f. qanahəris olmaq 그의 눈은 살기에 차있다. Onun gözləri ölüm saçır.

살길 i. dolanmaq yolu; həyat yolu; yaşayış yolu / a means to live

살다 f. yaşamaq; dolanmaq; mövcud olmaq / live, subsist; make a (one's) living; exist, dwell 어떻게 사느냐? Necə dolanırsan?

살랑거리다 f. xəfif-xəfif əsmək; əzilə-əzilə gəzmək / (blow) gently; (walk) gracefully 가을 바람이 살랑거린다. Payız küləyi xəfif-xəfif əsir. 살랑거리며 걷다 model kimi gəzmək

살려내다 f. qurtarmaq; xilas etmək / rescue ~ from (danger), save ~ from (death); deliver ~ out of

살려주다 f. həyat vermək; yaşatmaq; xilas etmək / save, rescue, spare, make safe

살리다 f. yenidən həyata qaytarmaq; canlandırmaq; diriltmək / revive, bring a person to life

살림 i. ev işləri / living, livelihood; house keeping 살림하다 f. ev işləri ilə məşğul olmaq

살벌하다(殺伐--) s. qorxulu, vəhşi, qorxunc, qaniçən / fierce, violent, bloodythirsty 살벌한 분위기 qorxulu şərait

살상(殺傷) i. öldürmə və yaralama / killing and wounding; casualties 살상하다 f. öldürmək və yaralamaq

살생(殺生) i. canlını məhv etmə / destruction of life 살생하다 f. canlını məhv etmək

살아가다 f. dolanmaq, keçinmək, ötüşmək, həyat keçirmək, yaşamaq / lead a life, live, get along.

살아나다 f. həyata yenidən gəlmək, dirilmək; qurtulmaq / revive; be saved; escape

살육(殺戮) i. qırğın, qətliam / massacre, slaughter 살육하다 f. qırğın törətmək, qətliam törətmək
-살이 i. yaşayış, həyat, yaşama tərzi; həyat tərzi / living, life 고생살이 ağır həyat keçirmə 시집살이 ərinin valideynləri ilə yaşama 징역살이 həbs müddətini çəkmə
살인(殺人) i. qətl, qətlə yetirmə / murder, homicide 살인하다 f. qətlə yetirmək, öldürmək 살인적인 s. öldürücü
살인죄(殺人罪) i. qətl, cinayət / murder, homicide
살짝 z. astaca; xəfifcə; gizlicə / lightly; furtively; stealthily 차가 나무에 살짝 부딪혔다. Maşın ağaca astaca dəydi. 살짝 보다 gizlicə baxmaq
살찌다 f. kökəlmək / get fat, get stout [=체중이 늘다] gain weight, put on weight
살찌우다 f. kökəltmək / fatten
살충제(殺蟲劑) i. həşarat dərmanı, preparat / an insecticide
살판나다 f. kefi kök olmaq / enjoy good luck, strike it rich
살펴보다 f. diqqətlə yoxlamaq, diqqətlə baxmaq / examine carefully
살포하다(撒布--) f. səpələmək, səpmək; yaymaq / scatter; spread 비행기에서 소독약을 살포하다 təyyarədən ziyanvericilərə qarşı dərman səpmək
살피다 f. diqqətlə baxmaq, müşahidə etmək / look at, observe, look over
살해하다(殺害--) f. öldürmək; qətlə yetirmək / kill, murder [=죽이다]
삶 i. yaşayış, həyat / living, life
삶다 f. qaynatmaq; bişirmək / boil; cook
삶아지다 f. qaynadılmaq; bişirilmək / be boiled, be cooked
삼(三) say. üç / three [=셋]
삼가 z. hörmətlə / respectfully
삼가다 f. özünü saxlamaq, çəkinmək, uzaq durmaq, yaxın düşməmək / restrain oneself, be restrained 담배를 삼가다 siqaret çəkməkdən özünü saxlamaq 언행을 삼가다 söz və hərəkətlərində çəkinmək
삼각(三角) i. üç bucaq / train, ularity
삼각형(三角形) i. üçbucaq / triangle [=세모꼴]
삼다 f. (nümunə, oğulluq) götürmək; yaratmaq düzəltmək / adopt; pattern (model) after; make of, use as 모범으로 삼다 nümunə götürmək 문제로 삼지 않다 problem saymamaq, fikir verməmək, əhəmiyyət verməmək 양자를 삼다 oğulluğa götürmək

삼륜차(三輪車) i. üçtəkərli maşın / a tricycle
삼림(森林) i. meşə / forest
삼베 i. kətan parça / flax, linen; hemp cloth
삼십(三十) say. otuz / thirty
삼엄하다(森嚴--) s. gərgin, ciddi və kritik / solemn, awe-inspiring 삼엄한 분위기 gərgin və ciddi şərait
삼월(三月) i. Mart / March
삼인칭(三人稱) i. (Qram.) üçüncü şəxs / the third person
삼일(三日) i. üç gün / three days
삼자(三者) i. üç adam; üçüncü şəxs / three persons; the three parties
삼중(三重) i. üç misli, üç qat / triple 삼중 충돌 üç maşının toqquşması
삼차(三次) i. üçüncü / the third [=제 3 의] 삼차 회담 üçüncü görüş
삼차원(三次元) i. üç ölçü / three dimensions 삼차원의 s. üç ölçülü
삼촌(三寸) i. əmi; dayı / uncle (on the father's side)   müq. 외삼촌 dayı
삼키다 f. udmaq / swallow 군침을 삼키다 tüpürcəyi udmaq
삽 i. bel; kürək / spade; shovel
삽입하다(挿入--) f. yerləşdirmək, yeritmək / insert, put in 이 문장을 이곳에 삽입하세요.. Bu cümləni bura yerləşdirin.
상(上) i. üst, yuxarı; ən yaxşı / upper; the first; the best 상반신 bədənin yuxarı hissəsi 상중하 əla, orta, pis
상(喪) i. yas, matəm / mourning 상을 당하다 ölüm baş verdi 상을 입다 yas saxlamaq, matəm saxlamaq
상(像) i. heykəl / statue, figure, image 자유의 여신상 Azadlıq heykəli
상(賞) i. uduş, priz; mükafat / a prize, an award; a reward
-상(上) lek.şək. nöqteyi-nəzərdən; baxımından / from the view point of 교육상 təhsil nöqteyi-nəzərdən 역사상 tarixi nöqteyi-nəzərdən
상거래(商去來) i. ticarət işi / commericial dealing
상경(上京) i. paytaxta gəlmə (getmə), Seula getmə / coming (going) up to the capital (Seoul) 상경하다 f. Seula getmək (gəlmək)
상고(上古) i. qədim dövr / ancient times
상고하다(詳考--) f. araşdırmaq, üzərində düşünmək / consider carefully
상공(上空) i. səma, göy / the sky
상공업(商工業) i. ticarət və sənaye / commerce and industry
상관(上官) i. özündən yüksək vəzifəli şəxs; özündən yüksək rütbəli şəxs / a higher officer; a senior

상관(相關) i. qarşılıqlı əlaqə; müdaxilə / correlation, mutual relation; interference 상관하다 f. qarşılıqlı əlaqəsi olmaq; qarışmaq, müdaxilə etmək 이 일에 상관마세요. Bu işə müdaxilə etməyin, qarışmayın!

상관없다(相關--) s. əlaqəsi olmayan, dəxli olmayan / irrelative, unrelated; be not involved in; indifferent; do not mind [=관계없다]

상극(相剋) i. tam ziddiyyət; konflikt / natural repugance; antipathy to each other; conflict

상금(賞金) i. pul mükafatı; pul prizi / prize money; a prize, a reward

상기(上記) i. yuxarıda qeyd olunan, adı çəkilən / those mentioned above

상기하다(想起--) f. xatırlamaq; yadına gəlmək / recollect, call to mind

상기시키다(想起---) f. xatırlatmaq, yadına salmaq / remind a person of

상납하다(上納--) f. rüşvət təklif etmək / offer a bribe

상냥하다 s. mehriban, şirin / gentle, tender, kind, sweet

상단(上段) i. yuxarıdakı bölmə, paraqraf / the top (upper) paragraph or division

상담(相談) i. məsləhətləşmə; məsləhət / consultation; counsel 상담하다 f. məsləhətləşmək 상담역 məsləhətçi, müşavir

상담소(相談所) i. məsləhətxana / a consultation office

상당하다(相當--) s. kifayət qədər; uyğun gələn, münasib, müvafiq; layiqli, yaxşı / considerable; suitable, appropriate, due; fair, good 상당한 보수 layiqli mükafat 능력에 상당하는 급료 bir kəsin qabiliyyətinə uyğun maaş 상당한 거리 kifayət qədər uzaq məsafə

상당히(相當-) z. kifayət qədər; nisbətən; çox yaxşı / considerably, enough; rather;pretty, fairly

상대(相對) i. rəqib; əlaqəsi olan adam, yoldaş; tay; obyekt / facin, each other; companion; the other man; object 상대하다 f. həmsöhbət olmaq; rəqib olmaq 연애 상대 məhəbbətin obyekti 이야기 상대 həmsöhbət 그는 그녀의 좋은 상대이다. O, qıza yaxşı yoldaşdır.

상대성(相對性) i. nisbilik / relativity 상대성원리 nisbilik nəzəriyyəsi

상대자(相對者) i. həmkar, tərəf müqabili; rəqib (yarışda) / the other party, a counterpart

상류(上流) i. mənbə (çay); ali təbəqə / upper stream; the upper classes

상류사회(上流社會) i. ali təbəqə, yuxarı təbəqə / high society, the higher classes

상륙(上陸) i. sahilə çıxma / landing; disembarkation 상륙하다 f. sahilə çıxmaq

상말 i. vulqar ifadə, kobud ifadə / a vulgar expression 상스럽게 말하다 f. kobud danışmaq, söyüş söymək [=상스러운 말]

상반(相反) i. bir-birinə zidd olma / being contray to each other 상반되다, 상반하다 f. bir-birinə zidd olmaq

상반기(上半期) i. ilin birinci yarısı / the first half of the year

상반신(上半身) i. insan bədəninin yuxarı hissəsi / the upper half part of the body

상벌(賞罰) i. mükafat və cəza / reward and punishment

상법(商法) i. ticarət qanunu / commerical law

상보다(床--) f. süfrə açmaq, stol açmaq / spread (set) the table (for dinner)

상보다(相--) f. üzünə baxıb falını oxumaq / tell a person's fortune by the face 상(相) i. fizionomiya

상부(上部) i. yuxarı hissə, yuxarı təbəqə; yuxarı təbəqəyə aid şəxslər; hakim dairələr / the upper part; superior authorities 상부의 명령 yuxarıdan gələn əmr

상부상조(相扶相助) i. qarşılıqlı yardım / mutual help 상부상조하다 f. qarşılıqlı yardım etmək, bir-birinə kömək etmək

상비군(常備軍) i. hazır vəziyyətdə olan ordu / a standing army

상사(上士) i. çavuş / a master sergeant, first sergeant; warrant officer class company sergeant major, senior chief petty officer

상사(上司) i. müdir, başçı [=상관(上官)]

상사(商社) i. firma, şirkət / a commercial firm, a trading company

상사병(相思病) i. məhəbbət xəstəliyi / lovesickness

상상(想像) i. təsəvvür; xəyal / imagination 상상하다 f. təsəvvür etmək

상상력(想像力) i. təsəvvür gücü, xəyal gücü / imaginative power

상설(常設) i. daimi yaranma / permanent establishment 상설하다 f. daimi yaratmaq 상설기구 daimi təşkilat

상세하다(詳細--) s. hərtərəfli, ətraflı, təfsilatı ilə, müfəssəl şəkildə, təfərrüatı ilə / details; particular 상세한 보고 ətraflı məlumat 상세히 보도하다 hərtərəfli (təfsilatı ilə) məlumat vermək

상소(上訴) i. ali məhkəməyə şikayət / an appeal (to a higher court) 상소하다 f. ali məhkəməyə şikayət etmək

상속(相續) i. miras / succession; inheritance 상속하다 f. varis olmaq 상속받다 f. miras qalmaq

상속권(相續權) i. vərəsəlik hüququ / the right of inheritance; heirship

상속인(相續人) i. varis; xələf / inheritor; successor

상술하다(詳述--) f. təfsilatı ilə (təfərrüatı ilə) izah etmək / explain in detail

상스럽다(常---) s. vulqar; qaba, kobud / vulgar; low < 쌍스럽다

상습(常習) i. vərdiş, adəti iş / a habitual practice 상습범 islah olunmaz cani

상승(上昇) i. artım, artma, yüksəliş, qalxma / a rise; ascension 상승하다 f. artmaq, yüksəlmək, qalxmaq 기온의 상승 hava temperaturunun qalxması

상식(常識) i. sağlam düşüncə / common sense 상식적으로 z. sağlam düşüncə nöqteyi-nəzərdən 상식이 없다 sağlam düşüncəsi olmamaq 상식이 있는 사람 sağlam düşüncəli adam

상실(喪失) i. itki / loss, forfeiture 상실하다 f. itirmək

상어 i. köpək balığı / a shark

상업(商業) i. ticarət / commerce; trade

상여(喪輿) i. katafalk, cənazə arabası / a hearse

상여금(賞與金) i. mükafat, mükafat pulu, bonus / bonus

상연(上演) i. səhnə əsəri, tamaşa / presentation of a play 상연하다 f. səhnəyə qoymaq, səhnələşdirmək, tamaşa göstərmək

상영하다(上映--) i. kino göstərmək, film göstərmək / put on the screen

상용하다(常用--) f. adi qaydada istifadə etmək / use commonly

상원(上阮) i. Senat / the Sanate

상의(上衣) i. palto / a coat, an upper garment

상의하다(相議--) f. məsləhət etmək, müzakirə etmək / consult; discuss

상이군인(傷痍軍人) i. yaralı əsgər / a wounded soldier

상인(商人) i. tacir / a merchant

상임(常任) i. daimi / permament 상임위원 daimi üzv

상자(箱子) i. qutu / box, case

상전(上典) i. ağa / one's lord and master

상점(商店) i. dükan, mağaza / store, shop

상종하다(相從--) f. əlaqəsi olmaq; yoldaşlıq etmək / associate with; keep company with

상주(常駐) i. daimi yerləşdirilmə / a permanently station 한국에 상주하는 외국인 Koreyada yaşayan xaricilər

상징(象徵) i. rəmz, simvol / symbol

상징적(象徵的) s. simvolik / symbolic

상징주의(象徵主義) i. simvolizm / symbolism

상책(上策) i. ən yaxşı tədbir; ən yaxşı ideya / the best policy; a good idea

상처(傷處) i. yara / a wound, an injury 상처를 입다 f. yaralanmaq

상쾌하다(爽快--) s. sərin, sərinlədici, sərinləşdirici; yüngül, xoş / refreshing, reviving 상쾌한 날씨 sərin hava. 상쾌한 음료 sərinlədici (sərinləşdirici) içkilər 기분이 상쾌해지다 kefi kökəlmək, yüngülləşmək

상타다(賞--) f. mükafat qazanmaq, priz udmaq / win (gain) a prize

상태(狀態) i. vəziyyət, durum, hal / a state, a condition 전시 상태 müharibə vəziyyəti 건강 상태 sağlamlıq vəziyyəti 정신 상태 ruhi vəziyyət

상통하다(相通--) f. ünsiyyətdə olmaq, əlaqəsi olmaq / communicate with

상팔자(上八字) i. gözəl bəxt, xoşbəxt tale, yüngül həyat (tənqidi mənada) / good fortune, an easy life

상표(商標) i. malların markası, firmanın markası, marka / trademark, brand, a label

상품(商品) i. mal / an article of commerce, goods

상품(賞品) i. mükafat, priz / prize

상하(上下) i. yuxarı və aşağı / top and bottom; the upper and low sides

상하다(傷--) f. yaralanmaq; (paltar, meyvə) çürümək; (yemək, balıq) xarab olmaq; incidilmək / be hurted, be damaged; be spoiled; get hurted 마음이 상하다 f. incidilmək 사과가 상했다. Alma çürüyüb.

상하수도(上下水道) i. su təchizatı və kanalizasiya / water supply and drainage

상한선(上限線) i. maksimum; yuxarı hədd / the top limit, the maximum

상해(傷害) i. yara; ziyan / injury, bodily harm 상해보험(--保險) qəza sığortası

상행(上行) i. yuxarı istiqamətdə / an upward-bound 상행하다 f. yuxarı istiqamətə getmək

상향(上向) i. yuxarıya doğru / upward 상향세 yuxarıya doğru meyl

상형문자(象形文字) i. heroqlif / a hieroglyph; a hieroglyphic character

상호(相互) s., i. qarşılıqlı, ikitərəfli / reciprocity; mutuality

상호관계(相互關係) i. qarşılıqlı əlaqə / reciprocal relation, interrelationship

상환하다(相換--) f. dəyişmək; dəyişdirmək / change, exchange; convert

상환(償還) i. geri ödəmə / repayment; refundment 상환하다 f. geri ödəmək

상황(狀況) i. işlərin vəziyyəti / the state of affairs

샅샅이 z. başdan-başa; hər tərəf; hər yerdə / all over, in every nook and corner; throughout

새 i. quş / a bird

새 s. yeni; təzə / new; fresh 새 옷 təzə paltar

새 [=사이] 너무 바빠서 쉴 새도 없다. Çox məşğul olduğuma görə həttа dincəlməyə vaxtım da yoxdur.

새- təy.söz. tünd (rəng) / intensive, deep 새빨갛다 qıpqırmızı 새파랗다 gömgöy 새하얗다 ağappaq, dümağ
새까맣다 i. tünd qara, qapqara / deep-black
새것 i. yeni (təzə) bir şey / a new thing (one)
새겨듣다 f. diqqətlə dinləmək / listen attentively (carefully) to a person
새끼 i. bala / the young 여우새끼 tülkü balası
새끼- i. samandan düzəldilmiş ip / a straw rope [=새끼줄]
새기다 f. oymaq, həkk etmək / carve, sculpt
새끼손가락 i. çeçələ barmaq / a little finger, the fifth finger
새다 f. gün doğmaq / dawn; break 날이 샜다. Səhər açıldı.
새다 f. sızmaq, dammaq / leak (out) 물이 샜다. Su sızıb. 비밀이 새다 sirr sızıb, sirr açılıb
새로 z. yenidən; təkrarən / newly; fresh; again
새로이 z. yenidən, təzədən / newly
새롭다 s. yeni; təzə / new; fresh
새빨갛다 s. qıpqırmızı / deep red
새빨개지다 f. qızarmaq; qıpqırmızı olmaq / turn red
새벽 i. sübh çağı, dan yeri sökülən vaxt, şəfəq saçan dövr / dawn, daybreak
새싹 i. şitil; tumurcuq / a sprout; a bud
새삼스럽다 s. yenidən hiss edən; düşünülmüş, qəsdən edilən / abrupt; deliberate, intentional 새삼스럽게 z. yenidən; birdən-birə, qəflətən; uzun müddətdən sonra
새생명(-生命) i. yeni həyat / a new life
새생활(-生活) i. yeni həyat keçirmə, yeni yaşayış / a new life; a new career
새옷 i. yeni paltar / a new suit (dress); new clothes
새우 i. su xərçəngi, krevetka / a lobster; a shrimp
새우다 f. oyaq qalmaq, (gecəni) yatmamaq / sit (stay) up all night; sit the night out 밤을 새워 일하다 gecəni yatmadan işləmək
새치기하다 f. növbəsiz keçmək / break into the queue, cut in, jump the queue
새털 i. lələk / a feather
새파랗다 s. tünd mavi, gömgöy / deep blue
새하얗다 s. dümağ, ağappaq / pure-white
새해 i. Yeni il / the New Year; a new year
색(色) i. rəng / a color
색깔 [=빛깔]

색다르다 s. qeyri-adi, nadir, az rast gələnən; qəribə / unusual, uncommon; strange
색맹(色盲) i. daltonizm (rəngləri seçə bilməməkdən irəli gələn göz nöqsanı); daltonik / color blindness; achromatopsia
색상(色相) i. rəng çaları / the tone of color
색소(色素) i. boya maddəsi, piqment / coloring matter, pigment
색시 i. gəlin; gənc qız / a bride; a maiden
색안경(色眼鏡) i. günəş eynəyi, qərəzli mühakimə / colored spectacles, tinted glasses, sunglasses; shades, tinted spectacles
색인(索引) i. mündəricat, indeks / an index
색종이(色--) i. rəngli kağız / colored paper
색채(色彩) i. rəng / color, tint, coloring
색출하다(索出--) f. izləyib tapmaq; axtarıb tapmaq / track down; find out, search out 경찰은 범인을 색출했다. Polis canini izləyib tapdı.
색칠하다(色漆--) f. rəngləmək / color; paint
샘 i. bulaq, çeşmə; quyu / a fountain, a spring; well
샘 i. qibtə; qısqanclıq / envy; jealousy 샘이 나다 f. qibtə etmək, paxıllıq etmək
샘물 i. çeşmə suyu, bulaq suyu / spring (fountain) water
샘솟다 f. fantan vurmaq, fışqırmaq / gush out, spring out
샘터 i. bulaq başı, çeşmə başı / a fountain place
샘플 i. nümunə / a sample   < İng.
샛길 i. dolaşıq yol; dar yol / a byway, a bystreet
샛바람 i. şərq küləyi / an east wind, an easterly wind
샛별 i. Dan ulduzu; Zöhrə / the morning star; Lucifer; Venus
생(生) [=삶]
생-(生)- təy.söz. çiy / raw 생고기 çiy ət
생각 i. düşüncə, fikir / thought; an idea; an opinion 생각하다 f. düşünmək, fikirləşmək
생각나다 f. ağlına gəlmək, yadına düşmək / come to mind, occur to one's mind
생각되다 f. görünmək; zənn etmək / seem, look; be regarded
생각컨대 z. fikrimcə, məncə / to my mind, in my opinion
생각해내다 f. xatırlamaq, yada salmaq / recall, call to mind, remember; think out (a plan)
생계(生計) i. məişət, ümumi yaşayış tərzi / livelihood, living 생계를 세우다 çörək pulunu qazanmaq

생계비(生計費) i. məişət xərci / living expenses
생글거리다 f. gülümsəmək / smile affably
생기(生氣) i. canlılıq; canlanma / vitality, vivid life; animation 생기를 주다 f. canlandırmaq
생기다 f. meydana gəlmək, ortaya çıxmaq; baş vermək; əldə etmək; görünmək / come into being; happen, take place; get, obtain; have looks 새로운 이념이 생겼다. Yeni ideya meydana çıxdı. 어려운 일이 생겼다. Çətin iş baş verib. 돈이 생기다 pul əldə etmək 그는 잘 생겼다. O, yaraşıqlıdır.
생김새 i. görünüş; forma / appearance, features; shape, form
생년월일(生年月日) i. təvəllüd, doğum tarixi / the date of birth
생동하다(生動--) i. canlanmaq / be full of life
생떼(生-) i. səbəbsiz inadkarlıq, tərslik / unreasonable persistence, stubbornness 생떼를 쓰다 f. səbəbsiz inadkarlıq etmək
생략(省略) i. ixtisar, qısaltma; buraxma, atılma / abbreviation, omission 생략하다 f. qısaltmaq; buraxmaq 이하 생략 yerdə qalanların buraxılması
생리(生理) i. fiziologiya / physiology 생리적 s. fizioloji 생리학 fiziologiya
생리(生理) i. menstruasiya, aybaşı / menses, period, (formal) menstruation [=월경(月經)] 생리휴가 menstrusiyaya görə məzuniyyət
생맥주(生麥酒) i. boçka pivəsi / draft beer
생명(生命) i. həyat / life 생명보험 həyat sığortası
생물(生物) i. canlı varlıq; məxluq / a living thing; a creature
생물학(生物學) i. biologiya / biology
생방송(生放送) i. canlı yayım / live (TV) coverage, live broadcasting
생사(生死) i. həyat və ölüm / life and death
생사람(生--) i. günahsız adam; əlaqəsi olmayan adam / an unrelated person; an innocent person 생사람을 잡다 günahsızı günahkar hesab etmək, günahı başqasının üzərinə yıxmaq
생산(生産) i. istehsal / production 생산하다 f. istehsal etmək ↔ 소비(消費) i. istehlak
생산물(生産物) i. məhsul / a product
생산비(生産費) i. istehsal xərci / the cost of production
생산성(生産性) i. məhsuldarlıq / productivity 노동생산성 əmək məhsuldarlığı
생산자(生産者) i. istehsalçı / producer ↔ 소비자(消費者) i. istehlakçı

생산지(生産地) i. istehsal ərazisi / a producing district
생생하다(生生--) s. canlı, aydın / lively, vivid; fresh 생생한 기억 canlı təsəvvür 생생하게 묘사하다 aydın şəkildə təsvir etmək
생선(生鮮) i. balıq / fish
생선회(生鮮膾) i. doğranmış çiy balıq (xüsusi növ çiy yeyilən balıq) / sliced raw fish
생성(生成) i. yaranma, törənmə, olma; yaratma / creation; becoming 생성되다 f. törənmək; meydana gəlmək, yaranmaq 생성하다 f. yaratmaq, törətmək [=생기다, 생겨나다]
생소하다(生疎--) s. yad, tanış olmayan, yeni / unfamiliar 생소한 사람 yad adam 생소한 일 vərdiş edilməyən iş
생식(生殖) i. nəsil yetişdirmə, törəmə / reproduction 생식하다 f. nəsil yetişdirmək, törətmək
생식기(生殖器) i. tənasül orqanları, cinsiyyət orqanları / the organs of reproduction
생애(生涯) i. ömür boyu, həyatı boyu / a life-time; life
생업(生業) i. peşə, sənət, iş / an occupation, a business
생육(生育) i. doğum və tərbiyə / birth and breeding; growth 생육하다 f. doğmaq və tərbiyə etmək
생일(生日) i. ad günü / one's birthday
생전(生前) z. ömrü boyu / during one's lifetimə.
생존(生存) i. mövcudluq; yaşama, var olma / survival; existence; being 생존하다 f. mövcud olmaq, yaşamaq
생존경쟁(生存競爭) i. həyat uğrunda mübarizə / a struggle for existence 생존경쟁을 하다 həyat uğrunda mübarizə aparmaq
생존자(生存者) i. sağ qalan, salamat qalan / a survivor
생체(生體) i. canlı orqanizm / a living body
생체학(生體學) i. somatologiya / somatology
생태(生態) i. ekologiya / a mode of life; ecology
생태학(生態學) i. ekologiya elmi / ecology
생활(生活) i. yaşayış; həyat / livelihood; life; living 생활하다 f. yaşamaq
생활난(生活難) i. məişət çətinlikləri; ağır həyat tərzi / hard living; the difficulty of living [=생활고]
생활비(生活費) i. yaşayış xərci, məişət xərci / living expenses; the cost of living
생활수준(生活水準) i. həyat səviyyəsi / a standard of living; a level of life
생활양식(生活樣式) i. həyat tərzi / a mode of living

생후(生後) i. doğumdan sonra, doğulduqdan sonra / after (since) one's birth
샴페인 i. şampan şərabı / champagne   < Fr.
샴푸 i. şampun / shampoo   < İng.
서 say. üç / three 서너개 üç-dörd dənə
서(西) i. qərb / the west, west
서(書) i. məktub; kitab; yazı / a letter, a note; a book; a writting
-서 təy.söz. da, də; dan, dən (yerlik və çıxışlıq hal şəkilçisi) / in; with, from 서울서 살다 Seulda yaşamaq 미국서 오다 Amerikadan gəlmək [=-에서]
서구(西歐) i. Qərbi Avropa; qərb / western Europe; the West; the Occident ↔ 동구(東歐) i. Şərqi Avropa
서글프다 s. kədərli, qəmli / sad, sorrowful
서기(西紀) i. Yeni era (İsanın doğulduğu gündən başlanan tarix) / Anno Domini (A.D.), the year of Grace (Christ), the Christian Era ↔ 기원전 eramızdan əvvəl
서기(書記) i. katib, katibə / a clerk; secretary
서너 say. üç və ya dörd; bir neçə / three or four; several; a few
서넛 [=서너]
서늘하다 s. sərin / cool
서다 f. ayağa durmaq; qalxmaq / stand; take a stand; rise
서독(西獨) i. Qərbi Almaniya / West Germany
서두(序頭) i. məruzənin girişi / the beginning, the opening (of a composition, speech)
서두(書頭) i. giriş (kitab) / the introduction of a book
서두르다 f. tələsmək / hurry; hasten
서둘다 [=서두르다]
서둘러 z. tələsik, tələm-tələsik / in a hurry, in haste
서랍 i. siyirtmə / drawer
서러움 i. dərd, kədər, qəm / sorrow, sadness [=설움]
서러워하다 f. kədərlənmək, kədərli olmaq, qəmgin olmaq / sorrow, sad
서럽다 s. kədərli, qəmli / sorrowful, sad
서로 z. qarşılıqlı, bir-birini / mutually, reciprocally 서로 사랑하다 bir-birini sevmək
서론(序論) i. giriş / an introduction; introductory remarks
서류(書類) i. sənəd / a document; a paper

서류전형하다(書類銓衡--) f. şəxsi vərəqə üzrə namizədləri seçmək / examine the personal report cards of the candidates for further examination

서른 say. otuz / thirty

서리 i. şaxta, ayaz / frost

서리(署理) i. əvəz (müvəqqəti icra edən) / proxy 국무총리서리 Baş nazir əvəzi

서리다 f. nəmlənmək (buxar ilə), tutulmaq / fog up; steam up; become dim 창문에 김이 서리다 pəncərə nəmlənib

서먹서먹하다 s. soyuq (münasibət) / reserved, distant, cold 둘 사이가 서먹서먹해졌다. İki adamın münasibəti soyuqlaşdı (yadlaşdı).

서면(書面) i. yazı, sənəd / a letter 서면으로 z. yazılı şəkildə

서명(署名) i. imza; avtoqraf / signature; an autograph [=사인]

서문(序文) i. ön söz / a preface, a foreword

서민(庶民) i. camaat; sadə xalq / the people; the common people

서반아(西班牙) i. İspaniya / Spain [=스페인, 에스파냐]

서방(西方) i. qərb; qərb ölkələri / the west; western conutries, The East

서방(書房) i. ər / one's husband

서부(西部) i. qərbi hissə; qərb / the western parts; the west

서비스 i. xidmət, servis / a service < İng.

서사시(敍事詩) i. dastan / an epic (poem), epic poetry

서설(序說) [=서론(序論)]

서성거리다 f. narahat halda var-gəl etmək / walk up and down restlessly

서수(序數) i. (Qram.) sıra sayları / an ordinal number

서술(敍述) i. təsvir; nəql etmə; predikasiya / description; narration; predication 서술하다 f. təsvir etmək; nəql etmək, danışmaq

서슴거리다 f. tərəddüd etmək / hesitate at (about); scruple at

서슴다 [=서슴거리다]

서슴없다 s. tərəddüd etməmək / be not hesitant 서슴없이 z. tərəddüd etmədən

서식(書式) i. forma / a form

서신(書信) i. məktub; yazışma, məktublaşma / a letter; correspondence

서약(誓約) i. and / an oath; a vow; a pledge 서약하다 f. and içmək, sazişi imzalamaq 서약서 saziş, müqavilə

서양(西洋) i. qərb; qərb ölkələri; Avropa və Amerika / the West; the Occident: Europe and America

서예(書藝) i. xəttatlıq / calligraphy 서예(를) 쓰다 f. xəttatlıq etmək

서운하다 s. təəssüf; darıxma / sorry; miss 서운한 대접 ədalətsiz rəftar 아들이 없어 서운하다. Oğlum üçün darıxıram.

서운해하다 f. təəssüflənib incimək; darıxmaq / be sorry, be saddened by, miss, be displeased at, feel mistreated at, feel the unfairness of, consider 《a thing》 unjust 그는 그 일로 서운해했다. O, o işə görə təəssüflənib incidi.

서울 i. Seul; paytaxt / Seoul; the capital of South Korea

서원(書阮) i. mühazirə otağı (qədim zamanda) / a lecture-hall; an auditorium

서원(誓願) i. and / a vow, a pledge 서원하다 f. and içmək, söz vermək

서장(署長) i. rəis (polis, yanğınsöndürən) / the head (chief); a marshal 경찰서장 polis rəisi

서재(書齋) i. qiraət otağı, kabinet (evdə kitabxana) / a study room, a library

서적(書籍) i. kitablar, nəşrlər / books, publications

서점(書店) i. kitab mağazası, kitab evi / bookstore

서쪽(西-) i. qərb tərəf / the west

서커스 i. sirk / a circus (show)   < İng.

서클 i. qrup, dərnək / circle 서클활동 qrup şəklində fəaliyyət göstərmə 음악서클 musiqi dərnəyi 동아리   < İng.

서투르다 s. bacarıqsız, tərcübəsiz, küt / unskillful, inexpert, clumsy, unaccustomed to

서평(書評) i. kitaba rəy, resenziya / a book review 서평하다 f. kitaba rəy vermək 서평가 rəyçi

서행(徐行) i. yavaş sürmə (nəqliyyat növü) / going slowly 서행하다 f. yavaş sürmək, yavaş getmək

석 say. üç / three 석 달 üç ay

-석(石) təy.söz. əyar, karat / a jewel 18 석의 금(金) 18 əyarlı qızıl

-석(席) təy.söz. yer, oturacaq / a seat; a place

석가(釋迦) i. Budda / Buddha

석간(夕刊) i. axşam qəzeti / evening publication; an evening paper 석간(신문) axşam qəzeti 조간신문(朝刊新聞) səhər qəzeti

석기시대(石器時代) i. daş dövrü / the Stone Age

석방(釋放) i. azad etmə (həbsxana) / release; discharge 석방하다 f. azad etmək, buraxmaq 석방되다 f. azad olunmaq, buraxılmaq

석별(惜別) i. təəssüflə ayrılma, vidalaşma / parting with regrets; unwillingness to part 석별하다 f. vidalaşmaq, ayrılmaq 석별의 정(情) ayrılıq hissi

석사(碩士) i. magistr / Master 석사학위 magistr dərəcəsi 박사학위(博士學位) doktorluq dərəcəsi

석양(夕陽) i. qürub edən günəş / the evening setting sun 석양에 z. qürub çağı

석유(石油) i. neft; benzin, petrol / petroleum

석유화학(石油化學) i. neft kimyası / petrochemistry

석재(石材) i. (inşaat üçün) daş / building stone

석조건물(石造建物) i. daş bina / stone construction

석차(席次) i. dərəcə / ranking, class standing

석탄(石炭) i. kömür / coal

석회(石灰) i. əhəng / lime

섞다 f. qarışdırmaq / mix

섞이다 f. qarışmaq; qarışdırılmaq / be mixed; be mingled

선(善) i. yaxşılıq / the good; goodness; virtue

선(線) i. xətt, sətir / a line

선(禪) i. Zeng düşüncə (dini) / (Buddhism) Zeng meditation

선- təy.söz. yetişməmiş; təlim görməmiş / untrained; unskilled 선무당 təcrübəsiz şaman

선거(選擧) i. seçki / election 선거하다 f. seçki keçirmək 총선거 ümumi seçkilər

선거유세(選擧遊說) i. seçki kampaniyası / an electioneerin; canvassing tour

선거구(選擧區) i. seçki məntəqəsi / an electoral (election) district

선거권(選擧權) i. seçki hüququ / the (voting, elective) franchise

선거법(選擧法) i. seçki qanunu / election law

선거운동(選擧運動) [=선거유세(選擧遊說)]

선고(宣告) i. hökm (məhkəmədə) / a juridical sentence, a verdict 선고하다 f. hökm vermək (məhkəmə)

선교(宣敎) i. missionerlik fəaliyyəti / missinary work 선교하다 f. missionerlik etmək 선교사 i. missioner

선구자(先驅者) i. pioner (ilkini yaradan) / pioneer

선동(煽動) i. ara qızışdırma; fitnəkarlıq / instigation; stirring up 선동하다 f. ara qızışdırmaq, fitnəkarlıq etmək

선두(先頭) i. ən qabaq, ön, başda, ön tərəf / the forefront, the front; the head

선들바람 i. meh / a gentle and cool breeze

선명하다(鮮明--) s. aydın; bəlli; məlum / clear; distinct; vivid 선명한 화면 aydın ekran
선물(膳物) i. hədiyyə, bəxşiş / a present, a gift
선민(選民) i. (Tanrı tərəfindən) seçilmiş millət / the chosen people
선박(船舶) i. gəmi / a vessel; a ship
선반 i. rəf / a shelf
선발(選拔) i. müsabiqə, yarış; seçmə / selection 선발하다 f. müsabiqə keçirmək; seçmək 선발되다 f. müsabiqədən keçmək; seçilmək
선배(先輩) i. qabaqkı məzun; yaşlı həmkar, böyük həmkar / a senior; an elder
선보다 f. gələcək həyat qurmaq üçün görüşmək / pay a preliminary visit to the prospective bride
선봉(先鋒) i. avanqard, qabaqcıl / the van; vanguard 선봉에 서서 döyüşün qabağında
선불(先拂) i. avans (işi gördürmək üçün verilən pulun bir hissəsi) / payment in advance; prepayment 선불하다 f. avans vermək
선사(先史) i. tarixdən qabaqkı, tarixdən əvvəlki / prehistory 선사시대 tarixdən qabaqkı dövr
선생(先生) i. müəllim; ustad / a teacher; a master
선서(宣誓) i. and içmə; təntənəli söz vermə / parole; an oath 선서하다 f. and içmək; təntənəli söz vermək
선수(選手) i. oyunçu; idmançı / a player
선수권(選手權) i. çempionat / a championship
선술집 i. bar; meyxana / a tavern; a bar
선악(善惡) i. xeyir və şər, yaxşılıq və pislik; ləyaqət və rəzalət; səhv və düz / good and evil; virtue and vice; right and wron
선약(先約) i. qabaqcadan verilmiş vəd / a previous engagement
선언(宣言) i. bəyanat / declaration 선언하다 f. bəyanat vermək, bəyan etmək
선언서(宣言書) i. bəyannamə, yazılı bəyanat / a written declaration
선원(船員) i. gəmi heyəti; dənizçi / the crew; seaman
선의(善意) i. yaxşı niyyət / a good intention; a favorable sense 선의로 yaxşı niyyətlə
선임(先任) i. sələf; böyüklük / predecessor; seniority 선임자 sələf
선임(選任) i. seçki yolu ilə seçilmə / election and assignment (nomination) 선임하다 f. seçki yolu ilə seçilmək
선입관(先入觀) i. xurafat (əvvəlcədən əmələ gəlmiş yanlış fikir), qərəzlilik / a prejudice; preconception

선장(船長) i. gəmi kapitanı / a ship's captain
선적(船積) i. gəmiyə yükləmə / shipment; shipping 선적하다 f. gəmiyə yükləmək
선전(宣傳) i. təbliğat; elan / propaganda, publicity; advertisement 선전하다 f. təbliğat aparmaq, təbliğ etmək; elan etmək
선전포고(宣戰布告) i. müharibə elan etmə / a declaration of war 선전포고하다 f. müharibə elan etmək
선전하다(善戰--) f. yaxşı çıxış etmək (yarışda); var gücü ilə yarışmaq / fight well
선정(選定) i. seçmə / selection 선정하다 f. seçmək
선조(先祖) i. ulu baba, əcdad, babalar / an ancestor, a forefather
선지자(先知者) i. peyğəmbər / a prophet
선진국(先進國) i. inkişaf etmiş ölkə / a developed country ↔ 후진국(後進國) geridə qalmış ölkə
선집(選集) i. seçilmiş əsərlər / a selection; a selected work
선창(船艙) [=부두]
선처(善處) i. səmimi rəftar etmə (iş barədə), səmimilik göstərmə / amicable (adquate) management; proper dealing 선처하다 f. səmimi rəftar etmək; səmimilik göstərmək
선천병(先天病) i. anadangəlmə xəstəlik / a congenital decease müq. 유전병 irsi xəstəlik
선천성(先天性) i. anadangəlmə xasiyyət / apriority 선천성 매독 irsi sifilis
선천적(先天的) i. fitri, anadangəlmə / native; inborn; innate 선천적으로 təbiət etibarı ilə 선천적 불구 anadangəlmə qüsur
선출(選出) i. seçmə / election 선출하다 f. seçmək 선출되다 f. seçilmək
선택(選擇) i. seçmə / choice; selection; option 선택하다 f. seçmək
선택과목(選擇科目) i. seçmə fənn / an optional (subject); an elective (subject)
선택권(選擇權) i. seçim hüququ / option; the right of choice
선포(宣布) i. bəyan etmə / proclamation, promulgation 선포하다 f. bəyan etmək 계엄령을 선포하다 fövqəladə vəziyyət barədə qanunu bəyan etmək
선풍(旋風) i. burulğan, qasırğa / a whirlwind
선풍기(扇風機) i. sərinkeş, elektrik ventilyatoru / an electric fan
선하다 〉 눈에 선하다 f. xəyalında canlanmaq, sanki göz önündə olmaq / be vivid; live vividly in one's memory
선행(善行) i. yaxşı hərəkət, yaxşılıq / good conduct; a good deed 선행하다 f. yaxşılıq etmək

선회하다(旋回--) f. fırlanmaq, dövr etmək / turn, revolve, rotate

섣달 i. dekabr ayı (qəməri təqvimi üzrə) / the twelfth month of the lunar calendar

섣부르다 s. küt, diqqətsiz; tələsik / clumsy; akward 섣부른 짓을 하다 tələm-tələsik iş görmək

섣불리 z. diqqətsiz; tələsik / awkwardly; clumsily, tactlessly

설 i. Yeni il bayramı / New Year's Day

설(說) i. rəy, fikir; nəzəriyyə; dedi-qodu, şayiə / an opinion; a view; theory; rumor

설- təy.söz. kifayət olmayan; kal, yetişməmiş / insufficient; not enough; imperfect 설익은 사과 kal alma, yetişməmiş alma

설거지 i. qab yuma / dish-washing 설거지(를) 하다 f. qab yumaq

설경(雪景) i. qar mənzərəsi / a landscape of snow

설계(設計) i. layihə; plan / a design for; a plan for 설계하다 f. layihələşdirmək; planlaşdırmaq

설교(說敎) i. vəz, moizə, dini mərasimdə çıxış etmə / a sermon; preaching; a religious discourse 설교하다 f. vəz oxumaq, çıxış etmək 설교자 vaiz

설날 [=설]

설다 f. tam bişməmək, çiy olmaq; yetişməmək / be half-boiled; be undercooked

설다 s. yad / unfamiliar, strange 낯(이) 설다 yad olmaq, qəribə gəlmək

설득(說得) i. inandırma, razı salma / persuasion 설득하다 f. inandırmaq, razı salmaq

설득력(說得力) i. inandırıcı qüvvə, razı salma bacarığı / persuasive power

설렁탕(--湯) i. Koreya xaşı / bone and internals soup (and rice)

설렁하다 > 썰렁하다 s. nisbətən soyuq / chilly, rather cold

설레다 f. həyacanlanmaq / throb; beat high with the hope of, flutter

설령(設令) z. baxmayaraq ki, ...olsa da / even though; although 설령 그렇다 해도 elə olduğuna baxmayaraq, elə olsa da

설립(設立) i. yaratma, əsasını qoyma; qurma / establishment; foundation; setting up 설립하다 f. əsasını qoymaq, yaratmaq, qurmaq

설마 z. ola bilməz, heç vaxt, heç zaman (təəccüb ifadə edir) / surely (not); (not) possibly; by no means; it is not likely that...; never

설명(說明) i. izahat / explanation 설명하다 f. izah etmək

설문(說問) i. sual / a question

설법(說法) i. vəz (buddist ruhani) / a Buddhist sermon 설법하다 f. vəz oxumaq
설비(設備) i. təchizat; material / equipment 설비하다 f. təchiz etmək
설사(泄瀉) i. ishal / diarrhoea 설사하다 f. ishal olmaq
설움 i. qəm, kədər / sadness; sorrow [=서러움]
설익다 f. çiy bişmək; kal olmaq, yetişməmək / be half-cooked; be half-cooked; underdone
설정(設定) i. müəyyənləşdirmə, təsbit etmə / fixation, establishment 설정하다 f. müəyyənləşdirmək, təsbit etmək
설치(設置) i. qurma, təsis etmə / establishment, foundation, institution 설치하다 f. qurmaq, əsasını qoymaq, təsis etmək; yerləşdirmək
설치다 f. canıyananlıq etmək; gözə girmək, özünü gözə soxmaq; yuxudan kal durmaq / overrun, run about wildly; sleep halfly 간밤에 잠을 설쳤다. Bu səhər yuxudan kal durmuşdum, keçən gecə narahat yatmışam.
설탕 i. şəkər tozu / sugar
설화(說話) i. əfsanə; nağıl; təmsil / a tale; a story; a fable
섬 i. ada / an island
섬기다 i. xidmət etmək, qulluq etmək / serve
섬나라 i. adalar ölkəsi / an island country
섬뜩하다 s. dəhşətə gəlmiş, qorxmuş / frightened, horrified
섬멸하다(殲滅--) f. qırmaq, məhv etmək, yox etmək / annihilate
섬세하다(纖細--) s. incə, zərif / delicate, subtle, exquisite, detailed
섬유(纖維) i. parça, tekstil; iplik, lif / textile; a fiber 섬유공업 toxuculuq sənayesi
섭리(攝理) i. ilahi iradə, Tanrının iradəsi / providence, the Providence of God
섭섭하다 s. məyus / sorry; regrettable; disappointed 섭섭히 z. məyus tərzdə
섭씨(攝氏) i. selsi / centigrade 섭씨 10도 10 dərəcə selsi
섭외(涉外) i. ictimai əlaqələr / public relations
섭취하다(攝取--) f. həzm etmək; udmaq / take in; ingest 영양을 섭취하다 qida qəbul etmək
성 i. hirs; qəzəb / anger, offense; wrath; rage 성을 내다 f. hirslənmək [=화(火)]
성(姓) i. soyad, familiya / a family name; a surname
성(性) i. cins / sex, gender 남성 kişi cinsi
성(省) i. nazirlik; əyalət / a ministry; province
성(城) i. qala, qəsr; qala divarı / castle, (castle) walls

성(聖) i. müqəddəs / a saint
성가(聖歌) i. ilahi, dini mahnı / a hymn [=찬송가(讚頌歌)]
성가시다 i. zəhlətökən, narahatedici / troublesome, annoying, harassing.
성깔 i. sərt xasiyyət / a fierce temper
성격(性格) i. xarakter / character; personality
성결(聖潔) i. müqəddəslik və saflıq; müqəddəs və təmiz / holiness and purity 성결하다 s. müqəddəs və təmiz olmaq
성경(聖經) i. müqəddəs kitab, Bibliya; İncil / Bible, the Scripture [=성서(聖書)]
성공(成功) i. müvəffəqiyyət, uğur / success 성공하다 f. müvəffəqiyyət qazanmaq 성공적 s. uğurlu, müvəffəqiyyətli
성과(成果) i. nəticə, səmərə, bəhrə / a result, a outcome 성과를 거두다 f. nəticə əldə etmək, bəhrə vermək
성교(性交) i. cinsi əlaqə / sexual intercourse 성교하다 f. cinsi əlaqədə olmaq
성금(誠金) i. pul mükafatı / a gift of money; donation
성급하다 s. səbirsiz, hövsələsiz / impatient
성기(性器) i. cinsiyyət orqanları / sexual organs
성나다 f. hirslənmək, əsəbiləşmək / become angry with
성내다 f. acığı tutmaq, hirslənmək / get angry with
성냥 i. kibrit / a match
성능(性能) i. güc, qüvvə / capacity; power; efficiency 성능이 좋은 자동차 keyfiyyətli və güclü maşın
성당(聖堂) i. kilsə (katolik) / a church   müq. 교회(教會) kilsə (protestant)
성대하다(盛大--) s. təntənəli / grand 성대한 의식 təntənəli mərasim
성도(聖徒) i. müqəddəs adam, imanlı adam / a saint
성령(聖靈) i. Müqəddəs Ruh / the Holy Spirit, the Spirit of the Lord
성례(聖禮) i. müqəddəs mərasim / a sacred ceremony
성립(成立) i. reallaşma, gerçəkləşmə, formalaşma / coming into being, formation, realization, materialization 성립하다, 성립되다 f. reallaşmaq, gerçəkləşmək 그 계획은 성립되지 않았다. Layihə həyata keçmədi.
성만찬(聖晚餐) i. Rəbbin süfrəsi / the Lord's Supper [=성찬식(聖餐式)]
성명(姓名) i. ad və soyad; ad / a full name; a name [≒이름]
성명(聲名) i. bəyanat / a public declaration; a statement 성명을 발표하다 f. bəyanat vermək
성명서(聲名書) i. yazılı bəyanat / a communiqué, a public declaration

성묘(省墓) i. ulubabaların məzarını ziyarət etmə / a visit to one's ancestral grave 성묘하다 f. məzarı ziyarət etmək
성미(性味) i. xasiyyət; xarakter / temper; character
성분(成分) i. tərkib, hissə / a component; an ingredient
성사하다(成事--) f. nail olmaq, əldə etmək, müvəffəq olmaq; müvəffəqiyyət qazanmaq, uğur qazanmaq / accomplish; achieve; succeed
성숙(成熟) i. yetkinləşmə; yetişmə / ripeness; maturity 성숙하다 f. yetkinləşmək, həddi-büluğa çatmaq 성숙한 사람 yetkin adam
성숙기(成熟期) i. yetkinlik dövrü, yetkinlik çağı, həddi büluq dövrü / puberty, adolescence, the period of maturity
성스럽다(聖---) s. müqəddəs / holy, sacred; divine
성실(誠實) i. səmimiyyət, sadiqlik / faithfulness, sincerity, honesty 성실하다 s. səmimi, sadiq
성심(誠心) i. səmimiyyət, səmimi qəlb / sincerity; a true heart
-성싶다 s. görünür, sanki / look; seem; be likely to; appear 비가 올성 싶다. Görünür yağış yağacaq.
성악(聲樂) i. vokal musiqi / vocal music
성에 i. qırov; şaxta / a frost; frost flowers
성역(聖域) i. müqəddəs yer; toxunulmaz yer / sacred precincts; a sanctury
성욕(性慾) i. cinsi həvəs / sexual desire
성의(誠意) i. səmimiyyət / sincerity; a true heart
성인(成人) i. böyüklər / a adult; a grown up person
성인(聖人) i. müqəddəs adam / a saint
성자(聖者) [=성인(聖人)]
성장(成長) i. inkişaf, tərəqqi / growth 성장하다 f. inkişaf etmək, tərəqqi etmək, böyümək
성장률(成長率) i. inkişaf faizi / a rate of growth
성적(成績) i. nəticə, müvəffəqiyyət dərəcəsi; qiymət / a result; a mark, score
성적(性的) s. cinsi, seksual / sexual
성전(聖殿) i. məbəd / a sacred temple
성지(聖地) i. müqəddəs yer / shrine, sacred place, the Holy Land
성질(性質) i. təbiət; xarakter / nature; character; temper; quality
성취하다(成就--) f. nail olmaq, əldə etmək; yerinə yetirmək / accomplish
성탄절(聖誕節) i. Milad bayramı / Christmas [=크리스마스]
성품(性品) i. xasiyyət, xarakter / nature, temper, character

성하다 s. sağlam; təzə / intact; healthy, sound 성한 몸 sağlam bədən 성한 생선 təzə balıq

성행하다(盛行--) s. çox yayılmaq, modda olmaq, intişar tapmaq / prevail, be much in fashion

성향(性向) i. meyl / an inclination

성형수술(成形手術) i. plastik cərrahiyə əməliyyatı, estetik əməliyyat / a plastic operation (surgery)

성황(盛況) i. çiçəklənmə, inkişaf etmə / prosperity, success

세(貰) i. kirayə pulu, arenda pulu, yer pulu / lease; hire 집세 kirayə pulu 세를 들다 mənzil kirayə etmək

세(稅) i. vergi / a tax

세 say. üç / three

-세(-世) i. nəsil / a generation 제 2 세 ikinci nəsil

세게 z. qüvvətlə, var-güclə / strongly, powerfully, stoutly

세계(世界) i. dünya, cahan / the world; the earth müq. 세상(世上) dünya 우주(宇宙) kainat 지구(地球) yer kürəsi

세계관(世界觀) i. dünyagörüşü / a view of the world

세계대전(世界大戰) i. Dünya müharibəsi / the World War

세계은행(世界銀行) i. Dünya Bankı / the World Bank

세계적(世界的) s. dünyəvi; beynəlxalq / world-wide, global; international 세계적인 인물 dünya şöhrətli şəxsiyyət

세계전쟁(世界戰爭) i. Dünya müharibəsi / a global (world) war

세공(細工) i. ustalıq / work; workmanship; craftsmanship 세공하다 f. ustalıq etmək

세관(稅關) i. gömrükxana / the customs

세균(細菌) i. mikrob; bakteriya / a microbe; a bacterium

세금(稅金) i. vergi / a tax   [=세(稅)]

세기(世紀) i. əsr / a century

세기말(世紀末) i. əsrin sonu / the end of a century

세내다(貰--) f. kirayə götürmək, kirayə etmək, icarəyə götürmək / hire, rent

세놓다(貰--) f. kirayə vermək, icarəyə vermək / hire out, let

세뇌(洗腦) i. zorla fikrin təlqin edilməsi / brainwashing; indoctrination 세뇌하다 f. zorla fikir təlqin etmək

세다 f. rəngi qaçmaq, solmaq / turn white, turn pale 머리가 세다 saçı ağarmaq

세다 f. saymaq / count, reckon, calculate

세다 s. qüvvətli, güclü / strong, powerful > 쎄다

세대(世代) i. nəsil / a generation
세대주(世帶主) i. ailə başçısı / the head of a household (family); householder
세력(勢力) i. qüvvə / power, influence
세련되다(洗練--) s. zərif, incə, nəfis; nəzakətli / refined 태도가 세련되다 incə davranışa malik olmaq
세례(洗禮) i. baptizm / baptism 세례**(를) 주다** f. baptist etmək; xaç suyuna çəkmək 세례**(를) 받다** f. baptizmi qəbul etmək   [=침례]
세로 i. şaquli, yuxarıdan-aşağı / height, lengthwise vertically
세면(洗面) i. üzünü yuma / washing one's face
세모 i. üçbucaq / a triangle, triangularity
세무(稅務) i. vergi işləri / taxation business 세무서 vergi idarəsi
세무사(稅務士) i. vergi müfəttişi / a licensed tax accountant
세밀하다(細密--) s. müfəssəl, dəqiq, ətraflı, təfsilatı ilə / minute, fine, detailed
셋방(貰房) i. kirayə verilən otaq / a room for rent
세배(歲拜) i. yeni il mərasimində bir qayda olaraq təzim etmə (milli adət) / a formal bow of respect to one's elders on New Year's Day 세배하다 f. yeni il mərasimində bir qayda olaraq təzim etmək
세부(細部) i. təfsilat, təfərrüat / details
세분하다(細分--) f. təfsilatı ilə bölmək / fractionate
세상(世上) i. dünya; cəmiyyət; həyat / the world; society; the public; life
세상살이(世上--) i. yaşayış tərzi, həyat tərzi / living; way of living; mode of life
세속(世俗) i. dünyəvi adətlər; dünya / common (vulgar) customs; the world
세속적(世俗的) s. dünyəvi / worldly, earthly
세수(洗手) i. əl üzünü yuma / face and hand washing 세수하다 f. üzünü yumaq
세습(世襲) i. varislik / descent, heredity
세심하다(細心--) s. tədbirli, diqqətli, ehtiyatlı / careful, elaborate
세우다 f. tikmək, qaldırmaq; planlaşdırmaq / stand; erect; raise; set up; stop; form (a plan) 동상을 세우다 heykəl qoymaq 건물을 세우다 bina tikmək 계획을 세우다 planlaşdırmaq, plan qurmaq
세율(稅率) i. vergi faizi / the rate of taxation
세인(世人) i. camaat, adamlar / people; the world people
세일 i. endirim / a sale   < İng. 바겐세일 ucuzlaşdırılmış malların satışı
세일즈맨 i. ticarət agenti / a salesman   < İng.
세입(歲入) i. illik gəlir (dövlətin) / revenue; an annual income
세주다(貰--) f. kirayə vermək / hire out; let out

세차다 s. sərt və güclü / violent; strong
세척(洗滌) i. yuma / washing 세척하다 f. yumaq
세출(歲出) i. illik xərc, məsrəf (dövlətin) / annual expenditure
세탁(洗濯) i. paltar yuma / washing, laundering; laundry 세탁하다 f. paltar yumaq 세탁소 camaşırxana
세탁기(洗濯機) i. paltaryuyan maşın / a washing machine
세탁물(洗濯物) i. yuyulacaq şeylər; çirkli paltarlar / wash, laundry
세태(世態) i. sosial şərait / the prevailing state of society
세트 i. dəst, serviz / a set   < İng. 선물 세트 hədiyyə dəsti
세포(細胞) i. hüceyrə / a cell 세포조직 sellüloz toxuması
섹시하다 s. ehtiraslı, şəhvətli, seksual / sexy   < İng.
센스 i. hissiyyat, duyum / a sense   < İng. > 센스가 빠르다 f. tez dərk etmək
센티 i. santimetr / a centimeter   < İng. [=센티미터]
셈 i. sayma; hesab, say / counting; count 셈하다 f. saymaq, hesablamaq
셋집(貰-) i. kirayə ev / a rental house; a house to let
소 i. mal-qara / cattle müq. 송아지 dana 수소 buğa 암소 inək 황소 öküz
소(小) i. azlıq / smallness
소개(紹介) i. təqdim etmə, tanış etmə / introduction; presentation 소개하다 f. tanış etmək, təqdim etmək
소개장(紹介狀) i. zəmanət məktubu / a letter of introduction
소견(所見) i. nöqteyi-nəzər, fikir; mülahizə / one's opinion (view)
소경 i. kor / a blind person
소곤거리다 f. pıçıldamaq / talk in a whisper
소꿉동무 i. uşaqlıq dostu / childhood friend
소극적(消極的) s. passiv / passive ↔ 적극적 s. fəal, aktiv
소금 i. duz / salt
소나기 i. leysan / a sudden shower
소나무 i. şam ağacı / pine tree
소녀(少女) i. qızcığaz, kiçik qız, gənc qız / a young girl; a little girl
소년(少年) i. gənc oğlan / a boy, a lad
소대(小隊) i. əsgəri bölmə; vzvod / a platoon
소독(消毒) i. dezinfeksiya; sterilizə etmə / disinfection; sterilization 소독하다 f. dezinfeksiya etmək; sterilizə etmək
소동(騷動) i. çaxnaşma, ixtişaş, qarışıqlıq / disturbance, fuss, uproar, commotion, rumpus, ruckus, tumult
소득(所得) i. qazanc; gəlir / income; earnings; profits

소득세(所得稅) i. gəlir vergisi / an income tax
소라 i. dəniz ilbizi / conch, turban[wreath top] shell
소란(騷亂) i. səs-küy, gurultu; çaxnaşma, qarışıqlıq / a noise; an uproar; a tumult
소량(少量) i. az miqdar / a small quantity
소련(蘇聯) i. Sovet İttifaqı / the Soviet Union
소령((少領) i. mayor / a major
소름끼치다 s. tükləri biz-biz olmaq / hairraising
소리 i. səs / sound; voice
소리지르다 f. bağırmaq, qışqırmaq; hayqırmaq / yell, shout
소리치다 f. qışqırmaq, bağırmaq / shout; cry
소망(所望) i. ümid; arzu / hope, wish
소매 i. paltarın qolu / a sleeve
소매(小賣) i. pərakəndə satış / retail, retail sale
소매상(小賣商) i. parakəndə satış dükanı / retail trade
소매치기 i. cibgir / a pickpocket 소매치기하다 f. cibə girmək, oğurluq etmək 소매치기 당하다 f. soyulmaq, oğurlanmaq
소멸하다(滅--) f. sönmək; yox olmaq / become extinct; disappear
소명(召命) i. çağırış / a royal summons
소모(消耗) i. sərf etmə, işlətmə; xərcləmə / consumption; waste 소모하다 f. sərf etmək, işlətmək; xərcləmək 소모되다 f. qurtarmaq
소모품(消耗品) i. istehlak malları / articles of consumption
소문(所聞) i. şayiə / a rumor
소박하다(素朴--) s. sadə, adi / simple; artless 소박한 시골사람들 sadə kənd adamları
소방서(消防署) i. yanğınsöndürən idarə / a fire station, a firehouse
소변(小便) i. sidik / urine; piss 소변(을) 보다 f. sidiyə getmək, işəmək
소비(消費) i. xərcləmə / consumption; spending 소비하다 f. xərcləmək
소비자(消費者) i. istehlakçı / consumer
소비재(消費財) i. istehlak malları / consumption goods
소산(所産) i. məhsul; nəticə / a product; fruit; an outcome
소생(蘇生) i. canlanma, dirçəliş / revival 소생하다 f. canlanmaq, dirçəlmək
소설(小說) i. roman / a novel; a fiction story; fiction; a romance
소설가(小說家) i. yazıçı (roman yazan) / a novelist
소속(所屬) i. aid olma, mənsub olma / one's position (post) 소속하다 f. aid olmaq, mənsub olmaq

소송(訴訟) i. məhkəmə prosesi / a lawsuit, a suit 소송하다 f. məhkəməyə vermək
소수 (少數) i. az / a small number; minority
소수민족(少數民族) i. milli azlıq / a minority (race)
소수점(小數點) i. onluq; nöqtə / a decimal point
소스라치다 f. diksinmək, hürkmək / be frightened, be startled
소시지 i. sosiska / sausage   < İng.
소식(小食) i. az iştahası olma / having a small appetite 소식하다 f. az yemək ↔ 대식(大食) i. çox yemək
소식가(小食家) i. az yeyən / a small (light) eater ↔ 대식가(大食家) çox yeyən, qarınqulu
소식(消息) i. xəbər, informasiya; məktub / news, information; a letter
소신(所信) i. inam / one's belief (conviction)
소심하다(小心--) s. utancaq, çəkingən, ürkək / timid, cowardly
소아(小兒) i. körpə, uşaq / a young (little) child; an infant
소아과(小兒科) i. uşaq şöbəsi, pediatriya şöbəsi / pediatrics
소아마비(小兒痲痺) i. poliomelitis; uşaq iflici / poliomyelitis, polio
소액(少額) i. az miqdar / a small sum
소양(素養) i. səriştə; təməl, bilik / a grounding; knowledge of 소양이 있는 savadlı, elmli 소양이 있다 yaxşı səriştəsi olmaq
소외(疎外) i. yadlaşma; təcrid olunma / alienation, strangement 소외되다, 소외당하다 f. təcrid olunmaq 소외감 tənhalıq hissi
소요(騷擾) i. çaxnaşma, ixtişaş / a dirturbance; a riot
소용(所用) i. istifadə etmə; xeyir, fayda / a use; the use; usefulness 소용되다 f. istifadə olunmaq
소용돌이 i. (su və s.) burulğan / an eddy; a whirlpool 소용돌이치다 f. burulmaq 전란의 소용돌이 속에 müharibə burulğanında
소용없다 s. yararsız, xeyirsiz, faydasız / useless; (be) of no use
소원(所願) i. dilək, istək, arzu, ümid / a wish; a hope; a desire
소원(訴願) i. ərizə / a petition; an appeal 소원하다 f. ərizə yazmaq [=청원(請願)]
소원하다(疏遠--) s. yadlaşan, uzaq, uzaq düşən / estranged; distant 소원해지다 f. yadlaşmaq
소위(少尉) i. leytenant / a second lieutenant müq. 대위(大慰) kapitan 소령(少領) mayor
소위(所謂) i. demək olar ki, adlanan / the so-called, what is called
소위원회(小委員會) i. yerli komitə / a subcommitte

소유(所有) i. sahib olma, əldə etmə; sahiblik / possession; ownership
소유권(所有權) i. sahiblik, sahibkarlıq, mülkiyyət hüququ, yiyəlik hüququ / (the right of) ownership
소유자(所有者) i. sahib, sahibkar, malik olan (adam) / an owner
소음(騷音) i. səs-küy / a noise
소이(所以) i. səbəb / the reason why [=까닭]
소임(所任) i. məsuliyyət, borc, vəzifə / a duty, responsibility
소작(小作) i. torpaq arendası / tenancy, tənant farming
소장(小將) i. general leytenant / a major general
소장(所長) i. müdir, başçı, şef, rəis / the head, the chief
소재(所在) i. yer, olduğu yer / the position, the site
소재(素材) i. material / a material
소제(掃除) [=청소(淸掃)]
소중하다(所重--) s. əhəmiyyətli, vacib, mühüm, dəyərli / important, of great value
소지하다(所持--) f. malik olmaq, sahib olmaq / possess, own
소지품(所持品) i. şəxsi əşyalar / one's belongings
소질(素質) i. istedad, qabiliyyət; meyl / makings; tendency 문학적 소질이 있는 사람 ədəbi istedada malik adam 유전적 범죄 소질 irsən cinayətə meylli
소집(召集) i. toplama, çağırma / a levy; a call; a summons 소집하다 f. toplamaq, çağırmaq
소총(小銃) i. tüfəng / a rifle
소탈하다(疏脫--) s. açıq (xarakter), səmimi, sərbəst / free and easy; informal 소탈한 사람 açıq xarakterli adam
소탕(掃蕩) i. təmizləmə (qiyamçı, bandit və s.) / sweeping, mopping 소탕하다 f. təmizləmək
소포(小包) i. bağlama / parcel
소포우편(小包郵便) i. bağlama (poçt) / parcel post
소풍(逍風) i. gəzinti, ekskursiya / a picnic; excursion; a pleasure trip 소풍을 가다 gəzintiyə getmək, ekskursiyaya çıxmaq
소행(素行) i. hərəkət, davranış / conduct; behavior
소형(小型) i. kiçik ölçü, kiçik həcm / a small size ↔ 대형(大型) böyük ölçü 소형 냉장고 kiçik həcmli soyuducu
소홀(疏忽) i. kəm baxma; laqeydlik / negligence; indifference 소홀히 하다 f. kəm baxmaq; laqeydlik göstərmək

소화(消化) i. həzm etmə / digestion 소화하다 f. həzm etmək 소화기 həzm orqanları

소화기(消火器) i. yangın söndürmə avadanlığı / a fire extinguisher

소환(召喚) i. çağırma / a summons 소환하다 f. çağırmaq 법정에 소환되다 məhkəməyə çağırılmaq

소환(召還) i. geri çağırma / a recall 소환하다 f. geri çağırmaq 외교관을 소환하다 diplomatı geri çağırmaq

소환장(召喚狀) i. çağırış kağızı / summons

속 i. iç, daxil / the inside, the interior [=안]

속국(屬國) i. vassal, asılılıq (başqa bir dövlətdən) / a subject state, vassal, a dependency müq. 식민지 müstəmləkə

속기(速記) i. stenoqrafiya, sürətlə yazma / stenograpy, rapid (fast) writing 속기하다 f. sürətlə yazmaq

속다 i. aldanmaq / be deceived

속단하다(速斷--) f. tələsik qərar vermək, tələsik nəticə çıxarmaq / make a hasty conclusion

속달(速達) i. təcili daşıma, ekspres daşıma; təcili poçt / express delivery; express delivery post

속달우편(速達郵便) i. ekspres poçt; təcili poçt / express delivery post

속담(俗談) i. atalar sözü / a proverb, a common saying

속도(速度) i. sürət / speed

속도위반(速度違反) i. sürəti artırma, sürət həddini aşma / going over the speed limit, violation of the speed regulation

속되다(俗--) s. dünyəvi, adi, vulqar / secular, earthly, vulgar 속된 말로 말하면 kobud söz ilə desəm

속력(速力) [=**속도**(速度)]

속박(束縛) i. sədd qoyma, məhdudlaşdırma, bağlama, boyunduruq / restriction 속박하다 f. sədd qoymaq, məhdudlaşdırmaq, bağlamaq

속보(速步) i. sürətli yeriş / a quick pace a quick march

속보(速報) i. təcili xəbər / a prompt (quick) report

속삭이다 f. pıçıldamaq / whisper

속상하다 f. əhvalı pozulmaq, narahat olmaq; incidilmək / feel sore about; be troubled

속성(速成) i. intensiv kurs; qısa müddətli kurs / an intensiv trainin; short-term course

속세(俗世) i. bu dünya; dünyəvi həyat / this world; mundane life

속셈 i. gizli niyyət; fikrən hesablama / a secret intention; mental arithmetic
속속들이 z. başdan-başa / throughout
속수무책(束手無策) i. çarəsizlik, köməksizlik, acizlik / helplessness
속아넘어가다 i. aldanmaq, aldadılmaq / be deceived
속어(俗語) i. jarqon / slang
속옷 i. alt paltarı / underwear
속이다 f. aldatmaq, yalan demək, hiylə işlətmək / deceive, trick, cheat
속임수 i. hiylə / trickery
속절없다 s. çarəsiz, köməksiz / helpless
속죄(贖罪) i. tövbə, günahın yuyulması / atonement for one's sin 속죄하다 f. günahını yumaq
속출하다(續出--) i. ardıcıl baş vermək, dalbadal baş vermək / occur (appear) in succession
속타다 f. narahat olmaq, sıxılmaq / be distressed (about, by)
속태우다 f. narahat olmaq, sıxılmaq / worry oneself about, vex, worry
속하다(屬--) f. aid olmaq, xas olmaq / belong (to, in) 가라박은 아제르바이잔에 속한다. Dağlıq Qarabağ Azərbaycanın tərkib hissəsidir.
속행(續行) i. davamı, ardı / continuation 속행하다 f. davam etmək; yenidən davam etmək
속히(速-) z. sürətlə / quickly
속썩다 f. narahat olmaq, incidilmək / be worried, worry oneself
솎다 f. alağı təmizləmək / cull out, weed out
손 i. əl / the hand
손 i. qonaq [=손님]
손(損) [=손해(損害)]
손가락 i. barmaq / a finger 엄지손가락 baş barmaq 검지손가락 şəhadət barmağı 새끼손가락 çeçələ barmaq
손가락질하다 f. barmaq silkələmək / point at, shun, scorn, contempt
손가방 i. əl çantası / a briefcase, purse, tote bag
손꼽다 f. barmaqla saymaq / count on one's fingers
손꼽히다 f. sayılmaq, məşhur olmaq / be distinguished
손금 i. əlin cizgiləri; əl falı, xiromantiya / the lines of the palm; fortune by the lines in one's hand
손금(을) 보다 f. əl falına baxmaq / tell fortune by the lines in one's hand
손놓다 f. işi atmaq, işi buraxmaq / leave one's work, stop work

손님 i. qonaq; müştəri, alıcı / a visitor, a caller; a customer
손대다 f. toxunmaq, əl vurmaq / touch, put one's hand to (a work)
손떼다 f. işi atmaq, işdən əl çəkmək; əlaqəni kəsmək / break with; get something off one's hand
손도장(-圖章) [=지문(指紋)]
손들다 f. əlini qaldırmaq; təslim olmaq / raise one's hand; yield
손목 i. bilək / a wrist
손바닥 i. ovuc / the palm
손발 i. əl və ayaq / hands and feet
손뼉 i. əl çalma / the flat of the hand
손뼉치다 f. əl çalmaq; alqışlamaq / clap one's hands; give a clap
손상(損傷) i. zərər; yaralanma / damage; injury **손상하다** f. zərər çəkmək; yaralanmaq **손상시키다** f. zərər vurmaq, zərərə salmaq; yaralamaq
손색(遜色) i. keyfiyyətin aşağı olması, pisliyi / inferiority 손색없다 başqalar ilə müqayisədə fərqi olmamaq
손수 z. şəxsən özü, öz əliylə / in person, personally
손수건(-手巾) i. əl dəsmalı / a handkerchief
손쉽게 z. asanlıqla / easily, with easy
손쉽다 s. asan, yüngül / easy, light, simple
손쓰다 f. çarə qılmaq, çarə tapmaq, əlac etmək; tədbir görmək / use means to; take measure
손실(損失) i. ziyan / a loss 손실을 입다 f. ziyana düşmək, ziyan çəkmək
손아귀 i. ovuc / the hollow of the hand, the full grasp of the hand
손아래 i. kiçiklik, balacalıq / juniority
손위 i. böyüklük / seniority
손익(損益) i. gəlir və ziyan / loss and gain; profit and loss
손익다 f. vərdiş etmək, öyrəşmək / get familiar, get accustomed
손자(孫子) i. nəvə; oğlan nəvəsi / a grandchild; a grandson   müq. 손녀 qız nəvəsi 증손 nəticə
손잡다 f. əlindən tutmaq; əl-ələ vermək, əməkdaşlıq etmək / take a person by the hand; join hands with, cooperate
손잡이 i. dəstək, tutacaq / a handle, a grip
손재주 i. əl qabiliyyəti; səriştə / hand skill
손질하다 f. əl gəzdirmək; təmir etmək / repair; mend
손짓 i. əl hərəkəti, jest; işarə, hərəkət / a gesture; signs
손톱 i. dırnaq / a fingernail

손해(損害) i. zərər, ziyan / damage
손해배상(損害賠償) i. təzminat, əvəzini ödəmə, kompensasiya / compensation for damage (the loss) 손해배상하다 f. təzminat ödəmək, kompensasiya vermək
솔 i. şotka, fırça / a brush
솔깃하다 s. cəzbedici, maraqlandırıcı / (be) interested in
솔직하다 f. açıq sözlü, düz, səmimi / straightforward, frank
솔직히 z. səmimiliklə, açıqca / frankly 솔직히 말하면~ açığını desəm
솔질하다 f. şotkalamaq / brush
솜 i. pambıq / a cotton
솜씨 i. bacarıq, qabiliyyət, səriştə / performance; skill; workmanship
솜털 i. zərif tük, pərqu / down
솟구치다 f. sürətlə yuxarı qalxmaq, püskürmək / make a quick raise 샘물이 솟구친다. Bulaq fontan vurur.
솟다 f. ucalmaq, qalxmaq; çıxmaq (günəş), fantan vurmaq / rise; soar 백두산이 하늘 높이 솟아 있다. Bekdu dağı göylərə ucalır. 용기가 솟다 ruhlanmaq, həvəsə gəlmək, cəsarətlənmək
솟아나다 f. fontan vurmaq, püskürmək / gush out, spring out 싹이 솟아나다 f. cücərmək
송곳 i. burğu / a gimlet; a drill
송곳니 i. köpəkdişi / a dogtooth
송구(送球) i. həndbol, əl topu / handball
송금(送金) i. pul göndərmə / remittance 송금하다 f. pul göndərmək
송두리째 z. tamamilə, kökündən, büsbütün / completely, all
송사하다(訟事--) f. məhkəməyə vermək / sue; take lefal proceedings
송신(送信) i. rabitə vasitəsilə xəbər göndərmə / transmission of a message
송신하다 f. xəbər göndərmək ↔ 수신(受信)
송신기(送信機) i. ötürücü (radio) / transmitter ↔ 수신기(受信機) qəbuledici
송아지 i. dana / a calf
송장 i. cəsəd / a dead body
송장(送狀) i. göndərilən mallar barədə sənəd / a invoice
송환(送還) i. vətənə qaytarma / repatriation; sending back 송환하다 f. vətənə qaytarmaq
솥 i. böyük qazan / a kettle; a pot; an iron pot

쇄도하다(殺到--) f. cummaq; axın-axın gəlmək / come with a rush 주문이 쇄도하다 sifariş axın-axın gəlir / sifariş çoxdur
쇄신하다(刷新--) f. islahat keçirmək, yeniləşdirmək / renovate, innovate, reform
쇠 i. dəmir; metal / iron; metal [=철(鐵)]
쇠고기 i. dana əti, mal əti / beef [=소고기]
쇠다 f. (bayram, ad günü və s.) qeyd etmək / celebrate, observe, keep 명절을 쇠다 bayram etmək, bayramı qeyd etmək
쇠망(衰亡) i. tənəzzül / a decline, decay, ruin, a fall 쇠망하다 f. tənəzzül etmək
쇠망치 i. çəkic / a iron hammer
쇠사슬 i. (dəmir) zəncir / a (iron) chain
쇠약하다(衰弱--) s. zəif, gücsüz, halsız / weak, enfeebled, emanciated
쇠잔하다(衰殘--) f. zəifləmək / decay, emanciate, decline
쇠퇴하다(衰退--) f. tənəzzülə uğramaq / fall off, collapse, fade, decrease
쇠하다(衰--) f. zəifləmək, gücünü itirmək; tənəzzülə uğramaq / become weak; sink
쇼 i. şou; sərgi / a show; an exhibition   < İng.
쇼핑 i. bazarlıq etmə / shopping   < İng. 쇼핑하다 f. bazarlıq etmək 쇼핑센터 ticarət mərkəzi
쇼크 i. şok; zərbə, travma / a shock; a trauma   İng. 쇼크를 받다 f. şoka düşmək
수 i. erkək / a male (animal), a cock (bird)   ↔ 암 dişi
수 i. üsul, vasitə, metod, yol / a means, a way 무슨 수를 쓰더라도 hər vasitə ilə 하는 수 없이 könülsüz, məcburi
수(手) i. əl; hiylə, oyun / the hand; a trick; a move 한 수 위다 bir kəsdən daha üstün olmaq
수(水) i. su / water
수(數) i. say / a number
수(繡) i. naxış / embroidery 수를 놓다 (paltarda) naxış vurmaq
- **수**(-囚) < 죄수(罪囚) günahkar, cinayətkar < dustaq
수감(收監) i. həbs edilmə / confinement; imprisonment 수감되다 f. həbs edilmək 수감하다 f. həbs etmək
수갑(手匣) i. qandal / handcuffs; cuffs
수건(手巾) i. dəsmal / a towel

수고 i. zəhmət; əmək / pains, labor, toil 수고하다 f. zəhmət çəkmək, əziyyət çəkmək
수고스럽다 s. zəhmətli, əziyyətli / troublesome, toilsome
수공(手工) i. əl işi / manual work (arts): handicraft
수교(修交) i. rəsmi dostluq əlaqələri / amity; friendship; friend relations 수교하다 f. diplomatik əlaqə yaratmaq
수구파(守舊派) i. mühafizəkar, konservativ / the conservatives [=보수파(保守派)]
수구러지다 f. aşağıya əyilmək; yumşalmaq, azalmaq / hang down; be softened, become low 화가 수그러졌다. Hirsi soyuyub.
수금(收金) f. pul toplama / collection of money 수금하다 f. pul toplamaq
수긍하다(首肯--) f. razılaşmaq, razı olmaq / assent, consent, nod
수난(受難) i. iztirab, zülm, əzab; sınaq / sufferings; severe trial; ordeals 수난(을) 당하다 f. iztirab çəkmək, zülm çəkmək, əzab çəkmək
수납(受納) i. kassa (pul qoyulan) / receipt
수녀(修女) i. (Katolik) rahibə / a nun
수녀원(修女阮) i. (Katolik) rahibələrin yaşadığı yer, monastr / a nunnery
수년(數年) i. bir neçə il / several (some) years, a number of years
수놓다(繡--) f. naxış vurmaq / embroider
수뇌(首腦) i. başçı / a head, a chief 군대의 수뇌 hərbi qüvvələrin başçısı
수다 i. boşboğazlıq, gəvəzəlik, çərənçilik / chattering 수다떨다 f. boşboğazlıq etmək, gəvəzəlik etmək
수다스럽다 s. boşboğaz, çərənçi, gəvəzə, çox danışan, danışqan / prattling, talkative
수단(手段) i. vasitə, əlac, metod, üsul / a means
수당(手當) i. məvacib / an allowance 수당을 받다 f. məvacib almaq
수도(水道) i. su kəməri / waterworks, water service
수도(首都) i. paytaxt / a capital city; metropolis
수도(修道) i. zahidlik, tərki dünyalıq / asceticism
수도원(修道阮) i. monastr / a monastery, a convent
수동(手動) i. əl ilə işlətmə / manual operation
수동식(手動式) s. mexaniki, əl ilə işləyən (sistem) / manual ↔ 자동식(自動式) avtomatik
수동(受動) i. passivlik / passivity
수동적(受動的) s. passiv, hərəkətsiz / passive
수동태(受動態) i. məchul növ (Qram.) / the passive voice
수두룩하다 s. çox / much, a lot

수락하다(受諾--) f. qəbul etmək, razılaşmaq / accept, agree to
수량(數量) i. miqdar / quantity
수렁 i. bataqlıq / a quagmire; a mire
수레 i. araba / a cart, a handcart 손수레 əl arabası
수레바퀴 i. arabanın təkəri / a wheel
수력(水力) i. hidravlika, su enerjisi / water (hydraulic) power
수력발전(水力發電) i. su vasitəsi ilə enerji alma / water power (hydroelectric) generation 수력발전소 su elektrik stansiyası
수련(修練) i. təlim, məşq / training, discipline 수련하다 f. məşq etmək, təlim keçmək
수렵(狩獵) i. ovçuluq / hunting
수령(首領) i. başçı / a chieftaing boss
수령하다(受領--) f. almaq, qəbul etmək / receive, accept
수로(水路) i. su yolu / a waterway
수록하다(收錄--) i. material toplayıb qeydə almaq, yazmaq / record; gather, collect, write down
수료(修了) i. kursu qurtarma, tamamlama, bitirmə / completion (of a course) 수료하다 f. kursu qurtarmaq
수료증(修了證) i. vəsiqə, sertifikat / a certificate
수류탄(手榴彈) i. əl qranatı / a hand, renade
수리하다(受理--) f. qəbul etmək (sənəd) / accept 사표를 수리하다 istefanı qəbul etmək
수리하다(修理--) f. təmir etmək / repair; mend
수립하다(樹立--) i. təsis etmək, yaratmaq / establish, found
수면(水面) i. suyun səthi, suyun üzü / the surface of the water
수면(睡眠) i. yuxu / a sleep 수면을 취하다 f. yatmaq [=잠]
수명(壽命) i. ömür / the span of life, one's term of life
수모(受侮) i. təhqir, həqarət / insult, contempt 수모를 당하다, 수모를 받다 f. təhqir olunmaq, həqir olmaq 수모를 주다 f. təhqir etmək
수목(樹木) i. ağaclar / trees
수박 i. qarpız / a watermelon
수반(首班) i. başçı / the head 정부의 수반 dövlətin başçısı
수반하다(隨伴--) f. müşayiət etmək / accompany, go with
수배(手配) i. axtarış / search instruction; arrangement 수배하다 f. axtarış aparmaq
수백만(數百萬) i. milyonlar / millions

수법(手法) i. metod, texnika, yol, üsul; stil / a method, a way of trick; a technique; a style
수복(修復) i. bərpa / restoration [=복구(復舊)] 수복하다 f. bərpa etmək
수복(收復) i. ərazini geri qaytarma, geri alma, ərazi bütövlüyünü bərpa etmə / recovery (of a lost territory) 수복하다 f. ərazini geri qaytarmaq
수북하다 s. qalaqlanmış, yığın; dolu / heaped up; full 수북이 z. qalaqlanmış halda, qalaqlanmış şəkildə
수분(水分) i. su; nəm, rütubət / water; moisture, humidity
수비(守備) i. müdafiə, qoruma / defense 수비하다 f. müdafiə etmək, qorumaq
수비대(守備隊) i. qarnizon / a garrison; guards
수사(搜査) i. cinayət axtarışı / criminal investigation 수사하다 f. cinayət üzrə axtarış aparmaq
수사(數詞) i. say (Qram.) / a numeral
수산(水産) i. balıqçılıq / marine, fishery
수산물(水産物) i. dəniz məhsulları / aquatic (marine) products
수산업(水産業) i. balıqçılıq təsərrüfatı / fisheries
수상(首相) i. baş nazir / the prime minister
수상(受賞) i. mükafat alma / receiving a prize
수상자(受賞者) i. qalib, laureat / a prize winner
수상하다(殊常--) s. şübhəli / suspicious
수색(搜索) i. axtarış (polis), təqib etmə; kəşfiyyat / a search; a manhunt 수색하다 f. kəşfiyyat aparmaq; cinayətkarı axtarmaq
수석(首席) i. birinci yer; birinci / the top seat (place); the head 수석 졸업자 məzunlar arasında ən çox bal toplayan
수선부리다 f. səs-küy salmaq, səs-küy qaldırmaq / fuss, noise [=수선(을) 떨다]
수선스럽다 s. səs-küylü, hay-küylü / noisy, clamorous 수선스러운 사람 hay-küyçü
수선하다(修繕--) [≒수리하다(修理--)]
수성(水星) i. Merkuri / Mercury
수세미 i. lif; ərsin / a luffa; a pot cleaner
수소(水素) i. hidrogen / hydrogen
수송(輸送) i. daşıma (nəqliyyat vasitəsilə); nəqliyyat / transport; transportation 수송하다 f. daşımaq [=운송(運送)]
수수께끼 i. tapmaca; sirr / a riddle; a mystery 수수께끼같은 사건 sirrli əhvalat

수수료(手數料) i. haqq (görülən iş), komissiyon / a charge, a fee, a commission

수수하다 s. sadə, adi / plain; simple 수수한 사람 sadə adam

수술(手術) i. cərrahiyə əməliyyatı / a surgical operation 수술하다 f. cərrahiyə əməliyyatı aparmaq 수술받다 f. cərrahiyə əməliyyatı aparılmaq

수습하다(收拾--) f. həll etmək (məsələ); nəzarətdə saxlamaq (vəziyyət) / settle (a matter); get under control

수습(修習) i. şagirdlik (sənət), sınaq dövrü / apprenticeship, probation

수습생 i. sınaq dövrü keçən şəxs, şagird

수시로(隨時-) z. istənilən vaxt, hər vaxt; ara-sıra, hərdən bir, vaxtaşırı / at all times, as occasion calls; at any time; from time to time

수식(修飾) i. modifikasiya, şəklini dəyişdirmə / modification; decoration; a rhotorical flourish 수식하다 f. modifikasiya etmək, şəklini dəyişdirmək

수신(受信) i. qəbul etmə (teleqramma, məktub, faks) / the receipt of a message 수신하다 i. qəbul etmək, almaq

수신기(受信機) i. qəbuledici (radio) / a receiver

수신인(受信人) i. adresant, qəbul edən adam / an addresse

수심(愁心) i. narahatçılıq; kədər / anxiety, worry; grief

수양(收養) i. övladlığa götürmə / adoption of a child; fostering 수양아들 övladlığa götürülmüş oğul

수양(修養) i. tərbiyə / cultivation of the mind; mental training

수업(授業) i. dərs / school lessons; teaching 수업하다 f. dərs demək, dərs vermək

수업료(授業料) i. təhsil haqqı / a fee; tuition

수없다(數--) s. saysız-hesabsız / numberless 수없이 z. çoxlu

수여(授與) i. təqdim etmə / conferment; presentation 수여하다 f. vermək; təqdim etmək

수염(鬚髥) i. bığ; saqqal / a mustache 콧수염 bığ 턱수염 saqqal

수영(水泳) i. üzmə; üzgüçülük / swimming; swimming match 수영하다 f. üzmək 수영경기 üzgüçülük yarışı 수영선수 üzgüçü

수영복(水泳服) i. üzgüçülük paltarı / a swimming suit

수예(手藝) i. naxış; əl sənəti, əl işi / embrodery; manual arts

수완(手腕) i. bacarıq, qabiliyyət; sərişte / ability; skill

수요(需要) i. tələb / demand 수요가 공급보다 많다. Tələb təklifi üstələyir.

수요일(水曜日) i. Çərşənbə / Wednesday
수용(收容) i. yerləşdirmə; qəbul etmə (plan, təklif) / accomodation; reception; seating 수용하다 f. yerləşdirmək; qəbul etmək
수용소(所用所) i. həbs düşərgəsi / an internment camp
난민수용소(難民---) qaçqınlar düşərgəsi
수원지(水源地) i. su anbarı; suyun mənbəyi / reservoir; the source of a stream
수월찮다 s. asan olmayan, çətin / not easy
수월하다 s. asan / easy
수위(守衛) i. gözətçi, qapıçı, qarovulçu / a guard; doorkeeper
수은(水銀) i. civə / mercury
수음(手淫) i. masturbasiya / masturbation 수음하다 f. masturbasiya etmək
수의(囚衣) i. məhbus geyimi, dustaq paltarı / a prison uniform
수의(獸醫) i. mal həkimi, veterinar / a veterinary (surgeon) [=수의사]
수익(收益) i. qazanc, gəlir / earnings, profit
수인(囚人) [=죄수(罪囚)]
수입(收入) i. gəlir, qazanc / an income, earnings
수입(輸入) i. idxal, import / import, importation ↔ 수출(輸出) ixrac, eksport 수입하다 f. idxal etmək
수입품(輸入品) i. idxal malları, import malları / imports, import goods
수저 i. qaşıq və çubuq (Koreyada, Çində və Yaponiyada yemək üçün) / spoon and chopsticks
수전노(守錢奴) i. xəsis / a miser
수정(水晶) i. kristal, büllur / crystal
수정(受精) i. mayalanma, döllənmə, döl prosesi / insemination, pollination; fertilization 수정하다 f. mayalanmaq, döllənmək
수정(修正) i. düzəliş / amendment; correction; revision 수정하다 f. düzəliş vermək, düzəltmək, tənzimləmək
수제비 i. əriştə şorbası / sujebi, clear soup with dumplings
수족(手足) i. əllər və ayaqlar / hands and feet
수종하다(隨從) i. qulluq etmək, xidmət etmək / attend on
수준(水準) i. səviyyə / a level
수줍다 s. utancaq, çəkingən / shy, timid, coy
수줍어하다 f. utanmaq, çəkinmək / be shy
수중(水中) i. sualtı / underwater
수중(手中) i. əlində, özündə / in the hands 수중에 돈이 없다. Üstümdə pul yoxdur.

수증기(水蒸氣) i. buxar, buğ / steam, vapor

수지(收支) i. mədaxil-məxaric / incomings and outcomings

수지맞다(收支--) f. gəlirli olmaq, qazanclı olmaq / pay well, pay off, be profitable

수직(垂直) i. perpendikulyar / perpendicularity; verticality 수직 s. perpendikulyar 수직으로 z. perpendikulyar şəkildə

수집(收集) i. kolleksiya / collection; gathering 수집하다 f. kolleksiya yığmaq, toplamaq

수집가(收集家) i. kolleksioner / a collector

수차(數次) i. bir neçə dəfə / several times

수채화(水彩畵) i. sulu boya, akvarel / a watercolor painting

수척하다(瘦瘠--) s. sümükləri çıxmış, çox arıq / haggard, gaunt, emanciated

수천(數千) i. bir neçə min, minlərlə / several thousands

수첩(手帖) i. cib dəftəri, bloknot, qeyd dəftəri / a pocket notebook, a pocket book

수출(輸出) i. ixrac, ixracat, eksport / export; exportation 수출하다 f. ixrac etmək, eksporta göndərmək 수출업자 eksportyor ↔ 수입(輸入) idxal, idxalat

수출입(輸出入) i. ixrac-idxal, import-eksport / import and export

수취(受取) i. alma, qəbul etmə / receiving 수취하다 f. almaq 수취인 qəbul edən

수치(羞恥) i. ayıb, rüsvayçılıq / shame, disgrace

수치스럽다(羞恥---) s. ayıb / shameful, disgraceful

수치심(羞恥心) i. utancaqlıq hissi / a sense of shame

수컷 i. erkək / a male ↔ 암컷 dişi

수탉 i. xoruz / a cock, a rooster

수태(受胎) i. döllənmə, mayalanma; hamilə olma / fecundation; conception 수태하다 f. döllənmək, mayalanmaq; hamilə olmaq

수평(水平) i. üfüqilik / horizontality

수평선(水平線) i. üfüq (göylə dənizin birləşdiyi xətt); üfüq xətti / the horizon

수포(水泡) i. su köpüyü / a foam

수포(水疱) i. su qabarcığı / a water blister

수표(手票) i. çek / a check

수풀 i. kolluq / a thicket, a bush, a wood

수프 i. şorba, sup / soup < İng.

수필(隨筆) i. esse, oçerk / an essay
수필가(隨筆家) i. esseist, oçerk yazan / an essayist
수하물(手荷物) i. baqaj, yük / luggage
수학하다(修學--) i. təhsil almaq / study, learn; get an education
수학(數學) i. riyaziyyat / mathematics
수학여행(修學旅行) i. ekskursiya (təhsil və ya əyləncə məqsədi ilə təşkil edilən kollektiv səyahət) / a trip for educational purpose, a school excursion (trip, tour)
수해(水害) i. selin vurduğu zərər / damage by a flood
수행하다(隨行--) f. müşayiət etmək / go with, accompany
수행하다(遂行--) f. yerinə yetirmək, tamamlamaq; başa çatdırmaq / accomplish, carry out
수험(受驗) i. imtahana məruz qalma; imtahan vermə / under going an examination 수험 준비를 하다 imtahana hazırlaşmaq
수혈(輸血) i. qan köçürmə / blood transfusion 수혈하다 f. qan köçürmək
수호(守護) i. müdafiə, qoruma / protection; safeguard 수호하다 f. müdafiə etmək, qorumaq
수호자(守護者) i. müdafiəçi / a protector
수호신(守護神) i. qoruyan tanrı / a protectin, deity
수화기(受話器) i. telefon dəstəyi / a telephone receiver
수확(收穫) i. məhsul toplama / harvestin; harvest 수확하다 f. məhsul toplamaq, məhsul yığmaq
수확기(收穫期) i. məhsul toplama mövsümü / the harvesting season
수효(數爻) i. say; miqdar / a number; an amount
숙고하다(熟考--) f. nəzərdən keçirmək, ölçüb biçmək / consider; think over
숙녀(淑女) i. xanım / a lady
숙달하다(熟達--) f. vərdiş etmək, adət etmək / attain proficiency
숙련하다(熟練--) f. ustalaşmaq, bacarıq əldə etmək / become skillful (expert), acquire skill
숙련공(熟練工) i. usta / a skilled worker
숙명(宿命) i. tale / fate; destiny
숙명론(宿命論) i. fatalizm / fatalism 운명론자 i. fatalist
숙모(叔母) i. əmidostu / the wife of one's father's younger brother
숙박(宿泊) i. gecələmə, qonaq qalma / lodging 숙박하다 f. gecələmək, qonaq qalmaq
숙박료(宿泊料) i. gecələmək xərci, mehmanxana xərci / a hotel charge

숙박인(宿泊人) i. gecələyən adam, gecə qalan adam / a lodger [=숙박자]
숙부(叔父) i. əmi / an uncle
숙소(宿所) i. gecələmə yeri / one's lodgings
숙식(宿食) i. gecələmə (yemək daxil olmaqla) / lodging and boarding; room and board 숙식하다 f. gecələmək, qalmaq
숙어(熟語) i. ibarə, ifadə / a phrase; an idiom
숙어지다 f. əyilmək; təzim etmək / be bent, hang down
숙원(宿願) i. murad, ən böyük arzu / a long-cherished desire
숙이다 f. əymək / bend oneself, hang down
숙적(宿敵) i. köhnə rəqib; yağı düşmən, qarı düşmən / a longstanding rival; an old enemy
숙제(宿題) i. ev tapşırığı, tapşırıq / homework; an assi nment, a pending question 숙제하다 f. ev tapşırığını etmək
숙직(宿直) i. gecə növbəsi / night duty
숙청(肅淸) i. təmizləmə, aradan götürmə (siyasi rəqibləri) / purging, a purge, a cleanup 숙청하다 f. siyasi düşmənləri aradan götürmək
숙환(宿患) i. xroniki xəstəlik / a chronic disease
순(荀) i. tumurcuq, fidan / a sprout; a bud
순(順) i. sıra, cərgə / order, a turn 알파벳순 əlifba sırası ilə 연령순 yaş sırası ilə 키 순서대로 boy sırası ilə
순(純) i. pak, saf, təmiz; əsl, xalis / pure; genuine 순 거짓말 ağ yalan 순 서울 사람 xalis, əsl seullu
순간(瞬間)i. an, bir an / a moment
순결(純潔) i. saflıq, paklıq, təmizlik / purity; innocence 순결하다 s. saf, pak, təmiz; günahsız
순경(巡警) [=경찰(警察)]
순교(殉敎) i. şəhid olma (din yolunda) / martyrdom 순교하다 f. şəhid olmaq
순금(純金) i. saf qızıl, əsl qızıl, xalis qızıl / pure gold
순례(巡禮) i. ziyarət (müqəddəs yeri) / a pilgrimage 순례하다 f. ziyarət etmək
순박하다(淳朴--) s. təmiz və sadə, sadədil, sadəlövh, saf / simple and honest, unspoiled, naive
순방(巡訪) i. rəsmi səfər / making a round of calls 순방하다 f. rəsmi səfərə getmək
순번(順番) i. sıra, cərgə / order, turn
순복하다(順服--) [=굴복(屈服)하다]

순산(順産) i. normal doğuş, asan doğuş / an easy delivery, a smooth delivery 순산하다 f. asan doğmaq

순서(順序) i. sıra, növbə, ardıcıllıq / order, sequence

순수(純粹) i. saflıq, təmizlik, paklıq / purity, pureness 순수하다 s. saf, təmiz, sırf, pak 순수한 동기로 saf niyyətlə

순식간(瞬息間) i. an, bir an, bir saniyə / a brief instant; a moment 순식간에 z. qəflətən, ani

순위(順位) i. sıra; cərgə / order, rankin; stand

순응하다(順應--) f. uyğunlaşmaq, uyğun gəlmək, alışmaq, uyuşmaq, öyrəşmək / adapt oneself to

순이익(純利益) i. təmiz gəlir, xalis gəlir / a net profit

순조롭다 s. rahat; əlverişli / favorable; fair; smooth 모든 일이 순조롭게 진행된다. Bütün işlər rahat gedir. 순조로운 날씨 əlverişli hava

순종하다(順從--) i. itaət etmək, tabe olmaq, sözə qulaq asmaq / obey

순직하다(殉職--) f. vəzifə başında həlak olmaq / die at one's post (of duty)

순진하다(純眞--) s. sadəlövh, sadədil, saf; günahsız / naive, pure; innocent

순차(順次) [=순번(順番)]

순찰(巡察) i. patrul / a patrol 순찰하다 f. patrulluq etmək

순탄하다(順坦--) s. hamar, düz, asan, rahat / even, favorable, well 순탄한 생활 asan həyat 순탄하게 자라다 çətinlik görmədən böyümək

순하다(順--) s. mülayim, yumşaq / gentle, mild, tame

순환(循環) i. dövran / circulation; rotation 순환하다 f. dövr etmək

순회하다(巡廻--) i. gəzib dolanmaq, dolanmaq, dolaşmaq / go round, make one's rounds

숟가락 i. qaşıq / a spoon

술 i. araq, spirtli içki / liquor, alcoholic drink

술고래 i. içkiyə meylli adam, çox içki içən adam / a strong (heavy) drinker; a guzzler

술꾼 i. çox içki içən, tez-tez sərxoşluq edən / a drinker, a wet, a tippler

술내 i. içki qoxusu, içki iyi / the smell (odor) of liquor

술렁거리다 f. təşvişə düşmək, təlaş keçirmək / be disturbed; be stirred (agitated); be restless 그 소식에 온 바쿠가 술렁거렸다. O xəbərdən bütün Bakı təşvişə düşdü.

술맛 i. içkinin dadı / the taste of wine (liquor)

술법(術法) i. sehr, tilsim, cadu, ovsun / magic

술수(術數) i. hiylə, kələk, fırıldaq; sehr / tactics, strategy, a trick; magic 술수를 쓰다 f. sehrbazlıq etmək; hiylə işlətmək

술술 z. yavaş, sakit; sərbəst, asanlıqla / soft flowing, smoothly; fluently; without any trouble 그는 영어를 술술 잘 말한다. O, ingilis dilində sərbəst danışır. 어려운 문제를 술술 풀다 çətin suallara asanlıqla cavab vermək

술어(術語) i. termin / a technical term; terminology; terms

술집 i. meyxana; bar / a drinking house; a bar

술책(術策) i. hiylə, kələk, fırıldaq, fənd, məkr, oyun / an artifice a trick 술책을 부리다 (쓰다) f. oyun oynamaq, hiylə işlətmək

숨 i. nəfəs / a breath 숨쉬다 f. nəfəs almaq

숨기다 f. gizlətmək, saxlamaq / hide, conceal

숨김없이 z. açıqca, gizləmədən / without reserve; openly

숨다 f. gizlənmək / hide oneself

숨돌리다 f. nəfəsini dərmək, dincəlmək, ara vermək, fasilə etmək / take a pause, take breath

숨막히다 f. boğulmaq, nəfəsi kəsilmək / be choked, be suffocated

숨박꼭질 i. gizlənqaç / (a game of) hide and seek 숨박꼭질하다 f. gizlənqaç oynamaq

숨쉬다 f. nəfəs almaq / breathe

숨지다 f. canı çıxmaq, can vermək, ölmək, son nəfəsinədək vuruşmaq / breathe one's last, die, expire

숨차다 f. nəfəsi daralmaq, təngnəfəs olmaq, nəfəsi qaralmaq, tövşümək / be short of breath

숫- təy.söz. saf, təmiz, ləkəsiz, korlanmamış / pure, spotless, unspoiled

숫처녀(-處女) i. bakirə qız / a pure virgin

숫총각(-總角) i. bakir / a male virgin, a innocent bachelor

숭배(崇拜) i. pərəstiş etmə / worship; cult 숭배하다 f. pərəstiş etmək, səcdə qılmaq

숯 i. kömür, ağac kömür / charcoal

숯불 i. köz / charcoal fire

숱하다 s. çox, zəngin / plentiful, abundant

숲 i. meşə, orman / a wood, a forest

쉬 nid. sss! (susmaq işarəsi vermək), çiş (uşaq) / hush!, sh! be quiet!; piddling 쉬하다 f. çiş etmək

쉬다 f. xarab olmaq, turşumaq / turn sour; go bad 음식이 쉬었다. Yemək xarab olub.
쉬다 f. xırıldamaq, batmaq (səsi) / get hoarse 목이 쉬다 səsi batmaq
쉬다 f. istirahət etmək, dincəlmək / rest; take a rest
쉴새없이 z. durmadan, dayanmadan, fasiləsiz olaraq / continuously, continually
쉼표(-標) i. vergül; not / a pause; a rest
쉽게 z. asanlıqla, yüngülcə / easily
쉽다 i. asan, yüngül / easy
쉽사리 z. asanlıqla / easily
스님 i. Buddist rahib / a Buddhist monk
-스럽다 lek.şək. kimi; bənzər, oxşar / (be) like 그 아이는 극성스럽다. O, özünü şıltaq uşaq kimi aparır, şıltaq uşağa oxşayır.
스무- say. iyirmi / twenty 스무 살 iyirmi yaş 스무 개 iyirmi dənə
스물 say. iyirmi / twenty
스미다 f. hopmaq, özünə çəkmək / soak into (in) 땀이 셔츠에 스민다. Tər köynəyə hopur. 추위가 뼈속까지 스며드는 듯하다. Soyuq iliyə işləyir.
스스럼없다 s. çəkinmədən, sıxılmadan, utanmadan / without constraint, unreserved
스스로 z. özü, öz gücü ilə, tək başına; könüllü / oneself; naturally; for oneself, by oneself
스승 i. ustad, müəllim / a teacher
스웨덴 i. İsveç / Sweden
스위스 i. İsveçrə / Switzerland
스위치 i. elektrik düyməsi, açarı / a switch   < İng.
스치다 f. ehmalca toxunmaq, yavaşca toxunmaq; yanından keçmək, dəyib keçmək / go past; graze
스카프 i. şərf / a scarf   < İng.
스커트 i. ətək, tuman / skirt   < İng.
스케이트 i. konki / skate   < İng.
스케줄 i. plan, proqram / a schedule, a program   < İng.
스코어 i. xal; bal / a score   < İng.
스키 i. xizək / skiing, ski   < İng.
스타 i. ulduz / a star 스타가 되다 ulduz olmaq   < İng.
스타일 i. forma, görünüş, biçim, stil / one's form, a style   < İng.

스테레오 i. stereo / a stereo   < İng.
스트레스 i. gərginlik, stress / stress   < İng.
스파이 i. casus, məxfi agent / a spy, a secret agent   < İng.   [=간첩(間諜)]
스페어 i. ehtiyat hissələri / a spare   < İng.   스페어타이어 ehtiyat təkəri
스페인 i. İspaniya / Spain
스포츠 i. idman / sports   < İng.
스포츠맨 i. idmançı / a sportsman   < İng.
스폰서 i. hami, himayəçi, himayədar, sponsor / a sponsor   < İng. [=후원]
스폰지 i. lif, yumşaq material / sponge   < İng.
스프링 i. yay (texniki) / a spring   < İng.
스피커 i. səsgücləndirici, səsgücləndirən / a (loud) speaker   < İng. [=확성기]
슬그머니 z. gizlicə, yavaşca / secretly
슬기 i. müdriklik, hikmət, ağıl / wisdom; intelligence
슬기롭다 s. müdrik, ağıllı, hikmətli / wise, intelligent
슬다 f. paslanmaq / rust   [=녹슬다]
슬리퍼 i. çəkələk, şap-şap, yüngül ev ayaqqabısı / (a pair of) slippers
슬슬 z. yavaş-yavaş / slowly; gently
슬쩍 z. gizlicə / stealthily   [=살짝]
슬퍼하다 f. kədərlənmək, qəmlənmək / grieve, feel sad
슬프다 s. kədərli, qəmli, qəmgin / sad, sorrowful
슬픔 i. kədər, üzüntü, qəm, qüssə / sorrow, sadness
슬피 z. kədərli halda, qəmgin halda / sadly, sorrowfully [=슬프게]
습격(襲擊) i. basqın, hücum / an attack, a raid 습격하다 f. basqın etmək, hücum etmək
습관(習慣) i. adət, vərdiş / a habit, a custom
습기(濕氣) i. nəm, rütubət / moisture, humidity
습도(濕度) i. rütubət faizi / humidity
습도계(濕度計) i. hiqrometr (rütubət faizini ölçən cihaz) / a hygrometer
습득물(拾得物) i. tapılan əşya / a find, a thing found
습득하다(拾得--) f. götürmək, tapmaq / pick up, find
습득하다(習得--) f. öyrənmək / learn
습성(習性) i. vərdiş, adət / a habit
습하다(濕--) s. nəmli, rütubətli / damp, moist
승(勝) i. qələbə, zəfər / a win, a victory

승(僧) i. Buddist rahib / a Buddhist monk [=승려, 스님]
승강구(昇降口) i. giriş / an entrance
승강기(昇降機) i. lift / an elevater, a lift
승객(乘客) i. sərnişin / a passenger
승격(昇格) i. statusun qaldırılması, artırılması / the raising of status 승격하다 f. statusu qaldırmaq
승낙(承諾) i. razılıq, icazə, izn / consent, assent, agreement 승낙하다 f. razılıq vermək, icazə vermək, izn vermək
승려(僧侶) i. Buddist rahib və ya rahibə / a Buddhist monk
승리(勝利) i. qələbə, zəfər / victory, triumph 승리하다 f. zəfər çalmaq, qalib gəlmək, qələbə əldə etmək
승리자(勝利者) i. qalib, müzəffər / victor
승마(乘馬) i. ata minmə / horse riding 승마하다 f. ata minmək
승무원(乘務員) i. heyət, ekipaj (təyyarə, gəmi, qatar) / a crewmwn, a crew
승복하다(承服--) f. qəbul etmək, razılaşmaq, güzəştə getmək / accept, consent; yield to, give in to
승부(勝負) i. qələbə və ya məğlubiyyət; yarış / victory or defeat; a match 승부를 겨루다 f. yarışmaq
승산(勝算) i. qələbə imkanı / a chance of success (winning)
승소하다(勝訴--) f. məhkəmədə qalib gəlmək, məhkəmə prosesini udmaq / win (gain) the case
승용차(乘用車) i. maşın, şəxsi maşın / an automobile; a private automobile
승인(承認) i. bəyənmə, təqdir etmə / approval 승인받다 f. bəyənilmək, təqdir olunmaq 승인하다 f. bəyənmək, təqdir etmək
승진(昇進) i. vəzifənin yüksəldilməsi / promotion 승진시키다 f. vəzifəni yüksəltmək 승진하다 f. vəzifədə yüksəlmək, qalxmaq
승차(乘車) i. minmə (nəqliyyat) / taking a train(car, taxi) 승차하다 f. minmək
승차권(乘車券) i. bilet / a ticket
승차장(乘車場) i. dayanacaq, terminal / a car (bus) stop [=정거장 (停車場)]
승천 (昇天) i. göyə qalxma; ölüm / the Ascension; death 승천하다 f. göyə qalxmaq; ölmək
승패(勝敗) [=승부(勝負)]
승화(昇華) i. bərk maddənin buxara çevrilməsi; ucaltma, yüksəltmə, ülviləşdirmə / sublimation 승화하다 f. bərk maddəni buxara çevirmək; ucaltmaq, yüksəltmək, ülviləşdirmək

시(市) i. şəhər / a city [=도시(都市)]
시(時) i. saat / an hour; o'clock
시(詩) i. şeir; poeziya / poetry; a poem
시- təy.söz. lap, ən, ən çox (şiddətləndirmə) / vivid, deep; intensive 시꺼멓다 qapqara 시뻘겋다 qıpqırımızı
시가(市價) i. bazar qiyməti / the market price
시각(視覺) i. nöqteyi-nəzər, baxış dairəsi / a point of view
시간(時間) i. saat; vaxt / an hour; time
시간표(時間表) i. vaxt cədvəli / a timetable
시꺼멓다 s. qapqara / deep-black
시건방지다 s. kobud, həyasız, ədəbsiz, qaba, mənəviyyatsız / saucy, pert, impudent
시경(市警) i. şəhər polisi / the Metropolitan Police [=시경찰국(市警察局)]
시계(時計) i. saat / a clock; a watch 손목시계 qol saatı 벽시계 divar saatı
시골 i. kənd / the country, a rural district, village
시국(時局) i. siyasi durum, siyasi vəziyyət / the political situation, the state of affairs
시궁창 i. çirkli gölməçə / a cesspool; a ditch
시끄럽다 s. səs-küylü / noisy
시금치 i. ispanaq / spinach
시급하다(時急--) s. təcili / urgent, emergent, pressing
시기(時期) i. zaman, vaxt, mövsüm / time, the times, season
시기(猜忌) i. paxıllıq; qısqanclıq, qibtə / jealousy, envy 시기하다 f. paxıllıq etmək; qısqanmaq, qibtə etmək
시내 i. balaca çay, arx / brook
시냇물 i. çay suyu / brook water; stream
시녀(侍女) i. xidmətçi qız (qadın) / a waiting maid
시늉 i. təqlid, yamsılama / mimicry, imitation 시늉하다 f. təqlid etmək, yamsılamaq
시다 s. turş / sour
시다 f. turşumaq / turn sour
시달하다(示達--) f. təlimat vermək, təlimat göndərmək / instruct, notify
시달리다 f. incidilmək, narahat edilmək, zəhləsi tökülmək / be troubled with, be harassed
시대(時代) i. çağ, dövr, zaman, vaxt / an era, an age, a period
시도하다(試圖--) f. çalışmaq, cəhd etmək / try, try out, attempt to

시동(始動) i. işə salma (mühərrik) / starting 시동을 걸다 f. işə salmaq
시들다 f. solmaq / wither
시력(視力) i. görmə dərəcəsi, görmə qabiliyyəti / eyesight, optometry, sight, eye strength
시련(試鍊) i. iztirab, əzab, əziyyət; sınaq, imtahan / a trial; an ordeal 시련을 겪다 f. iztirab keçirmək; sınanmaq, imtahana çəkilmək
시론(時論) i. gündəlik hadisələrin şərhi / comments upon current events
시름 i. narahatçılıq, qayğı / anxiety; worry 시름하다 f. narahat olmaq, qayğılı olmaq 시름없다 s. narahat, qayğılı 시름없이 z. narahat, qayğılı
시리다 s. soyuq / cold; chilled 손이 시리다. Əllərim soyuqdur.
시립(市立) i. şəhər icra hakimiyyətinə aid / municipal, city-established 시립도서관 şəhər kitabxanası
시멘트 i. sement / cement < İng.
시무하다(視務--) f. işləmək, çalışmaq / attend to one's duties, do office work
시민(市民) i. vətəndaş; şəhər sakini, şəhərli / a citizen; the townsmen
시민권(市民權) i. vətəndaşlıq hüququ / (the right of) citizenship
시발역(始發驛) i. başlanğıc stansiya, ilk stansiya / the starting station
 ↔ 종착역(終着驛) sonuncu stansiya
시뻘겋다 i. qıpqırmızı / vey red, deep-red
시범(示範) i. örnək, nümunə / a model for others
시비(是非) i. doğru və yanlış / right and wrong
시사하다(示唆--) f. işarə vurmaq, işarə etmək / hint at; suggest
시사(時事) i. cari məsələlər / current events (affairs)
시상(施賞) i. mükafatlandırma / awarding a prize 시상하다 f. mükafat vermək
시상식(施賞式) i. təltif etmə mərasimi / a ceremony of awarding
시설(施設) i. şərait, ləvazimat, avadanlıq / facilities, equipment, institution
시세(時勢) i. vəziyyət, şərait (dövrlə bağlı) / the tendency of the times, the signs of the times
시세(市勢) i. bazar qiymətləri / the market prices
시소 i. uşaq yelləncəyi (taxta) / a seesaw, a teeter < İng.
시속(時速) i. sürət / speed per hour 시속 90 킬로미터 saatda 90 kilometr sürətlə
시스템 i. sistem, quruluş / a system < İng.
시시로(時時-) z. ara-sıra, hərdənbir / from time to time [=때때로]

시시하다 s. cüzi, əhəmiyyətsiz / trifling, insignificant

시식하다(試食--) f. dadına baxmaq, tamına baxmaq / taste, try, have a foretaste of

시신(屍身) i. cəsəd / a corpse, a dead body

시안(試案) i. layihə; plan / a tentative plan (draft); a draft, a plan

시야(視野) i. görmə sahəsi; dünya görüşü / a visual field; one's mental horizon 시야를 넓히다 f. dünya görüşünü genişləndirmək

시외(市外) i. şəhər ətrafı / the outskirts of a city, the suburbs

시외전화(市外電話) i. şəhərlərarası telefon zəngi / a toll call, a long-distance (an out-of- town) call

시원스럽다 s. səmimi, açıqürəkli; qaneedici, xoşagələn; aydın / frank, openhearted; satisfactory; clear 시원스런 눈 iri və parlaq gözlər 시원스러운 대답 xoşagələn cavab, aydın cavab 시원스러운 성격 açıqürəkli adam 일을 시원스럽게 처리하다 tapşırığı lazım olduğu kimi yerinə yetirmək

시원찮다 s. qane etməyən, xoşa gəlməyən, razı salmayan; əhəmiyyətsiz, dəyərsiz; pis; az / unsatisfying; worthless; not good; little

시원하다 s. sərin; qaneedici / cool, refleshing; satisfactory 시원한 날씨 sərin hava 시원한 대답 qaneedici cavab

시월(十月) i. Oktyabr / October

시위(示威) i. nümayiş / demonstration; show of force; display 시위하다 f. nümayiş keçirmək [=데모]

시의회(市議會) i. icra hakimiyyətinin yığıncağı / a municipal (city) assembly

시인하다(是認--) f. bəyənmək, qəbul etmək / approve; admit

시인(詩人) i. şair / a poet, a poetess

시일(時日) i. tarix; gün və saat / the date; the day

시작(始作) i. başlanğıc; başlama / the beginning, starting, opening 시작하다 f. başlamaq

시장(市長) i. bələdiyyə rəisi, mer / a mayor

시장(市場) i. bazar / a market; a market place

시장가격(市場價格) i. bazar qiyməti / a market value (price)

시장성(市場性) i. satılmaq üçün yararlı / marketability

시장하다 s. ac / (be) hungry

시절(時節) i. mövsüm; vaxt, zaman / the season; the time of the year

시점(時點) i. o vaxt, o zaman / point of time

시정하다(是正--) f. düzəliş vermək, düzəltmək / correct, rectify

시제(時制) i. fellərin zamanı / the tense
시조(始祖) i. soykök, bani, ulubaba / the founder; the father; the originater
시종(始終) i.,z. əvvəldən axıra qədər / the beginning and the end; from beginning to end, all the time
시중하다 [=시중들다] f. qulluq etmək, baxmaq, xidmət etmək, yardım etmək / attend on, serve
시즌 i. fəsil; mövsüm, zaman / a season   < İng.
시집(媤-) i. ər evi / one's husband's home
시집가다 f. ərə getmək / marry a man; take a husband
시집보내다 f. ərə vermək / give one's daughter in marriage
시집살이(媤---) i. qadının ailə həyatı / a woman's married life in the home of her husband's parents)
시차(時差) i. vaxt fərqi / the difference in time; the time differential
시찰하다(視察--) f. təftiş etmək, yoxlanış aparmaq, yoxlamaq / inspect
시책(施策) i. tədbir / a measure; policy
시청(市廳) i. bələdiyyə idarəsi; şəhər icra hakimiyyəti / a municipal office
시청자(視聽者) i. tamaşaçı (TV) / a TV viewer; the TV audience
시청하다(市廳--) f. (TV) tamaşa etmək, baxmaq / look and listen, watch
시체(屍體) i. cəsəd, cənazə; leş / a dead body, a corpse; a carcass
시초(始初) i. başlanğıc; mənşə, soykök / the beginning; the origin
시치미떼다 f. özünü bilməzliyə vurmaq, özünü tülkülüyə qoymaq / feign ignorance, play ignorance, pretend not to know
시커멓다 s. qapqara / deep-black
시키다 f. vadar etmək, tapşırmaq, həvalə etmək, buyurmaq, etdirmək, sifariş etmək / make a person do, cause, force, let; order
-시키다 təy.söz. etdirmək / have, make
시판(市販) i. bazar satışı / sale at a market, marketing 시판하다 f. mal satmaq; satmaq
시퍼렇다 i. gömgöy, tünd mavi / deep blue; deadly palə
시편(詩篇) i. (dini) zəbur şərləri / the Book of Psalms, the Psalms
시트 i. oturacaq (maşın və s.); mələfə, yataq ağı; üzlük / a seat; a bed sheet < İng. 자동차시트 maşının oturacağı
시한(時限) i. müddət, vaxt / the time limit
시합(試合) i. yarış, oyun / a match, a game 시합하다 f. yarışmaq 축구시합 futbol oyunu, yarışı

시행(施行) i. həyata keçmə, qüvvəyə minmə / enforce, put in force 시행하다 f. həyata keçirmək, qüvvəyə minmək
시행착오 i. işdə təkrar səhv etmə / trial and error
시험(試驗) i. imtahan / an examination, a test 시험하다 f. sınamaq, yoxlamaq 시험(을) 치루다, 시험(을) 치다, 시험(을) 보다 f. imtahan vermək
시험문제(試驗問題) i. imtahan sualları / questions for an examination
시험삼아(試驗--) z. qəsdən, yoxlamaq məqsədi ilə / by way of trial, on (for) trial
시험장(試驗場) i. imtahan zalı / an examination hall
시험적(試驗的) i. eksperimental / experimental ; tentative
식(式) i. mərasim; metod, üsul / a ceremony, a celebration; method, way 결혼식 toy mərasimi 신식 yeni metod
식견(識見) i. bilik; nöqteyi-nəzər, baxış / knowledge; one's view
식구(食口) i. ailə üzvləri; ailə / members of family; one's family
식권(食券) i. yemək talonu / a meal ticket
식기(食器) i. süfrə dəsti, yemək qabları / tableware; a dinner set
식다 f. soyumaq / cool down; cool, ruel; abate
식당(食堂) i. yeməkxana, restoran / a dinning room; a restaurant
식도(食刀) [=식칼(食-)]
식량(食糧) i. yeməklər, ərzaq, qida maddələri / food, provisions; ration
식료품(食料品) i. ərzaq malları / foodstuff
식모(食母) i. qulluqçu, mətbəx xidmətçisi / a kitchen maid
식목(植木) i. ağac əkmə / tree planting 식목하다 f. ağac əkmək
식물(植物) i. bitki / a plant
식물성(植物性) s. bitkiyə xas olan, bitki / vegetable 식물성 기름 bitki yağı
식물원(植物園) i. nəbatat bağı / botanical gardens
식물학(植物學) i. botanika / botany
식민(植民) i. müstəmləkələşdirmə, müstəmləkəyə çevirmə / colonization
식민주의(植民主義) i. müstəmləkəçilik / colonialism [=식민지주의]
식민지(植民地) i. müstəmləkə, koloniya / colony; settlement
식빵(食-) i. çörək / bread
식별하다(識別--) f. ayırmaq; ayırd etmək, fərqləndirmək / discriminate, distinguish; discern
식비(食費) i. ərzaq xərci / food expenses
식사(食事) i. yemək / a meal, dinner 식사하다 f. yemək, xörək yemək
식수(食水) i. içməli su / drinking water, fit to drink

식수(植樹) [=식목(植木)]
식욕(食慾) i. iştaha / appetite (for food)
식용(食用) i. yeməli / edible
식자(識者) i. savadlı, oxumuş adamlar; ziyalılar / learned people; intelligent people
식장(式場) i. mərasim salonu / a ceremonial site (hall)
식중독(食中毒) i. qida zəhərlənməsi / food poisoning
식초(食醋) i. sirkə / vinegar
식칼(食-) i. mətbəx bıçağı / a kitchen knife, a table knife
식탁(食卓) i. yemək masası, süfrə / a dining table, a dinner table
식품(食品) i. ərzaq / food; foodstuff
식히다 f. soyutmaq / let a thing cool; cool
신 i. ayaqqabı / shoes; footwear
신 i. əhval-ruhiyyə; həyəcan; sevinc / spirits; dash; excitement 신이 나다 həyəcanlanmaq, coşmaq, sevinmək
신(神) i. Tanrı, Allah; İlahi / God, the Most High; a god
신-(新-) təy.söz. yeni, təzə / new; fresh
신경(神經) i. əsəb, sinir; əsəbilik / a nerve; sensitivity
신경쇠약(神經衰弱) i. əsəb xəstəliyi / nervous prostration (debility)
신경질(神經質) i. əsəbilik, əsəbiləşmə / nervousness; nervosity 신경질적(神經質的) s. əsəbi / nervous
신경통(神經痛) i. nevralgiya (əsəb keçdiyi yerdə törəyən ağrı) / neuralgia
신고(申告) i. məlumat vermə, bildirmə; qeyd etmə / a report; a notice 신고하다 f. məlumat vermək, bildirmək
신교(新敎) i. Protestanlıq / Protestantizm; the Reformed Faith ↔ 구교(舊敎) Katoliklik
신기하다(神奇--) s. qəribə; ecazkar; sirli / marvelous, wonderful; mysterious
신기다 f. ayaqqabı geyindirmək / put shoes on a person
신기록(新記錄) i. yeni rekord / a new record (mark); a new high
신나다 f. həyəcanlanmaq; sevinmək / get excited; cheer up
신내리다(神---) [=신들다(神--)] f. şaman olmaq, cəzb olmaq; cinlənmək / be possessed by a spirit
신년(新年) i. Yeni il / a new year; the New Year
신념(信念) i. inam / belief, faith; conviction
신다 f. ayaqqabı geyinmək / put on; get on
신도(信徒) i. imanlı; mürid / a believer; a follower

신랄하다(辛辣--) s. kəskin, tünd / bitter, sharp
신랑(新郎) i. bəy (toy günü); gənc ər / a brigdegroom
신록(新綠) i. yaşıllıq / tender green; fresh verdure
신뢰(信賴) i. etibar; inam / reliance; trust 신뢰하다 f. etibar etmək
신문(新聞) i. qəzet / a newspaper
신문(訊問) i. sorğu-sual / questionin; a query 신문하다 f. sorğu-suala çəkmək, istintaq etmək
신문기자(新聞記者) i. jurnalist / a newsman, journalist, a pressman
신문사(新聞社) i. qəzet mətbəəsi / a newpaper publishing company; a newspaper office
신바람 i. yüksək əhval-ruhiyyə, kefi köklük / high spirits; elation
신발 i. ayaqqabı / footwear; shoes [=신]
신봉하다(信奉--) f. inanmaq, inamı olmaq / believe in; have faith in
신부(神父) i. keşiş / a Catholic priest
신부(新婦) i. gəlin / a bride
신분(身分) i. kimlik, şəxsiyyət; vəzifə / one's identity; one's social position (standing) 신분을 막론하고~ tutduğu vəzifədən asılı olmayaraq
신분증(身分證) i. vəsiqə / an identification card
신비(神秘) i. sirr, müəmma, möcüzə / mystery
신비주의(神秘主義) i. mistisizm / mysticism
신빙성(信憑性) i. inam, etibar / authenticity, credibility, reliability
신사(紳士) i. cənab, centilmen / a gentleman; gentry
신사복(紳士服) i. kişi kostyumu / men's suit
신사적(紳士的) s. centilmencəsinə, kişicəsinə / gentlemanly, gentlemanlike
신석기시대(新石器時代) i. Yeni Daş Dövrü / the Neolithic era
신선하다(新鮮--) s. təzə / fresh 신선한 생선 təzə balıq
신설하다(新設--) f. təzə inşa etmək; təzə qurmaq, təzə yaratmaq / establish, newly organize; found
신성(神性) i. ilahilik, ülviyyət / divine nature, divinity
신성(神聖) i. müqəddəslik / holiness 신성하다 s. müqəddəs
신세 i. mənəvi və ya maddi borc / moral indebtedness, a debt of gratitude 신세(를) 지다(입다) mənəvi cəhətdən borclu olmaq
신세(身世) i. bir kəsin vəziyyəti / one's lot, one's condition
신속하다(迅速--) s. sürətli, cəld, tez / rapid; quick
신수(身手) i. tale, qismət, bəxt; görünüş / one's fortune; one's apperance

신식(新式) i. yeni üsul, yeni növ, yeni metod / a new style (type), a new method
신실하다(信實--) s. sadiq, etibarlı / faithful; steady and honesty
신앙(信仰) i. iman / faith, belief, creed
신앙생활(信仰生活) i. dini həyat / a life of faith (religion)
신약성서(新約聖書) i. əhdi cədid (İncil) / the New Testament > 신약 (新約)
신용(信用) i. etimad; kredit / confidence; trust; credit 신용하다 f. etimad göstərmək
신용금고(信用金庫) i. kredit bankı / a credit union
신용대부(信用貸付) i. kredit vermə / a credit loan 신용대부하다 f. kredit vermək
신용장(信用狀) i. akreditiv / a letter of credit (L/C)
신원보증(身元保證) i. zəmanət, zaminlik / personal reference 신원보증인 zəmanətçi
신음하다(呻吟--) f. inildəmək / moan, groan
신의(信義) i. sadiqlik, sədaqətlilik / fidelity, faith; loyalty
신임(信任) i. etibar, inam / confidence; trust; credence 신임하다 f. etibar etmək, güvənmək, etimad göstərmək
신임장(信任狀) i. etimadnamə / cerdentials, a letter of credence
신임투표(信任投票) i. etimad rəyi (səsvermə) / a vote of confidence
신자(信者) i. imanlı, mömin, dindar / a believer
신작로(新作路) i. prospekt, əsas küçə / a highway
신장(身長) i. boy, hündürlük / stature, height
신장(伸張) i. genişlənmə, inkişaf etmə, tərrəqi etmə, artma / expansion; extension 신장하다, 신장되다 f. genişlənmək, inkişaf etmək, tərrəqi etmək, artmaq
신전(神殿) i. məbəd / a sanctuary, a temple
신정(新正) i. Yeni il (Yanvar ayının biri) / the New Year
신조(信條) i. əqidə, məslək; prinsip / a creed; a principle
신중하다(愼重--) s. ehtiyatlı, diqqətli / prudent, careful
신참(新參) i. təzə adam, yeni adam / a newcomer; a freshman
신청(申請) i. ərizə yazma / application; request 신청하다 f. ərizə yazmaq
신청서(申請書) i. ərizə / an application
신체(身體) i. bədən / the body
신축(新築) i. təzə inşa etmə / new construction 신축하다 f. təzə inşa etmək
신탁(信託) i. əmanət / trust 신탁하다 f. əmanət etmək

신통치않다(神通---) s. qeyri-kafi, pis, səriştəsiz / not good, bad, unsatisfactory

신학(神學) i. teologiya, ilahiyyat / theology

신형(新型) i. yeni model / a new model

신호(信號) i. siqnal; işarə / a signal; a sign 신호하다 f. siqnal vermək, işarə etmək (vermək)

신호기(信號機) i. siqnal aparatı / signal apparatus; an alarm

신호등(信號燈) i. sfetofor, işıqfor / signal lamp, a blinker

신혼(新婚) i. yenicə evlənmiş, təzəcə toyu olmuş / newlywed

신혼부부(新婚夫婦) i. təzə evlənmiş bəy-gəlin / a newly married couple

신혼생활(新婚生活) i. yeni ailə həyatı, gənc ailə həyatı / newly married life

신혼여행(新婚旅行) i. toy səyahəti, bal ayı / a honeymoon 신혼여행하다 f. toy səyahətinə çıxmaq

신화(神話) i. əfsanə, mif / a myth; mythology

싣다 f. yükləmək / load

실 i. sap / yarn, thread

-실(室) i. otaq, zal, salon / a room 교실 dərs otağı 사무실 ofis

실각(失脚) i. vəzifəsini itirmə; vəzifədən çıxarılma, kənar edilmə / loss of position; fall 실각하다 f. vəzifəsini itirmək, vəzifədən çıxarılmaq

실감하다(實感--) f. açıq-aşkar hiss etmək / feel actually.

실격(失格) i. məhrum etmə, çıxarılma (yarışdan, ixtisasdan və s.) / disqualification 실격하다, 실격되다 f. məhrum olunmaq, çıxarılmaq

실내(室內) i. otağın içi, salonun içi; iç / the interior of a room

실력(實力) i. real imkan, güc, qabiliyyət / real ability; competence

실력자(實力者) i. səlahiyyətli şəxs / a strong man; a man of influence

실례(失禮) i. kobudluq, qabalıq; nəzakətsizlik / rudeness; impoliteness 실례하다 f. kobudluq etmək, nəzakətsizlik etmək

실례(實例) i. misal, nümunə / an example; an instance

실로(實-) z. həqiqətən, doğrudan, gerçəkdən / truely; indeed

실리(實利) i. mənfəət, fayda, gəlir, xeyir / an actual profit, benefit, utility

실리다 f. nəşr edilmək, çap olunmaq, yazılmaq (qəzetdə); yüklənmək / be recorded; be carried

실마리 i. kələfin ucu / a clue 실마리를 찾다 f. kələfin ucunu tapmaq, kələfi açmaq, düyünü açmaq

실망(失望) i. ruhdan düşmə, məyusluq, ümidsizlik, məyus olma, ümidi boşa çıxma / disappointment 실망하다 f. ruhdan düşmək, məyus olmaq,

ümidi boşa çıxmaq 실망시키다 f. ruhdan salmaq, məyus etmək, ümidini boşa çıxartmaq
실무(實務) i. real iş, praktiki iş / actual affairs, practical business
실물(實物) i. real şey, əşyanın özü, əyani vasitə / a real thing, an actual object
실상(實狀) i. fakt; həqiqət, gerçəklik / the fact; the truth
실속(實-) i. mahiyyət; məğz / substance, matter; contents 실속있는 장사 gəlirli iş
실수(失手) i. səhv, xəta / a mistake   ; an error, a fault
실습(實習) i. praktika, təcrübə / practice; exercise 실습하다 f. təcrübə keçmək
실시하다(實施--) f. icra etmək, yerinə yetirmək, həyata keçirmək / enforce, carry into, execute
실신하다(失神--) f. özündən getmək, huşunu itirmək, bayılmaq / swoon, faint
실언하다(失言--) f. ağızdan söz qaçırmaq; səhv danışmaq, ehtiyatsız danışmaq / make a slip of tongue
실업(失業) i. işsizlik / unemployment
실업(實業) i. iş; sənaye / business; industry
실업가(實業家) i. iş adamı, işgüzar adam / a businessman
실업계(實業界) i. biznes dünyası / the business (industrial) world
실없다(實--) s. mənasız, boş; etibarsız / nonsensible; faithless 실없는 사람 etibarsız adam
실업자(失業者) i. işsiz adam / an unemployed person
실용(實用) i. əməli olaraq istifadə etmə, praktiki olaraq istifadə etmə / practical use, utility
실용적(實用的) s. əməli, praktiki, real / pratical
실용주의(實用主義) i. praqmatizm / pragmatism
실장(室長) i. bölmə rəisi, müdiri / a section chief
실재(實在) i. real varlıq, mövcudluq, gerçəklik / real existence, actual being
실적(實績) i. real nəticə / results; one's record of performance
실정(實情) i. real vəziyyət, mövcud şərait / the actual circumstances, the real state of affairs
실제(實際) i. real vəziyyət, faktiki vəziyyət, fakt; reallıq; həqiqət, gerçəklik / a fact; reality; an actual state; the truth
실제로(實際-) z. real olaraq, həqiqətən, əslində, doğrudan, gerçəkdən / as a matter of fact, actually, really
실제적(實際的) s. real, faktiki, praktiki / matter-of-fact, practical

실족하다(失足--) f. büdrəmək; yıxılmaq, sürüşmək / miss one's foot (step); take a wrong step
실증하다(實證--) f. sübut etmək / prove, demonstrate
실지(實地) i., s. real, praktiki / pratical, actual
실질(實質) i. əsas, mahiyyət, məğz, məna, məzmun / substance, essence
실질적(實質的) s. real, həqiqi, əsaslı / substantial, essential
실책(失策) i. səhv, səhv plan, yanlış plan / a blunder, an error; a bungle
실천(實踐) i. yerinə yetirmə, icra etmə / practice 실천하다 f. yerinə yetirmək, icra etmək
실체(實體) i. əsas, məğz, mahiyyət / substance, essence, entity
실컷 z. kifayət qədər, ürəyi istəyən qədər, doyunca, boğaza qədər, xırtdəyəcən / as much as one likes, to one's heart's content; to the full
실탄(實彈) i. güllə / a ball cartridge, a solid bullet
실태(實態) i. real vəziyyət, mövcud şərait / the actual condition (state)
실토하다(實吐--) f. etiraf etmək, boynuna almaq, açıb söyləmək / confess, disclose
실패(失敗) i. uğursuzluq, müvəffəqiyyətsizlik / failure 실패하다 f. müvəffəqiyyətsizliyə uğramaq, uğursuzluğa düçar olmaq
실하다(實--) s. sağlam, möhkəm; bərk / strong; firm
실행(實行) i. yerinə yetirmə, icra etmə, həyata keçirmə / practice; action; realization 실행하다 f. yerinə yetirmək, icra etmək, həyata keçirmək
실험(實驗) i. sınaq (laboratoriyada), sınaqdan keçirmə / experimentation; laboratory work; a test 실험하다 f. sınaqdan keçirmək, yoxlamaq
실험실(實驗室) i. laboratoriya / a laboratory
실현(實現) i. gerçəkləşmə, reallaşma, həyata keçmə, nail olma / realization; attainment 실현되다 f. gerçəkləşmək, reallaşmaq, həyata keçmək, nail olmaq 실현시키다 f. gerçəkləşdirmək, reallaşdırmaq
실화(實話) i. doğru əhvalat, olmuş əhvalat, həqiqi məsələ, doğru məsələ / a true story
실황(實況) i. faktiki vəziyyət, real şərait / the actual condition (state); the actual scene
실황방송(實況放送) i. canlı yayım, birbaşa efir / on the spot broadcasting, on-the-spot, broadcasting, a ball-by-ball[blow-by-blow, play-by-play
실효(實效) i. real təsir, praktik təsir; səmərə / pratical effect; efficacy
싫건 좋건 z. istər-istəməz / whether willing or not

싫다 s. pis; xoş olmayan, xoşagəlməz; iyrənc / bad; unpleasant, hateful; disgusting

싫어지다 f. xoşa gəlməməyə başlamaq, zəhləsini tökməyə başlamaq / come to dislike (sombody, something)

싫어하다 f. xoşlamamaq, zəhləsi getmək, nifrət etmək / dislike; detest

싫증 i. bezmə, usanma, cana doyma, təngə gəlmə / an aversion, disgust

심(心) i. özək, orta, mərkəz, iç, nüvə / the core, the center > 중심

-심(心) i. ürək, qəlb, düşüncə, hissiyyat / a heart, a mind 애국심 vətənpərvərlik hissi 충성심 vəfalılıq hissi

심각하다(深刻--) s. ciddi, kəskin, ağır, sərt / serious, grave

심다 f. əkmək / plant

심란하다(心亂--) s. dolaşıq olmaq (beyin); narahat olmaq; kefi pozulmaq / be disturbed, be confused; be upset; be worried

심리 (心理) i. ruhi vəziyyət; psixoloji hal / a state of mind; a mental state; psychology

심리(審理) i. məhkəmə prosesi, mühakimə / trial; inquiry hearing 심리하다 f. mühakimə etmək

심리적(心理的) s. psixoloji / psicologic 심리적으로 z. psixoloji cəhətdən

심리학(心理學) i. psixologiya / psychology

심문(審問) i. istintaq / an in quiry; a formal interro ation; hearing 심문하다 f. istintaq aparmaq

심미적(審美的) s. estetik / esthetic

심방(尋訪) i. baş çəkmə, yoluxma, dəymək / a visit; a call 심방하다 f. baş çəkmək, yoluxmaq, dəymək

심부름 i. iş buyurma, tapşırıq / an errand 심부름시키다 f. iş buyurmaq, iş dalınca göndərmək

심사숙고(深思熟考) i. nəzərdən keçirmə, dəqiq ölçüb biçmə, saf-çürük etmə / consideration, deliberation 심사숙고하다 f. nəzərdən keçirmək, dəqiq ölçüb biçmək, saf-çürük etmək

심술궂다 s. bədxah, bədxasiyyətli / perverse; evilminded

심술부리다 f. zərər yetirmək / do a person something mean

심신(心身) i. ruh və bədən, can və bədən / mind and body

심심풀이 i. vaxt öldürmə, vaxtı boş keçirmə / killing time 심심풀이하다 f. vaxt öldürmək, vaxtı boş keçirmək

심심하다 s. cansıxıcı, darıxdırıcı / be bored

심야(深夜) i. gecə yarısı / midnight, the dead of night

심의(審議) i. götür-qoy etmə, ölçüb-biçmə, nəzərdən keçirmə / deliberation; consideration; careful discussion 심의하다 f. götür-qoy etmək, ölçüb-biçmək, nəzərdən keçirmək

심장(心臟) i. ürək / the heart

심장마비(心臟痲痺) i. ürək iflici, ürək tutması / heart failure, paralysis of the heart, a heart attack

심장병(心臟病) i. ürək xəstəliyi / a heart disease

심정(心情) i. ürək, qəlb, könül; düşüncə; duyğu / one's heart; one's feeling

심줄 i. vətər, əzələlər / a sinew, a tendon

심증(心證) i. qəlbdə hiss etmə, duyma (lakin sübut-dəlil yoxdur), dərk etmə / a conviction

심지어(甚至於) z. hətta / what is more (worse), (not) so much as 그는 심지어 제 이름조차 쓸 줄 모른다. O, hətta adını belə yaza bilmir.

심취하다(心醉--) f. pərəstiş etmək, məftun olmaq, həddən artıq sevmək, bənd olmaq, meyl göstərmək, aludə olmaq / be fascinated, be devoted to

심판(審判) i. hökm; hakim (yarışda) / judgment, verdict; (game) referee 심판하다 f. hökm vermək 심판을 보다 f. hakimlik etmək

심하다(甚--) s. dəhşətli, dərin, kəskin, sərt / strict, severe, harsh 심한 바람 şiddətli külək 그건 너무 심한 결정이다. O, çox ağır qərardır.

심히(甚-) z. son dərəcə, ifrat dərəcədə, həddən artıq / extremely [=심하게]

십(十) say. on / ten

십계명(十誡命) i. On əmr (Tövrat) / the Ten Commandments

십대(十代) i. yeniyetmə / a teenager, the teens

십만(十萬) say. yüz min / a hundred thousand

십일(十一) say. on bir / eleven

십자(十字) i. xaç nişanı / a cross

십자가(十字架) i. çarmıx / a cross, the Cross 십자가에 못박히다 çarmıxa çəkilmək

십자군(十字軍) i. səlibçi, xaçlı (səlib yürüşündə iştirak edən əsgər) / a crusade, the crusaders

십중팔구(十中八九) i., z. onundan səkkizi və ya doqquzu, təxminən / almost, nearly, nine times out of ten

싱겁다 s. şit, duzsuz, duzu az; dadsız / not salty enough; tasteless

싱글벙글하다 f. xoşbəxtlikdən gülümsəmək / smile happily

싱싱하다 s. təzə, yeni, tər / fresh, young and fresh, fresh-looking 싱싱한 과일 təzə meyvə 싱싱한 오이 tər xiyar

싶다 s. istəmək, ümid etmək / want to; wish to; would like to; seem, look, be likely to 집에 가고 싶다. Evə getmək istəyirəm.

싶어하다 f. arzusunda olmaq / want to, wish to, desire, be fond of

싸게 z. ucuz / cheap(ly)

싸구려 i. ucuz (mallar) / cheap article

싸늘하다 s. soyuq; sərin / cold; chilly; cool

싸다 s. ucuz / cheap ↔ 비싸다

싸다 f. ifraz etmək (sidik, peyin) / void; discharge; excrete 대변을 싸다 çölə çıxmaq, bayıra çıxmaq 오줌을 싸다 işəmək, siyimək, su buraxmaq

싸다 f. bağlamaq, bükmək, qablaşdırmaq / wrap, pack

싸매다 f. sarımaq / wrap and tie up

싸우다 f. dalaşmaq, dava etmək, mübahisə etmək, savaşmaq / quarrel, fight, war, dispute [=싸움하다]

싸움 i. savaş; dava / qurrel; fight, war 싸움하다 f. dava etmək

싸움터 i. hərb meydanı, döyüş meydanı, müharibə meydanı / battlefield [=전쟁터]

싸이다 f. bağlanmaq, örtülmək, qablaşdırılmaq / be wrapped, be covered

싸잡다 f. dəstə ilə ələ almaq / put together; round up

싹 i. tumurcuq; pöhrə / bud; sprout

싹 z. tamamilə, büsbütün / quite, entirely, completely

싹트다 f. tumurcuqlamaq, cücərmək / sprout, put forth shoots

쌀 i. düyü / rice

쌀쌀맞다 s. soyuq; sərt / cold, icy; friid

쌀쌀하다 s. sərin, nisbətən soyuq / rather cold, chilly

쌈 [=싸움]

쌍(雙) i. cüt, qoşa / a pair; twins; a couple

쌍둥이(雙童-) i. əkiz / twins; a twin

쌍무(雙務) i. ikitərəfli; qarşılıqlı / bilateral 쌍무무역 qarşılıqlı ticarət

쌍방(雙方) i. hər iki tərəf / both parties; both sides

쌍쌍이(雙雙-) z. qoşa-qoşa, iki-iki, cüt-cüt / in pairs; by twos

쌍수(雙手) i. hər iki əl / both hands; with open arms

쌍안경(雙眼鏡) i. binokl, durbin / a binocular

쌓다 f. üst-üstə yığmaq, qalaq-qalaq yığmaq; tikmək; inşa etmək / pile up, heap; build
쌓이다 f. qalaq-qalaq yığılmaq / be piled up **쌨다** s. çox, bol / plentiful, abundant 시장에 물건이 쌨다. Bazarda çoxlu mal var.
써내다 f. yazıb təqdim etmək / write and submit
써넣다 f. doldurmaq (sənəd, forma, mötərəzə); yazmaq / write in; fill in
썰다 f. (bıçaqla) kəsmək, doğramaq / cut; chop; slice [=자르다]
썰매 i. xizək, kirşə / a sleigh, a sledge
썰물 i. çəkilmə (dəniz səviyyəsinin aşağı düşməsi) / the ebb tide ↔ 밀물 qabarma (dəniz səviyyəsinin qalxması)
쏘다 f. (ox) atmaq, bir şeyi hədəfə doğru atmaq; sancmaq / shoot (an arrow); fire a gunlet off 벌이 나를 쐈다. Arı məni sancdı.
쏘다니다 f. veyillənmək, boş-boş gəzmək, avaralanmaq / gad about
쏘아보다 f. dik baxmaq / glare at; scowl at
쏜살같이 i. ox kimi, çox sürətli / swiftly as an arrow
쏟다 f. tökmək / pour (out, in, into)
쏟아지다 f. tökülmək / pour (out, down)
쏠리다 f. bir tərəfə əyilmək / lean to; incline to
쐐기 i. paz, çüy / a wedge; a chock
쐬다 f. qəbul etmək / expose (to the sunlight, wind, air), be exposed to 공기를 쐬다 havaya çıxmaq 햇빛을 쐬다 özünü günə vermək
쑤셔넣다 f. tıxamaq, dürtmək, soxmaq / thrust into
쑤시개 i. külüng / a pick < 이쑤시개
쑤시다 f. dürtmək, soxmaq, saplamaq / poke, pick
쑤시다 f. ağrımaq / ache
쑥 i. dik (yuxarıya); dik (aşağıya) / (protruded) way out; (sunken) way in.
쑥 i. yovşan / a mugwort
쑥덕거리다 f. qeybət qırmaq, pıçıldaşmaq; gizli danışmaq / whisper secrets
쑥스럽다 s. uyğun olmayan / unbecoming; improper; indecent
쓰다 f. yazmaq / write
쓰다 f. istifadə etmək / use, make use of
쓰다 f. taxmaq / put on; wear 안경을 쓰다 eynək taxmaq
쓰다 s. acı / bitter
쓰다듬다 f. oxşamaq, sığallamaq / stroke; caress
쓰라리다 s. çox acı / smart; sore
쓰라림 i. acılıq / soreness

쓰러뜨리다 f. vurub yıxmaq, vurub dağıtmaq / throw down
쓰러지다 f. yıxılmaq, düşmək / fall
쓰레기 i. zibil / trash; refuse; rubbish
쓰레기통 i. zibil qabı / a refuse bin; a dust bin
쓰리다 s. ağrı-acılı / smart, sore
쓰이다 f. yazılmaq / be written
쓰이다 f. istifadə olunmaq / be used
쓸다 f. süpürmək / sweep
쓸다 f. yeyələmək, itiləmək / file; rasp > 줄로 쓸다 yeyə ilə itiləmək
쓸데없다 s. gərəksiz, lazımsız / needless; unnecessary; useless
쓸모 i. yararlılıq / usefulness; utility
쓸쓸하다 s. yalqız, tənha, kimsəsiz; tənhalıqdan cana doymuş / lonely, lonesome
쓸어버리다 f. qırmaq, məhv etmək, yox etmək / sweep away
씀씀이 i. istifadə qaydası / use, usage
씌우다 f. örtmək / cover a thing with
씨 i. toxum, çiyit / a seed
씨 [=품사(品詞)]
-씨(-氏) i. cənab / Mr.
씨름 i. güləş növü (Koreya) / the Korean wrestling; struggle 씨름하다 f. güləşmək
씨앗 i. toxum / seeds (of grain, vegetables)
씨족(氏族) i. qəbilə, nəsil, klan / a family; a clan
씩씩하다 s. diribaş, zirək, cəsur, mərd, igid / brave, courageous; manful
씹다 f. çeynəmək; gövşəmək / chew
씹히다 f. çeynənilmək / be chewed; let a person chew
씻기다 f. yuyulmaq; (su ilə) təmizlənmək / be washed, be wiped
씻다 f. yumaq / wash, clean by washing, cleanse; bathe
씻어내다 f. yuyub təmizləmək / wash away, wash off, clear away

ㅇ ŋ, ng

아가 i. bəbə, çağa, körpə; uşaq / an infant; a baby
아까 z. bir az qabaq / some time ago; a short time ago
아가리 i. ağız (kobud mənada), cəhəng / a mouth; a muzzle [=입]
아가미 i. qəlsəmə / the gill (of a fish)
아가씨 i. gənc qız, cavan qız, gənc xanım / a young lady
아깝다 s. təəssüfedici, heyfsləndirici / pitiful, regrettable
아교(阿膠) i. taxta yapışqanı / glue
아군(我軍) i. bizim ordu / our forces
아기 [=아가]

'아이' və '아기'-nın fərqi
'아이' yaşı az olan bütün insanları bildirən sözdür və heyvanlara aid edilmir. '아기' isə dələ balası, fil balası və s. nümunələrdə də göründüyü kimi heyvanlara da aid edilir.

아끼다 f. qənaət etmək, az istifadə etmək; əsirgəmək, xəsislik etmək; əzizləmək, xoşlamaq / economize, spare; be stingy; be loved, like 그것은 내가 아끼는 시계다. O, mənim dəyər verdiyim saatdır.
아낌없이 z. səxavətlə, əliaçıq, comərd / generously; unsparingly; unstintedly
아나운서 i. diktor, aparıcı (radio, TV və s.) / an announcer < İng.
아내 i. həyat yoldaşı, arvad / a wife
아늑하다 s. rahat / cozy, snug, compact
아는 체하다 f. özünü bilən kimi göstərmək, özünü ağıllı göstərmək / pretend to know, pretend as if one knew
아니 nid. xeyr, yox; heç zaman / not; never, no
아니 nid. Nə! vay!, Aman Allah!, niyə ki! / no!, nay!, dear me!, why!
아니꼽다 s. iyrənc, xoşagəlməz, zəhlətökən, ürəkbulandırıcı / saucy, sickening, revolting, repulsive
아니나 다를까 z. gözlənildiyi kimi / as expected

아니다 s. deyil / be not; no 그는 학생이 아니다. O, tələbə deyil. 그는 학생도 아니고 선생도 아니다. O nə tələbə deyil, nə də müəllim.
아니면 z. ya ..ya da; yoxsa / either...or; otherwise, else 자네가 아니면 이건 내 잘못이다. Ya sənin günahındır, ya da mənim.
아니요 nid. xeyr, yox / no
아니하다 [=않다]
아닌 밤중에 i. gecənin bir çağı; gözlənilmədən, bivaxt / a midnight; unexpectedly 아닌밤중에 홍두깨로 gözlənilmədən
아담 i. Adəm / Adam
아담하다 s. xudmani, rahat; zərif, incə, nəfis, gözəl, qəşəng, səliqəli, sahmanlı / elegant, refined, neat, tidy 아담한 가구 zərif mebel 아담한 방 xudmani otaq
아동(兒童) i. uşaq / a child
아득하다 s. uzaq; tutqun, donuq, aydın olmayan / far, faraway; remote; dim 아득한 옛날 uzaq keşmişdə 갈 길이 아득하다. Gedəcəyimiz yol uzaqdır. 기억이 아득하다. Yadımda deyil, yaddaşım zəifləyib.
아들 i. oğul; oğlan / a son; a boy
아따 nid. Ay aman! İlahi! / Gosh!; My!
아랍 i. ərəb / Arab
아랑곳하다 f. maraqlanmaq, fikir vermək; qarışmaq / concern oneself with, take an interest in 아랑곳하지 않다 f. maraq göstərməmək, fikir verməmək
아래 i. alt, aşağı; dib / the lower part; the bottom
아래쪽 i. alt tərəf, aşağı tərəf / a downward direction
아량(雅量) i. dözüm, səbir, hövsələ; əliaçıqlıq, səxavət / tolerance; generosity
아련하다 s. tutqun, donuq, dumanlı, aydın olmayan, qeyri müəyyən / dim, faint, vague
아로새기다 f. zərif şəkildə həkk etmək; ürəyinə yatmaq, qəlbinə yatmaq, beyninə həkk etmək / engrave delicately 그는 내 마음속에 깊이 아로새겨져 있다. O, mənim ürəyimə yatıb.
아롱지다 s. alabəzək, rəngbərəng, xallı; ləkə-ləkə / spotted; mottled
아뢰다 f. söyləmək, bildirmək, demək / tell, inform, say
아르메니아 i. Ermənistan / Armenia
아름 i. qucaq dolusu / an armful 한 아름 bir qucaq
아름다움 i. gözəllik, zəriflik, incəlik / beauty

아름답게 z. gözəl, qəşəng / beautifully, prettily
아름답다 s. gözəl, qəşəng / beautiful, pretty, lovely

> '**아름답다**' və '**예쁘다**'-nın fərqi
> '**예쁘다**' sadə gözəllik olaraq yaşı az olanlara da aid edilir, lakin '**아름답다**' sözünü yaşı az olanlara demək olmaz. Həmçinin, '**아름답다**'dan xatirə, fədakarlıq və s. dəyərlərə dair gözəlliyi ortaya çıxardıqda da istifadə edilir.
> 아이가 정말 예쁘다. Uşaq həqiqətən qəşəngdir (O)
> 그 여자는 아름답다. O qadın gözəldir (O)
> 추억은 항상 아름답다. Xatirələr həmişə gözəldir (O)

아리다 f. ağrımaq; acışmaq, sancmaq, sızıldamaq, göynəmək, zoqquldamaq (yara barədə) / smart, tingle, burn, hurt
아마 z. bəlkə, ola bilər, yəqin / perhaps; probably

> '**아마**' və '**혹시**'-nin fərqi
> '**아마**' '-ㄹ/을 거예요', '-ㄹ/을 것 같다' kimi təxmin bildirən söz və ya şəkilçilərlə birlikdə istifadə edildiyinə görə təxmin bildirir. '**혹시**' isə əsasən sual cümlələrində işlədilir və şübhə bildirir.
> 아마 오늘은 비가 올 것 같아요. - Güman ki, bu gün yağış yağacaq.
> 혹시 일요일에 만날 수 있을까? - Bazar günü görüşə bilərik?
> 혹시 돈이 있으면 나 좀 빌려 줄래?
> Əgər pulun varsa mənə bir az borc verə bilərsən?

아마도 z. bəlkə də, ola bilsin ki, yəqin ki / probably; perhaps; may be
아마추어 i. həvəskar / an amateur < İng.
아메리카 i. Amerika Birləşmiş Ştatları, Amerika / U.S.A., America
아무 əv. kimsə / anyone, anybody, any person
아무- təy.söz. heç / no one, nobody, none; any 아무 것도 도움줄 수 없었다. Heç nə kömək edə bilmədi.
아무개 i. filankəs, kimsə / a certain person; sombody, such and such a person
아무것 i. nəsə, nə isə, hər hansı bir şey; heç nə, heç bir şey / anything, something; nothing
아무때 z. hər zaman, istənilən vaxt, nə vaxt olursa olsun / anytime, any moment; all the time 아무때나 와! İstədiyin vaxt gəl!

아무데 i. hər hansı bir yer; bir yerdə, haradasa / any place; anywhere; somewhere
아무래도 z. nə olursa olsun, hər vasitə ilə / anyhow, by no means, (not) at all
아무런 təy.söz. heç nə / any 이 책은 아무런 재미도 없다. Bu kitabda maraqlı heç nə yoxdur.
아무렇게나 z. diqqətsiz, düşünmədən; ürəksiz, laqeyd / any which way; carelessly
아무렇든지 z. nə olursa olsun; hər halda / at any rate; in any case
아무렇지(도)않다 s. sağ, salamat; oldu, problem yoxdur / safe, sound; all right
아무렴 z. əlbəttə / of course
아무리 z. baxmayaraq ki; nə olsa da / however; no matter what
아무말 i. bir söz; hər hansı söz / any word
아무일 i. bir şey; heç bir şey / something; anything; nothing 아무일 없이 heç bir hadisə baş vermədən
아무쪼록 z. mümkün olduğu qədər / as much as one can; as much as possible
아물다 f. sağalmaq; yaxşılaşmaq (yara) / close up; heal up
아물리다 f. sağalmaq; qurtarmaq / heal, make (a wound) heal; finish
아버님 i. ata (hörmət mənasında) / one's father
아버지 i. ata / a father
아부하다(阿附--) f. yaltaqlanmaq / flatter, butter (a person) upon
아사(餓死) i. aclıqdan ölmə / death from hunger 아사하다 f. aclıqdan ölmək
아쉬워하다 f. darıxmaq, həsrət çəkmək; heyfslənmək / miss; feel the want of
아쉬운대로 z. hələlik, kifayət qədər olmasa da / as a make shift; though it is not enough 아쉬운대로 이 사전을 쓰자. Hələlik bu lüğətdən istifadə edək.
아쉽다 s. ehtiyac duyulan / want for, needed
아스피린 i. aspirin / aspirin
아슬아슬하다 s. tir-tir əsmə, həyacanlı; təhlükəli; riskli; az saylı / thrillin; dangerous; risky; close 아슬아슬하다 sarısını udmaq 아슬아슬하게 이기다 az hesabla udmaq
아씨 i. xanım, bəyim (qədim dövrdə nökərin öz ağasının qızına və ya arvadına müraciət forması) / your lady; Mrs; madam
아시아 i. Asiya / Asia < İng.
아양 i. işvə, naz, qəmzə, əzilib-büzülmə; yaltaqlıq / coquetry; flattery
아양떨다 f. nazlanmaq, əzilib-büzülmək, işvə vermək; yaltaqlanmaq, quyruq bulamaq, yalaqlanmaq

아연(亞鉛) i. sink / zinc
아우 i. kiçik qardaş, balaca qardaş / a one's younger brother
아우성 i. hay-küy; fəryad, bağırma / a clamor; an outcry; a squawk
아우성치다 f. səs-küy qaldırmaq, hay-küylə tələb etmək; fəryad qoparmaq, şivən qaldırmaq, bağırmaq
아울러 z. habelə, bununla yanaşı, həmçinin; bundan başqa, bundan əlavə / in addition; besides; together
아이 i. uşaq / a child; a kid
아이큐 i. ağıl səviyyəsi, zehni inkişaf səviyyəsi (test üsulu ilə) / an IQ, an intelligence quotient
아장거리다 f. ayaqlarını sürüyə-sürüyə yerimək / toddle about
아저씨 i. əmi, dayı; kişi (müraciət forması) / an uncle; a man
아주 z. lap, olduqca, həddən artıq / quite, exceedingly; greatly; utterly, wholly
아주머니 i. xala; xanım (müraciət forması) / an aunt; a lady
아줌마 i. xalacan / auntie [=아주머니]
아제르바이잔 i. Azərbaycan / Azerbaijan
아지랭이 i. isti havanın parıltısı və ya işartısı (torpaq üzərində isti havanın titrəyişi, dəm verməsi, buğ verməsi) / heat haze, waves of heat, shimmering
아직 z. hələ, hələ də / not yet, still [=아직도]
아직까지 z. indiyə qədər / until now; up to the present; to this time
아직도 z. hələ, hələ də / still; even to this time; more
아찔하다 s. baş gicəlləndirən, baş gicəlləndirici / dizzy; giddy; faint 머리가 아찔하다(현기증이 나다). Başım gicəllənir.
아집(我執) i. xudpəsəndlik, eqoizm, mənəmmənəmlik / egoistic attachment, egoism
아첨(阿諂) i. yaltaqlanma / flattery, adulation 아첨하다 f. yaltaqlanmaq, quyruq bulamaq, yalaqlanmaq, qılıqlanmaq
아치 təy.söz. –çı⁴, -cı⁴ (sözdüzəldici şəkilçi) / -man; -er 벼슬아치 rəsmi şəxs 장사치 alverçi
아침 i. səhər; səhər yeməyi / morning; breakfast
아파트 i. yaşayış binası / an apartment house   < İng.
아편(阿片) i. tiryək / opium
아프다 s. ağrılı; ağrıdıcı / painful
아프리카 i. Afrika / Africa
아픔 i. ağrı / a pain, a ache

아홉 say. doqquz / nine
아흐레 i. doqquz gün / nine days
아흐렛날 i. doqquzuncu gün / the ninth day
아흔 say. doxsan / ninety [=구십]
악 i. qəzəb, hiddət / wild rage, wild anger, desperation, desperate effort 악에 바치다, 악이 오르다 qəzəbdən ağlını itirmək 악을 쓰다 qışqırmaq, bağırmaq, şivən qoparmaq
악(惡) i. şər, pislik, təqsir / badness; evil; vice
악곡(樂曲) i. musiqi kompozisiyası / a musical piece (composition)
악귀(惡鬼) i. cin, şeytan, iblis / a demon; a devil; an evil spirit
악기(樂器) i. musiqi aləti, çalğı aləti / a musical instrument
악녀(惡女) i. ifritə, şeytan qadın / a wicked woman
악념(惡念) i. bədniyyət, şər fikir / an evil intention; ill will
악단(樂團) i. orkestr / an orchestra; a band
악담(惡談) i. qarğış, söyüş, şər atma, küfr etmə / a curse; abuse 악담하다 f. qarğış etmək; söyüş söymək; şər atmaq
악당(惡黨) i. xuliqan, quldur / a scoundrel; a rascal; a hooligan
악독하다(惡毒--) s. şərli, şeytanlı / most wicked; infernal
악령(惡靈) i. cin, şər qüvvə / an evil spirit
악마(惡魔) i. şeytan, iblis / satan; a devil; a demon
악명(惡名) i. pis ad / a bad reputation
악몽(惡夢) i. qorxulu yuxu, qarabasma, vahimə / a nightmare, a bad dream
악물다 f. dişlərini qıcamaq / clench (one's teeth)
악법(惡法) i. pis qanun / a bad law
악보(樂譜) i. musiqi notu / a sheet of music; a notation
악센트 i. vurğu, aksent / an accent, a stress   < İng.
악수(握手) i. əl ilə görüşmə / shaking hands 악수하다 f. əl verib görüşmək
악쓰다 f. bağırmaq; çabalamaq / cry out, shout out; try hard, struggle
악습(惡習) i. pis adət, pis qayda / a bad habit, a vicious habit
악심(惡心) i. pis niyyət, qisasçılıq / an evil intention, malevolence
악어(鰐魚) i. timsah / a crocodile; an alligator
악영향(惡影響) i. pis təsir / a bad influence
악용하다(惡用--) f. sui istifadə etmək / abuse; misuse; make a bad use
악의(惡意) i. pis niyyət / an evil intention; ill will
악인(惡人) i. şər adam, pis adam / a bad man, a wicked man

악조건(惡條件) i. əlverişsiz şərait, pis şərait / unfavorable condition
악질(惡質) i. pis xasiyyətli / evil nature; wickedness
악착같이(齷齪--) z. var gücü ilə, var qüvvəsi ilə, bütün gücü ilə / perseveringly; desperately
악처(惡妻) i. pis arvad / a bad wife
악천후(惡天候) i. pis hava / bad (foul) weather
악취(惡臭) i. üfunət, pis iy, pis qoxu / a bad (foul) smell
악취미(惡趣味) i. pis zövq / vulgar (bad) taste
악평(惡評) i. pis ad, pis mənsəb; ədalətsiz tənqid, haqsız tənqid / a bad reputation; ill fame; an abusive remark 악평하다 f. bir kəsi ədalətsiz tənqid etmək
악행(惡行) i. pis hərəkət / evil conduct, an evil deed, evildoing 악행하다 f. pis hərəkət etmək, pislik etmək
악화(惡化) i. pisləşmə, ağırlaşma / a change for the worse 악화되다 f. pisləşmək, ağırlaşmaq
안 i. iç; iç tərəf, daxili hissə / the interior; the inside
안(案) i. təklif; plan / proposal, suggestion; plan, program, a scheme 초안 ilkin variant, qaralama, eskiz 안을 짜다 f. planlaşdırmaq
안개 i. duman, çən / mist; fog; haze
안경(眼鏡) i. gözlük, eynək / glasses; spectacles
안과(眼科) i. oftalmologiya / ophthalmology
안기다 f. qucaqlanmaq / be embraced
안기다 f. qucağına vermək / make (a person) hold (someone) in his arms.
안내(案內) i. bələdçilik, yol göstərmə / guidance; information 안내하다 f. bələdçilik etmək, yol göstərmək
안내서(案內書) i. soraq kitabçası, bələdçi kitabçası / a guidebook
안내소(案內所) i. məlumat bürosu / an information bureau
안내원(案內員) i. bələdçi / a guide [=안내인(案內人)]
안녕(安寧) i. sağ ol; salam!; sülh / Good-bye; how are you?; peace 안녕하세요? Salam, Necəsiniz? 안녕히 가십시오. Yaxşı yol, gülə-gülə! 안녕히 계십시오. Sağ olun; Allah amanında!; Xudahafiz.
안다 f. qolları arasına almaq, qucaqlamaq / hold a person in his arms [=껴안다]
안달 i. səbirsizlik, hövsələsizlik, darqursaqlıq / impatience, fretting, irritation 안달하다 f. səbirsiz olmaq

안도(安堵) i. rahatlıq, rahat nəfəs alma, yüngülləşmə / relief 안도하다 f. rahat nəfəs almaq, yüngülləşmək [=안심(安心)]
안되다 f. heyfi gəlmək, yazığı gəlmək, halına acımaq, ürəyi yanmaq, təəssüflənmək; olmamaq / be sorry, be regrettable, be a pity; must not do; be useless
안락(安樂) i. rahatlıq, əziyyətsizlik / comfort 안락하다 s. rahat, əziyyətsiz 안락사 əziyyətsiz öldürmə
안마(按摩) i. ovuşdurma, masaj / massage 안마하다 f. ovuşdurmaq, masaj etmək
안면(顏面) i. üz, sifət, surət; tanış / the face; acquaintance 안면이 있는 사람 tanış gələn adam; tanış adam
안목(眼目) i. gözüaçıq, çevik düşüncəli, iti mühakiməli, ayıq düşünən / an appreciative eye, insight; a sense of discrimination, appreciation 안목있는 사람 gözüaçıq adam
안방(-房) i. otaq; qonaq otağı / a sitting room
안배하다(按配--) f. nizama salmaq, tənzimləmək, qaydaya salmaq; qayda ilə paylamaq, bölüşdürmək / arrange; distribute, assign
안보(安保) i. təhlükəsizlik, əmniyyət / security
안부(安否) i. sağlamlıq, səhhət, əhval, vəziyyət, hal / how a person is, a person's welfare, inquiry 안부를 묻다 səhhəti, vəziyyəti soruşmaq, hal-əhval tutmaq
안사람 i. arvadım, həyat yoldaşım / my wife; one's wife
안색(顏色) i. çöhrə, üzün rəngi / complexion
안성마춤(安城--) i. tam uyğun / suitable
안수(按手) i. əl qoyub dua etmə (protestantlıqda) / the imposition of hands, the laying on of hands
안식(安息) i. istirahət / rest 안식하다 f. istirahət etmək, dincəlmək
안식일(安息日) i. istirahət günü-şənbə günü (Yəhudi dinində) / the Sabbath
안심(安心) i. ürək sakitliyi, ürək rahatlığı, mənəvi rahatlıq / peace of mind, relief 안심하다 f. mənən sakit olmaq, rahat nəfəs almaq, rahat hiss etmək
안약(眼藥) i. göz dərmanı / eyewash, medicine for the eyes
안이하다(安易--) s. arsız, qayğısız, səhlənkar, laqeyd; asan, yüngül / easygoing; easy 안이한 생각 dayaz düşüncə, yüngül düşüncə
안일하다(安逸--) s. arsız, bivec, ərincək, tənbəl, qayğısız / idle, indolent, easy
안장(安葬) i. dəfn etmə / burial 안장하다 f. dəfn etmək, basdırmaq, torpağa tapşırmaq

안장(鞍裝) i. yəhər / a saddle
안전(安全) i. təhlükəsizlik / safety 안전하다 s. təhlükəsiz 안전벨트 təhlükəsizlik kəməri
안전보장이사회 i. Təhlükəsizlik Şurası / the Security Council
안절부절 못하다 f. həyacan keçirmək, narahat olmaq, sakitlik bilməmək, səbirsiz olmaq / be restless
안정(安定) i. sabitlik / stability; steadiness 안정적 s. sabit
안쪽 i. iç tərəf, iç / the inside; the interior
안주하다(安住--) f. sakit yaşamaq; məskən salmaq / live in peace; come to an anchor
안주(按酒) i. içki ilə yeyilən yemək, məzə / relish taken with wine
안주인(-主人) i. evin xanımı / a mistress; the lady of the house
안치다 f. qoymaq (qazan qoymaq, qazan asmaq) / get rice ready to cook 냄비를 안치다 qazan qoymaq, asmaq
안타까워하다 f. təşviş keçirmək, təlaş keçirmək, həyəcan keçirmək; peşiman olmaq; yazığı gəlmək, ürəyi yanmaq / be impatient; fret; regret; take a pity
안타깝다 f. yazığı gəlmək, rəhmi gəlmək, heyfslənmək / be distressed, be regretable, be irritated
안팎 i. iç və çöl (interyer və eksteryer) / the interior and exterior; the inside and the outside
앉다 f. oturmaq, əyləşmək / sit down, take a seat, be seated
앉히다 f. oturtmaq, əyləşdirmək / seat a person; have a person sit down
않다 〉 지 않다 -ma, -mə (inkarlıq bildirən şəkilçi) / do not, not 가지 않다 getməmək 오지 않다 gəlməmək
알 i. yumurta; kürü; sürfə, almacıq / an egg, spawn, roe; a ball 벌레알 həşərat sürfəsi 새알 quş yumurtası 생선알 balıq kürüsü 눈알 göz almacığı
알갱이 i. nüvə, iç, ləpə, toxum, dən / a kernel; a grain
알거지 i. qəpiksiz, lüt / a penniless
알곡(穀-) i. taxıl, dən / grain; corn
알다 f. bilmək; tanımaq; anlamaq / know; be aware of
알뜰하다 s. qənaətcil / thrifty, frugal, saving 알뜰한 사람 qənaətcil adam
알랑거리다 f. yaltaqlanmaq / flatter, toady; fawn upon
알레르기 i. allergiya / allergy < Alm.

알려지다 f. tanınmaq; açılmaq, faş olmaq, aşkar olmaq / become known to; be reavealed, be found;
알력(軋轢) i. çəkişmə, münaqişə, ixtilaf (münasibətdə) / friction; discord; collision; clash
알리다 f. bildirmək, məlumat vermək / let a person know, inform, tell
알맞다 s. uyğun, müvafiq; yaraşan, münasib / fit, suitable, fitting, matching
알맹이 i. nüvə, iç, dən; özək, məğz, mahiyyət, əsl / a kernel; substance
알몸 i. çılpaq bədən, lüt bədən / a naked body, nude body, nakedness
알선하다(斡旋--) f. vasitəçilik etmək; tövsiyyə etmək, məsləhət görmək / help a person to find (employment), use one's good offices; meditate between, conciliate
알쏭달쏭하다 s. aydın olmayan, qeyri müəyyən, naməlum / vague; ambiguous; abscure
알아내다 f. aydınlaşdırmaq, aşkar etmək, üzə çıxarmaq / find out
알아듣다 f. dərk etmək, mənanı duymaq, fikri tutmaq, anlamaq, başa düşmək, qanmaq / hear out, recognize, catch (the meaning)
알아맞히다 f. doğru tapmaq, düz anlamaq, düz təxmin etmək, doğru zənn etmək / make a good guss; hit the mark, make a good hit
알아보다 f. məlumat almaq, soruşub bilmək, soraq etmək, araşdırmaq, öyrənmək, tədqiq etmək; tanımaq / inquire, investigate; look into
알아주다 f. qiymətləndirmək, dəyərini bilmək, başa düşmək / appreciate, recognize
알아차리다 f. mənanı tutmaq, fikrini anlamaq / grasp, realize
알아채다 f. duymaq, hiss etmək, dərk etmək / be aware of; be conscious of
알약(-藥) i. həb / a medicinal pill
알콜 i. spirt; spirtli içki, mey / alcohol; spirits   < İng.
알콜중독(--中毒) i. içki düşkünlüyü / alcoholism 알콜중독자 içki düşkünü
알타이 i. Altay / Altai 알타이 민족 Altay xalqları 알타이어족 Altay dil ailəsi
알파벳 i. əlifba / the alphabet   < İng.
앓다 f. xəstələnmək, naxoşlamaq, azarlamaq / be ill, be sick
암 i. dişi / female 암캐 dişi it, qancıq 암컷 dişi heyvan
암(癌) i. xərçəng xəstəliyi / cancer
암갈색(暗褐色) i. tünd qəhvəyi rəng, şabalıdı rəng / dark brown
암거래(暗去來) i. gizli alver, qara bazarda alver / black-market dealings
암기(暗記) i. əzbərləmə / memorizing 암기하다 f. əzbərləmək

암담(暗澹) i. tutqunluq, qeyri müəyyənlik, qaranlıq / gloominess 암담하다 s. tutqun, qeyri müəyyən 전도가 암담하다. Gələcəyi qeyri müəyyəndir.
암살(暗殺) i. sui-qəsd / assassination 암살하다 f. sui-qəsd etmək
암석(岩石) i. qaya, iri daş / rock
암송(暗誦) i. əzbərdən söyləmə / recitation 암송하다 f. əzbərdən söyləmək, demək
암수 i. erkək və dişi / male and female
암시(暗示) i. him-cim, işarə; eyham / a hint; a suggestion 암시하다 f. işarə etmək, eyham vurmaq, him-cim etmək
암시장(暗市場) i. qara bazar / a black market
암암리(暗暗-) s. gizli, örtülü / tacitly, implicitly
암초(暗礁) i. sualtı qayalar / an unknown reef
암컷 i. dişi / female (animal, bird)
암탉 i. toyuq / a hen
암투(暗鬪) i. gizli mübarizə, gizli çarpışma, gizli çəkişmə / a secret strife 암투하다 f. gizli mübarizə aparmaq, gizli çarpışmaq
암페어 i. amper / an ampere < İng.
암호(暗號) i. şifrə / a cipher, a cryptograph
암흑(暗黑) i. zülmət, qaranlıq / darkness
압도하다(壓倒--) f. tam üstün gəlmək, tam öhdəsindən gəlmək / overwhelmm, overcome, overbeat
압력(壓力) i. təzyiq / pressure 압력을 가하다 f. təzyiq etmək, təzyiq göstərmək; sıxışdırmaq
압박(壓迫) i. zülm; təzyiq / oppression; pressure 압박하다 f. zülm etmək; təzyiq etmək, sıxışdırmaq
압수(壓收) i. müsadirə etmə / seizure 압수하다 f. müsadirə etmək
압승(壓勝) i. tam qələbə / an overwhelming victory 압승하다 f. tam qələbə çalmaq
압제하다(壓制--) f. zülm etmək; təzyiq etmək, sıxışdırmaq / oppress; tyrannize over
압축(壓縮) i. sıxma, presləmə / compression 압축하다 f. sıxmaq, presləmək
앗다 [=빼앗다]
앗시리아 i. Assuriya / Assyria
앗아가다 i. zorla əlindən almaq / snatch something away, take something away

앙갚음하다 f. əvəzini çıxmaq, intiqam almaq / give tit for tat, revenge
앙금 i. çöküntü / sediment
앙망하다(仰望--) f. arzu etmək, can atmaq, diləmək / wish, hope for
앙상하다 s. çox arıq, sısqa / very lean, haggard
앙심(怏心) i. kin / spite, enmity 앙심을 품다 f. kin bəsləmək
앙케트 i. anket / a questionnaire < Fr.
앞 i. ön, qabaq, qarşı / the front, ahead
앞가슴 i. sinə; döş qəfəsi, köks / the breast; the chest
앞날 i. gələcək, istiqbal / one's future
앞당기다 f. qabağa keçirmək, qabağa çəkmək; qabağa aparmaq / advance (a date)
앞두다 f. üz-üzə gəlmək, qarşı-qarşıya gəlmək / face, have(a period, distance) ahead; have (an examination) near at hand 열흘을 앞두다 qarşıda on günün olması 십마일을 앞두다 qarşıda on mil məsafənin olması 시험을 앞두다 qarşıda imtahanın olması
앞못보다 f. görməmək, kor olmaq / have no eyesight, be blind
앞서 z. qabaq, əvvəl, öncə; əvvəllər, qabaqlar; qabaqcadan, əvvəlcədən, öncədən / before; previously; in advance
앞서다 f. qabağa getmək, qabağa düşmək / go before; precede
앞서서 [=앞서]
앞세우다 f. qabağa vermək; qabaqda aparmaq / make (a person) go ahead; let (a person) lead 국기를 앞세우다 bayrağı qabaqda aparmaq 인질을 앞세우다 girovu qabağa vermək
앞잡이 i. casus, agent, xəfiyyə / a cat's paw, a dummy, an agent 경찰의 앞잡이 polisin agenti
앞장 i. qabaq, ön, qarşı / the head, the forefront
앞지르다 f. qabağa keçmək, irəli keçmək / outrun, pass an other
애걸하다(哀乞--) f. yalvarmaq, rica etmək / beg for; implore, appeal
애교(愛嬌) i. cazibə, lətafət, məlahət / winsomeness, charms, attractiveness
애교있는 s. cazibədar, lətafətli, məlahətli, məftunedici
애꾸 i. bir gözü kor, təkgöz / blindness of one eye, one-eyed person
애국(愛國) i. vətənpərvərlik / love of one's country, patriotism
애국가(愛國歌) i. dövlət himni / the national anthem
애국심(愛國心) i. vətənpərvərlik hissi / patriotic sentiment (feeling); patriotism
애국자(愛國者) i. vətənpərvər, yurdsevər / patriotic

애기 [=아기]

애달다 f. narahat olmaq, həyacan keçirmək, təşvişə düşmək / be anxious (to, about); be impatient

애달프다 s. ürəksıxıcı, cansıxıcı, əzablı, kədərli / heartbreaking, anguishing, distressing, painful

애도(哀悼) i. yas tutma, hüzn saxlama; başsağlığı / condolence; mourning

애도하다 f. yas tutmaq, hüzn saxlamaq 애도의 뜻을 표하다 f. başsağlığı vermək

애매하다(愛昧--) s. qeyri müəyyən, çətin anlaşılan, tutqun, aydın olmayan, qaranlıq / obscure, vague, ambiguous

애먹다 f. çətinlik çəkmək / be greatly embarrassed

애먹이다 f. çətinliyə salmaq, bezdirmək, boğaza yığmaq / annoy, bother, make trouble for

애무하다(愛撫--) f. oxşamaq, sığallamaq, tumarlamaq, nazlamaq (sevgililər arasında) / caress, caressing, a pet stroke

애석하다(哀惜--) s. təəssüf doğuran, kədərləndirici / pitiful, sad, sorrowful

애송이 i. cahil; xam, təcrübəsiz / a greenhorn; a novice

애쓰다 f. səy göstərmək, cəhd etmək, təşəbbüs göstərmək / take pains, make efforts, exert oneself

애원하다(哀願--) f. əl-ayağa düşmək; yalvarmaq, üz vurmaq / entreat, implore, appeal

애인(愛人) i. sevgili; məşuq, məşuqə / one's lover ; one's love

애정(愛情) i. sevgi / affection, love

애지중지하다(愛之重之--) f. qayğı göstərmək; rəğbət bəsləmək / treasure; cherish; value highly; take good care of

애착(愛着) i. bağlılıq; məhəbbət hissi / attachment; affection, love

애처롭다 s. zavallı, biçarə, yazıq / miserable; pitiful, pitiable

애초 i. başlanğıc; orijinal / the very begining, the start, the very first time; the original 애초에는 başlanğıcda

애타다 f. ürəyi yanmaq, narahat olmaq / be nervous about, be anxious about

애태우다 f. qayğılandırmaq, narahat etmək / bother, worry

애통하다(哀痛--) f. dərd çəkmək, kədərlənmək, yas tutmaq / grieve, be grieved, be sad

애티 i. uşaqlıq / childishness 애티나다 s. uşaq kimi 애티나게 z. uşaqcasına

애호(愛好) i. xoşuna gəlmə, bəyənmə / love for (of) 애호하다 f. xoşlamaq, sevmək 나는 담배를 애호한다. Mən siqaret çəkməyi xoşlayıram.

애호가(愛好家) i. azarkeş, təəssübkeş, həvəskar / a devotee, lover 동물애호가 heyvanları sevən

액(液) i. maye / liquid

-액(額) i. miqdar; məbləğ / a quanity; an amount; a sum

액면(額面) i. nominal dəyər / face value, nominal par

액수(額數) i. məbləğ / a sum; an amount (of money)

액체(液體) i. maye / liquid

앨범 i. albom / an album   < İng.

앵두 i. gilas / cherry

앵무새 i. tutuquşu / a parrot

야간(夜間) i. gecə, gecə vaxtı / nighttime; night

야광(夜光) i. gecə parlayan / noctilucence 야광충 işıldaböcək

야구(野球) i. beysbol / baseball

야근(野勤) i. gecə növbəsi / night work; night duty 야근하다 f. gecə növbəsində işləmək

야기하다(惹起--) f. törətmək, yaratmaq, səbəb olmaq; bais olmaq / bring about, create; cause, provoke

야단하다(惹端--) f. səs-küy qoparmaq, haray-həşir salmaq; danlamaq, təpinmək / raise an uproar; make a fuss; scold   müq. 야단치다 f. təpinmək, danlamaq

야단법석(惹端法席) i. basabas / a bustle, a fuss 야단법석거리다 f. basabas salmaq, basabas yaratmaq

야단스럽다(惹端---) s. hay-küylü / uproarious

야당(野黨) i. müxalifət partiyası / a party out of power; the outs

야릇하다 s. qəribə, qeyri adi; maraqlı / odd, queer; curious 야릇한 기분이 들다 qəribə hiss keçirmək

야만(野蠻) i. vəhşilik, barbarlıq / barbarism, savageness

야만적(野蠻的) s. vəhşi / barbarous, savage

야망(野望) i. böyük arzu, ambisiya / ambition, a great desire

야무지다 s. ürəkli, möhkəm, güclü / hard, strong, firm

야비하다(野卑--) s. rəzil, alçaq / vulgar, mean

야생(野生) i., s. yabanı, vəhşi / wildness; wild 야생동물 vəhşi heyvan 야생식물 yabanı bitki

야성적(野性的) s. vəhşi, yabanı / wild

야수(野獸) i. vəhşi heyvan / a wild animal (beast)
야심(野心) i. ambisiya, təkəbbür; izzət-nəfs / an ambition; a sinister design
야영(野營) i. düşərə salma / camping 야영하다 f. düşərə salmaq
야외(野外) i. çöl; açıq hava; şəhər kənarı / the fields; the open air; the outskirts of town
야외극장(野外劇場) i. açıq teatr, yay teatrı, yaşıl teatr / an open air theater
야위다 f. arıqlamaq, çəkisini azaltmaq / become thin; lose weight
야유하다(揶揄--) f. fitə basmaq, lağa qoymaq, ələ salmaq / ridicule, banter
야채(野菜) i. göyərti; tərəvəz / vegetable; greens 야채가게 tərəvəz mağazası
야하다 s. şəhvətli, seksual, açıq-saçıq (geyim, adam) / showy, gaudy 야한 여자 seksual qadın
약(略) [=생략(省略)]
약(藥) i. dərman, dava-dərman / medicine; a drug 알약 həb 물약 sulu dərman
약(約) tay.söz. təxminən; təqribən / about, approximately; nearly
약간(若干) z. bir az, bir qədər; bir neçə / some, a few, a little, a bit; in some degree
약국(藥局) i. aptek, əczaxana / a drugstore, a chemist's shop, a pharmacy
약다 s. bic, hiyləgər, kələkbaz, fırıldaqçı / shrewd, clever, smartish 약은 사람 bic adam
약대 i. dəvə / a camel [=낙타]
약도(略圖) i. göstərici, sxem (ünvan), sxem-göstərici / a rough map of, a route sketch of 약도를 그리다 f. sxem çəkmək
약동하다(躍動--) f. canlanmaq, gümrahlaşmaq / move lively
약력(略歷) i. tərcümeyi-hal / a brief history, a brief personal record
약물(藥物) i. dərman, dava-dərman / medicines; medicinal substances
약물(藥-) i. su dərmanı / medicinal water
약사(藥師) i. əczaçı, aptekçi, farmasevt / a pharmacist
약소하다(弱小--) s. cüzi, çox az, azacıq; əhəmiyyətsiz / little, scanty, triflin; insi nificant 약소한 돈 azacıq pul 약소한 분량의 수입 cüzi miqdarda gəlir
약속(約束) i. vəd, söz vermə / a promise; an appointment, a rendezvous, an engagement 약속하다 f. söz vermək, vəd etmək
약어(略語) i. qısaldılmış söz / an abbreviation
약오르다 f. əsəbiləşmək, boğaza yığılmaq / feel sore, feel irriated

약올리다 f. qızışdırmaq, cinlətmək, boğaza yığmaq / irritate, provoke, gall, vex
약자(弱者) i. zəif adam, gücsüz adam / a person of feeble strength; the weak
약자(略字) i. qısaldılmış söz / an abbreviated form; abbreviation
약점(弱點) i. zəif cəhət; qüsur / a weak point; a weakness; a defect
약정(約定) i. müqavilə, saziş, kontrakt / an agreement; a contract; a promise 약정하다 f. müqavilə bağlamaq, saziş imzalamaq
약정서(約定書) i. kontrakt / a written contract
약진하다(躍進--) f. sürətlə irəliləmək, sürətlə inkişaf etmək / make rapid progress (advance)
약칭(略稱) i. qısaldılmış söz / an abbreviation of
약탈(掠奪) i. talan, qarət, soyğunçuluq / plunder, pillage 약탈하다(掠奪--) f. talan etmək, qarət etmək, soymaq, soyğunçuluq etmək
약탈자(掠奪者) i. soyğunçu, talançı, qarətçi / plunderer
약품(藥品) i. dava-dərman / medicines; drugs
약하다(約--) f. qısaltmaq (sözü); ixtisar etmək / abbreviate, abridge; cut short, omit
약하다(弱--) s. gücsüz, zəif; kövrək, tezsınan / weak, feeble; frail
약학(藥學) i. farmakologiya, əczaçılıq / pharmacy; pharmacology 약학대학 farmakologiya fakültəsi
약해지다(弱--) f. zəifləmək, gücdən düşmək, taqətdən düşmək / weaken, grow feeble
약혼(約婚) i. nişanlanma / an engagement; a betrothal; a promise of marriage 약혼하다 f. nişanlanmaq
약혼자(約婚者) i. nişanlı / a fiancè; a fiancée
약화하다(弱化--) f. zəifləmək, gücsüzləşmək / weaken
약효(藥效) i. dərmanın xeyri, dərmanın təsiri / the effect of a medicine
얄궂다 s. yaramaz; qəribə, əcaib / nasty, perverse, treacherous, provoking 얄궂은 날씨 namünasib hava 얄궂은 운명 qəribə tale
얄밉다 s. nifrət doğuran, iyrənc, ikrah doğuran, hiddət doğuran / hateful, disgusting, detestable, spiteful
얄팍하다 s. dayaz, dar / shallow, flimsy; frivolous 얄팍한 생각 dayaz düşüncə, dar düşüncə
얇다 s. nazik / thin
얌전하다 s. sakit, dinc, mülayim / mild, gentle, goodtempered, meek 얌전히 z. dinc
양(羊) i. qoyun / a sheep

양(量) i. kəmiyyət, miqdar / quantity; amount
양(兩-) təy.söz. hər iki / both
-양(孃) təy.söz. xanım (qız) / Miss. 최 양 Çoy xanım
양가(兩家) i. hər iki ailə / both (two) families
양계(養鷄) i. toyuqçuluq / poultry farming, chicken raising
양고기(羊--) i. qoyun əti / mutton
양곡(糧穀) i. taxıl, dən / grain, cereals
양귀비(楊貴妃) i. xaşxaş; lalə / an opium poppy
양념 i. ədviyyat / spicery, spice, condiment
양다리(兩--) i. hər iki ayaq / both legs 양다리(를) 걸치다 f. ikitərəfli oyun oynamaq / play it both way, play a double game, sit on the fence
양도(讓渡) i. ötürmə, vermə / transfer; delivery; conveyance 양도하다 f. ötürmək, vermək
양돈(養豚) i. donuz ferması, donuzçuluq / pig farming, pig raising
양로(養老) i. qocalara qulluq etmə / provision for old age; taking good care of the aged
양로원(養老阮) i. qocalar evi / an asylum for the aged
양립하다(兩立--) f. yanaşı yaşamaq / coexist with, be compatible, stand together
양말(洋襪) i. corab / socks
양모(羊毛) i. yun / wool
양반(兩班) i. yüksək mənsəblilik, nəciblik, əsilzadəlik / the nobility
양보(讓步) i. güzəşt / conccession 양보하다 f. güzəştə getmək
양복(洋服) i. Avropa geyimi; kostyum / a western clothes; a clothes, a dress müq. 한복 Koreya milli geyimi
양복점(洋服店) i. kişi dərzixanası / a tailor's shop
양봉(養蜂) i. arıçılıq / beekeeping 양봉하다 f. arı bəsləmək
양분(養分) i. qida / nourishment; nutriment
양산(洋傘) i. çətir / an umbrella; a parasol müq. 우산(雨傘) günəş çətiri
양서(良書) i. qiymətli kitab, dəyərli kitab / a good book, a valuable work
양성(陽性) i. müsbət, pozitiv / positivity ↔ 음성(陰性) mənfi, neqativ
양성(養成) i. təlim / training, education nurture 양성하다 f. təlim vermək, tərbiyə etmək, yetişdirmək
양순하다(良順--) s. mülayim, sakit (xasiyyət) / meek, mild, gentle
양식(良識) i. sağlam düşüncəli / good sense
양식(洋式) i. qərb yeməkləri / western food (dishes)

양식(樣式) i. üsul, stil, tərz, forma; dəb, moda / a style, a manner, form; a mode
양식(糧食) i. ərzaq məhsulları / provisions, food
양심(良心) i. vicdan / conscience 양심이 없는 사람 vicdansız adam
양약(洋藥) i. qərb dərmanları / Western medicines ↔ 한약(漢藥) şərq dərmanları
양양하다(揚揚--) s. məğrur, qürurlu, vüqarlı / triumphant, elated, exultant, proud 의기양양하다 f. qürurlu olmaq
양육(養育) i. yetişdirmə, böyütmə, tərbiyə etmə / bringing up, raising, education 양육하다 f. yetişdirmək, böyütmək, tərbiyə etmək
양자(養子) i. övladlığa götürülmüş oğlan uşağı / an adopted child (son)
양잠(養蠶) i. ipəkçilik / sericulture, silkworm culture, silk raising
양장(洋裝) i. qərb modalı qadın paltarları / Western style of dress
양장점(洋裝店) i. qadın dərzixanası / a dressmaking shop; a couture shop
양적(量的) s. kəmiyyətcə, miqdarca, sayca / quantitative ↔ 질적(質的) s. keyfiyyət baxımından
양쪽(兩-) i. hər iki tərəf / both sides
양철(洋鐵) i. tənəkə, dəmir təbəqə / a sheet iron
양초 i. şam / a candle
양치질(養齒-) i. fırça ilə diş sürtmə, dişləri təmizləmə / tooth-brushing 양치질하다 f. diş sürtmək, dişləri təmizləmək
양탄자 i. xalça, xalı, gəbə; kilim, palaz / a carpet; a rug
양파 i. soğan / an onion
양해하다(諒解--) f. razılıq vermək / understand; consent
양호(良好) i. yaxşı / good 양호하다 s. yaxşı
얕다 s. dayaz / shallow
얕보다 f. xor baxmaq / make light of, despise
얕잡다 [=얕보다]
-어(-語) i. dil; söz / language; a word; speech 한국어 Koreya dili
어간(語幹) i. sözün kökü / the stem of a word
어깨 i. çiyin / the shoulder
어귀 i. giriş / an entrance, an entry 동네의 어귀 kəndə giriş
어그러지다 f. boşa çıxmaq; pozmaq, ayırmaq, aralı salmaq, uzaqlaşdırmaq / be against (the rule), go against(a person); go badly 기대가 어그러지다 ümidləri boşa çıxmaq, arzuları ürəyində qalmaq
어근(語根) i. kök (Qram.) / the root of a word

어금니 i. azı dişi / a molar tooth; a grinding tooth

어긋나다 f. haçalaşmaq, çarpazlaşmaq, uyğun gəlməmək; qarşılaşmamaq; tam yerində olmamaq / go a miss, cross each other; run counter; be dislocated 길이 어긋났다. Yolda qarşılaşa bilmədik. 생각이 어긋났다. Fikirlər çarpazlaşdı. 뼈가 어긋나 있다. Sümüklər yerində oturmayıb, sümüklər əyri bitib.

어기다 f. pozmaq, riayət etməmək / violate, go against, break 법을 어기다 qanunu pozmaq

어김없이 z. şübhəsiz, mütləq, hökmən / without fail, certainly, surely

어느 təy.söz. hansı; hər hansı / which; what; a, one; any 어느 길로 갈까? Hansı yolla gedəcəyik? 어느 날 hər hansı bir gün, günlərin birində 어느것 hansı şey, hansı / which one; which

어느누구 əv. kimsə; heç kim; kim; hər kim / anyone, anybody; who; whoever

어느덧 z. belə tezliklə, belə sürətlə, artıq / in no time, so soon, before one is aware 어느덧 해가 기울었다. Artıq günəş batıb. [=어느새]

어떠하다 s. necə / be how [=어떻다] 요새 어떠십니까? Son günlərdə özünüzü necə hiss edirsiniz?

어떤 təy.söz. nə; necə; filan / what; what kind of; a certain, one, some, unnamed 어떤 사람 filan adam, filankəs

어떻게 z. necə; hansı yolla / how; in what way; by what means

어떻게든 z. nə olursa olsun / anyway; anyhow; somhow; by any means [=어떻게든지]

어떻다 s. necə / be how; be like what

어떻든지 z. nə olursa olsun / anyway; anyhow; in any way; in any case

어두워지다 f. qaranlıqlaşmaq, toranlaşmaq, qaranlıq düşmək / become dark; darken; be overcast

어두컴컴하다 s. alaqaranlıq, alatoranlıq / dark, dusky

어둑하다 s. tutqun, qaranlıq / gloomy, somber, dim

어둠 i. qaranlıq / darkness; the dark

어둡다 s. qaranlıq / dark; gloomy

어디 i. hara, haraya; harada / what place; where

어디까지 z. haraya qədər / how far; to some extent

어려움 i. çətinlik / hardship, difficulty

어려워하다 f. çəkinmək; qorxmaq / feel constraint (in a person's presence); be afraid of giving trouble

어련히 z. əlbəttə; təbii ki, şübhəsiz ki / naturally; surely; certainly

어렴풋이 z. dumanlı şəkildə, tutqun halda / dimly, vaguely, faintly
어렴풋하다 s. zəif, tutqun, dumanlı / faint, dim; vague
어렵다 s. çətin, ağır, mürəkkəb / hard, difficult, delicate
어루만지다 f. sığallamaq, tumarlamaq, oxşamaq / stroke, pat (on the head)
어류(魚類) i. balıqlar, balıq növləri / fishes
어르신네 i. ağsaqqal (eyni zamanda müraciət forması) / your (his) esteemed father; an elder; sir.
어른 i. yaşlı adam; yetkin adam / one's elder; a grown-up
어른거리다 f. qarabasmaq; işıldamaq, közərmək / come in and out of sight; flicker, glimmer 죽은 친구의 얼굴이 눈앞에 어른거린다. Həlak olmuş dostumun sifəti gözümün önündən çəkilmir.
어리광 i. şıltaqlıq / a child's winning ways, coquetry 어리광부리다 f. şıltaqlanmaq, şıltaqlıq etmək
어리다 s. çox cavan, çox gənc / very young
어리둥절하다 s. çaş-baş qalmaq, çaşmaq / be bewildered, be perplexed, be confused
어리석다 s. ağılsız, axmaq / foolish, stupid, silly
어리숭하다 s. axmaq kimi görünmək / look (seem) foolish
어린아이 i. uşaq / a child [=어린애]
어린이 i. uşaq / a child
어림없다 s. boş, mənasız, cəfəngiyat; məntiqsiz / nonsensical; absurd; unreasonable 어림없는 소리 하지마! Cəfəng danışma!
어릿광대 i. təlxək, oyunbaz, məzhəkəçi, mütrüb, kloun / a clown
어마어마하다 s. çox böyük, nəhəng / tremendous; immense, enormous; grand
어머니 i. ana / a mother; the mother
어머님 i. ana (hörmətli mənada) / (my) dear mother
어물거리다 f. yayınmaq, sapınmaq; tərəddüd etmək / talk ambiguously, prevaricate; hesitate 어물어물 말하다 f. yayınmaq
어미 i. ana (heyvanlarda); uşağın anası (uşaqlı gəlinə qayınana tərəfindən müraciət forması) / a mother animal, a dam; a mother 어미 개 ana it 어미 닭 anac toyuq
어미(語尾) i. sözdüzəldici şəkilçi (Qram.) / the ending of a word
어버이 i. valideyn / parents

어색하다(語塞--) s. narahat, sıxıntılı; namünasib, yöndəmsiz, biçimsiz, qəribə / awkward, feel ill at ease; clumsy, falter 어색한 환경 namünasib şərait 어색한 옷차림 yöndəmsiz geyim

어서 z. tez; təcili, tələsik, gecikmədən, ləngimədən / quickly, fast; without delay

어설프다 s. bacarıqsız, yetişməmiş, fərasətsiz / coarse, rough, awkward, clumsy 어설피, 어설프게 z. bacarıqsız, yetişməmiş, uşaqcasına

어수룩하다 s. sadəlövh, sadə, axmaqcasına / unsophicated, simple, naive, inexperienced; somewhat stupid

어수선하다 s. qarışıq, səliqəsiz, tör-töküntülü / confused, disarranged; disordered

-어/아도 z. baxmayaraq, olsa da / even if, though, supposing that 네가 옳다해도, 전혀 유익이 없다. Sən haqlı olsan da, bunun heç bir xeyri yoxdur.

-(어/아)야하다 şək. –malı, -məli (felin lazım formasının şəkilçisi) / have to do, must do 집에 가야한다. Evə getməliyəm.

어안이벙벙하다 s. təəccüblənmək; çaş-baş qalmaq / be astonished; be amazed

어업(漁業) i. balıqçılıq; balıqçılıq sənayesi / fishery; the fishing industry

어용(御用) i. iqtidara qulluq, iqtidara xidmət / government use (service) 어용신문 iqtidara meyilli qəzet 어용단체 iqtidara qulluq edən təşkilat

어우르다 f. əlbir hərəkət etmək / put together, go hand in hand

어울리다 f. yoldaşlıq etmək, bir-birinə yaxın olmaq; qoşulmaq; yaraşmaq, uyğun gəlmək / associate with; join with; match

어원(語源) i. sözün mənşəyi; etimologiya / the origin of a word; etymology

어음 i. veksel, borc sənədi / a bill; a note

어이없다 s. boş, mənasız, cəfəngiyat; gülünc / absurd, surprising; ridiculous

어제 i. dünən / yesterday

어정거리다 f. var-gəl etmək / stroll, walk leisurely along, loiter (hang) about

어젯밤 i. ötən gecə, dünən gecə / last night

어족(語族) i. dil ailəsi / a linguistic family, a family of languages 알타이어족 Altay dilləri ailəsi

어중간하다(於中間--) s. yarı yolda, yolun yarısında; tərəddüd edən, qətiyyətsiz / be about halfway; indecisive 어중간한 태도 qətiyyətsiz mövqe

어지간하다 s. müəyyən qədər, nəzərə çarpan, bir qədər; dözülə bilən; babat, kafi, orta / considerable; tolerable; fair 어지간히 z. babat 어지간한 수입 müəyyən qədər gəlir 그의 영어는 어지간하다. O, ingiliscə babat bilir.

어지럽다 s. başı gicəllənmək / dizzy, dazing; confused, disorderly

어지르다 f. dağıtmaq, qarışdırmaq, qarmaqarışıq etmək, səpələnmək / put in disorder, scatter about, disarrange, litter

어질다 s. mərhəmətli, insani, insanpərvər, humanist / merciful, good-natured, humane

어째서 z. nə üçün; niyə, nədən / why; for what reason

어쨌든 z. hər halda; nə isə / at any rate, in any case; anyway

어쩌다가 z. ara-sıra, hərdənbir; təsadüfən / occasionally, at times, now and then; accidently, by chance, unexpectedly

어쩌면 z. nə qədər ki!; ola bilsin ki, bəlkə də, mümkündür ki / what, how; possibly, probably

어쩌자고 z. nə üçün, niyə, nə məqsədlə / for what reason (purpose)

어쩐지 z. nədənsə, nə üçünsə / somehow, without knowing why, in some way

어쩔 수 없다 s. labüd, zəruri, qarşısıalınmaz, məcburi, çarəsiz / inevitable, unvoidable; urgent 어쩔 수 없이 z. məcburən, istər-istəməz

어찌 z. nə üçün, niyə, nəyə görə / why, for what reason; how; how come

어찌나 z. olduqca çox, həddən artıq, o qədər! / how, what; too, too much, excessively, very 어찌나 웃었는지 눈물이 났다. O qədər güldüm ki, gözlərim yaşardı.

어차피 z. əvvəl-axır, gec-tez, onsuz da, nə olursa-olsun / anyway, at any (either) case; after all

어처구니없다 f. heyrətə salmaq, heyrətə gətirmək, heyrətlənmək / be taken aback, dumb-founded 어처구니없이 z. ağlasığmaz, heyrətamiz

어촌(漁村) i. balıqçı kəndi, dənizkənarı kənd, sahil kəndi / a fishing village, sea village

-어치 təy.söz. dəyər, məbləğ, qiymət / worth 이천원어치 사과 iki min dəyərində alma

어학(語學) i. dil öyrənmə / language study   müq. 언어학(言語學) dilçilik

어항(漁港) i. balıqçı limanı; liman / a fishing port, fishery harbor

어휘(語彙) i. söz ehtiyatı / a vocabulary; glossary

억(億) say. yüz milyon / one hundred million

억누르다 f. sıxışdırmaq, təzyiq göstərmək, əzmək, zülm etmək / press down, suppress

억류하다(抑留--) f. tutub saxlamaq / detain, hold in custody
억만(億萬) say. milyardlar / billions
억세다 s. güclü, qüvvətli, möhkəm / tough, hard, stout
억압하다(抑壓--) f. zülm etmək, əzmək / oppress
억양(抑揚) i. ahəng, intonasiya; vurğu / intonation; accent
억울하다(抑鬱--) s. ədalətsizlikdən əzab çəkmək, haqsızlıqdan iztirab çəkmək / suffer unfairness
억제(抑制) i. saxlama, müəyyən həddə saxlama; nəzarət etmə, boğma / restraint, control; suppression 억제하다 f. saxlamaq, nəzarət etmək, boğmaq 감정을 억제하다 hislərini boğmaq, cilovlamaq
억지 i. inadkarlıq, tərslik; zor, məcburiyyət / stubbornness; compulsion
억지로 z. zorla, könülsüz / by force, against one's will, under compilsion
언급하다(言及--) f. bəhs etmək, danışmaq, söyləmək / refer to, mention
언니 i. böyük bacı (qızın böyük bacısına müraciət forması) / an elder sister
언덕 i. təpə; yoxuş / a hill; a hillock
언뜻 z. ani, bir an içində; birdən / in an instant; immediately
언론(言論) i. mətbuat / the press
언사(言辭) i. söz, nitq / words, speech
언성(言聲) i. səs ahəngi, səs tonu, səs / a tone of voice; a voice
언약(言約) i. əhd-peyman, vəd / one's word, a verbal promise 언약하다 f. əhd-peyman etmək, vəd vermək
언어(言語) i. dil / language
언어학(言語學) i. dilçilik / linguistics
언짢다 s. xoşa gəlməyən, naxoş, bikef, əhvalsız, acı, pis / bad, ill, unpleasant, unwell 오늘 기분이 좀 언짢다. Bu gün bir az bikefəm.
언쟁(言爭) i. mübahisə, disput / a quarrel; a dispute 언쟁하다 f. mübahisə etmək; disput keçirmək
언제 i., z. nə zaman, haçan, nə vaxt / when, what time
언제까지 z. nə vaxta qədər, nə zamana qədər / how long, till when
언제나 z. həmişə, daim, hər zaman, hər vaxt / always, all the time
언제든지 z. hər zaman, həmişə / at any time,
언젠가 z. haçansa, nə vaxtsa, bir gün / once, at one time, some time ago, the other day
언청이 i. kəmçənə, dovşandodaq / a harelip
언행(言行) i. söz və davranış / speech and behavior
얹다 f. qoymaq (üstünə və yuxarı) / put (lay, place) a something on a place

얻다 f. əldə etmək, almaq, qazanmaq / get, have, obtain, acquire 승리를 얻다 qələbə qazanmaq 허락을 얻다 icazə almaq

얻어맞다 f. döyülmək / get a blow, be beaten

얻어먹다 f. sədəqə alıb yemək, dilənçilik etmək / beg one's bread 얻어먹고 살다 sədəqə ilə yaşamaq

얼 i. cızıq / a scratch [=흠]

얼 i. mənəvi güc, ruh / spirit, mind 한국의 얼 Koreya xalqının mənəvi gücü

얼간이 i. axmaq, kütbeyin / a fool, a dull (stupid) fellow

얼굴 i. üz, sifət, çöhrə / a face

얼굴빛 i. çöhrə, sifətin rəngi / complexion

얼다 f. donmaq, buzlamaq / be frozen

얼떨하다 s. çaşqın, çaşbaş; həyəcanlı, təlaşlı / flurried, upset, perplexed, bewildered, puzzled [=얼떨떨하다]

얼렁뚱땅하다 f. bəhanə axtarmaq, nala-mıxa vurmaq, uydurmaq; fikrini azdırmaq, kələk gəlmək / mystify, befuddle; shuffle along

얼룩 i. ləkə / spots, a stain

얼룩덜룩하다 s. rəngarəng, alabəzək, rəngbərəng; ləkəli, xallı, çil-çil / mottled, parti-colored, spoted; stained 얼룩덜룩한 강아지 xallı küçük 얼룩덜룩한 닭 çil-çil toyuq

엄격하다 s. ciddi, ağır, sərt / strict, severe, stern [=엄하다(嚴--)]

업(業) i. sənət, peşə, iş, məşğuliyyət / a calling, a vocation, an occupation, a work

업계(業界) i. biznes dünyası / business world

업다 f. dalına almaq, belinə almaq / take something on one's back

업무(業務) i. iş; vəzifə / affairs, business; duty

업신여기다 f. xor baxmaq, yuxarıdan aşağı baxmaq / despise, look down on

업자(業者) i. iş adamı, işgüzar adam, biznesmen / bussinessman, trader

업적(業績) i. nailiyyət, nəticə / work, achievement, results

업체(業體) i. firma, şirkət, müəssisə / a business enterprise

없다 s. yoxdur, olmamaq / there is no..., have no...

없애다 f. yox etmək, məhv etmək / take off, take away, eliminate

없어지다 f. yox olmaq, yoxa çıxmaq, qeyb olmaq, gözdən itmək / be lost, disappear, be gone

-없이 z. –sız, -siz, -suz, -süz; ...olmadan / without 의심없이 şübhəsiz 예외없이 istisnasız

엇갈리다 f. bir-birinə qarışmaq; yolu kəsişməmək, rastlaşmamaq / begincongruous with, differ from; cross each other 가슴에 희비가 엇갈리다 qəlbdə sevinclə kədərin bir-birinə qarışması

엉기다 f. qatılaşmaq, pıxtalaşmaq, laxtalaşmaq / curdle, coagulate

엉덩이 i. sağrı, yan, omba, dal, oturacaq, yumşaq yer / the hips, the buttocks

엉뚱하다 s. bambaşqa, yanlış; gözlənilməyən; heç əlaqəsi olmayan / wrong, different; unexpected, strange; irrelevant 엉뚱한 결과 gözlənilməyən nəticə

엉망 i. qarışıqlıq, hərc-mərclik, xaos / mess, wreck

엉성하다 s. seyrək; qüsurlu, nöqsanlı, keyfiyyətsiz / loose; imperfect, faulty, careless; lean 엉성한 그물 seyrək tor, şadara 엉성한 문장 rabitəsiz cümlələr, qarışıq cümlələr

엉클어지다 f. dolaşıq olmaq, qarmaqarışıq olmaq, bir-birinə qarışmaq / get tangled, be entangled

엉큼하다 s. məkrli, hiyləgər, bic, kələkbaz, fırıldaq / inwardly audacious, wily, insidious 엉큼한 생각 məkrli niyyət

엉키다 [=엉클어지다]

엉터리 i. saxta, yalan; uydurma / a quack, a fake; a gimcrack

엎다 f. devirmək, alt-üst etmək / turn over, turn down, lay a thing upside down

엎드러지다 f. ağzı üstə yıxılmaq, üzü üstə yıxılmaq, yerə yıxılmaq / fall on one's breast; fall down

엎드리다 f. ağzı üstə uzanmaq / lie on one's face, face down

엎어지다 f. yıxılmaq, çevrilmək, devrilmək, dəyişilmək / fall on one's face, turn over

엎지르다 f. axıtmaq, tökmək, sıçratmaq, dağıtmaq / spill, slop 엎지른 물 tökülmüş su, axıdılmış su

엎치락뒤치락하다 f. qarpışmaq; ötüşmək (yarışda) / turn over and over, roll about; be nip and tuck

-에 qram.şək. –a, -ə, -ya, -yə (yönlük hal şəkilçisi-cansızlar üçün); -da, -də (yerlik hal şəkilçisi) / to; at 서울에 간다. Seula gedirəm. 바쿠에 산다. Bakıda yaşayıram.

-에게 qram.şək. -a, -ə, -ya, -yə (yönlük hal şəkilçisi-canlılar üçün) / to 아들에게 돈을 줬다. Oğluna pul verdi. [=에게로]

-에게서 qram.şək. -dan, -dən (çıxışlıq hal şəkilçisi) / from 아들에게서 편지가 왔다. Oğlumdan məktub gəldi.

에누리 i. ucuzlaşdırma, qiyməti aşağı salma / a discount, reduction in price
　에누리하다 f. ucuzlaşdırmaq, qiyməti aşağı salmaq [=할인(割引)]
-에도 əd. həmçinin, habelə; hətta, da, də / also, too, as well 밤에도 못자겠다. Hətta gecələr də yata bilmirəm.
-에서 qram.şək. -da, -də (yerlik hal şəkilçisi); -dan, -dən (çıxışlıq hal şəkilçisi) / at, in 집에서 일한다. Evdə işləyirəm. 서울에서 바쿠까지 Seuldan Bakıya qədər
에워싸다 f. dövrəyə almaq, araya almaq, əhatə etmək, mühasirəyə almaq / surround
엔진 i. mühərrik, motor / an engine < İng.
여(女) i. qadın cinsi / the female ↔ 남(男) kişi cinsi
여(與) i. iqtidar partiyası, hakim partiya / the government party ↔ 야(野) müxalifət partiyası [=여당(與黨)]
-여(餘) təy.söz. artıq, çox, yuxarı / above, over, more than 100 여 명 yüz nəfərdən artıq
여가(餘暇) i. asudə vaxt, boş vaxt / leisure; spare time
여객(旅客) i. sərnişin; səyyah, səyahətçi / a passenger; a tourist
여객기(旅客機) i. sərnişin təyyarəsi / a passener airplane
여건(與件) i. hazırkı vəziyyət, durum, mühit, şərait / a given condition 여건이 허락된다면~ Mövcud vəziyyət imkan versə
여격(與格) i. (Qram.) yönlük hal / the dative (case)
여공(女工) i. fəhlə qadın / a factory girl, a female operative
여과하다(濾過--) f. süzgəcdən keçirmək, süzmək / filter
여관(旅館) i. kiçik mehmanxana / an inn, hotel
여권(女權) i. qadın hüququ / women's rights
여권(旅券) i. pasport / a passport
여기 i., z. bura; burada / here; this place
여기다 f. saymaq, nəzərə almaq / think as, consider as, regard as
여기저기 z. ora-bura, orada-burada / here and there, in places
여느 təy.söz. adi, sadə / common, ordinary 그는 여느 사람과 다르다. O, adi adamlardan fərqlənir.
여단(旅團) i. briqada / a brigade
여담(餘談) i. mövzudan kənar danışıq / a digression, a by-talk
여당(與黨) i. iqtidar partiyası, hakim partiya / the ruling party, the party in power
여덟 say. səkkiz / eight

여드름 i. civzə, sızanaq (üzdə) / a pimple, an acne
여든 say. səksən, həştad / eighty
여러 təy.söz. bir neçə, bir çox; müxtəlif / several, many; various
여러가지 i. bir neçə, bir sıra; müxtəlif / several; various
여러모로 z. müxtəlif yolla / in various ways, in everything
여러번(--番) z. bir neçə dəfə / many times, several times
여러분 əv. siz; sizlər / you, all of you; my friends; ladies and gentlemen
여러해 i. bir neçə il / several (many) years
여럿 i. çoxlu adam, xeyli adam / many, many people; a large number
여력(餘力) i. qalan güc (qüvvət) / remaining power (strengh)
여론(輿論) i. ictimai rəy / public opinion, the popular voice
여론조사(輿論調査) i. rəy sorğusu keçirmə / a survey of public opinion
여름 i. yay / summer, summertime
여름방학 i. yay tətili / the summer vacation
여름철 i. yay mövsümü / summertime; the summer season
여리다 s. yumşaq, zərif, incə; zəif / soft, tender; weak
여명(黎明) i. şəfəq, dan yerinin sökülməsi / dawn, daybreak
여물 i. yem / chaff, fodder
여물다 f. yetişmək, dəymək / grow ripe, ripen, fill with the corn
여미다 f. özünü qaydaya salmaq, üst-başını düzəltmək / adjust, arrange
여백(餘白) i. boşluq; yazılmamış yer, doldurulmamış, ağ yer (kağız) / a blank, a space
여보세요 nid. alo ! / excuse hallo
여부(與否) i. bəli və ya xeyir, hə və ya yox / yes or no, whether or not
여분(餘分) i. artıq, qalıq, əlavə / the remainer, the surplus, an excess; an extra
여비(旅費) i. yol xərci, səyahət xərci / traveling expenses
여생(餘生) i. ömrün qalan hissəsi / the rest of one's life
여성(女性) i. qadın, qadınlar; qadın cinsi / woman, womanhood
여실히(如實-) z. əsl, canlı, təbii / truely, vividly, relaistically
여야(與野) i. iqtidar və müxalifət / the Government party and Opposition party
여왕(女王) i. kraliça / a queen
여우 i. tülkü / a fox
여위다 f. arıqlamaq / become (get) thin (lean)
여유(餘裕) i. asudəlik; imkan; soyuqqanlılıq / something extra, room; composure 기차 출발 시간까지 시간의 여유가 많다. Qatarın yola

düşməsinə hələ çox qalıb. 여유있는 생활의 기회가 있다. Gen-bol həyat sürməyə imkanım var. 여유시간 asudə vaxt
여의다 f. kimi isə itirmək / have a person die; lose
여인(女人) i. qadın / a woman
여인숙(旅人宿) i. qonaq evi, kiçik mehmanxana / a inn, a lodging house
여자(女子) i. qadın; qadın cinsi / a woman; a female
여자답다 s. qadına xas olan / womanly, womanish 그녀는 정말 여자답다. O, qadına xas olan bütün keyfiyyətlərə malikdir. 그는 여성스럽다. O, qız kimidir.
여장(旅裝) i. səyahət ləvazimatı / a traveling outfit (suit)
여전하다(如前--) s. dəyişməyən, dəyişməz qalan, olduğu kimi qalan / remain unchanged, be as before, be just as it was
여쭈다 f. söyləmək, demək; soruşmaq (böyüklərdən) / tell; ask
여쭙다 [=여쭈다]
여지(餘地) i. boş yer, boşluq / room, a margain, a blank
여차하면 z. lazım olduqda, lazım olsa, gərək olsa / in case of need
여태 z. bu günə qədər, indiyədək / until now, up to now; up to the present day
여태껏 z. bu günə qədər (vurğulayarkən)
여파(餘波) i. sonrakı təsir / aftereffect
여하간(如何間) z. nə isə, bütün hallarda / anyhow, anyway, at all events
여학생(女學生) i. tələbə qız; şagird qız / a girl student; a schoolgirl
여행(旅行) i. səyahət, gəzinti / traveling, a journey: a trip, a excursion
여행하다 f. səyahət etmək, gəzintiyə çıxmaq
여행자(旅行者) i. səyyah, səyahətçi / a traveler, a tourist
여행지(旅行地) i. gedəcəyi yer, mənzilbaşı / one's destination in travel
역(役) i. rol (oyun, teatr və s.) / a role, a part
역(逆) i. əks, zidd / the reverse 역으로 əksinə, ziddinə
역(譯) [=번역(飜譯)]
역(驛) i. vağzal, stansiya / a (railway) station 기차역 dəmiryol vağzalı 서울역 Seul stansiyası
역겹다(逆--) s. iyrənc, ürək bulandıran, ikrah doğuran / disgusting
역경(逆境) i. çətin şərait, mürəkkəb vəziyyət / an adverse situation
역대(歷代) i. keçmiş nəsillər / successive generations 역대의 왕 keçmiş krallar
역도(力道) i. ağırlıq qaldırma (idman) / weight lifting
역량(力量) i. bacarıq, qabiliyyət / ability, capacity

역부족(力不足) i. gücü çatmama / want of ability 그를 이기기에 역부족이었다. Onu məğlub etməyə gücüm çatmadı.
역사(歷史) i. tarix / history
역사상(歷史上) z. tarixən / historically
역사적(歷史的) s. tarixi / historical, historic
역설하다(力說--) f. xüsusi olaraq nəzərə çatdırmaq, vurğulamaq / emphasize, lay stress on
역습(逆襲) i. əks hücum / a counterattack 역습하다 f. əks hücuma keçmək
역시(亦是) z. həmçinin; gözlənildiyi kimi / too; also, as well, as is usual; as was expected
역임하다(歷任--) f. müxtəlif vəzifələrdə çalışmaq / successively hold various posts
역작(力作) i. şah əsər / a masterpiece
역전하다(逆轉--) f. vəziyyəti əksinə dəyişmək, dönüş yaratmaq / be reversed, reverse oneself 전쟁이 아제르바이잔에 유리하게 역전(전환)되었다. Müharibədə Azərbaycanın xeyrinə dönüş yarandı.
역학(力學) i. dinamika, mexanika / dynamics, mechanics
역할(役割) i. rol / a part, a role; duty
역행(逆行) i. əks hərəkət / retro ression 역행하다 f. əks hərəkət etmək
역효과(逆效果) i. əks təsir / a contrary effect; a counter results; an adverse reaction
엮다 f. hörmək, toxumaq; bağlamaq / weave, plait; tie
연(年) i. illik / a year 연수입 illik gəlir 연 1 회 ildə bir dəfə [=년]
연(鉛) [=납]
연(鳶) i. çərpələng / a kite
연간(年間) i. illik / yearly, a year
연감(年鑑) i. ildə bir dəfə çıxan jurnal, almanax, məcmuə / a yearbookan, almanac
연거푸 z. ardıcıl, dalbadal, bir-birinin ardınca gələn / successively 다섯 번 연거푸 승리하다 dalbadal beş dəfə qələbə qazanmaq
연결(連結) i. birləşdirmə, uc-uca bağlama; bağlılıq, əlaqə / connection, attachment, interconnection, linking 연결하다 f. birləşdirmək, uc-uca bağlamaq; əlaqə yaratmaq
연고(緣故) i. əlaqə, ünsiyyət; tanışlıq / relation, connection; affinity
연관(聯關) i. ünsiyyət, əlaqə / connection, link, relation [=관련(關聯)]

연구(研究) i. tədqiqat, araşdırma / research, study; investigation 연구하다 f. tədqiqat aparmaq, araşdırmaq

연구가(研究家) i. tədqiqatçı / a researcher; an investigator

연구소(研究所) i. tədqiqat mərkəzi, tədqiqat laboratoriyası / a research institute, a research laboratory

연구실(研究室) i. laboratoriya / a study room, an office, a laboratory

연극(演劇) i. teatr tamaşası / a theatrical performance, a play, a drama

연금(年金) i. illik gəlir; illik təqaüd / an annuity; pension

연기(延期) i. təxirə salma, uzatma / postponement, determent, extention 연기하다 f. təxirə salmaq, uzatmaq

연기(煙氣) i. tüstü / smoke, fumes

연기(演技) i. oynama, ifa etmə / acting, perfomance 연기하다 f. rolu ifa etmək, oynamaq

연달아 z. ardıcıl, dalbadal, bir-birinin ardınca gələn, sıra ilə / successively

연대(年代) i. illər; tarix, il / years; historical date of 1970 년대 1970-cı illər [=세기]

연대(聯隊) i. alay / a regiment

연대책임(連帶責任) i. kollektiv məsuliyyət, kollektiv cavabdehlik / collective responsibility

연도(年度) i. –cı, -ci, -cu, -cü ildə / a year, a term 1996 년도 예산 1996-cı ilin maliyyə büdcəsi [=년도]

연두(年頭) i. ilin başlanğıcı, ilin əvvəli / the begining of the year

연두(軟豆) i. açıq yaşıl / light green, yellowish green [=연두색]

연락하다(連絡--) f. əlaqə saxlamaq; xəbər vermək / contact, make contact with 전화로 연락하다 telefonla əlaqə saxlamaq

연령(年齡) i. yaş / age [=나이]

연료(燃料) i. yanacaq / fuel

연립(聯立) i. ittifaq, birləşmə, koalisiya / alliance, coalition 연립 정부 koalisiya hökuməti 연립주택 çoxmənzilli yaşayış evi

연마하다(研磨--) f. cilalamaq, hamarlamaq; tədqiq etmək, öyrənmək / grind; make a study of

연마하다(鍊磨 --) f. təlim keçmək, məşq etmək / train, drill

연말(年末) i. ilin sonu / the year-end, the end of the year

연맹(聯盟) i. ittifaq, birlik / league; union; a federation; a confederation

연민(憐憫) i. halına acıma, yazığı gəlmə / compassion; pity

연방(聯邦) i. federasiya / a federation; a confederation; a union; a federal state

연봉(年俸) i. illik maaş, illik əməkhaqqı / an annual salary

연분(緣分) i. tale, qismət, bəxt / fate, destiny, predestination

연설(演說) i. çıxış, çıxış etmə / a public speech 연설하다 f. çıxış etmək

연소자(年少者) i. cavan oğlan, gənc oğlan; cavanlar, gənclər / a youth; young people

연소하다(燃燒--) f. yanmaq, alışıb yanmaq / burn, ignite

연속(連續) i. davam, davam etmə / continuity, continuation 연속하다 f. davam etmək

연쇄(連鎖) i.,s. seriya; silsilə, ardıcıl, bir-birinin ardınca / a chain, links, series, connection 연쇄, 연쇄적 s. silsilə, bir-birinin ardınca 연쇄사건 bir-birinin ardınca baş verən hadisələr, seriya hadisələr

연수(研修) i. tədqiqat məşğələsi, praktikum / reseach study, study and training 연수하다 f. tədqiqat məşğələsi keçmək, praktikum keçmək

연습(練習) i. məşq, məşq etmə / practice, an exercise 연습하다 f. məşq etmək, təcrübə keçmək

연애(戀愛) i. aşiq olma, sevmə, vurulma / love, falling in love 연애하다 f. sevmək, vurulmaq, aşiq olmaq

연예(演藝) i. tamaşa (müxtəlif əyləncə vasitələri) / a performance; dramatic entertainments

연예계(演藝界) i. sənət dünyası / the entertainment world

연예인(演藝人) i. ifaçı, artist / a public entertainer; an artiste

연월일(年月日) i. tarix, il-ay-gün / a date

연인(戀人) i. sevgili, aşiq, məşuqə / a lover, a love 한 쌍의 연인 sevgililər, aşiq-məşuq

연일(連日) i. hər gün; günbəgün / every day; day after day

연잇다(連--) f. fasiləsiz davam etmək, dalbadal davam etmək / join (one thing to another), piece together 닷새간 연이어서 비가 왔다. Beş gün dalbadal yağış yağdı.

연장 i. alət, əhtac / an instrument, a tool 연장하다(延長--) f. uzatmaq, lənğitmək / extend, prolong, lengthen

연재하다(連載--) f. seriya ilə çap etmək, silsilə nəşr etmək / publish serially, serialize

연주(演奏) i. ifa etmə, çalma / a musical performance, a recital 연주하다 f. ifa etmək, çalmaq

연중(年中) i. il boyu / the whole year, every day of the year

연착(延着) i. gecikmə, yubanma (nəqliyyatda) / delayed arrival, delay in arrival 연착하다 f. gecikmək, yubanmaq

연출가(演出家) i. rejissor, prodüser / a producer
연출하다(演出--) f. rejissorluq etmək, səhnəyə qoymaq, film çəkmək / produce; present
연탄(煉炭) i. briket (preslənmiş kömür) / a briquet
연필(鉛筆) i. qələm / a (lead) pencil
연하다(軟--) s. yumşaq; açıq / soft; mild, light 연한 고기 yumşaq ət 연한 색 açıq rəng 연한 차 açıq çay
연하장(年賀狀) i. Yeni il təbrik kartı / a New Year's card
연한(年限) i. müddət, vaxt / a period, a term, length of time
연합(聯合) i. birlik, ittifaq / combination, union, coalition 국제연합 Birləşmiş Millətlər Təşkilatı 연합국 müttəfiq
연행하다(連行--) f. aparmaq (kimi isə cəza yerinə) / take (a person to a police station)
연회(宴會) i. məclis, ziyafət / a feast, a dinner party
열 say. on / ten
열(列) i. sıra, cərgə / a row, a line
열(熱) i. istilik, hərarət; qızdırma / heat, warmth; fever
열거하다(列舉--) f. sadalamaq, siyahı ilə sadalamaq / list, enumerate
열나다(熱--) f. hərarətli olmaq, qızdırması olmaq, istiliyi qalxmaq; istilik vermək; qızışmaq; hirslənmək / become feverish; come to have fever; become enthusiastic; get angry
열넷 say. on dörd / fourteen
열다 f. açmaq / open
열다 f. bar vermək, bəhrə vermək / bear (fruit)
열대(熱帶) i. tropik qurşaq, tropik zona / the tropics, the torrid zone
열댓 i. təxminən on beş / about fifteen
열등감(劣等感) i. bacarıqsızlıq hissi (özünü qiymətləndirməmək) / a sense of inferiority
열등의식(劣等意識) i. bacarıqsızlıq kompleksi / inferiority complex
열람하다(閱覽--) f. dövri mətbuatı nəzərdən keçirmək / read, persue, go over
열람실(閱覽室) i. oxu zalı, qiraət zalı / a reading room
열렬하다(熱烈--) s. alovlu, qızğın, coşqun, odlu-alovlu / ardent, passionate, fervent
열리다 f. açılmaq / open, be opened
열리다 f. bəhrə vermək, bar vermək / bear fruit

열망하다(熱望--) f. çox arzu etmək, çox istəmək, can atmaq, həsrətində olmaq / desire earnestly
열매 i. səmərə, bar, bəhrə / fruit
열성(熱誠) i. həvəs / earnestness, ardor, zeal
열쇠 i. açar / a key
열심(熱心) i. həvəs / enthusiasm, zeal
열심히(熱心-) z. həvəslə / zealously, eagerly, enthusiastically 열심히하다 f. həvəslə işləmək
열아홉 say. on doqquz / nineteen
열의(熱意) i. səy, cəhd, təşəbbüs / zeal, ardor
열정(熱情) i. istək, şövq, həvəs / ardor, fevor, passion
열중하다(熱中--) f. aludə olmaq, özünü işə həsr etmək; həvəslə çalışmaq, səy göstərmək / become enthusiastic in (about, over), be mad about (over)
열차(列車) i. qatar / a railway train [=기차(汽車)]
열흘 i. on gün / for ten days, ten days
엷다 i. nazik; açıq (rəng) / thin; light color
염가(廉價) i. ucuz qiymət, uyğun qiymət, münasib qiymət / a moderate (cheap) price
염두(念頭) i. ağıl, düşüncə, dərrakə / mind 염두에 두지 않다 nəzərdə tutmamaq, fikir verməmək 염두가 떠나지 않다 unuda bilməmək, yaddan çıxmamaq
염려(念慮) i. qayğı, narahatlıq / anxiety, concern 염려하다 f. qayğı çəkmək, dərd çəkmək
염분(鹽分) i. duz; duzluluq / salt; salinity
염색(染色) i. boyama, rəngləmə / dyeing 염색하다 f. boyamaq, rəngləmək
염세주의(厭世主義) i. bədbinlik, pessimizm / pessimism
염소 i. keçi / a goat
염주(念珠) i. təsbeh / a rosary; prayer beads
염증(炎症) i. iltihab / inflammation
염치(廉恥) i. utancaqlıq hissi, həyalılıq hissi / a sense of shame (honor)
엽서(葉書) i. poçt kartı / a postcard
엿듣다 f. gizlicə qulaq asmaq, xəlvətcə qulaq asmaq / listen secretly, overhear
영(零) i. sıfır / zero
영(靈) i. ruh; can / a divine spirit, the spirit, the soul

영감(令監) i. qoca kişi, yaşlı adam, ixtiyar kişi, ahıl adam; ağa, bəy / an old man; lord, sir
영감(靈感) i. ilham / an inspiration 영감을 받다 f. ilham almaq, ruhlanmaq
영광(榮光) i. şərəf, şan, şöhrət, izzət / a glory, an honor
영광스럽다(榮光---) s. şərəfli, şanlı, şöhrətli, izzətli / glorious
영구(永久) i. sonsuzluq, əbədiyyət / permance, eternity
영국(英國) i. İngiltərə / Britain, England
영락없다(零落--) s. mütləq doğru, tamamilə doğru; tam əminlik / absolutely correct, sure enough
영리하다(怜悧--) s. ağıllı, zəkalı, zehinli, dərrakəli; savadlı / clever, bright; intelligent
영리(營利) i. təmənna, xeyir, qazanc / profit, gain 영리 기구 təmənnalı, qazanc axtaran təşkilat 비영리 기구 təmənnasız təşkilat
영문 i. durum, şərait, vəziyyət; səbəb / the situation; reason, cause
영문(英文) i. ingilis dili yazısı / English writing
영문과(英文科) i. İngilis dili və ədəbiyyatı bölməsi / Dept. of English language and literature
영문법(英文法) i. ingilis dilinin qrammatikası / English grammar
영사(領事) i. konsul / a consul
영생(永生) i. əbədi həyat, əbədiyyət / eternal life 영생하다 f. əbədi yaşamaq
영세(零細) i., s. xırda, kiçik; kasıb / small; poor 영세민 kasıblar 영세 기업 kiçik müəssisə
영수증(領受證) i. qəbz / a receipt
영양(營養) i. qida / nutrition, nourishment
영양가(營養價) i. kalorili qida / nutritive power (value) 영양가 있는 음식 qidalı yemək, güclü yemək, kalorili yemək
영어(英語) i. ingiliscə, ingilis dili / English
영업(營業) i. iş, ticarət, alver, biznes / business, trade, commercial pursuits 영업하다 f. ticarət etmək
영역(領域) i. bölgə, ərazi; sahə / a domain, an area; a territory
영영(永永) z. əbədi, daimi / eternally, forever, permanently
영예(榮譽) i. şərəf, şan-şöhrət / honor, fame, glory
영웅(英雄) i. qəhrəman, igid / a hero
영원(永遠) i. əbədiyyət, sonsuzluq / eternity 영원하다 s. sonsuz, əbədi
영자신문(英字新聞) i. İngiliscə qəzet / a newspaper in English

영적(靈的) s. ruhi / spiritual müq. 정신적(精神的) mənəvi \ 육체적(肉體的) cismani 영적 생활 mənəvi həyat
영점(零點) i. sıfır bal; sıfır dərəcə, donma dərəcəsi / zero; freezing point
영접(迎接) i. qarşılama, qəbul etmə / reception, meeting 영접하다 f. qarşılamaq, qəbul etmək
영토(領土) i. torpaq, ərazi / territory, dominion
영하(零下) i. sıfırdan aşağı, mənfi dərəcə / a subzero (temperature)
 ↔ 영상(零上) sıfırdan yuxarı, müsbət dərəcə
영향(影響) i. təsir; nüfuz / influence, effect 영향을 미치다 f. təsir etmək, nüfuz etmək
영향력(影響力) i. təsir gücü, nüfuz dairəsi / the influencin, power, the power of influence
영혼(靈魂) i. ruh, ruh və can / the spirit, the soul
영화(映畵) i. kino, film / a movie, a moving picture, a film, the cinema
영화(榮華) i. çiçəklənmə, rifah, xoş, güzəran / prosperity 부귀영화를 누리다 f. zəngin yaşamaq, dəbdəbəli yaşamaq
영화배우(映畵俳優) i. kinoaktyor, kino ulduzu / a cinema actor
옅다 s. açıq (rəng) / light (color)
옆 i. yan / the side
옆집 i. qonşu ev / a neighboring house [=이웃집]
예 nid. bəli, hə / yes [=네]
예(例) i. örnək, nümunə / an example, an instance
예(禮) [=예의(禮儀)]
예감하다(豫感--) f. əvvəlcədən hiss etmək, ürəyinə dammaq / forebode, have a foreboding of
예고하다(豫告--) f. əvvəlcədən bildirmək; xəbərdarlıq etmək / notify beforehand; warning
예금(預金) i. banka pul qoyma, əmanət, depozit / money in deposit; a bank account 예금하다 f. banka pul qoymaq, əmanət qoymaq [=저금]
예기하다(豫期--) f. qabaqlamaq / anticipate, expect
예능(藝能) i. xalq sənəti / the art of public entertainment
예물(禮物) i. toy hədiyyəsi / a wedding present, a gift
예민하다(銳敏--) s. həssas / sharp, sensitive
예방(豫防) i. ehtiyat tədbiri / prevention; precaution 예방하다 f. ehtiyat tədbiri görmək
예방접종(豫防接種) i. peyvənd, vaksin / vaccination, inoculation

예배(禮拜) i. ibadət etmə, pərəstiş etmə / worship, adoration 예배하다 f. ibadət etmək, pərəstiş etmək
예복(禮服) i. mərasim paltarı, toy paltarı / ceremonial dress; a dress suit
예쁘다 s. gözəl, qəşəng / beautiful, pretty
예쁘장하다 s. gözəl, sevimli / lovely, pretty
예비(豫備) i. hazırlıq / preparation 예비하다 f. hazırlamaq
예사롭다 s. adi, sadə / common, ordinary
예산(豫算) i. büdcə / a budget 예산하다 f. büdcə qəbul etmək
예산안(豫算案) i. büdcə layihəsi / a draft budget
예상(豫想) i. təxmin etmə / expectation, anticipation 예상하다 f. təxmin etmək
예선(豫選) i. ilkin seçkilər; seçmə yarışlar / a provisional selection; preliminary match
예수 i. İsa / Jesus, Jesus Christ
예술(藝術) i. incəsənət / art; the arts
예술가(藝術家) i. incəsənət adamları, incəsənət xadimləri / an artist
예습(豫習) i. dərs hazırlığı / preparation of lesson 예습하다 f. dərslərini hazırlamaq
예약(豫約) i. əvvəldən sifariş vermə, bronlama / preengagement, booking, reservation 예약하다 f. qabaqcadan ayırmaq, saxlamaq; bron etmək
예언(豫言) i. peyğəmbərlik; kahinlik / prophecy; prediction 예언하다 f. peyğəmbərlik etmək, əvvəlcədən xəbər vermək
예언자(預言者) i. peyğəmbər / a prophet [=선지자(先知者)]
예외(例外) i. müstəsna; istisna / an exception
예의(禮義) i. ədəb, nəzakət, mərifət; etika / courtesy, politeness; etiquette
예전 i. keçmiş zamanlar / old times
예절(禮節) [=예의(禮義)]
예정(豫定) i. plan, proqram / a plan, a schedule, previous arrangement 예정하다 f. planlaşdırmaq
옛날 i. qədim dövrlər; keçən günlər / ancient times; old days 옛날 옛적에 biri var idi, biri yox idi
오고가다 f. gedib-gəlmək / come and go [=오가다]
오그라지다 f. qıvrılmaq; bükülmək, büzüşmək / be curled up
오그리다 f. qıvrılmaq; bükmək / curl up, crouch
오금 i. dizin (dirsəyin) bükük yeri / the crook of the knee, elbow
오누이 i. bacı-qardaş / brother and sister

오늘 i. bu gün / today; this day
오늘날 i. bu günlər / today, these days
오다 f. gəlmək / come ↔ 가다 f. getmək
오락(娛樂) i. əyləncə / amusement, recreation, entertainment 오락하다 f. əylənmək
오래 z. uzun müddət, uzun zaman / long, for a long time
오래가다 f. uzun sürmək, uzun müddət davam etmək (iclas, kino); uzun müddət işləmək (maşın, qələm); uzun məsafə qət etmək / last long; stand long use
오래간만 z. uzun fasilədən sonra / after a long interval, a long time (since)
오래다 f. çox vaxt keçmək; (zaman) gec olmaq / be a long time; be long continued
오래도록 z. uzun müddət; gecəyə qədər / for long; till late
오랫동안 z. uzun müddət / for a long time, for a long while
오로지 z. yalnız, təkcə, sadəcə olaraq / alone, only; wholly, entirely
오류(誤謬) i. xata, yanlışlıq; qüsur, səhv, nöqsan / a mistake, an error 오류를 범하다 f. xata törətmək
오르간 i. orqan (musiqi aləti) / an organ   < İng.
오르내리다 f. qalxıb-düşmək; bir kəsin ağzına düşmək, qeybəti qırılmaq / go up and down; be talked about, be gossiped about 그녀의 소행이 사람들의 입에 오르내린다. Hamı onun davranışından danışır.
오르다 f. yuxarı qalxmaq; minmək; dırmaşmaq / go up; ascend, rise; climb
오르막 i. yoxuş / an uprise, an upward slope, uphill ↔ 내리막 eniş
오른 i. sağ / the right ↔ 왼 sol 오른손 sağ əl
오른쪽 i. sağ tərəf / the right side
오리 i. ördək / a duck
오리다 f. kəsmək / cut into strips
오만하다(傲慢--) s. lovğa, təkəbbürlü, iddialı / haughty, arrogant
오목하다 s. çökmüş, batıq, batmış; əyilmiş / sunk, depressed, be sharply dented all over 오목렌즈 batıq linza, çökük linza 오목한 눈 batıq göz
오물(汚物) i. zibil / night soil, filth
오므라들다 f. büzüşmək / shrink up, be curled up
오므리다 f. büzüşmək, büzüşdürmək, bürüşdürmək / pucker, close up, shut 입술을 오므리다 ağzını büzüşdürmək

오솔길 i. cığır, dar yol / a narrow path, a lonely lane
오십(五十) say. əlli / fifty [=쉰]
오싹하다 f. titrəmək, əsmək (qorxudan, soyuqdan) / shiver, be chilly
오염(汚染) i. çirklənmə / pollution, getting stained 오염시키다 f. çirklətmək, çirkləndirmək 오염되다 f. çirklənmək 환경오염 ətraf mühitin çirklənməsi
오이 i. xiyar / a cucumber
오전(午前) i. gecə saat 12-dən günorta saat 12-yə qədər (anti-meridium) / the forenoon, the morning ↔ 오후(午後) günortadan sonra (post meridium)
오죽 z. həddən artıq; necə də, nə qədər / very, how!
오줌 i. sidik / urine, water; piss 오줌누다 f. işəmək, sidiyə getmək
오직 z. yalnız, sadəcə, tək, yalqız / only, merely, but
오징어 i. dəniz mollyusku / a cuttlefish
오찬(午餐) i. günorta yeməyi, nahar / a luncheon; a lunch
오해(誤解) i. yanlış anlama, səhv başa düşmə / a misunderstanding 오해하다 f. yalnış anlamaq, səhv başa düşmək
오후(午後) i. günortadan sonra (post meridium) / afternoon
오히려 z. əksinə, nəinki / rather than
옥(玉) i. nefrit ağ (süd rəngli və yaşıla çalan bərk mineral); kəhraba, qaqat; qiymətli daş / jade; precious stone
옥(獄) [=감옥(監獄)]
옥사하다(獄死--) f. həbsxanada ölmək / die in prison
옥살이(獄--) i. həbsxana həyatı / prison life
옥상(屋上) i. damın üstü; dam / the rooftop; the roof
옥수수 i. qarğıdalı / maize, Indian corn
온 təy.söz. bütün / all, whole, entire

'온' və '전'-un fərqi
'온' əsasən sayıla bilməyən isimlərlə, **'전'** isə əksinə sayıla bilən isimlərlə birlikdə işlədilir. Həmçinin, **'온'** əsasən saf Koreya dilindəki sözlərlə birlikdə, **'전'** isə Çin kökənli sözlər ilə işlədilir.

온 나라에 기쁜 소식이 퍼졌다. – Bütün ölkəyə xoş xəbər yayıldı.
전 학생(學生)이 모두 시험을 치렀다. – Bütün tələbələr imtahan verdilər.

온갖 təy.söz. hər cür, hər növ / all sorts of, all kinds of

온건하다(穩健--) s. yumşaq, mülayim; sağlam / moderate; sound 온건한 생각 sağlam rəy
온도(溫度) i. temperatur, istilik dərəcəsi / temperature, degree of temperature
온도계(溫度計) i. termometr / a thermometer
온몸 i. bütün bədən / the whole body
온수(溫水) i. isti su / warm water
온순하다(溫順--) s. mülayim, yumşaq (xarakter) / gentle, meek, docile
온실(溫室) i. istixana / a hothouse, a greenhouse, a glasshouse
온전하다(穩全--) s. kamil, qüsursuz, mükəmməl; salamat; sağlam / sound, intact; unimpaired 온전한 사고 sağlam düşüncə
온종일(-終日) i. bütün gün / all day, the whole day
온천(溫泉) i. qaynar bulaq / a hot spring, a thermal spring
온통 z. hamısı, tamamilə, büsbütün, bütünlüklə / all, entirely, wholly
온화하다(溫和--) s. mülayim, yumşaq / mild, gentle, agreeable 온화한 날씨 mülayim hava
올 [=올해]
올 i. ip; sap / strand
올가미 i. ilmək, ilgək / a noose; a snare
올라가다 f. yuxarıya çıxmaq, yuxarıya qalxmaq, dırmaşmaq / go up, ascend, mount
올려놓다 f. (bir şeyin) üstünə (nəsə) qoymaq / put something upon a place
올리다 f. qaldırmaq / raise, lift up
올림픽 i. olimpiada / Olympics
올바로 z. doğru, dürüst / uprightly, honestly
올바르다 s. doğru; düzgün, dürüst / straight, upright; honest 올바른 사람 düzgün adam
올빼미 i. bayquş / an owl
올해 i. bu il, cari il / this year [=금년]
옮기다 f. daşımaq; yerini dəyişdirmək / move, transfer
옮다 f. yoluxmaq, keçirmək / be infected, catch 병이 옮다 xəstəliyə yoluxmaq, xəstəlik keçirmək
옳다 s. doğru, gerçək, həqiqi; düzgün, dürüst / right; truthful; honest
옷 i. paltar / dress, costume, clothes
옷감 i. parça, material / cloth, material for clothes
옷장(-欌) i. paltar şkafı, qarderob / a wardrobe, a clothes chest

옹졸하다(擁拙--) s. dar düşüncəli / narrow -minded
옹호하다(擁護--) f. müdafiə etmək, dəstəkləmək / support, back up, defend
-와/과 qoş. ilə; bərabər; və / with; with together; and 아버지와 아들 ata və oğul 아버지와 함께 가다 atamla birgə getmək
와글거리다 s. ağızınacan dolu, izdihamlı, basa-bas / swarm, crowd
완고하다(頑固--) s. inadcıl, inadkar, tərs / stub-born, obstinate
완료(完了) i. tamamlama, bitirmə, qurtarma / completion, finish 완료하다 f. tamamlamaq, bitirmək, qurtarmaq
완벽하다(完璧--) s. mükəmməl, tam, kamil / perfect
완비(完備) i. tamamilə hazırlama, tam hazırlama / perfection, complete provision 완비하다 f. tam hazırlamaq 완비되다 f. tam hazırlanmaq
완성(完成) i. bitirmə, tamamlama / completion, perfection 완성하다 f. tamamlamaq, bitirmək 완성되다 f. tamamlanmaq, bitmək
완수하다(完遂--) f. yerinə yetirmək, icra etmək, müvəffəqiyyətlə başa çatdırmaq / accomplish, complete, carry through
완전(完全) i. mükəmməllik, kamillik, tamlıq, bütövlük / perfection 완전하다 s. mükəmməl, tam
완화하다(緩和--) f. yumşaltmaq, sakitləşdirmək, azaltmaq / mitigate, relieve, relax 국제간의 긴장 완화 beynəlxalq, gərginliyin yumşaldılması
왕(王) i. kral, padşah / a king
왕래하다(往來--) f. gedib-gəlmək / come and go
왕복(往復) i. gediş-gəliş, gediş-dönüş / going and coming, going and returning 왕복하다 f. getmək-gəlmək 왕복표, 왕복티켓 gediş-gəliş bileti
왕성하다(旺盛--) s. çiçəklənən, inkişaf edən, irəliləyən / prosperous, flourishing
왕위(王位) i. taxt-tac / the throne
왕자(王子) i. şahzadə, prins / a royal prince
왕진(往診) i. həkimin xəstəyə baş çəkməasi / a doctor's visit to a patient 왕진하다 f. (həkim) xəstəyə baş çəkmək
왜(倭) i. Yaponiya (kobud mənada), yapon / Japan, Japanese [=일본(日本)]
왜 təy.söz. niyə, nə üçün, nə səbəbə / why, for what reason
왜곡하다(歪曲--) f. təhrif etmək, saxtalaşdırmaq / distort, falsify 이것은 사실을 왜곡한 것이다. Bu faktı təhrif etmək deməkdir. 왜곡된 해석 saxtalaşdırılmış izahat
외(外) i. kənar; xaric / outside, outer ↔ 내(內) iç [=밖] 시외 şəhər kənarı

외과(外科) i. cərrahiyyə şöbəsi / surgery 외과의사 cərrah \ 내과(內科) daxili xəstəliklər şöbəsi
외교(外交) i. xarici siyasət / diplomacy, a foreign policy, international politics
외교관(外交官) i. diplomat / a diplomatic official, a diplomat
외교관계(外交關係) i. diplomatik əlaqələr / a diplomatic relations
외국(外國) i. xarici ölkə / a foreign country
외국어(外國語) i. xarici dil / a foreign language
외국인(外國人) i. xarici, əcnəbi, yad adam / a foreigner
외다 f. əzbərləmək / learn by heart, commit it to memory; memorize
외따로 z. yalqız, tək başına / lonelily, all alone
외딴 təy.söz. təcrid olunmuş, ayrılmış, tənha qalmış / isolated, lonely, remote
외래(外來) i. xaricdən gələn / coming from the outside, coming from abroad 외래어 alınma söz
외로움 i. yalqızlıq, tənhalıq, təklik / solitude, loneliness
외롭다 s. yalqızlıqdan darıxmış, tək-tənha / lonely, lonesome, solitary
외모(外貌) i. zahiri görünüş, xarici görünüş; sifət / outward apperance
외무(外務) i. xarici işlər / foreign affairs
외무부(外務部) i. Xarici İşlər Nazirliyi / the Ministry of Foreign Affais
외부(外部) i. bayır, çöl, kənar / the outside, the exterior
외삼촌(外三寸) i. dayı / an uncle on the mother's side
외상 i. nisyə, kredit / trust, credit 외상을 주다 f. nisyə vermək
외상(外相) i. Xarici İşlər naziri / a foreign minister
외식(外食) i. bayırda yemək yemə / eating out 외식하다 f. bayırda yemək
외식하다(外飾--) f. riyakarlıq etmək, ikiüzlülük göstərmək / put on outside appearance
외신(外信) i. xarici xəbərlər / foreign news
외우다 [=외다]
외제(外製) i. xarici marka / foreign made
외채(外債) i. xarici borc / a foreign loan, foreign debt
외출하다(外出--) f. bayıra çıxmaq / go out, stir out
외치다 f. bağırmaq; qışqırmaq / shout; cry
외투(外套) i. palto / an overcoat
외형(外形) i. xarici forma / an external form
외화(外貨) i. xarici valyuta / foreign currency

외환(外換) i. xarici kurs, xarici valyuta kursu / foreign exchange
왼 s. sol / left
왼손 i. sol əl / the left hand
왼쪽 i. sol tərəf / the left side
요건(要件) i. tələb olunan şərait / a required condition
요구(要求) i. tələbat, ehtiyac / a requirement; a demand; claims, needs
　　요구하다 f. tələb etmək
요금(料金) i. xərc / a charge, a fare, a fee
요긴하다(要緊--) s. çox əhəmiyyətli, vacib, zəruri, mühüm / important, vital
요동하다(搖動--) f. titrəmək, əsmək; sarsılmaq / shake, tremble
요란스럽다 [=요란하다]
요란하다(搖亂--) s. səs-küylü / noisy, loud
요령(要領) i. üsul, metod / a knack, the trick 요령을 터득하다 yolunu bilmək
요르단 i. İordaniya / Jordan
요리(料理) i. yemək / a dish, food; cooking 요리하다 f. yemək bişirmək
요리사(料理師) i. aşpaz / a cook
요만큼 [=이만큼]
요망(要望) i. istək, tələbat / a demand 요망하다 f. istəmək, tələb etmək
요새 i. hal-hazırda, bu günlərdə / nowadays, at present, these days, late
요새(要塞) i. istehkam, qala / fortress, a stronghold
요소(要素) i. ünsür, vacib element, fakt / an element, an essential element, essence, an important factor
요술(妖術) i. sehrbazlıq, sehr, cadugərlik / magic, witchcraft, sorcery 요술을 보여주다 f. sehrbazlıq etmək, cadugərlik etmək
요술쟁이(妖術--) i. sehrbaz, cadugər / a magician
요약(要約) i. xülasə, yekun; qısaltma / summation; summary; summing up
　　요약하다 f. yekunlaşdırmaq, yekun vurmaq; qısaltmaq
요양(療養) i. tibbi qayğı göstərmə / medical treatment 요양하다 f. tibbi qayğı göstərilmək, müalicə olunmaq 요양소 sanatoriya
요염하다(妖艷--) s. seksual cazibə, şəhvət doğuran, ecazkar, füsunkar / sexsual charm, voluptuous beauty
요인(要因) i. zəruri ünsür, vacib fakt / a primary factor, an important element
요일(曜日) i. həftənin günü / a day of the week
요전 i. bir neçə gün bundan qabaq, bir az bundan əvvəl / a few days ago, some times ago

요점(要點) i. əsas məsələ, əsas nöqtə / the gist, the main point
요정(妖精) i. pəri, mələk / a fairy
요정(料亭) i. meyxana / a special place for amusement as a restaurant
요즈음 i. bu günlərdə / these days, nowadays
요즘 [=요즈음]
요지(要旨) i. məsələnin məğzi, əsas məsələ / the gist
요청(要請) i. təlabat, istək / a demand, a requirement, a request 요청하다 f. tələb etmək, istəmək
요컨대(要--) z. bir sözlə, qısaca olaraq; hər şeydən sonra / in a word, in short; after all
요한 i. Yəhya / John
요행(僥倖) i. xoşbəxt təsadüf, bəxt / good fortune, a lucky chance
욕(辱) i. söyüş; təhqir / abusive language; shame, disgrace 욕하다 f. söyüş söymək 욕보다 f. təhqir olunmaq, alçaldılmaq 욕보이다 f. təhqir etmək, alçaltmaq
욕구(慾求) i. arzu, istək / desire
욕되다(辱--) f. özünü biabır etmək, etibardan düşmək / be a disgrace ot, be a shame to
욕망(慾望) i. ambisiya, istək / a desire, a craving, ambition
욕설(辱說) [=욕(辱)]
욕설하다(辱說-) [=욕하다(辱--)]
욕실(浴室) i. hamam; vanna otağı/ a bathroom [=목욕탕(沐浴湯)]
욕심(慾心) i. nəfs, acgözlük, tamah / avarice, covetousness, greediness
욕심장이(慾心--) i. nəfsli adam, acgöz / an avaricious man, a grabber
욕정(欲情) i. cinsi həvəs, ehtiras / sexual desire, passion
용(龍) i. əjdəha / a dragon
용감하다(勇敢--) s. mərd, igid, cəsur, qoçaq / brave
용건(用件) i. iş, məsələ / a commission, business
용기(勇氣) i. cəsarət, qoçaqlıq, igidlik, mərdlik / courage, bravery
용납하다(容納--) f. qəbul etmək, bağışlamaq, əfv etmək / admit, permit, allow
용도(用途) i. istifadə / a use
용돈(用-) i. xərclik, cib xərcliyi / pocket money
용량(容量) i. həcm, tutum; kəmiyyət / the measure of capacity, cubic content; volume
용례(用例) i. örnək, misal, nümunə / an example
용맹하다(勇猛--) f. mərd, igid, qorxmaz, cəsur / undaunted, plucky, brave

용모(容貌) i. sifətin görünüşü / personal appearance, looks, the face
용무(用務) i. iş, məsələ / business, a thing [=볼일]
용법(用法) i. istifadə yolu, üsulu, metodu / how to use, use
용변(用便) i. tualetə getmə / going to the lavatory 용변을 보다 f. tualetə getmək
용사(勇士) i. igid əsgər, cəsur adam / a brave warrior, a brave man
용서(容恕) i. əfv etmə, bağışlama / pardon, forgiveness, mercy 용서하다 f. əfv etmək, bağışlamaq
용수철(龍鬚鐵) i. polad yay / a spring
용암(熔岩) i. lava (vulkanın zamanı çıxan odlu maye) / lava, molten rock
용액(溶液) i. məhlul (həlli) / a solution
용어(用語) i. termin / a term, terminology
용역(用役) i. xidmət, iş, servis / service
용의자(容疑者) i. şübhəli adam / a suspect müq 피고(被告) i. müttəhim
용이하다(容易--) s. asan, sadə / easy, not difficult, simple
용접(鎔接) i. qaynaq / welding 용접하다 f. qaynaq etmək
용접공 i. qaynaqçı / welder
용지(用紙) i. vərəq, blank / paper to use, a blanked form
용품(用品) i. avadanlıq, alətlər və əşyalar / supplies, an article for the use of
용하다 s. bacarıqlı, ağıllı / skillful, clever
용해하다(鎔解--) f. əritmək / melt 용해되다 f. ərimək
우(右) i. sağ / the right \ 좌(左) sol
우굴거리다 f. izdihamlı olmaq, basabas olmaq / swarm, be crowded
우기다 f. təkid etmək, israr etmək / insist on, persist on
우두머리 i. şef, rəis, başçı / the chief, the head, the leader
우뚝 z. dik, yuxarıya doğru / high, aloft 우뚝한 코 dik burun 하늘로 우뚝 서 있는 건물, öylərə dikəlmiş bina
우등(優等) i. üstün dərəcə, əla səviyyə / the top grade 우등생 əlaçı
우러러보다 f. hörmət əlaməti olaraq yuxarı baxmaq / look up at; look up to, respect
우려하다(憂慮--) f. narahat olmaq, təşviş keçirmək, qorxmaq / worry about, fear
우롱하다(愚弄--) f. ələ salmaq, lağa qoymaq, istehza etmək, məsxərəyə qoymaq / mock, ridicule
우뢰 i. ildırım / thunder [=천둥]
우리 i. axur, tövlə / a cabe, a pen
우리 əv. biz / we

우물 i. su quyusu / a water well
우물가 i. quyunun ətrafı / the well side
우물거리다 f. qıvrılmaq; mızıldamaq / squirm in swarm; mumble
우물쭈물하다 f. tərəddüd etmək / hesitate [=우물거리다]
우박(雨雹) i. dolu / hail
우발적(偶發的) s. təsadüfi / accidental 우발적으로 təsadüfən
우방(友邦) i. dost ölkə, dost xalq; müttəfiq / a friendly nation; ally
우산(雨傘) i. çətir / an umbrella
우상(偶像) i. büt; pərəstişgah, qibləgah / an idol
우선(于先) z. qabaqca, əvvəlcə / first, first of all
우선권(優先權) i. birincilik haqqı, üstünlük haqqı / (the right of) priority
우선하다(優先--) s. üstün tutmaq / be prior to, have preference to
우세하다(優勢--) s. üstün olmaq, üstünlük təşkil etmək, hakim olmaq, hakim mövqe tutmaq / superior, leading, dominant
우송(郵送) i. poçt ilə göndərmə / mailing, sending by mail 우송하다 f. poçt ilə göndərmək
우수하다(優秀--) s. əla, yaxşı, mükəmməl, üstün / excellent, superior
우스갯소리 i. gülməli söz, zarafat / a joke
우습게보다 f. həqarətlə baxmaq, yuxarıdan aşağıya baxmaq, xor baxmaq / make light of, look down up on
우습다 s. gülməli, komik / ridiculous; funny; comical
우승(優勝) i. qələbə, zəfər; çempion / the victory; championship 우승하다 f. çempion olmaq, çempionatda qalib gəlmək
우아하다(優雅--) s. zərif, incə / elegant, graceful
우애(友愛) i. dostluq / friendship
우연(偶然) i. təsadüf / chance, fortuity 우연하다 s. təsadüfi olmaq 우연한 만남 təsadüfi görüş
우연히(偶然 -) z. təsadüfən / by chance, by accident
우울하다(憂鬱--) s. melanxolik, qəmli / melancholy
우월하다(優越--) s. üstün, üstün olan, artıq olan / superior, surpassing
우월감(優越感) i. üstünlük hissi / a sense of superiority
우유(牛乳) i. süd / cow's milk
우유부단(優柔不斷) i. qətiyyətsizlik / lack of decision (resolution) 우유부단하다 f. qətiyyətsiz olmaq
우의(友誼) i. dostluq / friendship
우익(右翼) i. sağçı / the right wing \ 좌익(左翼) solçu

우정(友情) i. dostluq duyğusu, dostluq / friendly feelings, friendship
우주(宇宙) i. kainat / the universe
우주선(宇宙船) i. kosmik gəmi / a spaceship
우중충하다 s. tutqun (rəng, hava və s.) / gloomy 우중충한 날씨 tutqun hava 우중충한 방 qaranlıq-zülmət otaq
우체국(郵遞國) i. poçt idarəsi / a post office
우체부(郵遞夫) i. poçtalyon / a postman
우체통(郵遞筒) i. poçt qutusu / a public mailbox
우측(右側) i. sağ tərəf / the right ↔ 좌측(左側) sol tərəf
우파(右派) [=우익(右翼)]
우편(郵便) i. poçt xidməti / postal service; post, mail
우편물(郵便物) i. poçt / mail, postal matter
우편 번호(郵便番號) i. poçt kodu / the postal code
우표(郵票) i. marka / a postal stamp
우호(友好) i. dostluq və səmimi münasibətlər / friendly and cordial (relationship) 우호관계 dostluq əlaqəsi
우환(憂患) i. xəstəlik; bəla, dərd, mərəz / illness, sickness; trouble, anxiety, agony
운(運) i. bəxt, qismət / destiny, fate
운동(運動) i. idman; hərəkət; hərakat / physical exercise, a sport; motion, movement 운동하다 f. idman etmək, əl-qol atmaq
운명(殞命) i. vəfat etmə, həyatın sonu, ölüm / expiration of life, death 운명하다 f. vəfat etmək
운명(運命) i. tale / fate, destiny
운명주의(運命主義) i. fatalizm / fatalism
운송(運送) i. nəqliyyat / conveyance, transport, transportation 운송하다 f. nəqliyyatda daşımaq
운수(運數) i. bəxt, qismət / fortune
운수(運輸) i. nəqliyyat xidməti / transport, traffic service, transportation
운영(運營) i. idarəetmə / operation; management; administration 운영하다 f. idarə etmək
운임(運賃) i. nəqliyyat xərci / fare, charge
운전(運轉) i. maşın sürmə, idarə etmə / driving; operation 운전하다 f. maşın sürmək
운전사(運轉士) i. sürücü / a driver
운하(運河) i. kanal / a canal

운항(運航) i. (gəmi, təyyarə) səfərə çıxma, işləmə / operation, navigation (ship, airplane) 운항하다 f. səfərə çıxmaq, işləmək 오늘 배가 운항한다. Bu gün gəmi səfərə çıxır. 이 비행기는 모스크바-바쿠 노선을 운항한다. Bu təyyarə Moskva-Bakı reysilə işləyir.

운행(運行) i. yola düşmə, işləmə (nəqliyyat) / running, operation; movement 운행하다 f. işləmək, səfərə çıxmaq

울 [=울타리]

울긋불긋하다 s. rəngarəng, müxtəlif rəngli / of various colors, colorful

울다 f. ağlamaq, gözyaşı tökmək / cry, weep, shed tears

울뚝불뚝하다 f. kələ-kötür, nahamar / rugged, rough

울렁거리다 f. (ürəyi) bulanmaq; döyünmək; dalğalanmaq / nauseate; palpitate, throb, beat; surge, roll 가슴이 울렁거리다 Ürəyi bulanmaq; Ürəyi tez-tez vurmaq

울리다 f. çalınmaq (zəng); ağlatmaq / ring, sound; let a person cry, move a person tear 종이 울린다. Zəng çalınır.

울부짖다 f. fəryad etmək, acı-acı hayqırmaq / scream, cry, wail

울음 i. ağlama / weeping, a cry

울적하다(鬱寂--) s. qəmli, kədərli, melanxolik / gloomy, melancholy

울창하다(鬱蒼--) s. (ağaclar) sıx, qalın / dense, thick 숲이 울창하다. Meşə qalındır.

울타리 i. hasar / a fence

울화(鬱火) [=울화통(鬱火-)]

울화통(鬱火-) i. hirs, qəzəb / resentment 울화통이 터지다 f. hirsi üzə vurmaq

움직이다 f. yerimək, tərpənmək, hərəkət etmək / move, shift, shake

움켜잡다 f. bərk tutmaq, bərk yapışmaq; yaxalamaq / grap, grasp, hold, take 멱살을 움켜잡다 f. yaxasından bərk tutmaq, yaxalamaq

움켜쥐다 f. əlində bərk tutmaq / hold a thing tight in one's hand

웃 – ön.şək. üst, yuxarı / upper, above, upward 웃니 yuxarı diş

웃기다 f. güldürmək / move a person to laughter

웃다 f. gülmək, gülümsəmək / laugh, smile

웃도리 i. üstdən geyilən paltar; pencək, jaket, ködəkcə / an upper garment; the upper part of the body

웃사람 i. yaşca böyük olan adam; (bir kəsdən vəzifəcə) böyük adam / one'e superior

웃음 i. gülüş, gülmə; gülümsəmə / a laugh, laughter: a smile 웃음을 참다 f. gülüşü saxlamaq, kəsmək

웃음거리 i. gülüş hədəfi, gülüş obyekti; gülməli şey, gülməli məsələ / a laughingstock; a jocking matter 웃음거리가 되다 f. gülüş obyektinə çevrilmək

웃통 i. bədənin yuxarı hissəsi, göbəkdən yuxarı / the upper part of the body

웅대하다 i. möhtəşəm, əzəmətli, böyük / grand, magnificent

웅덩이 i. çala, gölməçə / a puddle, a plash, water hole

웅변(雄辯) i. bəlağət, gözəl nitq / eloquence

웅성거리다 f. hay-küylü olmaq; basabas olmaq / be noisy, be croweded, be a stir

웅장하다(雄壯--) s. möhtəşəm, əzəmətli, böyük / grand, magnificient, splendid

웅크리다 f. yerə qısılmaq, çökmək / crouch

워낙 z. lap əvvəldən; olduqca / from the first; extremely, very 그는 워낙 몸이 약하다 O, lap əvvəldən (anadan gəlmə) zəifdir 그는 워낙 성실하다 O olduqca səmimi adamdır.

원 i. Koreya pul vahidi, *Von* / a won

원(圓) i. dairə, çevrə / a circle

원고(原告) i. ittihamçı / an accuser, a plaintiff ↔ 피고(被告) müttəhim

원고(原稿) i. manuskript; əlyazma / a manuscript, a copy, a draft, a contribution

원기(元氣) i. enerji, güc, taqət, qüvvət / vigor, energy, vitality

원동력(原動力) i. aparıcı qüvvə, hərəkətverici qüvvə; motiv / motive power; a motive

원래(元來) i. fitrətən, təbiətən, anadangəlmə; əslində, gerçəkdən, həqiqətən / originally, primarily, naturally, by nature; really 그는 원래 상냥한 사람이다. O, fitrətən mülayim adamdır.

원로(元老) i. ağsaqqal, veteran / an elder, a senior, a veteran

원료(原料) i. xammal / raw material, crude material

원리(原理) i. prinsip, nəzəriyyə; əsas, fundament / a principle, a theory; the fundamental

원망(怨望) i. acıq, nifrət, kin / a bitter feeling, a grudge, resentment, hatred 원망하다 f. kin bəsləmək, acıq etmək

원망스럽다 s. çox kinli, acı, nifrətedici / very regrettable; reproachful, hateful

원문(原文) i. mətn, orijinal mətn / the original text

원본(原本) i. orijinal, orijinal nüsxə / the original, the original copy
원산지(原産地) i. nəyinsə vətəni, yeri / the place of origin, the home, the habitat 감자의 원산지는 미국이다. Kartofun vətəni Amerikadır.
원상(原狀) i. orijinal vəziyyət; əsl şəkli, əsli / the original state
원서(願書) i. ərizə / an application, a written application
원소(元素) i. element / element, a chemical element 화학원소 kimyəvi element
원수(元首) i. dövlət rəhbəri / a ruler, a soverign, the chief
원수(怨讐) i. düşmən / a foe, an enemy
원숭이 i. meymun / a monkey, an ape
원시(原始) i. ilk mənşə, ibtidailik; ilk çağ / the beginning, origin 원시 사회 ibtidai cəmiyyət 원시인 primitiv adam, ibtidai adam
원시적(原始的) i. ibtidai, primitiv / primitive
원시안(遠視眼) i. uzaqdangörmə, uzağı görən göz / farsightedness, hypermetropia ↔ 근시안(近視眼) i. yaxını görən göz
원예(園藝) i. bağbanlıq / gardening
원예가(園藝家) i. bağban / gardener
원인(原因) i. səbəb / a cause, occasion, a factor
원자(原子) i. atom, zərrə / atom
원자력(原子力) i. nüvə enerjisi / nuclear power, atomic energy
원자로(原子爐) i. nüvə reaktoru / a reactor, a nuclear reactor
원자 폭탄(原子爆彈) i. atom bombası / an atomic bomb
원작(原作) i. orijinal əsər (incəsənət) / an original work (of art)
원장(阮長) i. baş həkim; müdir, direktor, prezident (idarə, şirkət və s.) / the director (of a hospital), the presidnt (of an acamedy)
원점(原點) i. başlanğıc nöqtəsi, başlanğıc / the starting point
원정(遠征) i. ekspedisiya, səfər / expedition 원정하다 f. expedisiyaya getmək
원조(援助) i. himayədarlıq, hamilik, yardım, kömək / aid, assistance, support 원조하다 f. himayə etmək, hamilik etmək, yardım etmək, kömək etmək
원죄(原罪) i. başlıca günah, ilkin günah / original sin
원주민(原住民) i. yerli / a native 미국 원주민 Amerikanın yerli sakinləri, yerli amerikalılar
원천(源泉) i. mənşə, soykök / the fountainhead, a source, an origin
원칙(原則) i. başlıca prinsip, əsas prinsip / a (governing) principle

원컨대(願--) z. kaş, arzu edərdim ki / I hope, May I wish
원통하다(寃痛--) s. təəssüfləndirici, kinbəsləyici, nifrətedici, kədərləndirici / reprochfulness, vexing, hateful
원폭(原爆) [=원자폭탄(原子爆彈)]
원피스 i. don / one piece dress < İng.
원하다(願--) f. istəmək, arzu etmək, ummaq / desire, want; hope, wish
원한(怨恨) i. kin, nifrət, düşmənçilik / grudge, malice, enmity
원형(原形) i. orijinal forma, əsl forma / the original form
원활하다(圓滑--) s. saz vəziyyətdə olan; harmonik (proces) / smooth; harmonious 원활하게 작동하는 엔진 saz vəziyyətdə olan mühərrik
월(月) i. ay / a month; the month
월간(月刊) i. aylıq (nəşr) / monthly publication (issue) müq. 일간(日刊) gündəlik 주간(週刊) həftəlik
월경(月經) i. aybaşı / menstruation, the menses, one's period [=생리 (生理)] 월경하다 f. aybaşı olmaq
월계관(月桂冠) i. dəfnə çələngi; şərəf, şöhrət / a raurel crown, the raurel; glory
월권(越權) i. vəzifədən sui-istifadə etmə, səlahiyyətini aşma / abuse of confidence, a stretch of authority 월권하다 f. vəzifədən sui-istifadə etmək, səlahiyyətini aşmaq
월급(月給) i. aylıq maaş, aylıq, maaş / a monthly salary, pay
월급쟁이(月給--) i. ştat işçisi / a salaried man; a white-collar worker
월등하다(越等--) f. çox üstün olmaq / be by far the best
월말(月末) i. ayın sonu, ayın axırı / (at) the end of the month
월부(月賦) i. borcu aybaay ödəmə / a monthly installment, a monthly payment 월부 판매 borcu aybaay ödəmə şərtilə kreditə vermə, nisyə satma
월세(月貰) i. aylıq kirəyə haqqı / monthly rent
월요일(月曜日) i. Bazar ertəsi / Monday
월일(月日) i. ay və gün; tarix / months and days; the date
월초(月初) i. ayın əvvəlində / (in) the beginning of the month
웨이터 i. ofisiant / a waiter < İng.
웬 z. necə, hansı növ / what sort of, what kind of 웬 사람이야? Bu adam kimdir?
웬만큼 z. müəyyən dərəcəyə qədər; yaxşı, kifayət qədər / to some degree, somewhat; pretty, fairly
웬만하다 s. olduqca yaxşı, gözəl / fairly well, fair, good

웬일 i. nə; nə iş / what, whatever, what matter **웬일로** z. nə işlə, nəyə görə
웬일인지 z. müəyyən işə görə, bəzi səbəblərə görə
위 i. üst, yuxarı / upside, the upper part
위(胃) i. mədə / the stomach
위급하다(危急--) s. təcili və təhlükəli, böhranlı / critical, exigent, emergent
위기(危機) i. böhran / a crisis; a critical moment, a critical situation, an emergency
위기일발(危機一髮) i. kritik an / the critical moment, the nick of time
위대하다(偉大--) s. möhtəşəm, böyük / great, grand 위대한 업적 böyük nailiyyət
위도(緯度) i. coğrafi uzunluq / latitide
위독하다(危篤--) s. ağır xəstə olmaq, böhran vəziyyətində olmaq / be dangerously ill, be in a critical condition
위력(威力) i. güc, qüvvə / power, might
위로(慰勞) i. təsəlli / consolation, comfort 위로하다 f. təsəlli vermək
위문(慰問) i. təsəlli vermək üçün baş çəkmə, təsəlliverici ziyarət / a consolatory inquiry, call of sympathy 위문하다, 위문가다 f. baş çəkib təsəlli vermək
위반(違反) i. pozma (qanun, qaydanı) / contravention, violation 위반하다 f. pozmaq
위배(違背) [=위반(違反)]
위법(違法) i. qeyri qanunilik, qanunsuzluq / illegality
위생(衛生) i. təmizlik, sanitariya / hygiene, sanitation
위선(僞善) i. ikiüzlülük, riyakarlıq / hypocrisy
위선자(僞善者) i. ikiüzlü (kimsə), riyakar / a hypocrite
위선적(僞善的) s. ikiüzlü, riyakar / hypocritical
위성(衛星) i. planet; peyk / a satellite, a secondary planet 인공위성 süni peyk
위세(威勢) i. güc, qüvvə; səlahiyyət; təsir (hakim) / power; authority; influence
위신(威信) i. ləyaqət, mənlik, səlahiyyət və rütbə, nüfuz / prestige, dignity, honor 위신이 떨어지다 f. nüfuzdan düşmək, hörmətdən düşmək, gözdən düşmək
위안(慰安) [=위로(慰勞)]
위엄(威嚴) i. əzəmət, böyüklük, vüqar / dignity, stateliness

위원(委員) i. üzv, nümayəndə; təmsilçi / a member of a committee; a delegate 국무위원 Nazirlər kabineti üzvü 상임위원 daimi nümayəndə
위원회(委員會) i. komitə / a committe
위인(偉人) i. böyük şəxsiyyət, böyük xadim, böyük fiqur / a great man
위임(委任) i. vəkalət, mandat / mandate; trust, charge 위임하다 f. vəkalət vermək 위임장 vəkalətnamə
위자료(慰藉料) i. təsəlliverici mükafat; talaq / a solatium 위자료를 청구하다 f. təsəlliverici mükafatı tələb etmək 이혼 위자료 talaq
위장(胃腸) i. mədə və bağırsaq / the stomach and intestines
위장(僞裝) i. kamuflyaj / camouflage; disguise 위장하다 f. kamuflyaj etmək
위조(僞造) i. saxtakarlıq / forgery, fabrication 위조하다 f. saxtakarlıq etmək 위조 지폐 qəlp pul, saxta pul
위쪽 i. yuxarı tərəf / the upper part
위층(-層) i. yuxarı mərtəbə / the upper floor (storey)
위치(位置) i. yer; mövqe / a position; situation
위탁하다(委託--) f. əmanət vermək, etibar etmək / entrust
위태롭다 s. təhlükəli, riskli / dangerous, risky
위하다(爲--) f. xeyrinə etmək, üçün / do in favor of, do for the good 어린이들을 위하다 uşaqlar üçün 회사를 위하다 firmanın xeyrinə iş görmək
위하여(爲--) z. üçün / for, for the sake of
위험(危險) i. təhlükə; risk / danger; risk 위험하다 s. təhlükəli; riskli
위험물(危險物) i. təhlükəli maddə / a dangerous thing
위험시하다(危險視--) f. bir şeyi və ya bir kimsəni təhlükəli sanmaq, saymaq / regard (a person, a thing) as dangerous
위협하다(威脅--) f. hədələmək, qorxutmaq / menace, threaten
윗- ön.şək. üst, yuxarı / upper, above
윙크 f. göz qırpma / a wink   < İng.   윙크하다 f. göz qırpmaq
유(有) i. varlıq, var olma, mövcudluq / existence, being \ 무(無) yoxluq, yox olma
유(類) [=종류(種類)]
유가족(遺家族) i. bir üzvünü itirən ailə / a bereaved family
유가 증권(有價證券) i. qiymətli kağızlar, aksiya, səhm / securities
유감스럽다(遺感---) s. təəssüfedici; qeyri kafi / regrettable; deplorable, pitiful; unsatisfactory 유감스럽지만, 유감이지만 böyük təəssüflə

유고(有故) i. qəza, problem / an accident, truoble
유괴(誘拐) i. adam oğurlama / kidnapping 유괴하다 f. adam oğurlamaq
유구(悠久) i. sonsuzluq, əbədiyyət / eternity 유구하다 s. sonsuz, əbədi
유구무언(有口無言) i. deməyə bir sözü qalmama, heç bir bəhanə gətirə bilməmə / saying nothing; have no word in excuse
유권자(有權者) i. seçici / an elector, a voter
유난하다 s. adətə rəğmən / unusual, uncommon, particular 유난히 adətə rəğmən, xüsusi ilə, müstəsna olaraq 오늘 유난히 일찍 깨었다. Bu gün adətimə rəğmən tez oyandı. 올 여름은 유난히 덥다. Bu yay müstəsna olaraq çox istidir.
유년(幼年) i. uşaqlıq / infancy; childhood
유년기(幼年期) i. uşaqlıq dövrü / infancy, childhood
유능하다(有能--) s. bacarıqlı, qabiliyyətli, səriştəli / able, cable
유니언 i. ittifaq, birlik / union, a union [=조합(組合), 단체(團體)]   < İng.
유니폼 i. xüsusi geyim forması, uniforma / a uniform   < İng.
유달리 z. adətə rəğmən, müstəsna olaraq, xüsusi ilə / uncommonly, unusually, particularly
유대(紐帶) i. əlaqə, münasibət / a band, a tie, relation 유대관계 münasibət
유도(柔道) i. cüdo / judo
유동(流動) i. axın, axınının hərəkəti; qeyri sabitlik, dəyişkənlik / flux, flowing, circulation 유동적 s. qeyri sabit; dəyişkən 정치 상황이 유동적이다. Siyasi vəziyyət qeyri sabitdir.
유독 가스(有毒 --) i. zəhərli qaz / a poisonous gas
유람(遊覽) i. gəzinti, ekskursiya / an excursion
유래(由來) i. mənşə, soykök, tarix / the origin, the history, the source 유래하다 f. törəmək, yaranmaq, əmələ gəlmək
유럽 i. Avropa / Europe   < İng.
유력하다(有力--) s. təsirli; güclü, qüvvətli; əsas / influential; powerful; potent, prominent 유력한 증거 əsaslı dəlil 유력한 후보자 əsas namizəd
유령(幽靈) i. qarabasma, kabus; cin / a spirit of dead; a ghost
유료(有料) i. pullu / fee-charging 유료 도로 pullu maşın yolu
유리(琉璃) i. şüşə / glass, plate glass, a pane
유리(流璃) i. avaraçılıq; veyillənmə / vagrancy, wandering
유리하다(有利--) s. faydalı, qazanclı / profitable; gainful
유린하다(蹂躪--) f. tapdalamaq / trample upon

유망하다(有望--) s. parlaq, gələcəyi olan, ümidverici / bright prospect, promising, hopeful

유명하다(有名--) s. məşhur, tanınmış / famous

유명무실(有名無實) i. sadəcə sözdə olma, işdə olmama / being in name but not in deed 유명무실하다 s. sadəcə sözdə olmaq

유모차(乳母車) i. uşaq kolyaskası, uşaq arabası / a baby carriage

유물(遺物) i. miras, irs / a relic, an inheritance

유방(乳房) i. sinə (qadın) / the breast

유배(流配) i. sürgün / exile, banishment 유배하다 f. sürgün etmək 유배되다 f. sürgün olunmaq

유별나다(有別--) s. çox fərqli, nadir, qeyri adi / out of the common, uncommon, unique

유복하다(裕福--) s. zəngin, varlı; xoşbəxt / rich, wealthy, properous

유부남(有婦男) i. evli kişi, ailəli kişi / a married man

유부녀(有夫女) i. ərli qadın, evli qadın / a married woman

유사하다(類似--) s. bənzər, oxşar / similar to, alike

유사품(類似品) i. həqiqi şeylərin təqlidi, saxta mal / an imitation of real things

유산(遺産) i. miras, varislik, irs / an inheritance, a legacy

유서(遺書) i. vəsiyyətnamə / a testamentary letter [=유언장]

유선 방송(有線放送) i. kabel ötürücüsü / wire broadcasting

유세(遊說) i. seçki kompaniyası / a canvassing tour, stumping, electioneering 유세하다 f. seçki kompaniyası keçirmək

유식하다(有識--) s. savadlı, təhsilli, oxumuş / learned, educated ↔ 무식하다(無識--) s. savadsız, cahil

유실(遺失) i. itki (təbii fəlakət nəticəsində itirilmiş əşya barədə) / loss

유실물(遺失物) i. itirilmiş əşyalar / a lost article, lost property

유아(幼兒) i. körpə, körpə uşaq / a baby, an infant

유언(遺言) i. vəsiyyət / one's dying words; a testament

유언비어(流言蜚語) i. dedi-qodu, əsassız şayiə / a groundless rumor

유언장(遺言狀) i. vəsiyyətnamə / a testament

유업(遺業) i. irs qalmış iş, tamamlanmamış iş / work left by a person, an unfinished work 유업을 계승하다 irs qalmış işi davam etdirmək

유엔 i. B.M.T.(Birləşmiş Millətlər Təşkilatı) / U.N.(United Nations)

유예(猶豫) i. müvəqqəti dayandırma, təxirə salma (məhkəmənin hökmü) / postponement, extension 유예하다 f. müvəqqəti dayandırmaq, təxirə salmaq
유용하다(有用--) s. yararlı, faydalı, xeyirli / useful, good
유머 i. yumor, zarafat / humor < İng.
유원지(遊園地) i. istirahət parkı / a recreation park (ground)
유월(六月) i. İyun / June
유월절(逾越節) i. (Din) Pasxa bayramı / Passover
유의하다(留意--) f. nəzərə almaq, diqqət yetirmək / care about, mind, regard
유익하다(有益--) s. faydalı, qazanclı, gəlirli, yararlı, xeyirli / beneficial, useful, profitable
유인하다(誘引--) f. azdırmaq, yoldan çıxarmaq, yanlış istiqamətə yönəltmək, pis yola sövq etmək, şirnikdirmək / entice, allure, seduce
유일하다(唯一--) s. yeganə, tək, vahid / the only, the one and only
유임하다(留任--) f. vəzifəsində qalmaq / remain (continue, stay) in office
유입(流入) i. axma, sızma, daxil olma (kapital və s.) / inflow, influx, incoming 유입하다 f. axmaq, sızmaq, daxil olmaq 외자 유입 xarici kapitalın ölkəyə axını, daxil olması
유적(遺跡) i. tarixi qalıqlar, abidələr / remains, ruins, historical relics
유전(油田) i. neft mədəni / an oil well, an oil land (field)
유전(遺傳) i. genetik irs / heredity, genetic inheritance
유족(遺族) i. bir üzvünü itirmiş ailə / a bereaved family
유죄(有罪) i. günahkarlıq, müqəssirlik, təqsirkarlıq / guiltiness, guilt ↔ 무죄(無罪) günahsızlıq
유지(有志) i. nüfuzlu adam / an influential person
유지하다(維持--) f. qoruyub saxlamaq, mühafizə etmək / maintain, keep 젊음을 유지하다 gəncliyi qoruyub saxlamaq
유창하다(流暢--) s. bəlağətli, axıcı, sərbəst / fluent, smooth 그는 아제르바이잔어를 유창하게 한다. O, Azərbaycan dilində sərbəst danışır.
유추(類推) i. analoji nəticə çıxarma / analogy, analogical inference 유추하다 f. analoji nəticə çıxarmaq
유치하다(幼稚--) s. uşaqcasına, uşaq kimi / childish, inexperienced, primitive
유치하다(誘致--) f. cəlb etmək, sövq etmək; müəyyən tədbir keçirmək / lure, attract, induce 한국은 2002년 월드컵을 유치했다. Koreya 2002-ci ildə futbol üzrə Dünya Çempionatına ev sahibliyi etdi.

유치하다(留置--) f. həbsə salmaq / detain, keep a person in custody
유치원(幼稚園) i. uşaq bağçası / a kintergarten, preschool
유쾌하다(愉快--) s. şən, kefikök, sevincli, məmnun / pleasant, merry, joyful, happy
유태교(猶太教) i. Yəhudilik, Yəhudi dini, İudaizm / Judaism
유태인(猶太人) i. Yəhudi / a Jew, a Hebrew
유품(遺品) i. mərhumun irsi, məhrumun əşyası / relics, an article left by the deceased
유하다(留--) f. qalmaq / stay, lodge
유학(遊學) i. evdən uzaqda təhsil alma / studying away from home 서울로 유학갔다 Seula təhsil almağa getdi
유학(留學) i. xaricdə təhsil alma / studying abroad 유학하다 f. xaricdə təhsil almaq
유학생(留學生) i. xaricdə təhsil alan tələbə / a student studying abroad
유한회사(有限會社) i. aksioner şirkəti / a limited responsibility company
유해하다(有害--) s. zərərli, ziyanlı / bad, harmful, malignant
유해(遺骸) i. insan qalıqları, cəsəd / a person's remains, the corpse
유행(流行) i. dəb, moda / fashion 유행하다 f. dəbdə olmaq, modada olmaq.
유행가(流行歌) i. məşhur mahnı / a popular son
유혈(流血) i. qantökmə / bloodshed, shedding of blood 유혈사태 qanlı hadisə
유형(類型) i. tip, növ, çeşid, model / a type, a pattern
유혹(誘惑) i. şirnikləndirmə, yoldan çıxartma / temptation, seduction 유혹하다 f. şirnikləndirmək, yoldan çıxarmaq
유화(油畵) i. yağlı boya ilə işlənmiş rəsm / oil painting, a painting in oils ↔ 수채화(水彩畵) i. sulu boya ilə işlənmiş rəsm
유황(硫黃) i. kükürd / sulfur
유효(有效) i. qanuni qüvvəsi olma; etibarlılıq, təsiri olma; olma mümkünlüyü / validity, availability 유효하다 s. etibarlı, təsirli; mümkün \ 무효(無效) etibarsız olma, təsiri olmama; qanuni qüvvəsi olmayan 유효 기간 etibarlılıq müddəti 이 계약은 1년간 유효하다. Bu saziş bir il müddətində etibarlıdır.
유흥(遊興) i. eyş-işrət, dünyəvi kef, dünyanın ləzzəti / worldly pleasure, diversion
유희(遊戲) i. oyun və əyləncə / a play, a game, amusement 유희하다 f. oyun və əyləncə keçirmək

육(六) i. altı / six [=여섯]
육(肉) i. ət; bədən / flesh, meat, the flesh 영과 육 ruh və bədən
육감(肉感) i. intuisiya, duyum, ürəyə damma / the sixth sense, intuition
육교(陸橋) i. yol üstü körpü, keçid / an over-road bridge, an overbridge
육군(陸軍) i. quru qoşunları / the army müq. 공군(空軍) hərbi hava qüvvələri 해군(海軍) hərbi dəniz donanması, qüvvələri
육로(陸路) i. quru yolu / a land route
육류(肉類) i. ət növləri / meat müq. 채소류(菜蔬類) tərəvəz növləri
육박하다(肉薄--) f. çox yaxınlaşmaq, sıxışdırmaq (düşməni) / come to close quarters, close in upon
육상(陸上) i. yer üstü / on the land, on the ground
육상경기 i. yüngül atletika yarışları / field amd track events, athletic sports
육성(育成) i. tərbiyə etmə, böyütmə / upbringing, rearing 육성하다 f. tərbiyə etmək, böyütmək
육식(肉食) i. ətli xörək, yemək / a meat diet, meat food 육식가 ət yeməyi xoşlayan adam, ət yeyən \ 채식(菜食) ətsiz xörək, tərəvəz yeməyi
육신(肉身) i. bədən, ət-qan, vücud / the flesh, flesh and blood
육십(六十) sy. altmış / sixty [=예순]
육아(育兒) i. uşaq saxlama, uşaq böyütmə / infant rearing, nursing of infants, childcare
육지(陸地) i. quru; qitgə / the land
육체(肉體) i. bədən, vücud / the flesh, the body
육체노동(肉體勞動) i. fiziki əmək / physical labor (work)
윤나다 f. parlaq olmaq, parlamaq / be glossy
윤내다 f. parlatmaq / gloss, glaze
윤락가(淪落街) i. fahişəxana / a red-light district, gay quarters, whoredom
윤락여성(淪落女性) i. pozğun qadın, fahişə / an abandoned woman
윤리(倫理) i. əxlaq, mənəvi dəyər / ethics; morals 윤리적 s. əxlaqi 윤리적 행위 etikalı davranış
윤택하다(潤澤--) s. parlaq; zəngin, bol / gloss, luster; abundant, rich, plenty 살림이 윤택하다 zəngin yaşamaq, bolluq içində yaşamaq
윤활유(潤滑油) i. sürtkü yağları / a lubricating oil
율(率) i. faiz / a rate [=비(比率)]
융성(隆盛) i. çiçəklənmə / prosperity 융성하다 f. tərəqqi etmək, inkişaf etmək, çiçəklənmək

융자(融資) i. maliyələşdirmə, sərmayə vermə / financing 융자하다 f. maliyələşdirmək, sərmayə vermək

융통성(融通性) i. (şəraitə) uyğunlaşma / adaptability 융통성이 있는 사람 asan uyğunlaşa bilən adam

융합하다(融合--) f. birləşdirmək, qaynaq etmək; amalqamasiya etmək (metalın üzünə civə çəkmə) / fuse into one; amal amate

융화하다(融和--) f. uyğunlaşmaq, uyğun gəlmək, həmahəng olmaq / harmonize with

으깨다 f. əzmək; parça-parça etmək / crush; break into pieces

으뜸 i. ən qabaqcıl, birinci / the top, the head; the first

으레 z. adətən; həmişə, hər zaman; təbii / habitually, customarily; always; naturally

-(으)로 qoş. ilə, vasitə ilə; doğru / by, by way of; for, toward; because of 기차편으로 qatarla

으르다 f. hədələmək, qorxutmaq, hədə-qorxu gəlmək / threaten

으르렁거리다 f. mırıldamaq; mırtıldamaq / growl, snarl; quarrel, bicker with each other

으름장 i. hədə-qorxu / a threat

으스스 i. titrəmə, əsmə, lərzə / shivering with cold or horrified

으슥하다 s. gizli və qapalı, dərin, yalqız (yer, şərait) / secluded, sequestered 으슥한 곳 qapalı, tənha yer 으슥한 방구석 otağın qaranlıq küncündə

은(銀) i. gümüş / silver müq 금 qızıl

은닉(隱匿) i. gizləmə / concealment 은닉하다 f. gizləmək

은둔하다(隱遁--) f. uzaqlaşmaq, tənhalığa qapılmaq, cəmiyyətdən ayrılmaq / retire from the world, seclude oneself from society

은밀하다(隱密--) s. gizli, örtülü, qapalı / covert, secret; confidential

은사(恩師) i. hörmətli müəllim / one's respected teacher

은신하다(隱身--) s. özünü gizlətmək / hide oneself

은신처(隱身處) i. sığınacaq, gizlənmə yeri / a hiding place

은연중(隱然中) z. gizlicə, xəbərsiz / in secret, without knowledge

은은하다(隱隱--) s. zəif, tutqun / dim, faint 은은한 달빛 zəif ay işığı

은인(恩人) i. hami, xilaskar, havadar / a benefactor

은총(恩寵) i. izzət, lütf, yaxşılıq / grace, favor

은퇴(隱退) i. iste fa / retirement 은퇴하다 f. istefaya çıxmaq

은폐하다(隱蔽--) f. gizli saxlamaq / conceal, hide

은행(銀行) i. bank / a bank
은혜(恩惠) i. lütf, izzət; yaxşılıq / a grace; a favor, a benefit
-을(를) şek. (Qram.) -ı, -i, -u, -ü (təsirlik hal) / a accusative suffix
음(音) i. not; ton; səs / a note; a tone; a sound
음(陰) i. qaranlıq; neqativlik / dark, the negative
음독(飮毒) i. zəhər içmə / takin, poison 음독하다 f. zəhər içmək
음란(淫亂) i. şəhvət, ehtiras, həvəs / lewdness, lechery 음란하다 f. əxlaqsızlıq etmək
음력(陰曆) i. ay təqvimi / the lunar calendar
음료(飮料)i. -içki
음료수(飮料水) i. içməli su / a drink, drinking water
음모(陰謀) i. sui-qəsd, pis niyyətli plan / a plot; a conspiracy; an intrigue 음모하다 f. sui-qəsd etmək, pis niyyətli plan qurmaq
음미하다(吟味--) f. dadmaq; dadına baxmaq / appreciate, savor
음산하다(陰散--) s. qorxulu; tutqun, qaranlıq və soyuq / gloomy and chilly, dreary; cloudy and cool
음성(音聲) i. insanın səsi; fonetik səs / a sound; the sounds of a language
음성학(音聲學) i. fonetika / phonetics
음성(陰性) i. mənfi, neqativ; gizlilik, məchulluq / passivity, negativity
↔ 양성(陽性) 음성거래 gizli alver
음소(音素) i. fonem (dil sistemində; məna ayırıcı səs) / a phoneme [=음운]
음식(飮食) i. yemək, xörək / food, a meal
음식물(飮食物) i. xörək növləri, yemək növləri / foodstuffs, food and drink
음악(音樂) i. musiqi / music
음악가(音樂家) i. musiqiçi; çalğıçı / musician
음욕(淫慾) i. cismani həvəs, ehtiras, şəhvət / carnal desire (passion), sensual appetite
음운(音韻) i. fonem / a phoneme
음운론(音韻論) i. fonologiya (dilşünaslığın fonemlər bəhsi) / phonology, phonemics [=음운학(音韻學)]
음절(音節) i. heca / a syllable
음주(飮酒) i. içki içmə / drinking 음주하다 f. içki içmək
음침하다(陰沈--) s. qaranlıq, tutqun, tükürpədici, sıxıcı / gloomy, dismal, dreary, dark 음침한 날씨 tutqun hava 음침한 방 cansıxıcı otaq 음침한 음성 boğuq səs
음탕하다(淫蕩--) s. əxlaqsız, pozğun / debauchery, licentiousness

음표(音標) i. not / a musical note
음흉하다(陰凶--) s. qara qəlbli, bəd niyyətli, pis niyyətli, pozğun / black-hearted, wicked
읍(邑) i. Ib (Koreyada qəsəbələrin ümumi adı) / Eup, a town
응결(凝結) i. qatılaşma, pıxtalaşma, laxtalaşma / coagulation; curdling 응결하다 f. qatılaşmaq, pıxtalaşmaq, laxtalaşmaq
응급(應急) i. təcili / emergency
응급책(應扱策) i. təcili tədbir / an emergency measure
응급치료(應急治療) i. ilk yardım, təcili yardım / first aid, first-aid treatment
응달 i. kölgə / the shade
응답(應答) i. cavab / an answer, a reply 응답하다 f. cavab vermək
응당(應當) z. təbii, təbii olaraq / naturally
응모(應募) i. ərizə; müraciət; qoşulma (yarışa) / application, enlistment 응모하다 f. ərizə vermək; müraciət etmək; qoşulmaq
응석부리다 f. ərköyünlük etmək, şıltaqlıq etmək / play the baby to
응수(應酬) i. cavab / a reply; a response 응수하다 f. cavab vermək
응시생(應試生) i. abituriyent / applicant
응시하다(應試--) f. ərizə vermək (imtahan vermək üçün) / apply for an examination
응시하다(凝視--) f. gözünü dikib baxmaq, gözünü zilləyib baxmaq, diqqətlə baxmaq; dik baxmaq / gaze at, stare at
응용(應用) i. tətbiq etmə (əyani olaraq) ; təcrübədən keçirmə / pratical application, pratice 응용하다 f. tətbiq etmək; təcrübədən keçirmək
응원(應援) i. azarkeşlik etmə / aid, assistance 응원하다 f. azarkeşlik etmək
응접하다(應接--) f. qəbul etmək / receive
응접실(應接室) i. qəbul otağı, qəbul salonu, qonaq otağı / a reception room, a drawing room
응징(膺懲) i. inzibati cəza; cəzalandırma / chastisement; punishment 응징하다 f. cəzalandırmaq, inzibati cəza vermək
응하다(應--) f. cavab vermək; razılıq vermək; itaət etmək, əməl etmək / answer, reply to; accept; obey
의(衣) i. geyim, paltar, libas / garments, clothing
의(義) i. ədalət / justice
-의 şək. (Qram.) yiyəlik hal şəkilçisi / a posessive suffix 나의 mənim 너의 sənin
의거하다(依據--) f. əsaslanmaq / be based on
의견(意見) i. rəy, fikir, mülahizə; təklif / an opinion, a view; a suggestion

의결(議決) i. qərar, qətnamə / a decision; a resolution
의결권(議決權) i. seçki hüququ / a voting right
의과(醫科) i. tibb elmi / the medical science 의과대학 Tibb fakültəsi
의논(議論) i. müzakirə; məsləhətləşmə / consultation, a talk 의논하다 f. müzakirə etmək; məsləhətləşmək
의대(醫大) [=의과대학(醫科大學)]
의도(意圖) i. niyyət; düşüncə, fikir / an intention, an intent, an idea
의론(議論) i. mübahisə etmə, diskussiya / an argument, a discussion 의론하다 f. mübahisə etmək
의롭다(義--) s. ədalətli, doğru, düzgün / righteous, rightful, just
의뢰(依賴) i. xahiş, rica / a request 의뢰하다 f. xahiş etmək, rica etmək
의료(醫療) i. tibb xidməti / medical treatment, medical service
의류(衣類) i. geyim, paltar, libas / clothing, garments
의리(義理) i. ədalət prinsipi; vəfalılıq, sadiqlik, prinsipiallıq, sədaqət, sözübütövlülük / principle of righteousness; integrity, loyalty 그는 친구 사이에 의리가 있다. O, dostluqda vəfalıdır.
의무(義務) i. məsuliyyət, borc, vəzifə / an obligation, responsibility, duty
의무교육(義務教育) i. məcburi təhsil, icbari təhsil / compulsory education
의문(疑問) i. şübhəli məsələ; problem / a question; a problem
의문점(疑問點) i. şübhəli məsələ, qaranlıq məsələ / a doubtful point; a point in question
의미(意味) i. məna; əhəmiyyət / meaning, sense; significance
의미론(意味論) i. (dilçilikdə şöbə) Semantika / Semantics
의미심장하다(意味深長--) s. dərin mənalı, hikmətli / very meaningful
의병(義兵) i. könüllü əsgər / a volunteer
의복(依服) i. geyim, paltar, libas / dress, costume, clothes
의사(意思) i. rəy, fikir, mülahizə; niyyət / an idea, thought; a purpose; a intention
의사(醫師) i. həkim, təbib, loğman / a medical doctor
의사당(議事堂) i. Milli Məclis binası, Parlament binası / the National Assembly Building; an assembly hall
의사일정(議事日程) i. gündəlikdə olan məsələ / an order of the day; an agenda 의제를 의사일정에서 제외하다 məsələni gündəlikdən çıxarmaq
의상(衣裳) i. geyim, paltar, libas / clothes, costume, dress

의석(議席) i. məclisdə yer, yığıncaqda yer; parlamentdə yer / a seat (in an assembly hall); a parliamentary seat
의술(醫術) i. tibb sənəti, həkimlik peşəsi / the medical art, medical practice
의식(意識) i. şüur; anlayış; duyma / consciousness, one's senses, awareness
　의식하다 f. duymaq, hiss etmək
의식(儀式) i. mərasim; ayin, dini mərasim / a ceremony; formality; a rite
의식(衣食) i. yemək və geyim / food and clothing; living
의식주(衣食住) i. yaşayış, dolanış; yemək, geymək və yaşayış yeri / food, clothing and housing
의심(疑心) i. şübhə / doubt 의심하다 f. şübhə etmək, şübhələnmək
의심스럽다(疑心---) s. şübhəli / doubtful
의약(醫藥) i. dərman, dava-dərman / medicine
의연금(義捐金) i. ianə, yardım (pul) / a contribution, a donation
의외(意外) i. gözlənilməz iş, qəfil hadisə / surprise, unexpected matter
의욕(意慾) i. istək, həvəs, arzu / volition, will, desire 의욕적으로 z. həvəslə, fəal şəkildə, ürəklə, cani qəlbdən
의용군(義勇軍) i. könüllü ordu, əsgər / a volunteer army (soldier)
의원(議員) i. üzv, nümayəndə, deputat, vəkil; millət vəkili, parlament üzvü / a member of an assembly, an assemblyman; a member of an assembly
의원(醫阮) i. klinika / a doctor's office [≒병원(病阮)]
의원(醫員) i. loğman, təbib, həkim / a physician, a doctor
의의(意義) i. məna, əhəmiyyət / meaning, significance
의인(義人) i. əməli saleh adam, doğru adam / a righteous man
의자(椅子) i. stul; divan, kreslo, oturacaq / a chair; a sofa
의장(議長) i. prezident, sədr, spiker / the president; the chairman; the Speaker
의장대(儀仗隊) i. fəxri qarovul / a guard of honor, a honor guard
의전(儀典) [=의식(儀式)]
의젓하다 s. ləyaqətli, əsilli-nəcabətli, yerini bilən / dignified, imposing
의제(議題) i. müzakirə mövzusu / a subject (topic) for discussion [=안건(案件)]
의존(依存) i. asılılıq, bağlılıq; arxayınlıq, etibar / dependence; reliance 의존하다 f. asılı olmaq, bağlı olmaq [=의지(依支)]
의지(意志) i. iradə, əzm / will, volition
의지력(意志力) i. iradə qüvvəsi / will power

의지하다(依支--) f. asılı olmaq; arxayın olmaq, bel bağlamaq, güvənmək, etibar etmək / lean; rely on

의탁하다(依託--) f. etibar etmək, arxalanmaq / entrust; trust; lean

의하다(依--) f. asılı olmaq ; əsaslanmaq, istinad etmək / be based on, depend on; be due to 광고에 의하여 이것을 샀다. Reklama əsaslanaraq bunu aldım.

의하여(依--) z. əsasən, müvafiq olaraq   uyğun olaraq, görə; vasitəsilə / on the ground of, according to, by means of 법에 의하여 qanuna əsasən, qanuna görə, qanuna uyğun olaraq

의학(醫學) i. tibb elmi / medical science

의향(意向) i. niyyət, istək / an intention, one's mind, an inclination [=의도]

의혹(疑惑) i. şübhə / suspicion; doubt

의회(議會) i. Parlament, Milli Məclis / the National Assembly, Parliament; an assembly

이 i. diş / a tooth

이 i. bit / a louse

이 i. şəxs, adam / a person, a man 그 이 o şəxs, o adam

이 əv. bu / this; these

-이(가) i. (Qram.) Koreya dilində adlıq halın şəkilçisi / a Nominative suffix 나믹이 했어. Namiq etdi.

이(貳) i. iki / two [=둘]

이(利) i. xeyir, fayda, gəlir, qazanc, maraq, mənafe, mənfəət / a benefit; a gain, profit; an advantage; interest

이까짓 i. belə; belə az, azacıq, azca / this kind of; so trifling (little, small) 이까짓 일은 일도 아니야. Belə iş bir şey deyil. 이까짓 돈 belə az pul

이간하다(離間--) f. bir-birindən ayırmaq, ayrı salmaq, ara vurmaq, parçalamaq / alienate, separate [=이간질하다]

이같은 təy.söz. belə, bunun kimi, buna oxşar, buna bənzər / such, like this, this kind of

이같이 z. bunun kimi; bu yolla / like this, thus; in this way

이것 i. bu, bu şey / this, this one 그것 o (şey)

이겨내다 f. qalib gəlmək, qələbə çalmaq, üstün gəlmək, ram etmək; aradan qaldırmaq / tide over; overcome; resist

이견(異見) i. başqa fikir, başqa rəy, fərqli nöqteyi-nəzər / a different view (opinion)

-(이)고 qoş. isə / and also 이것은 내 것이고 저것은 네 책이야. Bu mənim, o isə sənin kitabındır.
이곳 i. bu yer, bura / this place, here
이공(理工) i. texniki mühəndislik elmi / science and engineering 이공대학 texniki mühəndislik fakültəsi
이과(理科) i. təbiət elmləri / science 이과대학 təbiət elmləri fakültəsi
이교도(異教徒) i. dinsiz, imansız, kafir, bütpərəst; başqa dinə mənsub olan şəxs / a pagan, a heathen
이구동성으로(異口同聲--) z. bir ağızdan, bir səslə / with one voice
이국(異國) [=타국(他國)]
이권(利權) i. hüquq və imtiyaz, konsessiya / rights and privileges, concessions
이끌다 f. təşəbbüs göstərmək, qabağa düşmək, arxasınca aparmaq, liderlik etmək; əlindən tutub aparmaq / lead, take a person along with; be at the head of; command
이끌리다 f. arxasınca getmək, təşəbbüsə qoşulmaq; kimsə əlindən tutub getmək / be lead, be commanded, be under a person's command
이기다 f. qalib gəlmək, qələbə çalmaq, zəfər çalmaq, udmaq / win, win a victory
이기다 f. yoğurmaq / knead 반죽을 이기다 xəmir yoğurmaq
이기심(利己心) i. eqoist düşüncə, mənəmmənəmlik düşüncəsi, xudpəsəndlik, xudbinlik / selfish mind, egoistic mind
이기적(利己的) s. eqoist, xudpəsənd, xudbin / selfish, egoistic
이기주의(利己主義) i. eqoizm, xudpəsəndlik, mənəmmənəmlik, xudbinlik / egoism
이기주의자(利己主義者) i. eqoist, xudpəsənd / egoist
이날 i. bu gün; o gün / today; that day
이내 z. dərhal, ani olaraq, o saat; tezliklə / on the spot, at once, soon
이내(以內) i. içərisində, ərzində (zaman, vaxt mənasında), həcmində / within, less than; no more than 일주일 이내 bir həftə ərzində 자기 수입내에서 생활하다 maaşla yaşamaq
이념(理念) i. ideologiya, məfkurə / an ideology
이다 f. bir şeyi baş üzərinə qoyub daşımaq, başda aparmaq / carry on the head
-이다 qram.şək. olmaq; -dır -dir -dur -dür şəkilçisi / be 그는 학생이다. O tələbədir.
이따(가) z. bir az sonra, bir qədər sonra / a little later, after a while
이따금 i. ara-sıra, hərdənbir, bəzən / once in a while, occasionally, sometimes

이다음 i. bundan sonrakı, gələcək / next
이대로 z. olduğu kimi, toxunulmaz; bunun kimi / like this, as it is
이동하다(移動--) f. keçmək (bir yerdən başqa bir yerə) / move, shift
이동하다(異動--) f. yerini dəyişmək, hərəkət etmək / change, shifting, reshuffle
이득(利得) i. qazanc, gəlir; xeyir, mənfəət / profits, gains
이듬 təy.söz. növbəti, bundan sonra, gələcək, sonra gələn/ next, following
이듬해 i. gələn il, ertəsi il, növbəti il
이등(二等) i. ikinci dərəcə / the second class 일등 birinci dərəcə 이등석 ikinci dərəcəli yer.
이등분하다(二等分--) f. yarı bölmək, tən bölmək / divide into two equal parts
이랑 i. lək; şırım / a furrow, a ridge
-(이)랑 qoş. ilə, birlikdə; və / with, together with; and 엄마랑 딸이랑 같이 공원에 갔습니다. Ana qızı ilə parka getdi.
이래(以來) qoş. (o vaxtdan) bəri / since 이런 비는 10 년이래 처음이다. On ildən bəridir ki, belə yağış yağmayıb.
이러하다 s. belə; bu cür / such, this; of this kind
이럭저럭 z. elə belə, bir təhər / somehow or other, one way or the other
이런 təy.söz. bu; bu cür, bunun kimi, buna bənzər / this, such, like this
이렇게 z. beləliklə, bu yolla, bu minvalla / like this, in this way, thus
이렇다 s. budur, belədir, bunun kimidir; aşağıdakı kimidir / be this way, be like this; be as follows 그의 이야기는 대강 이렇다. Onun danışdığı təxminən belədir.
이레 i. yeddi gün; ayın yeddinci günü / seven days; the seventh day of a month
이력서(履歷書) i. tərcümeyi-hal, bioqrafiya / one's personal history, one's curriculum vitae
이로부터 z. bundan sonra; o vaxtdan bəri / from now on; since then, after this
이로써 z. bununla; beləliklə / with this; hereby; seeing that (this)
이론(理論) i. nəzəriyyə / (a) theory
이론(異論) i. fikir müxtəlifliyi, rəy müxtəlifliyi / a different opinon, an objection
이롭다(利--) s. xeyirli, yararlı, faydalı, gəlirli, mənfəətli / beneficial, profitable
이루다 f. nail olmaq, əldə etmək, qazanmaq; tamamlamaq, başa çatdırmaq, qurtarmaq, bitirmək; yerinə yetirmək / accomplish, achieve; complete, fulfill, succeed in; form, make

이루어지다 f. tamamlanmaq, yerinə yetirilmək, əldə edilmək / be accomplished; be completed, be formed, be made
이룩하다 f. yaratmaq, qurmaq, təşkil etmək; nail olmaq, əldə etmək / establish, found, set up, build; achieve, complete
이륙하다(離陸--) f. havaya qalxmaq, uçmaq / take off, leave the, round
이르다 f. gəlib çatmaq, gəlmək, yetişmək / arrive at, reach, get to
이르다 f. bildirmək; izah etmək; məsləhət vermək; qeybət etmək / make known; explain; advise; tell tales, tattle
이른바 z. belə demək olar ki / what is called, so-called, as they say
이를 테면 z. misal üçün, məsələn / for instance; so to speak, as it were
이름 i. ad, isim / a name; a name and surname
이름나다 f. məşhur olmaq, ad çıxarmaq, ad qazanmaq, tanınmaq / become famous, win fame, come to fame, become widely known
이름표(--標) i. tanıtma kağızı, ad lövhəsi, bəc / a nameplate
이리 i. canavar, qurd / a wolf
이리 z. buraya; bu yolla / this way; in this way, like this 이리 와! Gəl bura!
이마 i. alın / the forehead
이만 z. bu qədər / by this (much), this far, now 오늘은 이만하자. Bu gün üçün bu qədər.
이만큼 z. bu qədər, bu boyda, bu ölçüdə, belə / about this much, about so many, about so large; this far
이만하다 s. bu qədər, bu dərəcədə / be this much, be to this degree
이맘때 z. təxminən bu vaxtlar / about this time, around this time
이면(裏面) i. arxa tərəf (məcazi mənada); o biri tərəf; iç tərəf / the back; the other side; the inside 그 말의 이면에 무언가 있다. Bu sözün arxasında nə isə var.
-이면 qram.şək. -sa, -sə (şərt şəkilçisi) / if, in case 내가 당신이면 Sənin yerinə olsaydım
이모(姨母) i. xala / an aunt who is one's mother sister, one's maternal aunt
이모부(姨母夫) i. xalanın əri / an uncle who is the husband of one's mother's sister
이목(耳目) i. göz və qulaq; göz-qulaq, diqqət / the eye and ear; public attention 이목을 끌다 f. diqqətini cəlb etmək 이목을 집중하다 f. çox diqqətli olmaq
이미 z. artıq / already, yet, (not) any longer 이미 때가 늦었다. Artıq gecdir.
이미지 i. surət, obraz / an image   < İng.

이민(移民) i. mühacirət / emmigration, immigration, settlement 이민하다, 이민가다 f. mühacirətə getmək
이바지하다 i. kömək etmək, təkan vermək / contribute
이발(理髮) i. saçını qırxdırma, vurdurma, kəsdirmə / a haircut, hair dressing 이발하다 f. saçını qırxdırmaq, kəsdirmək
이발사(理髮師) i. bərbər, dəllək / a barber
이발소(理髮所) i. bərbərxana, dəlləkxana / a barbershop
이방인(異邦人) i. xarici, əcnəbi; qərib / an alien, a foreigner; a stranger
이번(-番) i. bu dəfə, bu vaxt; indi, hazırda / this time; now
이별하다(離別--) f. vidalaşmaq, halallaşmaq / part from a person, be separated from
이보다 z. bundan / than this 이보다 앞서 bundan əvvəl, bundan qabaq
이부자리 i. yataq ləvazimatı, yorğan-döşək / bedding
이불 i. yorğan / a thick bedquilt
이사(理事) i. idarə heyətinin üzvü; direktor / a director, a trustee
이사장(理事長) i. baş direktor; direktorlar şurasının sədri; idarə heyətinin sədri / the chief director; a chairman of a board of directors
이사(移徙) i. evə köçmə / house-moving, move 이사하다 f. evə köçmək
이삭 i. sünbül / an ear of grain, a head
이산(離散) i. ayrılma, ayrı düşmə / separation, dispersion 이산가족 ayrı düşmüş ailə
이상(以上) i. bundan artıq, bundan yuxarı; yuxarıda adı çəkilən; bu qədər / not less than, or more, beyond; the above-mentioned; that is all, that is the end ↔ 이하(以下) 우리는 오늘 세 시간 이상 일했다. Biz bu gün 3 saatdan artıq (çox) işlədik. 이상과 같이 일하십시오. Yuxarıda deyildiyi kimi işləyin. 이상! Bu qədər!
이상(異常) i. qeyri adilik, qəribəlik / anything unusual 이상하다 s. qeyri adi, qəribə
이상(異狀) i. Qeyri normal, anormal; çatışmazlıq, defekt / something wrong; change, abnormality 심장에는 이상이 없다. Ürəyində çatışmazlıq yoxdur.
이상(理想) i. ideal / an ideal
이상적(理想的) s. ideal, mükəmməl / ideal 이상적인 남편 ideal ər
이성(理性) i. ağıl, zəka / reason 인간은 이성적인 동물이다. İnsan ağıllı məxluqdur.
이성(異性) i. başqa cins, əks cins / the other sex

이세(二世) i. ikinci nəsil / a second generation, the second
이송하다(移送--) f. daşımaq / transport; convey; transfer
이슬 i. şeh / dew 아침 이슬 səhər şehi
이슬람 i. İslam / Islam
이승 i. bu dünya / this life, this world ↔ 저승 o dünya, axirət dünyası
이십(二十) say. iyirmi / twenty 이십대 iyirmi yaşlarında 이십년대 iyirminci illərdə
이야기 i. hekayə; hekayət; söhbət / a talk; a conversation 이야기하다 f. hekayə danışmaq; söhbət etmək
이야기책 i. hekayələr kitabı / a storybook
이어 z. ara vermədən, aramsız / continuously
이어받다 f. varis olmaq; yerini tutmaq (vəzifə, peşə, sənət) / inherit:take over, succeed to
이어지다 f. ara vermədən davam etmək; əlaqəsi olmaq / be continued; be connected
이외에(以外-) z. ondan başqa / except for, except
이용(利用) i. istifadə etmə; faydalanma / use, utilization; good use 이용하다 f. istifadə etmək
이웃 i. qonşuluqdakı; qonşu / the neighborhood, the next door
이웃집 i. qonşu ev / a next-door house, a neighbor's house
이월하다(移越--) f. Köçürmək (hesabdan-hesaba) / transfer to
이유(理由) i. səbəb; bəhanə / reason, cause; excuse
이윤(利潤) i. fayda, gəlir / profit
이율(利率) i. faiz nisbəti, gəlir faizi / the rate of interest
이윽고 z. bir az sonra, nəhayət / after a while, shortly after
이음매 i. bitişmə yeri, bitişmə xətti, birləşmə xətti, səthi, nöqtəsi / a joint, a juncture, a seam
이의(異議) i. etiraz / an objection
이익(利益) i. qazanc, gəlir, fayda / profit, gain
이자(利子) i. faiz / interest (on a loan or deposit)
이재민(罹災民) i. fəlakətdən zərər çəkənlər, fəlakət qurbanları / the sufferers, the victims of calamity
이적(異蹟) i. möcüzə / a miracle [=기적(奇蹟)]
이전(以前) i. əvvəllər; qədim zamanlarda, keçmiş dövr / before, ago; former times
이전하다(移轉--) f. köçmək; vermək (səlahiyyəti, mülkiyyətin sahibliyini) / move, change one's office; transfer demise

이점(利點) i. üstünlük / an advantage
이제 i. indi; indicə / now 이제 막 indicə, bayaq
이제부터 z. bundan sonra / from now on, after this
이쪽 i. bu tərəf / this side, this way
이주(移住) i. köçmə; mühacirət / migration 이주하다 f. köçmək
이주자(移住者) i. mühacir, köçkün / a migrant
이중(二重) i. s. qoşa / duplication
이중인격자(二重人格者) i. ikiüzlü adam / a double-faced person
이쯤 [=이만큼]
이지적(理知的) s. intellektual, ziyalı; ağıllı / intellectual; intelligent
이집트 i. Misir / Egypt   < İng.
이차적(二次的) i. ikinci; əlavə, sonrakı / secondary 이것은 이차적인 문제다. Bu, sonrakı məsələdir.
이처럼 z. bunun kimi, bu cür; bu qədər / like this; so many (much) 이처럼 하세요.. Bunun kimi edin. 이처럼 많이 bu qədər çox
이치(理致) i. məntiq; prinsip / reason, logic; principle 자연의 이치 təbiət qanunları 이치에 맞다 məntiqi mənası olmaq
이탈하다 f. ayrılmaq, çıxmaq / secede, break away; desert 정당을 이탈하다 partiyadan ayrılmaq, çıxmaq
이토록 z. bu qədər / this much
이튿날 i. ertəsi gün, sabahısı gün, ikinci gün / the next day, the following day; the second day
이하(以下) i. bundan aşağı; aşağıdakı / less than, under, below; the following; the rest ↔ 이상(以上)
이학(理學) i. fizika elmləri, texniki elmlər, təbiət elmləri / physical science
이해(理解) i. dərk etmə, idrak, anlama, qavrama / understanding, comprehension 이해하다 f. anlamaq; qavramaq, dərk etmək 상호 이해 qarşılıqlı anlaşma
이해(利害) i. xeyir və zərər, mədaxil və məxaric, gəlir və çıxar; mənfəət, maraq / gain and loss, advantage and disadvantage; interests
이해관계(利害關係) i. münaqişəli və ya faydalı münasibət / interests, conflictin, interests; concern
이해득실(利害得失) i. xeyir və zərər, gəlir və çıxar, mədaxil və məxaric / loss and gain, advantage and disadvantage; interests
이해력(理解力) i. anlama qabiliyyəti, dərketmə qabiliyyəti / the comprehensive faculty, understanding

이해심(理解心) i. həssaslıq, xeyirxahlıq, qayğıkeşlik / understanding, sympathy
이행하다(履行--) f. yerinə yetirmək, icra etmək / fulfill, carry out
이혼(離婚) i. boşanma / a divorce 이혼하다 f. boşanmaq
이후(以後) z. bundan sonra; o vaxtdan bəri / since; hereafter, after this
익다 f. yetişmək, dəymək; bişmək / ripen, become ripe, mature; boil, be boild
익다 s. vərdiş olunmuş, alışmış / familiar, accustomed; skilled, trained 손에 익다 f. vərdiş etmək, öyrəşmək, alışmaq, adət etmək
익명(匿名) i. anonimlik / anonymity 익명의 s. anonim, adsız, imzasız
익사하다(溺死--) f. suda boğulmaq, suda boğulub ölmək / be drowned to death
익숙하다 f. vərdiş etmək, adət etmək, öyrəşmək, alışmaq; yaxşı bələd olmaq / familiar, accustomed; be well acquainted with 나는 한국 문화에 익숙하다. Mən Koreya mədəniyyətinə yaxşı bələdəm.
익숙히 z. ustalıqla, məharətlə, bacarıqla / skillfully
익히 [=익숙히]
익히다 f. öyrəşmək, təcrübədən keçirmək; bişirmək / make oneself familiar with, accustom oneself to, practice; make ripe
인가(認可) i. icazə vermə / approval, permission 인가하다 f. icazə vermək
인간(人間) i. insan / a human being, mankind
인간성(人間性) i. insanlıq, insan xarakteri / humanity
인격(人格) i. xasiyyət, xüsusiyyət / personality, character
인공(人工) i. sünilik; əldə düzəltmə / artificiality; human work
인공적(人工的) s. süni / artificial ↔ 자연적(自然的) s. təbii
인공위성(人工衛星) i. süni peyk / a satellite
인과응보(因果應報) i. əməyə (zəhmətə) görə qiymət / a reward in accordance with a need
인구(人口) i. əhali / population
인구조사(人口調査) i. əhalinin siyahıya alınması / a census
인권(人權) i. insan hüquqları, insan haqları / human rights
인근(隣近) i. yaxınlıq, qonşuluq, ətraf / neighborhood, the vicinity 인근 사람들 qonşular
인기(人氣) i. məşhurluq; geniş yayılma / popularity
인내(忍耐) i. səbir, səbirlilik, dözüm, dözümlülük, dəyanət, hövsələ / preservance, patience, endurance 인내하다 f. səbirli olmaq, dözümlü olmaq, dözmək

인도(人道) i. səki / a footway; a footpath

인도(引渡) i. çatdırma, aparma, təhvil vermə, daşıma / delivery, transfer, handing over 인도하다 f. çatdırmaq, aparmaq, təhvil vermək, daşımaq

인도(引導) i. yol göstərmə, yönəltmə, istiqamətləndirmə, səmtləndirmə / guidance; a lead 인도하다 f. yönəltmək, yol göstərmək, istiqamətləndirmək, səmtləndirmək 바른 길로 인도하다 doğru yola yönəltmək

인도(印度) i. Hindistan / India 인도사람 hindli

인도적(引道的) s. insani / humane

인디언 i. hindu / an İndian

인력(人力) i. insanın gücü, insanın qüvvəsi / human strength

인류(人類) i. bəşəriyyət, bütün irqlər / the human race, mankind, humankind

인류학(人類學) i. antropologiya / antropology

인명(人名) i. ad (insan), şəxs adı / person's name

인문(人文) i. humanitar elmlər / human knowledge, humanities

인문과학(人文科學) i. humanitar elmlər / humane studies

인물(人物) i. xadim, şəxsiyyət / a person, a man

인민(人民) i. xalq / the people, the citizens

인본주의(人本主義) i. humanizm, insansevərlik / humanism

인봉하다(印封--) f. möhürləmək, möhür vurmaq / seal

인사(人士) i. məşhur adam, tanınmış şəxsiyyət / a man of society, a society personage 거물급 인사 məşhur şəxsiyyət 반정부 인사 dövlətə qarşı çıxan şəxs 재야 인사 müxalifətçi

인사(人事) i. təzim etmə, baş əymə; təşəkkür, iltifat göstərmə, minnətdarlıq etmə; şəxsi heyəti idarə etmə / a bow; thanks, gratitude; personnel management 인사하다, 인사드리다 f. təzim etmək 인사부(人事部) kadrlar şöbəsi

인사말(人事-) i. salamlama, təbrik / greetings; compliments

인상(人相) i. fizionomiya, insanın xarici görünüşü / physiognomy, looks, facial pictures

인상(引上) i. bahalaşma, artım, artma, yuxarı qalxma (qiymətlər), yüksəlmə (faiz) / raising, increase 인상되다 f. bahalaşmaq, artırılmaq, yuxarı qaldırılmaq 인상시키다 f. bahalaşdırmaq, qiymətləri artırmaq, yuxarı qaldırmaq 물가인상 malın qiymətinin bahalaşması

인상(印象) i. təəssürat / an impression 첫인상 ilk təəssürat

인상적(印象的) s. təsirli / impressive
인색하다(吝嗇) s. xəsis, simic / miserly, stingy
인생(人生) i. həyat, insan həyatı, ömür / human life, man's life, life
인생관(人生觀) i. həyata baxış, dünyagörüşü / one's view of life, one's theory of life, one's viewpoint on life
인솔(引率) i. yol göstərmə, rəhbərlik etmə, başçılıq etmə / leading 인솔하다 f. yol göstərmək, rəhbərlik etmək 선생님의 인솔하에 학생들이 소풍을 갔다. Müəllimin başçılığı ilə tələbələr gəzintiyə çıxdılar.
인쇄(印刷) i. nəşr, çap / printing, presswork 인쇄하다 f. nəşr etmək, çap etmək
인쇄기(印刷機) i. çap maşını / a printing machine
인수하다(引受--) f. ələ almaq, ələ keçirmək / take over, undertake, accept
인식(認識) i. dərk etmə, qavrama, tanıma, başa düşmə, anlama / recognition, cognition, perception 인식하다 f. qavramaq, tanımaq, anlamaq, başa düşmək
인신공격(人身攻擊) i. şəxsi-qərəzlik, iftira, böhtan / a personal attack (abuse) 인신공격하다 f. şəxsi-qərəzlik etmək, iftira atmaq, böhtan atmaq, şər atmaq
인신매매(人身賣買) i. qul alveri / flesh traffic, human traffic 인신매매하다 f. qul alveri etmək
인심(人心) i. şəxsi rəy, şəxsi fikir; ictimai rəy / a man's mind; the public mind
인심(仁心) i. hörmətcillik, xeyirxahlıq, lütfkarlıq / a benevolent heart, charitable feeling
인연(因緣) i. qismət / karma, cause and occasion; affinity, fatality
인용하다(引用--) f. iqtibas gətirmək, sitat gətirmək / quote from
인원(人員) i. adamların sayı / the number of persons; the personnel
인원수(人員數) i. adamların sayı / the number of persons
인위적(人爲的) s. süni, qeyri təbii / artifical, unnatural
인장(印章) i. möhür / a seal, a sigil, a signet [=도장(圖章)]
인재(人材) i. qabiliyyətli adam, bacarıqlı adam, istedadlı adam, mahir adam / a man of talent; a capable man
인접하다(隣接--) s. yanaşı olmaq, qonşu olmaq, yaxın olmaq (məsafə) / adjoin, be close by
인정(人情) i. insan mənəviyyatı; xeyirxahlıq, mehribanlıq / human nature; human feelings; kindness 인정스럽다 s. ürəyiaçıq, mərhəmətli,

incəqəlbli, mehriban, comərd 그는 인정이 많다. O, mənəvi cəhətdən zəngindir.

인정(認定) i. tanıma, tanınma; etiraf etmə / recognition, approval; appreciation; admit 인정받다 f. tanınmaq 인정하다 f. tanımaq; etiraf etmək

인조(人造) i.,s. süni, əldəqayırma / artificiality; artificial 인조 가죽 süni dəri 인공호 süni göl

인종(人種) i. irq / a human race

인종차별(人種差別) i. irqi ayrı-seçkilik, diskriminasiya / racial discrimination, a color bar 인종차별하다 f. irqi ayrı-seçkilik etmək

인지하다(認知) f. dərk etmək, qavramaq, başa düşmək, anlamaq / perceive, recognize, catch sight of

인질(人質) i. girov (girov götürülmüş adam) / a hostage

인척(姻戚) i. ər və ya arvad tərəfdən qohum / a relative by marriage 인척관계 qohumluq əlaqəsi

인체(人體) i. insan bədəni / the human body, flesh

인칭(人稱) i. (Qram.) şəxs / person 인칭대명사 şəxs əvəzliyi

인터내셔널 s. beynəlxalq, beynəlmiləl / international < İng. [=국제, 국제적]

인터뷰 i. müsahibə, sorğu / interview < İng.

인편에, 인편으로 z. kiminsə vasitəsi ilə / by someone, by means of someone

인품(人品) i. xasiyyət, xarakter / personality, character

인플레이션 i. inflyasiya, pulun qiymətdən düşməsi / inflation < İng.

인하(引下) i. ucuzlaşma, qiymətin aşağı düşməsi / reduction, lowering 인하하다 f. ucuzlaşdırmaq, qiyməti aşağı salmaq 가격인하 qiymətin aşağı salınması

인하다(因--) f. səbəb olmaq / be caused by, be due to, from

인형(人形) i. kukla, gəlincik / a doll

일 i. iş, məşğuliyyət; məsələ, problem; hadisə; plan / work, a job; a matter, a thing; an incident; a plan, a program 일하다 f. işləmək, iş görmək 중대한 일 vacib iş 일을 꾀하다 plan tutmaq

일(一) say. bir / one [=하나]

일(日) i. gün / a day

일가(一家) i. bir ailə / a family

일간(日刊) i., s. gündəlik nəşr / daily issue (publication) 일간신문 gündəlik qəzet

일깨우다 f. oyatmaq, xəbərdar etmək, gözünü açmaq / make a person aware of, awaken, enlighten, open one's eyes
일거리 i. bir iş / a piece of work, a job
일격(一擊) i. bir zərbə / a blow
일과(日課) i. gündəlik iş; gündəlik dərs / a daily task, daily work; a daily lesson
일관성(一貫性) i. sabitlik, dəyişməzlik / consistency, coherence
일괄하다(一括--) f. birgə həll etmək, birgə görmək, əlbir işləmək / make (tie up) into a bundle 일괄하여 birgə 일괄 타결 birlikdə həll etmə
일광(日光) i. günəş işığı, şüası / sunshine, sunlight
일광욕(日光浴) i. günəş vannası / a sunbath, a solar bath 일광욕하다 f. günəş vannası qəbul etmək
일꾼 i. işçi; fəhlə / a worker
일그러지다 f. əymək, pozulmaq / be distorted, be twisted 고통으로 일그러진 얼굴 ağrıdan əyilmiş sifət
일금(一金) i. pul, pulun miqdarı, məbləği / (the sum of) money
일급(一級) i. birinci dərəcə / the first class 일급 호텔 birinci dərəcəli mehmanxana
일기(日記) i. gündəlik tutma, yazma / a journal; a diary 일기장 gündəlik, xatirə dəftəri
일기(日氣) i. hava, hava durumu, hava şəraiti, rüzgar / the weather
일기예보(日氣豫報) i. hava haqqında məlumat / a weather forecast (report)
일년(一年) i. bir il / one year
일다 f. baş vermək, yüksəlmək, qalxmaq, artmaq (külək, dalğa, yanğın); təmizləmək, yumaq (düyü, qumdan qızılı) / happen, spring up, rise, grow violent; clear out, scour 파도가 일다 dalğalanmaq 사금을 일다 qızılı qumdan (su ilə) təmizləmək
일단(一旦) z. əvvəlcə, qabaqca, birinci, öncə; əgər / beforehand, first; once 일단 약속을 하면 지켜야 한다. Əgər vəd etmisənsə, ona əməl etməlisən. 그의 의견을 일단 들어보자. Əvvəlcə onun rəyini dinləyək.
일당(一黨) i. bir dəstə, bir qrup, güruh, bir partiya / a gang, partisans; a clique 일당독재 bir partiyalı hakimiyyət, diktatorluq
일등(一等) i. birincilik, birinci yer / the first grade (place)
일람표(一覽表) i. siyahı, cədvəl / a list
일러두다 f. tapşırmaq, xahiş etmək / request, tell a person to do
일러바치다 f. xəbərçilik etmək, çuğulluq etmək / let on, snitch, tick off

일러주다 f. bildirmək, məlumat vermək, xəbər vermək / let a person know, inform
일련번호(一連番號) i. sıra nömrələri; sıra nömrəsi / consecutive (running) numbers, serial numbers
일류(一流) i. birinci dərəcə / the first rank
일리(一理) i. müəyyən bir həqiqət; üzürlü səbəb, əsaslı səbəb / some reason, some truth 당신 말에도 일리가 있다. Sizin dediyinizdə müəyyən bir həqiqət var.
일몰(日沒) i. günəşin batması, qürub / sunset
일반(一般) i. ümumilik / the whole, the all, general
일반적 s. ümumi / general; universal 일반적으로 ümumiyyətlə
일방적(一方的) s. birtərəfli; bir tərəfin üstünlüyü ilə / one-sided 일방적인 시합 bir tərəfin üstünlüyü ilə keçən oyun
일보(一步) i. bir addım / one step
일보(日報) i. gündəlik qəzet / a daily newspaper, a daily bulletin 동아일보 gündəlik Donq-A qəzeti
일보다 i. iş görmək, işləmək, məşğul olmaq / carry on one's business, take charge of
일본(日本) i. Yaponiya / Japan 일본사람 Yapon 일본어 i. Yapon dili
일부(一部) i. bir hissə, bir parça, bir pay / a part, a section, a portion
일부러 z. qəsdən, bilərəkdən, bilə-bilə, şüurlu surətdə / purposely, on purpose
일상(日常) i., z. gündəlik; həmişəlik, hər gün, hər zaman / every day; usually 일상업무 gündəlik iş, gündəlik rejim 일상용품 gündəlik tələbat malları
일생(一生) i. ömrü boyu, həyatı boyu / a lifetime, a one's whole life
일소하다(一掃--) f. süpürüb atmaq, tamamilə yox etmək, yer üzündən silmək, kökünü kəsmək / sweep away
일손 i. iş; işçi qüvvəsi / hand, a worker 일손이 부족합니다. İşçi qüvvəsi çatmır.
일시에(一時-) z. bir anda, gözlənilmədən, qəflətən, ani olaraq / suddenly; all at once
일시적 s. müvəqqəti; keçici / temporary; transitory
일어나다 f. qalxmaq, durmaq; yerindən qalxmaq; baş vermək, meydana gəlmək / rise; get up; rise; happen
일어서다 f. ayağa qalxmaq, ayağa durmaq / stand up, get up
일요일(日曜日) i. bazar günü / Sunday
일용품 i. gündəlik tələbat, gündəlik ehtiyac / daily necessaries

일원(一員) i. üzv / a member
일으키다 i. qaldırmaq; yaratmaq, səbəb olmaq, oyatmaq / raise up, set up; give rise to
일인당(一人當) z. adambaşına / for a each person
일인칭(一人稱) i. birinci şəxs / the first person
일일이 z. tək-tək, bir-bir / one by one
일임하다(一任) f. başqasına həvalə etmək, tapşırmaq (bir işi) / leave a matter to a person, commit a matter to a person's care
일자(日字) i. gün, tarix / the date
일자리 i. iş; iş yeri / employment, a job, work; a position, a place
일절(一切) z. tamamilə, büsbütün, başdan-ayağa / all, wholly, entirely
일정하다(一定) s. sabit, dəyişməz, müəyyən edilmiş, təyin edilmiş, təsbit edilmiş / fixed, definite, settled; regular 일정한 장소 müəyyən olunmuş yer
일제(日帝) i. Yapon imperializmi / Japanese imperialism
일제(日製) i. Yapon malı / Japanese make, made in Japan
일제히 z. bərabər; birlikdə, birgə, əlbir / all together
일주(一周) i. bir dövrə / a round trip 세계일주하다 dünya ətrafına dövrə vurmaq
일주하다 f. dövrə vurmaq, ətrafına dolanmaq / go round, make a round
일찌기 z. erkən, tezdən; əvvəlcə / early; one time, before
일찍 z. erkən, tezdən / early
일체 i. bir can; canbir olma, bir can olma / one body 일체가 되다 f. canbir olmaq   müq. 일심동체 (一心同體) canbir-qəlbbir
일축하다(一蹴--) f. qəti rədd etmək, imtina etmək; qəti qələbə çalmaq / reject flatly, refuse; beat easily
일치하다(一致--) f. uyğun gəlmək, müvafiq olmaq; eyni olmaq / be in accord with; agree with, be consistent with 양쪽 생각이 서로 일치한다. Hər iki fikir bir-birinə uyğun gəlir.
일치점(一致點) i. ortaq məxrəc, razılıq nöqtəsi / a meeting point, the common ground, the point of agreement
일컫다 f. adlandırmaq, ad vermək, çağırmaq / call; name [=칭하다] 일컬어지다 f. adlandırılmaq, çağırılmaq
일터 i. iş yeri / one's place of work, one's office, a job site
일평생(一平生) i. ömrü boyu, həyatı boyu / a life time, one's whole life 일평생 동안에, 일평생에 z. həyatı boyunca, ömrü boyunca

일하다 f. işləmək / work
일행(一行) i. heyət; müşayiət edənlər / one's suite; a party, a company 대표단 일행 nümayəndə heyəti
일흔 say. yetmiş / seventy [=칠십(七十)]
읽기 i. oxu / reading
읽다 f. oxumaq / read
읽히다 f. oxutmaq / get (a person) to read, have (a book) read (by a person); be read
잃다 f. itirmək; məhrum olmaq / lose, miss 길을 잃다 f. azmaq, yolu azmaq
잃어버리다 [=잃다]
임 i. sevgi / a lover, a love
임관(任官) i. təyin olunma, yeni rütbə alma (hərbi) / a commission 임관하다 f. zabit rütbəsi almaq / be commissioned
임금 i. padşah, kral, sultan; hökmdar / a king; a ruler [=왕(王)]
임금(賃金) i. maaş, əməkhaqqı, məvacib, donluq, aylıq / wages, pay
임기(任期) i. xidmət dövrü / one's term of service, one's tenure (of office)
임기응변(臨機應變) i. şəraitə uyğunlaşma, mühitə alışma / adaptation to circumstances 임기응변하다 f. şəraitə uyğun hərəkət etmək, mühitə alışmaq
임대(賃貸) i. kirayə / lease, hire 임대하다 f. kirayə vermək
임명(任命) i. təyin etmə / appointment, nomination, commission 임명하다 f. təyin etmək 임명되다 f. təyin edilmək
임무(任務) i. iş, vəzifə, tapşırıq / a duty, a task; a mission
임박하다(臨迫--) f. lap, çox yaxınlaşmaq / draw near, approach, be close at hand
임산부(姙産婦) i. hamilə qadın, boylu qadın / pregnant woman
임상(臨床) i., s. kliniki / clinical
임시(臨時) i., s. növbədənkənar; müvəqqəti / extraordinary; temporary
임시변통(臨時變通) i. müvəqqəti tədbir / a makeshift, a stopgap, a patchwork
임신(姙娠) i. hamiləlik / pregnancy 임신하다 f. hamilə olmaq
임신중절(姙娠中絶) i. abort, uşaq saldırma / artificial abortion 임신중절하다 f. abort etmək, uşaq saldırmaq, uşağı aldırmaq
임야(林野) i. meşəlik, ağaclıq / forests and fields; a forest land
임업(林業) i. meşəçilik / forestry

임용(任用) i. işə götürmə / employment, appointment 임용하다 f. işə götürmək, vəzifəyə götürmək
임원(任員) i. vəzifəli şəxs / an official, a person in charge, the board, the staff
임자 i. sahibkar / the owner
임종하다(臨終--) f. ölüm ayağında olmaq, can üstə olmaq, can vermək; vəfat etmək, ölmək / be at the moment of death, be dying
임지(任地) i. təyin olunmuş iş yeri / the place of one's appointment
임질(淋疾) i. tripper, qonoreya (zöhrəvi xəstəlik) / gonorrhea
임하다(臨--) f. üz-üzə gəlmək / meet, stand in the presence 죽음에 임하다 ölümlə üz-üzə gəlmək
입 i. ağız / a mouth
입각하다(入閣--) f. Kabinetdə yer tutmaq (hökumətdə) / entry into a Cabinet
입각하다(立脚--) f. əsaslanmaq / be based on -에 입각하여 əsasında
입구(入口) f. giriş / an entrance, an entry
입국(入國) i. ölkəyə daxil olma, giriş / entry (entrance)into a country 입국하다 f. ölkəyə daxil olmaq, girmək ↔ 出國 çıxış
입국비자 i. viza / entry visa [=입국사증]
입다 f. geyinmək / put on; wear, have on
입당(入黨) i. siyasi partiyaya qoşulma / joinin, a political party 입당하다 f. siyasi partiyaya qoşulmaq, üzv olmaq
입대(入隊) i. əsgərliyə getmə / joining the army, enrollment 입대하다 f. əsgərliyə getmək
입력(入力) i. enerji vermə; proqramı daxil etmə (kompüterə) / input
입맛 i. iştaha / appetite, one's taste
입맞추다 f. öpmək / kiss
입버릇 i. danışıq tərzi / a way of saying
입법(立法) i. qanunvericilik / legislation, law-making
입법기관(立法機關) i. qanunverici orqanlar / legislative organ
입사(入社) i. şirkətə işə girmə / joining a firm 입사하다 f. işə girmək
입상(入賞) i. uduş, mükafat udma / winning a prize 입상하다 f. mükafat udmaq
입상자(入賞者) i. qalib / a prize winner
입수하다(入手--) f. ələ keçirmək; əldə etmək / coming to hands; obtain, get, procure
입술 i. dodaq / a lip

입안하다(立案--) f. planlaşdırmaq / make a plan, devise
입양(入養) i. övladlığa götürmə / adoption 입양하다 f. övladlığa götürmək
입원하다(入院--) f. xəstəxanada yatmaq / enter hospital 입원시키다 f. xəstəxanaya qoymaq
입장(入場) i. giriş / entrance 입장하다 f. girmək
입장(立場) i. nöqteyi-nəzər, baxış; mövqe / a point of view, standpoint; a position
입장권(入場券) i. bilet, giriş bileti / an admission ticket, an entry ticket
입장료(入場料) i. biletin qiyməti, giriş qiyməti / an entrance fee
입주하다(入住) f. yeni mənzilə köçmək / move into a flat
입증하다(立證--) f. sübut etmək / prove, give proof
입찰(入札) i. hərraca qoyma, auksionda qiymətin təklif edilməsi / bidding, a tender 입찰하다 f. hərraca qoymaq, qiymətləri təklif etmək, tenderdə iştirak etmək
입학(入學) i. məktəbə girmə, daxil olma / entrance into a school 입학하다 f. məktəbə girmək
입학시험(入學試驗) i. qəbul imtahanı / an examination for entrance to school
입회하다(入會--) f. üzv olmaq (təşkilat, klub və s.) / join (enter) a society, register as a club member
입회하다(立會--) f. iştirak etmək (şahid kimi, iclasda) / attend, be present at
입후보(立候補) i. namizəd olma, namizədlik / candidacy 입후보하다 f. namizəd olmaq
입후보자(立候補者) i. namizəd / a candidate
입히다 f. geyindirmək; örtük çəkmək; vurmaq (ziyan) / dress, put on; gild, cover; inflict 무덤에 떼를 입히다 qəbrin üstünü çim otu ilə örtmək 해를 입히다 ziyan vurmaq
잇다 f. bağlamaq, birləşdirmək; varis olmaq / connect, link, join, tie; succeed to 끈을 잇다 ipi bir-birinə bağlamaq
잇따르다 [=잇달다]
잇달다 f. dalbadal gəlmək, bir-birinin ardınca gəlmək / continue, keep, last, occur in concession, succeed one another
잇달아 z. bir-birinin ardınca, dalbadal / successively, continuosly, one after another
잇몸 i. damaq / the gum
있는그대로 z. olduğu kimi / as it is, frankly

있다 f. var; mövcud olmaq / there is, be, exist ↔ **없다** yox, mövcud olmamaq
잉어 i. karp balığı / a carp
잉여(剩餘) i. əlavə, yerdə qalan / a surplus, the remainder
잉크 i. mürəkkəb / ink   < İng.
잉태하다 [≒임신하다]
잊다 f. unutmaq, yaddan çıxarmaq / forget
잊어버리다 f. tamamilə unutmaq / complete fotget
잊히다 f. unudulmaq / be forgotten
잎 i. yarpaq / a leaf
잎사귀 i. yarpaq / a leaf, a leaflet
잎새 [=잎]

ㅈ C

자 i. xətkeş / a ruler, a measuring rule, a measure 자로 재다 f. xətkeş ilə ölçmək
자(子) i. oğul / a son 자녀 övlad, oğul və qız
자(字) i. hərf / a letter, a chracter; a word 큰 자 iri, böyük hərf
자(者) i. şəxs, kimsə, adam / a person, one, sombody 그 자 o oğlan 모르는 자 naməlum adam 야굽이란 자 Yaqub adlı bir şəxs
자가용(自家用) i. şəxsi maşın, xüsusi avtomobil / a private car [=자가용차]
자각하다(自覺--) f. dərk etmək, anlamaq, başa düşmək / be conscious of,realize
자갈 i. çınqıl; xırda daş / gravel; small pebbles
자개 i. sədəf / nacre, mother-of-pearl
자격(資格) i. layiq olma; haqqı olma; qabiliyyəti olma / qualification; capacity, title 당신은 정회원이 될 자격이 있습니다. Siz üzvlüyə tam layiqsiniz. 그는 대표자의 자격으로 파견되었다. O, tam hüquqlu bir nümayəndə kimi göndərildi.
자격증(資格證) i. şəhadətnamə, sertifikat, lisenziya, vəsiqə / a license; a certificate 운전 면허증 sürücü vəsiqəsi 의사 자격증 həkim şəhadətnaməsi
자꾸 z. tez-tez, təkrar-təkrar, aramsız / frequently
자국 i. iz; ləkə / a mark, a trace 발자국 ləpir, ayaq izi
자국(自國) i. öz ölkəsi, doğma vətən, ana vətən / one's own country, one's native land
자국나다 f. izi qalmaq, iz buraxmaq; ləkəsi qalmaq / get marked, leave a trace
자궁(子宮) i. ana bətni, uşaqlıq / the womb, the uterus
자그마하다 s. kiçicik, balaca, xırda / smallish, somewhat small
자그맣다 [=자그마하다]
자극(刺戟) i. təhrik etmə, qıcıqlandırma, qızışdırma, sövq etmə; şirnikləndirmə, həvəsləndirmə / a stimulus, an impulse, an incentive; encourgement

자극하다 f. təhrik etmək, qıcıqlandırmaq, qızışdırmaq, sövq etmək; şirnikləndirmək, həvəsləndirmək / stimulate, irritate; incite, stir up

자금(資金) i. maya, sərmayə, kapital; fond / funds, a fund, a capital

자기(自己) i. öz / one's self, oneself; self, ego 내 자신 mən özüm

자기(瓷器) i. çini qab; saxsı qab / china ware; porcelain

자기(磁氣) i. maqnetizm (maqnit xassəli) / magnetism

자나깨나 z. yatanda da duranda da, gecə-gündüz, həmişə, hər zaman / night and day, always, all the time

자네 əv. sən (özündən kiçiyə müraciət forması) / you

자녀(子女) i. övlad, uşaqlar, oğullar və qızlar / sons and daughters, children

자다 f. yuxulamaq, yatmaq / sleep, have a sleep

자동(自動) i, s. avtomatik (öz-özünə); avtomatiklik / automatic (action); automatism

자동적으로(自動的--) z. avtomatik olaraq, öz-özünə / automatically

자동사(自動詞) i. (Qram.) təsirsiz fel / an intransitive verb ↔ 타동사(他動詞) təsirli fel

자동식(自動式) s. avtomatik, öz-özünə / automatic

자동차(自動車) i. maşın, avtomobil / a motorcar, an automobile; a motor vehicle

자라나다 [=자라다]

자라다 f. böyümək, yekəlmək / grow up

자랑 i. fəxr; öyünmə, lovğalanma, özündən razı, yekəxanalıq / pride; boast, self conceit 자랑하다 f. öyünmək

자랑거리 i. fəxr, qürur, məğrurluq; fəxr etməyin məğzi, əsası, öyünüləcək şey; öyünmə / pride; a soure of pride, something to brag about; boast

자력(自力) i. öz gücü, öz səyi / one's own strength 자력으로 öz gücü ilə

자력(磁力) i. maqnit gücü, cazibə qüvvəsi / a magnetic force

자료(資料) i. material; məlumat, rəqəmlər / materials; data

자루 i. torba, kisə, çuval / a bag, a pouch, a sack

자루 i. sap, dəstək / a handle 도끼자루 baltanın sapı 칼자루 bıçağın dəstəyi [=손잡이]

자루 i. dənə, ədəd (qələm, qayçı, tüfəng, təbaşir və s.) / a piece, a stand 연필 두자루 iki ədəd qələm

자르다 f. kəsmək, doğramaq, parçalamaq / cut off, chop, sever

'**자르다**' və '**깎다**'nın fərqi

'자르다' və '깎다' hər ikisi hər hansı bir şeyi daha qısa etmək mənasına malikdir, lakin '자르다' uzun şeyi qısaltmaq mənasında, '깎다' isə əslində o qədər də uzun olmayan bir şeyi qısa etmək mənasında işlədilir.

미현은 긴 머리를 단발로 잘랐다. - Mi Hyon uzun saçını qısa kəsdirdi.
할아버지께서 수염을 깎으신다. – Babam saqqalını təraş etdi.

자리 i. yer, oturacaq / one's place, a seat, a place
자리잡다 f. yer tutmaq, oturmaq; yerləşmək, məskən salmaq / take one's seat, sit down; settle down 그는 이제 바쿠에서 자리를 잘 잡았다. O, artıq Bakıda yaxşı məskən salıb.
자립(自立) i. öz gücünə ayağa qalxma, müstəqil, müstəqillik / self-reliance (support), independence 자립하다 f. öz gücünə ayağa qalxmaq, öz gücünə dolanmaq, müstəqil olmaq 나는 자립 생활을 할 수 있다. Mən öz gəlirimlə müstəqil dolana bilirəm.
자만하다(自慢--) f. qürurlanmaq, lovğalanmaq, öyünmək, güvənmək / be conceited, be puffed up with conceit
자만심(自慢心) i. lovğalıq hissi, yekəxanalıq, təkəbbürlük, şöhrətpərəstlik, özündən razılıq / self-conceit
자멸하다(自滅--) f. özünü məhv etmək, öz-özünə dağılmaq; məhv olmaq / destroy oneself; decay of itself
자못 z. olduqca çox, lap çox, həddən artıq / ever so much, exceedingly, greatly.
자문(諮問) i. məsləhət / a consultation; an inquiry, an advisor 자문하다 f. məsləhət görmək 자문위원 məsləhətçi 자문위원회 məsləhət şurası
자물쇠 i. qıfıl, kilid / a lock [=자물통]
자빠뜨리다 f. yıxmaq, yerə yıxmaq / make a person fall on his back
자빠지다 f. yıxılmaq, yerə yıxılmaq / fall on one's back
자발성(自發性) i. öz-özünə baş vermə / spontaneity
자발적으로 z. könüllü olaraq, öz-özünə / spontaneously
자백(自白) i. etiraf / confession 자백하다 f. etiraf etmək
자본(資本) i. kapital, sərmayə, maya, fond / capital, a fund
자본주의(資本主義) i. kapitalizm / capitalism
자부심(自負心) i. özünə hörmət; fəxr / self- esteem, pride
자비로(自費) - z. öz xərci ilə, şəxsi pulu ilə / one's own expense

자비(慈悲) i. mərhəmət, rəhm / mercy 자비스럽다, 자비롭다 s. mərhəmətli, rəhmli 자비를 베풀다 f. mərhəmət göstərmək, rəhmli olmaq, rəhm etmək
자산(資産) i. mülkiyyət, əmlak, mal / property
자살하다(自殺--) f. intihar etmək, özünü öldürmək; özünə qəsd etmək / kill oneself, commit suicide
자상하다(仔詳--) s. qayğıkeş, diqqətli, mehriban / careful, considerate; minute, detailed
자서전(自敍傳) i. tərcümeyi-hal / an autobiography
자석(磁石) i. maqnit / a magnet
자선(慈善) i. xeyriyyə, yoxsullara yardım / charity 자선하다 f. xeyriyyəçilik etmək, mərhəmət göstərmək, yoxsullara yardım göstərmək, əl tutmaq
자선가(慈善家) i. xeyriyyəçi / a charitable person
자세(姿勢) i. poza, duruş, vəziyyət / a posture, a pose
자세하다(仔細--) s. təfsilatlı, hərtərəfli, tam, dəqiq, müfəssəl, təfərrüatlı / detailed
자세히(仔細-) z. təfsilatı ilə, müfəssəl şəkildə, dəqiqliklə, dəqiq surətdə, incəliklə / in detail
자손(子孫) i. nəsil, kök, törəmə / a descendant, offspring
자수하다(自首--) f. özünü hüquq orqanlarına təslim etmək / deliver (surrender) oneself to justice
자습서(自習書) i. müstəqil öyrənmək üçün dərslik / a self teaching manual
자시다 f. yemək / eat [=먹다]
자식(子息) i. uşaq; uşaqlar / a child; children
자신(自身) i. öz / self, oneself 나 자신 özüm
자신(自信) i. özünə güvənmə, özünə arxalanma / self-confidence 자신하다 f. özünə güvənmək, özünə arxalanmaq
자아(自我) i. mənlik / ego, self
자아내다 f. doğurmaq, oyatmaq, üzə çıxarmaq / evoke, draw out 웃음을 자아내다 f. gülüş doğurmaq 의심을 자아내다 f. şübhə oyatmaq, şübhə doğurmaq
자연(自然) i. təbiət / nature 자연히 z. təbii olaraq 자연스럽다 s. təbii
자외선(紫外線) i. ultrabənövşəyi şüa / ultrviolet rays
자웅(雌雄) i. erkək və dişi / male and female

자원(資源) i. sərvət / resources 자원을 개발하다 təbii sərvətləri inkişaf etdirmək 지하자원 təbii sərvət

자원하다(自願--) f. könüllü xidmət etmək, könüllü qulluq etmək / volunteer

자유(自由) i. azadlıq, hürriyyət / freedom, liberty 자유의 s. azad, sərbəst 자유롭다, 자유스럽다 s. azad, sərbəst 자유로이, 자유롭게 z. sərbəst surətdə, müstəqil şəkildə

자유경제(自由經濟) i. azad iqtisadiyyat, sərbəst iqtisadiyyat / liberistic economy

자유경쟁(自由競爭) i. azad rəqabət / free competition

자유업(自由業) i. müstəqil peşə, azad sənət, sərbəst məşğuliyyət / a liberal profession

자유무역(自由貿易) i. azad ticarət / free trade

자유주의(自由主義) i. liberalizm / liberalism

자유화(自由化) i. liberallaşma; sərbəstləşmə / liberalization; freeing 자유화하다 f. liberallıq göstərmək, liberallıq etmək

자음(子音) i. samit (r.) / a consonant 무성자음(無聲--) kar samit; 유성자음(有聲--) cingiltili samit ↔ 모음(母音) sait

자의(自意) i. şəxsi iradə / one's own will 자의로 z. öz iradəsiylə

자인하다(自認--) f. etiraf etmək, boynuna almaq / confess, admit

자자하다(藉藉--) s. geniş yayılmış (şaiyə, tərif, şan-şöhrət) / be widely spread

자장가 i. layla / a lullaby, a cradle song 자장가를 부르다 f. layla çalmaq (oxumaq)

자재(資材) i. material, xammal / materials 건축자재 tikinti materialları

자전거(自轉車) i. velosiped / a bicycle

자제하다(自制--) f. özünü ələ almaq, özünü idarə etmək, özünü saxlamaq / control oneself

자주(自主) i. özünü idarə etmə; muxtariyyət; müstəqillik / autonomy; independence 자주적 s. muxtar; müstəqil

자주 z. tez-tez / often, over and over again

자주색(紫朱色) i. tünd qırmızı, bənövşəyi rəng / purple color [=자주빛]

자중하다(自重--) f. özündən muğayat olmaq, ehtiyatlı olmaq; diqqətli olmaq / be prudent; take care of oneself

자지 i. penis (kişilərin cinsi orqanının adı) / the penis ↔ 보지

자진(自進) i. könüllülük / willingness, voluntariness 자진해서 z. könüllü olaraq

자질(資質) i. Allah vergisi, istedad, talant, qabiliyyət / natural disposition, a gift, a talent

자책감(自責感) i. öz-özünü ittiham hissi, təqsirkarlıq hissi, günah hissi / a guilty conscience
자처하다(自處--) f. özünü saymaq, özünü hesab etmək, özünü zənn etmək / flatter (regard) oneself to be 시인으로 자처하다 özünü şair saymaq
자청하다(自請--) f. könüllü xidmət etmək, könüllü iş görmək / volunteer for
자체(自體) i. öz; özü / oneself; one's own body 그 자체의 무게로 쓰러지다 öz ağırlığından yerə düşmək
자초하다(自招--) f. başını bəlaya salmaq, özü bais olmaq, özünü işə salmaq / bring upon oneself, court
자취 i. iz, izlər, qalıq / remains, marks, traces, evidences
자치(自治) i. muxtariyyət / self-government, autonomy 낙흐치반 자치공화국 Naxçıvan Muxtar Respublikası
자치구(自治區) i. muxtar vilayət / an autonomous district (region)
자택(自宅) i. şəxsi ev, şəxsi mənzil / one's house; one's home
자포자기하다(自暴自棄--) f. ümidsizliyə qapılmaq, ümidini itirmək, ümidini üzmək / abandon oneself to despair
자폭하다(自爆--) f. özünü (bomba ilə) partlatmaq / self-blast, self-destroy
자필(自筆) i. şəxsi əl yazısı, əlyazması / one's own handwriting; a holograph; an autograph 자필 증서 şəxsən əl ilə yazılmış sənəd
자행하다(恣行--) f. öz istəyini zorakılıqla etmək, pis işlər görmək, bədxahlıq etmək / do as one pleases, be self-indulgent 폭력을 자행하다 f. zorakılıq etmək
작가(作家) i. yazıçı, müəllif; nasir / an auther, a writer; a novelist
작곡가(作曲家) i. bəstəkar / a musical composer
작곡하다(作曲--) f. mahnı bəstələmək, musiqi yazmaq / compose, write music
작년(昨年) i. keçən il; ötən il / last year
작다 s. kiçik, xırda, balaca / small, little, tiny
작대기 i. çubuq; dəyənək, çomaq / a stick; a rod
작동하다(作動--) f. işləmək / operate, function, work 엘리베이터가 작동하지 않는다. Lift işləmir.
작문(作文) i. inşa / composition; writting 작문하다 f. inşa yazmaq
작물(作物) i. məhsul / crops, farm products
작별하다(作別--) f. ayrılmaq; vidalaşmaq / part from, say good-bye, take leave

작업(作業) i. iş, əməliyyat / work, operations 작업하다 f. əməliyyat aparmaq, işləmək

작업복(作業服) i. iş paltarı / working dress

작용(作用) i. hərəkət; təsir / action, operation, function; an effect 작용하다 f. hərəkətə gətirmək; təsir etmək 작용과 반작용 hərəkət və reaksiya, hərəkət və əks təsir 빛의 작용 işığın təsiri

작전(作戰) i. manevr, əməliyyat (hərbi) / maneuvers, operations 작전하다 f. manevr etmək

작전상(作戰上) z. taktiki cəhətdən, strateji baxımdan / tactically, strategically

작품(作品) i. əsər / a work, a piece of work

잔(盞) i. fincan, stəkan, parç, dolça, bardaq / a cup, a glass

잔돈 i. xırda pul / small change; small money

잔뜩 z. dolu, ağzınacan dolu / full, fully

잔디 i. qazon (parklarda, meydanlarda bitən yaşıl ot) / a lawn grass

잔디밭 i. çəmənlik / a lawn

잔류하다(殘留--) f. arxada qalmaq, geri qalmaq / remain behind, stay behind

잔소리 i. boş söz, havayı söz / a talking to, scolding, a lecture 잔소리하다 f. çərənçilik etmək, boş yerə danışmaq, çənə vurmaq, mühazirə oxumaq (məcazi mənada)

잔악하다(殘惡--) [=잔인하다(殘忍--)]

잔인하다 f. zalım, qəddar, vəhşi, amansız, insafsız / cruel, brutal

잔일 i. yüngül işlər, xırda işlər; zəhlətökən iş / a trifling matter, small matters; troublesome work

잔잔하다 s. (dəniz, külək və s.) sakit / still, quiet, calm, tranquil

잔존하다(殘存--) f. sağ qalmaq, salamat qalmaq, qurtulmaq / continue to exist, survive, remain

잔치 i. ziyafət, şənlik, toy-bayram / a feast

잔학하다(殘惡--) [=잔인하다(殘忍--)]

잔혹하다(殘酷--) [=잔학하다(殘虐--)]

잘 z. yaxşı, əla, gözəl / well, nicely

잘나다 s. (rişxəndlə) yaraşıqlı, gözəl / handsome 잘났다 잘났어 Sən gözəlsən, gözəl! (rişxəndlə)

잘난체하다 f. özünü gözə soxmaq; özündən razı olmaq, özünü dartmaq, burnunu dik tutmaq / assume airs

잘다 s. xırda, kiçik, balaca / small, fine, tiny
잘되다 f. yaxşı işləmək, işi yaxşı getmək / go well, work well, be successful
잘리다 f. kəsilmək; qovulmaq (işdən) / be cut off, be cut down
잘못 i. səhv, xəta, təqsir; çatışmazlıq / a fault; an error; a mistake
잘못 z. səhvən / by mistake, in error, wrong
잘못되다 f. işi düz gətirməmək, işi pis getmək / go wrong, turn bad, fail, be badly done, wrong
잘못하다 f. səhv etmək; xəta etmək / do wrong; mistake, err, make a mistake
잘생기다 s. yaraşıqlı, gözəl; qəşəng / good-looking, handsome; beautiful
잠깐 a, z. bir dəqiqə, bir saniyə / just a minute, for a moment,for a while
잠깨다 f. oyanmaq / wake up, awake, become awake
잠결에 z. yuxu içində, yuxuda / while asleep
잠그다 f. qıfıllamaq, kilidləmək, açarla bağlamaq / lock up; fasten with a lock
잠그다 f. suya batırmaq / sink, put under water
잠기다 f. qıfıllı olmaq, bağlı olmaq / be locked, be fasten
잠기다 f. (suda) batmaq; (səsi) tutulmaq, xırıldamaq / sink; soak in, be immersed in; become hoarse; be absorbed in, indulge in 깊은 생각에 잠기다 f. dərin fikirə dalmaq, qərq olmaq
잠들다 f. yuxuya getmək, yatmaq; ölmək / fall asleep, drop off to sleep; die
잠복하다(潛伏--) f. pusquda durmaq; güdmək / lurk
잠수하다(潛水--) f. suya baş vurmaq, suya atılmaq; suyun altına girmək / dive; go under water, submerge
잠수함 i. sualtı qayıq / a submarine
잠시(暫時) i., z. bir an, bir dəqiqə, bir saniyə / for a little while, a moment, a while
잠옷 i. yatmaq paltarı, pijama / night clothes, a nightdress
잠입하다 f. gizlicə girmək / smuggle into, infiltrate
잠자다 f. yatmaq / sleep
잠자리 i. cırcırama / a dragonfly
잠자리 i. yataq, taxt / a bed 잠자리에 들다 f. yatmaq, yatmağa getmək
잠자코 z. sakitcə, səssizcə, dinməzcə / in silence, silently
잠잠하다(潛潛--) s. sakit, səssiz / silent, quiet, still
잠재(潛在) i. potensiallıq, potensial imkan; gizli hal, gizli vəziyyət / potentiality; latency
잠재력(潛在力) i. potensial enerji, potensial güc / potential energy

잠재우다 f. yatızdırmaq / put a person to sleep
잠재의식(潛在意識) i. təhtəlşüur, instinktivlik / subconsciousness
잠적하다(潛跡--) f. özünü gizlətmək / conceal oneself, go away
잡념(雜念) i. qarışıq düşüncələr / distracting thoughts
잡다 f. tutmaq; yaxalamaq; ələ keçirmək; seçmək; təyin etmək / catch; seize; grasp; capture; take (power); select; fix 적병을 잡다 düşmən əsgərini tutmaq 정권을 잡다 hakimiyyəti ələ keçirmək 흠을 잡다 f. irad tutmaq 골라잡다 f. seçmək 날짜를 잡다 vaxt təyin etmək
잡담(雜談) i. boş söhbət, mənasız söhbət / idle talk; a chat 잡담하다 f. boş yerə söhbət etmək, çənə vurmaq, boşboğazlıq etmək
잡비(雜費) i. xırda xərclər / sundry expenses
잡소리 i. boş danışıq, mənasız danışıq / silly talk, prattle, idle talk
잡수다 f. yemək / eat, have [=먹다]
잡수입(雜收入) i. təsadüfi gəlir / miscellaneous incomes
잡아가다 f. yaxalayıb götürmək, tutub aparmaq / take (a suspect)
잡아내다 f. tutub bayıra atmaq, tutub çıxartmaq / take out
잡아당기다 f. tutub dartmaq / pull, draw, pluck
잡아떼다 f. tutub qopartmaq, tutub çıxartmaq; inkar etmək / draw (pull) a thing apart; deny, flatly, insist not to know
잡아매다 f. tutub bağlamaq / bind up, tie up
잡아먹다 f. tutub yemək / devour, prey on, feed on
잡아채다 f. qapmaq / snatch
잡음(雜音) i. səs-küy / noise
잡음씨 i. bağlayıcı (qram.) / a copula
잡종(雜種) i. calaq; mələz / hybrid, a mixed breed, a crossbred
잡지(雜誌) i. jurnal / a magazine, a journal, a periodical
잡초(雜草) i. alaq otu / a weed
잡치다 f. pozulmaq, xarab olmaq / spoil, mar, destroy 기분을 잡치다 keyfi pozulmaq 입맛을 잡치다 iştahası pozulmaq
잡히다 f. tutulmaq, yaxalanmaq, ələ keçmək / be taken, be seized, be caught
장(長-) t. uzun; hündür, uca / long 장신 hündürboylu, ucaboylu
장(長) i. başçı; sədr; müdir; direktor; prezident; rəis / the head; the chief; the headman; the director; the president [=우두머리] 국회의장(國會議長) parlamentin sədri 원장(院長) baş həkim

장(章) i. fəsil, bölüm / a chapter 1장 2절 birinci fəsil ikinci ayə; birinci surənin ikinci ayəsi
장(張) i. vərəq / a leaf (of a book), a sheet (of paper), a leaf 종이 두장 iki vərəq kağız
장(將) i. (hərb.) general / a general [=장군(將軍)] 준장 general-mayor 소장 general- leytenant 중장 general-polkovnik 대장 ordu generalı
장(場) i. bazar; yer, meydan / a market, a fair; a ground [=시장(市場)] 운동장 idman meydanı, stadion
장(腸) i. bağırsaq / the intestines [=간장(肝腸)]
장(醬) i. soya sousu / soy sauce, soya [=간장(肝臟)]
장(欌) i. şkaf / a chest of drawer, a cabinet 옷장 paltar şkafı
장가 i. evlənmə, arvad alma / marriage, taking a girl for a wife 장가가다 f. evlənmək ↔ 시집가다 f. ərə getmək [=결혼(結婚)]
장갑차(裝甲車) i. zirehli maşın / a armored car
장거리(長距離) i. uzun məsafə, uzun yol / a long range, a long distance, a long way 장거리 여행 uzun səyahət 장거리 전화 uzaq məsafəli telefon danışığı \ 단거리(短距離) qısa məsafə
장관(長官) i. nazir / a minister (of a state) 국방부장관 Müdafiə Naziri 내무부장관 Daxili İşlər Naziri 법무부장관 Ədliyyə Naziri 문교부장관 Təhsil Naziri 외무부장관 Xarici İşlər Naziri 상공부장관 Ticarət və Sənaye Naziri 장관부처 nazirlik
장관(壯觀) i. ecazkar mənzərə, möhtəşəm mənzərə, möhtəşəm görünüş / a grand sight
장교(將校) i. zabit / an officer, a commissioned officer
장군(將軍) i. (hərb.) general / a general
장기(長技) i. (ixtisasından başqa) xüsusi bacarıq, məharət, ustalıq, istedad, fərasət / special skill, one's forte 선생님의 장기는 피아노 연주이다. Müəllimin pianino çalmaq kimi xüsusi bacarığı var.
장기(長期) i. uzun müddət, xeyli vaxt / a long term \ 단기(短期) qısa müddət
장난 i. dəcəllik, oyun; zarafat / a game, play; play a practical joke 장난하다, 장난치다 f. dəcəllik etmək, oynamaq
장난감 i. oyuncaq / a toy, a plaything
장난꾸러기 i. dəcəl uşaq, nadinc uşaq / a naughty boy
장남(長男) i. böyük oğul / the one's eldest son
장녀(長女) i. böyük qız / the one's eldest daughter

장님 i. kor / a blind (sightless) person
장단점(長短點) i. yaxşı və pis cəhətlər, müsbət və mənfi cəhətlər / merits and demerits
장담하다(壯談--) f. təminat vermək (lazım olduğundan artıq), zəmanət vermək, qarantiya vermək / assure, guarantee, vouch for
장대하다(長大) s. nəhəng, yekə, iri / huge
장래(將來) i. gələcək, perspektiv / the future, the time to come, future prospects
장래성(將來性) i. parlaq gələcək / a bright future, a potential 이 사업은 장래성이 밝다. Bu işin parlaq gələcəyi var.
장려(奬勵) i. səmərələşdirmə, təkmilləşdirmə, işi yaxşılaşdırma / encourgement, promotion 장려하다 f. səmərələşdirmək, işi yaxşılaşdırmaq, təkmilləşdirmək
장려금(奬勵金) i. mükafat (səmərəli işə görə) / a subsidy, a bounty
장례(葬禮) i. yas mərasimi, matəm mərasimi, dəfn etmə prosesi / a funeral, a funeral ceremony, a burial service
장례식(葬禮式) i. yas mərasimi / a funeral ceremony
장로(長老) i. ağsaqqal; yaşlı adam / an elder; a senior
장마 i. Musson yağışları / the rainy spell in summer, a run of wet weather
장막(帳幕) i. pərdə; çadır / a curtain; a tent
장만하다 f. hazırlıq görmək, hazırlamaq / prepare; get ready, provide oneself with
장면(場面) i. səhnə / a scene
장미(薔薇) i. qızılgül / a rose
장벽(障壁) i. sədd, hasar, barı, divar; maneə / a barrier, a fence, a wall; a obstacle 인종의 장벽을 허물다 irqlər arasındakı səddi götürmək, maneəni aradan qaldırmaq
장병(將兵) i. hərbçilər / military men, officers and men
장보다(場--) f. bazarlıq etmək / go shopping, do one's marketing
장부(丈夫) i. igid, qoçaq, ər, kişi / a full-grown man, a manly person
장부(帳簿) i. mühasibat dəftəri, qeydiyyat dəftəri, hesab dəftəri / a book, an account book, a register
장비(裝備) i. təchizat, avadanlıq / equipment, outfit
장사 i. alver etmə, ticarət, ticarət işi / trade, commerce, business 장사하다 f. alver etmək, ticarət etmək
장사하다(葬事--) f. dəfn etmək, basdırmaq / bury

장사꾼 i. xırdavatçı, dükançı, çərçi / a trader
장사치 [=장사꾼]
장성하다(長成--) f. böyümək, yetişmək / grow up, grow to maturity
장성(將星) [=장군(將軍)]
장소(場所) i. yer / a place, a spot
장수하다(長壽--) f. uzun ömür yaşamaq, çox yaşamaq / live long, enjoy longevity
장수(張數) i. vərəqlərin sayı / the number of leaves (sheets)
장식(裝飾) i. bəzək, dekorasiya, naxış / an ornament, a decoration 장식하다 f. bəzəmək
장악하다(掌握--) f. ələ keçirmək, tutmaq / hold, seize, dominate, command
장애(障碍) i. maneə, əngəl / an obstacle, a hindrance
장자(長子) i. böyük oğul / an elder; the eldest son
장자 i. varlı; böyük, ali / a rich man 백만장자 milyoner
장작(長斫) i. odun / firewood, wood
장점(長點) i. yaxşı cəhət, üstün cəhət, müsbət cəhət / a strong point, one's forte, a merit ↔ 단점(短點) pis cəhət, zəif cəhət, mənfi cəhət
장차(將次) z. gələcəkdə; nə vaxtsa, bir gün / in the future; someday; in the end
장치(裝置) i. qurğu, avadanlıq, təsisat / equipment, installation, setting up 장치하다 f. qurmaq, quraşdırmaq
장티푸스(腸---) i. tif / typhoid
장하다(壯--) s. tərifəlayiq, təmtəraqlı, çox gözəl, əla / praiseworthy, admirable, splendid
장학금(獎學金) i. təqaüd / a scholarship, a bursary
장학생(獎學生) i. təqaüd alan tələbə / a student on a scholarship
장화(長靴) i. çəkmə / boots
잦다 s. tez-tez, təkrar-təkrar / frequent; repeated
재 – ön.şək. təkrar, yenidən, təzədən / re- 재정리 yenidən düzəltmə
재 i. kül / ash, ashes
재 i. dağ keçidi / a ridge, a mountain pass
재간(才幹) i. istedad, qabiliyyət, talant / talent; ability
재개하다 f. təkrar açmaq, yenidən açmaq; yenidən başlamaq / reopen; resume

재건하다(再建--) f. yenidən inşa etmək, yenidən qurmaq, bərpa etmək / reconstruct, rebuild

재계(財界) i. maliyyə aləmi, biznes dünyası / the financial world, the economic world, the business world

재고하다(再考--) f. yenidən nəzərdən keçirmək, təzədən baxmaq / reconsider, think over again

재고(在庫) i. ehtiyat (anbarda olan) / stock, the stockpile

재고품(在庫品) i. ehtiyat malları / goods in stock

재난(災難) i. fəlakət; qəza / a disaster, a calamity; an accident 재난을 당하다 fəlakətə uğramaq

재능(才能) i. istedad, qabiliyyət, talant / talent, ability

재다 f. ölçmək / measure, take measure

재다 f. özünü göstərmək, forslanmaq / put on airs, give oneself airs

재단(財團) i. fondlu təşkilat / a foundation < 재단법인(財團法人) müq. 사단법인(社團法人) korporasiya

재떨이 i. külqabı / an ashtray

재래(在來) i. əvvəlki vaxtlar, qabaqlar / former times; the past

재래식(在來式) s. ənənəvi növ, adi növ / conventional; traditional 재래식무기 adi silahlar

재력(財力) i. maliyyə gücü; sərmayə / financial power; assets

재료(材料) i. material / material, matter

재림(再臨) i. zühur etmə / reincarnation, second coming 예수의 재림 İsa Məsihin zühur etməsi / The Second Advent of Jesus Christ 재림하다 f. zühur etmək, təkrar gəlmək

재목(材木) i. şalban, ağac, tir / wood, timber

재무부(財務部) i. Maliyyə Nazirliyi / the Ministry of Finance, the Department of the Treasury

재무성(財務省) [=재무부(財務部)]

재물(財物) i. var-dövlət; xəzinə, zənginlik / properity; riches, wealth

재미 i. əyləncə / fun, interst, amusement, pleasure

재미있다 s. əyləncəli, məzəli, xoşa gələn, maraqlı / be interested in

재빠르다 s. cəld, çevik; çox sürətli / quick, rapid; fast

재발하다(再發--) f. təkrar baş vermək, təkrarlanmaq / have (suffer) a relapse of, recur, come up again

재빨리 z. sürətlə, cəld, tez / quickly, rapidly

재방송하다(再放送--) f. verilişi təkrar etmək / rebroadcast
재배하다 f. becərmək, yetişdirmək, bəsləmək / cultivate, grow, raise
재벌(財閥) i. nəhəng firma, lap böyük şirkət; plutokratiya / the big money interests, a financial group; a plutocrats 삼성재벌 böyük Samsung şirkəti
재봉(裁縫) i. tikiş / sewing [=재봉질, 바느질]
재봉틀(裁縫-) i. tikiş maşını / a sewing machine
재산(財産) i. sərvət, var-dövlət / a fortune, property, an estate
재생산(再生産) i. təkrar istehsal, yenidən hasil etmə / reproduction
재생하다(再生--) f. yenidən yararlı hala salmaq; yenidən bərpa etmək / return to life, revive; regenerate, reproduce 녹음 재생 təkrar səsləndirmə [=재생시키다]
재수(財數) i. bəxt, qismət / fortune, luck
재수하다(再修--) f. imtahana təkrar hazırlaşmaq / cram to repeat a college entrance exam 재수생 universitetə təkrar qəbula hazırlaşan adam
재앙(災殃) [=재난(災難)]
재외(在外) i., s. xaricdə, yad eldə, qürbətdə / abroad
재우다 f. yatırtmaq / let (a child) go to sleep, bed (a child) down
재원(財源) i. maliyyə mənbəyi / financial resources, a sources of revenue
재임하다(在任--) f. vəzifədə qalmaq, vəzifədə təkrar qalmaq / hold office, hold a post
재정(財政) i. maliyyə, maliyyə işləri / public finance, finances, financial affairs 재정적 s. maliyyə, maddi 국가 재정 dövlət büdcəsi
재주(才-) i. istedad, qabiliyyət, bacarıq, talant / talent, ability
재직(在職) i. vəzifədə olma / tenure of office
재직기간 i. vəzifə müddəti / one's period of service in a position, one's tenure of office
재질(才質) i. fitri istedad, Allah vergisi / natural gifts, talent
재채기 i. asqırıq, səbir / sneezing 재채기하다 f. asqırmaq, səbir gətirmək
재촉하다 f. tələsdirmək, təntitmək, tıncıxdırmaq / urge a person to do, press a person for a thing
재치(才致) i. ağıl, dərrakə; hazırcavablıq / wit, quick (ready) wit, tact 재치있는 사람 hazırcavab adam
재판(裁判) i. məhkəmə / a judgement, a trial, a hearing 재판하다 f. mühakimə etmək 재판받다 f. mühakimə olunmaq

재판소(裁判所) i. məhkəmə binası, məhkəmə zalı / a court of justice
재평가(再評價) i. yenidən qiymətləndirmə, dəyərləndirmə / revaluation 재평가하다 f. yenidən qiymətləndirmək
재해(裁害) [=재앙(災殃)]
재향군인(在鄕軍人) i. tərxis olunmuş hərbçi; veteran (hərbi sahədə) / an ex-soldier, reserve soldier; a veteran soldier
재혼하다(再婚--) f. yenidən ailə qurmaq, ikinci dəfə ailə qurmaq / marry again
잽싸다 s. çevik, cəld, sürətli / quick 잽싸게 z. çevik, cəld, sürətlə
잿더미 i. kül yığını / a heap of ashes
쟁반(錚盤) i. məcməyi, sini / a serving tray
쟁의(爭議) i. münaqişə; tətil / a dispute, a strike 쟁의를 조정하다 f. münaqişəni qaydaya salmaq, həll etmək 노동쟁의 əmək münaqişəsi
쟁이다 f. üst-üstə yığmaq, qalaqlamaq / heap, pile up
쟁탈(爭奪) i. çarpışma, tutaşma; vuruşma (idman oyununda) / a scramble; a struggle, a contest 쟁탈하다 f. çarpışmaq, tutaşmaq
쟁탈전(爭奪戰) i. yarış / a contest, a scramble (for) 축구 선수권 쟁탈전 birincilik uğurunda futbol yarışı
저(低) i. alçaq; aşağı / low 고저(高低) hündürlük; hündür-alçaq
저 əv. mən (böyüklərə qarşı müraciətdə) / I, me; oneself, self 저는 잘 모르겠습니다, 선생님. Mən yaxşı bilmirəm, müəllim.
저 əv. o / that, the, that one 저것 o şey
저격하다(狙擊--) f. sui-qəsd etmək / snipe at, shoot at
저고리 i. Koreya milli geyimi (qollu, gödəkçə) / a Korean jacket
저금(貯金) i. depozit, əmanət / a deposit, savings 저금하다 f. banka pul qoymaq, əmanət qoymaq
저기 i., z. orada / that place, over there
저기압(低氣壓) i. aşağı atmosfer təzyiqi / a low (atmospheric) pressure ↔ 고기압(高氣壓) yüksək atmosfer təzyiqi
저녁 i. axşam / evening
저당(抵當) i. girov qoyma / mortgage; give a thing as security 집을 저당 잡히다 evi girov qoymaq
저런 təy.söz. onun kimi, o cür, ona bənzər, elə / such, so, like that
저렇게 i. belə; bunun kimi, bu cür, buna bənzər / like that
저렇다 s. belə; elə / like that, that way
저리 z. oraya; o istiqamətə, o tərəfə / to that place, so, like that

저리다 f. keyləşmək, uyuşmaq / become numb
저만큼 z. bu qədər, o qədər / so, so much
저만하다 s. bu boyda, bu ölçüdə; bu miqdarda / be as big as that; be that much
저물다 f. (hava) qaralmaq, qaranlıqlaşmaq / grow dark
저버리다 f. atıb getmək, tərk etmək / forsake, desert, discard
저서(著書) i. kitab, əsər / a book, a work
저속도(低速度) i. aşağı sürət / a low speed [=저속(低速)]
저속하다(低俗--) s. vulqar, şit, əxlaqsız, ədəbsiz / vulgar, base 저속한 영화 ədəbsiz film, pozğun kino
저수지(貯水地) i. su anbarı, dəryaça / a storing reservoir
저술(著述) i. kitab; yazılmış əsər, əlyazması; kitab yazma / a book; writing of books 저술하다 f. kitab yazmaq
저승 i. o dünya, axirət dünyası / the other world, the world of dead
저울 i. tərəzi, mizan-tərəzi / scales, a balance
저울질하다 f. tərəzidə çəkmək / weigh, scale [=달다]
저자(著者) i. müəllif; yazıçı / an author, a writer
저작하다(著作--) f. kitab yazmaq / write (a book)
저작권(著作權) i. müəlliflik hüququ / copyright
저장소(貯臧所) i. anbar / a storage room, a store house
저장하다(貯臧--) f. anbara yığmaq; ehtiyat görmək, tədarük etmək / store
저절로 z. öz-özünə / of itself 저절로 불이 났다. Yanğın öz-özünə baş verib.
저쪽 i. o tərəf, bu tərəf / that side
저주(咀呪) i. lənət / a curse, imprecation 저주하다 f. lənətləmək, lənət oxumaq 저주받다 f. lənətlənmək
저지하다(沮止--) f. dayandırmaq, mane olmaq, əngəl törətmək, qarşısını almaq / hinder, obstruct, deter, hold back 경찰들이 집회를 저지했다. Polis mitinqi dayandırdı.
저지르다 f. korlamaq, (səhv, xəta) etmək; (günah) işlətmək / spoil, commit (a fault, an error), make (a mistake), do (a bad act) 죄를 저지르다 cinayət etmək, günah işlətmək
저질(低質) i. aşağı keyfiyyət / low quailty 저질의 s. aşağı keyfiyyətli, keyfiyyətsiz
저촉하다(抵觸--) f. pozmaq, əksinə çıxmaq, qarşı olmaq, zidd olmaq / conflict with 법에 저촉되다 f. qanunu pozmaq, qanuna zidd hərəkət etmək

저축(貯蓄) i. pul qoyma (banka), əmanət qoyma, depozit / savings, laying up 저축하다 f. banka pul qoymaq, əmanət qoymaq [=저금(貯金)]

저하하다(低下--) f. tənəzzül etmək, aşağı düşmək, pisləşmək (keyfiyyət, dəyər) / fall, drop, lower 올해 면화 생산이 저하되었다. Bu il pambıq istehsalının səviyyəsi aşağı düşüb.

저항(抵抗) i. müqavimət / resistance 저항하다 f. müqavimət göstərmək, qarşı çıxmaq

저항력(抵抗力) i. müqavimət gücü / power of resistance, resistivity

저항운동(抵抗運動) i. müqavimət hərəkatı / the resistance

저해하다(沮害 --) f. ziyan vurmaq, zərər vurmaq; əngəl olmaq, maneçilik törətmək / check, impede

저희(들) əv. biz (böyüklərə müraciətdə); bizi / we; us

적 i. cümlədə zaman, vaxt, çağ, dövr bildirən söz / the time(when) 옛날 옛 적에 qədim zamanlarda 어릴 적에 uşaqlıq çağında -한 적이 없다 heç zaman baş verməmək, elə bir təcrübəsi olmamaq

적(敵) i. düşmən / an enemy, a foe

적개심(敵愾心) i. düşmənçilik; kin / a hostile feeling, enmity; hostility

적격하다(適格--) s. tam uyğun, müvafiq / proper, properly qualified 적격자 müvafiq adam

적국(敵國) i. düşmən ölkə / a hostile country; the enemy

적극성(積極性) i. fəallıq / positiveness, enterpring spirit, active

적극적(積極的) s. fəal, könüllü / active, positive, progressive ↔ 소극적 (消極的) qeyri fəal, passiv 적극적으로 z. fəal surətdə

적다 f. yazmaq; qeyd aparmaq / record, write down; note down

적다 s. az / few, a small number of

적당하다(適當--) s. uyğun, müvafiq; yarayan, uyğun gələn / fit, suitable, proper, adequate 적당히 z. uyğun şəkildə, müvafiq şəkildə

적대하다(敵對--) f. həddən artıq pis qarşılamaq / be hostile to

적대시하다(敵對視--) f. düşmənçilik etmək, düşmən kimi baxmaq / look upon as a enemy

적도(赤道) i. ekvator / the equator

적립하다(積立--) f. pul yığmaq, pul toplamaq / lay by, reserve, save up, accumulate

적발하다(摘發--) f. üzə çıxartmaq, aşkar etmək, üstünü açmaq; yaxalamaq, tutmaq / expose, disclose 부정 사건을 적발하다 qalmaqalın üstünü açmaq

적색(赤色) i. qırmızı rəng / a red color; red
적성(適性) i. meyl, maraq / aptitude 적성 검사 qabiliyyət imtahanı 적성과 능력 meyl və qabiliyyət
적시다 f. islatmaq / wet, moisten, make wet
적십자사(赤十字社) i. Qırmızı Xaç cəmiyyəti / the Red Cross
적어도 z. ən azı, heç olmazsa / at least
적외선(赤外線) i. infraqırmızı şüalar / infrared rays
적용(適用) i. tətbiq etmə / application 적용하다 f. tətbiq etmək
적응하다 f. uyğunlaşmaq, alışmaq, öyrəşmək / adapt 적응시키다 f. uyğunlaşdırmaq, alışdırmaq; öyrətmək
적의(敵意) [=적개심(敵愾心)]
적임(適任) i. vəzifəyə yararlı, vəzifəyə uyğun / fitness, suitability
적임자(適任者) i. vəzifə üçün yararlı, uyğun gələn, müvafiq adam / a person fit for the post (place)
적자(赤字) i. büdcə kəsiri / a deficit, red figures, a loss
적절하다 s. uyğun, müvafiq, yerində / appropriate, fit, adequate, pertinent
적정하다(適正--) s. uyğun, müvafiq; ədalətli / proper; right, just 적정 가격 müvafiq qiymətlər, optimal qiymətlər 적정 수준 müvafiq səviyyə
적중하다 f. hədəfə düşmək / hit the mark
적합하다 s. uyğun, müvafiq / proper, fit, suitable
적히다 f. yazılmaq, qeyd olunmaq / be written
전(前-) təy.söz. əvvəl, öncə, qabaq, əvvəlki, öncəki, qabaqkı; keçmiş; qabaqda / former, exprevious; retired; the front 역전 앞에서 dəmir yolu vağzalının qabağında 전 페이지 əvvəlki səhifə
전(全-) təy.söz. bütün / whole 전국에 bütün ölkədə
전(前) i. əvvəl, öncə; əvvəlki / before, prior to, to; before, ago, previous 가기 전에 getməzdən qabaq
-전(殿) i. məbəd; saray, qəsr / a temple, a palace, a shrine 불전 buddist məbədi
-전(戰) i. döyüş, vuruşma, hərb, müharibə; yarış / warfare, a war, a battle; a match, a game 시가전 küçə döyüşü 육박전 əlbəyaxa döyüş
-전(傳) i. salnamə, həyatı (tərcümeyi-hal) / life; a biography 위인전 salnamə, dahi adamların həyatı (kitab)

전개(展開) i. (hadisələrin) gedişi, axarı, gedişat / unfolding, development 전개하다 f. hadisənin gedişatını açmaq 이 사건은 앞으로 어떻게 전개될까? Bu hadisənin gedişatı necə olacaq?

전경(全景) i. mənzərə, görünüş / an overall view, a bird's eye view, a panorama of

전공(專攻) i. əsas sahə; əsas tədqiqat sahəsi / major study (rearch)

전과(前科) i. keçmiş cinayət; cinayət üzrə sənəd / a privious conviction; a criminal record

전과자(前科者) i. keçmiş cinayətkar / an ex-convict, a former convict

전구(電球) i. eletrik lampası / an electric bulb, an electic lamp

전국(全國) i. bütün ölkə / the whole land (country), the whole of a country

전국적(全國的) s. ümumxalq; bütün ölkə / national, nationwide, countrywide 전국적으로 z. bütün ölkədə 전국적으로 유명한 사람 bütün xalq tərəfindən tanınmış şəxsiyyət

전근하다(轉勤--) f. başqa işə keçirilmək / get transferred to (another office)

전기(電氣) i. elektrik / electricity

전기(傳記) i. tərcümeyi-hal, bioqrafiya / a biography

전기(轉機) i. dönüş nöqtəsi / a turning point

전기료(電氣料) i. elektrik enerjisindən istifadə haqqı, xərci, pulu / electric charges (rates)

전기제품(電氣製品) i. elektrik avadanlığı / an electric appliance

전년(前年) i. keçən illər; keçən il, ötən il / former years; the previous year, last year

전달하다(傳達--) f. aparıb çatdırmaq / deliver, transmit, convey

전당대회(全黨大會) i. partiya konqresi, qurultayı / a party convention

전당포(典當鋪) i. lombard / a pawn shop

전도(傳道) i. təbliğat, təşviqat / gospel preaching, evangelism 전도하다 f. təbliğat aparmaq, təbliğ etmək, təşviqat aparmaq

전동기(電動機) i. elektrik mühərriki / an electric motor

전락하다(轉落--) f. aşağı səviyyəyə düşmək (məcazi mənada) / downfall; fall low, be de raded 그 부자는 갑자기 거지로 전락하였다. O varlı adam birdən-birə dilənçi vəziyyətinə düşdü.

전람회(展覽會) i. sərgi / an exhibition

전략(戰略) i. strateji / strategy

전략가(戰略家) i. strateq, sərkərdə / a strategist

전력(電力) i. eletrik gücü / eletric power
전력(全力) i. var qüvvə, bütün güc / all one's power 전력으로 bütün gücü ilə, var qüvvəsi ilə
전념하다(專念--) f. bütün diqqətini cəmləşdirmək, var gücü ilə məşğul olmaq / concentrate one's mind
전례(前例) i. keçmiş nümunə, əvvəlki nümunə / a precedent, a former example
전류(電流) i. cərəyan, elektrik cərəyanı / an electric current
전리품(戰利品) i. qənimət / booty
전망(展望) i. mənzərə, görünüş; perspektiv / a view; a prospect 전망하다 f. gələcəyi görmək
전매(專賣) i. inhisar / monopoly
전무이사(專務理事) i. icraçı direktor / an executive director, a managing director
전문(專門) i. ixtisas / a speciality, a special subject of study
전문(全文) i. bütöv cümlə, tam mətn / a whole sentence, a whole statement, the full text
전문(電文) i. teleqram / a telegraphic message; teleqram
전문가(專門家) i. mütəxəssis, ekspert / a specialist, an expert
전문용어(專門用語) i. texniki termin / a technical term, technical terminology
전문적(專門的) i. texniki; xüsusi / special, expert, technical
전반적(全般的) s. ümumi / general, overall
전방(前方) i. ön, ön tərəf, qarşı tərəf, qabaq tərəf; ön cəbhə / the front ↔ 후방(後方) arxa cəbhə
전번(前番) i. keçən dəfə; axırıncı dəfə / the last time
전범(戰犯) i.müharibə canisi, hərbi cani / a war criminal
전보(電報) i. teleqram / a telegram
전복하다(顚覆--) f. devirmək; çevirmək / overturn, overthrow 정부의 전복을 꾀하다 hakimiyyəti devirmək 열차가 전복되다 qatar çevrildi
전부(全部) i., z. hamısı, bütün / all, the whole
전사하다(戰死--) f. müharibədə həlak olmaq; şəhid olmaq / die in battle
전선(電線) i. elektrik kabeli, məftili, xətti; elektrik naqili / an electric wire, an electric cord

전선(戰線) i. döyüş xətti / the war front, the battle line
전설(傳說) i. əfsanə / a legend
전성(全盛) i. inkişafın ən yüksək nöqtəsi / the hei ht of prosperity 전성시대 çiçəklənmə dövrü
전세(傳貰) i. kirayə, icarə / the lease (of house) on a deposit basis
전송(電送) i. elektrik ötürücüsü / electrical transmission
전송(電送) i. yola salma, ötürmə / seeing off 전송하다 f. yola salmaq, ötürmək
전술(戰術) i. (müharibə, yarış) taktika / tactics, the art of war
전시(展示) i. nümayiş etdirmə, sərgiyə qoyma / exhibition, display 전시하다 f. sərgiyə qoymaq, nümayiş etdirmək
전시(戰時) i. müharibə vaxtı, dövrü / wartime
전시상태 (戰時狀態) i. müharibə vəziyyəti, hərbi vəziyyət / a state of war
전시회(展示會) i. sərgi / an exhibition, a show
전신(全身) i. bütün bədən / the whole body
전신(電信) i. teleqraf / telegraph, a telegram
전심전력하다(全心全力--) f. özünü həsr etmək, bütün gücünü sərf etmək / devote oneself to
전압(電壓) i. gərginlik (elektrik) / voltage
전액(全額) i. yekun miqdar, yekun məbləğ / the sum total, the total amount
전역하다(轉役--) f. tərxis olunmaq / be discharged from military service
전염(傳染) i. yoluxma / contagion, infection 전염하다 f. yoluxmaq
전염병(傳染病) i. yoluxucu xəstəlik / a contagious (infectious) disease
전용(專用) i. xüsusi istifadə etmə / exclusive use, private use 전용차 xüsusi maşın
전원(全員) i. bütün heyət, bütün üzvlər / all the members, the entire staff
전자(電子) i. elektron / an electron 전자, 전자의 s. elektron 전자 제품 상가 elektrik avadanlıqları satış mərkəzi
전자계산기(電子計算機) i. elektron hesablayıcı maşın, kalkulyator / an eletronic calculator
전쟁(戰爭) i. müharibə / war, a campaign, warfare 전쟁하다 f. müharibə etmək
전쟁터(戰爭-) i. döyüş meydanı / a battlefield
전적(全的) s. bütöv, tam, bütün / whole, total, complete 전적으로 z. tamamilə

전전긍긍하다 f. həyacan keçirmək, narahatçılıq keçirmək (çıxış yolu tapmaq üçün); qorxu hissi keçirmək / be filled with trepidation; be trembling with fear

전전하다 f. veyllənmək, avara gəzmək, avaralanmaq / wander from place to place

전제(前提) i. ilk şərt / a premise 성공의 전제조건 müvəffəqiyyətin ilk şərti

전제(專制) i. istibdad; zülmkarlıq, qəddarlıq, müstəbidlik / absolutism, despotism, autocracy 전제 군주 mütləq monarx 전제주의 mütləqiyyət

전지(電池) i. batareya / an electric cell, a cell battery

전지전능하다(全知全能--) s. hər şeyi bilən və hər şeyə qadir / omniscient and omnipotent

전직(前職) i. əvvəlki vəzifə / the office held previously 전직 장관 keçmiş nazir, əvvəlki nazir, sabiq nazir

전직(轉職) i. işi dəyişdirmə, başqa işə keçmə / change of post, change of occupation

전진하다(前進--) f. irəliləmək, qabağa getmək / advance

전차(電車) i. tramvay / a train run by electricty, a streetcar, a tram

전차(戰車) i. tank / a tank

전철(電鐵) i. elektrik dəmir yolu; metro / electric railway; subway

전체(全體) i. bütün, bütöv, tam / the whole

전축(電蓄) i. qramofon, patefon / an electric gramophone, a phonograph

전치사(前置詞) i. sözönü, ön şəkilçi / a preposition

전통(傳統) i. ənənə, adət-ənənə / tradition 전통적 s. ənənəvi

전투(戰鬪) i. döyüş, vuruşma / a battle, a combat 전투하다 f. döyüşmək, vuruşmaq

전투기(戰鬪機) i. qırıcı təyyarə / a fighter, a fighter aircraft

전투력(戰鬪力) i. döyüş qabiliyyəti, döyüş gücü / fighting strength

전투적(戰鬪的) s. döyüşkən, cəngavər, mübariz / militant, combatant

전파(電波) i. radio dalğası / a radio wave

전폭적(全幅的) s. tamamilə, tam, bütün / all, every, full 전폭적으로 신뢰하다 bir kəsə tam etibar etmək, arxayın olmaq

전표(傳票) i. çek; bilet / a chit, a slip, a ticket

전하다(傳--) f. çatdırmaq, təqdim etmək; bildirmək, demək / convey, deliver, transmit, tell

전학(轉學) i. məktəbi dəyişmə, başqa məktəbə keçmə / change of schools
　전학하다 f. başqa məktəbə keçmək, məktəbi dəyişdirmək
전해듣다(傳---) f. başqasından eşitmək, özgəsindən eşitmək, başqasından öyrənmək / hear (learn) from others
전해지다(傳--) f. çatdırılmaq, ötürülmək; yayılmaq; bildirilmək / hand down, be transmitted; be conveyed, spread
전혀(全-) i. heç / wholly, (not) at all, never 그는 전혀 모른다. O, heç bilmir.
전형적(典型的) s. tipik, əsl / typical 그는 전형적인 한국사람이다. O, tipik koreyalıdır. 야굽 선생님은 전형적인 학자다. Yaqub müəllim əsl ziyalıdır.
전화(電話) i. telefon / telephone 전화하다 f. zəng etmək
전화국(電話局) i. telefon stansiyası / a telephone office
전화기(電話機) i. telefon, telefon aparatı / a telephone (set), a phone
전화료(電話料) i. telefon pulu, xərci / telephone charges
전화위복(轉禍爲福) i. bədbəxtliyin xoşbəxtliyə çevirilməsi / a misfortune turning into a blessing
전환(轉換) i. dəyişmə; konversiya / conversion, switchover, turnover 기분을 전환하다 f. əhvalını dəyişmək
전후(前後) i. ön və arxa, qabaq və dal; əvvəl və sonra / before and behind; the front və the rear
전후(戰後) i. müharibədən sonrakı günlər / postwar days
절 i. Budda məbədi / a Buddhist temple
절 i. təzim etmə, baş əymə / a bow 절하다 f. təzim etmək, baş əymək
절(節) i. paraqraf; maddə, bənd / a paragraph, a passage; a clause
-절(節) i. bayram günü / a festival day, a national holiday 명절 bayram 성탄절 Milad bayramı 제헌절 Konstitusiya günü
절감하다(切感--) f. dərindən hiss etmək, dərindən duymaq / feel deeply (strongly)
절감하다(節減--) f. azaltmaq, aşağı salmaq; qənaət etmək / reduce, curtail, cut down; economy
절개(節槪) i. sadiqlik, doğruluq, sədaqət / integrity, honor; fidelity 절개를 지키다 f. öz işinə sadiq qalmaq
절경(絶景) i. əla mənzərə, çox gözəl mənzərə / a wonderful view
절규(絶叫) i. fəryad / screaming, a scream 절규하다 f. fəryad qoparmaq
절다 f. duza qoyulmaq; duzlanmaq / get salted, be seasoned with salt

절다 f. axsamaq / limp
절단하다(切斷--) f. kəsmək / cut, cut off
절대(絶對) s., i. mütləq; qəti, sözsüz, danışıqsız / absoluteness 절대적 s. mütləq 그것은 절대로 불가능하다 Bu, qətiyyən mümkün deyil.
절대로(絶對-) z. qətiyyən, əsla / absolutely
절름발이 i. topal, çolaq, şikəst, əlil / a lame person, a cripple
절망(絶望) i. ümidsizlik / hopelessness, despair 절망하다 f. ümidsizliyə qapılmaq 절망적 s. ümidsiz
절묘(絶妙) i. nəfislik, gözəllik, zəriflik, qeyri adilik, misilsizlik / exquisiteness, superbness 절묘한 솜씨 misli görünməmiş ustalıq 절묘한 예술품 qeyri adi sənət əsəri
절박하다(切迫--) f. çox gərgin vəziyyət almaq, çox çıxılmaz vəziyyətə düşmək / draw near, press; be imminent, be urgent 상황이 매우 절박하다. Vəziyyət çox gərgindir.
절반(折半) i. yarım / a half
절벽(絶壁) i. sıldırım, yarğan, uçurum / a cliff
절실하다(切實--) s. çox vacib, çox təcili, təxirəsalınmaz / urgent, acute, keen
절약(節約) i. qənaət / saving, husbandry 절약하다 f. qənaət etmək
절이다 f. duza qoymaq / pickle
절정(絶頂) i. zirvə; ən yüksək nöqtə / the summit, the peak; a climax 인기의 절정에 있다 Şöhrətin ən yüksək zirvəsinə çatmaq
절제하다(節制--) f. özünü idarə etmək, özünü saxlamaq, özünü ələ ala bilmə / be moderate (temperate) in, restrain
절차(節次) i. rəsmi qayda; prosedura, işin gedişi / procedure, program, formalities 절차에 따라서 proqrama əsasən
절찬(絶讚) i. tərifləmə, çox alqışlama / extolment 절찬하다 f. tərifləmək, çox alqışlamaq
절충(折衷) i. qarşılıqlı güzəşt, razılığa gəlmə, kompromis / compromise 절충하다 f. qarşılıqlı güzəştə getmək, razılığa gəlmək, kompromisə getmək
절친하다(切親--) s. çox yaxın / intimate, close
절호의(絶好-) s. çox yaxşı, çox gözəl, çox əlverişli (fürsət, imkan və s.) / best, capital, golden 절호의 찬스를 놓치다 çox yaxşı imkanı əldən vermək, fürsəti qaçırmaq
젊다 s. gənc, cavan / young

젊어지다 f. cavanlaşmaq, gəncləşmək / grow younger
젊은이 i. gənc, cavan / a youth, a young person
젊음 i. gənclik, cavanlıq / youth
점(占) i. fala baxma, fal açma / fortune-telling, divination 점을 보다, 점을 치다 f. fala baxmaq, fal açmaq
점(點) i. ləkə; xal; cəhət; nöqtə; bal (qiymət) / a spot, a dot, a speck; a mole; standpoint; point; marks, score.
점검하다(點檢--) f. yoxlamaq, sınaqdan çıxarmaq / inspect, examine
점령(占領) i. işğal, zəbt etmə / occupation 점령하다 f. işğal etmək, zəbt etmək, tutmaq
점수(點數) i. qiymət; bal, xal / marks, grades
점심(點心) i. nahar / lunch
점잖다 s. tərbiyəli, mərifətli, qanacaqlı, nəzakətli / dignified, decent, gentle
점쟁이(占--) i. falçı / a fortune-teller
점점(漸漸) z. tədricən, getdikcə / gradually, increasingly
점차(漸次) [=점점(漸漸)]
점토(粘土) i. gil / clay, plasticine
점포(店鋪) i. dükan, mağaza / a shop [=가게]
점화하다(點火--) f. yandırmaq, alışdırmaq (məşəli, peçi, partlayıcı maddəni) / ignite, light
접근하다(接近--) f. yaxınlaşmaq / approach
접다 f. bükmək, qatlamaq / fold
접대하다(接待--) f. qəbul etmək / receive a guest; entertain
접대부(接待婦) i. barda işləyən qadın / a barmaid, waitress
접두사(接頭辭) i. (Qram.) prefiks, ön səkilçi / a prefix
접목하다(接木--) f. calamaq, peyvənd etmək (ağac və s.) / graft
접미사(接尾辭) i. (Qram.) şəkilçi / a suffix
접붙이다 [=접목하다(接木--)]
접사(接辭) i. (Qram.) affiks, şəkilçi / a affix
접선하다(接線--) f. məxfi əlaqə yaratmaq, gizli əlaqəyə girmək, məxfi təmasa keçmək / make contact with.
접속사(接續詞) i. (Qram.) bağlayıcı / a conjunction
접수(接受) i. qəbul (sənədlər) / acceptance, receipt 접수하다 f. sənədi qəbul etmək

접시 i. boşqab, qab-qacaq / a plate, a dish
접종하다(接種--) f. peyvənd etmək / inoculate
접착제(接着制) i. yapışqan / glue, gum, paste
접착하다(接着--) f. yapışdırmaq / stick to
접촉(接觸) i. əlaqə, təmas / contact; touch 접촉하다 f. əlaqə saxlamaq, təmasa girmək
접히다 f. bükülmək, qatlanmaq / be folded
젓가락 i. çubuq / a pair of chopsticks
젓다 f. avar çəkmək; qarışdırmaq, bulamaq / row; stir up 노를 젓다 f. avar çəkmək
정(情) i. sevgi, məhəbbət, eşq; rəğbət / love, affection; compassion, sympathy
정(正-) i. doğru, düzgün, əsl; tam / just, right, exactly 정각에 lap vaxtında
- 정(亭) i. köşk / a pavilion, an arbour [=정자]
정가(定價) i. sabit qiymət / a fixed price
정거장(停車場) i. vağzal, stansiya / a station
정결하다(淨潔--) s. saf, təmiz, pak / pure
정계(政界) i. siyasi dairələr / the political world, political circles
정권(政權) i. hakimiyyət, rejim / political power, regime
정규(正規) s., i. rəsmi; növbəti, dövri / formal; regular 정규 과목 rəsmi fənlər
정기(定期) i.s. müəyyən dövr; dövri, növbəti / a fixed period;periodical, regular 정기 간행물 dövri mətbuat 정기 검사 növbəti yoxlama 정기 총회 növbəti ümumi yığıncaq
정기승차권(定期乘車券) i. müddətli bilet; nəqliyyat bileti / pass, a season ticket, commuter's ticket
정기예금(定期預金) i. müddətli əmanət, müddətli pul qoyma / a time deposit, a fixed deposit
정년(停年) i. təqaüd yaşı, pensiya yaşı / retirement age; the age limit 정년퇴임 yaşa görə istefa
정답다(情--) s. sevimli, mehriban, çox yaxın / affectionate, loving, intimate, friendly
정당하다(正當 --) s. ədalətli, adil / just, right, fair
정당(政黨) i. siyasi partiya / a political party

정떨어지다(情--) f. zəhləsi tökülmək, diksinmək (məcazi mənada), iyrənmək / be disgusted with **정떨어지게하다** f. zəhləsini tökmək, iyrəndirmək

정도(程度) i. dərəcə, səviyyə / degree, extent, grade, level

정돈하다(停頓--) f. səliqəyə salmaq, qaydasına salmaq / put in order, arrange properly, put to rights

정들다(情--) f. bağlanmaq, öyrəşmək (intim cəhətdən) / become familiar with, get intimate with; get used to

정력(精力) i. möhkəmlik, enerji, güc, qüvvət / energy, vigor, stamina

정렬하다(整列--) f. növbədə dayanmaq, durmaq / stand in row, form in line, line up

정류장(停留場) i. dayanacaq, stansiya / a stopping place, a stop, a stand

정리(整理) i. hazırlıq, qaydaya salma; tənzimləmə; (əlaqə) kəsmə / arrangement, adjustment; re ulation; curtailment **정리하다** f. hazırlamaq, qaydaya salmaq; tənzim etmək; əlaqəni kəsmək

정말(正-) i., ü. həqiqət, gerçəklik, doğru söz / the truth, the fact; indeed!

정말로 z. gerçəkdən, həqiqətən

정맥(靜脈) i. vena damarı / a vein ↔ **동맥**(動脈) arteriya

정면(正面) i. üz tərəf / the front, the front part

정무(政務) i. dövlət işləri / affairs of state, government business

정문(正門) i. əsas giriş, əsas qapı / the front gate, the main entrance

정물화(靜物畵) i. natürmort, yağlı boya (cansız şeylər) / a picture of still life, a still life

정밀(精密) i. dəqiqlik; təfsilat / minuteness, precision, minute, close, precise **정밀하다** s. dəqiq, hərtərəfli; təfsilatlı 정밀한 지도 ümumi xəritə 정밀검사 hərtərəfli yoxlama

정박하다(碇泊--) f. lövbər salmaq / anchor, come to anchor, stop to

정반대(正反對) i. tam müxalifət, tam əksi / the exact opposite, the exact reverse

정벌하다(征伐--) f. zəbt etmək; fəth etmək / conquer; subjugate

정보(情報) i. məlumat, xəbər / intelligence, information, a report. a tip-off, a tip

정복 i. işğal / conquest, subjugation **정복하다** f. işğal etmək

정복자(征服者) i. işğalçı, fateh / a conqueror

정부(政府) i. hökumət / the government, the administration. müq.
    [=국가(國家)] dövlət

정부(情婦) i. məşuqə / a paramour, one's girl, a sweetie
정비(整備) i. xidmət göstərmə, servis, təmir (maşın və s.) / servicing 정비하다 f. xidmət göstərmək
정사(政事) [=정무(政務)]
정사(情死) i. eşqdən intihar etmə / a love suicide, a suicide of lovers 정사하다 f. eşqdən intihar etmək
정산(精算) i. dəqiq hesablama / exact calculation, settlement of accounts 정산하다 f. dəqiq hesablamaq
정상(正常) i., s. normal / normal, normality 정상적(--的) s. normal
정상(頂上) i. zirvə / the top, the summit, the peak
정상화(正常化) i. nizama salma, normallaşdırma / normalization 정상화하다 f. (vəziyyəti) nizama salmaq, qaydasına qoymaq
정상회담(頂上會談) i. zirvə toplantısı / a summit conference (meeting)
정색하다(正色--) f. ciddi görkəm almaq; ciddilik nümayiş etdirmək / maintain a serious countenance; show one's sincerity
정서(情緒) i. hiss, duyğu, emosiya; əhval-ruhiyyə / emotion, feeling 정서적으로 z. əhval-ruhiyyə cəhətdən 정서적 문제 emosional məsələ 정서가 넘쳐 흐르다 f. xoş əhval-ruhiyyədə olmaq
정서법(正書法) i. orfoqrafiya / orthography
정석(定石) i. üsul, gediş (şahmatda); formul(a) / a set move; a formula, an established form 정석대로 üsuluna görə
정선하다(精選--) f. ehtiyatla seçmək, diqqətlə seçmək / select carefully, pick up carefully
정성(精誠) i. səmimiyyət, açıqürəklilik / sincerity, one's true heart 정성스럽다 s. ürəkdən, səmimi 정성껏 səmimi-qəlbdən
정세(情勢) i. işlərin gedişi, vəziyyəti; şərait, vəziyyət / the state of things (affairs), the situation, the circumstance
정수(淨水) i. təmiz su, pak su / clean water
정수기(淨水器) i. su süzgəci / water purifier
정숙하다(貞淑--) s. namuslu, ismətli, abırlı-həyalı / chaste, modest 정숙한 여인 ismətli qadın
정숙하다(靜肅--) s. sakit, səssiz, dinməz, kirimiş / silent, still, quiet 정숙하게 z. sakit tərzdə, ağlı başında
정식(正式) i., s. rəsmi, rəsmi forma / proper, formal 정식으로 z. rəsmən, rəsmi olaraq, rəsmi tərzdə

정신(精神) i. ruh, can, qəlb / mind, spirit, soul 정신적 s. zehni; ruhi 정신력 zehni qabiliyyət 정신 상태 əqli vəziyyət 정신분열증 şizofreniya

정신병(精神病) i. ruhi xəstəlik, dəlilik / a mental disease, a psychosis, psychopathy

정신병원(精神病阮) i. ruhi xəstəxana / a mental hospital, a mental home

정신차리다(精神---) f. ağlı başına gəlmək, özünə gəlmək / recover one's senses; come to oneself

정열(情熱) i. ruh yüksəkliyi, həvəs; ehtiras, şövq / passion, enthusiasm 정열적 s. həvəsli, ehtiraslı 정열적으로 yüksək ruhla, coşqunluqla

정오(正午) i. günorta, günorta vaxtı, günün yarısı (saat 12) / noon, high noon, noontime

정욕(情欲) i. şəhvət; ehtiras / passions, sexual desire

정원(庭園) i. bağ, bağça, süni bağça / a garden

정원(定員) i. say tutumu; yetərsay / a fixed number of persons, the number limit; a quorum 버스 정원 avtobusun say tutumu 영화관 500 명인 영화관 500 nəfərlik kinoteatr 정원 초과 say tutumundan artıq

정의(正義) i. ədalət, haqq; düzgünlük, doğruluq / justice; right

정의(定義) i. tərif, definisiya / a definition 정의하다 f. tərif vermək

정장하다(正裝--) f. rəsmi geyinmək, abırlı geyinmək; forma geyinmək / dress up; be in full uniforms

정전(停電) i. işığın kəsilməsi / power failure, power cut 정전되다 f. işıq kəsilmək

정정하다(訂正--) f. səhvi düzəltmək, təshih etmək; redaktə etmək / correct; rectify

정조(貞操) i. ismət, namus, şərəf / chastity, feminine virtue, female honor [=정절]

정족수(定足數) i. yetərsay / a quorum

정중하다(鄭重--) s. nəzakətli, kübar, əsilzadə, nəcabətli / polite, courteous

정지하다(停止--) f. dayanmaq, durmaq, ayaq saxlamaq / stop, suspend 정지시키다 f. dayandırmaq

정직(正直) i. doğruluq, düzlük / honesty, uprightness 정직하다 s. doğru, düz

정차하다(停車--) f. dayanmaq (maşın) / stop, make a stop

정착(定着) i. məskunlaşma, məskən salma, yurd salma / settlement 정착하다 f. məskən salmaq

정찰(偵察) i. patrul / scouting, patrol 정찰하다 f. patrulluq etmək
정책(政策) i. siyasət; siyasi tədbir / policy 경제정책 iqtisadi siyasət 정책상의 문제 siyasi məsələ 정책을 세우다 f. siyasət formalaşdırmaq
정체(正體) i. iç üzü, mahiyyət, əsl sifət / real form, one's natural shape, one's true character 정체를 숨기다 f. iç üzünü gizlətmək, pərdələnmək
정체(停滯) i. durğunluq / stagnation 정체하다 f. durğun olmaq
정치(政治) i. siyasət / politics; goverment 정치하다 f. siyasət yeritmək 정치, 정치적 s. siyasi
정치가(政治家) i. siyasətçi; dövlət xadimi / a politician, a statesman
정하다(定--) f. qərara gəlmək, qərar qəbul etmək; seçmək / decide (on), fix (up); choose
정해지다(定---) f. qərara alınmaq; seçilmək / be decided, be settled, be fixed
정화(淨化) i. təmizləmə, saflaşdırma, durultma / purification; a clean up 정화하다 f. təmizləmək, saflaşdırmaq, durultmaq
정확하다(正確--) s. dəqiq, düzgün / accurate, precise; exact 정확한 시간에 lap vaxtında 정확한 정보 düzgün məlumat
젖 i. süd; döş, məmə; yelin / milk; the breasts 엄마 젖 ananın döşü 소젖 inəyin yelini
젖가슴 i. döş, məmə / the bosom, the breast
젖꼭지 i. məmə, döş giləsi; əmcək / a nipple
젖다 f. islanmaq / get wet, wet, moisten
젖떼다 f. döşdən kəsmək, süddən kəsmək / wean
젖먹이 i. südəmər körpə / a nursing baby, a sucker
젖소 i. sağmal inək, inək / a milch (dairy) cow
젖히다 f. geri əymək, gərnəşmək; (iş) qırağa qoymaq, kənara qoymaq, yarımçıq qoymaq / bend back; put aside (one's work) 허리를 젖히다 f. gərnəşmək 하던 일을 젖히고 집에 갔다. Gördüyüm işi kənara qoyub evə getdim. [=잦히다]
제 əv. mən; özüm (böyüklərə qarşı müraciətdə) / I; self, oneself
제 əv. mənim, özümün; özü / one's own; my, my own; oneself 제 생각으로는 mənim fikrimcə
제(弟) i. kiçik qardaş / a youn er brother

제(諸) i. müxtəlif, cürbəcür; çox; bütün / various, many; all 제 비용 bütün xərclər

제(題) [=제목(題目)]

제(第) – ön.şək. -ıncı, -inci, -uncu, -üncü (sıra sayı bildirən şəkilçi) / -th 제 2 조 (第 2 條) maddə 2, 제일 birinci, 제이 ikinci

-제(制) i. sistem; quruluş, struktur / a system; institution [=제도(制度)] 의회중심제 parlament strukturu

-제(祭) i. mərasim / a ceremony, a festival 기념제 yubiley 축제 festival

-제(製) i. istehsal, mal / make, manufacture 아제르바이잔제 Azərbaycan istehsalı, malı

제각기(-各其) z. hər biri; tək-tək, bir-bir, ayrı-ayrı / each; separately

제거하다(除去--) f. aradan qaldırmaq, canını qurtarmaq, yaxasını qurtarmaq; təmizləmək; yox etmək / get rid of (something); clear; take off, remove 불안을 제거하다 maneəni aradan qaldırmaq 원인을 제거하다 səbəbi yox etmək 얼룩을 제거하다 ləkəni təmizləmək

제 것 i. özününkü, şəxsi / one's possession, one's belongings

제공하다(提供--) f. təqdim etmək, vermək; təchiz etmək / sponsored by, offer, make an offer

제구실 i. borc, vəzifə, funksiya / one's duty, one's function 제구실을 하다 f. borcu yerinə yetirmək

제국(帝國) i. imperiya / an empire 오스만 제국 Osmanlı İmperiyası 몽골제국 Monqol imperiyası 제국주의 imperializm 제국주의자 imperialist 반제국주의 anti-imperializm

제기하다(提起--) f. məsələ qaldırmaq, təklif etmək / institute, bring in 소송을 제기하다 məhkəmə iddiası qaldırmaq

제단(祭壇) i. qurbangah, səcdəgah, ibadətgah; mehrab / an altar

제대하다(除隊--) f. tərxis olunmaq, əskərliyi bitirmək / leave the army, be discharged from the military service

제때 i. vəd edilmiş vaxt; vaxtında / an appointed (fixed) time 제때에 z. vaxtında, vədəsində

제대로 z. lazım olduğu kimi, qaydasında, yaxşı / well, in regular order; as it is 제대로 일하다 lazım olduğu kimi işləmək

제도(制度) i. sistem; quruluş, struktur / a system, an organization; an institition

제도하다(製圖--) f. layihələşdirmək, çəkmək / draw, draft

제멋대로 z. özbaşına, öz istədiyi kimi / of one's own accord, of one's own will, as one pleases (likes)

제명하다(除名--) f. adını siyahıdan çıxarmaq / dismiss, strike (take) a person's name off 제명 처분을 받다 f. üzvlükdən çıxarılmaq

제목(題目) i. (kitab, əsər və s.) başlıq, ad, mövzu / a subject, a theme, a topic 논문 제목 əsərin mövzusu 책 제목 kitabın adı 영화제목 kinonun adı

제물(祭物) i. qurban / an offering, a sacrifice

제발 z. Allah eşqinə; lütfən, zəhmət olmazsa / the love of God; please, kindly

제법 z. olduqca, kifayət qədər / fairly, preety

제복(制服) i. rəsmi geyim, mundir / a uniform, a regulation unifrom

제본(製本) i. cildləmə, üz çəkmə / bookbinding 제본하다 f. cildləmək, üz çəkmək

제비 i. qaranquş / a swallow

제비 i. püşk / a lot, a lottery 제비뽑다 f. püşk atmaq

제사(祭祀) i. ehsan vermə; qurban kəsmə / ancestral rites, ancestral feast; sacrificial rites 제사지내다, 제사드리다 f. ehsan vermək; qurban kəsmək

제삼자(第三者) i. üçüncü şəxs, kənar şəxs, kimsə / a third person, an outsider

제시하다(提示--) f. göstərmək; təklif etmək / present, indicate; suggest

제시간(-時間) [=제때]

제안(提案) i. təklif / proposal, a suggestion, an offer 제안하다 f. təklif etmək

제약(制約) i. məhdudluq, məhdudiyyət / restriction, limitation 제약하다 f. məhdudlaşdırmaq

제언(提言) [=제의(提議)]

제왕(帝王) i. hökmdar, xaqan, imperator, sultan, şah / a sovereign, an emperor

제외하다(除外--) f. istisna etmək, müstəsnalıq etmək, xaric etmək, çıxarmaq, daxil etməmək, nəzərə almamaq / except, exclude, leave (a person, a thing) out 몇몇 예외를 제외하다 bəzi müstəsna halları istisna etmək

재외하고(除外--) z. başqa, istisna olaraq, müstəsna olaraq / except, but, with the exception of 나를 제외하고 모두 집에 돌아갔다. Məndən başqa hamı evə qayıtdı.

제의(提議) [=제안(提案)]

제일(第一) i. birinci / the first; number one 제일 먼저 그가 왔다. Ən birinci o gəldi.

제일(第一) z. ən / most, best 그는 반에서 제일 공부를 잘한다. O, sinifdə hamıdan yaxşı oxuyur.

제자(弟子) i. şagird / a disciple, a follower

제작자(製作者) i. hazırlayıcı, hazırlayan şəxs; rejissor / a maker, a producer

제작하다(製作--) f. düzəltmək, hazırlamaq, qayırmaq; çəkmək (film), istehsal etmək / make, manufacture, produce 영화를 제작하다 film çəkmək 책상을 제작하다 stolun layihəsini çəkib düzəltmək

제적(除籍) i. məktəbdən xaric olunma, qovulma / expulsion from school; removal (of a name) from the register 제적당하다 f. məktəbdən qovulmaq, xaric olunmaq

제정하다(制定--) f. qanun yaratmaq / establish (a law), enact (provisions)

제조하다(製造--) f. istehsal etmək, düzəltmək / manufacture, produce

제지하다(制止--) f. dayandırmaq, saxlamaq, qabağını almaq, çəkindirmək / keep a person from, hold back; restrain, control, check

제지(製紙) i. kağız istehsalı / paper making (manufacture) 제지공장 kağız fabriki

제철 i. ən əlverişli vaxt, uyğun mövsüm / the right season, the best season

제철(製鐵) i. polad istehsalı / iron manufacture 제철공장 polad istehsalı zavodu

제쳐놓다 f. kənara qoymaq, qırağa qoymaq, yarımçıq qoymaq / put aside

제출하다(提出--) f. təqdim etmək, vermək / present, submit

제품(製品) i. məmulat, mal, məhsul / manufactured goods, a product

제하다(除--) [=제외하다(除外--)]

제한(制限) i. məhdudluq, məhdudiyyət / restriction, limitation 제한하다 f. məhdudlaşdırmaq 제한적 s. məhdud

제휴(提携) i. əməkdaşlıq / cooperation 제휴하다 f. əməkdaşlıq etmək; birgə işləmək

조(條) i. maddə / an article, a provision 제 7 조 1 항 yeddinci maddə birinci bənd

조(組) i. qrup, dəstə / a company, a band, a group
조(調) i. melodiya, hava; səsin tonu; hal, forma / tune, a tone, a tempo; an air 장조 major ton 단조 minor ton 장난조로 zarafatla 비난조로 tənqidi şəkildə
조각 i. hissə, parça / a piece, a fragment; cloth
조각(彫刻) i. nəqş etmə, oyma; oyma işi / carving, sculpture, engraving 조각하다 f. nəqş etmək, oymaq
조각나다 f. çilik-çilik olmaq, parça-parça olmaq, parçalanmaq; yarılmaq / break into pieces; spilt, cleave 조각내다 f. parçalamaq, çilik-çilik etmək, parça-parça etmək; yarmaq 컵이 조각났다. Stəkan çilik-çilik oldu. 종이를 조각냈다. O, kağızı parça-parça etdi.
조간(朝刊) i. səhər qəzeti / the morning edition
조개 i. ilbiz / a shellfish; a clam
조개껍질 i. ilbiz çanağı, balıqqullağı / a shell, a clamshell
조건(條件) i. şərt / a condition 조건부로 şərti olaraq
조교(助敎) i. assistent, köməkçi / an assistant
조교수(助敎授) i. dosent / an assistant professor 부교수(副敎授) professor əvəzi 교수(敎授) professor
조국(祖國) i. vətən, yurd / one's homeland, motherland
조그마하다 [=자그마하다]
조금 z. az, bir az / a small quantity, a little, a few
조금도 z. heç / not at all, quite 조금도 없다. Heç yoxdur.
조금씩 z. az-az / little by little
조급하다(躁急--) s. səbirsiz, özündən tez çıxan, hövsələsiz / quick-tempered, impatient 조급히 z. səbirsizcəsinə, səbirsizliklə
조기(早期) i., s. erkən / early (stage), advanced 조기 진단 vaxtında diaqnoz qoyma
조난(遭難) i. qəza; gəmi qəzası, gəminin batması / a disaster; an shipwreck 조난하다 f. qəzaya uğramaq (dənizdə, dağda və s.)
조달하다(調達--) f. (ərzaq, pul və s.) təchiz etmək, təmin etmək / supply, provide
조롱하다 f. lağa qoymaq, ələ salmaq, istehza etmək / make a fool of, mock at, ridicule
조류(鳥類) i. qanadlılar sinfi, quşlar / birds; the feathered tribe

조류(潮流) i. axın (dənizdə); gediş; meyl, trend / a tidal current, a tide; a current; a trend 시대의 조류 dövrün gedişi

조르다 f. boğmaq; bərkitmək, sıxmaq; sızıldamaq / choke, tighten; pester for, beg for 목을 조르다 f. boğazı sıxıb boğmaq 띠를 조르다 f. kəməri bərkitmək 엄마를 졸라서 아이스크림을 사게하다 sızıldayaraq anasına dondurma aldırmaq

조립(組立) i. yığma, montaj etmə / assembling 조립하다 f. yığmaq, montaj etmək

조마조마하다 f. narahat olmaq, həyəcanlanmaq / feel uneasy, be afraid of

조만간 z. gec-tez / sooner or later

조명(照明) i. işıqlandırma / lighting, illumination 조명하다 f. işıqlandırmaq

조문하다(弔問--) f. baş sağlığı vermək 조문을 가다 yas yerinə getmək / make a call of condolence

조물주(造物主) i. Yaradıcı, Yaradan, Tanrı, Allah / the Creator of the Universe, the Maker, the God

조사(助詞) i. söz arxası şəkilçi / a postposition

조사(調査) i. yoxlama, araşdırma; istintaq aparma / investigation, survey, inquiry 조사하다 f. yoxlamaq, araşdırmaq; istintaq aparmaq

조산(早産) i. vaxtsız, vaxtından qabaq doğulma / a premature birth 조산하다 f. vaxtından qabaq doğulmaq

조상(祖上) i. əcdad, babalar / an ancestor, a forefather

조석(朝夕) i. səhər-axşam / morning and evening

조선(造船) i. gəmiqayırma / shipbuilding

조성하다(造成--) f. yaratmaq; hazırlamaq / create, prepare 사회 불안을 조성하다 sosial gərginlik yaratmaq

조세(租稅) i. vergi / taxes, rates

조수(助手) i. köməkçi / a helper 운전 조수 sürücü köməkçisi

조수(潮水) i. qabarma və çəkilmə / the tide

조숙하다(早熟--) f., s. erkən böyümək, vaxtından qabaq böyümək / grow early; premature growth

조식(朝食) i. səhər yeməyi / breakfast

조심하다(操心--) f. ehtiyatlı olmaq, diqqətli olmaq; qayğısına qalmaq / be careful, take care of

조약(條約) i. saziş, müqavilə / a treaty, a pact, an agreement 조약을 체결하다 f. müqavilə bağlamaq

조언하다(助言--) f. öyüd vermək, nəsihət vermək, məsləhət görmək / advise, give a person advice
조용하다 s. sakit, səssiz / quiet, silent, still 조용히 z. səssizcə, sakitcə, səssiz-səmirsiz, kirimişcə
조율(調律) i. kökləmə (musiqi aləti) / tuning 조율하다 f. kökləmək
조의(弔意) i. baş sağlığı / condolence 조의를 표하다 f. baş sağlığı vermək
조인하다(調印--) f. imzalamaq, imza atmaq; möhür vurmaq / set one's seal, sign
조작하다(造作--) f. quraşdırmaq; uydurmaq / make up, fabricate 조작된 말 uydurma söz
조잡하다(粗雜--) s. kobud, yaxşı işlənməmiş / coarse, rough, crude, gross 조잡한 건물 kobud bina
조절하다(調節--) f. tənzimləmək, nizamlamaq / adjust, regulate
조정하다(調整--) f. tənzimləmək, nizamlamaq, qaydaya salmaq / regulate, adjust 가격을 조정하다 qiymətləri tənzimləmək
조정하다(調停--) f. vasitəçilik etmək / mediate, arbitrate 파업을 조정하다 tətildə vasitəçilik etmək
조정(漕艇) i. avar çəkmə / rowing, boating
조종사(操縱士) i. təyyarəçi / a pilot
조종하다(操縱--) f. idarə etmək (təyyarə; başqa işləri), işlətmək / work, manage, operate, handle
조준하다(照準--) f. nişan almaq / aim at, take aim at.
조직(組織) i. quruluş, sistem, orqan; toxuma (anat.) / formation, system, organization; tissue 조직하다 f. təşkil etmək, yaratmaq, qurmaq 조직되다 f. təşkil olunmaq, yaradılmaq 조직적 s. təşkilati
조차 əd. hətta / even 너 조차 그럴줄은 몰랐다. Mən bilməzdim ki, hətta sən də bunu edə bilərsən.
조찬(朝餐) [=조반(朝飯)]
조처하다(措處--) f. tədbir görmək, ölçü götürmək / take a measure
조출하다 s. sadə və səliqəli / simple, neat and small
조카 i. qardaş oğlu, bacı oğlu / a nephew 조카딸 qardaş qızı, bacı qızı
조합(組合) i. ittifaq, birlik, cəmiyyət / an association, a society, a syndicate 노동조합 həmkarlar ittifaqı
조합하다(調合--) f. qarışdırmaq / compound, mix
조항(條項) i. maddə və bənd / articles and clauses

조화(調和) i. ahəng, uyğunluq, harmoniya / harmony, accord 조화하다 f. həmahəng olmaq, uyğun olmaq, uyğun gəlmək
족(足) i. ayaq / the foot
-족(族) i. tayfa, qəbilə, irq / a race, a tribe 튀르크족 Türk tayfası
족벌(族閥) i. sülalə / a clique, a clan, distinguished family 족벌 정치 klan hökuməti
족보(族譜) i. nəsil, soy kökü / a genealogy, a table of descent
족속(族屬) i. sülalə, tayfa / a clan
족하다(足--) s. kifayət qədər, lazımi qədər, kafi / enough, sufficient
존경하다(尊敬--) f. hörmət etmək / respect
존립(存立) i. mövcudluq / existence, subsistence 존립하다 f. mövcud olmaq
존엄(尊嚴) i. əzəmət, vüqar; ləyaqət, şərəf / dignity, majesty 존엄하다 s. əzəmətli, vüqarlı; şərəfli, ləyaqətli
존재(存在) i. mövcudluq, varlıq / existence, being 존재하다 f. mövcud olmaq, var olmaq
존중하다(尊重--) f. qədrini bilmək, hörmət etmək / respect, value
졸다 f. mürgüləmək / doze, nap, snooze
졸리다 f. yuxusu gəlmək / feel sleepy
졸병(卒兵) i. sıravi əsgər, adi əsgər / a common soldier, a private
졸업(卒業) i. bitirmə, məzun olma (institut, orta məktəb və s.) / graduation 졸업하다 f. bitirmək, qurtarmaq, məzun olmaq
졸업장(卒業狀) i. diplom / a diploma
졸지에(拙地-) z. qəflətən, birdən / suddenly, abruptly
좀 i. güvə / a moth, a clothes moth
좀 i. bir az; lütfən, zəhmət olmazsa / a little, a bit; kindly, please
좀더 z. bir az da, daha, yenə / a little more, some more 물을 좀더 주세요. Bir az da su verin.
좁다 s. dar / narrow
좁히다 f. daraltmaq / make narrow, narrow
종 i. qul, kölə, nökər / a servant; a slave
종(種) i. nəsil; çeşid, növ; dərəcə, səviyyə / a species; a sort, a kind; a class 종의 기원 nəslin mənşəyi 3 종 우편 üçüncü dərəcəli məktub
종(鐘) i. zəng, zil / a bell [=벨]
종교(宗敎) i. din / religion 종교적 s. dini 종교가 dindar adam 종교개혁 dini islahat 종교 박해 dini təqib

383

종교심(宗敎心) i. dini duyum, dinə sevgi / a religious sentiment
종기(腫氣) i. çiban / a boil
종류(種類) i. növ, çeşid / a kind, a sort
종말(終末) i. son, axır / an end
종말론 i. esxatologiya / eschatology
종사하다(從事--) f. məşğul olmaq, çalışmaq / be engaged in, engage oneself in 그는 무슨 직업에 종사하고 있습니까? O, nə işlə məşğuldur?
종속하다(從屬--) f. tabe olmaq, asılı olmaq / be subordinate to, depend on 종속적인 s. tabe edilmiş, tabe olan, asılı 종속 관계 asılı münasibət
종신(終身) i. ömür boyu / a whole life 종신 징역 ömürlük həbs cəzası
종업원(從業員) i. işçi / an employee
종용하다(慫慂--) f. təhrik etmək, sövq etmək, qızışdırmaq; inandırmaq, məsləhət görmək / egg on, coax; persuade, advise
종이 i. kağız / paper
종일(終日) z., i. bütün gün / all day long, the whole day 종일토록 bütün günü, bütün gün ərzində
종자(種子) i. toxum / a seed [=씨]
종적(縱的) i. iz; ləpir / one's traces
종점(終點) i. son dayanacaq / the laststop, the terminal(point) 버스종점 avtobusun son dayanacağı
종족(種族) i. irq; tayfa, qəbilə / a race; a tribe
종종(種種) z. tez-tez / frequently
종착역(終着驛) i. sonuncu stansiya / a terminal station 기차 종착역 qatarın son stansiyası
종파(宗派) i. təriqət, məzhəb / a religious sect
좇다 f. arxasınca getmək, dalınca getmək, izləmək; təqib getmək, gizlicə izləmək; əməl etmək, qulaq asmaq / follow, run after; be obedient to, obey 법을 좇다 qanuna əməl etmək
좋다 s. gözəl, qəşəng / good, nice, fine
좋아지다 f. yaxşılaşmaq; tərəqqi etmək / get better, improve
좋아하다 f. xoşlamaq, xoşuna gəlmək, bəyənmək; sevmək / like, be fond of
좋지않다 s. yaxşı olmamaq, pis olmaq / bad
좌(左) i. sol / left [=왼쪽] ↔ 우(右) sağ

좌경(左傾) i. solçu, sol təmayüllü / an inclination to the left 좌경 문학 solçu ədəbiyyat
좌담(座談) i. söhbət, danışıq / conversation
좌담회(座談會) i. diskussiya; simpozium / a round-table talk; discussion meeting, a symposium 좌담회를 가지다 f. diskussiya keçirmək
좌석(座席) i. oturacaq, yer / a seat
좌우(左右) i. sağ və sol, sağ-sol / left and right
좌우하다 f. təsir etmək, tam nəzarət etmək / affect, influence; control 신문은 여론을 좌우한다. Qəzetlər ictimai rəyə təsir göstərir.
좌우간(左右間) z. hər halda; nə olursa olsun / at any rate; in any case, anyway
좌익(左翼) i. solçuluq / the left (wing) ↔ 우익(右翼) sağçılıq
좌절하다(挫折--) f. müvəffəqiyyətsizliyə uğramaq; ruhdan düşmək / fail, get frustrated; get discouraed [=좌절되다] 좌절시키다 f. ruhdan salmaq
좌측(左側) i. sol tərəf / the left side
죄(罪) i. günah, təqsir / a sin; a fault 죄의식 günah hissi
죄다 f. sıxmaq, dartıb sıxmaq; bərkitmək / tighten, squeeze; tighten up 나사를 죄다 vinti sıxmaq
죄송하다(罪悚--) f. üzr istəmək; peşiman olmaq, təəssüflənmək / be sorry, regret 대단히 죄송합니다. Çox üzr istəyirəm.
죄수(罪囚) i. dustaq / a prisoner
죄악(罪惡) i. günah / a sin
죄인(罪人) i. günahkar; cani, cinayətkar / a sinner; a criminal
죄짓다 s. günah işləmək; cinayət törətmək / commit a sin; commit a crime
주(主) i. Rəbb, xilaskar, Tanrı; əsas hissə / the Lord, The Savior; the main part, the priciple part 주님 Rəbbim 주목적 əsas məqsəd
주(州) i. ştat, əyalət / a state; a province
주(週) i. həftə / a week 금주 bu həftə 내주 gələn həftə 지난주 keçən həftə
주(註) i. annotasiya / explanatory note, footnote, an annotation
주간(週刊) i. həftəlik / weekly publication, a weekly 주간 잡지 həftəlik jurnal
주간(晝間) i. gündüz / the daytime, day ↔ 야간(夜間) gecə
주거(住居) i. yaşayış yeri / residing, a dwelling (house) 주거 환경 yaşayış yerinin mühiti
주교(主敎) i. yepiskop, baş keşiş / a bishop
주권(主權) i. suverenlik, dövlətçilik / sovereign power 주권국 suveren dövlət

주근깨 i. çil / a freckle, a fleck

주기(週期) i. dövr / a period, a cycle 주기적으로 vaxtaşırı, dövri surətdə

주년(周年) i. ildönümü / an aniversary 바쿠국립대학교 개교 80주년 Bakı Dövlət Universitetinin açılışının səksəninci ildönümü

주다 f. vermək / give

주도하다(主導--) f. təşəbbüs göstərmək; rəhbərlik etmək / lead; asume leadership

주도권(主導權) i. təşəbbüs; rəhbərlik / initiative; leadership 주도권을 잡다 f. təşəbbüsü ələ almaq

주된(主-) s. əsas, başlıca, vacib / important; chief, main, major

주둔하다(駐屯--) f. yerləşdirilmək / be stationed, be quartered 아제르바이잔에는 러시아군이 주둔해있지 않다. Azərbaycanda Rusiya qoşunları yerləşdirilməyib.

주둥이 i. dimdik; ağız; bir şeyin ağzı / a bill, a beak; a mouth; a mouthpiece

주력하다(注力--) f. bir şeyə bütün gücünü sərf etmək, bütün fikrini bir şeyə yönəltmək, dəridən-qabıqdan çıxmaq / concentrate one's efforts on, exert oneself for (in)

주로(主-) z. ümumiyyətlə, əsas etibarı ilə / generally, mainly

주류(酒類) i. spirtli içkilər / alcholic liquors

주리다 f. ac olmaq, ac qalmaq / be hungry, starve

주말(週末) i. həftə sonu / the weekend

주머니 i. cib; kisə, torba / a bag, a pouch; a pocket 돈주머니 pul kisəsi

주먹 i. yumruq / a fist

주먹질하다 f. yumruqlamaq, yumruqla vurmaq / strike (a person) with the fists.

주목하다(注目-) f. diqqət yetirmək, fikir vermək / pay attention to, keep one's eye on, watch.

주무르다 f. ovuşdurmaq, masaj etmək; yoğurmaq / massage; knead. 반죽을 주무르다 f. xəmir yoğurmaq

주무시다 f. yatmaq (hörmət mənasında) / go to bed, sleep 할아버지께서 주무신다. Baba yatır. 아이가 잔다. Uşaq yatır.

주문(注文) i. sifariş / ordering, an order; a request, a demand 주문하다 f. sifariş etmək

주문(呪文) i. sehirli sözlər / a magic words, a magic formula

주민(住民) i. sakin; sakinlər, əhali / inhabitants, dwellers, residents

주민등록증(住民登錄證) i. şəxsiyyət vəsiqəsi, pasport / a resident card, a identification card müq. 해외여권 xarici pasport

주방(廚房) i. mətbəx / a kitchen, a cookery
주방장(廚房長) i. baş aşpaz / a head cook
주변(周邊) i. ətraf / the surrounding, the circumference 주변 환경 ətraf mühit
주부(主婦) i. evdar qadın / a housewife
주빈(主賓) i. fəxri qonaq / the guest of honor
주사(注射) i. iynə vurma / an injection 주사놓다 f. iynə vurmaq
주사기(注射器) i. iynə (tibbi) / an injector, a syringe, a needle
주석(註釋) i. biblioqrafiya, annotasiya / a commentary, notes, annotation
주선하다(周旋--) f. vasitəçilik etmək / act as an agent, use one's influence
주소(住所) i. ünvan / one's address
주시하다(注視--) f. gözünü zilləmək, diqqətlə izləmək, diqqətlə baxmaq / fix one's eyes on, observe (a person) closely, watch (a thing) carefully
주식(株式) i. pay (iqtisadi) / stocks, shares 주식투자 pay almaq üçün maya qoyma
주식회사(株式會社) i. aksioner şirkət / a stock company, a joint-stock company
주심(主審) i. baş hakim (yarışda) / the chief umpire
주야(晝夜) i. gecə-gündüz / day and night
주역(主役) i. baş rol; baş rolda çıxış edən şəxs / the leading role; kingpin
주요(主要) i., s. əsas, vacib, mühüm / main, important 주요하다 s. vacib, əhəmiyyətli, mühüm
주스 i. şirə, meyvə şirəsi / juice < İng.
주워모으다 f. yığıb toplamaq / pick and gather, collect
주위(周圍) [=주변(周邊)]
주유소(注油所) i. yanacaq doldurma stansiyası / an oil station
주유하다(注油--) f. benzin tökmək, yanacaq doldurmaq / supply (feed) a machine with oil, refuel
주의(主義) i. doktrina; elmi, siyasi nəzəriyyə / a principle, a theory, a doctrine 객관주의 obyektivizm 비관주의 pessimizm
주의하다(注意--) f. fikir vermək, diqqət yetirmək; ehtiyatlı olmaq / pay attention to, give heed, mind; be careful
주인(主人) i. sahibkar; evin sahibi, evin yiyəsi / the owner; host of a house, the host
주일(週日) [=주(週)]

주입하다(注入--) f. yeritmək; (beyninə) yeritmək, yerləşdirmək / pour into, infuse (a spirit into a person s mind) 혈관에 독을 주입하다 damara zəhər yeritmək 주입식 교육 səthi öyrədən təhsil sistemi

주자(走者) i. qaçış iştirakçısı, qaçan (qaçış yarışında) / a runner

주장(主將) i. kapitan (idman) / the captain

주장하다(主張--) f. təkid etmək; iddia etmək / insist on, assert, maintain 자신의 권리를 주장하다 öz hüquqlarında təkid etmək

주재하다(駐在--) f. qalmaq, yaşamaq / reside, be in residence

주재하다(主宰--) f. sədrlik etmək, rəhbərlik etmək; nəzarət etmək / have control over; supervise 회의를 주재하다 iclas aparmaq, iclasda sədrlik etmək

주저하다(躊躇--) f. tərəddüd etmək / hesitate to

주저앉다 f. taqətdən düşüb yerə yıxılmaq; taqətdən düşmək, əldən düşmək; əl çəkmək / fall down; collapse, sink; give up 이런 일로 주저앉으면 안돼! Belə bir işə görə taqətdən düşmək olmaz!

주전자(酒煎子) i. çaydan / a kettle

주제(主題) i. mövzu / the subject; the theme

주제넘다 s. sırtıq, abırsız, həyasız, ədəbsiz / presumptuous, impudent, impertinent, meddlesome

주주(株主) i. aksioner; payçı, sərmayədar, səhmdar / a stockholder, a shareholder

주지(周知) i. ümumi bilik, ümumi anlayış / common knowledge 주지하는 바와 같이 hamı bilir ki

주지사(州知事) i. ştatın qubernatoru, vali / the governor of a state

주차(駐車) i. maşın saxlama / parking 주차하다 f. dayanacaqda maşın saxlamaq

주체(主體) i. əsas obyekt / the chief object, the main body 주체 세력 əsas qrup, aparıcı qrup, təşəbbüs qrupu

주체못하다 f. bilməmək, öhdəsindən gələ bilməmək / do not know what to do; be too much 그는 이 일을 주체 못하고 있다. O, bu işi necə görəcəyini bilmir.

주최(主催) i. təşkilatçılıq; sponsorluq / promotion; sponsorship 주최하다 f. təşkil etmək

주축(主軸) i. əsas ox, ana ox; ana dirək / the main axis

주춤거리다 f. tərəddüd etmək / hesitate, be hesitant

주택(住宅) i. yaşayış evi, mənzili, binası / a house, a dwelling 주택 단지 yaşayış kompleksi
주택난(住宅難) i. mənzil məsələsi, mənzil çatışmazlığı / shortage of house
주파수(周波數) i. radio dalğası, tezliyi / a wave cycle, frequency
주판(籌板) i. çötkə, sayğac / abacus, a counting board
주필(主筆) i. baş redaktor / the editor in chief
주행하다(走行--) f. (nəqliyyatda) məsafə qət etmək, yol getmək / travel, cover 주행시간 yola sərf edilən vaxt 차로 100km 를 주행했다. Maşınla 100 kilometr məsafə qət etdik.
주효하다(奏效--) f. təsiri olmaq, xeyri olmaq / show effacacy, take effect 그의 시도는 주효하지 않았다. Onun cəhdinin heç bir xeyri olmadı.
죽(粥) i. düyü şorbası; sulu xörək / (rice) gruel, pap
죽다 s. ölmək, vəfat etmək / die
죽음 i. ölüm / death
죽이다 f. öldürmək / kill
준(準-) ön.şək. yarı, yarım / quasi-; semi 준여당 iqtidarı dəstəkləyən partiya, iqtidara yaxın partiya
준결승(準決勝) i. yarım final / a semifinal 준준결승 dörddə bir final
준공하다(竣工--) f. (inşaat) tamamlanmaq, sona çatmaq / be completed, be finished
준말 i. qısaldılmış söz / an abbreviation
준비(準備) i. hazırlıq / preparation 준비하다 f. hazırlamaq; hazırlaşmaq
준수하다(遵守--) f. riayət etmək, əməl etmək, yerinə yetirmək, qulaq asmaq / observe, obey, follow 규칙을 준수하다 f. qanun-qaydalara riayət etmək
준우승(準優勝) i. yarışda ikinci yeri tutma / coming out second best 준우승하다 f. ikinci yeri tutmaq
준하다(準--) f. əsaslanmaq, istinad etmək / apply correspondingly, follow, be based on; be proportionate to 이하 이에 준함 aşağıdakı hallara əsaslanmaq
준회원(準會員) i. müxbir üzv / an associate member   müq. 정회원(正會員) əsl üzv
줄 i. ip, kəndir; xətt; cərgə / a string; a cord; a rope; a line; a row, a file 한 줄로 서다 bir cərgədə dayanmaq
줄 i. yeyə / a file, a rasp 줄로 쓸다 f. yeyələmək

줄 i. metod, üsul, yol; necə etmək yolu / the how, the way; how to 헤엄칠 줄을 알다 necə üzməyi bilmək, üzməyin yolunu bilmək

줄거리 i. əsas məğz; eskiz, sinopsis / an outline, the plot, summary, a synopsis of history 이야기의 줄거리를 말하다 f. hekayənin əsas məğzini şərh etmək

줄곧 i. əvvəldən axıra qədər, həmişə, daima / all the time, throughout, continously

줄기 i. gövdə; axın istiqaməti / the trunk; a stalk, a stem ; a stream, a course 나무줄기 ağac gövdəsi 물줄기 suyun səmti, suyun istiqaməti 산줄기 dağ silsiləsi

줄기차다 s. ara vermədən, uzun müddət davam edən, güclü / be vigours, be bursting with vitality 줄기차게 비가 내리다 aravermədən yağış yağmaq

줄넘기 i. iplə tullanma / skipropping, ropeskipping 줄넘기하다 f. iplə tullanmaq

줄다 f. azalmaq; yığılmaq, gödəlmək; qısalmaq / get smaller, lose size, shrink, decrease, be reduced 이 옷은 빨면 줄어든다. Bu paltar yuyulanda qısalır. 최근 매상이 줄었다. Son günlərdə satış azalıb.

줄다리기 i. kanat dartma (idman), buraz dartma / a tug-of-war 줄다리기하다 f. kanat dartmaq, buraz dartmaq

줄무늬 i. zolaq / stripes, striped pattern 줄무늬 있는 s. zolaqlı

줄어들다 f. qısalmaq; yığılmaq, gödəlmək / shrink, be shortened, shorten

줄이다 f. azaltmaq; qısaltmaq / reduce, decrease, lessen; shorten, cut short

줄자 i. ölçü lenti, metr / a tape measure

줄짓다 f. cərgəyə düzülmək, düzülmək / be in row, stand in line

줌 i. ovuc, az miqdar / a handful 한 줌 bir ovuc

줍다 f. yerdən götürmək; yerdən toplamaq, yerdən yığmaq / pick up; gather 주운 물건 yerdən götürülmüş şey

중 i. Buddist rahib / a Buddhist priest, a monk

중(中) i. orta; ərzində; iç; arasında / the middle, medium; the center; durin; in, within; among, between 수업중에 dərsdə, dərs müddətində 왕중의 왕 padşahların padşahı

-중(重) lek.şək. bükmə; qat / fold 2 중의 iki qatlı

중간(中間) i. orta, ara / the middle, midway 중간에 ortasında, arasında 중간고사 keçid imtahanı

중간치(中間-) i. orta (müxtəlif mənalarda); ortaboy; ortaölçülü / a thing of medium (sizes, quality, prices) 중간치 옷 ortaölçülü paltar 키가 중간치인 사람 ortaboylu adam

중개(仲介) i. vasitəçilik / intermediation 중개하다 f. vasitəçilik etmək

중개인(仲介人) i. dəllal / a commission agent, a mediator, a broker

중계방송(中繼放送) i. translyasiya, ötürmə / relay broadcasting 중계방송하다 f. translyasiya etmək

중고품(中古品) i. işlədilmiş əşya; köhnə əşya / a used article; secondhand goods

중공업(重工業) i. ağır sənaye / heavy industries

중국(中國) i. Çin, Çin Xalq Respublikası / China, the People's Republic of China 중국사람 çinli

중국학(中國學) i. Çinşünaslıq / sinology

중급(中級) i. orta səviyyə, orta dərəcə / intermediate 고급 (高級) yüksək dərəcə, ali səviyyə

중남미(中南美) i. Mərkəzi və Cənubi Amerika / Central and South America

중년(中年) i. orta yaş / middle age, one's middle years 중년, 중년의 s. orta yaşlı

중노동(重勞動) i. ağır əmək, ağır iş / heavy labor, hard labor

중단하다(中斷--) f. yarımçıq kəsmək, yarımçıq dayandırmaq / discontinue, interrupt

중대하다(重大--) s. vacib, mühüm, əhəmiyyətli; ciddi / important, weighty, serious

중독(中毒) i. zəhərlənmə; xəstəliyə tutulma (texnologiya) / poisoning, toxication 중독되다 f. zəhərlənmək 중독시키다 f. zəhərləmək 아편중독 nəşəxorluq 알콜중독 alkoqolizm, içki düşkünlüyü 인터넷중독 internet xəstəliyinə tutulma

중동(中東) i. Yaxın Şərq / the Middle East, the Mideast

중등(中等) i. orta (səviyyə, sinif, keyfiyyət) / the middle class, the secondary grade

중량(重量) i. ağırlıq / weight

중력(重力) i. cazibə / gravity 중력의 법칙 Cazibə qanunu

중령(中領) i. polkovnik leytenantı / a lieutenant colonel

중립(中立) i. neytrallıq / neutrality 중립국 neytral ölkə

중매(仲媒) i. vasitəçilik etmə (evlilikdə) / matchmaking 중매하다 f. vasitəçilik etmə [=중신]

중매(仲賣) i. dəllallıq / brokerage 중매상 dəllal

중부(中部) i. orta hissə, bölgə / the central part; the middle 중부지방 mərkəzi rayonlar

중산계급(中産階級) i. orta təbəqə / the middle classes, middle class people
중상(重傷) i. ağır yaralı / a serious wound (injury) 중상을 입다 f. ağır yaralanmaq
중상하다(中傷--) f. iftira etmək, şər atmaq, böhtan atmaq / slander, libel
중세(中世) i. Orta əsrlər, Orta dövr / the middle ages
중소기업(中小企業) i. kiçik və orta səviyyəli müəssisələr / small and medium sized enterprise
중시하다(重視--) f. böyük əhəmiyyət vermək / attach great importance to, take a serious view of (a matter)
중심(中心) i. mərkəz / the center, the heart, the middle
중심지(中心地) i. mərkəzi yer / the center, the motropolis
중압감(重壓感) i. öz üzərində ağırlıq hissi, əzici hisslər / an oppressive feeling
중앙(中央) i. orta, mərkəz / the middle, the center
중얼거리다 f. mızıldanmaq, mırtıldamaq, öz-özünə danışmaq; donquldamaq / mutter; grumble
중역(重役) i. məsul şəxs, cavabdeh şəxs, ağır vəzifə daşıyan şəxs; direktor / a company director
중엽(中葉) i. orta, orta dövr / the middle part of (a period) 19 세기 중엽에 19-cu əsrin ortalarında
중요성(重要性) i. vaciblik, mühümlük, əhəmiyyət / importance
중요시하다(重要視--) f. böyük əhəmiyyət vermək / think much of, regard (a matter) as important
중요하다(重要--) s. vacib, mühüm, əhəmiyyətli / important, of importance
중용(中庸) i. orta yol, mötədil yol / the golden mean, the middle path, moderation, the-middle-of-the-road 중용을 취하다 f. orta yol seçmək, orta yolu tutmaq
중재(仲裁) i. vasitəçilik / arbitration, mediation, peacemaking, intervention 중재하다 f. vasitəçilik etmək
중점(重點) i. ən əhəmiyyətli nöqtə / an important point, emphasis, stress 중점을 두다 f. ən vacib nöqtəni vurğulamaq
중지(中止) f. dayandırma, saxlama / discontinuance, suspension, stoppage 중지되다 f. dayanmaq, saxlanmaq 중지하다, 중지시키다 f. dayandırmaq, saxlamaq
중진국(中進國) i. inkişaf etməkdə olan ölkə / a developing country 선진국(先進國) inkişaf etmiş ölkə 후진국(後進國) geridə qalmış ölkə

중태(重態) i. böhran vəziyyəti, ağır vəziyyət, kritik vəziyyət / a serious condition, a critical state
중퇴하다(中退--) f. məktəbdən yayınmaq / leave school in mid-course
중풍(中風) i. iflic / palsy, paralysis
중하다 [=중대하다(重大--)]
중학교(中學校) i. orta məktəb / middle school, junior high school
중히(重-) z. əhəmiyyətli dərəcədə, mühüm dərəcədə / importantly
쥐 i. siçovul; siçan / a rat; a mouse
쥐다 f. sıxmaq; tutmaq / grasp, clasp, clench; take hold of
쥐어뜯다 f. qopartmaq, tutub qopartmaq; cırmaqlamaq / tear, rend; scratch
쥐어박다 f. yumruqlamaq, yumruq vurmaq / deal a blow, punch
쥐어짜다 f. sıxmaq (paltar); sıxışdırmaq / press out, extract; extort
즈음 i. radələr, zaman, vaxt / time, when, the time when 즈음에 radələrində
즉(卽) z. yəni, demək olar ki / namely, that is, i.e.
즉각(卽刻) i. dərhal / immediately, instantly
즉사(卽死) i. ani ölüm / instantaneous death 즉사하다 f. anidən ölmək
즉석(卽席) i., s. yarı bişmiş, dərhal / extempore, improvised, instant 즉석요리 yarı bişmiş yemək
즉시(卽時) z. dərhal / at once, immediately
즐거움 i. sevinc, şənlik / joy, delight, pleasure
즐거이 z. sevinclə, şən halda / pleasantly, joyfully, merrily
즐겁다 s. sevincli, şən, şad / merry, pleasant, happy, cheerful, joyful
즐기다 f. əylənmək, vaxtını şən keçirmək / take pleasure in, enjoy, enjoy oneself
즙(汁) i. şirə / juice
증(症) i. əlamət, simptom / symptoms [=증세]
증가하다(增加--) f. artmaq, çoxalmaq / rise, increase
증감(增減) i. artma və azalma / increase and decrease
증거(證據) i. sübut, dəlil / evidence
증거하다(證據--) f. şahidlik etmək, şəhadət etmək / witness (testimony) to
증권(證券) i. çek / a bill, a bond
증기(蒸氣) i. buxar / steam, vapor
증대하다(增大--) f. genişlənmək; böyümək, çoxalmaq / become larger, enlarge, increase
증명서(證明書) i. şəhadətnamə, sertifikat / a certificate

증명하다(證明--) f. sübut etmək, dəlil göstərmək / prove
증발(蒸發) i. buxarlanma / evaporation 증발하다 f. buxarlanmaq
증서(證書) i. iltizamnamə; şəhadətnamə, sertifikat / a bond, a paper, a document, a certificate
증언하다(證言--) f. şahidlik etmək / testify to
증인(證人) i. şahid / a witness
증축하다(增築--) f. genişləndirmək (tikinti) / extend a building
지 i. bəri, o vaxtdan bəri / since then, from that time 한국에 간 지 오년이나 된다. Koreyaya getməyimdən təxminən 5 il keçib.
지(地) i. yer, ərz / the earth, the ground
지(知) i. ağıl, bilik / intellect; knowledge
지(智) i. hikmət, müdriklik / wisdom
지(至-) qoş. qədər, dək / till, until, to
지각(知覺) i. qavrayış, qavrama, dərk etmə, anlama / perception 지각하다 f. qavramaq, dərk etmək, anlamaq
지각하다(遲刻--) f. gecikmək / be late for, be behind time
지갑(紙匣) i. pul kisəsi / a purse, a moneybag
지껄이다 f. boşboğazlıq etmək / talk garrulously, chatter, gabble
지겹다 s. cansıxıcı, darıxdırıcı, zəhlətökən / boring, disgusting
지구(地球) i. yer kürəsi / the earth müq. 우주 kainat, kosmos
지구(地區) i. bölgə, zona / a district, an area, a zone, a region
지구력(持久力) i. dözümlülük, davamlılıq / sustaining power, endurance, tenacity
지금(只今) i., z. indi, bu anda; hal-hazırda / the present, just now 지금까지 z. indiyə qədər, indiyədək, bu vaxta qədər
지급하다(支給--) f. vermək (maaş, pul) / provide, give, grant, issue
지급(至急) i., s. təxirəsalınmaz, təcili / ugent 지급 전보 təcili teleqram
지긋지긋하다 s. çox cansıxıcı, darıxdırıcı, zəhlətökən / abominable, disgusting, loathsome, tiresome 지긋지긋한 일 zəhlətökən iş
지긋하다 s. yaşlı, yaşa dolmuş / elderly, well up in years 나이가 지긋한 사람 yaşlı adam, yaşa dolmuş adam, uzun ömür sürmüş adam
지나가다 f. keçib getmək, ötüb getmək / go past, pass by
지나다 f. keçmək; vaxtı keçmək, müddəti keçmək; artıq olmaq / pass, pass by, pass through; exceed, be over 지난 일 keçən iş 그는 일개 학생에 지나지 않다. O, sadəcə tələbədir.

지나치다 f. həddini aşmaq, ifrata varmaq, zilə çıxmaq; keçib getmək / go too far, exceed in; pass by **지나치게** z. həddən artıq, həddən ziyadə 농담이 좀 지나칩니다. Siz zarafatda həddi aşırsınız. 못보고 친구를 지나쳤다. Dostumu görmədən keçib getdim.
지난 təy.söz. keçən, ötən / last 지난 주 keçən həftə 지난 번 keçən dəfə
지내다 f. keçirmək, sərf etmək; dolanmaq, keçinmək, yaşamaq / pass, spend; get along, live 어떻게 지내십니까? Necə dolanırsınız? Necəsiniz?
지능(知能) i. zəka, idrak, zehin, dərrakə / intellectual faculties, intelligence 지능검사 zəka testi
지니다 f. saxlamaq, yanında olmaq, yanında gəzdirmək, üstündə gəzdirmək / keep, carry; have, hold 그는 몸에 권총을 지니고 있다. O, üstündə tapança gəzdirir.
지다 f. (günəş, ay) batmaq, qürub etmək; (gül, yarpaq) solmaq, düşmək / sink, set, go down; fall 해가 지고 있다. Günəş batır. 꽃이 졌다. Gül soldu.
지다 f. uduzmaq, məğlub olmaq; yenilmək / be defeated, be beaten
지다 f. belində daşımaq, yükləmək; (müəyyən məsuliyyəti) öz üzərinə götürmək / carry on back; bear, carry, undertake 책임을 지다 f. məsuliyyəti öz üzərinə götürmək
지당하다(至當--) s. tamamilə doğru, düz / reasonable, quite right
지대(地帶) i. ərazi, bölgə / a zone, an area, a belt 공장지대 sənaye bölgəsi 산악지대 dağlıq ərazi
지도(地圖) i. xəritə, atlas / a map, an atlas
지도력(指導力) i. rəhbərlik, liderlik / leadership
지도자(指導者) i. rəhbər, lider / a leader
지도하다(指導--) f. rəhbərlik etmək, yol göstərmək; məşqçilik etmək; istiqamət vermək, istiqamətləndirmək, yönəltmək / lead, guide, take the lead; coach; direct
지독하다(至毒--) s. sərt, şiddətli / severe, violent, bitter, serious
지렁이 i. soxulcan / an earthworm
지령(指令) i. (gizli) göstəriş, direktiv / an order, a instruction, a directive
지뢰(地雷) i. mina / a mine
지루하다 f. cansıxıcı olmaq, darıxdırıcı olmaq / be bored

지르다 f. bağırmaq, qışqırmaq; alışdırmaq / yell; beat, strike; set fire 불을 지르다 f. od vurmaq, yandırmaq
지름길 i. kəsə yol, qısa yol, kəsdirmə yol / a shorter way, a shortcut
지리(地理) i. coğrafiya; coğrafi mühit / geography, geographical features 나는 그 곳 지리에 밝다. O yerin coğrafi quruluşuna yaxından bələdəm.
지리학 i. coğrafiya / geography
지명(地名) i. yer adı / a place name
지명하다(指名--) f. namizədliyini irəli sürmək, namizəd göstərmək / nominate; designate
지문(指紋) i. barmaq izi, əl izi / a fingerprint, a finger mark
지방(地方) i. yer; əyalət, vilayət / a locality, the provinces, the country 지방 사람 kənd əhli, kənd camaatı 지방신문 rayon qəzeti
지방(脂肪) i. yağ, piy / fat, grease
지배하다(支配--) f. ağalıq etmək, hökmranlıq etmək, hakim olmaq / govern, dominate, manage, control
지배권(支配權) i. hökmranlıq, ağalıq / one's control
지배인(支配人) i. menecer, məsul şəxs / a manager, an executive
지배적(支配的) s. üstün, hakim, hökmran / dominant, overriding 그 생각이 지배적이다. Bu fikir hamı üçün əsasdır, məqbuldur.
지병(持病) i. xroniki xəstəlik / a chronic disease
지부(支部) i. filial, şöbə / a branch 바쿠 지부 Bakı filialı
지불하다(支拂--) f. ödəmək / pay, make payment 지불금 ödəniş
지붕 i. dam / a roof
지사(支社) i. şirkətin filialı / a branch office
지사(知事) < 도지사(道知事) i. əyalət qubernatoru / a provincial governor
지상(地上) i. yerüstü / a ground 지상군 quru qoşunları 지상 63 층 지하 7 층 빌딩 yerüstü 63 mərtəbəli və yeraltı 7 mərtəbəli bina ↔ 지하(地下) yeraltı
지상(至上) i. ali, ən yüksək / the supreme 지상 명령 Ali əmr
지새우다 f. gecə yatmamaq / pass a night without sleep, sit up all night
지서(支署) i. polis məntəqəsi / a substation, a police substation
지성(知性) i. ziyalılıq, mədənillik; ağıl / intellect, intelligence 지성인 ziyalı

지속하다(持續--) f. davam etmək, sürmək; saxlamaq, dözmək / continue, last; maintain, endure 회의를 삼일간 지속하다 İclası üç gün davam etdirmək

지시하다(指示--) f. göstəriş vermək, buyurmaq; əmr vermək / order, command, instruct; indicate

지식(知識) i. bilik / knowledge, acquaintance, learning

지식인(知識人) i. ziyalı, savadlı adam / an intellectual, highbrow

지어내다 f. uydurmaq, quraşdırmaq; istehsal etmək / make up; turn out, produce, devise 지어낸 이야기 uydurulmuş hekayə

지역(地域) i. bölgə, ərazi, zona / a region, an area, a zone

지역구(地域區) i. ərazi seçki məntəqəsi / a local election district

지연(地緣) i. məhəlli (regional) əlaqə / regional relation, regionalism

지연되다(遲延--) f. gecikmək / be late, be delayed 지연시키다 f. gecikdirmək 개회식이 지연되다 açılış mərasiminin başlanması gecikir

지옥(地獄) i. cəhənnəm / hell, Hades

지우개 i. pozan; silgi / an eraser

지우다 f. pozmaq; silmək / rub out, erase

지우다 f. yükləmək; (məsuliyyəti) bir kəsin üzərinə qoymaq / put (something) on (a person's) back; charge, lay

지원(支援) i. kömək, yardım, arxa, dayaq / support, backing, aid 지원하다 f. kömək etmək, yardım etmək, arxa durmaq, dayaq olmaq 정신적인 지원 mənəvi yardım, kömək 적극적인 지원 aktiv kömək, kəsərli kömək

지원(志願) i. müraciət (iş, institut barədə); ərizə vermə / application; desire

지원하다 f. müraciət etmək.; ərizə vermək 아제르바이잔 언어 대학교를 지원하다 Azərbaycan Dillər Universitetinə daxil olmaq üçün ərizə vermək

지원서(志願書) i. ərizə / an application, a written application

지원자(志願者) i. ərizəçi, ərizə verən / an applicant

지위(地位) i. vəzifə / a position, a status, a social standing 지위를 갖다 f. vəzifə daşımaq

지장(支障) i. maneçilik, əngəl / a hindrance, an obstacle, interruption 지장을 주다 f. maneçilik törətmək, mane olmaq, əngəl törətmək

지저귀다 f. civildəmək, cikkildəmək / twitter

지저분하다 s. çirkli, kirli / filthy, foul, dirty
지적(知的) s. əqli, zehni / intellectual, mental
지적하다(指摘--) f. göstərmək, demək / point out 잘못을 지적하다 səhvləri göstərmək
지점(支店) i. filial, şöbə / a branch
지정하다(指定--) f. təyin etmək / appoint; designate 지정한 대로 təyin olunduğu kimi
지주(支柱) i. dayaq, dirək / a prop 한 집안의 지주 ailənin dayağı, dirəyi
지주(地主) i. torpaq sahibi, ağa, mülkədar / a landlord, a landholder
지중해(地中海) i. Aralıq dənizi / the Mediterranean
지지하다(支持--) f. tərəfini saxlamaq, dəstəkləmək; arxa durmaq / support, maintain, back up
지진(地震) i. zəlzələ / an earthquake
지출(支出) i. xərc, məsarif / expenditure, outgo 지출하다 f. xərcləmək
지치다 f. taqətdən düşmək, yorulmaq, haldan düşmək / be tired, be fatigued
지켜보다 f. baxmaq, izləmək; nəzarət etmək, göz olmaq / watch, stare
지키다 f. qorumaq, mühafizə etmək, baxmaq; riayət etmək / protect, defend, guard; obey, observe 양떼를 지키다 qoyun sürüsünə baxmaq 규칙을 지키다 qaydaya riayət etmək
지탱하다 -- f. saxlamaq (ailə); dözmək, tab gətirmək (ağrı) / keep up, hold, support, maintain; bear up
지팡이 i. əsa, əl ağacı / a walking stick, a stick
지평선(地平線) i. üfüq (göy və yer arasında) / the horizon
지폐(紙幣) i. kağız pul / paper money
지표(指標) i. göstərici, indeks / an index, directing post
지하(地下) i. yeraltı / underground 지하경제 gizli iqtisadiyyat 지하자원 yeraltı sərvətlər
지하도(地下道) i. yeraltı keçid / an underpass, an underground passage
지하수(地下水) i. yeraltı sular / underground water
지하실(地下室) i. zirzəmi / a basement
지하철(地下鐵) i. metro / a subway, an underground, the Metro
지향(志向) i. niyyət, məqsəd; meyl, istiqamət, yön / intention, aim; inclination 지향하다 f. (məqsədə) doğru getmək; meyl etmək, istiqamət götürmək, yönəlmək 미래 지향형의 gələcəyə yönəlmiş

지혈(止血) i. qanaxmanı kəsmə, dayandırma / stopping of bleeding
지형(地形) i. yerin konfiqurasiyası, yerin xarici görünüşü / configuration of ground
지혜(智慧) i. müdriklik, hikmət / wisdom 지혜롭다 s. müdrik, hikmətli
지휘(指揮) i. komandirlik, göstəriş; dirijorluq / command; directions 지휘하다 f. komandirlik etmək, göstəriş vermək; dirijorluq etmək
지휘관(指揮官) i. komandir / a commander, an officer in command
지휘자(指揮者) i. dirijor; komandir, rəhbər / a conductor; a director, a leader
직(職) i. vəzifə, qulluq yeri; iş / a job, employment, work; a duty; a post, an office 관공직 idarə işi
직(直-) ön.şək. düz, perpendikulyar / direct, straight; perpendicular, direct 직선 düz xətt
직각(直角) i. düz bucaq / a right anle
직감하다(直感--) f. dərhal duymaq / know by intuition 직감적으로 z. intuisiya ilə
직경(直徑) i. diametr / a diameter [=지름]
직경(職工) i. texniki işçi, usta / a workman, a mechanic
직면하다(直面--) f. qarşılaşmaq, üz-üzə gəlmək / face up to, confront, be faced with 위험에 직면하다 təhlükə ilə qarşılaşmaq
직무(職務) i. vəzifə, borc / a duty
직물(織物) i. parça; toxunmuş mal / textile fabric; woven goods, cloth
직분(職分) i. vəzifə / one's duty 직분을 다하다 vəzifəni yerinə yetirmək
직사각형 i. düzbucaqlı / rectanular form 정사각형 kvadrat 마름모형 romb
직성이 풀리다 f. rahatlanmaq, sakitləşmək / be satisfied, be appeased, feel relieved
직업(職業) i. ixtisas, iş, peşə / an occupation, a calling, a vocation
직업적(職業的) s. peşəkar / professional
직원(職員) i. işçi / an employee
직장(職場) i. iş yeri, iş / one's place of work, one's post, a workshop
직전(直前) i. bir az qabaq / right before, just before
직접(直接) i., s. ilk mənbədən, birbaşa; şəxsən / direct 직접 듣다 ilk mənbədən eşitmək, birbaşa eşitmək 직접 책을 전달하다 kitabı şəxsən təqdim etmək
직종(職種) i. peşə, sənət, məşğuliyyət, ixtisas / a type of occupation
직책(職責) i. vəzifə / one's duty, responsibilities pertaining to one's work

직통(直通) i. birbaşa əlaqə / direct communication 직통하다 f. birbaşa əlaqə saxlamaq
직함(職銜) i. rütbə, vəzifə, tutduğu vəzifə / a title
직행(直行) i. birbaşa reys / through running, going straight 직행하다 f. birbaşa reyslə getmək
진가(眞價) i. real dəyər, həqiqi dəyər / real value
진격하다(進擊--) f. hücuma keçmək, hücum etmək / attack, make an attack; advance, march
진공(眞空) i. boşluq, vakuum / a vacuum, a void space
진급하다 f. yuxarı vəzifəyə keçirilmək / be promoted
진노(震怒) i. qəzəb, hirs / wrath, wild rage, anger 진노하다 f. qəzəblənmək, hirslənmək
진단(診斷) i. diaqnoz; müayinə etmə / a diagnosis 진단하다 f. diaqnoz qoymaq; müayinə etmək
진담(眞談) i. ciddi söhbət, açıq danışıq / a serious talk
진땀 i. yapışqan tər / a sticky and greasy sweat
진동(振動) i. osilloqram; dalğalanma / a oscillation; a vibration 진동하다 f. osilloqrafla şəkil çəkmək
진동(震動) i. titrəyiş, titrəmə / a shock, a vibration 진동하다 f. titrəyiş yaratmaq, titrəmək
진력(盡力) i. cəhd, səy / endeavor, effort 진력하다 f. cəhd etmək, bütün gücü ilə səy göstərmək
진력나다(盡力--) f. bezmək, usanmaq, cana doymaq / be bored (with, by), sicken of
진로(進路) i. həyatda tutulan yol, yol, əqidə / a course, a way, one's path in life 진로를 정하다 f. həyatda yolu müəyyənləşdirmək
진료(診療) i. diaqnoz qoyma və müalicə etmə / dia nosis and medical treatment 진료하다 f. diaqnoz qoymaq və müalicə etmək
진리(眞理) i. həqiqət, gerçəklik / truth
진미(眞味) i. əsl dad; əsl qiymət / the real taste; genuine appreciation
진미(眞味) i. delikates, məzə / a delicate flavor 산해진미 müxtəlif növ delikateslər
진보(進步) i. tərəqqi, inkişaf, irəliləyiş / progress, advance, improvement 진보하다 f. tərəqqi etmək, inkişaf etmək, irəliləmək

진보적(進步的) s. mütərəqqi, qabaqcıl / progressive 진보적인 사상 mütərəqqi ideyalar

진보파(進步派) i. mütərəqqi qrup, partiya / progressive camp, progressive group ↔ 보수파 mühafizəkar qrup, partiya

진부하다(陳腐--) s. çeynənmiş, adi, bayağı, dəbdən düşmüş / staleness, triteness, common-placeness 진부한 표현 çeynənmiş ifadə, dəbdən düşmüş ifadə

진상(眞相) i. əsl vəziyyət, əsl həqiqət / the truth state of things, the actual facts

진술서(陳述書) i. yazılı ifadə / a (written) statement, a declaration

진술하다(陳述--) f. ifadə vermək / state (one's case)

진실(眞實) i. həqiqət, gerçəklik, fakt / truth, reality, fact

진실성(眞實性) i. doğruluq, dürüstlük, düzlük / fidelity, veracity, credibility

진심(眞心) i. səmimiyyət / sincerity, a true heart

진압하다(鎭壓--) f. yatırtmaq, boğmaq, susdurmaq; sakitləşdirmək / suppress 시위대를 진압하다 nümayişi yatırtmaq

진열하다(陳列--) f. (malları) nümayiş etdirmək / lay (articles) out for sale, display for sale

진영(陣營) i. düşərgə / a camp

진입(進入) i. giriş, girmə / entry into place 진입하다 f. girmək 궤도에 진입하다 orbitaya girmək

진짜 i. həqiqi, əsl / a genuine (real) article, a real thing

진작 i. elə oradaca, yerindəcə; əvvəl / then and there, on the spot; earlier 진작 갔어야 했다. Gərək sən əvvəl gedəydin.

진전(進展) i. inkişaf, tərəqqi / development, progress, advance

진절머리 i. antipatiya, nifrət; bezici, darıxdırıcı, yorucu məsələ / disgust, repugnance 진절머리가 나다 f. bezmək, usanmaq, yorulmaq

진정(眞情) i. səmimi hisslər / one's true feelings 진정으로 səmimiyyətlə

진정서(陳情書) i. yazılı ərizə / a petition

진정하다(陳情--) f. yazılı ərizə vermək / make a petition, lay a case before the authorities

진정하다(鎭靜--) f. sakitləşdirmək / pacify, tranquilize

진주(眞珠) i. mirvari / a pearl

진지하다(眞摯--) s. ciddi / serious, earnest, solemn

진찰(診察) i. tibbi müayinə / medical examination 진찰하다 f. müayinə etmək

진척되다(進陟--) f. (iş) irəliləmək, tərəqqi etmək / advance, progress

진출하다 f. yol tapmaq, girmək, çıxmaq / advance, launch into, find one's way into 세계 시장으로 진출하다 dünya bazarına girmək
진통(陣痛) i. ağrı; doğuş ağrısı, sancılanma / travail, labor pains; pangs of childbirth
진통제(陣痛劑) i. ağrıkəsici dərman / an anodyne, analgesic
진퇴양난(進退兩難) i. çıxılmaz vəziyyət, dilemma / a dilemma
진하다(津--) s. (rəng) tünd / (color) dark, deep
진학하다(進學--) f. ali məktəbə girmək / enter a school of higher grade
진행하다(進行--) f. davam etmək; (proqram, veriliş) aparmaq / advance, progress, make progress; proceed 교섭을 진행시키다 danışıqları davam etdirmək 회의를 진행하다 iclas aparmaq
진화(進化) i. təkamül / evolution 진화하다 f. təkamül etmək, inkişaf etmək
진화론(進化論) i. təkamül nəzəriyyəsi / the theory of evolution
진흙 i. palçıq; gil / mud; clay
진흙탕 i. palçıqlı ərazi, paçıqlıq / mud
진흥(振興) i. rifah, inkişaf / promotion 진흥하다 f. inkişaf etmək
질(質) i. keyfiyyət / quality
-질 lek.şək. işin gedişini bildirən şəkilçi / (the act of) doing 양치질 ağzı yaxalama 톱질 mişarlama
질그릇 i. saxsı qab / un lazed earthenware
질기다 s. bərk, möhkəm, sərt; tərs, inadcıl / tough; durable, lasting; tenacious
질다 s. sulu; palçıqlı / watery, soft; muddy, marshy 밥이 질게 되었다. Düyü sulu bişib. 진 땅 palçıqlı torpaq
질량(質量) i. kütlə (ağırlıq); kəmiyyət və keyfiyyət / mass; quality and quantity
질문(質問) i. sual, sorğu / a question 질문하다 f. soruşmaq, sual vermək
질병(疾病) i. xəstəlik / a disease [= 병(病)]
질서(秩序) i. nizam, səliqə, sahman; qayda / order, regularity; public order ↔ 무질서(無秩序) nizamsızlıq, səliqəsizlik; qaydasızlıq, qarışıqlıq, hərcmərclik, anarxiya 사회 질서 ictimai qayda-qanun
질소(窒素) i. azot / nitrogen
질식하다(窒息--) f. boğulmaq / be suffocated
질의(質疑) i. sual, sorğu / a question, an interrogation
질적(質的) s. keyfiyyətli / qualitative
질책하다(叱責--) f. məzəmmət etmək, danlamaq, tənbeh etmək / scold

질투(嫉妬) i. qısqanclıq / a jealousy, envy 질투하다 f. qısqanmaq
질투심(嫉妬心) i. qısqanclıq hissi, duyğusu / jealously
질환(疾患) [=질병(疾病)]
짊어지다 f. yüklənmək, şələlənmək, aparmaq (belində, çiynində və s.) / take (a burden) on one's back, bear
짐 i. yük; bağlama, tay, düyünçə, boxça / a load, a burden; a package
짐꾸러미 i. bağlama, boxça; paket / package; pack
짐꾼 i. yük daşıyan, hambal / a carrier, a porter
짐승 i. vəhşi heyvan, yırtıcı; heyvan / a beast; an animal
짐작 i. güman, zənn, ehtimal; təxmin / guess, presumption 짐작하다 f. güman etmək, ehtimal etmək, zənn etmək (내)짐작으로는 mənə elə gəlir ki, güman ki, məncə, ehtimal ki
짐차(-車) i. yük maşını / a goods wagon, a truck
집 i. ev; mənzil / a house; a home
집결하다(集結--) f. toplaşmaq, yığışmaq, cəmləşmək / be concentrated, gather
집계(集計) i. yekun, nəticə / a total, a tally 집계하다 f. toplamaq, yekunlaşdırmaq, cəmləmək
집권(執權) i. hakimiyyətə gəlmə, iqtidara gəlmə / assuming the reins of government, coming into power 집권하다 f. hakimiyyətə gəlmək, iqtidara gəlmək
집념(執念) i. əzm, qətiyyət, ardıcıllıq / tenacity of purpose 그는 집념이 강한 사람이다. O, qətiyyətli (iradəli) adamdır.
집다 f. çimdiklə götürmək; tutmaq, qaldırmaq, götürmək / pinch; pick up, take up (a thing)
집단(集團) i. kütlə; qrup, dəstə, topa, yığın, toplum, kollektiv / a mass; a group, collective body
집무(執務) i. vəzifə başında olma, iş başında olma, çalışma / performance of one's official duties 집무하다 f. vəzifə başında olmaq, vəzifəni yerinə yetirmək, çalışmaq 집무시간 iş saatı, iş vaxtı
집사(執事) i. evi idarə edən, dolandıran; xidmətçi (kilsə vəzifəsi) / a steward; a deacon, a deaconess
집세(-貰) i. ev kirayəsi, kirayə pulu / a house rent
집안 i. nəsil; ailə / a family, a household, a home
집어넣다 f. içinə qoymaq; (məhbəsə) salmaq, soxmaq / put in

집어치우다 f. vaz keçmək, başdan eləmək, başdan-sovdu etmək; atmaq, əl çəkmək, kənara qoymaq / put away, stow away, give up, leave off; clear away 장사를 집어치우다 ticarətdən əl çəkmək

집정하다(執政--) f. dövləti idarə etmək / rule over (a country), administer, govern

집주인(-主人) i. ev sahibi, ev yiyəsi; ailə başçısı, ağsaqqal, evin böyüyü / the owner of a house; the master of house, the head of family

집중하다(集中--) f. (fikir) cəmləşdirmək, toplamaq / concentrate upon, focus upon, center

집착하다(執着--) f. möhkəm yapışmaq, girişmək, əl çəkməmək / be attached; stick to, adhere to

집필하다(執筆--) f. yazmaq (əsər, jurnal üçün məqalə) / write (for a magazine)

집합(集合) i. toplaşma, yığışma / gathering, meeting 집합하다 f. toplaşmaq, yığışmaq

집행(執行) i. icra etmə, yerinə yetirmə / execution 집행하다 f. icra etmək, yerinə yetirmək

집회(集會) i. toplantı, mitinq, yığıncaq / a meeting, a gathering, an assembly

짓 i. hərəkət, davranış, rəftar / behavior, a deed, an act 손짓 əl hərəkəti 몸짓 bədən hərəkəti 나쁜 짓 pis əməl 이게 무슨 짓이야? Bu nə hərəkətdir?

짓궂다 f. zəhlə tökmək, təngə gətirmək, dilxor etmək / annoy, ill-natured

짓다 f. bişirmək (yalnız düyü); tikmək, qurmaq, inşa etmək; (günah) işləmək / cook; build; make, manufacutre; commit, do 밥을 짓다 düyü bişirmək 죄를 짓다 günah işləmək

짓밟다 f. tapdalamaq, ayaqlamaq / trample down

짓밟히다 f. tapdalanmaq, ayaqlanmaq / be trampled down

징계(懲戒) i. cəza vermə, cəzalandırma / punishment 징계하다 f. cəzalandırmaq, cəza vermək

징병(徵兵) i. əsgəri xidmətə çağırma; səfərbərlik / conscription, enlistment

징수하다(徵收--) f. (vergi) yığmaq, toplamaq / collect (taxes), levy

징역(懲役) i. həbs, azadlıqdan məhrum etmə / penal servitude, imprisonment

징조(徵兆) i. əlamət; işarə / an omen; a sign

징집(徵集) i. səfərbərlik / levy 징집하다 f. səfərbərlik etmək

징후(徵候) i. əlamət, simptom, işarə / a sign; a symptom; an omen

짖다 f. hürmək / bark, bay

짙다 s. (rəng) tünd; qatı, sıx / dark, deep; dense, thick 짙은 안개 sıx, qatı duman

짚 i. saman, küləş / a straw

짚다 f. dirənmək, söykənmək; toxundurmaq, qoymaq / rest on, place; touch 손으로 머리를 짚다 əlini alnına qoymaq

짜다 f. toxumaq, hörmək; (mebel) yığmaq; təşkil etmək, yaratmaq; planlaşdırmaq / weave, knit; assemble; form; work over 계획을 짜다 planlaşdırmaq 생각을 짜내다 götür-qoy etmək, ölçüb-biçmək, fikri yönəltmək

짜다 f. sıxmaq, burmaq / wring, squeeze

짜다 s. duzlu, şor; simic, xəsis / salty; stingy 그 사람은 평장히 짠 사람이야. O, çox simic adamdır.

짜임 i. quruluş, sistem, struktur; forma / structure; system; composition

짜임새 i. forma, quruluş / the make, makeup, structure

짜증 i. əsəbiləşmə, acıqlanma, təntimə, sıxılma, darıxma / petulance, irritation, annoyance 짜증나다 f. əsəbi olmaq 짜증나게 하다 f. əsəbiləşdirmək 짜증내다 f. əsəbiləşmək

짝 i. tay; tayı / one of a pair; one's pal; one's spouse 양말 한짝 corabın bir tayı 짝을 짓다 f. qoşalaşdırmaq, cütləşdirmək, birləşdirmək

짝사랑하다 f. birtərəfli sevmək / love one-sidedly

짤막하다 s. müxtəsər, yığcam, qısaca; oldu qca qısa; gödək, balaca / shortish, rather short 짤막한 연설 yığcam, müxtəsər çıxış

짧게 z. qısaca, qısa / short, briefly

짧다 s. qısa / short

짧아지다 f. qısalmaq, gödəlmək / shorten, become short

짭짤하다 s. bir az duzlu, turşməzə / somewhat salty, nice and salty 나는 짭짤한 음식을 좋아한다. Mən turşməzə yeməkləri xoşlayıram.

-째 tək.söz. (sıra şəkilçisi) -cı, -ci, -cu, -cü / a class, a rank, a grade, -th 첫째 birinci 둘째 ikinci 첫 번째로 birinci olaraq

째다 f. yarmaq, kəsmək, çərtmək, yırtmaq, deşmək / cut open, rip, cleave 배를 째다 qarını yarmaq 종기를 째다 çibanı deşmək 소매치기가 주머니를 쨌다. Cibgir (cibkəsən) cibi kəsdi.

쩔쩔매다 f. çaşmaq, çaşıb qalmaq, məəttəl qalmaq, özünü itirmək / be completely puzzled

쩨쩨하다 s. xəsis, simic; dar düşüncəli / stingy, miserly
쪼개다 f. yarmaq, parçalamaq; bölmək / spilt, cleave; divide
쪼그리다 f. çömələmək, domuşmaq, donbalmaq / crouch
쪼들리다 f. korluq çəkmək, (kasıblıqdan, yoxsulluqdan) əziyyət çəkmək, sıxıntı çəkmək / be hard up (for money)
-쪽 i. tərəf, doğru, yön, səmt, istiqamət / a direction, a way 도시쪽으로 şəhərə doğru, şəhərə tərəf 동쪽 şərq istiqaməti 이쪽 bu tərəf
쪽지 i. vərəq, kağız parçası / a piece of paper
쫓겨나다 f. qovulmaq, xaric olunmaq / be expelled, be kicked out of
쫓기다 f. təqib olunmaq, qovulmaq; izlənmək / be driven away; be pursued after
쫓다 f. təqib etmək, qovmaq; izləmək / drive away; pursue after
쫓아가다 [=쫓다]
쫓아내다 f. qovmaq, qovub çıxarmaq / drive out, expel
쬐다 > 볕이 쬐다 f. gün vurmaq / shine on, beat on
쬐다 f. günə vermək; qızınmaq, isinmək / expose a thing to the sun, bathe in the sun; warn oneself (by the fire)
쭈그러지다 f. əzilmək, formasını dəyişmək / be squeezed out of shape, get pressed
쭈그리다 [=쪼그리다]
-쯤 z. radə, təxminən, təqribən, ərəfə / about, around, almost, something like 3 시쯤 saat 3 radələrində 10 명쯤 təxminən 10 nəfər
찌꺼기 i. qalıq, artıq; çıxar / sediments, lees, dregs, residue 음식 찌꺼기 yeməyin artığı, qalığı 밥 찌꺼기 düyünün çıxarı
찌그러지다 f. əzilmək, formasını dəyişmək / be crushed, be squashed, be defaced
찌다 > 살이 찌다 f. kökəlmək, şişmək / put on flesh, gain weight, grow fat
찌다 f. buğda (buxarda) bişirmək / steam
찌다 f. çox isti olmaq, bürkülü olmaq / get steaming hot, be sultry, be humid
찌르다 f. soxmaq, saplamaq, dürtmək, süngüləmək / thrust, pierce, spear
찌푸리다 f. (sifətini) turşutmaq, ağız-burun əymək; tutqun olmaq / frown, scowl; get cloudy 찌푸린 날씨 tutqun hava
찍다 f. basmaq, çap etmək; (möhür, damğa; balta) vurmaq; (şəkil) çəkmək / imprint, impress; stamp; chop; take (a photograph) 도장을 찍다 f. möhürləmək, möhür vurmaq

찍히다 f. basılmaq, çap olunmaq; (möhür, damğa) vurulmaq / be printed, be sealed; get punched

찔리다 f. bıcaqlanmaq; iynələnmək; (tikan, iynə, mıx) batmaq / be pierced, be stuck 가시에 손을 찔리다 ələ tikan batmaq

찢기다 f. cırılmaq, parçalanmaq, cızılmaq / get torn

찢다 f. cırmaq, parçalamaq / tear, rend

찢어지다 f. cırılmaq, parçalanmaq, yırtılmaq / tear, become torn

찧다 f. (həvəng dəstədə) döymək; dəymək, vurulmaq / pound (rice); ram 벽에 머리를 찧었다. Başım divara dəydi.

ㅊ, ç

차(車) i. maşın; avtomobil / a vehicle, a car; a motorcar
차(茶) i. çay / tea
차(差) [=차이(差異)]
차(次) i. -kən; an, o zaman; ötrü, üçün, məqsədilə, görə / while, when, as; moment, time 바쿠로 가는 차에 Bakıya gedərkən 사업차(事業次) biznes məqsədilə
-**차**(次) lek.şək. —ıncı, -inci; dəfə / for the purpose of, with the intention of; order, sequence 제 2 차 회담(第 二次 會談) ikinci görüş
차갑다 s. soyuq / cold
차고(車庫) i. qaraj / a garage
차곡 차곡 z. üst-üstə, qat-qat; səliqə ilə, sıra ilə, cərgə ilə, düzgün şəkildə / in orderly fashion, in a neat pile
차관(次官) i. nazir müavini / a vice-minister, a duty secretary
차근 차근 z. mərhələ-mərhələ, hissə-hissə; yavaş-yavaş, ehtiyatla / step by step; slow and carefully
차기(次期) i. növbəti, gələcək, qarşıdan gələn / the next term 차기 대통령 선거 növbəti prezident seçkisi
차다 f. dolmaq; doldurulmaq; qane olmaq, kifayətlənmək / fill up, become full of, be filled; be satisfied 방에 사람이 꽉 차다 Otaq adamlarla doludur. 마음에 차다 ürəkdən razı qalmaq
차다 f. təpikləmək, ayaqla vurmaq / kick (at), make a kick
차다 f. taxmaq / attach, carry 수갑을 차다 qandallamaq 시계를 차다 saatı taxmaq
차다 s. soyuq; sərin / cold, chilly; cool
차단하다(遮斷--) f. (yol) bağlamaq, kəsmək / intercept, cut off 길을 차단하다 yolu bağlamaq, yolu kəsmək
차도(車道) i. nəqliyyat yolu, maşın yolu, şose / a roadway, a driveway
차돌 i. kvars / quartz
차등(差等) i. fərq / gradation, graduation; difference 차등이 있다 fərqli olmaq
차라리 z. daha yaxşı olar ki / rather than, better than [=오히려]

차량(車輛) i. nəqliyyat vasitələri; maşınlar / vehicles; cars
차려입다 f. səliqəli geyinmək, qəşəng geyinmək / dress oneself up, be gaily dressed
차례(次例) i. sıra, cərgə, növbə; dəfə / order, a turn; time, round 내 차례 mənim növbəm 차례를 따라 ardıcıl olaraq, cərgəyə əsasən 두 차례 iki dəfə
차리다 f. təşkil etmək, açmaq, hazırlamaq; özünə gəlmək / set up, serve, make ready; come to one's senses 식사를 차리다 süfrə açmaq 점포를 차리다 dükan açmaq 정신을 차리다 sayıq olmaq, diqqətli olmaq
차림새 i. geyim tərzi, xarici görünüş; quruluş / dress, one's manner of dressin; the setup, furnishings
차림표(--表) i. menyu, yeməklərin çeşidi / a menu
차마 z. qəti surətdə, heç; öldürsən də / for the world, for one's life 차마 눈뜨고 볼 수 없다. Qəti surətdə baxa bilmirəm. 차마 그런 짓은 하지 못하겠다. Öldürsən belə iş görə bilmərəm.
차별(差別) i. ayrı-seçkilik, fərq qoyma, diskriminasiya / discrimination, distinction 차별하다 f. ayrı-seçkilik etmək, fərq qoymaq 인종 차별 irqi ayrı-seçkilik 차별대우 başqa cür rəftar
차분하다 f. dinc, sakit (adam, xarakter) / calm, quiet, tranquil
차비(車費) i. yol xərci, yol pulu / the (car) fare, the transit fare
차선(車線) i. nəqliyyat xətti, yol xətti / a (traffic) lane
차트 i. sxem, layihə, plan / a chart   < İng. [=도표]
찬스 i. şans, imkan, fürsət / a chance   < İng.
차액(差額) i. pul fərqi, balans / the difference, the balance
차용(借用) i. pul borcu / borrowing, loan 차용하다 f. pul borc almaq
차원(次元) i. ölçü, meyar / a dimension 3 차원 세계 üç ölçülü həcm
차이(差異) i. fərq / difference
차이점(差異點) i. fərqli cəhət / a point of difference
차익(差益) i. qazanc, gəlir, mənfəət / marginal profits, a margin
차입(借入) i. pul borcu / borrowing, loaning 차입하다 f. pul borc almaq 차입금 borc pul
차장(次長) i. müavin; köməkçi / a vice-chief, a deputy chief, an assistant director
차장(車掌) i. konduktor, sürücü köməkçisi, bələdçi (nəqliyyatda) / a conductor, a guard

차지 i. yiyələnmə, sahib olma, ələ keçirmə; işğal etmə / possession; occupancy, occupation 차지하다 f. yiyələnmək, sahib olmaq, ələ keçirmək; işğal etmək, zəbt etmək

차차(次次) z. tədricən, yavaş-yavaş, mərhələ-mərhələ; sonra / gradually, bit by bit, step by step; later 해가 차차 길어진다. Günlər yavaş-yavaş uzanır. 돈은 차차 갚아도 됩니다. Siz pulu sonra qaytara bilərsiniz.

차편으로 z. nəqliyyat vasitəsi ilə / by way of vehicle

차표(車票) i. bilet, sərnişin bileti / a ticket, a passenger ticket

착각(錯覺) i. yanılma, çaşma, dolaşıq salma, dolaşıq anlama; səhv başa düşmə / having an illusion; misunderstanding 착각하다 f. yanılmaq, çaşmaq, dolaşıq salmaq

착륙(着陸) i. yerə enmə (təyyarə) / landing 착륙하다 f. yerə enmək

착복하다(着服--) f. pulu mənimsəmək, yiyələnmək; geyinmək / pocket, embezzle; wear

착상(着想) i. ağlına gəlmə, fikir, ideya, düşüncə / an idea, a conception 착상하다 f. ağlına gəlmək, çıxış yolu tapmaq, düşünmək 기발한 착상 əla fikir

착석하다(着席--) f. bir yerdə oturmaq / take one's seat

착수하다(着手--) f. (işə) başlamaq, girişmək / start, commence, begin

착실하다 s. səmimi, sadiq, etibarlı / steady and honest, sound, trustworthy, faithful

착안하다(着眼--) f. ağlına fikir gəlmək / hit upon an idea

착오(錯誤) i. səhv, xəta / a mistake, an error 착오하다 f. səhv etmək, yanılmaq, xəta etmək

착용하다(着用--) f. geyinmək; bağlamaq; taxmaq / wear, have on 스카프를 착용하다 yaylıq bağlamaq

착잡하다(錯雜--) s. qarışıq, mürəkkəb, dolaşıq / complicated, tangled, intricate 착잡한 생각 dolaşıq fikirlər

착취하다(搾取--) f. istismar etmək, bir kəsin əzib suyunu çıxarmaq / exploit, sweat one's employees, squeeze

착하다 s. mehriban, xeyirxah / good, nice, kind-hearted

찬동하다(贊同--) f. bəyənmək; tərəfini saxlamaq, təqdir etmək / approve of, support, give one's apporval to

찬란하다(燦爛--) s. parlaq, gözqamaşdırıcı; şanlı, əzəmətli / brilliant, bright, splendid

찬물 i. soyuq su / cold water

찬미(讚美) i. mədh etmə, vəsf etmə / praise, admiration, adoration 찬미하다 f. mədh etmək, vəsf etmək; göylərə qaldırmaq

찬바람 i. soyuq külək / a cold wind, a chilly wind

찬사(讚辭) i. xoş söz, kompliment, tərif / a eulogy, a compliment 찬사를 보내다 xoş söz demək, kompliment söyləmək

찬성(贊成) i. təqdir etmə, bəyənmə / apporval 찬성하다 f. təqdir etmək, bəyənmək

찬송가(讚頌歌) i. dini mahnı / a hymn

찬양(讚揚) i. şükr etmə, mədh etmə / praise, admiration 찬양하다 f. şükr etmək 하나님을 찬양! Allaha şükür!

찬조(贊助) i. kömək, yardım, dəstək / support, backing, patronage

찰나(刹那) i. bir an, ani / a moment, an instant 눈 깜박할 사이(찰나)에 bir göz qırpımında

찰흙 i. gil / clay

참 i. reallıq, gerçəklik, həqiqət / truth, reality, fact [=진실(眞實), 진리(眞理)]

참 z. gerçəkdən, həqiqətən / really, truly, indeed

참- ön.şək. həqiqi, doğru, əsl / true, real, genuine

참가자(參加者) i. iştirakçı / a participant, a participator

참가하다(參加--) f. iştirak etmək / participate in, take part in, join in

참견하다(參見--) f. müdaxilə etmək, qarışmaq; burnunu soxmaq / meddle in, interfere in

참고서(參考書) i. soraq kitabı, məlumat kitabı, köməkçi vəsait / a reference book

참고하다(參考--) f. məlumat almaq, istifadə etmək, müraciət etmək; istinad etmək / refer to, consult (a book)

참관하다(參觀--) f. müşahidə etmək, baxmaq / inspect; visit

참기름 i. küncüt yağı / sesame oil

참나무 i. palıd ağacı / an oak tree

참다 f. səbr etmək, səbirli olmaq, dözmək; özünü saxlamaq / be patient, have (take) patient; bear, endure

참담하다(慘憺--) s. faciəli, dəhşətli, qəmli, kədərli, acı / tragic, miserable, pitiful; terrible

참되다 s. həqiqi, real, doğru, gerçək / true, real, genuine, honest

참뜻 i. əsl məna, düz söz / the true meaning; one's real intention

참말 i. həqiqi söz, düz söz / a true remark, a real fact

참모(參謀) i. qərargah zabiti / a staff officer

참배(參拜) i. ziyarət / visiting to a temple and worshiping 참배하다 f. ziyarət etmək

참변(慘變) i. dəhşətli hadisə, faciəli hadisə, qəza, fəlakət / a disastrous accident, a tragic incident 참변을 당하다 f. fəlakətə uğramaq, böyük bir qəzaya uğramaq
참사(慘死) i. faciəli ölüm / a tragic death
참사(參事) i. müşavir / a counselor, a councilor, a secretary [=참사관] qarş. 영사(領事) konsul
참사(慘事) [=참변(慘變)]
참새 i. sərçə / a sparrow
참석하다(參席--) f. iştirak etmək / attend (a meeting) 참석자 iştirakçı
참소(讒訴) i. böhtan, iftira, şər / a slander, a false charge 참소하다 f. böhtan atmaq, iftira etmək, şər atmaq
참신하다(斬新--) s. təzə, tər, təravətli, yeni / fresh, new
참여하다(參與--) f. iştirak etmək, qoşulmaq, qarışmaq / participate in, join in; play one's part in
참예(參詣) [=참배(參拜)]
참외 i. yemiş, qovun / a melon
참으로 i. doğrudan, həqiqətən, əslində, gerçəkdən / really, truly, in fact, indeed
참을성(--性) i. səbir, dözüm / patience, endurance, tolerance
참작하다(參酌--) f. nəzərə almaq; yenidən baxmaq / consider, take into consideration
참전(參戰) i. müharibədə iştirak etmə, müharibəyə qoşulma / participation in a war 참전하다 f. müharibədə iştirak etmək, müharibəyə qoşulmaq
참조(參照) i. istinad etmə, müraciət etmə / referance 참조하다 f. istinad etmək, müraciət etmək
참패하다(慘敗--) f. böyük hesabla uduzmaq, hər tərəfli uduzmaq; tam uduzmaq / suffer a crushing defeat
참하다 s. qəşəng, gözəl, yaraşıqlı / nice, charming, fair, pretty, good-looking
참혹하다(慘酷--) s. acınacaqlı, faciəli, dəhşətli / misery, tragic; pitiable 참혹한 사건 dəhşətli hadisə
참회(懺悔) i. tövbə, peşimançılıq / repentance 참회하다 f. tövbə etmək, peşiman olmaq
찻길 i. maşın yolu / a track, a roadway
찻집 i. çayxana / a teahouse
창(窓) i. pəncərə / a window

창(槍) i. nizə, mizraq / a spear
창간(創刊) i. ilk nəşr / the first publication 창간하다 f. ilk dəfə nəşr etmək, ilk dəfə təsis etmək
창간호(創刊號) i. birinci nömrə, ilk say / the initial number, the first issue
창고(倉庫) i. anbar / a storehouse, a warehouse, depot
창구(窓口) i. balaca pəncərə (kassada) / a window, a wicket
창녀(娼女) i. pozğun qadın, fahişə, qəhbə / a prostitute, a woman of pleasure
창립(創立) i. təsisat, qurum, yaratma / establishment, founding, foundation 창립하다 f. yaratmaq, təsis etmək, əsasını qoymaq, qurmaq
창립자(創立者) i. qurucu, təsisçi, bani, əsasını qoyan / the founder
창문(窓門) i. pəncərə / a window
창백하다(蒼白--) s. solğun, rəngi qaçmış, bənizi qaçmış / pale, pallid, white 얼굴이 창백해지다 f. rəngi qaçmaq, saralmaq (sifət)
창시하다(創始--) f. yaratmaq, banisi olmaq, ilk dəfə qurmaq, təsis etmək / originate, create, found, establish
창안하다(創案--) f. ixtira etmək, icad etmək, yaratmaq / devise, invent, originate
창업(創業) i. şirkət yaratma / inaguration of an enterprise, foundation 창업하다 f. şirkət yaratmaq
창의력(創意力) i. yaradıcı qüvvə / creative power, originality
창자 i. bağırsaq / intestines
창작(創作) i. yaradıcılıq (sənətdə) / creation, production, a original work 창작하다 f. yaratmaq (sənətdə)
창조(創造) i. yaratma / creation 창조하다 f. yaratmaq 창조적인 s. yaradıcı
창조물(創造物) i. yaradılmış, xəlq olunmuş, məxluq / a creature
창조자(創造者) i. Yaradan, xaliq, xəlq edən (Tanrı, Allah) / The Creator, God
창피하다(猖披--) s. biabırçı, utanmaz / shameful, disgraceful [=창피스럽다] 창피한 일 biabırçılıq
찾다 f. axtarmaq; axtarıb tapmaq / search for, look for, seek for (after); find (out), discover; consult (refer to) a dictionary for the meaning of a word
찾아내다 f. tapmaq, aşkar etmək, üzə çıxarmaq / find out, detect, discover
-채 i. olduğu kimi / as it is 옷을 입은 채 자다 geyimli yatmaq, paltarlı yatmaq
채굴하다(採掘--) f. qazıb çıxarmaq / mine
채권(債券) i. borc iltizamı, təəhhüd / a debenture, a loan bond
채권자(債權者) i. kreditor, kredit verən, borc verən / a creditor, an obligee

채널 i. (TV) kanal / a channel   < İng.

채다 f. qapmaq, qoparmaq, qamarlamaq / snatch, carry off

채다 f. > 눈치를 채다, 알아채다 f. sezmək; duyuq düşmək / sense, suspect, become aware of

채무(債務) i. borc / a debt, an obligation

채무자(債務者) i. borclu / a debtor, a loanee, an obligor

채색(彩色) i. rəng; rəngləmə / coloring; painting 채색하다 f. rəngləmək

채소(菜蔬) i. tərəvəz, göyərti / vegetables, greens

채용하다(採用--) f. işə götürmək, qəbul etmək / employ; adopt (a plan)

채우다 f. qıfıllamaq, kilidləmək; (qandal) taxmaq, vurmaq / lock, fasten; make a person wear (put on) 수갑을 채우다 f. qandal taxmaq, qandallamaq 자물쇠를 채우다 f. qıfıllamaq

채우다 f. doldurmaq; bütövləşdirmək, tamamlamaq; başa vurmaq, başa çatdırmaq / fill up; complete a number, make good, make up for; complete a period 계약 기간을 채우다 müqavilə müddətini başa vurmaq 부족액을 채우다 kəsiri düzəltmək

채점(採點) i. qiymət hesablama (imtahan zamanı) / marking, scoring 채점하다 f. qiymət hesablamaq, xalları toplamaq

채찍 i. qamçı / a whip 채찍으로 때리다 qamçı ilə vurmaq

채찍질하다 f. qamçılamaq / whip

채집하다(採集--) f. kolleksiya toplamaq / collect, gather 나비를 채집하다 kəpənək nümunələrini toplamaq

채택하다(採擇--) f. seçmək, qəbul etmək / choose, select, adopt 새 방법을 채택하다 yeni metod seçmək, qəbul etmək

책(冊) i. kitab / a book

- 책 -(策) lek.şək. tədbir / a measure, a plan, a step 대응책 əks tədbir 해결책 əlac, çıxış yolu

책동하다(策動--) f. manevr etmək, hiylə işlətmək, kələk gəlmək; qızışdırmaq, təhrik etmək / maneuver, machinate, scheme

책략(策略) i. strategiya; taktika; fitnə-fəsad, hiylə / a stratagem, a scheme, a trick

책망 i. məzəmmət, tənbeh, danlama / reproof, rebuke 책망하다 f. məzəmmət etmək, tənbeh etmək, danlamaq

책무(責務) i. vəzifə, borc; məsuliyyət / duty; obligation

책상(冊床) i. parta, yazı stolu, yazı masası, iş stolu, iş masası / a desk

책임(責任) i. məsuliyyət, borc, vəzifə / responsibility

책임감(責任感) i. məsuliyyət hissi, borc hissi / a sense of responsibility, a sense of obligation

책정하다(策定--) f. müəyyən etmək, təyin etmək, ayırmaq / appropriate, allot 가격을 책정하다 qiyməti müəyyənləşdirmək

챔피언 i. çempion, qalib / a champion

챙기다 f. bir yerə yığmaq; qaydaya salmaq, nizamlamaq, sahmanlamaq / gather all together; put in order, tidy up, collect 소지품을 챙기다 öz şeylərini bir yerə yığmaq 서류를 챙기다 sənədləri sahmana salmaq

처(妻) i. həyat yoldaşı, arvad / a wife [=아내]

처가(妻家) i. arvadın atası evi, qayınata evi / one's wife home

처남(妻男) i. qayın, arvadın qardaşı / one's wife's brother

처넣다 f. soxmaq, içərisinə qoymaq, basmaq, salmaq / push in, thrust in 죄수를 감옥에 처넣다 canini dama soxmaq

처녀(處女) i. bakirə qız; qız / a virgin; a girl

처녀성(處女性) i. bakirəlik, qızlıq / virginity, virginhood

-처럼 bağ. kimi; oxşar, bənzər / like; as

처리하다(處理--) f. həll etmək / manage, treat 문제를 처리하다 məsələni həll etmək

처방(處方) i. resept / prescription

처벌하다(處罰--) f. cəzalandırmaq, cəza vermək / punish

처분하다(處分--) f. tədbir görmək, həll etmək, təşkil etmək / dispose of 재산을 처분하다 mülkiyyət məsələsini həll etmək

처세술(處世術) i. həyat mənsəbi, yaşamaq bacarığı / a rule of life, the secret of success in life 처세술에 능하다 həyatda axına necə qoşulmağı bilmək

처신하다(處身--) f. davranmaq / behave oneself, go on 점잖게 처신하다 özünü yaxşı aparmaq

처음 i. başlanğıc / the beginning

처자(妻子) i. arvad-uşaq / one's wife and children

처지(處地) i. durum, vəziyyət / a situation, a condition

처지다 f. üzülmək, əyilmək; geridə qalmaq / hang down; fall behind 천장이 처지다 Tavan aşağı əyilib.

처참하다(悽慘--) s. dəhşətli, qorxunc, qorxulu / gruesome, ghastly, gruesome, miserable 처참한 광경 dəhşətli mənzərə

처치하다(處置--) [=처분하다(處分--)]

처하다(處--) f. məruz qalmaq, üzləşmək / be faced with, be placed in 위기에 처하다 böhrana məruz qalmaq
처형하다(處刑--) f. ölüm hökmünü icra etmək; edam etmək, dara çəkmək / punish; execute 처형되다 f. edam edilmək
척(尺) i. çoq, koreya ölçü vahidi (30.3 santimetrə bərabər) / a *chuck* (30.3 centimeters)
척도(尺度) i. ölçü / a measure, a scale
척추(脊椎) i. onurğa sümüyü, bel sütunu / the backbone
천 i. parça / cloth, stuff
천(千) say. min / a thousand
천(天) [=하늘]
천국(天國) i. cənnət / the Kingdom of Heaven, Heaven
천당(天堂) i. cənnət / the palace of Heaven, Paradise
천둥 i. ildırım, ildırım çaxması / thunder 천둥치다 f. ildırım çaxmaq, guruldamaq
천막(天幕) i. çadır, alaçıq / a tent
천만(千萬) say., i. on milyon; saysız / ten million; a countless number 천만의 말씀 yerində deyilməyən söz 천만의 말씀입니다. Dəyməz!
천만다행(千萬多幸) i. bəxti gətirmə (ağır qəzada, çətinlikdə), canını yaxşı qurtarma / great good fortune, a stroke of good luck
천만에(千萬-) nid. əsla, qətiyyən; bir şey deyil, dəyməz, buyurun / certainly not, far from it; don't mention, not at all
천문학(天文學) i. astronomiya / astronomy
천박하다(淺薄--) s. dayaz düşüncəli, səthi / low-minded, shallow, superficial 천박한 사람 dayaz düşüncəli adam 천박한 지식 səthi bilik
천벌(天罰) i. tanrı qəzəbi, Allahın qəzəbi, tanrının cəzası, Allahın cəzası / the punishment of Heaven
천사(天使) i. mələk / an angel
천성(天性) i. xasiyyət / one's nature, one's innate character
천연(天然) i. təbiət / nature
천연가스(天然--) i. təbii qaz / natural gas
천연두(天然痘) i. çiçək (xəstəlik) / smallpox
천연색(天然色) i. təbii rəng / natural color 천연색 사진 rəngli şəkil 총천연색 əlvan rəng
천장(天障) i. tavan / the ceiling
천재(天才) i. düha, dahi, Allah vergisi, İlahi zəka / genius, a natural gift

천재(天災) i. təbii fəlakət / a natural calamity, disaster
천재지변(天災地變) [=**천재**(天災)]
천주(天主) i. Tanrı, Allah (katoliklər) / the Lord of Heaven, God
천주교(天主敎) i. Katolisizm / Catholicism
천주교회(天主敎會) i. Katolik kilsəsi / the catholic church
천지(天地) i. göy və yer; dünya; kainat / heaven and earth, the heaven and the earth, the universe
천진난만하다(天眞爛漫--) s. sadəlövh, sadədil, (uşaq kimi) saf / naive, innocent, artless
천천히 z. yavaş-yavaş, asta-asta, aram-aram / slowly
천체(天體) i. göy cisimləri, səma cisimləri / a heavenly body, a celestial sphere
천하(天下) i. bütün dünya / the land, the world, the whole country
천하다(賤--) s. aşağı təbəqəli, kasıb mənşəli, həqarətli / humble, ignoble low, low-born 천한 신분 aşağı səviyyəli status
철 i. fəsil; mövsüm, dövr, çağ / a seaso 추수철 məhsul mövsümü, yığım dövrü
철 i. hikmət, ağıl, dərrakə, zəka / discretion, wisdom, good sense 철이 없다 f. ağılsız hərəkət etmək, düşünülməmiş hərəkət etmək
철(鐵) i. dəmir / iron krş 강철(鋼鐵) polad
철강(鐵鋼) i. polad / steel [=강철(鋼鐵)]
철거하다(撤去--) f. sökmək, dağıtmaq, uçurmaq / remove, clear away
철도(鐵道) i. dəmiryolu / a railway, a railroad
철모르다 f. ağılsız hərəkət etmək, yetişməmək / have no sense, be imprudent, be thoughtless, lack judgment
철봉(鐵棒) i. turnik / a horizontal bar, gallows
철분(鐵分) i. dəmirin tərkibi / iron(content)
철사(鐵絲) i. nazik dəmir məftil / wire, wiring
철수(撤收) f. geri çəkilmək, tərk etmək, boşaltmaq / withdraw from; evacuate (a place)
철야(徹夜) i. bütün gecəni yuxusuz qalma / sitting up all night, an all-night vigil 철야하다 f. bütün gecəni yuxusuz qalmaq 철야작업(을) 하다 f. bütün gecəni işləmək
철자(綴字) i. yazı; orfoqrafiya / spelling; orthography 철자가 틀리다 f. səhv yazılmaq
철자법(綴字法) i. orfoqrafiya qaydaları, yazı qaydaları / the rules of spelling
철저하다(徹底--) s. mükəmməl, müfəssəl, əməlli-başlı, hərtərəfli, bitkin / thorough, complete, out-and-out 철저한 대책 hərtərəfli tədbir

철저히(徹底-) z. hərtərəfli, ətraflı şəkildə, əməlli-başlı / thoroughly, completely
철하다(鐵--) f. cildləmək / bind, file
철학(哲學) i. fəlsəfə / philosophy
철학자(哲學者) i. filosof / a philosopher, a man of philosophy
철회하다(撤回--) f. (təklifi) geri götürmək / withdraw, recall (a decision), retract (a statement)
첨가하다(添加--) f. əlavə etmək, qatmaq, qoşmaq / annex to, affix to, add to
첨단(尖端) i. s. yüksək nöqtə; ən mütərəqqi, ən qabaqcıl / a point, a tip; the spearhead, up-to-date 첨단기술 ən mütərəqqi texnika
첨부하다(添附--) f. əlavə etmək; qatmaq / attach, append, annex
첨예(尖銳) i., s. kəskin, gərgin; radikal / acute, sharp; radical 첨예화하다 f. kəskinləşmək, gərginləşmək
첩경(捷徑) i. kəsə yol, ən qısa yol, asan yol / a shortcut (to); a shorter way, a royal road
첩보(諜報) i. məxfi məlumat, gizli məlumat / secret information, an intelligence report 첩보기관 kəşfiyyat orqanları
첩자(諜者) i. casus, agent / a spy, an agent
첫 say. ilk, birinci / the first, new
첫걸음 i. ilk addım; ilk təşəbbüs / the first step
첫날 i. ilk gün, birinci gün / the first day
첫째 i. birinci, ilk / the first, number one
청(青) i. mavi, göy / blue [=청색(青色)]
청(請) i. xahiş, rica, dilək; istək, tələb; dəvət, çağırış / a request 청하다 f. xahiş etmək, rica etmək, diləmək; tələb etmək, çağırmaq
청각(聽覺) i. eşitmə, eşitmə duyğusu / hearing, hearing sense, acoustic sense
청결하다(清潔) -- s. təmiz, saf, pak / clean, pure, neat
청구(請求) i. tələb; ərizə vermə / a demand; a request 청구하다 f. tələb etmək; ərizə vermək 청구서 tələbnamə; ərizə; haqq-hesab kağızı
청년(青年) i. cavan oğlan, gənc / a youth, a young man
청동(青銅) i. bürünc / bronze
청바지(青--) i. cins şalvar / blue jeans
청사진(青寫眞) i. proyekt, gələcək plan; layihə / a blueprint 청사진을 제시하다 f. layihə təqdim etmək

청산하다(淸算--) f. son qoymaq, ləğv etmək; ödəmək / liquidate; cleanse, become decent 부채를 청산하다 borc ödəmək 과거를 청산하고 새출발을 하다 keçmişə son qoyub yeni həyata başlamaq

청색(靑色) i. göy rəng, mavi rəng / a blue color, blue

청소(淸掃) i. təmizləmə, yığışdırma; səliqəyə salma / cleaning 청소하다 f. təmizləmək, yığışdırmaq

청와대(靑瓦臺) i. Mavi Saray (Koreyada prezident iqamətgahı) / the Blue House, the Korean Prsidential residence

청원서(請願書) i. ərizə, şikayət kağızı, yazılı tələbnamə / a (written) petition

청원하다(請願--) f. ərizə vermək, şikayət etmək, tələbnamə vermək / petition, make a petition

청중 i. tamaşaçı, iştirakçı / an audience, an attendance

청첩장(請牒狀) i. dəvətnamə / a letter of invitation, an invitation 결혼청첩장 toy dəvətnaməsi

청춘(靑春) i. həyatın bahar çağı, gənclik, cavanlıq dövrü, gənclik çağı / the spring time of life, the bloom of youth 청춘기 cavanlıq dövrü, gənclik çağı

청취자(聽取者) i. dinləyici / a listener

청취하다(聽取--) f. qulaq asmaq, dinləmək / listen to

청탁하다(請託--) f. xahiş etmək, rica etmək / request, ask, entreat

청하다(請--) f. xahiş etmək; dəvət etmək / ask, request, beg, appeal; invite

청혼하다(請婚--) f. evlənməyi təklif etmək; elçi göndərmək / propose marriage (to a girl), make an offer of marriage to

체 i. ələk; xəlbir; şadara / a sieve

체격(體格) i. gövdə, bədənin quruluşu / physique, frame; body build

체결하다(締結--) f. imzalamaq, bağlamaq (kontrakt, müqavilə) / conclude (a treat), contract 계약을 체결하다 müqavilə bağlamaq

체계(體系) i. sistem, quruluş / a system

체념하다(諦念--) f. əl çəkmək, vaz keçmək, buraxmaq / abandon, give up

체력(體力) i. fiziki qüvvə, güc / the strength of one's body; physical strength

체류하다(滯留--) f. qalmaq / stay, make a stay, remain

체면(體面) i. ləyaqət, həya, abır, ismət / face; honor 체면상 şərəf naminə 체면을 세우다 f. ləyaqətini qorumaq

체온(體溫) i. bədənin istiliyi, bədən temperaturu / bodily temperature, body heat

체온계(體溫計) i. termometr (tibbdə) / a (clinical) thermometer
체육(體育) i. bədən tərbiyəsi, idman / physical education, physical training
체제(體制) i. sistem, quruluş, struktur / a structure; a system
체조(體操) i. gimnastika / gymnastics
체중(體重) i. bədənin çəkisi, bədənin ağırlılığı / the weight (of one's body) [=몸무게]
체질(體質) i. bədən quruluşu; xasiyyət / physical constitution; predisposition, habitude 그건 내 체질에 맞지 않다. Bu mənim xasiyyətimə uyğun deyil.
체포령(逮捕令) i. həbs barədə sanksiya (qərar), tutulmaq sanksiyası / a mandate for arrest, an arrest warrant
체포하다(逮捕--) f. tutmaq, həbs etmək / arrest
체하다 f. yalandan özünü göstərmək, hiylə etmək; riyakarlıq etmək, üzgörənlik etmək / pretend, pose as 보고도 못본 체하다 özünü görməməzliyə vurmaq
체험(體驗) i. təcrübə / (personal) experience 체험하다 f. təcrübədən keçirmək
체크 i. yoxlama / a collation, a checkup 체크하다 f. yoxlamaq [=확인하다]
쳐다보다 f. dik baxmaq, yuxarı baxmaq; gözlərini qaldırmaq / look up
쳐들다 f. yuxarıya qaldırmaq / lift up
쳐들어가다 f. hücum etmək, basqın etmək; soxulmaq / invade; break into a house 친구집에 쳐들어가다 xəbərsiz dost evinə soxulmaq
쳐박다 f. soxmaq, dürtmək, təpmək / drive in; strike in
초 i. şam / a candle
초(秒) i. saniyə / a second
-초-(初) i. başlanğıc, əvvəl / early 1 월초 yanvar ayının əvvəlində 20 세기초 iyirminci əsrin əvvəlində
초(醋) i. sirkə / vinegar 초를 치다 f. sirkə tökmək
초-(初)- ön.şək. başlanğıc, erkən / the beginning, the early part 초가을 erkən payız 초하루 ayın biri
초-(超)- ön.şək. super, həddən artıq / super, ultra 초현대적 həddən artıq müasir
초과(超過) i., s. artıq / excessive; surplus, extra 초과하다 f. həddi aşmaq
초급(初級) i. aşağı səviyyə; başlanğıc səviyyəsi / the first (beginner's) class
초기(初期) i. başlanğıc dövrü, əvvəl, erkən çağ / the first stage; the early days (years); the beginning ↔ 말기(末期) son dövr

초년(初年) i. gənclik çağı, cavanlıq dövrü / the early years; one's early years; one's youth, one's younger days

초년생(初年生) i. təzə başlayan, yeni qədəm qoyan, təcrübəsiz / a mere beginner

초대(初代) i. birinci, ilk; bani / the first generation; the founder 초대 왕 birinci padşah, ilk kral

초대(招待) i. dəvət / an invitation, an invite 초대하다 f. dəvət etmək

초대장(招待狀) i. dəvətnamə / an invitation card, a letter of invitation

초라하다 s. nimdaş; dağılmış, köhnə / shabby, poor-looking, mean, miserable 초라한 옷 nimdaş paltar

초래하다(招來--) f. doğurmaq, əmələ gətirmək, meydana gətirmək, törətmək / bring about, give rise to

초록(草綠) i. yaşıl / green, verdure [=초록색(草綠色)]

초만원(超滿員) i. ağzına qədər dolu, basa-bas olma / full 버스가 초만원이다. Avtobus ağzına qədər doludur.

초면(初面) i. ilk tanışlıq, ilk görüş / the first meeting (with) 초면에 ilk görüşümüzdə

초목(草木) i. yaşıllıq; otlar və ağaclar / trees and plants

초보(初步) i. ilk addım, başlanğıc; təcrübəsiz, səriştəsiz / the elements, rudiments, the first step (to, toward), the first stage 아제리말을 초보부터 배우다 Azərbaycan dilini sıfırdan öyrənmək

초보자(初步者) i. yeni öyrənməyə başlayan, nabələd, təcrübəsiz, səriştəsiz / a beginner

초빙하다(招聘--) f. (mütəxəssis) dəvət etmək / invite (a lecturer, a professor); call in (a specialist); engage

초상화(肖像畵) i. portret, şəkil / a portrait

초석(礎石) i. təməl daşı, əsas, bünövrə, özül / a foundation stone, a cornerstone

초순(初旬) i. ayın əvvəli, ayın ilk günləri / the first decade of a month

초승달(初--) i. aypara, hilal / a new moon, a crescent

초안(草案) i. eskiz, qaralama layihə / a draft, a rough draft

초월하다(超越--) f. hüdudları aşmaq, ötüb keçmək, üstün gəlmək, geridə buraxmaq / transcend, rise above, be superior to

초인종(超人鐘) i. zəng / a bell, a doorbell, a buzzer

초자연(超自然) i. fövqəltəbiilik, qeyri təbiilik / supernaturalness 초자연적 s. fövqəltəbii

초저녁(初--) i. axşamüstü / early evening, the early hours of the evening

초점(焦點) i. fokus, bir yerə cəmlənmə; mərkəz, məğz / a focus, a focal point 초점을 맞추다 f. fokus düzəltmək 초점에 모이다 f. fokusa yığmaq, fokusa almaq 분쟁의 초점 münaqişənin məğzi

초조(焦燥) i. narahatlıq, təntimə, əsəbiləşmə / impatience, fretfulness

초조하다(焦燥--) s. əsəbi, qıcıqlandırıcı, narahat / fretful, irritated

초창기(草創期) i. başlanğıc, ilk mərhələ / the initial stages, the early period

초청(招請) i. dəvət, rəsmi dəvət / an invitation 초청하다 f. dəvət etmək, çağırmaq

초청장(招請狀) i. dəvətnamə / an invitation, a letter of invitation

초콜릿 i. şokolad / chocolate < İng.

초판(初版) i. ilk nəşr / the first edition

촉(燭) i. şam işığı; işıqlandırma dərəcəsi / candlepower

촉광(燭光) [=**촉**(燭)]

촉구하다(促求--) f. sürətləndirməyi tələb etmək, təkidlə (inadla, israrla) tələsdirmək / press, urge

촉망(囑望) i. ümidverici / expectation, hope 촉망받는 청년 çox ümidlər verən gənc

촉매 i. katalizator; qızışdırıcı, sürətləndirici / catalyzer

촉박하다(促迫--) s. təxirəsalınmaz; təcili / urgent, pressing, imminent

촉진하다(促進--) f. sürətləndirmək, irəliləmək / accerate; promote

촌(村) i. kənd; məhəllə / a village; a rural community

촌(寸) i. qohumluq dərəcəsi / the degree of kinship

촌놈(村-) i. kəndçi, çoban (kobud mənada); / a country fellow, a rustic, a boor

촌락(村落) i. kənd; məhəllə / a village, a hamlet

촌수(寸數) [=**촌**(寸)]

촌스럽다(村---) s. kobud, qaba, avam; zövqsüz / boorish, rustic; unfashionable 촌스러운 옷차림 zövqsüz geyinmə

촘촘하다 s. çox sıx, toplu halda / close, compact, dense 촘촘한 바느질 sıx tikmə

촛대(-臺) i. şamdan / a candlestick

촛불 i. şam işığı / candlelight

총(銃) i. odlu silah; tüfəng, tapança / a gun; a rifle

총-(總)- ön.şək. bütün, bütöv, tam, hamısı, ümumi / whole, all, entire, general 총예산 bütün büdcə

총각(總角) i. subay kişi, oğlan / a bachelor, an unmarried man, a single man

총계(總計) i. yekun, cəm / the total, the total amount
총괄하다(總括--) f. ümumiləşdirmək, yekunlaşdırmaq / generalize 총괄적으로 ümumiyyətlə, bütövlükdə
총독(總督) i. canişin, vali, general-qubernator / a governor-general
총동원(總動員) i. ümumi səfərbərlik / general mobilization 총동원하다 f. səfərbərlik etmək
총력(總力) i. bütün güc, var güc / all one's energy 총력을 다하다 f. bütün gücünü həsr etmək
총리(總理) i. baş nazir / the prime minister [=수상(手相)]
총명하다(聰明--) f. ağıllı, hikmətli, müdrik / clever, wise, bright
총무(總務) i. ümumi işlər üzrə müdir / a manager, a director 총무부 ümumi işlər üzrə şöbə
총사령관(總司令官) i. ali baş komandan / a supreme commander; a commander-in-chief
총살(銃殺) i. güllələmə / shooting (a person) to death 총살하다 f. güllələmək
총선거(總選擧) i. ümumi seçki / a general election
총알(銃-) i. güllə / a ball, a bullet
총액(總額) i. ümumi məbləğ, miqdar, cəm / the total amount, the total sum
총영사(總領事) i. baş konsul / a consul general
총장(總長) i. rektor, başçı, direktor / a president of university, a secretary general
총재(總裁) i. başçı, prezident (bank, partiya) / (party) a president, (bank) a governor
총파업(總罷業) i. ümumi tətil / a general strike
총회(總會) i. ümumi iclas, ümumi yığıncaq / a general meeting, a plenary session (meeting)
촬영(撮影) i. çəkiliş / a shot, a take, photographing 촬영하다 f. film çəkmək
최-(最-) ön.şək. ən çox; maksimum / the most; the maximum, the extreme
최고(最高) i. ən yüksək, ən çox, mükəmməl / the highest, the uppermost, the maximum, the very best
최고가격(最高價格) i. ən yüksək qiymət / the highest price
최고급(最高級) i. ən keyfiyyətli / the top class, the highest grade 최고급품 ən keyfiyyətli mal
최근(最近) i. bu yaxınlarda, son günlər, bu günlər / the latest date 최근에 son günlərdə, bu günlərdə
최단(最短) i., s. ən qısa, kəsə / the shortest

최대(最大) i., s. ən böyük; maksimum / the largest; the maximum
최면술(催眠術) i. hipnoz / mesmerism, hypnotism 최면술을 걸다 f. hipnoz etmək
최상(最上) i., s. ən yüksək / the best
최선(最善) i. ən yaxşı, ən doğru / the best 최선의 선택 ən doğru seçim
최소(最小) i., s. ən aşağısı, minimum / the smallest, the minimum
최소(最少) i., s. ən az / the fewest, the least, the minimum
최소한(最小限) i. ən azı; minimum / the minimum
최소한도(最小限度) [=**최소한**(最小限)]
최신(最新) i., s. ən müasir, lap son, ən son / the newest, the latest, up-to-date 최신 유행 ən son dəb
최신식(最新式) s. ən son dəb, ən müasir / the latest (newest) fashion 최신식 호텔 ən müasir mehmanxana
최악(最惡) i. ən pis, lap pis / the worst 최악의 s. ən pis
최저(最低) i., s. ən az; ən aşağı / the lowest
최저가격(最低價格) i. ən aşağı qiymət / the lowest (bottom) price
최저가(最低價) [=**최저가격**(最低價格)]
최적(最適) i.,s. ən uyğun, ən münasib / the optimum
최종(最終) i., s. lap axırıncı, ən son / the last 최종 결정 son qərar
최종안(最終案) i. ən son plan, axırıncı plan / the final program, the final plan
최초(最初) i., s. ilk, ilk dəfə, başlanğıc / the first, the outset, the beginning
최하(最下) i., s. ən aşağı / the lowest
최후(最後) i., s. ən son; son / the last; the end 최후의 심판날 məhşər, qiyamət günü
추가(追加) i. əlavə / an addition, an appendix, a supplement 추가하다 f. əlavə etmək
추격하다(追擊--) f. təqib etmək, izləmək, qovmaq / pursuit, chase
추계(秋季) i. payız fəsli / autumn, fall
추구하다(追求--) f. axtarmaq, aramaq / seek for; pursue 행복을 추구하다 xoşbəxtlik axtarmaq
추녀(醜女) i. idbar qadın, çirkin qadın, gözəl olmayan qadın / an ugly woman
추념식(追念式) i. xatirə mərasimi, anma mərasimi / a memorial ceremony
추념하다(追念--) f. xatırlamaq, anmaq, yada salmaq / cherish the memory
추다 > **춤(을) 추다** f. oynamaq, rəqs etmək / dance
추락하다(墜落--) f. yıxılmaq, düşmək / fall, drop 추락사하다 f. yıxılıb ölmək

추려내다 f. seçmək, saf-çürük etmək, ələkdən keçirmək, xəlbirdən keçirmək / weed out, pick out

추리다 f. seçmək, saf-çürük etmək / select, choose, pick out

추모하다(追慕--) f. xatırlamaq, anmaq, yada salmaq / cherish a person's memory

추문(醜聞) i. qalmaqal, qovğa, vurhavur, qalmaqallı şaiyə, cəncəlli şaiyə, mərəkəli şaiyə / a scandal

추방(追放) i. (ölkə, iş) qovma / expulsion, banishment 추방하다 f. qovmaq 추방당하다, 추방되다 f. qovulmaq

추상적(抽象的) s. mücərrəd / abstract ↔ 구체적(具體的) konkret

추세(趨勢) i. təmayül, meyl, yön, istiqamət; axın / a tendency, a trend 시대의 추세 zamanın gedişi, axını 추세에 맡기다 f. suyun axarı ilə getmək

추수(秋收) i. məhsul toplama, biçin / harvesting, a harvest 추수하다 f. məhsul toplamaq, biçmək 추수기 məhsul toplama mövsümü, biçin dövrü

추악하다(醜惡--) s. çirkin; iyrənc / ugly, mean, base

추앙하다(推仰--) f. ehtiram bəsləmək, sayğı göstərmək, iltifat göstərmək / revere, adore, respect

추억(追憶) i. xatirə, anma, yada salma / recollection, remembrance, a memory 추억하다 f. anmaq, xatırlamaq, yada salmaq

추워지다 f. soyuqlaşmaq, soyumaq; soyuqlamaq, üşümək / get cold.

추월(追越) i. ötüb keçmə, qabağa keçmə, irəli keçmə / passing ahead 앞차를 추월하다 irəlidəki maşını ötüb keçmək

추위 i. soyuqluq / coldness ↔ 더위 istilik 춥다 s. soyuq

추잡하다(醜雜--) s. iyrənc, vulqar, ədəbsiz / dirty, filthy, foul, disgusting, vulgar 추잡한 농담 ədəbsiz zarafat

추적하다(追跡--) f. izləmək, təqib etmək / pursuit, chase [=추격하다(追擊 --)]

추정하다(推定--) f. güman etmək, zənn etmək, ehtimal etmək, fərz etmək / presume, assume

추종하다(追從--) f. ardınca getmək, dalınca getmək, izləmək / follow

추천(推薦) i. tövsiyə, məsləhət / recommendation 추천하다 f. tövsiyə etmək 추천장 zəmanət məktubu

추첨(抽籤) i. püşk / a lottery, a raffle; (lot) grawing; the drawing of lots 추첨하다 f. püşk çəkmək

추측하다(推測--) f. güman etmək, zənn etmək, ehtimal etmək, fərz etmək / conjecture, presume, suppose

추하다(醜--) s. çirkin, eybəcər, iyrənc / ugly, bad-looking

추행(醜行) i. zorlama / debauchery, profligacy 추행하다 f. zorlamaq, əxlaqını pozmaq

축(軸) i. ox; məhvər, mil / an axis, a shaft

축구(蹴球) i. futbol / football

축나다(縮--) f. azalmaq; zəifləmək, çəkini itirmək, arıqlamaq / diminish, become short; become weaker 몸이 축나다 çəkini itirmək, zəifləmək, arıqlamaq

축도(祝禱) i. xeyir-dua vermə / a prayer of blessing

축배(祝杯) i. şərəfə sağlıq, sağlıq, tost / a toast 축배하다 f. qədəh-qədəhə vurmaq, sağlıq demək, tost demək

축복(祝福) i. xoşbəxtlik arzu etmə / blessing 축복하다 f. xoşbəxtlik arzu etmək 축복기도하다 f. xeyir-dua vermək

축사(祝辭) i. təbrik; təbrik məktubu / a message of congratulations 축사하다 f. təbrik etmək

축산(畜産) i. maldarlıq, heyvandarlıq / stock farming, stock raising, livestock industry [=축산업(畜産業)]

축소(縮小) i. kiçiltmə, qısaltma, azaltma, gödəltmə / reduction, cuttailment, a cut 축소하다 f. kiçiltmək, qısaltmaq, azaltmaq, gödəltmək [=줄이다]

축음기(畜音機) i. qramofon, patefon; fonoqraf / a gramophone, a phonograph

축이다 f. yaş etmək, islatmaq / wet, moisten, damp 목을 축이다 f. boğazı yaşlamaq

축전(祝典) i. şənlik, festival / a festival, a celebration 축전을 거행하다 f. şənlik keçirmək

축제(祝祭) i. şənlik, festival / a festival, a celebration

축축하다 s. yaş; nəmli, rütubətli / wet, damp, moist 축축한 구두 yaş ayaqqabı 축축한 공기 rütubətli hava 추축해지다 f. islanmaq

축출하다(逐出--) f. qovub çıxartmaq / expel, drive out, dismiss

축하(祝賀) i. təbrik / celebration; congratulation 축하하다 f. təbrik etmək

춘추(春秋) i. yaz və payız; yaş (böyüklərə müraciətdə) / spring and autumn; one's honoured age 춘추가 어떻게 되십니까? Neçə yaşınız var? 그는 춘추가 높다. O, ahıl yaşdadır.

춘하추동(春夏秋冬) i. yaz-yay-payız-qış; ilin dörd fəsli / spring-summer-autumn-winter; the four seasons

출간(出刊) i. nəşr etmə, çap etmə / publication; issue 출간하다 f. nəşr etmək, çap etmək

출구(出口) i. çıxış, çıxış yolu / an exit, a way out

출국(出國) i. xaricə getmə, ölkədən çıxma / departure from a country 출국하다 f. xaricə getmək, ölkədən çıxmaq 출국허가 çıxış icazəsi ↔ 입국(入國) ölkəyə qayıtma

출근(出勤) i. işə getmə; işdə olma / going to work; attendance, presence 출근하다 f. işə getmək

출동하다(出動--) f. (hadisə yerinə) getmək, səfərbər olmaq / go into action, move out, be mobilized 출동명령 hadisə yerinə getmək üçün əmr

출두(出頭) i. (polisə, məhkəməyə) çağırışa getmə / appearance, presence, attendance 출두하다 f. çağırışa getmək

출력(出力) i. mühərrikin gücü; elektrik gücü / generating power, output of power

출마하다(出馬--) f. namizəd olmaq / stand as a candidate for (an election)

출몰(出沒) i. peyda olma və qeyb olma, görünmə və yoxa çıxma / appearance and disappearance 출몰하다 f. peyda olmaq və qeyb olmaq, görünmək və yoxa çıxmaq

출발(出發) i. yola çıxma, səfərə çıxma / departure; starting 출발하다 f. yola çıxmaq, səfərə çıxmaq 출발점 çıxış nöqtəsi, başlanğıc nöqtəsi

출산(出産) i. doğuş / delivery, childbirth 출산하다 f. doğmaq

출생(出生) i. doğulma, dünyaya gəlmə / birth 출생하다 f. doğulmaq, anadan olmaq 출생일, 출생년월일 doğum tarixi, təvəllüd

출석(出席) i. iştirak etmə, qoşulma / attendance, presence 출석하다 f. iştirak etmək 출석부 jurnal (məktəb, universitet)

출세(出世) i. mənsəb sahibi olma, yüksək vəzifə tutma, müvəffəqiyyət qazanma, uğur qazanma / a successful career, success in life 출세하다 f. mənsəb sahibi olmaq, uğur qazanmaq, yüksək vəzifə tutmaq

출신(出身) i. ictimai mənşə, məzun / a graduate, affiliation; origin, birth 나는 서울대학교 출신이다. Mən Seul Dövlət Universitetinin məzunuyam. 그는 출신이 비천하다. O, mənşəcə aşağı təbəqədəndir.

출연하다(出演--) f. səhnəyə çıxmaq, rol oynamaq / appear on the stage, play, perform

출옥하다(出獄--) f. həbsdən buraxılmaq, azad olmaq / release from prison

출입구(出入口) i. giriş və çıxış / an entrance and exit

출입금지(出入禁止) i. Giriş qadağandır / No entrance, Off limits

출입하다(出入--) f. girib çıxmaq / go in and out, enter and leave

출장(出張) i. ezamiyyət / a tour of duty, an official trip, a business trip 출장가다 f. ezamiyyətə getmək, ezam olunmaq

출전하다(出戰--) f. yarışda iştirak etmək, yarışa qoşulmaq; müharibəyə getmək / take part in (an athletic contest); go to war

출제하다(出題--) f. imtahan sualları hazırlamaq / make questions for an examination, prepare an examination paper

출처(出處) i. mənşə, mənbə, qaynaq, kök / the origin, the source 뉴스의 출처가 분명치 않다. Bu xəbər etibarlı mənbədən götürülməyib.

출판(出版) i. nəşr / publication 출판하다 f. nəşr etmək, kitab buraxmaq 출판권 nəşr etmə hüququ

출판물(出版物) i. çap olunmuş əsər, çap əsəri / a publication

출판사(出版社) i. nəşriyyat / publishing house qarş. 인쇄소(印刷所) mətbəə

출항(出港) i. limandan ayrılma, dənizə çıxma / departure from a port 출항하다 f. limandan çıxmaq, limandan ayrılmaq

출현(出現) i. meydana çıxma, peyda olma, görünmə / appearance 출현하다 f. meydana çıxmaq, peyda olmaq, görünmək

출혈(出血) i. qan axma, qan sızması; qanama / bleeding, loss of blood 출혈하다 f. qan axmaq, qan sızmaq; qanamaq 출혈하여 죽다 f. qan itirmədən ölmək

춤 i. rəqs / a dance 춤추다, 춤을 추다 f. rəqs etmək, oynamaq

춥다 s. soyuq / cold, chilly

충(蟲) i. həşərat / an insect

충격(衝擊) i. şok, sarsıntı, təsir, zərbə / an impact, shock

충고(忠告) i. məsləhət, öyüd, nəsihət / advice, counsel; warning 충고하다 f. məsləhət görmək, öyüd vermək

충돌(衝突) i. toqquşma, çarpışma, baş-başa dəymə / a collision, a clash, an impact 충돌하다 f. toqquşmaq, çarpışmaq

---

'**충돌**' və '**추돌**'-un fərqi

'**충돌**' fiziki, mənəvi cəhətdən kəskin şəkildə toqquşmaq mənasında istifadə edilir. '**추돌**' isə maşın, qatar və s. fiziki gücə əsasən arxadan toqquşma mənasında işlədilir.

의견(Fikir) **충돌**(toqquşması) (O) / **의견 추돌**(qəzası) (X)
승용차(Avtomobil) **충동**(toqquşması)(X) / **승용차 추돌**(qəzası)(O)

충동(衝動) i. təhrik etmə, qızışdırma; impuls / an impulse, an impetus; instigation, incitement 충동하다 f. təhrik etmək, qızışdırmaq 충동적 s. təhrikedici, qızışdırıcı 충동적 행동 impulsiv hərəkət, qeyri iradi hərəkət

충만(充滿) i. doluluq, zənginlik / fullness, repletion 충만하다 s. dolu

충분하다(充分--) s. kifayət qədər, bəs olan, yetərincə / enough, sufficient, full 충분히 z. yetərincə, kifayət dərəcədə

충성(忠誠) i. sadiqlik, vəfalılıq / loyalty, fidelity 충성하다 f. sadiq olmaq, sədaqətli olmaq, vəfalı olmaq

충실하다(忠實--) s. sadiq, vəfalı / faithful, honest, devoted

충실하다(充實--) s. dolu, dolğun; yetkin; məzmunlu / full, replete, complete; substantial

충전(充電) i. doldurma, güc yığma (akkumlyator) / charging 충전하다 f. güc yığmaq (elektrik), doldurmaq

충족(充足) i. kifayət qədər olma; dolu olma, yetərlilik; qane olma / filling up, sufficiency; satisfaction 충족하다 f. kifayət qədər olmaq; qane olmaq; dolu olmaq 조건을 충족시키다 f. tələbatı ödəmək 충족되지 않은 조건 qəbul edilməz şərt

충치(蟲齒) i. çürük diş / a carious (decayed) tooth

취급(取扱) i. rəftar, davranış; məşğul olma, alver etmə / treatment; dealing, handling, trading 취급하다 f. rəftar etmək; məşğul olmaq, alver etmək 우리는 그런 물건을 취급하지 않습니다. Biz belə malları satmırıq.

취득하다(取得--) f. əldə etmək, nail olmaq / acquire, get, obtain 취득세 gəlir vergisi

취락(聚落) i. icma; kənd, məhəllə, oba, oymaq / a community; a village

취미(趣味) i. sevimli məşğuliyyət, maraq sahəsi, xobbi / a hobby, a liking, an interest

취사(炊事) i. xörək bişirmə, yemək hazırlama / cooking, kitchen work

취사선택(取捨選擇) i. seçmə, seçib götürmə / choice, option, selection 취사선택하다 f. seçmək, seçib götürmək

취사장(炊事場) i. mətbəx (kütləvi yerlər üçün); səhra mətbəxi / a cookery, a kitchen; a field kitchen

취소(取消) i. ləğv etmə / cancellation, withdrawal 취소하다 f. ləğv etmək

취약점(脆弱點) i. zəif nöqtə, zəif yer / a vulnerable point

취약하다(脆弱--) s. zəif, kövrək / weak, fragile

취업(就業) i. işə girmə / employment, commencement of work 취업하다 f.

işə girmək

취임(就任) i. vəzifəyə başlama / assumption of office, taking office 취임하다 f. vəzifəyə başlamaq

취임식(就任式) i. vəzifəyə başlama mərasimi / an inaugural ceremony, an inauguration

취재(取材) i. məlumat toplama / coverage, news gathering 취재하다 f. məlumat toplamaq

취조하다(取調--) f. istintaq aparmaq, təhqiqat aparmaq / investigate, examine

취지(趣旨) i. məsələnin əsası, mahiyyəti; sənədin mətni / the purport, the meaning; an opinion, a view, ; an object, an aim

취직(就職) i. işə girmə, iş tapma / finding employment, getting a job 취직하다 f. işə girmək, iş tapmaq

취직난(就職難) i. iş tapma çətinliyi; iş çatışmazlığı / the difficulty of finding employment; job shortage

취침(就寢) i. yatma, yuxuya getmə / going to bed (sleep) 취침하다 f. yuxuya getmək, yatmaq

취태(醉態) i. sərxoşluq / drunkenness

취하하다(取下--) f. geri götürmək (şikayət); ləğv etmək / withdraw (a suit)

취하다(取--) f. tutmaq; seçmək; əldə etmək; poza almaq / take, assume; pick, choose; get, gain; assume a posture, pose 입장을 취하다 f. mövqe tutmaq 제일 좋은 것을 취하다 ən yaxşısını seçmək 많은 이문을 취하다 yaxşı gəlir əldə etmək 사진을 찍기 위해 포즈를 취하다 portret üçün poza almaq

취하다(醉--) f. sərxoş olmaq / get drunk, be intoxicated

취학(就學) i. məktəbə daxil olma / entering school 취학하다 f. məktəbə daxil olmaq

취항(就航) i. reys açma (gəmi, təyyarə) / starting on a voyage 취항하다 f. reys açmaq 태평양 항로에 취항하다 Sakit okean xəttində reys açmaq

취향(趣向) i. zövq, meyl / taste, liking, fondness, bent, inclination 옷에 대한 취향 geyim zövqü

- 측-(側) lek.şək. tərəf / the side 양측 hər iki tərəf

측근자(側近者) i. bir kimsəyə yaxın adam, bir kəsin adamı / one's entourage, an aid.

측량(測量) i. ölçmə; güman etmə, fərz etmə / a survey, measurement; estimation, guess 측량하다 f. ölçmək; güman etmək, fərz etmək

측량기사 topoqraf 남의 마음을 측량할 수 없다 başqalarının fikrini duya bilməmək

측면(側面) i. yan tərəf / the side, a side face

측은하다(惻隱--) s. yazıq, acınacaqlı, zavallı, binəva / pitiful, patiable

측정(測定) i. ölçmə / measurement, survey 측정하다 f. ölçmək

층(層) i. təbəqə, səviyyə; mərtəbə / a class, a layer, a stratum; a story, a floor 사회의 중간층 cəmiyyətin orta təbəqəsi 4 층짜리 건물 4 mərtəbəli bina

층계(層階) i. pilləkən / stairs; a flight of stairs [=계단(階段)]

치 i. ölçü vahidi, çi / a chi (= 3.33cm)

치 i. oğlan, gənc, cavan; pay, hissə, qədər / a fellow, a guy; a share 그 치 o oğlan 삼일치 약 üç günlük dərman 두 달치 월급 iki aylıq maaş

치과(齒科) i. diş klinikası / a dental office 치과의사(-- 醫師) i. diş həkimi

치근거리다 f. dalınca düşmək, sataşmaq, söz atmaq, əl çəkməmək / annoy, pester, bother, tease, molest

치다 f. vurmaq, döymək; çalmaq / strike, hit; beat 종이 치다 f. zəng çalmaq

치다 f. dalğalanmaq; şiddətlənmək; çaxmaq / wave, roll; blow violently, rain hard; lighten, thunder 눈보라가 치다 f. güclü qar-boran əsmək 벼락이 치다 f. möhkən şimşək çaxmaq 파도가 치다 f. şiddətlə dalğalanmaq

치다 f. (çadır) qurmaq; (tor, çəpər) çəkmək; (həsir) toxumaq, hörmək / put up, hang; set up, surround, (a net) stretch; weave 천막을 치다 f. çadır qurmaq 그물을 치다 f. tor çəkmək 멍석을 치다 f. həsir toxumaq

치다 f. yetişdirmək, saxlamaq; zoğ atmaq; budamaq / raise, rear, breed; (branches) shoot out; trim off (a tree) 개가 새끼를 치다 f. it balasını saxlayır 닭을 치다 f. toyuq saxlamaq 나무가 가지를 치다 f. zoğ atmaq 가지를 치다 f. budamaq

치다 f. səpmək (duz, şəkər, istiot); yağlamaq / put (soy) into, put a spice in, sprinkle (salt) on; apply (a lubricant) 소금을 치다 f. duz səpmək 기름을 치다 f. yağlamaq

치다 f. hesablamaq; qiymət qoymaq; fərz etmək, güman etmək / count; price, value; regard as, suppose, assume 셈을 치다 f. hesablamaq 돈으로 치다 f. pulla qiymət qoymaq 그건 그렇다 칩시다. Onu elə fərz edək.

치다 f. (teleqram) vurmaq; fala baxmaq; (xətt) çəkmək / send a telegram to, send a wire to; tell a fortune; draw a line 전보를 치다 f. teleqram vurmaq 점을 치다 f. fala baxmaq 줄을 치다 f. xətt çəkmək

치다 f. vermək (imtahan) / give (make) a test, take (an examination) 시험을 치다 f. imtahan vermək

치다 f. təmizləmək; qaldırmaq / clear away, remove 방을 치다 f. otağı təmizləmək 돌을 치다 f. yerdən daşı təmizləmək

치다 f. qışqırmaq, bağırmaq; üzmək / shout; swim 소리치다 f. qışqırmaq 헤엄치다 f. üzmək

치닥꺼리하다 f. xırda iş görmək, kömək etmək, əl tutmaq / manage a matter, deal with an affair; help, aid, look after

치닫다 f. yuxarıya qaçmaq / run up

치레 i. bəzəmə / embellishment, decoration 겉치레로만 sadəcə olaraq forma xatirinə

치료(治療) i. müalicə / medical treatment, remedy 치료하다 f. müalicə etmək

치르다 f. tam ödəmək; çəkmək, qatlanmaq, məruz qalmaq, uğramaq / pay off; undergo, suffer; carry out 홍역을 치르다 f. qızılca keçirmək; çox çətinliyə məruz qalmaq 결혼식을 치르다 f. toy keçirmək, toy eləmək 어떤 댓가를 치르더라도 nəyə başa gəlirsə gəlsə, nə olursa olsun

치마 i. ətək / a skirt

치명상 i. ölümcül yara, ağır yara / a fatal (mortal) wound

치명적(致命的) s. öldürücü, ağır / fatal, deadly 치명적인 타격을 입다 ölümcül zərbə almaq

치밀하다(緻密--) s. hərtərəfli, dəqiq / minute, fine, elaborate 치밀한 계획 hərtərəfli düşünülmüş plan

치밀다 f. coşmaq, qalxmaq, güclənmək / surge up 분노가 치밀다 hirsi coşmaq

치받다 f. buynuzlamaq / butt up, push up, horn

치부하다(致富--) f. var-dövlət yığmaq, toplamaq; varlanmaq / make a fortune; become rich

치사하다(恥事--) f. şərəfsiz, alçaq, nanəcib / ignoble, shameful, mean, dishonorable

치솟다 f. birdən göyə qalxmaq, gözlənilmədən yuxarı qalxmaq, artmaq / skyrocket, rise suddenly, soar, shoot up, zoom 불길이 치솟다 f. birdən alovlanmaq 물가가 치솟다 qiymətlər birdən artdı (yuxarı qalxdı)

치수(-數) i. ölçü, böyüklük / measure, size
치아(齒牙) i. dişlər / the teeth
치안(治安) i. ictimai təhlükəsizlik / public security
치약(齒藥) i. diş pastası / toothpaste
치열하다(熾烈--) s. şiddətli, kəskin, sərt / violent, severe 치열한 논쟁 kəskin mübahisə
치욕(恥辱) i. biabırçılıq, şərəfsizlik, utanmazlıq / disgrace, dishonor, shame
치우다 f. təmizləmək; səliqəyə salmaq; sona çatdırmaq, qurtarmaq / clear off; put things in order; end up 밥상을 치우다 f. süfrəni təmizləmək 먹어치우다 f. yeyib qurtarmaq
치우치다 f. bir tərəfə əyilmək; bir tərəfə meyl etmək / lean to, incline toward; be one-sided; be biased, be prejudice 치우친 생각 qərəzli baxış, qabaqcadan əmələ gəlmiş yanlış fikir
치유(治癒) i. sağalma, şəfa tapma, müalicə / healing, cure 치유하다 f. sağaltmaq; şəfa vermək 치유되다 f. sağalmaq, şəfa tapmaq, müalicə olunmaq
치이다 f. vurulmaq (maşınla) / be hit (by a car)
치이다 f. dəyəri olmaq / cost, amount to
치즈 i. pendir / cheese   < İng.
치장하다(治粧--) f. bəzəmək, ornament vurmaq / ornament, decorate
치중하다(置重--) f. əhəmiyyət vermək / attach weight to, set importance on, emphasize
치질(痔疾) i. hemoroid / piles, haemorrhoids
치켜들다 f. qaldırmaq / raise, lift up
치킨 i. cücə; toyuq / chicken   < İng.
치통(齒痛) i. diş ağrısı / toothache
치하하다(致賀--) f. tərifləmək, təqdir etmək; təbrik etmək / appreciate, compliment; congratulate
칙령(勅令) i. krallıq fərmanı / a Royal edict
친 – (親)- ön.şək. doğma, əsl / by blood; real, true 친어머니 doğma ana 친형제 qan qardaşı
친교(親交) i. yaxınlıq, tanışlıq / friendship, intimacy
친구(親舊) i. yoldaş, dost / a friend
친근(親近) i. yaxınlıq, səmimiyyət / intimacy, familiarity, friendship 친근하다 s. yaxın, səmimi 친근해지다 f. səmimi olmaq, çox yaxın olmaq

친근감(親近感) i. yaxınlıq duyğusu, səmimilik / a feeling of intimacy, affection 친근감을 느끼다 f. yaxınlıq duymaq
친목(親睦) i. dostluq, yaxınlıq / friendship, intimacy, amity
친미(親美) i. Amerika tərəfdarı; Amerikapərəst / a sympathy of America ↔ 반미(反美) Amerika əleyhdarı
친밀하다(親密--) s. səmimi, yaxın / intimacy, familiarity
친부모(親父母) i. doğma valideynlər, həqiqi valideynlər / one's real parents
친분(親分) i. tanışlıq, yaxınlıq / acquaintance, friendship, intimacy
친서(親書) i. şəxsi məktub / a personal letter
친선(親善) i. dostluq / friendship, amity
친숙하다(親熟--) s. (münasibət) səmimi, yaxın / intimate, close
친애하다(親愛--) f. sevmək, əzizləmək / love, feel affection for 친애하는 신사 숙녀 여러분 Əziz, xanımlar və cənablar!
친절(親切) i. mehribanlıq / kindness 친절하다 s. mehriban
친정(親庭) i. arvadın ata evi / a woman's native home
친족(親族) i. qan qohumu, soydaş / a cognate, kinsfolk
친필(親筆) i. bir kimsənin öz əlyazısı; avtoqraf / one's own handwriting, an autograph
친하다(親--) s. yaxın, səmimi / intimate, familiar, close
친히(親-) z. şəxsən / personally, in persony 친히 방문하다 f. şəxsən baş çəkmək
칠(七) i. yeddi / seven, VII [=일곱]
칠 i. rəng, boya; lak; cila / paints; varnish; lacquer 페인트 칠하다 f. rəng vurmaq, rəngləmək
칠면조(七面鳥) i. hinduşka, hindtoyuğu / a turkey
칠순(七旬) i. yetmiş yaş / seventy years of age
칠십(七十) i. yetmiş / seventy, Lxx [=일흔]
칠칠치못하다 s. tör-töküntülü, səliqəsiz, pinti / slovenly, untidy
칠판(漆板) i. lövhə, taxta / a blackboard, a chalkboard
칠하다(漆--) f. rəngləmək; laklamaq, cilalamaq / paint; vanish 니스를 칠하다 f. laklamaq
칡 i. ararot / an arrowroot
침 i. tüpürcək / saliva, spit, spittle
침(針) i. iynə; tikan / a needle; a thorn 침으로 쏘다 f. iynə sancmaq, iynə batırmaq 주사침 şpris iynəsi

침(鍼) i. iynə (iynə batırma müalicəsi) / a needle (for acpuncture) 침놓다 f. iynə batırmaq müq. 주사놓다 f. iynə vurmaq
침구(寢具) i. yataq dəsti / bedclothes, bedding
침노하다(侵擄--) [=침입하다(侵入 --)]
침대(寢臺) i. çarpayı, taxt / a bedstead, a bed, a bunk
침략(侵略) i. silahlı təcavüz, təcavüzkarlıq / armed a gression, invasion 침략하다 f. təcavüz etmək 이웃나라를 침략하다 qonşu ölkəyə təcavüz etmək
침례(浸禮) i. baptizm / baptism [=세례(洗禮)] 침례주다 f. baptist etmək 침례받다 f. baptizmi qəbul etmək
침몰하다(沈沒--) f. suya batmaq / sink, go down
침묵(沈默) i. susma, səsini çıxartmama / silence, taciturnity 침묵하다 f. susmaq, səsini çıxartmamaq 침묵은 금이다. Susmaq qızıldır.
침뱉다 f. tüpürmək / spit
침범하다(侵犯--) f. təcavüz etmək; pozmaq / invade, raid; violate, infringe 인권을 침범하다 f. insan hüquqlarını pozmaq 국경 침범 sərhəddin pozulması
침상(寢牀) i. yataq, taxt, çarpayı / a couch, a cot, a bed
침수하다(浸水--) f. su basmaq, sel basmaq, su altında qalmaq / be submerged, be inundated, be flooded 침수 가옥 su altında qalmış evlər
침술(鍼術) i. akupunktur, iynə batırma (tibb) / acupuncture
침식(浸蝕) i. eroziya (yer qabığının su və ya külək tərəfindən dağılması prosesi); aşınma / erosion 침식하다 f. eroziyaya uğramaq, yuyulub dağılmaq; aşınmaq 침식시키다 f. eroziyaya uğratmaq, yuyub dağıtmaq; aşındırmaq
침식(寢食) i. yemək və yatma / food and sleep 침식을 같이 하다 f. bir otaqda yaşamaq 침식 제공 yemək və yerlə təmin etmə
침실(寢室) i. yataq otağı / a bedroom, a sleeping room
침울하다(沈鬱--) s. melanxolik, qəmli, kədərli, üzgün, tutqun / melancholy, gloomy, depressed 침울한 심정 kədərli qəlb, tutqun qəlb
침입(侵入) i. basqın etmə; təcavüz / a trespass; an invasion, a raid 침입하다 f. basqın etmək; təcavüz etmək 남의 집에 침입하다 bir kəsin evinə basqın etmək
침착하다(沈着--) s. soyuqqanlı, təmkinli / composed, calm 침착성 soyuqqanlılıq hissi

침체(沈滯) i. durğunluq / stagnation, dullness 침체되다, 침체하다 f. durğun vəziyyətdə olmaq 침체된 분위기 durğunluq vəziyyəti, şəraiti

침침하다(沈沈--) s. tutqun, dumanlı / gloomy, somber, dim, misty 눈이 침침하다. Gözüm tutqun görür.

침통하다(沈痛--) s. dərdli, kədərli, qəmli / grave, serious, mournful

침투(浸透) i. sızma, nüfuz etmə / permeation, infiltration, penetration 침투하다 f. sızmaq, sızıb içəri keçmək, nüfuz etmək 정계에 침투하다 siyasi dairələrə nüfuz etmək

침해하다(侵害--) f. pozmaq, riayət etməmək / infringe on, violate 저작권을 침해하다 müəllif hüququnu pozmaq

칭찬(稱讚) i. tərif, təqdir etmə, alqışlama, / praise, admiration, applaud 칭찬하다 f. tərifləmək, təqdir etmək, öymək, alqışlamaq

칭하다(稱--) f. çağırmaq, adlandırmaq / call, name

칭호(稱號) i. titul, fəxri ad; ləqəb (müəllif) / a title, a name

ㅋ, k

카드 i. kartoçka; oyun kartı / a card; playing cards   < İng.   카드 목록 kataloq kartoçkaları 축하 카드 təbrik kartoçkası
카드놀이 i. kart oyunu / card playing, a games of cards
카르텔 i. (iqt.) kartel (saziş, müqavilə) / a cartel   < Alm. Kartell
카메라 i. fotoaparat / a camera   < İng.
카메라맨 i. fotoreportyor; kinooperator / a cameraman
카네이션 i. qərənfil / a carnation   < İng.
카탈로그 i. kataloq / a catalog   < İng.
카피 i. surət / a copy   < İng.   카피를 하다 f. surətini çıxartmaq
칵테일 i. kokteyl / a cocktail   < İng.
칸 i. arakəsmə, bölmə; yüngül divar; boş yer / a partition, a compartment; a blank space   < 間(間) 방의 일부를 칸을 막다 otağın bir hissəsini arakəsmə etmək 문장 중 빈 칸을 채우십시오. Cümlədə boş yerləri doldurun.
칼 i. bıçaq / a knife
칼날 i. bıçağın tiyəsi / the edge (blade) of a knife
칼등 i. bıçağın arxası / the back of a knife (sword)
칼라 i. yaxalıq / a (shirt) collar   < İng.
칼로리 i. kalori / a calorie   < İng.
칼맞다 f. bıçaqlanmaq / get stabbed
칼슘 i. kalsium / calcium   칼슘 성분이 있다. Tərkibində kalsium var.
칼집 i. qılıncın qını / a sheath, a scabbard, a case
캄캄하다 s. qapqaranlıq / pitch-dark, dark
캐나다 i. Kanada / Canada
캐내다 [=캐다]
캐다 f. qazıb çıxarmaq; (sirrin) kökünü tapmaq, araşdırmaq / dig up, grub; examine 사건의 배후를 캐다 bir hadisənin arxasında gizlənən məsələni araşdırmaq
캐묻다 f. soruşmaq; sorğu-sual etmək / question closely
캘린더 [=달력(-曆)]

캠퍼스 i. universitet şəhərciyi, tələbə şəhərciyi / a campus   < İng.
캠프 i. düşərgə / a camp, camping   < İng.
캠핑가다 f. piknikə getmək, gəzintiyə getmək, seyrə çıxmaq / go out camping
-커녕 ə. əvəzinə, əksinə; hələ (nəyisə) demənsək / anything but, far from, not at all, none too; to say nothing of 우리는 칭찬은커녕 꾸지람만 들었다. Tərifi bir kənara qoyaq, hətta məzəmmət eşitdik. 그는 영어는커녕 우리말도 모른다. O, heç ana dilini bilmir, hələ İngilis dilini demirəm.
커닝 i. (imtahanda) köçürmə / cribbing, cheating in an examination 커닝하다 f. köçürmək
커다랗다 s. böyük, nəhəng, iri / huge, great
커미션 i. komisyon haqqı / commission; bribe   < İng. 커미션을 받다 f. komisyon haqqı almaq
커버 i. örtük; üzlük / a cover, a covering, wrapper; (book) a jacket   < İng.
커버하다 f. qorumaq, müdafiə etmək; əvəzini vermək, ödəmək, kompensasiya vermək / cover a person; cover up (a loss), make up for, compensate (a loss)
커브 i. qövs; əyri / a bend, a curve   < İng. 상승커브를 그리다 f. (yarışda, iqtisadiyyatda) qövs şəklində irəliləmək (məcazi mənada), inkişafda olmaq 커브 길 döngə (yol)
커튼 i. pərdə / a curtain   < İng.
커지다 f. böyümək / grow (become) larger (bigger, taller), increase in size 이 문제가 커졌다. Bu məsələ böyüdü.
커피 i. qəhvə, kofe / coffee
컨디션 i. (insan) vəziyyət; əhval-ruhiyyə / condition, form, a state (of health)   < İng. 컨디션이 나쁘다 f. özünü pis hiss etmək, vəziyyəti pis olmaq
컬러 i. rəng / color   < İng. 컬러 사진 rəngli şəkil ↔ 흑백사진
컴컴하다 s. alaqaranlıq, qaranlıq / dark, gloomy, somber 아직 컴컴한 새벽에 tezdən alatoranlıqda 속이 컴컴한 사람 qara qəlbli adam, qara niyyətli adam
컴퓨터 i. kompyuter / an electronic computer   < İng.
컵 i. stəkan, fincan, dolça / a glass; a trophy, a cup   < İng. 우승컵 qənimət
케이블 i. kabel / a cable, cabling   < İng.
케이블카 i. funikulyor / a cable car, a funicular railway coach   < İng.

케이스 i. qutu; hal, vəziyyət / a case < İng. 케이스에 담다 f. qutuya yığmaq
케이오 i. nokaut / K.O.(knock out)
케이크 i. tort, keks, şirin piroq, kökə / a cake < İng.
케케묵다 s. köhnə, köhnəlmiş; dəbdən düşmüş / antiquated, old, timeworn; old-fashioned, outmoded, out of date 케케묵은 생각 köhnə fikir
켜다 f. (işıq, şam) yandırmaq; (radio) qoşmaq, açmaq / light, make a light; turn (switch) on
켜다 f. (simli alətdə) çalmaq; (mişarla) kəsmək / play (the violin); saw (wood) 바이올린을 켜다 f. skripka çalma 톱을 켜다 f. mişarlamaq
켤레 i. bir cüt / a pair 구두 한 켤레 bir cüt ayaqqabı
코 i. burun / a nose
코감기(-感氣) i. burun tutulması, tumov / coryza, a cold in the head müq. 감기(感氣) qrip
코골다 f. xoruldamaq / snore
코끼리 i. fil / an elephant
코너 i. künc, künc-bucaq / a corner < İng.
코르크 i. tıxac / a cork < İng.
코미디언 i. təlxək, komik (məzəli rollar ifa edən) aktyor, komediya müəllifi / a comedian
코스 i. (dərs) kurs; marşrut, yol / a course of study; a course, a route, a track 당일치기 코스 bir günlük yol
코웃음 i. fınxırma, istehza ilə gülümsəmə / a sniff, a sneer 코웃음치다 f. istehza ilə gülümsəmək, fınxırmaq
코인 i. dəmir pul, sikkə / a coin < İng. [=동전(銅錢)]
코코아 i. kakao / cocoa < İng.
코트 i. palto / a coat < İng.
코피 i. burundan gələn qan / epistaxis, nosebleeding 코피가 나다 f. burundan qan axmaq
콘서트 i. konsert / a concert < İng.
콘크리트 i. beton / concrete
콘택트 i. təmas, əlaqə, ünsiyyət / contact < İng.
콘택트 렌즈 i. kontakt linza / contact lens
콘테스트 i. müsabiqə, yarış / a contest < İng. 미인 콘테스트 gözəllik yarışı

콘트롤 i. kontrol, nəzarət, yoxlama / control < İng. 콘트롤하다 f. nəzarət etmək

콜레라 i. vəba, xolera / cholera < İng.

콤플렉스 i. aşağı səviyyəli təsəvvür hissi (özü barədə), xofluluq / a complex; the inferiority complex < İng.

콧수염(-鬚髥) i. bığ / a mustache müq. 턱수염 saqqal

콩 i. paxla (lobya, noxud) / beans, peas

쾌감(快感) i. zövq; ləzzət duyğusu / a pleasant sensation, a feeling of pleasure 쾌감을 느끼다 f. ləzzət almaq, zövq almaq

쾌락(快樂) i. ləzzət, şəhvət / pleasure 쾌락에 빠지다 f. eyş-işrət çəkmək, kef çəkmək 육체적 쾌락 şəhvət hissləri

쾌속(快速) i. yüksək sürət / a high speed

쾌청하다(快晴--) s. (hava) son dərəcə yaxşı, açıq və təmiz / fine weather, fair and clear weather

쾌활하다(快活--) s. şən, kefi kök / cheerful, merry

쾌히(快-) z. məmnuniyyətlə, xoşluqla / pleasantly, gladly, with pleasure

쿠데타 i. dövlət çevirilişi / a coup d'état < Fr.

쿠션 i. mütəkkə, döşəkçə / a cushion < İng. 쿠션이 좋은 의자 yumşaq döşəkçəli stul

퀴즈 i. tapmaca / a quiz < İng.

크기 i. ölçü; böyüklük, həcm / size; dimensions, volume, bulk

크다 s. böyük / big, large, great

크다 f. böyümək / grow, become larger (taller)

크리스마스 i. Milad günü, Milad bayramı / Christmas, x-mas, Noel, Christmas Day < İng.

크리스천 i. xristian / a Christian < İng. [=기독교인(基督敎人)]

큰아들 i. böyük oğul / one's eldest son

큰아버지 i. böyük əmi / an uncle who is one's father, elder brother

큰일 i. böyük iş; mühüm iş, önəmli iş, vacib iş; ciddi məsələ, problem / a great thing, a great task; a big job, an important job; a serious (grave) matter

클래스 i. sinif / a class < İng.

클래식 i., s. klassik / a classic, classic < İng. 클래식 음악 klassik musiqi

클럽 i. klub; dərnək / a club < İng. 클럽에 들다 f. kluba üzv olmaq

클레임 i. ödəniş tələbi (vurulmuş ziyan əvəzində) / a claim for damages < İng.

큼직하다 s. olduqca böyük, nəhəng, iri həcmli / quite big (large), good-sized, fair-sized
키 i. boy, hündürlük / (one's) height, stature
키 i. sükan (gəmidə) / a rudder, a helm
키스 i. öpüş, busə / a kiss   < İng. [≒뽀뽀]
키우다 f. böyütmək, bəsləmək, tərbiyə etmək; yetişdirmək / make larger, enlarge; bring up, rear; raise, rear

---

'**키우다**' və '**기르다**'-nın fərqi
'**키우다**' insan, heyvan, bitki və sairənin ölçüsü və həcmi artarkən istifadə edilir və həmçinin, ümid, arzu və s. kimi mücərrəd anlayışlarla da birlikdə işlədilir. '**기르다**'-dan isə əsasən insan, heyvan, bitki və sairənin boyu və ya uzunluğu artarkən və onları böyüdərkən istifadə edilir.

아이를 키우다. (Uşaq böyütmək.) (O)
　　기르다. (yetişdirmək.) (O)
꿈을 키우다. (Xəyallarını böyütmək.) (O)
　　기르다. (yetişdirmək.) (X)

킬로그램 i. kiloqram / a kilogram   < İng.
킬로미터 i. kilometr / a kilometer   < İng.

ㅌ, t

타-(他-) ön.şək. başqa, digər; yad; xaric / another, other; foreign 타도 başqa əyalət (vilayət) 타의 추종을 불허하다 tayı bərabəri olmamaq

타격(打擊) i. zərbə, həmlə / a blow, a hit 타격을 주다, 타격을 가하다 f. zərbə endirmək, zərbə vurmaq

타결(妥結) i. razılığa gəlmə, razılaşma / a compromise settlement, an agreement 타결하다 f. razılığa gəlmək, razılaşmaq

타고나다 f. anadan belə doğulmaq / be born with, be gifted with 타고난 목소리 anadangəlmə səs

타국(他國) i. xarici ölkə / a foreign country, a strange land [=외국(外國)]

타내다 f. (pul, xərclik) almaq / get (pocket money from someone), get a grant 아버지한테 용돈을 타내다 atadan xərclik almaq

타다 f. yanmaq, alışmaq; günəşdən yanmaq, qaralmaq / burn, blaze; be sunburned 햇볕에 검게 타다 günəşdən qaralmaq

타다 f. minmək; çıxmaq, dırmaşmaq; (fürsət, imkan) istifadə etmək / ride; climb (tree mountain, etc.); seize (an opportunity) 나무를 타다 ağaca çıxmaq 혼잡한 틈을 타서 도망치다 qarmaqarışıqlıqdan istifadə edib aradan çıxmaq

타다 f. (şəkər, duz və s.) tökmək, qarışdırmaq; əlavə etmək / mix, add to 설탕을 타다 şəkər əlavə etmək

타다 f. almaq, təltif olunmaq / get, have, receive; be awarded 금메달을 타다 qızıl medal almaq 노벨상을 타다 Nobel mükafatı ilə təltif olunmaq

타다 f. həssas olmaq; susamaq / be apt to feel, be sensitive to; be thirsty 부끄러움을 타다 f. utanmaq 간지럼을 타다 f. qıdığı gəlmək 추위를 타다 f. soyuğa qarşı həssas olmaq 목이 타다 f. susuzluqdan boğazı qurumaq

타다 f. (simli musiqi aləti) barmaqla çalmaq / play on 가야금을 타다 qayaqımda ifa etmək

타당하다(妥當--) s. uyğun, münasib / reasonable, proper, appropriate, adequate, fit 그것은 타당한 방법이 못된다. O, münasib tədbir (çıxış yolu) deyil.

타도하다(打倒--) f. devirmək, çevirmək, yıxmaq / overthrow; overturn, topple
타동사(他動詞) i. təsirli fel / a transitive verb \ 자동사(自動詞) təsirsiz fel
타락(墮落) i. mənəvi pozğunluq / depravity, moral corruption 타락하다 f. mənəviyyatı pozulmaq, əxlaqı pozulmaq
타산(打算) i. öz xeyrini güdmə, mənfəətpərəstlik, tamahkarlıq/ calculation, self-interest, money-minded 타산하다 f. öz mənfəətini, xeyrini güdmək, tamahkarlıq etmək 타산적인 생각 xudbin fikir
타살(他殺) i. qətl, qətlə yetirmə, öldürmə / homicide, murder
타살(打殺) i. döyüb öldürmə / beating to death 타살당하다 f. döyüb öldürülmək
타오르다 f. alovlanmaq, odlanmaq / blaze up, burn up in a flame
타월 i. dəsmal, məhrəba / a towel < İng.
타의(他意) i. başqasının iradəsi / another person's will
타이르다 f. öyüd vermək, nəsihət etmək / persuade; admonish 잘못을 타이르다 səhvinə görə öyüd-nəsihət vermək
타이어 i. təkər / a tire < İng.
타인(他人) i. başqa adam, başqası, digəri, ayrı adam / another person, the others, other person
타입 i. cür, növ, tip, biçim / type; pattern < İng.
타자기(打字機) i. yazı maşını, makina / a typewriter
타자수(打字手) i. yazı maşınında yazan, makinaçı / a typist
타자치다(打字--) f. yazı maşınında yazmaq / typewrite, type [=자판(키보드를)을 치다]
타향(他鄕) i. yad yer, qürbət / a foreign countryside, a place away from home
탁구(卓球) i. stolüstü tennis / table tenis, pingpong
탁상공론(卓上空論) i. quru danışıq, boş nəzəriyyə / a desk mere theory, an impracticable proposition
탁아소(託兒所) i. körpələr evi / a day nursery, a créche, a nursery school müq. 유아원(幼兒園), 유치원(幼稚園) uşaq bağçası
탁월하다(卓越--) s. görkəmli, əla / excellent, eminent, prominent 탁월한 학자 görkəmli alim
탁자(卓子) i. masa, stol / a table, a desk [=책상(冊床)]
탁하다(濁--) s. bulanıq, bulaşıq; çirkli / turbid, impure 탁한 물 bulanıq su 탁한 공기 bulanıq hava 마음이 탁한 사람 qəlbi çirkli adam
탄광(炭鑛) i. kömür mədəni / a coal mine

탄력(彈力) i. elastiklik / elasticity, elastic force 탄력적인, 탄력이 있는 s. elastik
탄로나다(綻露--) f. aşkar olmaq, üzə çıxmaq / be exposed, be discovered
탄복하다(歎服--) f. heyran qalmaq, çox bəyənmək, mat qalmaq / admire
탄산가스(炭酸--) i. (kimya) dəm qazı, karbon turşusu qazı / carbonic acid gas
탄생 i. doğum, anadan olma, dünyaya gəlmə / birth
탄성(彈性) [=탄력(彈力)]
탄소(炭素) i. karbon / carbon
탄식하다(歎息--) f. ah çəkmək, köks ötürmək, içini çəkmək / sigh, heave asigh
탄알(彈-) i. güllə, mərmi / a shot, a bullet
탄압하다(彈壓--) f. zülm etmək; zorla təzyiq etmək, təqib etmək / oppress, suppress
탄약(彈藥) i. mərmi, güllə; hərbi sursat / ammunition, munitions 탄약고 cəbbəxana
탄원(歎願) i. yalvarış; ayağına düşmə / entreaty, supplication 탄원하다 f. yalvarmaq; ayağına düşmək
탄원서(歎願書) i. şikayət ərizəsi / a written petition
탄탄하다(坦坦--) s. hamar, düz / level, even, smooth 탄탄한 길 hamar yol
탄탄하다 s. möhkəm, güclü; davamlı, dözümlü / firm, strong; solid
탄핵(彈劾) i. yüksək dövlət məmurunu məclisin qərarı ilə vəzifədən kənar etmə / impeachment 탄핵하다 f. məclisin qərarı ilə vəzifədən kənar etmək
탄환(彈丸) i. mərmi; güllə / a projectile; a cannon ball; lead, a bullet
탈 i. maska / a mask; disguise [=가면(假面)]
탈락하다(脫落--) f. (mübarizə, yarış) çıxarılmaq, düşmək / be excluded, fall off, slip off 공천에서 탈락하다 namizədlikdən çıxarılmaq
탈모(脫毛) i. saç tökülməsi, keçəllik / falling off of hair, loss of hair
탈모증(脫毛症) i. saç tökülməsi xəstəliyi / alopecia
탈색(脫色) i. solma, solğunlaşma, rəngini itirmə / decoloration, decolarization; bleaching 탈색하다 f. solmaq, solğunlaşmaq, rəngini itirmək
탈선(脫線) i. yoldan çıxma, pis yola düşmə, yolunu azma; (qatar, tramvay) xəttdən çıxma, yoldan çıxma / deviation, aberration; derailment 탈선하다 f. yoldan çıxmaq, yolunu azmaq; xəttdən çıxmaq
탈세(脫稅) i. vergidən yayınma, boyun qaçırma / tax evasion, evasion of taxes 탈세하다 f. vergidən yayınmaq

탈수하다(脫水--) f. qurutmaq; suyunu çıxarmaq / dry; dehydrate

탈쓰다 f. maska taxmaq, maskalanmaq, cildini dəyişmək / make one's face; disguise oneself

탈영(脫營) i. fərarilik, fərar etmə, əsgərlikdən qaçma / desertion from barracks 탈영하다 f. fərarilik etmək, ordudan qaçmaq

탈옥(脫獄) i. həbsdən qaçma / prison breach, jailbreak 탈옥하다 f. həbsxanadan qaçmaq

탈의(脫衣) i. soyunma / divestiture, disrobing 탈의하다 f. soyunmaq

탈의장(脫衣場) i. geyinib soyunma otağı / a dressing (changing) room [=탈의실]

탈주(脫走) [=탈출(脫出)]

탈출(脫出) i. (həbsdən, əsirlikdən və s.) qaçma / escape 탈출하다 f. qaçmaq

탈취하다(奪取--) f. zorla ələ keçirmək, qarət etmək / capture, snatch

탈퇴하다(脫退--) f. tərkibindən (BMT, MDB və s.) çıxmaq; namizədliyini geri götürmək / secede from, withdraw from

탈환하다(奪還--) f. geri qaytarmaq, geri almaq / recapture, regain, win back

탐(貪) i. tamahkarlıq, acgözlük / covetousness, greediness 탐하다, 탐내다 f. tamahkarlıq etmək, acgözlük etmək

탐구(探究) i. elmi axtarış, tədqiqat / research, investigation 탐구하다 f. elmi axtarış aparmaq, tədqiq etmək

탐나다(貪--) f. tamah salmaq, acgözlük etmək / be desirable; be tempting

탐내다(貪--) f. tamah salmaq, göz dikmək / desire, crave for, covet

탐독하다(耽讀--) f. aludəliklə oxumaq, diqqətlə oxumaq / read avidly, be absorbed in reading

탐방(探訪) i. müsahibə almaq üçün bir yerə getmə / an interview, (private) inquiry 탐방기사 reportaj 탐방하다 f. müsahibə almaq üçün getmək

탐방기자(探訪記者) i. müxbir, reportyor / a newspaper reporter, an interviewer

탐사(探査) i. kəşfiyyat (geoloji), araşdırma, tədqiqat, axtarış / inquiry, investigation, probing 탐사하다 f. kəşfiyyat aparmaq, araşdırmaq

탐색(探索) i. araşdırma, kəşfiyyat / search, quest 탐색하다 f. araşdırmaq, kəşfiyyat aparmaq

탐스럽다 s. xoşagəlimli; cazibəli / appetizing, desirable, charming

탐심(貪心) i. acgözlük, tamahkarlıq / avarice, greed, undue desire

탐욕(貪慾) i. tamah, acgözlük / avarice, greed, covetousness 탐욕스럽다 s. acgöz, tamahkar, nəfsli
탐정(探偵) i. detektiv, xəfiyyə / a criminal agent, detektive; detektive work
탐정소설(探偵小說) i. detektiv roman / a detektive story
탐험(探險) i. kəşfiyyat, tədqiqetmə / exploration, expedition 탐험하다 f. kəşfiyyat aparmaq
탑(塔) i. qüllə / a tower
탑승원(搭乘員) i. ekipaj, heyət / a crewman, a crew member, a flight crew
탑승자(搭乘者) i. sərnişin / a passenger
탑승하다(搭乘--) f. (nəqliyyata) minmək / board, get on a plane
탓 i. səhv; təqsir, qəbahət; səbəb / failure; fault; reason
탓하다 f. təqsirkar saymaq, günahkar saymaq, günahı boynuna qoymaq / put blame upon, lay the fault to, blame a person for something 자신을 탓하다 özünü təqsirkar saymaq
탕진하다 f. israfçılıq etmək / squander, dissipate
태권도(跆拳道) i. Taekvando (Koreya milli idman növü) / the Korean art of empty-handed self-defence
태도(態度) i. hərəkət, davranış; münasibət / a manner, behavior; attitude 강경한 태도 güclü münasibət 태도를 정하다 müəyyən məsələyə qarşı mövqe tutmaq
태만(怠慢) i. sayğısızlıq, etinasızlıq; tənbəllik / negligence; idleness 태만하다 s. sayğısız; tənbəl
태몽(胎夢) i. hamilə olma haqqında xülya (yuxu görmə) / a dream that one is going to get pre nant 태몽을 꾸다 f. hamilə olmaq haqqında yuxu görmək
태반(太半) i. böyük əksəriyyət, əksər hissə / the greater part
태산(泰山) i. böyük dağ; böyük iş, çətinlik / a great (big) mountain; tremendous thing 할 일이 태산같다. Hələ görəcəyim böyük işlər var.
태생(胎生) i. doğum yeri; mənşə, əsli, kök / origin, birth, family, one's birthplace
태세(態勢) i. (döyüşə) hazır olma; durum, vəziyyət / an attitude, set up ; preparedness, arrangement; a condition 태세를 갖추다 f. (döyüşə) hazır olmaq 방어태세를 취하다 f. müdafiə vəziyyəti almaq
태아(胎兒) i. embriyon; rüşeym / an embryo, a fetus
태양(太陽) i. Günəş / the sun [=해]
태어나다 f. doğulmaq, anadan olmaq / be born, come into being

태연하다(泰然--) s. sakit, təmkinli, sarsılmaz / calm, cool, undisturbed 아무 일도 없는 것처럼 태연히 앉아 있다. Heç bir iş olmamış kimi sakit oturub.
태우다 f. yandırmaq, alışdırmaq, od vurmaq / burn, fire, set on fire
태우다 f. mindirmək; daşımaq / take in, take someone on board; carry
태초(太初) i. dünyanın başlanğıcı, həyatın başlanğıcı / the begining of the world
태평하다(太平--) s. sülh, əmin-amanlıq / peaceful, quiet
태평양(太平洋) i. Sakit Okean / the Pacific Ocean
태풍(颱風) i. qasırğa, şiddətli fırtına, tufan / a typhoon
택시 i. taksi / a taxi, a taxicab   < İng.
택지(宅地) i. (yaşayış binaları üçün) tikinti sahəsi / landing for housing, housing land 택지를 조성하다 tikinti sahəsi hazırlamaq
택하다(擇--) f. seçmək / choose, pick; prefer
탱크 i. tank / a tank   < İng.
-터 i. sahə, ərazi, yer; təməl, bünövrə / a site, a building lot, a spot; foundation 빈터 boş sahə 싸움터 döyüş yeri
-터 i. niyyət; plan / an intention; a plan, an expectation, hope -(으)ㄹ 터이다 (bir iş görməyə) hazırlaşmaq
터널 i. tunel / a (railway) tunnel   < İng.
터놓다 f. (ürəyini) açmaq; (aranı) açmaq, aradan götürmək / open one's heart, open up one's mind; make open, open it up; remove (a prohibition) 흉금을 터놓다 ürəyini açmaq 두방을 터놓다 iki otağın arasını açmaq 봉쇄를 터놓다 blokadanı aradan götürmək
터뜨리다 f. partlatmaq / explode; break, burst 다이나마이트를 터뜨리다 dinamitlə partlatmaq 웃음을 터뜨리다 qəhqəhə ilə gülmək 울음을 터뜨리다 hönkürtü ilə ağlamaq
터득하다(擴得--) f. dərk etmək, anlamaq, qavramaq, öyrənmək / understand, apprehend, comprehend, have a grasp of, realize, learn 요령을 터득하다 yolunu öyrənmək, bicliyini öyrənmək
터럭 [=털]
터무니없다 s. əsassız, məntiqsiz; boş, cəfəng / extraordinary, wild, errant, fabulous, groundless, rootless, absurd 터무니없이 z. əsassız olaraq
터미널 i. avtovağzal / a terminal station   < İng.
터전 i. yer, sahə; zəmin, təməl, bünövrə / the grounds, a site; a base

터주다 f. yol açmaq, imkan vermək, şərait yaratmaq / leave a way open, permit, allow 후진들을 위해 길을 터주다 gənclərə imkan, şərait yaratmaq

터지다 f. baş vermək; partlamaq; (vulkan) püskürmək; (çiban) yırtılmaq / occur; explode, break out; blow up; burst, break, split 사건이 터지다 hadisə baş vermək

터키 i. Türkiyə / Turkey   < İng.

턱 i. çənə / the jaws, maxilla, the mentum, the chin

-턱 i. qonaqlıq / a treat, a feast 한턱 내다 f. qonaqlıq vermək

-턱 i. əsas, səbəb / reason, ground 그가 알고 있을 턱이 있나? O, bunu necə bilə bilər?

-턱 i. kandar, astana / a projection, a prominence, a sill 문턱 qapının kandarı

턱수염(-鬚髥) i. saqqal / a beard

턱없다 s. əsassız, məntiqsiz; həddindən artıq / unreasonable, groundless; extreme, excessive 턱없이 비싸다 Həddindən artıq bahadır

털 i. tük; xəz / hair; fur   müq. 몸털 tük, 머리털 saç

털다 f. silkinmək, silkələmək, çırpınmaq, çırpmaq; soymaq, qarət etmək, yağmalamaq / shake off; rob (a bank), strip (a person) of 주머니를 털다 cibini soymaq

털리다 f. soyulmaq, qarət olunmaq, yağmalanmaq / get robbed, be stripped of

털어놓다 f. (sirri, ürəyini) açmaq; boşaltmaq / take a person into one's confidence, disclose, reveal; throw out, empty out

텁수룩하다 s. cod tüklü, qaba tüklü / shaggy, mopheaded, tousle-haired

테 i. çənbər, sağanaq; çevrə, haşiyə / a hoop, a brim 안경테 eynəyin çərçivəsi

테두리 i. qıraq; çənbər; haşiyə / the border, the edge; the brim, the rim; an outline; a limit

테러 i. terror, qəsd, terrorçuluq; terrorizm / terror; terrorizm   < İng.

테러리스트 i. terrorçu, tədhişçi / terrorist   < ing.

테스트 i. test, imtahan / a test, testing   < İng.

테마 i. mövzu / a theme, subject matter   < Fr.

테이블 i. masa, stol, miz / a table   < İng.

테이프 i. lent / a tape   < İng. qarş. 카세트(녹음)테이프 maqnitofon kaseti

테크닉 i. texnika / technique, technics   < İng. 연주 테크닉 ifa texnikası

텍스트 i. mətn; dərslik / a text; a textbook   < İng.

텐트 i. çadır, alaçıq / a tent < İng. [=천막(天幕)] 텐트촌 çadır şəhərciyi
텔레비전 i. televizor / television, TV < İng. 텔레비전 방송국 televiziya stansiyası
텔렉스 i. teleks / Telex < İng. [=가입자전신(加入者電信), 가입전신(加入電信)]
템포 i. temp, sürət / tempo, speed < İng.
토 i. ədat / a particle, a postposition
토굴(土窟) i. mağara, kaha, zağa / a cave, a dugout
토기(土器) i. gil qab, saxsı qab, dulusçuluq məmulatı / earthenware
토끼 i. dovşan / a rabbit, a hare
토대(土臺) i. əsas; təməl, zəmin / a foundation, a base
토라지다 f. küsmək; incimək / sulk, get sulky
토로하다(吐露--) f. etiraf etmək, ürəyini açmaq / speak out (one's mind), express, utter
토론(討論) i. müzakirə, mübahisə / a debate, a discussion 토론하다 f. müzakirə etmək
토론회(討論會) i. forum, toplantı / a forum 공개토론회 açıq iclas
토마토 i. pomidor / a tomato
토막 i. (balıq, taxta) tikə, parça, hissə, (kartof) dilim / a piece, a bit, a block
토목(土木) i. tikinti, inşaat / engineering works
토박이(土--) i. yerli adam / a native, an aborigine 서울 토박이 seullu
토산물(土産物) i. yerli məhsul / products of the district, local products
토산품(土産品) [=토산물(土産物)]
토양(土壤) i. torpaq / soil
토요일(土曜日) i. Şənbə günü / Saturday
토의(討議) i. müzakirə, diskussiya / discussion 토의하다 f. müzakirə etmək
토지(土地) i. ərazi, torpaq; yer / a piece of land, an estate, lands, soil
토질(土質) i. torpağın məhsuldarlığı, torpağın münbitliyi / the fertility of soil
토착인(土着人) i. yerli adam / an native, an aboriginal
토픽 i. mövzu / a topic, a subject < İng. 오늘의 토픽 cari məsələlər
토픽 i. Koreya dili qabiliyyət imtahanı / TOPIK 한국어능력시험
토하다(吐--) f. qusmaq, qaytarmaq / vomit, disgorge
톤 i. ton / a ton < İng.
톱 i. mişar / a saw
톱질하다 f. mişarlamaq / saw

-통 i. (zaman) sıra; orta; səbəb / midst, bustle ㄴ/는 통에 sırasında, ortasında; üzündən, səbəbindən, ucbatından, görə 싸움 통에 davaya görə

통(通) i. (vərəq, məktub, sənəd) dənə, ədəd / letters, a note, a document 편지 두 통 iki dənə məktub

통(桶) i. çəllək / a cask, a barrel, a pail 포도주통 şərab çəlləyi

통- z. heç, heç bir şey, heç nə / quite, entirely, utterly 통 모르겠다 heç nə bilmirəm

통감하다(痛感--) f. tam, ürəkdən hiss etmək, duymaq / feel strongly, fully realize

통계(統計) i. statistika / statistics, figures 통계상으로 statistikaya görə

통고하다(通告--) f. xəbər vermək, nəzərə çatdırmaq, bildirmək, məlumat vermək / notify, give notice

통곡하다(痛哭--) f. fəryad etmək, şivən salmaq, ah-nalə çəkmək, ah-zar etmək / lament, wail

통과하다(通過--) f. keçmək / pass through, go through 시내를 통과하다 mərkəzdən keçmək

통관(通關) i. gömrükdən keçmə / clearance through the customs 통관하다 f. gömrükdən keçmək

통근(通勤) i. işə getmə / attending office, commutation 통근하다 f. işə getmək

통달하다(通達--) f. mükəmməl bilmək, hər hansı bir şeyi tam bilmək / be well versed in, have a good knowledge of

통로(通路) i. keçid / a passage, a passageway, a pathway

통보하다(通報--) f. məlumat vermək, bildirmək / report, notify

통상(通商) i. ticarət, ticarət əlaqələri / commerce, trade, commercial relations

통속적(通俗的) s. adi, sadə; hamıya məlum / common; popular 통속적으로 hamı üçün anlaşılan şəkildə 통속소설 primitiv roman

통솔하다(統率--) f. komandirlik etmək; rəhbərlik etmək, liderlik etmək, başçılıq etmək / command; lead

통신(通信) i. rabitə, kommunikasiya; korrespondensiya / communication, a dispatch; correspondence 통신하다 f. rabitə əlaqəsi yaratmaq 통신망 rabitə şəbəkəsi

통신원(通信員) i. müxbir / a correspondent, a reporter

통역(通譯) i. (şifahi) tərcümə / interpretation 통역하다 f. tərcümə etmək

통용(通用) i. geniş istifadə / common use 통용하다 f. geniş istifadə etmək

통운(通運) i. (miniklə) daşıma / transportation

통일(統一) i. bütövləşmə, birləşmə / unity, unification 통일하다 f. bütövləşmək, birləşmək 통일시키다 f. bütövləşdirmək
통제(統制) i. nəzarət / control, regulation 통제하다 f. nəzarət etmək
통조림(桶--) i. konserv / canning, packing
통증(痛症) i. ağrı / a pain, an ache
통지하다 f. bildirmək, məlumat vermək / notice, inform
통째로 z. bütöv, bütünlüklə / whole, altogether, entirely 뱀이 개구리를 통째로 삼켰다. İlan qurbağanı bütöv uddu.
통찰력(洞察力) i. uzaqgörənlik, fərasət, başa düşmək qabiliyyəti, anlama səriştəsi / an insight, vision
통첩(通牒) i. nota / a note, a notification 통첩하다 f. nota vermək, nota göndərmək
통치(統治) i. (dövləti) idarə etmə, hökmranlıq / rule, reign 통치하다 f. idarə etmək, hökmranlıq etmək
통쾌하다(痛快--) s. son dərəcə məmnun, çox razı / extremely delightful, very pleasant
통탄하다(痛歎--) f. çox peşman olmaq, çox heyfsilənmək / deplore lament deeply, grieve bitterly, regret deeply
통통하다 s. gombul; kök / plump, round, buxom, full 통통한 얼굴 gombul sifət 통통한 여자 kök qadın
통틀어 z. bütöv, hamısı bir yerdə / all put together, in total, in all
통풍(通風) i. ventilyasiya, havanı dəyişmə / ventilation, airing 통풍하다 f. havasını dəyişdirmək
통하다(通--) f. açıq olmaq, əlaqəli olmaq; cərəyan etmək; tanınmaq; etibarlı olmaq; (cinsi) əlaqədə olmaq / run, lead, open; transmit; pass as, be known as; be valid, be available; have a relation with 이 방의 한쪽은 별실로 통해 있다. Bu otağın bir hissəsinin o biri otaqla əlaqəsi var. 해안으로 통하는 길 sahilə gedən yol 전기가 통하는 전선 cərəyan gedən elektrik xətti 그는 '브루군'이란 이름으로 통한다. O, Vurğun adı ilə tanınır. 정을 통하다 f. cinsi əlaqədə olmaq
통학(通學) i. məktəbə gedib gəlmə / attending school 통학하다 f. məktəbə gedib gəlmək 그는 항상 도보로 통학한다. O, həmişə məktəbə piyada gedib gəlir.
통합(統合) i. birləşmə, inteqrasiya / integration, unification, combination 통합하다 f. birləşmək 통합시키다 f. birləşdirmək

통행(通行) i. keçib getmə; yol hərəkəti / passage, passing; traffic 통행하다 f. keçmək, keçib getmək 통행료 keçid haqqı 통행이 막혀 있다. Yolda hərəkət dayanıb. 야간 통행금지 gecə komendant saatı

통화(通貨) i. pul dövriyyəsi; pul vahidi / the medium of circulation, currency; current money

통화(通話) i. telefon danışığı / a (telephone) call, telephone conversation 통화하다 f. telefonla danışmaq

퇴각(退却) [=후퇴(後退)]

퇴교(退校) i. məktəbdən qovulma, məktəbdən çıxma / leaving school, dismissal from school 퇴교하다 f. məktəbdən çıxmaq [=퇴학(退學)]

퇴근(退勤) i. (işi qurtarıb) iş yerindən çıxma / leaving one's office (work) 퇴근하다 f. işdən çıxmaq 퇴근시간 işin qurtarma saatı ↔ 출근(出勤) işə getmə 나는 늘 7 시에 퇴근한다. Mən həmişə saat 7də işdən çıxıram.

퇴보(退步) i. geriləmə, tənəzzül / retrogression, retrocession 퇴보하다 f. geriləmək, tənəzzül etmək

퇴비 i. peyin; üzvi kübrə / barnyard manure; compost

퇴색하다(退色--) f. (rəngi) solmaq, soluxmaq / (color) fade away, go off

퇴역(退役) i. tərxis olunma / retirement (from service) 퇴역하다 f. tərxis olunmaq 퇴역장군 istefaya çıxmış general, istefada olan general

퇴원하다(退阮--) f. xəstəxanadan çıxmaq / leave hospital, be discharged from the hospital

퇴임(退任) [=퇴직(退職)]

퇴짜놓다(退---) f. rədd etmək / kick, refuse, reject

퇴짜맞다(退---) f. rədd edilmək / be rejected, be turned down, be kicked

퇴장하다(退場--) f. (iclas, tamaşa, meydandan) çıxmaq, tərk etmək / leave, go away, exit, leave the scene 주심은 선수를 운동장에서 퇴장시켰다. Hakim oyunçunu meydandan çıxartdı.

퇴적하다(堆積--) f. üst-üstə yığılmaq, toplanmaq / be piled up, be heaped up, accumulate 퇴적암 çöküntü süxurlar

퇴직(退職) i. istefaya çıxma; istefada olma / retirement from office; resignation 퇴직하다 f. istefaya çıxmaq, istefada olmaq

퇴직금(退職金) i. müavinət; pensiya, təqaüd pulu / a retirement allowance, retirement pay

퇴진(退陣) i. (vəzifədən) çıxma / decampment 퇴진하다 f. vəzifədən çıxmaq

퇴폐(頹廢) i. əxlaqsızlıq, mənəvi düşgünlük, mənəvi pozğunluq / demoralization, corruption, degeneration 퇴폐하다 f. əxlaqsızlaşmaq, mənəvi cəhətdən pozulmaq

퇴학(退學) i. məktəbdən qovulma / expulsion from school; leaving school 퇴학당하다 f. məktəbdən qovulmaq 퇴학시키다 f. məktəbdən qovmaq 퇴학하다 f. məktəbi tərk etmək

퇴화하다(退化--) f. cırlaşmaq; inkişafdan qalmaq, geriləmək / degenerate; retrograde

투구 i. dəbilqə; başlıq, tuğ / a helmet, a headpiece

투기(投機) i. möhtəkirlik, alverlə məşğul olma; risk / speculation (in); a venture 투기하다 f. möhtəkirlik etmək; riskə getmək

투기하다(妬忌--) [=시기하다(猜忌--)]

투덜거리다 f. donquldanmaq; gileylənmək; deyinmək / grumble (at); complain (about, of)

투명하다(透明--) s. şəffaf / transparent, lucid 투명한 유리 şəffaf şüşə ↔ 불투명하다

투박하다 s. qabar, kələ-kötür / unshapely, shapeless, coarse 투박한 손 qabarlı əl

투병(鬪病) i. xəstəliklə mübarizə / a struggle against a disease 투병하다 f. xəstəliklə mübarizə aparmaq

투사(鬪士) i. döyüşçü, cəngavər / a fighter, a warrior

-투성이 i. dolu, içində; örtülü / full of; daubed with; covered with 피투성이가 되다 bütün qan içində olmaq 흙투성이가 되다 toz-torpaq içində olmaq

투숙하다(投宿--) f. (mehmanxanada) qalmaq, gecələmək / lodge in, put up at

투옥하다(投獄--) f. zindana salmaq, həbs etmək / throw a person into prison, put a person in prison

투입하다(投入--) f. içərisinə salmaq, atmaq, yeritmək / throw into, order (troops, etc.) in 미국은 그 전투에 3 만의 병력을 투입했다. Amerika o döyüşə otuz min qoşun yeritdi.

투자(投資) i. kapital qoyuluşu; sərmayə / investment 투자하다 f. kapital qoymaq, sərmayə qoymaq 투자가 i. sərmayəçi

투쟁(鬪爭) i. mübarizə; müqavimət / a fight, a combat; a struggle 투쟁하다 f. mübarizə aparmaq; müqavimət göstərmək

투정하다 f. mızıldanmaq; şikayətlənmək, giləylənmək, deyinmək, söylənmək / growling complain (of, about), grumble (at)

투표(投票) i. səs vermə / vote; poll, ballot 투표하다 f. səs vermək

투표자(投票者) i. seçici / voter
투표구(投票區) i. seçki dairəsi / a voting district [=선거구]
투표권(投票權) i. seçki hüququ / the right to vote, the right of voting
투표율(投票率) i. səsvermənin nəticəsi / a turnout (of voters)
투하(投下) i. (göydən) aşağıya atma / throwing down, dropping 투하하다 f. aşağıya atmaq
투항(投降) i. təslim olma / surrender 투항하다 f. təslim olmaq
툭하면 z. tez-tez, aramsız; fürsət düşdükcə / too often; at the slight provacation, ready to
툴툴거리다 f. [=투정하다]
퉁명스럽다 s. kobud, nəzakətsiz / harsh, blunt, crusty, curt
튀기다 f. (tüpürcək, su) sıçramaq; sıçratmaq; çırtma vurmaq / splash, spit; fillip, flip, snap 손가락으로 튀기다 çırtma vurmaq 침이 튀기다 ağızdan tüpürcək sıçramaq
튀기다 f. (yağda) qızartmaq / fry (in a hot pan)
튀김 i. qızardılmış yemək, qızartma / fried food, a fried dish
튀다 f. hoppanmaq, sıçramaq; çiləmək; aradan çıxmaq, sürüşmək (məcazi mənada) / bound, rebound, spring; run away, flee 도둑이 기회를 타서 튀었다. Oğru fürsət tapıb aradan çıxdı.
튀어나오다 f. qabağa çıxmaq, çıxıntı əmələ gətirmək; bayıra cummaq, bayıra qaçmaq sıçramaq / project, protrude; run out, rush out, spring up 불이 나자 모두 밖으로 튀어나왔다. Yanğın baş verəndə hamı bayıra qaçdı.
트다 f. cücərmək; (dəri) çatlamaq; (günəş) doğmaq / sprout, bud out; chap, get chapped; break, dawn 싹이 트다 f. cücərmək, tumurcuqlamaq 손이 트다 əli quruluqdan çatlamaq 동이 트다 günəşin doğması
트다 f. (yol, qapı, deşik və s.) açmaq / break (it) open, cut 구멍을 트다 deşik açmaq
트러블 i. narahatlıq, qayğı / a trouble < İng.
트럭 i. yük maşını / a truck, an autotruck < İng.
트럼펫 i. şeypur / a trumpet < İng.
트럼프 i. oyun kartı / (playing) cards < İng.
트레이너 i. məşqçi / a trainer < İng.
트레이닝 i. məşq / training < İng.
트이다 f. (yol) açılmaq / be opened, be cut
트집 i. nöqsan, qüsur, irad, səhv / a fault 트집을 잡다 f. irad tutmaq

특공대(特攻隊) i. xüsusi komanda heyəti, çevik əskər bölməsi / a commando unit, a special attack unit

특권(特權) i. imtiyaz, üstünlük / a privilege, a special right

특급(特急) i. ekspres, təcili / a limited express

특기(特技) i. xüsusi qabiliyyət, bacarıq; istedad, talant / one's special skill; one's special ability (talent)

특등(特等) i. xüsusi dərəcə, ən yuxarı dərəcə, ali dərəcə / a special grade, the top grade

특매(特賣) i. ucuz qiymətli satış / a bargain sale, special sale 특매하다 f. ucuz qiymətə satmaq

특면(特免) i. (hər hansı bir münasibətlə) amnistiya / special pardon 특면하다 f. amnistiya tətbiq etmək, bağışlamaq, əfv etmək

특별(特別) i.,s. xüsusi / being special, special 특별하다 s. xüsusi 특별히 z. xüsusi olaraq

특보(特報) i. xüsusi təcili xəbər, məlumat / special news, a (news) flash, a special report

특사(特使) i. xüsusi elçi / a special envoy

특사(特赦) i. amnistiya / amnesty [=특별사면(特別赦免)]

특산물(特産物) i. xas olan, xüsusi məhsul / a special product 구바의 특산물은 사과입니다. Qubaya xas olan xüsusi almadır.

특상(特賞) i. xüsusi hədiyyə, xüsusi mükafat / a special prize

특색(特色) i. spesifik xarakter / a specific character

특성(特性) i. xüsusi keyfiyyət; spesifik xarakter / a special quality; a specific character

특수(特殊) i.,s. xüsusi / special, particular 특수하다 s. xüsusi

특유하다(特有--) s. özünəməxsus olan; qeyri-adi, qəribə / characteristic (of), peculiar (to), unique, unusual

특이하다(特異--) s. nadir; qeyri-adi, qəribə / singular, peculiar, unique

특종(特種) i. yalnız bir mətbuat orqanının ilk dəfə verdiyi mühüm xəbər (eksklyuziv xəbər) / exclusive news

특질(特質) [=특징(特徵)]

특집(特輯) i. xüsusi buraxılış / a special edition

특징(特徵) i. fərqli xüsusiyyət / a distinctive feature, a distingushing character (mark)

특파원(特派員) i. xüsusi müxbir / a (special) correspondent

특파하다(特派--) f. xüsusi məqsədlə ezamiyyətə göndərmək / dispatch (send) specially, send off a person

특허(特許) i. patent; müəlliflik hüququ vermə / a special permission, a patent, a license, a charter 특허하다 f. patent vermək 특허를 받다, 특허를 얻다 f. patent almaq 특허권 i. patent hüququ

특혜(特惠) i. üstünlük vermə / preference, a special favor 특혜관세 imtiyazlı gömrük vergisi, güzəştli gömrük vergisi

특효(特效) i. xüsusi effekt, xüsusi təsir / special efficacy (virtue) for

특히 z. xüsusi olaraq / specially, in special

튼튼하다 f. sağlam; güclü, qüvvətli / sound; strong, solid, stout

틀 i. qəlib; çərçivə; tikiş maşını / a mould, cast; a frame, framework; a sewing machine 창틀 pəncərə çərçivəsi 틀을 뜨다 f. qəlib düzəltmək

틀다 f. burmaq; burub açmaq, yandırmaq, işə salmaq (kran, radio, televizor); döndərmək (sükanı) / twist, wrench, screw; turn, switch on; change, shift 가스를 틀다 qaz kranını açmaq

틀리다 f. səhv etmək; yanlış olmaq, xətalı olmaq; fərqli olmaq, dəyişik olmaq / be mistaken in, become wrong, be in error; differ from, be different from 맞춤법이 틀리다 yazı səhv olmaq

틀림 i. səhv; yanlış olma; xətalı olma / being wrong; a mistake, an error, a fault ↔ 옳음 i. doğruluq, düzgünlük

틀림없다 s. səhvsiz, xətasız, doğru / correct, exact, right

틀림없이 z. mütləq, hökmən, nəyin bahasına olursa olsun; necə olursa olsun / surely, certainly, without doubt, without fail

틀어막다 f. tıxamaq / stop up, stuff 귀를 솜으로 틀어막다 qulağa pambıq tıxamaq

틀어지다 f. sapmaq, əyilmək; (işi) əyilmək, (münasibəti, planı) pozulmaq, arası dəymək; burulmaq / turn aside, deviate; miss (the target); break with, quarrel with; be upset, go wrong; get twisted 일이 틀어지다 işi pozulmaq 관계가 틀어졌다. Münasibətlər pozulub. 넥타이가 틀어졌다. Qalstuk əyilib.

틈 i. aralıq; yarıq, çat, çatlaq / a gap, an opening; a crevice, a crack

틈바구니 i. aralıq; yarıq, çat / a gap; a crevice, space

틈타다 f. fürsəti fövtə verməmək, sui-istifadə etmək / seize (opportunity), take advantage of (some's weakness) 상대의 약점을 틈타다 bir kəsin zəifliyindən sui-istifadə etmək

틈틈이 z. boş vaxtında, ara-sıra / in spare time, in leisure hours

티 i. toz, zərrə; ləkə, nöqsan; təhər, tövr / dust, a mote, a grit; a flaw, a speck; a spot(taste) of 눈에 티가 들어가다 gözə toz düşmək

티격태격하다 f. didişmək, çəkişmək, deyişmək / quarrel with, bicker with each other
티끌 i. toz; zərrə / dust; a tiny bit
팀 i. komanda; briqada / a team 팀을 짜다 komanda düzəltmək; briqada düzəltmək < İng.
팀워크 i. oyunçular arasında uyğunluq / teamwork < İng. 바쿠 축구팀의 팀워크가 좋다. Bakı futbolçuları bir-birini çox yaxşı başa düşürlər.
팁 i. çay pulu, şirinlik / a tip < İng. 팁을 주다 çay pulu (şirinlik) vermək

ㅍ·p

파 i. göy soğan / a Welsh onion; a green onion
-파-(派) i. dəstə, qrup; fraksiya; məktəb; tərəfdar / a group; a supporter; a faction; school; a clique 강건파 kəskin fraksiya 주류파 aparıcı fraksiya 고전파 klassik məktəb
파격적(破格的) i. qaydadan kənar; müstəsna, misilsiz, görünməmiş / breaking the rules; exceptional, unprecedented, special 파격적인 대우를 받다 görünməmiş tərzdə, həddən artıq yaxşı qəbul etmək
파견하다(派遣--) f. (məqsədlə) göndərmək / dispatch, send 사절을 파견하다 elçi göndərmək
파고들다 f. dəlib girmək, deşib girmək, oyub girmək; təhqiqat aparmaq, eşələmək / dig into; make a through investigation of; penetrate
파괴(破壞) i. dağıtma, xaraba qoyma / destruction, breakdown 파괴하다 f. dağıtmaq, xaraba qoymaq
파급하다 f. yaymaq / extend to, spread to 파급되다 f. yayılmaq, genişlənmək
파기하다(破棄--) f. (qərar, müqavilə) ləğv etmək / cancel, annul (a decision)
파내다 f. qazıb çıxarmaq, qazmaq / dig up (out)
파다 f. qazmaq; oymaq; daha dərindən öyrənmək üçün çalışmaq / dig; carve; study hard 그는 사건의 진상을 파고 들었다. O, məsələni kökündən öyrənməyə çalışırdı.
파도(波濤) i. dalğa / waves 파도치다 f. dalğalanmaq
파동(波動) i. tərəqqi-tənəzzül prosesi, enib-qalxma hərəkəti / a fluctuation, a wave motion 파동하다 f. tərəqqi-tənəzzül etmək, enib-qalxmaq 경제 파동 iqtisadi böhran
파랑 i. göy, mavi / blue
파랗다 s. mavi; yaşıl; solğun / blue; green; pale 얼굴이 파랗게 질리다 Üzü saralmaq, rəngi qaçmaq
파래지다 f. (rəng) yaşıllaşmaq; ağarmaq, rəngi qaçmaq, solmaq, saralmaq / become blue, turn green; turn pale
파리 i. milçək / a fly

파면하다(罷免--) f. (vəzifədən, işdən) çıxartmaq, qovmaq / dismiss, discharge, remove a person from office 파면을 당하다 f. vəzifədən kənarlaşdırılmaq

파멸하다(破滅--) f. məhv olmaq, xaraba qoyulmaq, yıxılmaq; müflisləşmək / be ruined, be done for, go to ruin 파멸을 당하다 f. məhv olmaq, yıxılmaq 파멸시키다 f. məhv etmək, yıxmaq; dağıtmaq

파묻다 f. basdırmaq; dəfn etmək, torpağa tapşırmaq / bury

파벌(派閥) i. fraksiya, qüruh, dəstə, qrup / a clique, a faction

파병(派兵) i. hərbi qüvvə göndərmə; qoşun yeritmə / the dispatch of troops 파병하다 f. hərbi qüvvə göndərmək

파산(破産) i. müflisləşmə, iflasa uğrama / insolvency, bankruptcy 파산하다 f. müflisləşmək, iflasa uğramaq

파생(派生) i. törənmə, baş vermə, yaranma, əmələ gəlmə / derivation 파생하다 f. törənmək 파생시키다 f. törətmək 파생적인 사건 bir məsələdən törənmiş məsələ

파선(破船) i. gəmi qəzası / a shipwreck, a wreck 파선하다 f. gəmi qəzasına uğramaq

파손(破損) i. sınma, xarab etmə, ziyan vermə / damage, breakdown 파손하다 f. sındırmaq, xarab etmək 파손되다 f. sınmaq, xarab olmaq 파손시키다 f. sındırmaq

파수꾼(把守-) i. qarovulçu, mühafizəçi, gözətçi, keşikçi / watchman, a guard

파시스트 i. faşist / a fascist   < İng.

파시즘 i. faşizm / Fascism   < İng.

파악하다(把握--) f. dərk etmək, qavramaq, anlamaq / grasp, seize

파업(罷業) i. tətil, aksiya (şirkət, firma) / a strike, a walk out 파업하다 f. tətil etmək, işi dayandırmaq

파열하다(破裂--) f. partlamaq; yırtılmaq / explode, burst, erupt 수도관이 얼어서 파열되었다. Su borusu donub partlayıb.

파이프 i. boru, kəmər; qəlyan / a pipe; a cigarette holder   < İng.

파인애플 i. ananas / a pineapple, an ananas   < İng.

파일 i. qovluq / a file   < İng. [=서류철(書類綴)]

파종하다(播種--) f. toxum səpmək / sow seed

파출부(派出婦) i. ev qulluqçusu / a visiting housekeeper (maid)

파출소(派出所) i. polis məntəqəsi / a police substation

파티 i. ziyafət, şənlik məclisi, gecə / a party, a meeting   < İng.

파편(破片) i. qəlpə / a broken piece, a fragment

파하다(破--) f. məhv etmək, yox etmək; dəf etmək / crush, beat out, defeat; repel 적진을 파하다 düşmənin xəttini yarmaq

파하다(罷--) f. qurtarmaq, bitmək, sona çatmaq / close, be over, come to an end 회의를 파한후 yığıncaq qurtardıqdan sonra

파헤치다 f. aşkar etmək, üzə çıxarmaq, iç üzünü açmaq; (torpaq) qazıb çıxarmaq / disclose, bring (a secret) into light; dig (a grave) open

판 i. meydança; səhnə; vəziyyət, durum, hal / a place, a scene, a stage; an aspect of an affair; a situation, a moment 싸움판 döyüş səhnəsi 이러한 판에 belə vəziyyətdə 막판에 lap son anda

판 i. gediş, əl (yarışda, oyunda) / a game, a round, a bout, a hand 장기 한판 şahmatda bir gediş 투전 한판 벌여볼까! Bir əl qumar oynayaq!

판(板) i. taxta, lövhə / a board, a plate, a plank 장기판 şahmat taxtası

판(版) i. nəşr; çap; klişe / printing; an edition; a printing block 지방판 yerli nəşr

판결(判決) i. qərar, hökm (məhkəmədə) / a (judicial) decision, a decision of the court, a judgement 판결하다 f. hökm oxumaq, qərar vermək

판국(-局) i. vəziyyət, durum, hal; mühit; şərait / the situation, the state (aspect) of affairs, the condition of affairs 판국을 관망하다 şəraiti izləmək

판권(版權) i. müəlliflik hüququ / copyright 판권을 소유하다 müəlliflik hüququnu saxlamaq

판단(判斷) i. mühakimə, mülahizə, fikir / judgement, adjudication, inference 판단하다 f. mühakimə etmək, mülahizə etmək, fikirləşib qərara gəlmək 판단력 mühakimə qabiliyyəti 나는 이것을 당신의 판단에 맡깁니다. Bunu mən sizin mühakimənizə buraxıram.

판로(販路) i. satış bazarı / a market (for goods), an outlet 판로를 개척하다 yeni satış bazarı yaratmaq

판매(販賣) i. satış / sale, selling, marketing 판매하다 f. satmaq

판명되다(判明--) [=**판명하다**(判明--)] f. aydın olmaq, bəlli olmaq / prove to be, be ascertained, become clear

판사(判事) i. hakim / a judge   müq. 검사(檢事) prokuror

판자(板子) i. taxta / a board, a plank

판정(判定) i. qərar / judgement, dicision 판정하다 f. qərar vermək

판치다 f. böyük təsiri olmaq; çox yayılmaq; hakimlik etmək, ağalıq etmək / have great influence, stand unchallenged; exercise great influence

over; reign supreme 도둑질이 판치는 세상 oğurluğa bürünmüş dünya, oğurluğun geniş yayıldığı dünya
판판하다 s. hamar, düz / even, level
팔 i. qol / an arm   qarş. 손 əl
팔(八) say. səkkiz / eight [=여덟]
팔꿈치 i. dirsək / an elbow
팔다 f. satmaq / sell, deal in (goods)
팔리다 f. satılmaq / sell
팔목 i. bilək / wrist
팔씨름 i. qol (bilək) güləşi, güc yarışması (bilək) / arm wrestling
팔십(八十) say. səksən (həştad) / eighty [=여든]
팔아먹다 f. satıb yemək, xərcləmək / sell off, squander
팔월(八月) i. Avqust / August
팔자(八字) i. tale; bəxt; alın yazısı, qismət / destiny, fate, fortune
팔찌 i. qolbaq, bilərzik / a bracelet, a wristlet
패권(覇權) i. ağalıq, hökmranlıq, hegemonluq / supremacy, mastery, hegemony
패다 f. (odunu) doğramaq; döymək, şil-küt etmək, xurd-xəşil etmək, əzişdirmək / split; beat hard, assault
패망(敗亡) i. tənəzzül, süqut / defeat, ruin, wreck 패망하다 f. tənəzzül etmək, süqut etmək
패배(敗北) i. məğlub olma, yenilmə / defeat, a loss 패배하다 f. məğlub olmaq, yenilmək
패션 i. dəb, moda / fashion   < İng.
팬츠 i. alt paltarı, qısa tuman; tuman / underwear, underpants   < İng.
팽개치다 f. tullamaq, vızıldatmaq / throw away, cast away
팽창하다(膨脹--) f. artmaq, çoxalmaq, genişlənmək, şişmək / swell; expand 금속이 열때문에 팽창한다. Dəmir istidən genişlənir.
팽팽하다 f. tarıma çəkilmək; bərabər olmaq, eyni olmaq / be tight, taut; be very close, equal 줄을 팽팽히 당기다 ipi möhkəm çəkmək 시합이 팽팽하다. Yarış bərabər keçir.
퍼뜨리다 f. yaymaq / spread, diffuse
퍼렇다 [=파랗다]
퍼붓다 f. tökmək; yağmaq (leysan) / pour (water) into, pour on 비가 억수로 퍼붓는다. Leysan tökür.
퍼센트 i. faiz / percent, %   < İng.

퍼지다 f. yayılmaq / spread out, widen, be diffused
퍽 z. çox, xeyli / very much, pretty, considerably
펄럭이다 f. (bayraq) dalğalanmaq / flutter, flap
펄쩍뛰다 f. sıçramaq, atılıb düşmək / jump up suddenly
페이지 i. səhifə / a page, a leaf   < İng.
펴다 f. açmaq; (çiyin) gərnəşmək; (istedadı) göstərmək, (iradəsini) yeritmək / spread, open, unfold; stretch, spread out; display, realize 이부자리를 펴다 yatağı açmaq 날개를 펴다 qanadlarını açmaq 가슴을 펴다 sinəsini irəli vermək 어깨를 펴다 f. gərnəşmək 꿈을 펴다 arzunu həyata keçirmək
-편(便) i. tərəf; tərəfdar; ilə, vasitəsilə; təhər / a side, a direction; a party, a faction; through, a means; inclination 그들은 한편이다. Onlar eyni dəstəyə aiddirlər. 왼쪽에 sol tərəfə 비행기편으로 təyyarə vasitəsilə 나는 키가 작은 편이다. Mənim boyum balacatəhərdir.
-편(篇) i. cild; seriya; hissə, fəsil / a volume, a book; a chapter, a part; a piece 한 편의 시 bir parça şeir
편견(偏見) i. qərəzli fikir / a biased view, a distorted view, prejudice
편대(編隊) i. dəstə, qrup (hərbi təyyarələr) / a formation 편대비행 qrup şəkilində uçuş
편도(片道) i. bir başa, bir tərəfli (bilet) / one way ↔ **왕복**(往復) gediş-gəliş 편도요금 bir tərəfin yol haqqı
편들다 f. tərəfini saxlamaq, dəstəkləmək, tərəfini tutmaq, müdafiə etmək / take part (with), take sides with, side with, take a person's side
편리하다(便利--) s. münasib, əlverişli / convenient, handy, useful
편법(便法) i. asan yol, haram yol / an easier method, a handy method; a shortcut
편성하다(編成--) f. qurmaq, təşkil etmək, yaratmaq / organize, compose, form 시간표를 편성하다 cədvəl tutmaq 예산 편성 büdcənin tutulması 한 학급은 60 명으로 편성되어 있다. Sinif 60 şagirddən ibarətdir.
편안하다(便安--) s. salamat; rahat; əlverişli / being well; restful, peaceful; comfortable, easy; safe 편안히 z. rahat
편의(便宜) [=편리(便利)]
편제(編制) i. təşkil etmə, tərtib etmə / formation, organization
편지(片紙, 便紙) i. məktub / a letter 편지(를) 하다 f. məktublaşmaq, məktub göndərmək
편집(編輯) i. tərtib / editing, compilation 편집하다 f. tərtib etmək

편찮다(便--) s. narahat, qayğılı / uncomfortable, uneasy < 편하지 않다
편파하다(偏頗--) s. tərəfkir, birtərəfli, qərəzli / partial, one-sided 심판이 편파적이다. Hakim tərəfkirlik edir.
편하다(便--) s. rahat; əlverişli, münasib / confortable, easy, convenient
편히 z. rahatca, rahat
펼치다 f. (süfrə, kitab, qanad) açmaq / unfold
평(平) i. *pyung* (Koreyada 3.954 kv.m-ə bərabər sahə ölçüsü) / a *pyung* (= 3.954 sq.m.)
평(評) i. şərh etmə, izah, təhlil; tənqid / a comment; a criticism 평하다 f. şərh etmək, təhlil etmək; tənqid etmək
평가(評價) i. qiymətləndirmə, dəyərləndirmə / valuation 평가하다 f. qiymətləndirmək, dəyərləndirmək
평균(平均) i. təxminən; ortaq məxrəc; müvazinət, tarazlıq / an average; mean; equilibrium
평등(平等) i. bərabərlik / equality, impartiality 평등하다 s. bərabər 만민은 법 앞에 평등하다. Bütün insanlar qanun qarşısında bərabərdirlər.
평론(評論) i. tənqid, təhlil, şərh / a review, criticism, a comment 평론하다 f. tənqid etmək 평론가 tənqidçi, şərhçi
평면(平面) i. müstəvi, hamar səth / a plane surface, a level
평민(平民) i. adi xalq, adi camaat / the common people; a commoner
평방(平方) i. kvadrat / a square of a number; a square 30 평방미터 otuz kvadrat metr
평범하다 s. adi, ümumi / common, ordinary
평상(平常) i., s. adi, adətən olduğu kimi / usual, normal, ordinary 평상시 bir qayda olaraq 평상 상태 adi, normal vəziyyət
평생(平生) i. ömür boyu / a lifetime, one's whole life
평소(平素) i. adi günlər, adətən / ordinary times, normal times
평안하다(平安--) s. rahat, dinc, sakit / peaceful, quiet
평야(平野) i. düzənlik, ovalıq / a plain
평온하다(平穩--) s. sakit, dinc / calm, quiet
평일(平日) i. adi gün; iş günü / a weekday; a workday
평지(平地) i. düzənlik, düz ərazi / flatland, level land, a flat
평탄하다(平坦--) s. düz, hamar; asan, sakit, maneəsiz / even, flat, plane, smooth 그의 일생은 평탄했다. Onun həyatı asan keçdi.
평판(評判) i. nüfuz, ad-san, ad, şöhrət; ictimai rəy / reputation, fame; the world's opinion 평판이 나다 f. ad, şöhrət qazanmaq

평행(平行) i. paralel / parallelism, parallel
평형(平衡) i. müvazinət, tarazlıq, bərabərlik / equilibrium
평화(平和) i. sülh, əmin-amanlıq, dinclik / peace 평화적 s. sülhsevər
폐(肺) i. ağciyər / the lungs
폐(弊) i. əziyyət, zəhmət / trouble, annoyance 폐를 끼치다 f. əziyyət vermək 폐가 안된다면 zəhmət olmazsa
폐기하다(廢棄--) f. ləğv etmək / annul, do away with, abolish, abandon
폐허(廢墟) i. xarabalıq, viranəlik / the ruins, the remains
폐회(閉會) i. bağlanış / the closing (of a meeting) 폐회식 bağlanış mərasimi ↔ 개회(開會) açılış
포개다 f. üst-üstə yığmaq, qat-qat yığmaq / put one upon another
포격(砲擊) i. bombalama / shelling, bombardment 포격하다 f. bombalamaq, bombardman etmək
포고(布告) i. bildiriş, elan etmə; fərman / promulgation, proclamation, declaration; decree 포고하다 f. fərman vermək
포괄적(包括的) s. kompleks, əhatəli, hər tərəfli / inclusive 포괄적으로 hər tərəfli, kompleks şəkildə 포괄안 kompleks plan
포괄하다(包括--) f. hər tərəfli əhatə etmək / include, comprehend
포교(布敎) i. dini (əsasən buddizmi) təbliğat / propagation of religion 포교하다 f. dini yaymaq müq. 전도(傳道) i. təbliğat, dini yayma 전도하다 f. təbliğ etmək, dini yaymaq
포근하다 s. rahat və isti; yumşaq / comfortably warm; soft 엄마의 포근한 가슴 ananın rahat və isti qucağı 포근히 z. yumşaq
포기 i. baş, ədəd (say mənasında) / a plant, a head 배추 두 포기 iki ədəd kələm
포기하다(抛棄--) f. əl çəkmək, atmaq, tərgitmək / give up, abandon
포대(包袋) i. kisə, çuval, torba / a burlap bag, a gunny bag, a sag
포도(葡萄) i. üzüm / grapes 포도원 üzümlük
포도주(葡萄酒) i. şərab, çaxır / grape wine, wine müq. 술 içki
포동포동하다 s. gombul / plump
포로(捕虜) i. əsir / a prisoner (of war)
포르투갈 i. Portuqaliya / Portugal
포목(布木) i. parça / linen and cotton, cloth
포병(砲兵) i. topçu / artillery, an artilleryman
포복하다(匍匐--) f. sürünə-sürünə getmək, sürünmək (orduda) / creep

포부(抱負) i. heysiyyat, izzət-nəfs; arzu, istək / ambition; aspiration 그의 포부가 크다. Onun arzusu böyükdür.

포스터 i. afişa / a poster   < İng.

포식하다(飽食--) f. doyunca yemək, qarınqululuq etmək / glut oneself, satiate oneself

포옹하다(抱擁--) f. qucaqlamaq, bağrına basmaq / embrace, hug

포위하다(包圍--) f. əhatəyə almaq, mühasirə etmək, mühasirəyə almaq / surround, encircle

포인트 i. nöqtə / point   < İng.

포장(包裝) i. sarıma, bağlama, qablaşdırma / wrapping, packing 포장하다 f. sarımaq, bağlamaq, qablaşdırmaq

포착하다(捕捉--) f. tutmaq, tapmaq (fürsət, məna) / capture, catch; apprehend 기회를 포착하다 fürsətdən istifadə etmək 의미를 포착하다 mənanı tutmaq

포켓 [=주머니]

포크 i. çəngəl / a fork   < İng.

포탄(砲彈) i. top gülləsi, mərmi / a cannonball, a shell

포탈하다(逋脫--) f. (vergidən) yayınmaq / evade a tax, dodge a tax, defraud

포함하다(包含--) f. daxil etmək / include, comprise, cover 포함시키다 f. daxil etmək

포획하다(捕獲--) f. (qənimət) ələ keçirmək / capture, seize, catch

폭(幅) i. enlilik, genişlik; ara (məsafə mənasında); fərq (qiymətlər arasında) / width, breadth; difference (in price)

폭격(爆擊) i. bombalama, bombardman / bombing, bombardment, a bombing attack 폭격하다 f. bombalamaq / drop a bomb on

폭군(暴君) i. müstəbid; tiran, qəddar hökmdar / a tyrant, a despot, an autocrat

폭동(暴動) i. üsyan, qiyam, çaxnaşma / a riot, a rebellion

폭등(暴騰) i. birdən-birə qiyməti artırma, qiymətin sıçrayışla artması / a sudden rise 폭등하다 f. birdən-birə qiyməti artırmaq

폭락(暴落) i. qiymətin birdən-birə düşməsi / a slump, a sharp break, a heavy fall 폭락하다 f. birdən-birə ucuzlaşmaq, qiyməti düşmək

폭력(暴力) i. zorakılıq, güc tətbiq etmə / violence; brute force

폭력배(暴力輩) i. qanqster; xuliqan, dələduz / hoodlums, gangsters

폭로하다(暴露--) f. ifşa etmək, açıqlamaq / disclose, expose

폭리(暴利) i. çox böyük qazanc, çoxlu gəlir / excessive profits, usury 폭리를 취하다 çox böyük qazanc əldə etmək

폭발(爆發) i. partlayış / explosion 폭발하다 f. partlamaq

폭소(爆笑) i. qaqqıldama, qəhqəhə ilə gülmə / a burst of laughter, an explosive laughter 폭소를 터트리다 f. qaqqıldamaq, qəhqəhə ilə gülmək

폭탄(爆彈) i. bomba / a bomb, a bombshell

폭파하다(爆破--) f. partlatmaq / blast, blow up

폭포수(瀑布水) i. şəlalə / a waterfall

폭풍(暴風) i. fırtına, qasırğa, tufan / a storm, a windstorm [=폭풍우]

폭행하다(暴行--) f. möhkəm döymək; zorlamaq, namusa təcavüz etmək / behave violently; assault

표(表) i. cədvəl; siyahı / a table, a chart; a list 수업 시간표 dərs cədvəli

표(票) i. bilet; çek; talon / a ticket; a label, a tab

표(標) i. işarə, nişan / a mark, a sign 표를 하다 f. işarə qoymaq

표결(表決) i. səsvermə / ballot taking; a vote 표결하다 f. səs vermək, səsvermə keçirmək

표기하다(表記--) f. işarə qoymaq, nişan qoymaq / mark

표류하다(漂流--) f. dənizdə hərəkətsiz dayanmaq, ümidini taleyə bağlamaq / drift; wander

표면(表面) i. səth, müstəvi, üz / the surface

표명하다(表明--) f. bildirmək, bəlli etmək, bəyan etmək / state, express, manifest

표백하다(漂白--) f. (parça) ağartmaq / bleach

표범 i. vaşaq, bəbir / a leopard, a panther

표본(標本) i. nümunə, misal / a specimen, an example

표시(表示) i. nişan, işarə / indicate 표시하다 f. işarə etmək, nişan qoymaq

표어(標語) i. şüar / a slogan

표적(標的) i. hədəf; nişan / a target, a mark

표정(表情) i. mimika, üzün ifadəsi / an expression, a look

표준(標準) i. standart, kriteri, meyar / a standard, a norm, a criterion 표준형 standart forma 표준시 standart vaxt

표지(表紙) i. cild, üz qabığı / a cover; binding

표창(表彰) i. təltif etmə / (official) commendation, awarding 표창하다 f. təltif etmək, mükafatlandırmaq

표하다 f. işarə qoymaq, nişanlamaq; ifadə etmək / mark; express, manifest, show

표현하다(表現--) f. ifadə etmək, izhar etmək / express, mainfest

푸념하다 f. dərdini söyləmək, şikayətlənmək / rave, complaing grumble

푸다 f. (su, dən, un və s.) götürmək / draw (water) 한 바가지 물을 푸다 bir parç su götürmək

푸대접하다 f. soyuq rəftar etmək, soyuq davranmaq / treat (a person) coldly

푸르다 s. göy, mavi; yaşıl / blue; green

푸짐하다 s. kifayət qədər; zəngin, bol, çox / plentiful, abundant

푹신하다 s. yumşaq və rahat / soft, cottony, downy

-푼 i. qəpik-quruş, *pun*; qədim Koreya pul vahidi / a Korean penny, a *pun*. 한 푼 주세요. Bir az qəpik-quruş verin.

푼돈 i. cüzi miqdarda pul / odd money

풀 i. ot / grass

풀 i. kraxmal, nişasta; yapışqan; hal, taqət / starch; paste, an adhesive agent; one's spirits 풀이 죽다 f. halsız olmaq, taqətdən düşmək müq. 접착제(接着制) yapışqan

풀다 f. açmaq; aradan götürmək, aradan qaldırmaq; həll etmək / untie, undo; remove, cancel; solve 매듭을 풀다 düyməni açmaq 금지령을 풀다 qadağanı aradan götürmək 문제를 풀다 suala cavab vermək; problemi həll etmək

풀려나다 f. azad edilmək / get free of

풀리다 f. açılmaq; aradan qaldırılmaq; yumşalmaq, azalmaq / get loose; be solved; get removed; relax, moderate 날씨가 풀리다 hava açılmaq 봉쇄가 풀리다 mühasirə aradan qaldırılmaq 화가 풀리다 hirsi soyumaq 긴장이 풀리다 gərginlik azalmaq

풀밭 i. çəmənlik, otlaq / meadowland, grass-covered ground, grassland

품다 f. qucaqlamaq, bağrına basmaq; qəlbində saxlamaq / embrace, hug; harbor, bear; brood

품목(品目) i. malların siyahısı / an item, a list of articles

품삯 i. əmək haqqı, muzd / wages (charge, pay) of for labor

품성(品性) i. xarakter, təbiət, xasiyyət / character

품위(品位) i. ləyaqət, şərəf, mənlik / dignity, nobility

품절(品切) i. malın olmaması, satılıb qurtarması / absence of stock 품절되다 f. satılıb qurtarmaq

품질(品質) i. keyfiyyət / quality
품행(品行) i. davranış / conduct, behavior
풋고추 i. göy bibər; faraş bibər / an unripe pepper
풋과일 i. kal meyvə, yetişməmiş meyvə; faraş meyvə / newly picked fruit which is not quite ripe
풋나물 i. faraş tərəvəz / seasoned ve etables prepared with the first of the season
풍(風) i. külək; iflic / wind; palsy, paralysis 강풍 güclü külək 동풍 şərq küləyi 풍에 걸리다 f. iflic olmaq
풍경(風景) i. mənzərə / scenery, a landscape
풍금(風琴) i. orqan (musiqi aləti) / an organ
풍기다 f. iy yayılmaq, qoxumaq / perfume, scent, give out an odor of
풍부하다(豊富--) s. bol, zəngin / abundant, rich 풍부한 지식 zəngin bilik [=풍족하다]
풍선(風船) i. şar / a balloon
풍성하다(豊盛--) s. bol, zəngin / abundant, plentiful 풍성한 수확 bol məhsul
풍속(風俗) i. adət-ənənə / customs
풍습(風習) i. adət, qayda / manners, customs, ways
풍자(諷刺) i. satira, həcv, yumor / a satire, irony 풍자하다 f. həcv etmək, məzhəkəyə qoymaq
풍자화(諷刺畵) i. karikatura / a cartoon, a caricature
풍작(豊作) i. yaxşı məhsul, bol məhsul / a good harvest, a bumper crop
풍조(風潮) i. təmayül, meyl, axın / a tendency, a trend 세상 풍조 dövrün axını, zamanın axını
풍족하다(豊足--) s. bol, zəngin, bərəkətli / abundant, opulent, plentiful, rich
풍채(風采) i. xarici görünüş, zahiri görünüş / appearance, air, presence
풍토(風土) i. bölgənin təbii şəraiti / natural features of region 풍토병 bölgəyə xas olan xəstəlik
프라이 i. qızartma; qayğanaq / fry < İng. 새우 프라이 krevetka qızartması 에그 프라이 qayğanaq
프랑스 i. Fransa / France
프랑스어(---語) i. fransızca, fransız dili / French
프로 i. peşəkar, professional; faiz; proqram / pro, professional; per cent; program 프로선수 peşəkar oyunçu 프로축구 professional futbol 방송프로 veriliş proqramı

프로그램 i. proqram / a program   < İng.
프로포즈 i. evlənmə təklifi / proposal of marrige   프로포즈하다 f. evlənməyi təklif etmək
프리미엄 i. mükafat / a premium   < İng.
프린트 i. nəşr / print; printing   강의 프린트 çap olunmuş mühazirə
플라스틱 i. plastik / plastic   < İng.
플래시 i. işıq, alışma; fənər, əl fənəri, cib fənəri / a flashlight; a flash < İng. 플래시를 터뜨려 사진을 찍다 işıqla şəkil çəkmək
플러스 i. müsbət; üstəgəl / plus ↔ 마이너스 mənfi; çıxma işarəsi   < İng.
플러그 i. ştepsel çəngəli / a pluq
플루트 i. fleyta / a flute   < İng.
피 i. qan / blood
피고(被告) i. müttəhim / the accused, a defendant ↔ 원고(原告) ittihamçı
피곤하다(疲困--) s. yorğun / tired, fatigued, weary
피난(避難) i. sığınma, pənah aparma / refuge, shelter 피난처 sığınacaq 피난하다 f. sığınmaq, pənah aparmaq
피난민(避難民) i. qaçqın, didərgin / refugee
피다 f. (çiçək) açmaq / bloom, blossom 꽃이 피다 f. çiçək açmaq, gül açmaq
피로(疲勞) i. yorğunluq, üzgünlük / fatigue 피로하다 s. yorğun
피리 i. tütək / a flute, a pipe
피부(皮膚) i. dəri / the skin
피서(避暑) i. yayda istidən dincəlməyə getmə, yaylağa çıxma / summering 피서가다 f. yayda istidən dincəlməyə getmək, yaylağa çıxmaq
피신하다(避身--) f. aradan çıxmaq / escape, flee
피아노 i. pianino / a piano
피우다 f. yandırmaq; (siqaret) çəkmək; çiçəklənmək; (iy) vermək / burn, kindle; smoke; bloom; send out (a odor) 담배를 피우다 siqaret çəkmək 꽃피우다 çiçəklənmək (məcazi) 냄새를 피우다 iy vermək
피임(避妊) i. hamilə olmağın qarşısını alma tədbiri / contraception, prevention of conception 피임하다 f. hamilə olmağın qarşısını almaq
피크닉 i. gəzinti, seyrə çıxma, piknik / a picnic   < İng. [=소풍(逍風)]
피하다(避--) f. qaçmaq; yayınmaq, çəkinmək / get away, flee from; avoid 책임을 피하다 məsuliyyətdən yayınmaq
피해(被害) i. zərər, ziyan / damage, harm 피해를 보다 f. zərər çəkmək 피해를 주다 f. zərər vermək 피해자 zərər çəkən adam

필기(筆記) i. yazma, qeyd etmə / taking a note of 필기하다 f. yazmaq, qeyd etmək 필기시험 yazılı imtahan

필름 i. film / a film < İng.

필사(必死) i. labüd ölüm; çılğınlıq, hədsiz dərəcə / certain death; desperation 필사적으로 z. hədsiz dərəcədə, çılğınlıqla 필사적으로 도망치다 ölümdən qaçmaq (həyatını xilas etmək üçün)

필수(必須) i., s. zəruri, vacib, mühüm / indispensable, essential (condition) 필수과목(必須科目) zəruri (əsas) fənn müq. 선택과목(選擇科目) köməkçi, nisbi fənn

필수품(必需品) i. zəruri (gündəlik) tələbat malları / necessaries, necessities

필연(必然) i. labüdlük, zərurilik / inevitability 필연적 s. qaçılmaz, labüd, zəruri

필요(必要) i. ehtiyac / necessity, need 필요하다 s. ehtiyacı olmaq; möhtac olmaq

필자(筆者) i. yazıçı; müəllif / a writer; an author

핍박(逼迫) i. təqib / persecution, oppression 핍박하다 f. təqib etmək

핏기 i. sifətin rəngi, üzün rəngi / the color of the face 핏기가 없다 rəngi saralmaq

핏줄 i. qan damarı; vena; qan qohumluğu / a blood vessel; a vein; ties of blood, blood relationship

핑계 i. bəhanə / an excuse, a pretext 핑계하다 f. bəhanə gətirmək, bəhanə etmək

핑크 i. çəhrayı / pink < İng.

ㅎ, h

하(下) i. aşağı; alt; axırıncı / under 하급 aşağı səviyyə 어떤 사람의 감독하에 bir kəsin nəzarəti altında 하권 axırıncı cild
하강(下降) i. eniş; aşağı düşmə, enmə, düşmə / a descent; a fall 하강하다 f. enmək, aşağıya düşmək, düşmək
-하고 bağ. və; ilə; birlikdə / with, along with 나는 오빠하고 학교에 갑니다. Mən məktəbə qardaşımla gedirəm.
하기(夏期) i. yay mövsümü, yay vaxtı / the summer period
하나 i. bir, tək / one, a single one
하나님 i. Tanrı, Allah / God, the Almighty, the Lord
하녀(下女) i. qulluqçu qadın, xidmətçi; xadimə / a maidservant
하느님 [=하나님, 신(神)]
하늘 i. göy, səma / the sky, the heavens
하다 f. etmək, eləmək / do, perform, act, make 통역하다 tərcümə etmək 해 주다 f. etmək; kömək etmək, əl tutmaq / do (something) for (another); help with 심부름을 해 주다 bir kəsin tapşırığını yerinə yetirmək
하도 z. son dərəcə, olduqca çox, həddindən artıq, lap çox / too, too much, excessively
하등(下等) i., s. aşağı keyfiyyətli; aşağı növ; alçaqlıq / a lower class; vulgarity 하등동물 ibtidai tip heyvanlar 하등인간 alçaq adam, rəzil adam
하등(何等) s. heç, heç cür, heç bir yolla, heç bir vəchlə / any, little, (not) in any way, (not) at all 하등의 관계도 없다 heç əlaqəsi olmamaq 하등의 이상이 없다 Heç bir problem yoxdur.
하락(下落) i. (qiyməti, hörməti) aşağı düşmə, enmə / a fall, a slump, a decline 하락하다 f. aşağı düşmək, düşmək, enmək
하루 i. bir gün / a day 하루 안에 bir gün ərzində
하루하루 z. günbəgün, gündən-günə; hər gün / one day after another, day by day; every day, daily
하룻밤 i. bir gecə; gecə / a night, one night
하류(下流) i. çayın aşağı hissəsi; aşağı təbəqə / the downstream, the lower reaches of a stream; a lower social stratum 한강 하류 Han çayının aşağı hissəsi 하류생활 aşağı səviyyədə yaşayış

하마터면 z. az qala / almost, nearly 하마터면 죽을 뻔했다. Az qala öləcəkdim.
하모니카 i. dodaq qarmonu / harmonica 하모니카를 불다 f. dodaq qarmonunda ifa etmək
하물(荷物) i. yük, baqaj / a load, baggage; cargo
하복(夏服) i. yay paltarı / a summer suit, summer clothes
하부(下部) i. aşağı hissə, alt hissə / the lower part
하사(下士) i. baş çavuş / a staff sergeant
하소연 i. yalvarış; şikayət / pleading, appealing; complaint 하소연하다 f. yalvarmaq; şikayətlənmək 억울하다고 하소연하다 ədalətsizlikdən şikayətlənmək
하순(下旬) i. ayın son günləri / the last days of a month
하얗다 s. ağ, ağappaq, dümağ / pure white
하얘지다 f. ağarmaq / become pure white, turn white 내 머리가 하얘졌다. Saçım ağarıb.
하여튼 z. birtəhər, hər nə isə; necə olursa olsun / anyhow, anyway, at any rate; at all events
하역(荷役) i. malları yükləmə və boşaltma / loading and unloading (of vessels) 하역하다 f. malları yükləmək və boşaltmaq
하염없이 z. qayğılı, fikirli; sonsuz olaraq, aramsız / with troubled mind, deep in thought, blankly; endlessly, ceaselessly 하염없이 생각에 잠기다 fikir içində itib batmaq 하염없이 눈물을 흘리다 aramsız göz yaşı axıtmaq
하오(下午) [=오후(午後)]
하원(下阮) i. aşağı palata, nümayəndələr palatası (parlamentdə) / the Lower House, the House of Representatives ↔ 상원(上阮) senat
하의(下衣) i. qurşaqdan aşağı geyilən paltar; şalvar, qısa tuman və s. / a pair of trousers, pants
하이웨이 i. şose, sürət yolu / a superhighway, an expressway < İng.
하인(下人) i. nökər / a servant
하자(瑕疵) i. qüsur, nöqsan, eyib / a flaw, a defect
하자마자 z. kimi, ...ər ...məz, ...ar ...maz / as soon as, no sooner than 도착하자마자~ çatan kimi, çatar çatmaz
하잘것없다 s. mənasız, cüzi, önəmsiz, dəyərsiz, qiymətsiz, əhəmiyyətsiz / insignificant, negligible, trifling
하지만 bağ. lakin, ancaq, amma; baxmayaraq / but, however, yet; all the same, although
하차하다(下車) f. (avtobusdan) düşmək / get off (out)

하찮다 s. önəmsiz, dəyərsiz; xırda / trifling, insignificant; petty, small 하찮은 선물 xırda hədiyyə

하천(河川) i. irmaq, nəhr, çay / rivers, watercourses

하품 i. əsnəmə / yawn 하품하다 f. əsnəmək

학과(學科) i. fakültə; şöbə, ixtisas / a subject of study, a course of study

학과(學課) i. dərs / a lesson

학교(學校) i. məktəb / a school

학급(學級) i. sinif / a school class

학기(學期) i. semestr, rüb / a school term, a semester

학년(學年) i. sinif, kurs / a school year, a class, a grade 이학년 ikinci sinif; ikinci kurs

학대하다(虐待--) f. amansızlıq etmək, qəddarlıq etmək / treat a person with cruelty

학력(學歷) i. akademik təhsil / a academic career

학문(學問) i. təlim; elm / learning, a science

학부(學部) i. fakültə / a faculty

학부형(學父兄) i. şagirdin valideynləri / parents of pupils

학비(學費) i. təhsil haqqı, təhsil xərci / school (educational) expenses, tuition

학사(學士) i. ali məktəb məzunu, bakalavr / a university graduate, a bachelor

학살(虐殺) i. (insan) qırğın, qırhaqır / massacre, slaughter 학살하다 f. qırmaq

학생(學生) i. şagird; tələbə / a pupil; a student 대학생 tələbə

학생증(學生證) i. tələbə bileti

학술(學術) i. elm / science

학술원(學術院) i. Elmlər Akademiyası / the Academy of Sciences

학식(學識) i. bilik / learning, scholarship, knowledge

학업(學業) i. tədris / schoolwork, studies

학용품(學用品) i. məktəb ləvazimatı / school things

학원(學阮) i. xüsusi tədris məktəbləri, kursları / a private school, an educational institute

학원(學園) i. universitetin (kollecin) ərazisi / an academic institution; a campus

학위(學位) i. elmi dərəcə / degree; doctrate

학자(學者) i. alim, elm adamı / a scholar, an academical person

학점(學點) i. imtahan qiyməti / a credit, a point

학칙(學則) i. məktəbdə təhsil qaydası; ədəb qaydaları (məktəbdə) / a school regulations

학파(學派) i. istiqamət, cərəyan, məktəb / a school, a sect; doctrinal faction 헤겔학파 Hegel nəzəriyyəsi məktəbi

학회(學會) i. akademik cəmiyyət; akademik konfrans, konqres / an akademik society, an institute; a conference 소아과학회 Pediatrlar Cəmiyyəti 학회에서 연구를 발표하다 Akademik konfransda məruzə ilə çıxış etmək

한(恨) i. (çətinlikdən doğan) üzüntü; kin; peşimançılıq; kədər / a resentment, regret, a bitter feeling, hatred, hate, grudge

한(限) i. hüdud / a limit, an end

한 təy.söz. bir, tək; eyni / one, the same 한 방에서 살다 bir (eyni) otaqda qalmaq 한 개 bir dənə

한가하다(閑暇--) s. boş, azad, sərbəst, bekar / free, disengaged 한가한 때를 어떻게 지내십니까? Boş vaxtınızı necə keçirirsiniz?

한가롭다(閑暇--) [=한가하다(閑暇--)]

한가운데 i. orta; mərkəz / the middle; the center 방 한가운데 눕다 otağın ortasında uzanmaq

한가지 i. eyni şey, eyni cür, eyni növ, eyni; oxşar, bənzər / a kind, a sort; the same thing

한갓 z. sadəcə olaraq, sadəcə / only, merely

한꺼번에 z. hamısı birlikdə, bütövlüklə; eyni vaxtda / all together; at the same time

한결 z. olduqca; daha; çox / remarkably; more; much more; the more 한결 아름답다 Olduqca gözəldir.

한결같다 s. sabit, dəyişməz, bir qayda olaraq / constant, unchanging, consistent; all alike

한계(限界) i. hüdud, hədd, son, limit / a boundary, bounds, limits, a limit

한계점(限界點) i. son hədd, son nöqtə; maksimum / the critical point; the uppermost limit; the superior limit; the maximum 한계점에 도달하다 son həddə çatmaq

한고비 i. çox ağır vəziyyət; böhran / the critical moment (point), the most serious moment; the peak; the crisis 병의 한고비를 넘기다 xəstəliyin böhranlı dövrünü keçmək

한국(韓國) i. Koreya Respublikası / Korea, the Republic of Korea

한국식(韓國式) s. Koreya üslubu, Koreya tipi / Korean style, Koreanism

한국어(韓國語) i. Koreya dili, Koreyaca / Korean, the Korean language

한국제(韓國製) i. Koreyada istehsal olunmuş mal, Koreya malı / Korean make > 한제(韓製)

한군데 i. bir yer, bir hissə / one place, one part

한글 i. *Hanqıl*, Koreya əlifbası / *Hangul*, the Korean alphabet

한길 i. prospekt, küçə / a high road, a street [=큰 길] 한길을 막다 yolu bağlamaq
한나절 i. yarım gün, günün yarısı (gündüz) / half a day, a half day
한낮 i. günorta / highnoon, noontide, midday 한낮에 günorta vaxtı
한낱 z. sadəcə, yalnız, təkcə / mere, merely, only 그는 한낱 선생일 뿐이다. O, yalnız müəllimdir.
한도(限度) i. hüdud, hədd, norma, limit / a limit, bounds
한동안 i. bir müddət, xeyli vaxt / a fairly long time, (for) a while
한두 say. bir-iki, bir neçə / one or two, a few
한마디 i. bir söz, bir kəlmə / a single word, one word
한마음 i. fikir birliyi, eyni düşüncə / one mind
한모금 i. bir qurtum, bir damcı / a graft, a drop, a sip
한문(漢文) i. Çin yazısı / Chinese writing
한미(韓美) i. Koreya və Amerika / Korea and America
한반도(韓半島) i. Koreya yarımadası / the Korean peninsula
한발 i. bir addım / one step, a step 한발 한발 addım-addım
한발(旱魃) i. uzun sürən quraqlıq / a long drought
한발짝 [=한발]
한밤중 i. gecə yarısı / midnight, the middle of the night
한번 çalışın, bir dəfə / one time

> '**한 번**' və '**한번**'-un fərqi
> '**한 번**' sadəcə olaraq 'bir dəfə' mənasını daşıyaraq '**두 번, 세 번**' ifadələri kimi ayrı yazılır. '**한번**' isə əksinə hər hansı bir işin sınaq olaraq edildiyini bildirir və bitişik yazılır.
>
> **이번 한 번만 참아 주세요.** – Yalnız bu dəfə çalışın dözün.
> **이 음식 한번 먹어 봐.** – Yeməyin bir dadına bax.
> **시간 있으면 한번 모이자.** – Vaxtınız olsa bir dəfə yığışaq.

한복(韓服) i. *Hanbok*, Koreya milli geyimi / *Hanbok*, Korean traditional costume
한복판 i. orta; mərkəz / the middle, the centre
한사코(限死-) z. inadla, inadkarlıqla / obstinately
한산하다(閑散--) s. seyrək, boş; fəaliyyətsiz, passiv / leisurely, free; dull, inactive 한산한 시장 boş bazar 이 시간 거리는 한산하다 Bu vaxt küçədə az maşın olur.
한소(韓蘇) i. Koreya və Sovet İttifaqı / Korea and USSR
한술 i. bir qaşıq dolusu / a spoonful (of food)

한숨 i. nəfəs; ah çəkmə / a breath; a pause; a sigh 한숨(을) 쉬다 f. içini çəkmək, ah çəkmək; nəfəs almaq 한숨에 bir nəfəsə

한시(-時) i. bir an / a moment, an instant

한시름 i. narahatçılıq, həyəcan / a big worry, a great anxiety 한시름 놓다 f. narahatçılıqdan qurtarmaq

한식(韓食) i. Koreya yeməkləri / Korean-style food

한아름 i. bir qucaq dolusu / an armful (of hay)

한없다 s. hüdudsuz, sərhədsiz; sonsuz, tükənməz / unlimited, limitless; endless 한없는 바다 ucsuz-bucaqsız dəniz

한여름 i. yayın ortası / midsummer, the middle of summer

한일(韓日) i. Koreya və Yaponiya / Korea and Japan

한입 i. bir loxma, bir dişləmə, ağız dolusu / a mouthful, a bite 사과를 한입에 먹다 almanı bir dişləməyə (bir dəfəyə) yemək

한자(漢字) i. Çin yazısı, Çin hərfləri / a Chinese character, ideograph

한잠 i. bir anlıq yuxu, bir çimir / a sleep, a nap 한잠 자다 f. bir çimir almaq

한적하다(閑寂--) s. sakit, səssiz; tənha / quiet, tranquil; secluded 한적한 곳 tənha yer

한정하다(限定--) f. məhdudlaşdırmaq / limit, restrict [=제한하다(制限--)]

한제(韓製) i. Koreya malı, Koreya məhsulu / Korean make

한중(韓中) i. Koreya və Çin / Korea and China

한창때 i. xoş günlər (cavanlıq dövründə); qızıl dövr, qızğın çağ / the the prime of life (youth), the bloom of youth; one's best days 연회가 한창 무르익다 məclisin qızğın çağında olmaq (şirin yerində olmaq) 낮의 한창 더울때 günün ən qızmar çağında

한탄하다(恨歎--) f. üzülmək, təəssüflənmək, peşman olmaq / deplore, lament, regret 자식이 없음을 한탄하다 uşağı olmadığına görə üzülmək

-한테서 qram.şək. -dan,-dən (yerlik hal) / from, of

한편 i., z. bir tərəfdən, bir yandan; əlavə olaraq; digər tərəfdən / one side; in addition to; while, besides

한평생(-平生) i. ömür boyu / a lifetime, one's whole life

한푼 i. qəpik-quruş / a penny, a coin, a copper 그 당시 내겐 한푼의 돈도 없었다. O vaxt mənim bir qəpiyim də yox idi.

한하다(限--) f. məhdudiyyət qoymaq, məhdud olmaq, hədd qoymaq / limit to, confine (to) 어른에 한한 영화 yalnız böyüklərə aid olan kino 1인 1매에 한함 1 adama 1 bilet vermə məhdudiyyəti

할(割) i. faiz / percentag

할당하다(割當--) f. ayırmaq, bölmək, bölüşdürmək (pul, pay) / allot, allocate; assign 방을 할당하다 bir kəsə otaq ayırmaq 각자에게 할당하다 hamıya pay bölmək

할머니 i. nənə; ağbirçək, qoca qadın / a grandmother; an old woman ↔ 할아버지 baba

할멈 i. qarı, qoca qadın / an old woman

할부(割賦) i. kredit / sell on the installment plan 할부하다 f. kreditlə satmaq

할아버지 i. baba; ağsaqqal, qoca kişi / a grandfather; an old man

할인(割引) i. ucuzlaşdırma, qiyməti aşağı salma / discount, price cutting

할인하다 f. ucuzlaşdırmaq, qiyməti aşağı salmaq

할퀴다 f. cırmaqlamaq / scratch; claw

핥다 f. yalamaq / lick, lap

함께 bağ. birgə, birlikdə / together, with

함대(艦隊) i. dəniz hərbi donanması / a fleet, a squadron

함락하다(陷落--), 함락시키다 f. təslim etmək / fall, surrender 함락되다 f. təslim olmaq

함몰하다(陷沒--) f. dağılmaq, uçmaq, çökmək; batmaq / cave in; get depressed; sink; collapse 함몰시키다 f. batırmaq; dağıtmaq, uçurmaq 탄광이 함몰되다 kömür şaxtasının uçması

함부로 z. lazımınca fikirləşmədən, düşünmədən, diqqətsizlikdən; icazəsiz / recklessly, imprudently, thoughtlessly; without permission 말을 함부로 하다 düşünmədən danışmaq 함부로 들어오지 말것. İcazəsiz giriş qadağandır.

함정(陷穽) i. tələ / a pitfall, a trap 함정에 빠뜨리다 f. tələyə salmaq; pusqu qurmaq

함축하다(含蓄--) f. eyham vurmaq, işarə etmək; əhatə etmək / imply, comprise, contain 매우 함축성 있는 말 gizli mənа ilə dolu olan söz

합(合) i. yekun, cəm / the sum 합하다 f. toplamaq, üst-üstə gəlmək
[=합계(合計)]

합격(合格) i. imtahandan uğurla çıxma / passing an examination, success in an examination 합격하다 f. imtahandan uğurla çıxmaq, imtahandan keçmək

합계(合計) i. yekun məbləğ, məbləğ, hesab; yekun / the sum total 합계하다 f. yekun vurmaq, toplamaq

합당하다(合當--) s. uyğun, münasib, yararlı, əlverişli / fit, suitable, proper

합동(合同) i. birgəlik; birləşmə, qovuşma / joint; combination 합동하다 f. birləşmək, qovuşmaq

합류하다(合流--) f. birləşmək, qoşulmaq, qovuşmaq / unite, join
합리적(合理的) s. məntiqi, ağlabatan, qanuna uyğun, səmərəli / logical, rational 합리적으로 z. məntiqi olaraq, ağlabatan şəkildə
합리화(合理化) i. səmərələşdirmə / rationalization 경영의 합리화 idarə etmənin səmərələşdirilməsi 합리화하다 f. səmərələşdirmək
합방(合邦) i. ilhaq, torpağın ilhaq edilməsi / annexation of a country 합방하다 f. ilhaq etmək, birləşdirmək 한일합방 Yaponiyanın Koreyanı işğal etməsi
합병하다(合倂--) f. ilhaq etmək; birləşdirmək / annex; combine, unite
합성(合成) i. sintezləşdirilmə; ibarət olma; birləşdirilmə / synthesis; composition; ompositeness; synthesis 합성하다 f. sintezləşdirilmək; birləşdirilmək; ibarət olmaq 합성고무 sintezləşdirilmiş rezin
합세하다(合勢--) f. qüvvələri birləşdirmək / join forces
합숙하다(合宿--) f. bir yerdə qalmaq, birgə qalmaq, birgə yaşamaq / lodge together
합승하다(合乘--) f. birgə minmək (taksiya), eyni taksidə getmək / ride together, share (a cab)
합의(合議) i. məsləhətləşmə / consultation, counsel 합의하다 f. birgə məsləhətləşmək
합의(合意) i. qarşılıqlı razılıq, ümumi razılıq, razılaşma / mutual agreement, common consent 합의하다 f. qarşılıqlı razılığa gəlmək, ümumi razılığa gəlmək, razılaşmaq
합자(合資) i. ortaq, şərik; şərikli maya qoyma / partnership; joint capital 합자하다 f. ortaqlı maya qoymaq, şərikli maya qoymaq
합작하다(合作--) f. birgə iş görmək, əməkdaşlıq etmək / work together, collaborate with, cooperate with
합주하다(合奏--) f. konsertdə çalmaq / play in concert
합주곡(合奏曲) i. ansambl / an ensemble
합창(合唱) i. xor / chorus
합치다(合--) f. birləşdirmək; qarışdırmaq / unite, combine, put together; mix up; sum up 물과 술을 합치다 arağı su ilə qarışdırmaq
항(項) i. bənd / a clause müq. 조(條) maddə 제 2 조 제 3 항 ikinci maddənin üçüncü bəndi
항고(抗告) i. apellyasiya, şikayət / legal appeal, complaint 항고하다 f. apellyasiya vermək, şikayət etmək
항공(航空) i. aviasiya / aviation
항공기(航空機) i. təyyarə / an airplane
항공우편(航空郵便) i. aviapoçt, hava poçtu / airmail

항구(港口) i. dəniz limanı / a harbor, a port
항구적(恒久的) i. daimi, əbədi, sonsuz / eternal, permanent
항만(港灣) [=항(港口)]
항복하다(降伏--) f. özünü təslim etmək, təslim olmaq / surrender oneself to
항상(恒常) z. həmişə, daim, hər zaman / always, at all times
항의(抗議) i. etiraz, protest / a protest 항의하다 f. etiraz etmək
항해(航海) i. dəniz səfəri, dəniz səyahəti / a voyage, sailing 항해하다 f. dəniz səfərinə çıxmaq, dəniz səyahətinə çıxmaq
해 i. günəş / the sun
해 i. il / a year [=년(年)] 올해 bu il
해(害) i. ziyan, zərər, xətər / harm, injury 해가 있다 zərərli olmaq 해가 없다 zərərsiz olmaq
해(海) i. dəniz / sea [=바다] 카스피해 Xəzər dənizi
해결하다(解決--) f. (məsələni) həll etmək / solve a question
해고하다(解雇--) f. işdən çıxartmaq, işdən azad etmək; vəzifədən azad etmək / discharge, dismiss 해고되다 f. işdən çıxarılmaq; vəzifədən azad edilmək
해군(海軍) i. hərbi dəniz qüvvələri / the navy, the naval forces
해내다 f. müvəffəq olmaq, nail olmaq, yerinə yetirmək, öhdəsindən gəlmək, həll etmək / succeed in, carry through 맡은 일을 해내다 tapşırılmış işi yerinə yetirmək
해답(解答) i. sualın cavabı; məsələnin həlli / an answer to a question; a solution to a problem
해당하다(該當--) f. uyğun olmaq, müvafiq olmaq, münasib olmaq / come under, fall under; correspond to; deserve
해독(害毒) i. zəhər; zərər, pis təsir, yamanlıq, pislik / posion; harm
해독제(解毒劑) i. zəhərə qarşı dərman / a remedy against poison
해독하다(解讀--) f. şifrini açmaq; oxumaq / decipher, decode 난필이라 해독하는 데 애 먹었다. Cızmaqaranı oxumaqda çətinlik çəkdim.
해돋이 i. günəşin doğması / sunrise
해롭다 s. zərərli, ziyanlı / harmful, injurious
해마다 [=매년(每年)]
해명(解明) i. izahat, açıqlama / elucidation, explanation 해명하다 f. izah etmək, açıqlamaq 발언 내용을 해명하다 çıxışını açıqlamaq
해몽(解夢) i. yuxu yozumu / the interpretation of a dream, dream reading 해몽하다 f. yuxu yozmaq

해박하다(該博--) s. hərtərəfli, geniş və dərin biliyə malik olan / extensive, profound 해박한 지식 dərin bilik

해방(解放) i. azadlıq, istiqlal / liberation; freedom (from)

해산(解産) i. doğuş, uşaq doğma / childbirth, delivery 해산하다 f. uşaq doğmaq

해산(解散) i. dağıtma; buraxma (parlamenti) / breaking-up, dispersion; dissolution 해산하다 f. dağılmaq 해산시키다 f. dağıtmaq; buraxmaq 군중을 해산시키다 izdihamı dağıtmaq 국회를 해산시키다 parlamenti buraxmaq

해산물(海産物) i. dəniz məhsulları / marine products, the yield of the sea

해상(海上) i., s. dəniz, dənizlə bağlı / marine 해상보험 dəniz sığortası

해석(解釋) i. tərcümə (yazılı); şərh / translation; interpretation 해석하다 f. tərcümə etmək; şərh etmək

해설(解說) i. şərh; izahat, açıqlama / interpretation; explanation 해설하다 f. şərh etmək; izah etmək, açıqlamaq

해수욕(海水浴) i. dənizdə çimmə / sea bathing 해수욕하다 f. dənizdə çimmək 해수욕장 dəniz çimərliyi

해안(海岸) i. dəniz kənarı, sahil / the seashore; the coast

해약하다(解約--) f. müqaviləni ləğv etmək / cancel a contract

해양(海洋) i. dəniz, okean; okeanla əlaqəli / the sea, the ocean

해외(海外) i., s. xaric, xarici ölkə / foreign (countries) ↔ 국내

해이하다(解弛--) f. zəifləmək / slacken up, relax, be relaxed 기강이 해이해졌다 İntizam zəifləyib.

해임하다(解任--) f. vəzifədən azad etmək; işdən çıxartmaq / dismiss, release a person from office

해저(海底) i. dənizin dibi / the bottom of the sea

해적(海賊) i. dəniz qulduru / a pirate, a sea robber

해제하다(解除--) f. ləğv etmək, aradan götürmək, geri götürmək / cancel, remove 공급 경보가 해제되었다. Hava həyacanı siqnalı geri götürüldü.

해직하다(解職--) [=해임하다(解任--)]

해치다 f. ziyan vurmaq / harm, hurt, injure 건강을 해치다 sağlamlığa ziyan vurmaq

해치우다 f. yox etmək, məhv etmək, axırına çıxmaq, heçə çıxarmaq, öldürmək; başa çatdırmaq, sona çatdırmaq / kill; finish up, get through 일을 다 해치우다 işi başa çatdırmaq

해협(海峽) i. körfəz / a strait, a channel

핵(核) i. nüvə; özək / a nucleus; a core 핵개발 nüvə sənayesinin inkişafı

핵무기(核武器) i. nüvə silahı / a nuclear weapon
핵심(核心) i. məğz; özək / the core, a kernel
핸들 i. sükan; dəstək / a handle bar < İng.
햇볕 i. günəş şüasının istiliyi; günəşin şüası / the heat of the sunbeams; the sun
햇빛 i. günəş işığı / sunshine, sunlight
-행(行) lek.şək. istiqamət, yön / for 서울행 기차 Seula gedən qatar
행군(行軍) i. marş / a march
행동(行動) i. hərəkət; davranış / action, an act; conduct, behavior 행동하다 f. hərəkət etmək; davranmaq
행방(行方) i. bir kimsənin harada olması barədə məlumat; iz / one's where abouts, one's traces
행방불명(行方不明) i. yoxa çıxma, qeyb olma, itmə / the missing 행방불명자 itkin 행방불명(이) 되다 f. itkin düşmək, yoxa çıxmaq
행복(幸福) i. xoşbəxtlik, bəxtəvərlik / happiness, well-being, welfare 행복하다 s. xoşbəxt 행복해지다 f. xoşbəxt olmaq
행사(行事) i. mərasim, tədbir / a ceremony, an event 기념행사 münasibətilə keçirilmiş mərasim 다채로운 행사 rəngarəng tədbir 행사하다 f. mərasim keçirmək, tədbir keçirmək
행사하다(行使--) f. istifadə etmək / use, exercise 투표권을 행사하다 seçki hüququndan istifadə etmək
행실(行實) i. davranış, ədəb, əda / conduct, behavior
행운(幸運) i. uğur, xoşbəxt tale, bəxti gətirmə / good fortune, luck
행위(行爲) i. davranış, hərəkət / an act, a deed, conduct, behavior
행정(行政) i. idarəçilik, müdiriyyət, inzibati hakimiyyət / administration 행정관 məsul şəxs 행정기관 inzibati orqan 행정구역 inzibati ərazi, inzibati vahid
행진(行進) i. marş, yürüş, nizamlı yeriş / a march 행진하다 f. yürüş etmək, nizamla addımlamaq
행진곡(行進曲) i. marş, yürüş musiqisi / a march
행하다(行--) f. etmək; əməl etmək, icra etmək, hərəkət etmək; yerinə yetirmək; keçirmək / do; act; carry out; perform, celebrate 기적을 행하다 möcüzə yaratmaq 의무를 행하다 vəzifəni icra etmək 의식을 행하다 mərasim keçirmək
향(香) i. buxur (ətirli qətran, maddə) / incense
향기(香氣) i. rayihə, ətir / fragrance
향기롭다(香氣--) s. rayihəli, ətirli / fragrant
향방(向方) i. yön, istiqamət, tərəf / a direction

향상(向上) i. yüksəliş, inkişaf, yaxşılaşma, təkmilləşmə / elevation, improvement 향상하다, 향상되다 f. yaxşılaşmaq, inkişaf etmək, tərəqqi etmək 향상시키다 f. inkişaf etdirmək; təkmilləşdirmək

향수(香水) i. ətir, ətirli maye / a liquid scent, a perfume

향수(鄕愁) i. vətən həsrəti, qəriblik; nostalgiya / homesickness, nostalgia

향하다(向--) f. yönəlmək, -- tərəf getmək / direct for, go toward

허가(許可) i. icazə, rüsxət / permission 허가하다 f. icazə vermək 허가(를) 받다 f. izn almaq, icazə almaq, razılığını almaq

허기지다(虛飢--) [=배고프다]

허다하다(許多--) s. çox, saysız-hesabsız / many, innumerable

허락하다(許諾--) f. icazə vermək / consent (to), assent (to), grant (to)

허리 i. bel (bədən üzvü) / the waist

허리띠 i. kəmər, qurşaq / a belt

허망하다(虛妄--) s. boş, mənasız / vain; false

허무하다(虛無--) s. boş; tənha; maraqsız; qəmli; can sıxıcı; hər şeyi danma / nilempty, vain 허무주의 nihilizm

허물 i. qüsur, eyb, çatışmazlıq, səhv / a fault

허물다 f. yıxmaq, sökmək, dağıtmaq / break down, destroy 벽을 허물다 divarı sökmək

허비하다(虛費--) f. israfçılıq etmək / spend wastefully

허식(虛飾) i. zahiri dəbdəbə; riyakarlıq / false show; affectation, ostentation

허약하다(虛弱--) s. zəif, gücsüz / weak, feeble

허영심(虛榮心) i. şöhrətpərəstlik / vanity

허용하다(許容--) f. izin vermək, icazə vermək, müsaidə etmək / permit, grant

허위(虛僞) f. saxtakarlıq, sünilik, yalan / falsehood, fiction, a lie 허위로 기재하다 yalan yazmaq (sənəd), yalan doldurmaq, saxtakarlığa yol vermək

허전하다 s. boş, cansıxıcı, darıxdırıcı; tənha / empty; lonesome 마음이 허전하다 qəlbən boşluq hiss etmək, tənhalıq hiss etmək

허점(虛点) i. ölü nöqtə, zəif yer / a blind spot

허탕치다 f. boş yerə çalışmaq / labor in vain, come to nothing

허파 i. ağciyər, öfgə / the lungs

헌 i. köhnə, istifadə olunmuş, köhnəlmiş / old, used 헌 옷 köhnə paltar

헌금(獻金) i. pulla yardım, ianə; pulla nəzir / a gift of money, a contribution, a donation 헌금하다 f. pulla yardım etmək; pulla nəzir vermək

헌법(憲法) i. konstitusiya, əsas qanun / the constitution, the constitutional law

헌신적(獻身的) s. fədakar, canını qurban verən, sadiq / self-sacrificing, devoting 헌신적으로 z. fədakarlıqla, sədaqətlə

헌신하다(獻身--) f. özünü həsr etmək, fəda etmək, can qoymaq / devote oneself to

헐값 i. çox ucuz qiymət / a giveway price 헐값에 사다 havayı almaq

헐다 f. köhnəlmək, sökülüb dağılmaq / become old, be worn out

헐다 f. yıxmaq, dağıtmaq, uçurmaq / break down

헐뜯다 f. təhqir etmək, böhtan atmaq; eybini açmaq, üzə vurmaq; irad tutmaq / revile, slander; pick on a person 뒤에서 남을 헐뜯다 bir kəsin arxasınca danışmaq

헐벗다 f. lüt olmaq, yoxsul olmaq; çılpaq olmaq / be bared 헐벗은 아이들 lüt uşaqlar 헐벗은 산 çılpaq dağ

험악하다(險惡--) s. təhlükəli, qorxulu; acıqlı, qəzəbli / perilous, dangerous 험악한 길 təhlükəli yol 험악한 얼굴 acıqlı sifət 형세가 날로 험악하다 vəziyyət getdikcə qorxulu şəkil alır

험하다(險--) s. təhlükəli, qorxulu; kələ-kötür, enişli-yoxuşlu (yol), nahamar; / rough, harsh; dangerous 산길이 험하다. Dağ yolu təhlükəlidir.

헛- ön.şək. boş, əbəs, mənasız, hədər, yanlış; nəticəsiz; quru / vain; useless; miss-; wrong; feign 헛걸음 mənasız addım 헛기침 quru öskürək 헛소리 boş söz

헛되다 s. boş, əbəs; nəticəsiz / vain; fruitless 헛되이 z. hədər, boş yerə, əbəs yerə

헛디디다 f. ayağı boşa çıxmaq / miss one's foot (step), make a false step

헝겊 i. yamaq / a piece of cloth, a patch

헝클다 f. qarışdırmaq, qarmaqarışıq etmək / tangle, entangle

헤매다 f. vurnuxmaq, veyillənmək, avaralanmaq; çaşıb qalmaq, karıxmaq / wander about, strap about; be at a loss

헤아리다 f. diqqətlə nəzərdən keçirmək, götür-qoy etmək / consider carefully, think over

헤어나다 f. qurtulmaq, xilas olmaq, azad olmaq / get out of (difficulty), free oneself of, escape from 난관에서 헤어나다 çətinlikdən çıxmaq

헤어지다 f. ayrılmaq; vidalaşmaq; üzülüşmək; boşanmaq / part from, separate; divorce oneself from

헤엄 i. üzmə, çimmə / swimming, a swim 헤엄치다 f. üzmək, çimmək

헬리콥터 i. helikopter, vertolyot / a helicopter   < İng.

혀 i. dil (anatomiyada) / a tongue

혁대(革帶) i. qayış, dəri kəmər / a leather belt

혁명(革命) i. inqilab; çevriliş / a revolution; a revolutionary upheaval 프랑스혁명 Fransa inqilabı 군사혁명 hərbi çevriliş, dövlət çevrilişi müq.

혁신(革新) i. islahat, reforma / reform, renovation 혁신하다 f. islahat keçirmək [=개혁(改革)]

현-(現-) ön.şək. müasir, çağdaş, indiki, hazırkı / present 현대통령 indiki prezident

현관(玄關) i. giriş; girəcək / the entrance

현금(現金) i. nağd pul / cash   müq. 수표(手票) çek

현기증(眩氣症) i. baş gicəllənməsi; baş gicəllənməsi xəstəliyi / dizziness, giddiness; vertigo 현기증이 나다 başı gicəllənmək

현대(現代) i., s. müasir dövr, çağdaş, indiki zaman / the present age, modern times

현대화(現代化) i. müasirləşdirmə / modernization, updating 현대화하다 f. müasirləşdirmək

현명하다(賢明--) s. ağıllı, hikmətli, müdrik, ziyalı, dərrakəli; bilikli / prudence, good sence, wise, intelligent

현상(現象) i. fenomen / a phenomenon, an appearance, a happening 이상한 현상이 일어났다. Özlüyündə qəribə fenomen baş verdi.

현상(現狀) i. indiki vəziyyət, hazırkı şərait, mövcud vəziyyət / the present condition, the present situation

현상금(懸賞金) i. mükafat pulu / a prize money

현상하다(現像--) f. aydınlaşdırmaq, aşkarlamaq (fotoqrafiyada) / develope (films)

현실(現實) i. reallıq, gerçəklik / actuality, the realities of life

현장(現場) i. hadisə yeri; iş sahəsi / the actual spot; the scene of labor

현재(現在) i., z. indi, indiki zaman, hal-hazırda / now, the present time

현저하다(顯著--) s. çox yaxşı; aşkar, aydın, məlum / notable, conspicuous, marked; obvious, evident 현저한 사실 açıq-aşkar fakt 현저한 차이 kəskin fərq 현저히 다른 xeyli fərqli

현행(現行) i., s. qüvvədə olan, mövcud / current, in force, standing 현행법 qüvvədə olan qanun

혈관(血管) i. qan damarı / a blood vessel, a vein

혈압(血壓) i. qan təzyiqi / blood pressure

혈액(血液) i. qan / blood [=피]

혈액형(血液型) i. qan qrupu / a blood group, a type of blood

혈통(血統) i. qan qohumluğu, nəsil, soy, irs, kök / blood, lineage

혐오하다(嫌惡--) f. zəhləsi getmək, nifrət etmək / be disgusted, detest, hate

혐의(嫌疑) i. şübhə, təqsirləndirmə / suspicion 혐의자 şübhəli şəxs 혐의를 받다 f. şübhələnmək 혐의를 두다 f. şübhə altına almaq, şübhə etmək
협동(協同) i. əməkdaşlıq, əlbir işləmə; kooperasiya / cooperation 협동하다 f. əlbir işləmək, əməkdaşlıq etmək
협동조합(協同組合) i. kooperativ / a cooperative association, a cooperative
협력하다(協力--) f. köməkləşmək, əlbir işləmək, birgə işləmək, əməkdaşlıq etmək, bərabər çalışmaq / cooperate(with), work together, collaborate (with)
협박(脅迫) i. hədə, hədə-qorxu / a threat 협박하다 f. hədələmək, hədə-qorxu gəlmək
협상(協商) i. danışıqlar, müzakirə; sövdələşmə / negotiation; bargaining 협상하다 f. danışıqlar aparmaq; sövdələşmək
협소하다(狹小--) s. dar, ensiz, darısqal / narrow
협약(協約) i. saziş, müqavilə, pakt / an agreement, a pact
협의(協議) i. məsləhətləşmə, müzakirə / consultation, conference, council 협의하다 f. məsləhətləşmək, müzakirə etmək
협정(協定) [=협약(協約)]
협조(協助) i. kömək, yardım, dəstək / help, aid 협조하다 f. kömək etmək, yardım etmək, dəstəkləmək 협조를 얻다 f. dəstəklənmək, kömək almaq
협회(協會) i. cəmiyyət, təşkilat, birlik, qurum / a society, association
형(兄) i. böyük qardaş / an elder brother, a big brother
형(刑) i. cəza; hökm / a punishment, penalty; a sentence 형을 선고하다 f. hökm vermək 형의 집행 hökmün icra olunması 종신형 ömürlük həbs cəzası
형(形) i. surət, biçim, şəkil, forma / shape, a form 소형의 kiçik formalı
형(型) i. tip, fason, model; üslub, qayda / a style, type; mode, a pattern 신형 자동차 yeni model maşın 남성형의 여성 kişi tipli qadın
형광등(螢光燈) i. flioresensiya lampası / a fluorescent lamp
형무소(刑務所) i. həbsxana, dustaqxana / a prison [=교도소(敎導所)]
형벌(刑罰) [=형(刑)]
형법(刑法) i. cinayət məcəlləsi / criminal law
형사(刑事) i. xəfiyyə, dedektiv; ağır cinayət / a detective; criminal case
형상(形象) i. surət, forma; fiqur, xarici görünüş, görkəm, sifət / shape, form; a figure, an appearance

형성(形成) i. formasiya, quruluş / formation 형성되다, 형성하다 f. formalaşmaq, yaranmaq, meydana gəlmək 형성시키다 f. formalaşdırmaq, yaratmaq, meydana gətirmək

형세(形勢) i. vəziyyət, şərait, situasiya / the situation, the condition of affairs

형식(形式) i. forma / a form 내용과 형식 məzmun və forma

형용사(形容詞) i. (Qram.) sifət / an adjective

형제(兄弟) i. qardaşlar / brothers 형제애 qardaşlıq sevgisi

형체(形體) i. biçim, şəkil, xarici görünüş / form, shape

형태(形態) i. biçim, şəkil / form, shape

형편(形便) i. vəziyyət, şərait; mühit / a state of things, a situation; a condition

형편없다(形便--) s. çox pis, müdhiş, acınacaqlı, qorxulu, bərbad; xırda, dəyərsiz / miserable, dreadful, terrible; trivial, trifling, poor, unworthy 비참한 상황 müdhiş vəziyyət 형편없는 선물 xırda hədiyyə 형편없는 책 dəyərsiz kitab

형편없이 z. kəskin surətdə, dəhşətli dərəcədə; insafsızcasına; tamamilə / severely, terribly; mercilessly; utterly, completely 형편없이 지다 tamamilə uduzmaq

혜택(惠澤) i. mənfəət, xeyir, fayda; imtiyaz / benefit, benevolence, favor 문명의 혜택 sivilizasiyanın xeyri 혜택을 주다 imtiyaz vermək

호(號) i. nömrə / a number 다음 호에 növbəti nömrədə

호각(號角) i. fıştırıq, fit / a whistle [=호루라기]

호감(好感) i. xoşa gəlmə, ürəyə yatımlı; xoş təəssürat / good feeling, good impression

호기심(好奇心) i. maraq, hər şeyi bilmək həvəsi / curiosity

호되게 z. sərt şəkildə, kobud şəkildə / severely, harshly

호랑이(虎狼-) i. pələng / a tiger

호리호리하다 s. caydaq, arıq və uzun; zərif, incə / tall and willowy; slim, slender 호리호리한 여자 zərif qadın

호박 i. qabaq; balqabaq; kudu; boranı / a pumpkin

호소하다(呼訴--) f. müraciət etmək; yalvarmaq, yalvar-yaxar etmək, əl-ayağına düşmək, rica etmək / appeal (to), complain (of) 국민에게 호소하다 xalqa müraciət etmək

호수(湖水) i. göl / a lake

호위하다(護衛--) f. mühafizə etmək, qorumaq / guard, escort 호위(를) 받다 f. mühafizə olunmaq

호의(好意) i. xoş niyyət, xoş dilək / good will, good wishes

호적(戶籍) i. ailə vəziyəti haqqında qeydiyyat, VVAQ / a family register, one's origin

호주(濠洲) i. Avstraliya / Australia

호주머니 i. cib / a pocket

호출하다(呼出--) f. çağırmaq / call (a person) out

호텔 i. mehmanxana, otel / a hotel　< İng.

호통치다 f. şiddətli töhmət etmək, ucadan danlamaq, abırını ətəyinə bükmək / call down, hurl words of thunder (at)

호화롭다 s. təmtəraqlı, dəbdəbəli, bərbəzəkli / most luxurious, deluxe; splendid

호황(好況) i. iqtisadi tərəqqi, iqtisadi yüksəliş / a boom, a prosperous condition

호흡(呼吸) i. nəfəs alma; tənəffüs / a breath, breathing 호흡하다 f. nəfəs almaq

혹독하다(酷毒--) s. çox sərt, qəddar, amansız, şiddətli / severe, hard, cruel

혹사하다(酷使--) f. əldən salmaq, amansız istismar etmək, həddən artıq işlətmək, sıxıb suyunu çıxarmaq / drive (work) a person hard, sweat (one's employees)

혹시(或是) z. ola bilsin ki, bəlkə də; əgər / if, for fear of; possibly 혹시 몰라서 hər ehtimala qarşı

혹평하다(酷評--) f. kəskin tənqid etmək; haqsız tənqid etmək / criticize sharply

혹하다(惑--) [=유혹되다(誘惑--)]

혼(魂) i. ruh, can / a soul, a spirit 혼이 나가다 canı çıxmaq

혼나다(魂--) f. başına pis hadisə gəlmək, ağır sınaqdan çıxmaq; danlanmaq, məzəmmət olunmaq, tənbeh olunmaq, cəzalanmaq / have a bitter experience 시험을 치르느라 혼나다 imtahanda tər tökmək

혼내다(魂--) f. danlamaq, məzəmmət etmək, tənbeh etmək, cəzalandırmaq / treat a person badly, give a person a hard time

혼돈(混沌) i. xaos, qarma-qarışıqlıq, hərcmərclik; çaşqınlıq, çaş-baş salma, qarışdırma / chaos; confusion 혼돈되다 f. öz-özünü dolaşdırmaq, səhv salmaq, çaşmaq, çaş-baş salmaq 국가가 혼돈(혼란) 상태에 있다 ölkə hərcmərclik içərisində olmaq

혼동하다(混同--) f. dolaşıq salmaq, öz-özünü dolaşdırmaq, səhv salmaq, çaşmaq, çaş-baş salmaq, qarışdırmaq / confuse, be confused

혼란(混亂) i. qarma-qarışıqlıq, xaos, hərcmərclik, çaxnaşma / confusion, disorder, chaos 혼란하다 f. qarmaqarışıq olmaq

혼례(婚禮) [=결혼(結婚), 결혼식]

혼선되다(混線--) f. qarışmaq (telefon xətlərində) / get entangled, be mixed, be crossed 전화가 혼선됐다. Telefon xətləri qarışıb.

혼성(混成) i., s. qarışıq, qarışdırma / mixture, mixing 혼성팀 qarışıq komanda (qrup)

혼성(混聲) i. qarışıq səslər / mixed voices 혼성 합창 xor

혼인(婚姻) [=결혼(結婚)]

혼자 i., z. tək, yalqız, tək başına, öz gücünə; tənha / one person; alone, by oneself

혼잡하다(混雜--) s. basırıq, basabas; izdihamlı / disordered; crowded 교통혼잡 nəqliyyat basırığı 거리가 매우 혼잡하다. Küçədə hərəkət həddindən artıq basırıqdır.

혼탁(混濁) i. bulaşıq, çirk, kir / muddiness, impurity, turbidity 혼탁하다 f. çirkli olmaq, bulanmaq 혼탁한 물 bulanmış su, çirkli su 혼탁한 세상 korlanmış dünya

혼합하다(混合--) f. qarışdırmaq, bulamaq / mix, compound, intermix

혼혈(混血) i. qan qatışığı / mixed blood, racial mixture 혼혈아 metis

홀가분하다 s. rahat, yüngül / light, free and easy 시험이 끝나 홀가분하다 imtahanları qurtarıb yüngülləşmək

홀로 z. yalqız, tək, tənha, təkcə, tək başına / alone, by oneself, single

홀리다 f. cadulamaq, sehrləmək; tovlamaq, ovsunlamaq, bişirmək, yoldan çıxartmaq, şirnikləndirmək / (be) possessed by, (be) obsessed by; get infatuated, be tempted

홍당무(紅唐-) i. qırmızı turp / a red radish   müq. 당근 kök (yerkökü)

홍보(弘報) i. bildiriş, elan; informasiya, məlumat / public infornmation 홍보하다 f. bildirmək, elan etmək, informasiya vermək 홍보과 məlumat bürosu

홍수(洪水) i. sel, daşqın / a flood

화(火) i. od, alov; hirs, qəzəb, acıq; çərşənbə axşamı (həftənin ikinci günü) / fire; anger, rage; Tuesday

화(禍) i. bəla, qəza, bədbəxtlik, müsibət; fəlakət / a curse, serious trouble, misfortune; disaster

화가(畵家) i. rəssam / a painter, an artist

화나다(火--) f. hirslənmək, qəzəblənmək, acıqlanmaq, özündən çıxmaq / be angered, be offended

화내다(火--) f. hirslənmək, qəzəblənmək / get angry with, take offence

화려하다(華麗--) s. təmtəraqlı, dəbdəbəli, möhtəşəm / splendid, magnificent, brilliant

화력(火力) i. istilik enerjisi, termik / heating power, thermal power 화력발전소 istilik elektrik stansiyası
화면(畫面) i. ekran / a scene; a screen
화목하다(和睦--) s. mehriban, səmimi, dinc / harmonious, peaceful 화목한 가정 mehriban ailə
화물(貨物) i. yük; mal / goods; cargo
화분(花盆) i. dibçək / a flowerpot
화산(火山) i. vulkan / a volkano
화살 i. ox / an arrow
화상(火傷) i. yanıq / a burn 화상을 입다 f. yanmaq
화상(畫像) i. portret; ekranda kadr / a portrait; (TV) an image 흐릿한 화면 sönük kadr
화생방전(化生放戰) i. kimyəvi, bioloji və radioloji müharibə / chemical, biological and radiological warfare
화석(化石) i. arxeoloji tapıntı (daş qəlib) / a fossil
화성(火星) i. Mars / Mars
화약(火藥)i. barıt / gunpowder, powder
화염(火焰) i. alov / a flame, a blaze
화음(和音) i. akkord / a chord, an accord
화장(化粧) i. kosmetika, makiyaj; qrim / make up 화장하다 f. makiyaj etmək, kosmetika çəkmək; qrimlənmək
화장(火葬) i. kremasiya / cremation 화장하다 f. kremasiya etmək
화장실(化粧室) i. tualet; ayaqyolu / a toilet, a lavatory
화장품(化粧品) i. kosmetika / cosmetics
화재(火災) i. yanğın; böyük yanğın / a fire; a conflagration
화제(話題) i. söhbətin mövzusu, danışıq mövzusu / a topic of conversation
화폐(貨幣) i. pul / money, currency 화폐단위 pul vahidi
화풀이하다 f. hirsini tökmək, acığını tökmək / give vent to one's anger, vent one's anger on a person
화하다(化--) f. dəyişmək; çevirmək; döndərmək / transform; change into; turn into 죽어서 흙으로 화하다 ölüb torpağa çevrilmək
화학(化學) i. kimya / chemistry
화합(和合) i. ahəng, harmoniya, uyğunluq; birləşmə / harmony, concord; union 화합하다 f. həmahəng olmaq, ahəngdar olmaq, uyğun olmaq; birləşmək
화해하다(和解--) f. barışmaq / make peace with
화환(花環) i. əklil, çələng / a wreath, a garland of flowers

확고하다(確固--) s. mətin, iradəli, qətiyyətli, möhkəm / firm, solid 확고한 의지 möhkəm iradə 확고한 정책 qətiyyətli siyasət
확답(確答) i. qəti cavab, aydın cavab / a definite answer, a determinate reply 확답하다 f. qəti cavab vermək
확대하다(擴大--) f. böyütmək, genişlətmək / magnify; scale up 사진을 확대하다 şəkili böyütmək 문제가 확대되다 məsələ böyüyür
확률(確率) i. ehtimal / probability 입학할 확률이 크다. Onun universitetə daxil olma ehtimalı çoxdur.
확립하다(確立--) f. qaydaya salmaq, nizama salmaq, yoluna qoymaq; təsbit etmək / fix, settle, build up; establish (a theory)
확보하다(確保--) f. təminat vermək; tədarük etmək, əldə etmək; hazırlıq görmək / secure; guarantee; make sure of 극장표을 확보하다 teatra bilet əldə etmək 식량을 확보하다 ərzaq hazırlığı görmək 학위가 있으니 문제없이 직장을 확보할 수 있어요. Sənin elmi dərəcən işə girməyinə təminat verəcək.
확산(擴散) i. yayılma, genişlənmə / spreading; diffusion 확산하다, 확산되다 f. yayılmaq
확신하다(確信--) f. əmin olmaq, arxayın olmaq / believe firmly, be convinced of
확실하다(確實--) s. qəti, yəqin, şübhəsiz / certain, sure (of) 확실히 z. qətiyyətlə
확인하다(確認--) f. təsdiq etmək / confirm, affirm, ascertain, make sure of
확장하다(擴張--) f. genişləndirmək, böyütmək / extend 확장되다 f. genişlənmək 확장시키다 f. genişləndirmək
확정하다(確定--) f. qətiləşdirmək, qərara gəlmək / decide upon(a matter), settle, fix 확정되다 f. qətiləşdirilmək
확증하다(確證--) f. tam sübut etmək, təsdiq etmək / prove, confirm a report, verify
환경(環境) i. ətraf mühit; şərait / environment; circumstances 환경의 변화 bir kəsin şəraitinin dəyişməsi 환경 보호 ətraf mühitin mühafizə olunması
환금(換金) i. pul dəyişmə / exchange of money 환금하다 f. pul dəyişmək
환기하다(換氣--) f. havanı dəyişdirmək; ventilyasiya etmək / ventilate; air
환담하다(歡談--) f. şirin söhbət etmək / have a pleasant chat with
환락(歡樂) i. əylənmə, şənlənmə / pleasure; amusement; gaieties 환락가 əyləncə yeri, əyləncə mərkəzi; meyxana, fahişəxana
환불하다(還拂--) f. pulu qaytarmaq, pulu geri ödəmək / pay back, make repayment of; refund

환산하다(換算--) f. konversiya etmək; çevirmək, döndərmək / convert (manat into won); change into 달러를 원으로 환산하다 dolları vona çevirmək

환상(幻想) i. fantaziya, xəyal; xülya / a fantasy; a phantasm; a illusion

환성(歡聲) i. sevinc qışqırtısı; alqış, ura / a shout of joy; hurrah

환송(歡送) i. təntənə ilə yola salma, vidalaşma, xudahafizləşmə / a farewell, sending off 환송하다 f. təntənə ilə yola salmaq 환송식 vida mərasimi, vida gecəsi

환송하다(還送--) f. geri göndərmək, arxaya qaytarmaq, təhvil vermək / send back 난민들을 송환하다 qaçqınları doğma yerlərinə geri göndərmək

환심(歡心) i. rəğbət / favor 환심을 사다 bir kəsin rəğbətini qazanmaq

환어음(換--) i. istiqraz; istiqraz vərəqəsi / a bill of exchange

환영(歡迎) i. səmimi qəbul, səmimi qarşılama / wellcome; reception 환영하다 f. səmimi qarşılamaq 환영합니다 Xoş gəlmişsiniz. 환영회 i. qarşılama mərasimi

환율(換率) i. məzənnə, mübadilə faizi / the foreign exchange rate; the rate of exchange

환자(患者) i. xəstə, naxoş / a patient

환장하다(換腸--) f. dəlicəsinə aludə olmaq, ağlını itirmək, dəli olmaq (məcazi mənada) / become mad, go crazy

환전(換錢) i. pul dəyişdirmə / exchange of money 환전하다 f. pul dəyişdirmək

환하다 s. işıqlı, parlaq; açıq; bəlli, yaxşı xəbəri olan / light, bright; open, clear; know well 길이 환하다. Yol tamamilə açıqdır. 날이 환하게 밝다 hava açılmaq 밖은 아직도 환하다. Bayır hələ də işıqlıdır. 문학에 환하다 ədəbiyyatı yaxşı bilmək 환한 미소 xoş, açıq təbəssüm 환한 미래 parlaq gələcək

환호(歡呼) i. gurultulu alqışlar, sürəkli alqışlar / a cheer, an ovation, a hurrah 환호하다 f. gurultulu alqışlamaq, əl çalmaq

환희(歡喜) i. böyük sevinc / great joy, delight

활 i. kaman; yay (kamançada, skripkada) / a bow

활기(活氣) i. gümrahlıq, canlılıq, güc, enerji / vigor, spirit, energy 활기를 띠다 f. gümrah olmaq

활동(活動) i. fəaliyyət, çalışma / activity 활동하다 f. fəaliyyət göstərmək, çalışmaq, işləmək 활동적 s. aktiv; fəal

활동력(活動力) i. enerji, güc, qüvvət, iş bacarığı / energy

활로(活路) i. çıxış yolu, əlac, nicat yolu / a way out of the difficulty, a means of escape

활발하다(活潑--) s. aktiv, fəal, canlı, çevik, qıvraq / active, lively 활발하게 움직이다 çevik hərəkət etmək

활보하다(闊步--) f. şux yerimək; özündən razı halda yerimək, təkəbbürlə yerimək / strut, stride, walk with a swaggering gait 활보 i. şux yeriş

활약하다(活躍--) f. fəallıq göstərmək, fəal olmaq, fəal iştirak etmək / be active in, take an ative part in

활용하다(活用--) f. tətbiq etmək; istifadə etmək / put to practical use; utilize 그는 자본을 잘 활용했다. O, sərmayədən lazımi qaydada istifadə etdi.

활자(活字) i. şrift; çap hərfi / a printing type; letter

활주하다(滑走--) f. yerdə sürmək (təyyarə); sürüşmək / glide, slide; volplane 얼음 위를 활주하다 buz üstündə sürüşmək

활주로(滑走路) i. uçuş zolağı, uçuş xətti / a run way, a runfield

홧김(火-) i. qəzəbin təsiri / the influence of anger 홧김에 qəzəbin təsirindən

황(黃) i. sarı; kükürd / yellow; sulfur

황갈색(黃褐色) i. sarı-qəhvəyi rəng / yellowish brown

황금(黃金) i. qızıl / gold

황금시대(黃金時代) i. qızıl dövr / the golden age, the palmy days

황급하다(遑急--) s. təcili, təxirəsalınmaz / urgent, pressing

황달(黃疸) i. sarılıq / jaundice, icterus

활당무계하다(荒唐無稽) [=황당하다(荒唐--)]

황당하다(荒唐--) s. cəfəng, boş, mənasız / absurd, nonsensical

황록색(黃綠色) i. sarı-yaşıl rəng, noxud rəngi / yellowish green, pea green

황무지(荒無地) i. yararsız torpaq, qeyri münbit torpaq; xam torpaq / waste land; uncultivated land

황산(黃酸) i. sulfat (kükürd) turşusu / sulphuric acid

황새 i. hacıleylək / stork, Ciconia boycioana

황색(黃色) i. sarı rəng / yellow

황소(黃-) i. öküz; buğa / a bull

황송(惶悚) i. iltifat, lütfkarlıq; təşəkkür, minnətdarlıq / grace; trouble; honor; gratitude 황송하다 f. lütfkarlıq etmək; minnətdarlıq etmək

황실(皇室) i. hökmdar sarayı / the Imperial Household

황야(荒野) i. boş torpaq, əkilməmiş yer; çöl, biyaban / a wilderness; wasteland; a desert land

황제(皇帝) i. imperator / an emperor
황천(黃泉) i. öləndən sonra gedilən yer
황천객(黃天客) i. mərhum / the deceased, a dead person
황태자(皇太子) i. vəliəhd / the Crown Prince
황토(荒土) i. qeyri münbit torpaq, yararsız torpaq / barren land, wasteland
황폐하다(荒廢--) f. xaraba qalmaq, viran qalmaq / be devastated, go to ruin
황혼(黃昏) i. qürub; qaşqaralan vaxt, toran / dusk, evening twilight 인생의 황혼기 ömrün qürub çağı
황홀하다(恍惚--) s. məftunedici, heyranedici, valehedici, cəlbedici, ecazkar / fascinated, enchanted
황홀해지다 f. məftun olmaq, heyran olmaq, valeh olmaq; vəcdə gəlmək, cuşa gəlmək / be in raptured; be in ectasies
황후(皇后) i. imperatriçə / an empress, a queen
횃불 i. məşəl / a torch
회(灰) i. əhəng, kirəc / lime 회를 바르다 f. əhəngləmək, əhəng vurmaq
회(回) i. kərə; dəfə; səfər; əl (oyunda); dövrə / a time; round 제1라운드(권투) birinci dövrə
회(會) i. yığıncaq, toplanış, iclas; klub, dərnək / a meeting; a party; a gathering; society
회갑(回甲) i. 60 illik (ad günü) / one's 60th birthday [=환갑(還甲)]
회갑연(回甲宴) i. 60 illik ad günü münasibətilə keçirilən mərasim / a banquet on one's 60th birthday
회개(悔改) i. tövbə; peşmançılıq / repentance 회개하다 f. tövbə etmək; peşiman olmaq
회견(會見) i. intervyü, müsahibə; reportaj / an interview; an audience 회견하다 f. intervyü vermək, müsahibə aparmaq; reportaj aparmaq 기자회견 mətbuat konfransı
회계(會計) i. haqq-hesab; maliyyə, maliyyə işləri / accounts; finance
회계감사(會計監査) i. (maliyyədə) təftiş / auditing
회계연도(會計年度) i. maliyyə ili / a fiscal year
회계사(會計士) i. hesabdar, mühasib / an accountant
회고록(回顧錄) i. xatirə, memuar / reminiscences
회고하다(回顧--) f. xatırlamaq, yada salmaq, anmaq / recollect
회관(會館) i. iclas sarayı; klub binası / a hall; a club house; an assembly 문화회관 mədəniyyət sarayı
회교(回敎) i. İslam dini / Islamism; Mohammedanism
회교도(回敎徒) i. Müsəlman / a Muslim, Moslem

회담(會談) i. görüş; danışıq / a conversation, a talk 회담하다 f. danışıqlar aparmaq 실무회담 işgüzar danışıqlar

회답(回答) i. cavab / a reply, an answer

회동하다(會同--) f. toplaşmaq, bir yerə yığışmaq / meet together, assemble, get together

회로(回路) i. (elektrik) dövrə / an electric circuit

회보(會報) i. bülleten (mətbuatda) / a bulletin 국회 회보 parlament bülleteni

회복하다(回復--) f. əvvəlki halına qaytarmaq, bərpa etmək; sağalmaq, yaxşılaşmaq, özünə gəlmək / recover (from illness)

회비(會費) i. üzvlük haqqı / a membership fee

회사(會社) i. şirkət, firma / a company

회사원(會社員) i. şirkətin işçisi / a member of a company

회상하다(回想--) f. xatırlamaq, yada salmaq, anmaq / retrspect, recollect, remember

회색(灰色) i. boz, boz rəng / grey color

회수하다(回收--) f. geri qaytarmaq / collect, draw back

회수(回數) i. dəfə, kərə / the number of times

회식(會食) i. birlikdə edilən şam (nahar) / dining together, mess 회식하다 f. birlikdə yemək

회신(回信) i. cavab məktubu / reply(a letter)

회오리바람 i. qasırğa / a whirlwind

회원(會員) i. üzv / a member of a society

회의(會議) i. iclas, yığıncaq, toplanış; konfrans; qurultay / a conference, a meeting, a council; a congress

회의(懷疑) [=의심(疑心)]

회장(會長) i. prezident, başçı, rəhbər, sədr / the president (of a society)

회전(回轉) i. dövr etmə, fırlanma / revolution ; rotation 회전하다 f. fırlanmaq, dövr etmək

회초리 i. çubuq, qamçı / a whip, a switch 회초리로 때리다 f. çubuqlamaq, qamçılamaq

회충(蛔蟲) i. askarid, bağırsaq qurdu / an ascarid

회칙(會則) i. qayda; əsasnamə, nizamnamə / the regulations

회피하다(回避--) f. boyun qaçırmaq, yayınmaq, çəkinmək / avoid, evade

회합(會合) i. görüş, danışıq, yığıncaq, toplanış / a meeting; an assembly 회합하다 f. görüşmək, yığışmaq, toplanmaq

회화(會話) i. danışıq, söhbət / conversation (~와/과) 회화하다 f. danışmaq, söhbət etmək

획기적(劃期的) s. yeni dövr açan, çox mühüm, çox əhəmiyyətli / epoch-making 획기적 사건 yeni dövr açan hadisə

획득하다(獲得--) f. nail olmaq, qazanmaq, əldə etmək / acquire, gain

획일적(劃一的) s. monoton, eyni cür, bir cür, yeknəsəq / uniform 획일적인 교육 eyni cür təhsil 획일적인 사고 yeknəsəq düşüncə

획책하다(劃策-) [=**책동하다**(策動--)]

횡단하다(橫斷--) f. keçmək (yol, qitə və s.), keçib getmək / cross, traverse 대륙횡단 철도 transkontinental qatar

횡단보도(橫斷步道) i. piyada keçidi / a pedestrian crossing

횡령(橫領) i. mənimsəmə (oğurlama) / embezzlement, usurpation 횡령하다 f. mənimsəmək 은행 돈을 횡령하다 bankın pulunu mənimsəmək

횡설수설하다(橫說竪說--) f. pərakəndə danışmaq, məntiqsiz danışmaq, boş-boş danışmaq, əsassız danışmaq / talk incoherently

횡포하다(橫暴--) s. zalım, qəddar, qaniçən, müstəbid / tyrannical

효(孝) i. valideynə vəfalı olma / filial piety; obedience to parents

효과(效果) i. təsir, effekt, səmərə / effect, effectiveness

효과적(效果的) s. səmərəli, təsirli, effektli / effective

효능(效能) i. təsir, xeyir, səmərə, fayda / efficacy, effect 약의 효능이 있다. Dərmanın təsiri var.

효도(孝道) i. valideynə hörmət / filial piety 효도하다 f. valideynə vəfalı olmaq, qulluq etmək

효력(效力) i. səmərə, effekt, fayda, təsir; güc / effect, efficacy

효성(孝誠) i. valideynə hörmət, sədaqət / filial piety, filial devotion 효성스럽다 s. valideynə vəfalı, sədaqətli [=**효심**(孝心)]

효소(酵素) i. maya, çala, ferment / ferment, an enzyme

효시(嚆矢) i. başlanğıc; təməl, əsas / the beginning, the first

효용(效用) i. faydalılıq, yararlılıq / utility; usefulness 이것은 어디에 효용이 있나요? Bu nəyə yararlıdır?

효자(孝子) i. vəfalı oğul / a dutiful son, a devoted son

효험(效驗) i. təsir, fayda / efficacy; effect; virtue of a medicine

후(後) i. sonra; bəri / after; since ↔ **전**(前) əvvəl 전쟁 후 müharibədən sonra

후계자(後繼者) i. vəliəhd, davamçı, varis, xələf / a successor 왕의 후계자 padşahın vəliəhdi

후기(後期) i. son dövr, axırıncı dövr; axırıncı hissə, axırıncı mərhələ / the latter period; the second half year ↔ 전기(前記) ilk dövr, başlanğıc dövr

후딱 z. tez, tələsik, sürətli / quickly; rapidly [=빨리] 하루가 후딱 지나갔다. Gün tez keçdi.

후대하다(厚待--) f. böyük qonaqpərvərlik göstərmək, səmimi qarşılamaq / show great hospitality to

후들거리다 f. əsmək (gərginlikdən, qorxudan), uçunmaq, titrəmək / tremble, shiver, quiver

후려치다 f. ağır zərbələrlə vurmaq, bərk vurmaq / hit a person hard

후련하다 s. yüngülləşmək, çox rahat hiss etmək, rahatlanmaq / feel relieved; feel one's mind unburdened

후미(後尾) i. dal, arxa, geri / the rear, the tail

후방(後方) i. arxa cəbhə / the rear, the home front

후배(後輩) i. sonrakı məzun, cavan həmkar; təzə; balaca / one's junior; younger men ↔ 선배(先輩)

후보(候補) i. namizəd (seçki); ehtiyat (oyunçu), əvəzedici / a candidate; substitution, reserve

후보자(候補者) i. namizəd (seçki) / a candidate (for the election)

후비다 f. qurdalamaq, eşələmək / scoop out

후생(厚生) i. məişət xidməti, rifah, firavanlıq, xoş güzəran / the welfare, public welfare 문화후생 시설 hər cürə mədəni-məişət xidməti

후세(後世) i. gələcək nəsillər; gələcək çağlar / future generations; coming ages

후손(後孫) i. nəsil, törəmə, övlad / a descendant; offspring [=후예(後裔)]

후원 (後援) i. sponsorluq etmə, dəstək, arxa, yardım, kömək / support, backing 후원하다 f. dəstəkləmək, arxa durmaq

후원자(後援者) i. sponsor; dəstəkləyən, tərəfdar, havadar, müdafiəçi, yardımçı / a sponsor, supporter; a backer

후유증(後遺症) i. xəstəlik nəticəsində qalan təsir, qalıq; mənfi nəticə / sequela; an aftereffect, an aftermath

후음(喉音) i. burun səsi, qırtlaq səsi / a guttural sound

후의(厚誼) i. mehribanlıq, xeyirxahlıq / kindness, favor

후일(後日) i. gələcək, gələcək gün; başqa gün / the future; another day

후임(後任) i. davamçı, varis / a succssor to a post, an incomer. [=후임자(後任者)]

후진국(後進國) i. zəif inkişaf etmiş ölkə; geridə qalmış ölkə / a less developed country, a backward country, an underdeveloped country

후천적(後天的) s. sonradan qazanılan / a posteriori, acquired, learned

↔ 선천적 anadangəlmə
후추 i. qara istiot / black pepper
후치사(後置詞) i. qoşma (Qram.) / postposition   müq. 전치사(前置詞) sözönü
후퇴하다(後退--) f. geri çəkilmək / retreat, go back
후하다(厚--) s. əliaçıq, səxavətli, comərd / generous, kind
후회하다(後悔--) f. peşman olmaq; təəssüflənmək / regret, repent
훈계(訓戒) i. öyüd, nəsihət / admonition; warning 훈계하다 f. öyüd vermək, nəsihət etmək
훈련(訓練) i. təlim; məşq / training; exercise 훈련하다 f. təlim keçmək, məşq etmək
훈련소(訓練所) i. təlim mərkəzi; məşq düşərgəsi / a training center
훈장(勳章) i. orden, medal / a decoration, a medal
훈훈하다(薰薰--) s. isti və rahat / comfortably warm 방이 훈훈하다 Otaq isti və rahatdır.
훌렁하다 s. gen, geniş / loose, too large, baggy 훌렁한 옷 gen paltar
훌륭하다 s. əla, çox gözəl əntiqə, mükəmməl / excellent, fine, splendid, grand
훑어보다 f. göz gəzdirmək, nəzərdən keçirmək / look up and down, look through
훔쳐가다 f. oğurlayıb qaçmaq, çırpışdırmaq / run away, take away
훔쳐내다 f. oğurlamaq / steal, mop up
훔치다 f. oğurlamaq / steal, mop up
훤하다 s. açıq, aydın; işıqlı / open; light
훨씬 z. olduqca çox, lap çox / far, away; a great deal
훼방하다(毁謗--) f. mane olmaq, əngəl olmaq / hinder, interrupt
훼손(毁損) i. (adına) ləkə yaxma; zədə, ziyan vurma / defamation; damage, injury 훼손하다 f. adına ləkə yaxmaq; zədələmək, ziyan vurmaq, xarab etmək, korlamaq, xətər yetirmək
휘감기다 f. sarılmaq, dolanmaq / twine itself round
휘감다 f. sarımaq; dolamaq / twine round, wind round
휘날리다 f. yellənmək, dalğalanmaq, yırğalanmaq; süpürlənib aparılmaq / flap; wave (in the wind); flutter 바람에 국기가 휘날리다 külək dövlət bayrağını dalğalandırır
휘다 f. əymək, qatlamaq / bend, curve
휘두르다 f. fırlatmaq, yelləmək, hərləmək / swish, swing away, throw about; exercise (one's power) 주먹을 휘두르다 bir kəsə yumruq vurmaq 권력을 휘두르다 səlahiyyətindən sui-istifadə etmək, həddini aşmaq
휘둥그래지다 f. gözləri bərələ qalmaq / be pop-eyed

휘말리다 f. sövq edilmək, cəlb edilmək, sürüklənmək, dolaşığa düşülmək / be involved in, be implicated in, be dragged in~ 전쟁에 휘말리다 müharibəyə sövq edilmək

휘몰다 f. sürətlə sürmək, çapmaq / hurry up, drive fast; drive, round up 말을 휘몰다 atı möhkəm çapmaq, mahmızlamaq 차를 휘몰다 maşını bərk sürmək

휘몰아치다 f. şiddətlə əsmək / blow violently

휘발유(揮發油) i. benzin / benzine, gasoline

휘어잡다 f. əldə möhkəm tutmaq; əldə saxlamaq, nəzarət altında saxlamaq / take hold of, grasp; have a person under one's control 학생들을 휘어잡다 tələbələri nəzarət altında saxlamaq

휘어지다 f. əyilmək, bükülmək / be bent, be crooked

휘장(揮帳) i. pərdə; səhnə pərdəsi / a curtain; a curtain screen

휘젓다 f. qarışdırmaq, çalmaq / stir up; disturb; swing

휘청거리다 f. səndələmək, büdrəmək; laxlamaq / reel, be shaky, be unsteady; falter 휘청거리는 회사 laxlayan şirkət

휘바람 i. fit, fışqırıq / a whistle 휘바람을 불다 f. fit çalmaq, fışqırıq çalmaq

휘황찬란하다(輝煌燦爛--) s. çox parlaq, parıltılı / brilliant 거리가 네온 사인으로 휘황찬란했다. Küçə neon lampaları ilə bərq vururdu.

휩싸다 f. bükmək; örtmək; bürümək / wrap, tuck up; protect, cover

휩싸이다 f. bürünmək, örtülmək / be wrapped up; be covered with

휩쓸다 f. silib süpürmək, süpürüb aparmaq (məcazi mənada) / sweep away, clear off 홍수가 온 들판을 휩쓸었다. Sel tarlanı yuyub apardı.

휩쓸리다 f. süpürülüb aparılmaq; sövq edilmək, cəlb edilmək / be swept away; be involved in

휴가(休暇) i. məzuniyyət, istirahət / a holiday, a vacation

휴강(休講) i. boş dərs, dərsin olmaması / no lecture, no class 휴강하다 f. dərs keçməmək

휴게소(休憩所) i. dincəlmək yeri (yol üstü) / a resting place

휴게실(休憩室) i. istirahət salonu, istirahət otağı / a lounge; a resting room, a retiring room

휴교(休校) i. məktəbin bağlanması / closure of a school 휴교하다 f. məktəbi bağlamaq

휴대용(携帶用) s. portativ, yığcam, əldə gəzdirilə bilən / portable 휴대용 라디오 əldə gəzdirilə bilən radio 휴대용 전화기(휴대폰) əl telefonu

휴대하다(携帶--) f. yanında daşımaq, özü ilə gəzdirmək / carry, take a thing with

휴식(休息) i. istirahət, fasilə, tənəffüs / rest, relaxtion 휴식하다 f. istirahət etmək 휴식시간 fasilə, tənəffüs; istirahət saatı
휴양(休養) i. istirahət / rest, recuperation 휴양하다 f. istirahət etmək, dincəlmək
휴업(休業) i. işi müvəqqəti dayandırma / suspension of business, closure; a shutdown 휴업하다 f. işi müvəqqəti dayandırmaq
휴일(休日) i. istirahət günü / a holiday
휴전(休戰) i. atəşkəs / a ceasefire; suspension of hostilities 휴전하다 f. atəşi dayandırmaq
휴지(休紙) i. tullantı kağız, makulatura / wastepaper 휴지통 zibil qutusu
휴직하다(休職--) f. müvəqqəti olaraq vəzifədən uzaqlaşmaq, bir müddətliyə işdən uzaqlaşmaq / retire temporarily from office
휴학하다(休學--) f. bir müddət məktəbdən qalmaq / absent oneself from school temporarily
휴회(休會) i. iclasa fasilə vermə / a recess, adjournment 휴회하다 f. iclasa fasilə vermək
흉 i. yara izi, çapıq; qüsur, eyib, səhv / a scar; a fault, defect 흉을 잡다 f. irad tutmaq
흉계(凶計) i. hiylə, oyun, kələk; fırıldaq, biclik / a trick, a wicked design, an evil scheme 흉계를 부리다 f. kələk gəlmək, hiylə işlətmək, özünü bicliyə vurmaq
흉곽(胸廓) i. döş qəfəsi / the chest
흉금(胸襟) i. könül, qəlb, ürək / the heart; the bosom 흉금을 털어놓고 이야기하다 ürəyini açmaq, səmimi danışmaq, açıq danışmaq
흉기(凶器) i. soyuq silah / a murderous weapon
흉내 i. təqlid, bənzətmə, oxşatma / imitation; mimicry; a take off 흉내(를) 내다 f. təqlid etmək
흉년(凶年) i. qıtlıq ili, aclıq ili / a year of bad harvest, a year of famine
흉노(匈奴) i. Hunlar / Hsiung-nu; the Huns
흉보다 f. başqasının eyibini söyləmək; irad tutmaq / mention another's faults; find fault with; speak ill of~
흉부(胸部) i. döş, köks, sinə / the chest; the breast
흉악하다(凶惡--) s. vəhşi, qəddar, zalım, qaniçən; bədheybət, çirkin / atrocious, brutal; ugly, bad-looking
흉작(凶作) i. qıtlıq / a poor harvest
흉측하다(凶測--) s.idbar, çirkin, eybəcər, kifir, iyrənc / atrocious; very ugly; awful
흉하다(凶--) s. çirkin, eybəcər, iyrənc / ugly; ill; bad
흐느끼다 f. hönkürmək; hıçqırıqla ağlamaq / sob; blubber

흐려지다 f. tutqun olmaq; zəifləmək, dumanlı olmaq (yaddaş, beyin); bulanıq olmaq / become cloudy, be clouded; become dim; be gloomy 날씨가 흐려지다 hava tutqundur 기억력이 흐려지다 yaddaşı zəifləmək 물이 흐려지다 su bulanıqdır

흐르다 f. axmaq; ötmək, ötüb keçmək / stream, flow; pass by (away) 세월이 흐르다 vaxt keçir

흐름 i. axıntı; axın / flowing, a flow, a current < 흐르다

흐리다 f. bulandırmaq; (izi) itirmək / make turbid (muddy); blot out; make indistinct 물을 흐렸다. Su bulandırılıb. 자취를 흐리다 izini itirmək 대답을 흐리다 aydın cavab verməmək

흐리다 s. bulanıq; qarışıq; kirli; buludlu / not clear, vague; dim; muddy; cloudy 날이 흐리다 hava buludludur 인쇄가 흐리다 çap anlaşılmazdır 흐린 물 bulanıq su 정신이 흐리다 tutqun təsəvvürü olmaq

흐물흐물하다 s. lalıqlamış; çox yumşaq / too soft; flabby 흐물흐물한 감 lalıqlamış xurma, yetişib ötmüş xurma

흐뭇하다 s. məmnun, razı, şad, şən / glad; satisfied; joyful

흐지부지 z. yarımçıq, başa çatmamış, sona çatmamış, nəticəsiz / hushing up, unfinished, in secret 흐지부지해지다 yarımçıq qalmaq, başa çatmamaq

흐트러뜨리다 f. qarışdırmaq, qarmaqarışıq etmək, alt-üst etmək, dağıdıb tökmək, töküşdürmək, ora bura atmaq / dishevel; scatter

흐트러지다 f. qarmaqarışıq olmaq, dağılmaq, alt-üst olmaq, töküşdürülmək; pırtlaşmaq / get scattered; get disheveled

흑(黑) i. qara / black

흑갈색(黑褐色) i. tünd qəhvəyi rəng, şabalıdı / dark brown

흑막(黑幕) i. qara pərdə; pərdə arxası, iç üzü / a black curtain; the inside fact

흑백(黑白) i. ağ-qara / black and white

흑색(黑色) i. qara rəng / a black color, black

흑심(黑心) i. pis niyyət, pis düşüncə; pis ürək, pis nəfs / an evil design; a wicked heart, a black heart

흑암(黑暗) i. zülmət, zil qaranlıq / dead darkness

흑인(黑人) i. zənci / a Negro, a black man, a black ↔ 백인(白人) ağ irqə mənsub adam

흑자(黑字) i. qazanc, gəlir / the black-ink balance, black ink ↔ 적자(赤字) zərər 흑자를 내다 f. gəlir vermək

흔들거리다 f. yellənmək, əsmək / swing, sway

흔들다 f. silkələmək, yırğalamaq / shake, wave, swing

흔들리다 f. yellənmək, yırğalanmaq / shake, sway, quake

흔적(痕迹) i. iz, ləpir, nişanə / traces, signs

흔하다 s. hər yerdə olan, çox / common, be met everywhere, plentiful, abundant, rich 돈이 흔하다 pulu kifayət qədər olmaq 흔한 책 asan tapıla bilən kitab

흔히 z. adətən, bir qayda olaraq; tez-tez; ümumiyyətlə / commonly, usually; frequently, often; generally

흘겨보다 f. tərs-tərs baxmaq, çəpəki baxmaq, əyri baxmaq, yanakı baxmaq / squint at; leer one'e eye at

흘기다 f. çəpəki baxmaq, yan baxmaq; qaşlarını çatmaq / squint at, scowl at

흘러가다 f. axıb getmək / flow, run, float along

흘러나오다 f. axıb tökülmək / flow out, effuse

흘리다 f. tökmək, axmaq, axıtmaq; düşmək / let (water) flow; shed, pour over; drop 눈물을 흘리다 göz yaşı tökmək 콧물을 흘리다 burnu axmaq 돈을 흘리다 pulu düşmək

흙 i. torpaq / earth, soil

흙탕 i. palçıq, zığ / mud, a muddy place

흙탕물 i. palçıqlı su; bulanıq su / muddy water

흠(欠) i. qüsur, eyib; ləkə / a flaw; a fault [=흠집]

흠모하다(欽慕--) f. heyran olmaq; valeh olmaq, vurulmaq, məftun olmaq / admire, adore

흠뻑 z. bütöv, büsbütün, başdan ayağa, tamamilə; lazımınca, kifayət qədər / fully, in full, to the full, sufficiently, to one'e satisfaction 나는 흠뻑 비에 젖었다. Başdan ayağa qədər yağışda islandım.

흠잡다(欠--) f. irad tutmaq, qüsur tapmaq; eyib görmək / find fault with, try to find a fault

흠칫하다 f. diksinmək, hürkmək; qorxudan büzüşmək / be startled; recoil, shrink in surprise 흠칫 놀라다 f. diksinmək

흡사하다(恰似--) f. çox oxşamaq, bənzəmək / be very much like, be very much similiar to

흡수하다(吸水--) f. hopmaq / draw water by sucking, absorb water from 물이 땅에 흡수되었다. Su torpağa hopub.

흡수하다(吸收--) f. canına çəkmək, nəm çəkmək / absorb, suck in 혈액내에 흡수되다 qana keçmək 공기로부터 수분을 흡수하다 havadan nəm çəkmək 스펀지가 물을 흡수했다. Süngər suyu canına çəkdi.

흡연(吸煙) i. siqaret çəkmə / smoking 흡연하다 f. siqaret çəkmək

흡족하다(洽足--) s. qənaətbəxş, kafi / satisfactory

흥(興) i. əyləncə, şənlik, həzz, ləzzət / amusement, fun, merriment, joy, pleasure 흥이 나다 f. şənlənmək; ləzzət almaq

흥건하다 s. (maye ilə) dolu, islanmış / succulent, watery 물이 흥건한 걸레 çox islanmış əski

흥겹다(興--) s. şən, şad, kefikök / delightful, merry, pleasant

흥망(興亡) i. tərəqqi və tənəzzül, yüksəliş və süqut / rise and fall

흥미(興味) i. maraq, istək / interest, zest

흥미진진하다(興味津津--) s. çox maraqlı / very interesting

흥분하다(興奮--) f. həyacanlanmaq / be excited

흥정 i. sövdə; alver, bazarlıq / buying and selling, bargaining; dealings; business 흥정하다 f. sövdələşmək

흥청거리다 f. əyləncəyə qurşanmaq / indulge in merrymaking

흥패(興敗) [=흥망(興亡)]

흥하다(興--) f. yüksəlmək, tərəqqi etmək, ucalmaq, inkişaf etmək, çiçəklənmək / rise, flourish, prosper

흥행하다(興行--) f. (tamaşa, oyun, sərgi) göstərmək, nümayiş etdirmək / give a performance; run a show; produce a play; exhibit

흩날리다 f. sovrulmaq / fly off; blow off; scatter

흩어지다 f. dağılmaq, pərən-pərən düşmək, səpələnmək, yayılmaq / disperse, scatter

희곡(戲曲) i. dram əsəri / a drama, a play

희귀하다(稀貴--) s. nadir, qeyri adi, az tapılan / rare

희극(喜劇) i. məzhəkə, komediya / a comedy

희끗희끗하다 s. çal (saç) / grizzled, grizzly 머리가 희끗희끗해지다 f. saçı ağarmaq, çallaşmaq 희끗희끗한 머리 çal saç

희다 s. ağ / white; fair

희랍(希臘) i. Yunanıstan / Greece [=그리스]

희로애락(喜怒哀樂) i. nəşə və qəm-qüssə, sevinc və kədər, həzz və iztirab / joy anger sorrow and pleasure

희롱하다(戲弄--) f. ələ salmaq, gülünc yerinə qoymaq / banter, chaff, ridicule

희망(希望) i. ümid; arzu, istək, dilək / hope; wish 희망하다 f. ümid etmək; diləmək, arzulamaq

희망적(希望的) s. ümidverici / wishful, hopeful

희미하다(稀微--) s. tutqun, dumanlı, bulanıq; qeyri müəyyən / vague, dim, obscure

희박하다(稀薄--) s. seyrək, az / thing weak; rare 공기가 희박하다 havası çatmamaq 인구가 희박한 지역 əhalinin seyrək olduğu bölgə
희비(喜悲) i. sevinc və kədər / joy and sorrow.
희사하다(喜捨--) f. ianə etmək, ianə vermək, bağışlamaq / give in charity; donate
희색(喜色) i. xoş nəzər / a joyful look 그는 희색이 만면하다. O, sevincdən işıq saçır.
희생(犧牲) i. şəhid olma, qurban vermə, fəda olma; fədakarlıq, şəhidlik / a sacrifice 희생하다 f. şəhid olmaq, qurban vermək, fəda etmək
희생물(犧牲物) i. qurban / an object of sacrifice, a victim
희석하다(稀釋--) f. su qatmaq, durulaşdırmaq / dilute
희소하다(稀少--) s. az tapılan, nadir / rare, scarce
희소식(喜消息) i. xoş xəbər, şad xəbər, müjdə, muştuluq / good news, happy news
희한하다(稀罕--) s. qeyri adi, qəribə, möcüzəli; görünməmiş, çox nadir / curious; uncommon, rare 희한한 사람 qəribə adam
희다 s. ağ / white, fair, gray
흰머리 i. ağ saç / gray (white) hair
흰옷 i. ağ paltar / white clothes
히브리 i. İbri; yəhudilik; ivrit / Hebrew 히브리어 İbri dili, İvrit dili
히스테리 i. isteriya, əsəbdən ağlını itirmə, özündən çıxma / hysteria
힌트 i. işarə, eyham, him / a hint
힐책하다(詰責--) f. danlamaq, məzəmmət etmək; tənbeh etmək / rebuke, reprimand
힘 i. güc, qüvvət / strength, force, power, might 힘을 주다 f. güc vermək
힘껏 z. var gücüylə, var gücü ilə, bütün gücü ilə / with full force, with all one's strength
힘들다 f. çox çətin olmaq / be difficult; require much effort 힘든 일 çox güc tələb edən iş, çətin iş
힘들이다 f. güc tələb etmək, əlləşmək; çox zəhmət çəkmək / exert oneself to; take pains, take trouble
힘부치다 f. gücü çatmamaq, gücü xaricində olmaq / be beyond one's power (ability)
힘세다 s. güclü, qüvvətli / strong, mighty, powerful
힘쓰다 f. güc vurmaq, çalışıb vuruşmaq, özünü oda-közə vurmaq, var gücünü sərf etmək / exert oneself, make efforts, try hard, put forth one's strength
힘없이 z. zəif, gücsüz / feebly

힘입다 f. bir kəsə bir şeyə görə borclu olmaq / owe; be indebted to (a person) for (something) 나의 성공은 그의 조력에 힘입은 바 크다. Mən müvəffəqiyyətimə görə, əsasən ona borcluyam.
힘주다 f. güc vurmaq, qüvvət vermək, gücənmək / strain; stress
힘줄 i. əzələ; vətər (anatom); damar / a muscle; a tendon; a sinew
힘차다 s. güclü, qüvvətli; enerjili, canlı / powerful; vigorous; energetic

한국어-아제르바이잔어 사전

초판 1쇄 인쇄 2015. 6. 5
초판 1쇄 발행 2015. 6. 10

지은이 아제르바이잔언어대학교 한국어연구소
펴낸곳 도서출판 문예림
펴낸이 서덕일

출판등록 제1962-1호(1962. 7. 12)
주 소 경기도 파주시 회동길 366
전 화 02.499.1281,2 팩스 02.499.1283
홈페이지 www.moonyelim.com
전자우편 info@moonyelim.com
ISBN 978-89-7482-844-8(13790)

값 30,000원

잘못 만들어진 책은 구입하신 서점에서 교환해 드립니다.
이 책은 네이버에서 제공한 나눔글꼴이 일부 적용되어 있습니다.